兰溪年鉴

2015 LANXI YEARBOOK

中共兰溪市委员会
兰溪市人民政府 主办
兰溪市地方志编纂委员会办公室 承编

方志出版社

图书在版编目（CIP）数据

兰溪年鉴．2015 / 中共兰溪市委员会，兰溪市人民政府，兰溪市地方志编纂委员会办公室编．— 北京：方志出版社，2016.5
ISBN 978-7-5144-2003-6

Ⅰ．①兰… Ⅱ．①中… ②兰… ③兰… Ⅲ．①兰溪市－2015－年鉴 Ⅳ．①Z525.54

中国版本图书馆CIP数据核字（2016）第102680号

兰溪年鉴（2015）

编　　者：中共兰溪市委员会　兰溪市人民政府
兰溪市地方志编纂委员会办公室
责任编辑：徐宏

出 版 人：冀祥德
出 版 者：方志出版社
地址　北京市朝阳区潘家园东里9号（国家方志馆4层）
邮编　100021
网址　http://www.fzph.org
发　　行：方志出版社发行中心
电话（010）67110500
经　　销：各地新华书店
印　　刷：杭州半山印刷有限公司

开　　本：889 × 1194　1/16
印　　张：30
字　　数：813 千字
版　　次：2016年5月第1版　2016年5月第1次印刷
印　　数：0001～1000 册

ISBN 978-7-5144-2003-6　定价：168.00 元

旭日（钟晓灵摄）

《兰溪年鉴（2015）》编辑部

兰溪市地名办公室、浙江省测绘大队联合编制　本图基础资料由浙江省测绘与地理信息局提供　哈尔滨地图出版社出版发行　编辑设计：金利荣　责任编辑：孙冠国　统一书号：

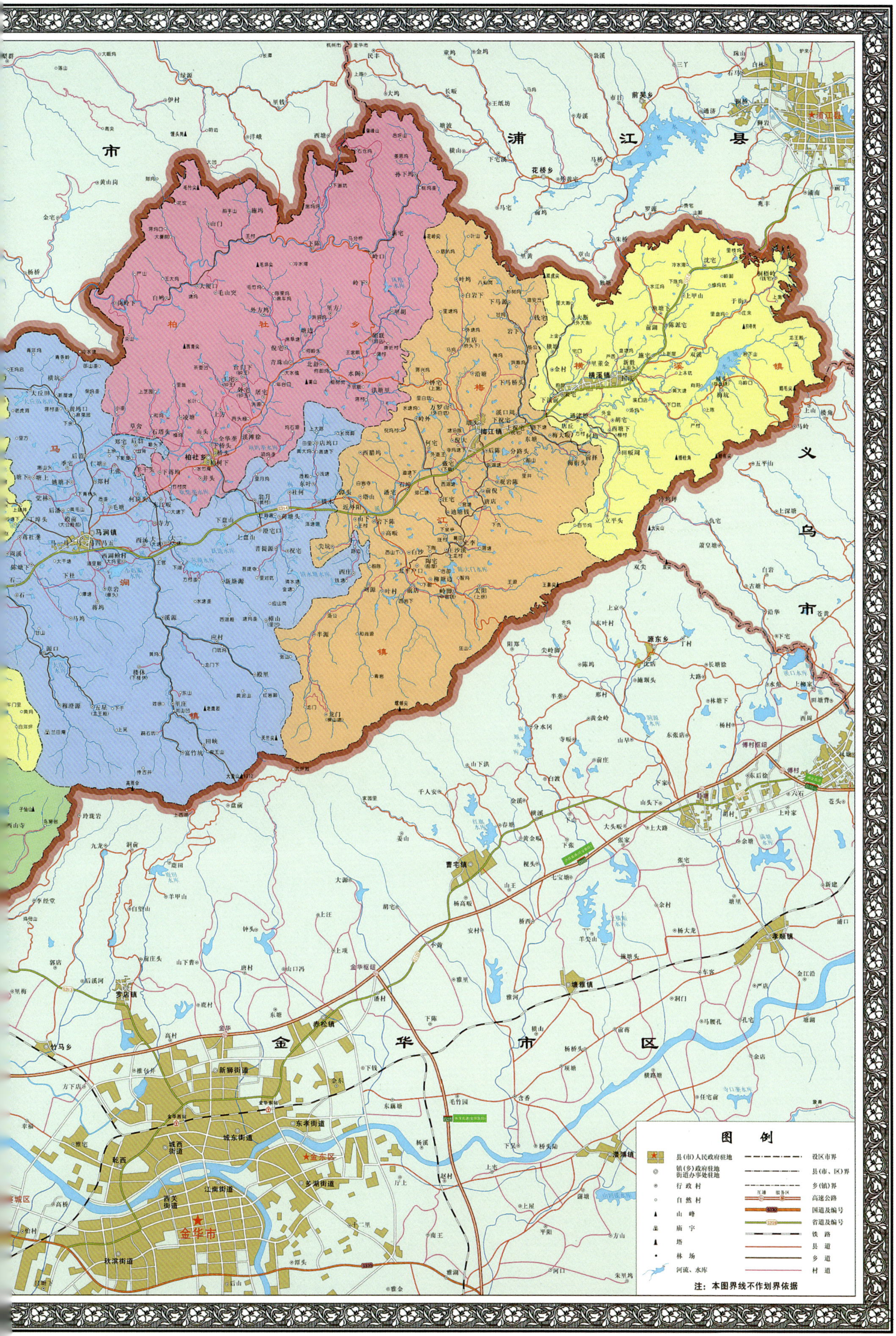

图审核号：浙S（2013） 号

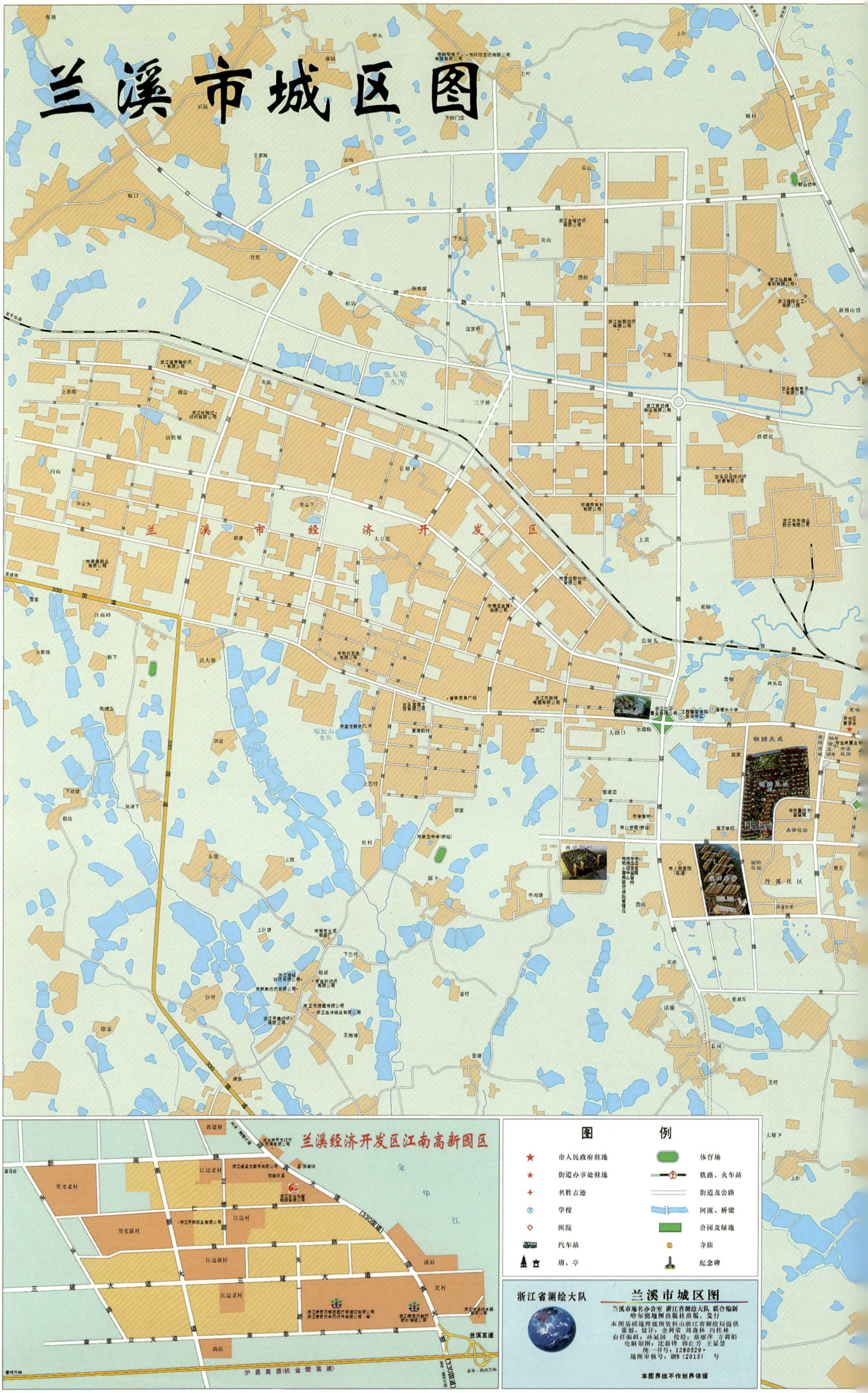
兰溪市城区图
兰溪市经济开发区
兰溪经济开发区江南高新园区
图例
市人民政府驻地
街道办事处驻地
名胜古迹
学校
医院
汽车站
塔、亭
体育场
铁路、火车站
街道及公路
河流、桥梁
公园及绿地
寺庙
纪念碑
浙江省测绘大队
兰溪市城区图
兰溪市地名办公室 浙江省测绘大队 联合编制
哈尔滨地图出版社出版、发行
本图基础地理底图资料由浙江省测绘局提供
策划、设计：金利荣 刘森林 冯桂林
责任编辑：孙冠国 校检：蒋丽萍 方莉娟
电脑制图：沈新锋 韩红芳 王晨慧
统一书号：1280529·
地图审核号：浙S（2013） 号
本图界线不作划界依据

市政府
兰江街道
云山街道
上华街道
兰江大桥
中洲公园
大云山风景区
横山风景区
兰溪站
汽车西站
汽车北站
市第一中学
市第二中学
市人民医院
市体育中心
市博物馆
兰荫社区
天福山社区
金钟岭社区
云山社区
桃花坞社区
黄龙洞社区
马公滩社区
中洲路
南门大桥
横山大桥
金千铁路
费龙口
彭村
横山
下杨
三道

兰溪市交

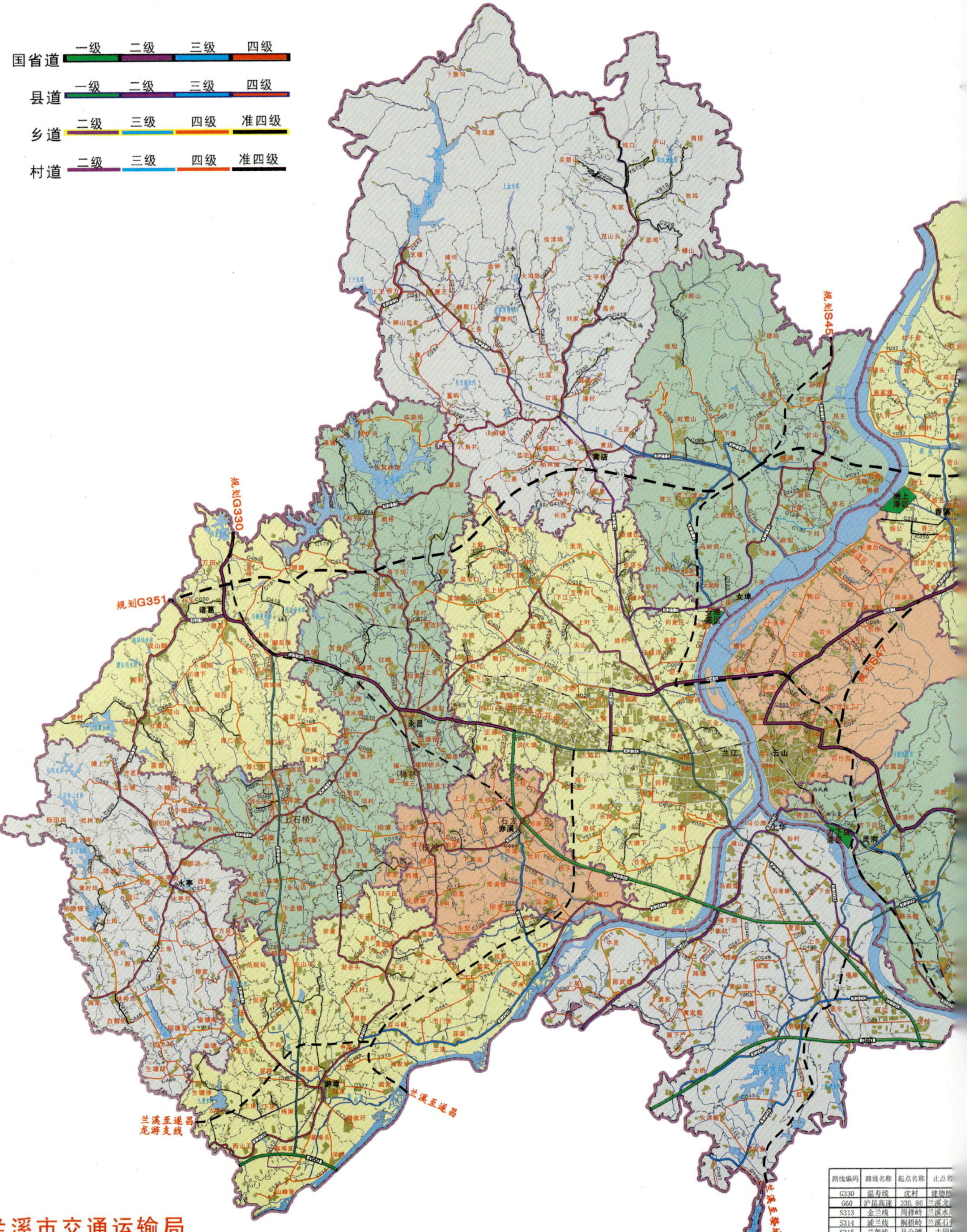

路线编码	路线名称	起点名称	止点名
G330	温寿线	沈村	建德梅
G60	沪昆高速	330.86	兰溪龙
S313	金兰线	周择岭	兰溪水
S314	浦兰线	桐梧岭	兰溪石
S315	兰贺线	马公滩	大园
S316	龙葛线	里叶	诸葛
国省道合计			

兰溪市交通运输局
二〇一四年十二月

通图（2014年）

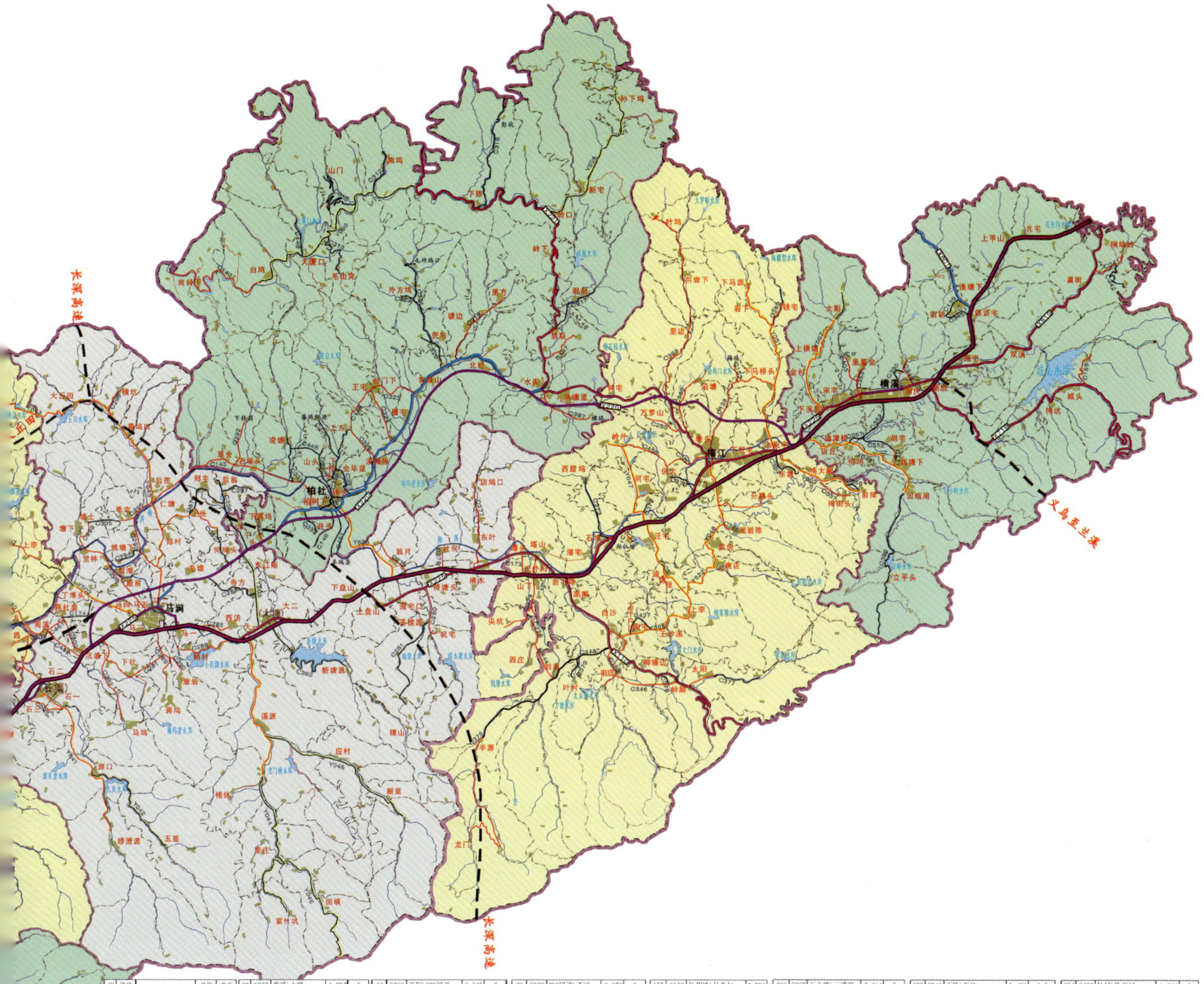

序号	路线编码	路线名称	里程Km	路面宽度m
		县道小计	374.849	
1	X004	天井孔\马公滩	12.33	6\15
2	X110	潘村\石埠	9.222	6
3	X201	莆竹园\排岭	4.501	9
4	X202	兰江大桥东\莆竹院	4.241	9\8
5	X203	杨青桥\溪蟹货场	5.584	6\6.9
6	X204	马公滩\竹院	6.613	9
7	X205	新周\蒋堂	9.917	6
8	X206	皂洞口\石宕金	7.793	6
9	X207	横山渡\下叶	10.11	6
10	X208	章宅岗\士元	21.77	6\7
11	X209	石龙头\寺基	11.7	6
12	X210	永昌\游埠	18.42	6\6.5
13	X211	太平桥\下王	7.345	6
14	X212	长乐\朝龙里	15.42	6.5\6
15	X213	永昌\山后蛟	14.55	6
16	X214	梓岭\芝堰	20.9	18\6
17	X215	黄店\楼塘	7.864	6
18	X216	女埠\后郑	10.7	6
19	X217	殿山\下潘	8.001	9\6
20	X218	汽车北站\一里坛	0.982	9
21	X219	董宅桥\将军岩	12.19	6
22	X220	马涧\墩头	20.33	9
23	X221	水阁\里中垄口	12.39	6\5.1
24	X222	芝堰\建德新叶	2.359	6
25	X223	游埠\诸葛	15.59	16
26	X224	330国道285\285.2	0.453	6
27	X225	紫金亭\猫儿桥	32.25	6\9
28	X226	灵洞\马达	6.255	18
29	X228	杨塘\李莽塘角	16.62	6
30	X229	甘溪\建德交界	12.95	6\4
31	X230	马达\洪大塘	12.37	33\14
32	X719	杨宅\横溪	13.34	6
33	X801	浦江\横溪	2.628	6
34	X819	浦江浦南\施宅	7.173	6
		乡道小计	279.88	
1	Y001	石关\方下店	1.362	6
2	Y002	上祝宅\商择	2.772	6\5
3	Y003	溪西\冶炼厂	2.116	12
4	Y004	洞源\地下长河	0.596	8
5	Y005	方村\上郭	2.002	5
6	Y006	贯务桥\马达	4.881	6
7	Y007	大园畈\大园畈	0.699	9
8	Y008	横山渡\横山	2.216	6
9	Y009	平阳出\柿树岭	3.858	5
10	Y010	新凉亭\石龙头	7.901	6
11	Y011	里河\下应	1.146	5
12	Y012	杨家后头\上叶	0.989	4
13	Y013	长江\洪施	0.65	6
14	Y015	游埠\柴埠江	5.228	5
15	Y016	钱村\钱村	3.417	5\6
16	Y017	珠带式\杨雅塘下	3.714	6
17	Y018	水亭\张麻车	3.704	6
18	Y019	上石桥\珠带式	11.18	6
19	Y020	永昌\洪店头	0.785	7
20	Y021	洪大塘\汪高	0.941	7
21	Y022	上凌\江家	2.269	5
22	Y024	厚仁\高端	5.028	6
23	Y025	李莽塘角\贩口	4.279	5
24	Y026	华德黄\上黄	2.084	6
25	Y027	下陈赵\许埠	1.236	6
26	Y029	虹霓山\白露山	4.617	6
27	Y030	下潘\藏旭	3.182	6
28	Y031	午塘\汇头	2.49	6
29	Y032	石龙头\上汤	1.648	6
30	Y033	路口\吴村	2.12	6
31	Y034	香溪\香溪	0.383	7
32	Y035	香溪\大路	4.097	5
33	Y036	香溪\洲上	1.572	6
34	Y037	施村\岩下潭	5.892	6
35	Y038	官塘\樟村下	2.825	6
36	Y039	上坟头\坑边	2.352	6
37	Y040	石渠\上新方	4.69	6
38	Y041	石渠\木沉源	5.381	5\6
39	Y042	源口\五星	3.536	4
40	Y043	马涧\坑边	11.05	6\5
41	Y044	青风桥\富竹坑	9.354	5\4
42	Y045	巢庄\田畈	3.859	4
43	Y046	溪堰源\殿里	4.804	4
44	Y047	47省道\岭外	2.885	6
45	Y048	墩头\唐店	3.472	6
46	Y049	紫金亭\田畈周	3.843	6
47	Y050	里中垄\白鸬	6.566	4
48	Y051	47省道\下马源	5.222	6
49	Y052	汽车北站\长塘后	6.106	5
50	Y053	马达\黄家勘	4.365	6\5
51	Y055	夏李\河伯岩	3.774	6
52	Y056	八角井\铁炉头	4.527	5
53	Y057	47省道\大斯	4.315	6\4
54	Y501	官塘\择树源	4.748	6
56	Y502	马涧\丁埠头	4.391	6\3.5
56	Y503	东江畈\大二	2.039	4
57	Y504	岭口\孙下坞	4.36	4\3.5
58	Y505	汪宅\白沙	5.835	6
59	Y506	桥头\澄宅口	3.646	6
60	Y507	黄泥岭\西仓	3.732	5\4
61	Y508	八石溪\上郭	5.562	9
62	Y509	马公滩\马达	5.602	6\5
63	Y510	瓦灶头\殿下应	3.384	6
64	Y511	陈武塘\下吴	4.749	6\5
65	Y512	朱家\蒋塔	4.896	4
66	Y513	朱家\庐山	2.563	3.5
67	Y514	厚仁\黄店	3.42	5\6
68	Y515	花塘\魏坞	3.546	6
69	Y516	伍家塘\周门	3.428	6
70	Y517	游埠\东莞	3.595	4.5\5
71	Y518	游埠\孙家圩	2.717	6
72	Y519	诸葛\上石桥	7.943	4.5\5
73	Y521	石寺线\横下线	2.127	5
74	Y522	唐店\上李	1.495	5
75	Y523	新周路口\大路	2.132	21
		专用公路小计	3.853	
1	Z201	兰棉\永进	1.067	6
2	Z202	永进化工厂\李树	0.626	6
3	Z203	下陈\华能铝业	1.009	6
4	Z204	华能铝业\丰登	0.548	5
5	Z205	白沙岭\厂区	0.603	6
		村道小计	598.353	
1	C001	排芝线\童家埠	1.775	6
2	C002	兰雷线\南楼	0.592	6
3	C003	溪芝线\王畈洋	0.362	5
4	C004	杨李线\洪岗头	1.612	7
5	C005	殿山\成村	0.807	5
6	C006	殿下线\舒村	0.542	6
7	C007	殿下线\毕家	1.195	6
8	C008	溪芝线\张塔头	0.417	4
9	C009	樊塘坞\溪芝线	0.487	4
10	C010	洪汪线\青蟠山	1.044	6
11	C011	330国道\清胜塘	1.4	6
12	C012	厚仁\前对	2.732	6
13	C013	溪芝线\何家	1.068	4.5
14	C014	330国道\新陈	0.771	4.5
15	C015	水亭线\下陆门里	0.541	3.5
16	C016	毕家\童家埠	1.252	5
17	C017	厚吴线\上岐	0.637	4
18	C018	厚仁中学\吴宅口	3.275	5\3.5
19	C019	平阳\330国道	3.525	6
20	C020	长塘后\大屋基	1.718	5
21	C021	外中徐\中徐	1.016	6
22	C022	下畈底\化里	0.466	5
23	C023	杨八桥\椒树	1.495	6
24	C024	白沙岭\朱山	1.697	5
25	C025	猫儿桥\里徐	0.643	6
26	C026	十里亭凉亭\十里	1.151	6
27	C027	簇峰石业\蒋宅	0.776	6
28	C028	石骨山\永进化工	1.713	7\5
29	C029	前陆\杨李线后陆	0.93	5
30	C030	长乐\收费所	2.199	4.5
31	C031	姆叶\章士线	1.741	5
32	C032	王铁店\青塘山	1.775	5
33	C033	石横线\后蒋	1.243	5
34	C034	下泉\周门	2.42	6
35	C035	范院坞\游诸线	0.733	6
36	C036	殿下严\陈家	1.571	5
37	C037	杨家王司\陈家	2.231	6
38	C038	洪畈朱\下畈泉	1.836	6
39	C039	下畈村\午塘桥	1.124	5
40	C040	上吴\大元畈	1.017	6
41	C041	沈村\江边	2.404	6
42	C042	皂洞口\缸窑	1.466	6
43	C043	茶场\大洋畈	2.033	6
44	C044	方家\寺前	0.488	6
45	C045	方家\蒋家	1.954	6
46	C046	蒋村\雅滩	1.47	5
47	C047	雅滩\敬老院	1.117	6
48	C048	瓦灶头\路塘	1.43	6
49	C049	下营盘\唐家	0.834	6
50	C050	46省道\上吴	1.546	6
51	C051	板桥\八石溪	0.872	6\5
52	C052	上张\荷岗头	1.979	6\4
53	C053	下杜\马坞	0.835	5
54	C054	施岩线\官樟线	1.061	6
55	C055	董鸿线\鲍村	0.776	5
56	C056	里白线\山门村	3.924	3.5
57	C057	通津桥\横胡线	0.58	4
58	C058	黄村坞\上周	2.696	4
59	C059	上珠线\梅家	0.684	6
60	C060	330国道\下蛾	0.6	4
61	C061	永游线\项村	1.557	6\3.5
62	C062	太下线\王家	1.915	3.5
63	C063	永游线\井头童	2.194	6
64	C064	永游线\西祝	1.415	5
65	C065	连接线\冯家	2.077	6\3.5
66	C066	诸上线\倪家	0.465	3.5
67	C067	诸上线\井头张	0.616	3.5
68	C068	东山边\西何	2.277	6
69	C069	连接线\洪畈朱	2.546	5
70	C070	大塘下\平梅线	1.406	4
71	C071	上珠线\上项	1.06	5
72	C072	连接线\赵家	0.364	6
73	C073	永山线\夏沈叶	0.797	6
74	C074	永山线\二头门	0.734	3.5
75	C075	两头门\溪塘	3.531	3.5
76	C076	永山线\潭塘坞	0.531	6
77	C077	永山线\沈家	1.538	3.5
78	C078	永游线\清水塘	0.728	6
79	C079	330国道\胡思	1.452	6
80	C080	X228\东姚	0.84	4
81	C081	永游线\朱村	0.542	5
82	C082	永杨线\兰塘张	0.465	6
83	C083	330国道\杜峰	1.254	5
84	C084	330国道\百步街	1.369	6
85	C085	满塘岗\竹林	2.501	4
86	C086	330国道\木楼	0.739	6
87	C087	下畈\毛塘下	1.429	5
88	C088	330国道\下凌	2.079	6
89	C089	西祝\游诸线	0.59	5
90	C090	上吴\婺城后章	2.674	6
91	C091	黄泥岭\吴村	2.774	6
92	C092	一里坛\徐尚源	2.2	5
93	C093	城北医院\蒋宅	0.434	9
94	C094	甘露源\方下店	2.306	5\6
95	C095	石一\石三	1.041	6
96	C096	溪塘\李村	1.274	5
97	C097	梭塘\牙塘	1	5
98	C098	下潘\虹霓山	2.021	3.5
99	C099	姆潘\章士线	1	5
100	C100	田畈\殿前	0.8	5
101	C101	午塘\前阳	1.247	4
102	C102	石寺线\楼塘	0.336	6
103	C103	后胡\宋头	2.1	6
104	C104	石寺线\常满塘	0.764	6
105	C105	石寺线\沉江	0.818	5
106	C106	朱犁\石寺线	2.985	6
107	C107	上宋\董塘	3.899	5
108	C108	章士线\花被塘	0.764	6
109	C109	永杨线\好孝村	0.592	5
110	C110	章士线\李家	1.914	6\3.5
111	C111	疗溪桥\江村	2.38	5
112	C112	章士线\郑家	1.08	6
113	C113	章士线\里山线	0.932	9
114	C114	章士线\毛弄	0.785	5
115	C115	大坞路\上金	3.046	3.5
116	C116	杨李县道\包村丁[illegible]	[illegible]	6
117	C117	章士线\东徐	1.003	6
118	C118	章士线\王铁店	1.453	6
119	C119	黄沙圩\石厚线	0.949	5
120	C120	永游线下方泉\上朱	2.1	6
121	C121	殿下线\竹塘	1.138	6
122	C122	竹塘\程家	0.551	3.5
123	C123	下魏线\下舒	0.583	6
124	C124	岘坦\郎山	2.957	3.5
125	C125	黄楼线\金家	2.252	5
126	C126	女后线\民主	0.741	5
127	C127	午塘\焦石	2.4	6
128	C128	女后线\前阳	0.829	5
129	C129	女后线\下章	1.069	6
130	C130	女后线\下刘	1.569	7
131	C131	泉洞\焦石	2.613	5
132	C132	女后线\下潘	2.48	6
133	C133	女后线\潘村	0.75	3.5
134	C134	女后线\宫塘塘	1.476	5
135	C135	丁家\圣宇公司	1	5
136	C136	葛塘朱\厚伦方	1.2	4
137	C137	镜范\葛塘朱	1.206	4
138	C138	墩头\下马桥头	3.626	5
139	C139	前胡\浦横县道	0.576	3.5
140	C140	岗岭下\白坞	4.105	5
141	C141	47省道\山下村	0.633	5
142	C143	唐村\鸟巢岩	6.264	6
143	C144	板桥\姻溪	1.954	6
144	C145	凌塘兔塘畈\后畈	4.343	5
145	C146	马墩线\井头	1.528	3.5
146	C147	胡联\塘近	1.249	5
147	C148	里白线\大厦口	0.68	3.5
148	C149	上方\王宅	0.8	5
149	C150	石宕金\虹蕨公路	1.412	6
150	C151	大洋畈\石宕金	1.561	5
151	C152	45省道\杨盖线	0.917	6
152	C153	梅坞\墩下线	0.442	5
153	C154	水里线\胡联	0.582	3.5
154	C155	330国道\方田	0.433	5
155	C156	长胡线\管村	3.248	4\5
156	C157	长胡线\泉塘	1.910	3.5
157	C158	长胡线\吴泰仁	3.004	
158	C159	杨横线\岩下山	1.087	
159	C160	诸葛\葛塘朱	3.509	
160	C161	330国道\俄塘	3.907	
161	C162	旅游专线\下徐	1.042	
162	C163	连接线\鸿塘畈	0.997	
163	C164	330国道\叶家	1.7	
164	C165	连接线\青风亭	3.468	
165	C166	双塘下\横畈	2.822	
166	C167	330国道\八卦村	1.042	
167	C168	沐早塘\周下线	0.538	
168	C169	47省道\杨横县道	0.703	
169	C170	47省道\浦江民生	1.082	
170	C171	47省道\陈派宅	0.515	
171	C172	前倪\窑畈	0.829	
172	C173	47省道\谭头	0.666	
173	C174	丁埠头\将社堰	1.179	
174	C175	俄塘\姚塘坞	1.65	
175	C176	大街里\蔡家圩	0.804	
176	C177	章士线\裘家	2.273	
177	C178	游孙线\下范	0.418	
178	C179	永游线\上俞	0.715	
179	C180	高元张\西王	0.696	
180	C181	永游线\和尚桥	1.526	
181	C182	上珠线\倪家	1.022	
182	C183	游东线\东张	1.072	
183	C184	永泉化工\里山峰	1.566	
184	C185	46省道\张坑村	0.587	
185	C186	游古\上宋	0.569	
186	C187	游古\下宋	0.606	
187	C188	永游线\堰桥	1.526	
188	C189	游埠\古塘下	4.597	
189	C190	石寺线\前叶	0.699	
190	C191	石寺线\下叶	0.792	
191	C192	伍周线\周门	1.916	
192	C193	石寺线\前赵	1.167	
193	C194	石寺线\厚范湾	0.693	
194	C195	章士线\江村	3.085	
195	C196	章士线\魏家	1.013	
196	C197	太下线\毛村	0.646	
197	C198	章士线\下章	0.812	
198	C199	章士线\黄樟塘	0.64	
199	C200	章士线\安头	1.192	
200	C201	安头\御天田	0.909	
201	C202	伍周线\祝家	0.333	
202	C203	石寺线\下江	0.501	
203	C204	游诸连接线\游埠	1.677	
204	C205	董竹里\水张线	0.8	
205	C206	下蒋\塘田坞	4.816	
206	C207	下蒋\前方	1.171	
207	C208	午塘边\午塘桥	0.935	
208	C209	长胡线\松树下	1.173	
209	C210	长胡线\塘上	0.785	
210	C211	永游线\西姜	1.066	
211	C212	永游线\柳家	1.844	
212	C213	上珠线\李塘	0.82	
213	C214	上珠线\生塘胡	1.205	
214	C215	石八塘下\生塘徐	0.843	
215	C216	朱带式\白鹤桥	1.046	
216	C217	珠杨线\范坞	0.552	
217	C218	珠杨线\上周	0.532	
218	C219	长胡线\丁家	1.47	
219	C220	长胡线\上吴	0.93	
220	C221	唐家\黄家堪	1.25	
221	C222	330国道\桶口	1.109	
222	C223	330国道\东徐	0.621	
223	C224	西何\井头童	0.77	
224	C225	下畈毛塘\午塘	1.25	
225	C226	朱家\余粮山	3.065	
226	C227	石寺线\二港渡	0.614	5
227	C228	朱家\张坞	0.995	3.5
228	C229	朱家\蟠山	3.532	3.5
229	C230	甘朱线\露源	2.332	3.5
230	C231	白露桥\潘村	0.724	5
231	C232	甘朱线\大坞陈	3.058	6
232	C233	大坞陈\佳择坞	2.135	6
233	C234	溪芝线\毛堰	1.091	6
234	C235	永山线\篁屿	1.06	6
235	C236	篁屿\上唐	2.005	6
236	C237	溪芝线\清塘何	0.853	6
237	C238	溪芝线\金钟	2.087	5
238	C239	溪芝线\桐山后金	1.822	6
239	C240	溪芝线\樟坞	1.44	3.5
240	C241	溪芝线\上王	2.058	6
241	C242	芝堰\下葛坞	1.469	4
242	C243	黄店\长连	2.13	6
243	C244	黄店\三泉	2.668	5
244	C245	溪芝线\肥皂	1.168	5
245	C246	黄楼线\王家	1.196	6
246	C247	永山线\八角井	0.722	5
247	C248	排芝县道\上唐	0.925	5
248	C250	杨公\西仓	0.766	4.5
249	C251	塘山背\应家桥	1.362	5
250	C252	杨公\香溪大堰	0.49	6
251	C253	草舍\下芝园	1.1	4
252	C254	凌塘\里前	1.721	4
253	C255	马墩线\万罗山	1.17	5
254	C256	下塞塘\鲍村	0.653	5
255	C257	施村\上新方	3.412	3.5
256	C258	香溪\杨公	2.187	3.5
257	C259	金塘边\姚郎	2.854	6
258	C260	上坑线\西章	0.973	5
259	C261	47省道\东仓	1.879	5
260	C262	香一\香五	1.084	5
261	C263	洞源村\茶山水库	3.593	7\3.5
262	C264	45省道\平园	0.671	4
263	C265	山门\花坟	4.118	3.5
264	C266	灵马公路\群头畈	0.485	6
265	C276	王村\西庄	1.632	6
266	C277	横木\店坞口	2.921	5\4
267	C278	47省道\社何	0.661	5
268	C279	47省道\翁月	1.536	5
269	C280	47省道\倪宅	1.455	6
270	C281	菩提源\樟山	1.716	3.5
271	C282	47省道\新塘源	3.974	3.5
272	C283	马墩线\寺方	1.68	3.5
273	C285	47省道\西杨	0.621	5
274	C287	鸡坞\下楼伙	1.038	3.5
275	C288	47省道\西湖鲍	1.738	5
276	C289	47省道\蒋坞	1.977	6
277	C290	大章殿\章岩	0.878	6
278	C291	大章殿\下杜	1.296	6
279	C292	47省道\马坞	2.614	6
280	C293	羊坞李\姚塘下	1.647	5\6
281	C294	下青桥头\下徐	0.625	3.5
282	C295	破桥头\季宅	0.766	6
283	C296	新深塘\樟坑	0.539	5
284	C297	山背\塘头下	0.637	3.5
285	C298	马涧\严宅	2.956	5
286	C299	塘下\堰上	0.642	5
287	C300	溪塘下\蒋社垄	1.292	6
288	C301	黄坑岭\清塘	0.419	6
289	C302	黄坑岭\黄泥山下	0.872	5
290	C303	大路\周溪	0.393	6
291	C305	季宅\塘上	1.091	5
292	C310	塘村\郑宅	2.751	5\3.5
293	C312	里白线\施坞	1.338	4
294	C313	张宅岭\毛山突	1.462	5
295	C316	下陈\彭坑	3.483	3.5
296	C317	胡店\里胡	1.196	5
297	C319	堰边\里方村	2.303	5
298	C320	青珠山\倪宅	1.662	3.5\4.5
299	C321	倪宅\外方坞	2.53	3.5
300	C322	庆丰桥\外方坞	0.331	3.5
301	C323	年台口\台门下	1.321	6
302	C324	溪滩徐\王宅	1.612	6
303	C326	溪滩徐门前\上方	1.554	6
304	C327	桥头\金华垄	1.007	3.5
305	C328	柏树下\桥头	0.765	3.5
306	C329	桥头\下桥头	0.707	3.5
307	C330	下桥头\山头	0.602	3.5
308	C331	井头\凌塘	2.43	6\3.5
309	C333	永竹庵\井头	0.728	3.5
310	C334	馒头山\下蒋坞	0.914	6
311	C336	红田\后翁	2.074	3.5
312	C341	子街\钱宅	1.25	6
313	C342	八石殿\上施	1.297	3.5
314	C345	陈派宅\前胡	0.559	3.5
315	C349	横溪\盘塘坞	0.761	6
316	C350	横溪\芦西	0.424	3.5
317	C352	横溪\胡宅	2.319	3.5
318	C353	横溪\里蒋金	1.237	6
319	C356	前宅\后宅	0.446	3.5
320	C357	梅大畈\梅街头	0.835	6
321	C359	岩下\钱宅	2.241	6
322	C360	倪大\马墩线	1.48	5
323	C361	上倪宅\东塘	0.727	3.5
324	C362	东塘\白栗铺	0.569	3.5
325	C363	后陈路口\分路头	1.311	5
326	C365	观岩陈路口\观岩陈	0.32	6
327	C368	蜜溪亭\叶坞	4.258	5
328	C369	墩头\沿塘	1.803	5
329	C370	开发区\倪大	0.771	3.5
330	C371	西塘下\胡宅	0.431	5
331	C372	水碓桥\外道王	0.364	3.5
332	C373	石埠\西腊坞	1.96	3.5
333	C374	近外阳\尖坑	2.29	5
334	C376	潘石线\下徐	0.375	3.5
335	C377	岭脚\太阳	2.243	5\3.5
336	C378	白沙\龙门	10.04	3.5\4
337	C379	刘源\叶村	0.749	3.5
338	C380	白沙\前店	1.239	4
339	C381	太平户口\白沙	0.828	5\6
340	C382	围畈周\立平头	4	
341	C383	排芝线\殿山	0.993	6
342	C384	岭脚\前店	1.958	4.5
343	C385	会桥\寺前村	2.239	5
344	C386	排芝线\肥皂村	0.606	6
345	C387	洪塘里\樟坞	1.125	4.5
346	C388	择树塘\鲁袁	1.732	5
347	C389	上方\下桥头	1.491	3.5
348	C390	王宅\台门下	0.501	5
349	C391	杨李县道\俞家	1.206	5\4.5
350	C392	石塔头\下钱园	2.265	4
351	C393	长胡县道\乐塘	1.602	5
352	C394	水亭街\上吴	1.481	6
353	C395	永游线\罗坞	1.556	3.5\5
354	C396	47省道\郑仁塘	0.674	4.5
355	C397	厚同\上李	2.715	5
356	C398	永游县道\冯家	2.254	5\4.5
357	C399	胡思村\新陈村	0.943	3.5\5
358	C400	登胜路\畈口村	1.251	9
359	C401	蒲塘岗\后陆	1.613	4\6
360	C402	桥头\金华垄	0.387	4
361	C403	水李线\塘下江	0.316	6
362	C404	永李线\前陆	2.601	5
363	C405	里蒋金\宅口	0.744	4.5
364	C406	杜村\陈下村	1.244	6
365	C407	330国道\大埠张	3.076	6
366	C408	330国道\东山	0.498	6
367	C409	三泉\塔下张	3.436	5
368	C410	铁炉头\建德唐三线	0.639	5
369	C411	银塘\源塘坞	2.479	5
370	C412	盛道院\长塘后	1.476	5
371	C413	银塘\马塘线	0.87	4.5
372	C414	龙葛线\诸葛村	0.628	6
373	C415	下桥头\蒋坞院源	1.363	4
374	C416	47省道\郑仁塘	1.057	5
375	C417	汗白线\上李村	0.844	6
376	C418	甘塘线\东坞村	1.132	4.5
377	C419	长连\冯家	0.907	4.5
378	C420	天马线\石关道口	0.95	9
379	C421	红狮\蒋塘货场	1.748	6
380	C422	下郭\红狮	0.425	5
381	C423	诸上线\厚伦方	0.384	6
382	C424	杨龚线\杨清桥	1.77	9
383	C425	光明小学\应家桥	0.734	5
384	C426	凌塘\田畈	0.497	3.5
385	C427	汗白线\太平户口	0.487	4.5
386	C428	马墩县道\黄猫山	0.783	4
387	C430	45省道\后地	0.647	5
388	C434	上汤\王铁店	0.8	6
389	C436	兰塘张\永昌村	0.703	5
390	C438	上华\夏家	0.842	5
391	C439	官择线\上李	0.59	5
392	C440	九鼎\施家	2.123	6\5
393	C441	节门张\周门	1.662	5
394	C442	石寺县道\上叶	0.802	6
395	C443	排芝县道\蔡宅	1.201	5
396	C444	西庄\刘源	1.037	6
397	C445	下余\马洪县道	0.936	6
398	C446	上珠线\白鹤桥	0.666	5
399	C447	长胡县道\方尚	1	5
400	C448	山头\凌塘	0.715	4.5
401	C449	生塘徐\龙游井岗	1.851	6\4
402	C450	330国道\银塘	0.691	5
403	C451	黄猫山\羊坞垅	1.458	3.5
404	C452	47省道\周村	1.283	4
405	C453	徐尚源\十里亭	1.085	5.5
406	C454	章士县道\俞家村	0.898	6
407	C456	塔下张村\沈家村	3.938	5\4
408	C457	范院坞\水亭园区	0.947	5\6
409	C458	岭外村\倪大村	1.596	6
410	C459	泉塘\午塘边	1.339	5
411	C460	水张线\上吴	0.952	5
412	C461	蒋社垅\周溪村	0.633	5
413	C462	坑边村\施山	3.715	6
414	C465	西章村\前旺村	0.619	5
415	C466	川塘下村\霞山村	1.16	5
416	C467	皂石线\虹蕨公路	0.882	6

…内里程	技术等级
31.62	一、二级
4.71	高速
2.303	二、三级
45.2	二级
8.05	二级
2.112	二级
23.995	

8月6日，省委书记、省人大常委会主任夏宝龙（中）到兰溪，调研兰溪工业经济发展、“五水共治”、新农村建设、园林城市创建等工作。图为夏宝龙在中洲公园调研（市执法局提供）

10月15日，省委副书记、省长李强（左二）到兰溪调研指导工作，在浙江甬金金属科技股份有限公司车间了解生产情况（童赟摄）

10月16日，省委副书记、政法委书记王辉忠（中）到兰溪调研指导群团工作（钟路摄）

3月19日，省委常委、省委政法委副书记、省公安厅厅长刘力伟（前排左二）到兰溪调研“五水共治”工作（童琳摄）

6月4日，省委常委、省军区政治委员王新海（前排左三）到兰溪视察防汛防台工作，在上华街道现场观看金华军分区防汛抢险课目演练（上华街道提供）

7月15日，省人大常委会副主任程渭山（右）带领省人大代表环境与资源保护专业小组，到兰溪视察“五水共治”工作(市人大办提供)

1月23-24日，副省长郑继伟（左二）到兰溪调研教育、卫生、文化等社会事业发展工作，在中医院调研（钟路摄）

6月10日，副省长黄旭明（右一）到兰溪调研“五水共治”等工作（蒋淑雁摄）

8月13日，副省长毛光烈（中）到兰溪调研工业和科技工作，在浙江中光信息技术有限公司了解情况（钟路摄）

8月14日，副省长梁黎明（中）到兰溪调研商务和旅游工作，在嘉宝物流有限公司考察（钟路摄）

8月20日，全国人大常委、省人大常委会副主任、九三学社浙江省委主委姒健敏（左三）到兰溪调研工作，与兰溪九三学社社员交谈（兰溪九三学社提供）

9月18日，省政协副主席汤黎路（右三）到兰溪调研中光科技项目(市政协提供)

9月24日，省政协副主席张泽熙（左四）率“五水共治”民主监督第五监督组，到兰溪开展“三级政协联动、万名委员同行、助推五水共治”民主监督活动。(市政协提供)

5月26日，金华市委副书记、市长暨军民到兰溪检查防汛工作，在城东防洪坝了解情况（《印象兰溪》提供）

6月10日，金华市机关干部作风建设陈列馆开馆。该馆由兰溪市委组织部主办、兰溪市博物馆承办（市民政局提供）

10月24日，金华市第十八个省环卫工人节庆祝表彰大会在兰溪举行（项柔刚提供）

2月25日，兰溪市召开党的群众路线教育实践活动工作会议（钟路摄）

2月28日，中共兰溪市委常委会在杨东海纪念馆召开党的群众路线教育实践活动第一次专题学习会（云山街道提供）

5月9日，兰溪市人大常委会召开“两官”履职评议动员大会，正式启动对市人民法院法官、市人民检察院检察官履职评议工作（市检察院提供）

4月28日，大型现代婺剧《东海魂》在兰溪剧院首演（市文广新局提供）

4月25日，金华市政协副主席、兰溪市委书记、兰溪市人大常委会主任吴国成在兰溪新闻网《常委直播间》，与网友共谈如何推进“五水共治”，建设大美兰溪（钟路摄）

5月8日，兰溪市委副书记、市长朱瑞俊走进兰溪新闻网《常委直播间》，就如何推进兰溪经济转型升级、加快兰溪“追赶跨越、重振雄风”步伐，与网友互动交流（钟路摄）

2月10日，由国家国防教育办公室和中央人民广播电台联合主办、全国妇联协办的“情系国防好家庭”宣传活动总结表彰仪式在北京举行，浙江立马控股集团有限公司董事长章树根家庭(左二)获全国情系国防好家庭（王莹提供）

5月16日，兰溪市志愿者水鸿雁（右）到居民家中宣传“五水共治”。2014年，他获共青团中央，中国青年志愿者协会主办的第十届中国青年志愿者优秀个人奖（水鸿雁提供）

88岁的胡汝明被评为2014年“全国孝亲敬老之星”，是金华市4名获“孝亲敬老”殊荣的人中最年长的一位。7月1日胡汝明(左三)在广华敬老院向入住老人张文英了解护理情况（王恩觋摄）

9月23日，兰江街道敬老院被民政部授予“全国农村五保供养工作先进单位”称号，这是浙江省唯一上榜的农村基层敬老院（毛雄摄）

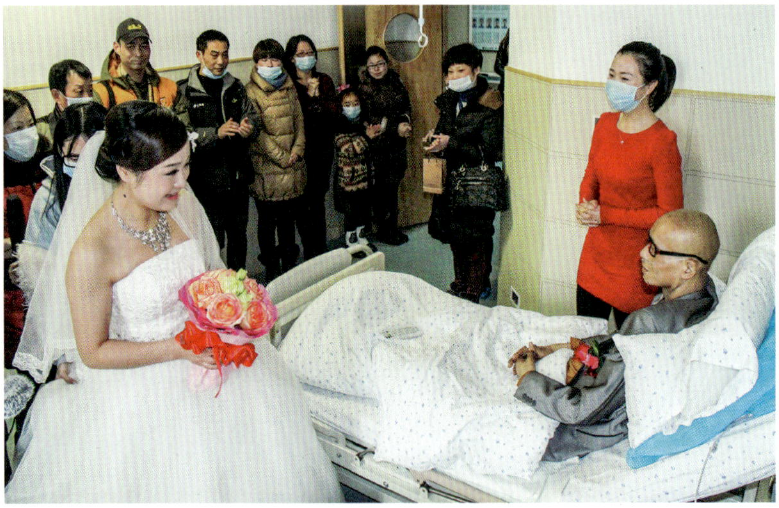

2月14日上午10时，兰溪市人民医院住院部二病区401病房里，40岁的兰溪白血病晚期患者姚望舟和39岁的江苏太仓女子高敏举办婚礼。佳话传遍网络，高敏被网友称为“最美新娘”（金雪琼摄）

9月30日，兰溪市在横山革命烈士纪念碑举行烈士公祭活动（范平良摄）

3月6日，兰溪市召开扩大有效投资暨招商引资工作会议。会后，16个镇乡(街道)和开发区分别举行了项目集中开工仪式，总投资34.2亿元的24个项目集中开工。图为开发区开工仪式（童贇摄）

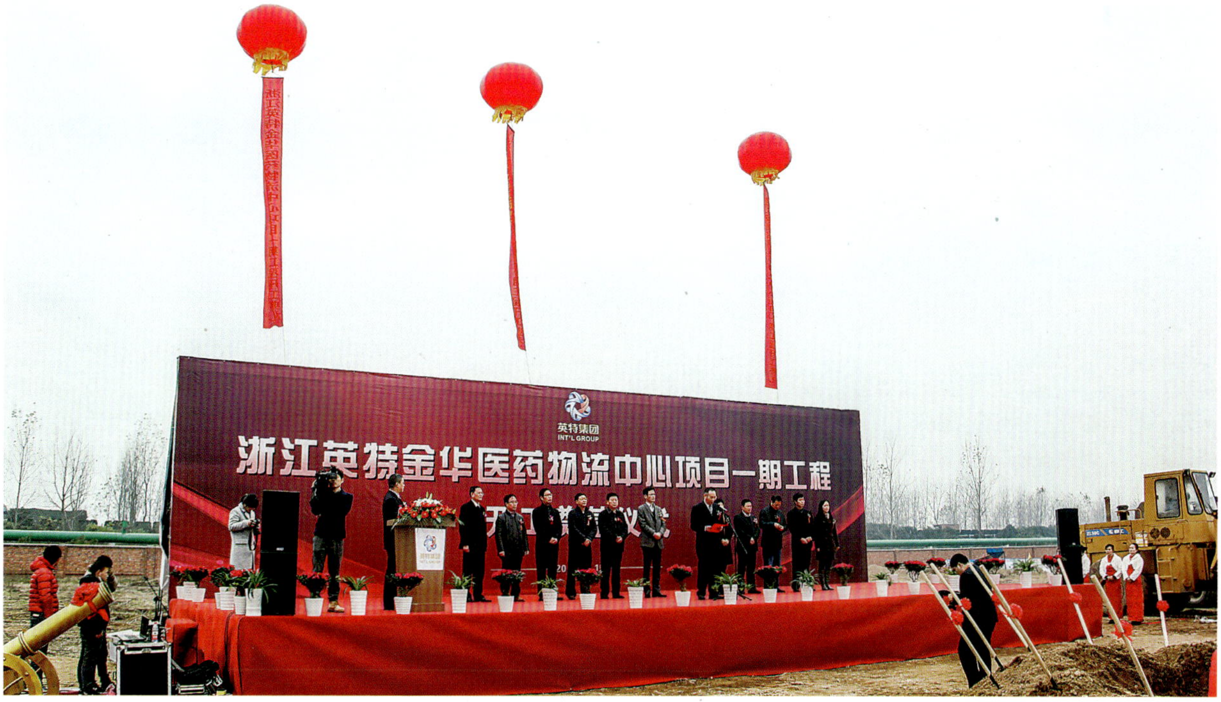

12月15日，英特药业公共医药物流平台金华医药产业中心一期工程在兰溪市上华街道开工奠基。（上华街道提供）

工人在姚家枢纽及船闸工程效果图前（胡肖飞摄）

9月10日，钱塘江中上游衢江(金华段)航运开发工程姚家枢纽及船闸工程正式开工建设，这是衢江（金华段）首个实质性动工建设的航运项目（胡肖飞摄）

8月7日，兰江街道排岭城中村改造项目开工(冯亦柔提供)

11月14日上午，兰溪市兰江街道举行2014年重点项目集中开工仪式。图为市领导等在德营食品公司分会场为开工奠基（王恩贶摄）

8月13日，金角大桥建设涉及的下金、张村和黄溢村安置房开工建设（钟路摄）

4月4日，兰溪市举行浙商回归暨总部经济项目集中签约仪式，共有27个项目集中签约，总投资52.97亿元（钟路摄）

6月17日，市人民政府、市农业局、有关农业生产经营主体，分别与浙江省农业科学院、浙江农林大学农学院签订11个农业科技项目合作协议（市农业局提供）

7月22日，举行农产品商贸城项目签约仪式（童贇提供）

8月25-28日，市委书记吴国成率领市党政代表团赴青海考察学习。28日在青海西宁举行投资环境和重点项目推介会，达成合同项目2个，协议投资总额8.2亿元（市商务局提供）

9月29日，兰溪市举行兰湖旅游度假区招商推介暨投资项目签约会，现场集中签约3个项目，总投资8亿元（市旅游局提供）

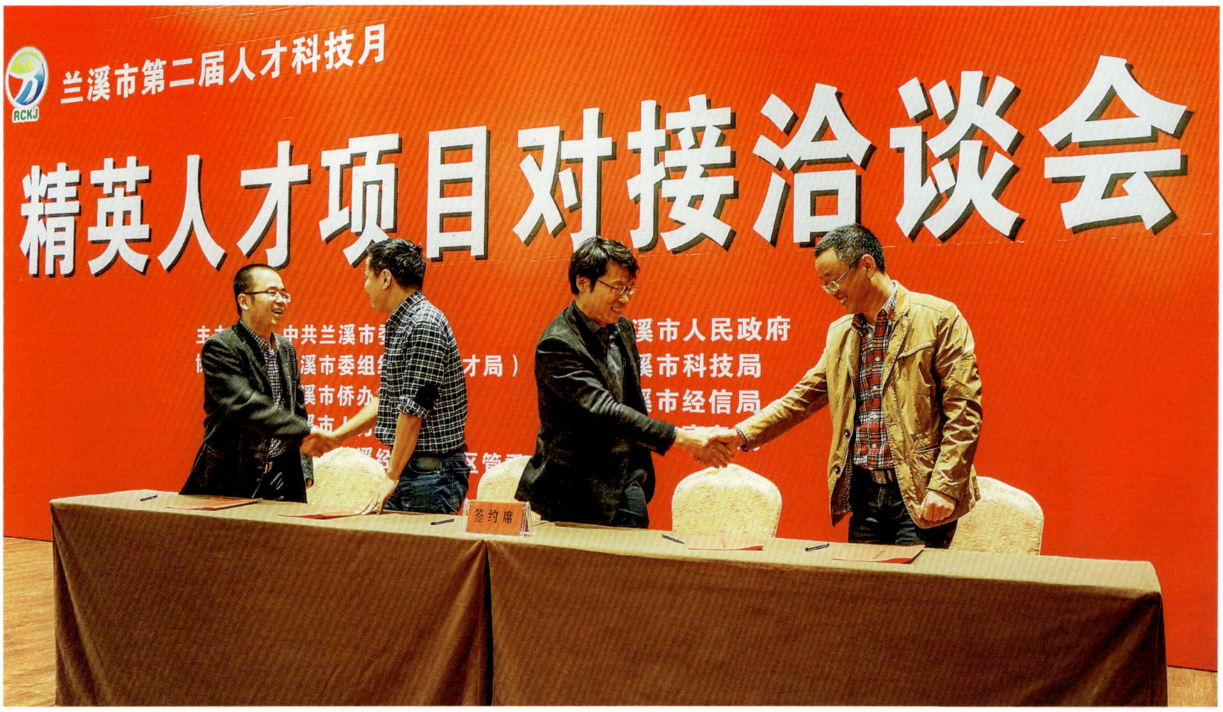

11月10日，兰溪市召开精英人才项目对接洽谈会。浙江大学、浙江工业大学、浙江理工大学、法国巴黎高等法经学院等院校的教授、专家集中发布推介了电子信息、生物医学等领域的10项科技成果。兰溪市招才局分别与“青钱柳等天然植物活性成分高效提取及综合开发利用”、“北斗卫星导航接收机核心芯片的产业化”签订人才项目落地协议；6家企业与3家高校签订技术合作协议；签约入驻孵化园项目协议2个（市委组织部提供）

12月8日，兰溪在武汉举行浙商回归项目暨科技合作协议签约仪式，24个项目集中签约，投资总额达49.9亿元；签约科技合作项目2个。同时，兰溪市政府与武汉纺织大学签订全面合作协议（市商务局提供）

7月24日，在全球范围内运营着超过180个物流网络的全方位物流服务供应商泛韩物流（Pantos Logistics)与浙江嘉宝物流有限公司签署了谅解备忘录，这是该公司在中国拓展国际运输业务举措的一部分（嘉宝物流公司）

11月7日，省人民政府授予兰溪市第二十届水利“大禹杯”金奖（市农业局提供）

11月27-28日，全省水利局长会议暨冬春农田水利现场会在兰溪召开（黄磊摄）

9月5日，金华市农业"两区"建设工作现场会在兰溪召开（市农业局提供）

云山街道万亩粮食功能区（陈志良摄）

8月20日，兰江水位29米，是当年兰江第五次洪水（金健龙摄）

8月18日，2014中国民营企业500强名单揭晓，红狮集团位列第214位，在我省138家入围企业中排名第40位。8月21日，“浙江省百强企业”揭晓，兰溪红狮控股集团有限公司以2013年营业收入总额187．5亿元，位居省百强企业第57位。在一同揭晓的浙江省制造业百强企业名单中，红狮集团位居第35位（王健敏摄）

11月6日，浙江华东铝业股份有限公司年产40万吨高精度铝板带箔项目在兰溪经济开发区创新实验园开工，标志着华铝重大产业项目全面启动（童赟摄）

8月13日18时，金角大桥主桥合龙作业时，市委书记吴国成和市长朱瑞俊为大桥合龙添砂浆（钟路摄）

5月15日，国家电网兰溪市供电公司工作人员为柏社乡岗岭下村村民屋顶光伏电站合闸并网。至此，这个100多户人家的山村已有20户农户安装了家庭屋顶分布式光伏发电站，总安装容量达96.03千瓦(功率)，成为目前我省安装家庭屋顶电站最多的村（滕健摄）

9月5日，福泰隆兰溪生活广场开业，这是“福泰隆”在兰溪市开张的首家生活超市（胡肖飞摄）

12月17日，嘉泰·新时代广场开业。这是兰溪市重点商贸流通项目、金华市服务业重大项目，总投资4亿元，建筑面积约7万平方米（王恩眖摄）

浙江嘉宝物流有限公司（王健敏摄）

溪西新商业圈（王恩贶摄）

4月22日，兰溪市文艺工作座谈会在芥子园召开（宣传部提供）

4月18-20日，由省委宣传部常务副部长胡坚带队的“钱塘江抒怀”采风团走进兰溪，到灵羊岛、诸葛八卦村、古商城、芥子园、李渔文化公园、兰芝风情线、通洲桥等景点采风。图为采风团成员坐船考察兰江（王恩贶摄）

8月28日，《诸葛亮》特种邮票首发式在诸葛村举行，中国邮政集团公司向兰溪市政府和诸葛村捐赠特种邮票珍藏版（王恩贶摄）

2月23日，由金华日报报业传媒集团和中共兰溪市委宣传部主办的“郁金香诗会”在中洲公园兰花女广场举行。当代著名朦胧派诗人、厦门市文联主席舒婷，诗歌评论家、厦门城市大学教授陈仲义，浙江省社科院文学研究所所长卢敦基等名家做客兰溪，参加中洲公园“郁金香诗会”活动。金华、兰溪十多位诗人和诗歌爱好者现场朗诵了自己创作的诗歌。“最美新娘”高敏朗诵了舒婷的诗歌《致橡树》（王恩贶摄）

12月29日，第二届兰溪星舞台总决赛暨新年晚会在市体育馆举行（王恩觊摄）

8月9日，兰溪市举办“保护母亲河、畅游家乡水”活动，2000多名游泳爱好者到兰江主活动现场及梅溪、甘溪、东风水库、金印水库、常满塘等6个分活动水面畅游（王恩觊摄）

9月20日，2014兰溪市龙舟赛在灵羊岛举行。兰溪沿江8个镇乡（街道）和梅江镇9支龙舟队参赛。云山街道组建的女子龙舟队，与8支男队站在同一起跑线上角逐（王恩觃摄）

11月23-28日，2014年浙江省大学生足球乙丙级联赛在兰溪举行（王恩觃摄）

11月17日-12月2日，“锦绣天成”杯兰溪市首届篮球联赛在市体育馆举行。全市28支队伍参赛，云山街道代表队和黄店镇代表队分别夺得冠亚军（王恩觃摄）

2014年美国洛根斯波特市教育考察团访问兰溪（教育局提供）

8月29日，兰溪市外国语中学、外国语小学竣工，两所民办外国语学校新校区正式投入使用。图为外国语小学（王恩觃摄）

12月30日，兰溪市第五中学举行搬迁揭牌仪式（钟路摄）

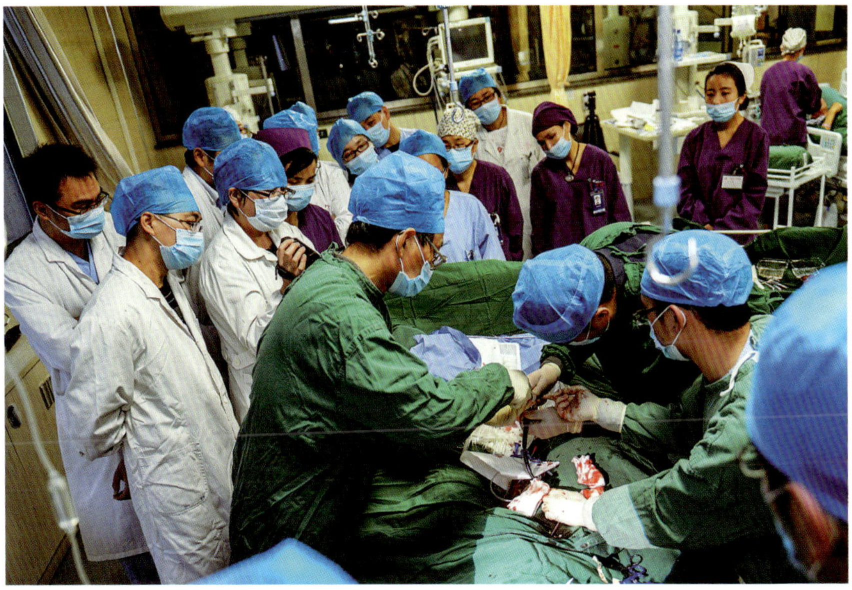

11月13日，市人民医院一名极重症肺炎患者在省内多家医院合力帮助下，使用“人工肺”获救，是省内县市级医院第一例体外膜肺支持治疗技术（市人民医院提供）

5月28日，市疾控中心在梅江镇开展登革热防控（市卫生局提供）

市中医院新病房大楼一角（朱水根摄）

12月30日，兰溪市社会科学联合会成立大会暨第一次代表大会召开（王恩夙摄）

11月26日，全市农村传统建筑工匠技能比武大赛在诸葛村举行，比武项目包括马头墙、花窗砌筑，鹅卵石、薄砖铺路，木工技能、木雕工艺展示等（钟路摄）

4月22日，兰溪市96345社会公共服务中心正式启用（何兴华提供）

7月10日，兰溪市公共自行车交通服务系统试运行，市区50个公共自行车站点、1500多辆自行车全部投入使用（执法局提供）

11月25日，总投资2亿多元、耗时7年的兰溪市整体异地搬迁建设项目西山寺新村暨总部大楼正式投入使用（金健龙摄）

5月18日12时30分许，市区老城西门城楼一小段城墙发生坍塌（王恩贶摄）

五水共治

2014年，兰溪市贯彻省委省政府、金华市委市政府的决策部署，把“五水共治”作为倒逼兰溪转型发展的重要工作来抓，按照强组织、强保障、强动员、强落实、强合力的工作措施，全力推进治水工作，取得了初步成效。

2月14日，兰溪市召开“五水共治”动员大会（章晓栋提供）

2月10日，在“五水共治”公益基金募捐仪式上，兰溪市四套班子领导吴国成、朱瑞俊、刘成芝、蔡艳等和16个镇乡（街道）、开发区党政主要领导率先垂范，积极捐款，现场募集公益基金18.8万元（章晓栋提供）

2月14日召开的“五水共治”动员大会上，红狮集团捐款500万元。首批45家重点企业现场认捐5388万元（钟路摄）

4月15日，金华市“五水共治”现场会在兰溪召开（章晓栋提供）

5月16日，建德、兰溪两市在兰溪永昌街道铁炉头村举行两地“五水共治”跨区域大会战启动仪式（张树彬提供）

3月27日，兰溪市“践行群众路线，共推‘五水共治’——万人‘清三河’大会战”启动。图为5月22日，“五水共治 会战上华”启动仪式（张树彬提供）

5月28日晚，金华市政协副主席、兰溪市委书记、市人大常委会主任吴国成，副市长陆献龙带领有关部门执法人员，开展第六次“清水零点”行动（钟晓灵摄）

3月21日，在建德市大慈岩镇湖塘村，兰溪市永昌街道与大慈岩镇联合启动“携手治理污水 共建美丽家园”水环境治理行动(永昌街道提供)

兰诸风情线

兰诸风情线，起点为汪高路与330国道交叉口，终点为330国道诸葛收费站，途经兰溪经济开发区及兰江、永昌、诸葛等三个镇乡（街道），是兰溪市2014年重点建设项目之一。全线长约13千米，实施面积3.8万平方米，包括9个节点建设和2个集镇绿化配套建设。建成后成为凸显兰溪产业特色，促进美丽乡村建设，提升兰溪旅游观光产业的绿色景观文化长廊。

诸葛汽车站对面休闲公园（市执法局提供）

立马公交站（市执法局提供）

孔塘节点（市执法局提供）

11月11日，第四批国家非物质文化遗产项目名录正式公布。兰溪市诸葛镇诸葛村诸葛后裔祭祖入选第四批国家非物质文化遗产代表性项目名录扩展名录民俗类祭祖习俗项目（王恩觃摄）

非遗和传统村落

11月26日，第三批中国传统村落名录公布，兰溪黄店镇芝堰村入选（王恩觃摄）

11月26日，第三批中国传统村落名录公布，兰溪永昌街道社峰村入选（王恩觃摄）

俯瞰兰溪

航拍爱好者作品选

兰溪古城
（王健敏摄）

兰江两岸
（王健敏摄）

诸葛村（陈磊摄）

芝堰村（陈磊摄）

横山聚利塔（方锡伟摄）

兰城夜景（陈磊摄）

兰江北望（王恩贶摄）

兰江两岸（王恩贶摄）

编辑说明

一．《兰溪年鉴（2015）》是由中共兰溪市委、兰溪市人民政府主办，兰溪市地方志编纂委员会办公室承编的地方信息资料性文献。《兰溪年鉴》2013年创刊，每年编辑一卷。《兰溪年鉴（2015）》为第3卷。

二．《兰溪年鉴（2015）》以党的十八大和习近平总书记讲话精神为指导，全面、系统记述2014年兰溪市自然、政治、经济、文化、社会等方面基本情况，为社会各界了解和研究兰溪提供基本信息资料。

三．《兰溪年鉴（2015）》按年度编纂，收录时限为2014年1月1日至12月31日；特载中提前收录2015年初市委、市政府的两个工作报告。作为背景资料，有些条目内容和数据酌情上溯或下延；收录范围以兰溪现有行政区域为界。

四．本年鉴采用分类编辑法，分类目、分目、条目三个层次，以条目为主要载体。不同层次的标题用不同字号、字体和辅助标志区别；条目标题采用【】表示。全书设34个类目、263个分目和1150个条目；表格28个，图照382幅；共81万字。为便于检索，目录载于书首，书后设主题索引和表格索引。

五．本年鉴文字、称谓、数字、计量（尊重一些单位在工作中沿用“亩”的习惯，予以保留）、纪年、表格、图照、标点符号等的使用均按国家有关出版物书写规定。

六．本年鉴中的“省”、“市”分别指“浙江省”和“兰溪市”，其他省、市则冠以地名。内文中除“民主党派”外，未标明党派的“市委”，均为“中共兰溪市委”；未标明党派的“党员”，均为“中共党员”；局、委、办等机构均为兰溪市。

七．本年鉴所载信息资料，由全市级各机关、单位和各镇乡（街道）提供经《兰溪年鉴》编辑部整理编辑，各供稿机关、单位和市委办、市政府办、市人大办、市政协办审核。主要组织机构及主要负责人名单由市委组织部提供。

八．本年鉴编辑出版工作得到全市各机关、单位和年鉴撰稿人员的大力支持，在此谨表谢意。由于编辑水平和力量所限，书中多有疏漏和不足之处，敬请广大读者批评指正。

《兰溪年鉴（2015）》编辑部

目 录 contens

主要行政事业机构及负责人

中共兰溪市委员会

民主党派·工商联

人民团体

人口和计划生育

老龄工作

农业·林业·气象

农业

种植业

养殖业

“两区”建设

农业服务

物流业

粮食流通

供销合作

烟草专卖

盐业专营

石油经营

开放型经济

招商引资

对外贸易

外资、外经和电子商务

信息产业

科学技术

教 育

文化·体育·传媒

医疗卫生

镇乡（街道）

人 物

文件选辑

附　录

索　引

适应新常态　谋求新发展
以改革精神和法治思维推进“两美”兰溪建设

——在市委十三届七次全体（扩大）会议暨市政府第六次全体会议上的报告

吴国成

市委书记吴国成作市委工作报告（章晓栋提供）

同志们：

这次全会的主要任务是：全面贯彻落实党的十八大，十八届三中、四中全会，中央经济工作会议和习近平总书记系列重要讲话精神，认真落实省委十三届六次全会、金华市委六届八次全会决策部署，总结2014年工作，部署2015年任务，围绕“全面深化改革、建设法治兰溪”这一主题，动员全市上下进一步解放思想、坚定信心，适应新常态、谋求新发展，以改革精神和法治思维，在建设美丽兰溪、创造美好生活中迈出新步伐、取得新进展。

下面，根据市委常委会研究意见，我讲三个方面问题。

一、简要回顾2014年工作

2014年，面对复杂严峻的宏观形势，全市上下认真贯彻落实中央、省委和金华市委各项决策部署，紧紧围绕“追赶跨越、重振雄风”的总目标、总基调，深入实施“强工业、兴三产、优环境、惠民生、促和谐”十五字方针，团结拼搏，扎实苦干，经济社会各项事业呈现良好发展态势。1—11月份，在列入上级考核的40项主要统计指标中，有15项总量或增幅居金华前三位。预计全年实现地区生产总值273亿元，同比增长8.5%；地方财政收入20亿元，同比增长10%；限额以上固定资产投资148亿元，同比增长15%；城镇居民人均可支配收入29047元、农村居民人均纯收入12079元，同比分别增长9%和11%。回顾一年来的工作，主要取得了六个方面的工作成效：

（一）经济发展增量提质。经济增速持续回升，质量效益不断提高，三大产业呈现稳步增长态势。工业经济稳中有进。全年预计实现规上工业总产值780亿元，增长9.2%；规上工业增加值145亿元，增长8.7%；工业投资98.5亿元，增长14.5%；新产品产值210亿元，增长40%；净增“小升规”企业40家。列入省“双千”技改项目66个，连续8年位列全省各县市首位。建立工业企业产出效益评价体系，出台全省首个地方性用能确权标准，单位GDP能耗下降率、用能总量下降率均居金华市首位。70家企业的“机器换人”示范点建设取得良好成效。兰溪棉纺织产业集群公共服务平台投入运行。锡箔行业整治列入省第一批传统块状行业“腾笼换鸟”省级试点。成功创建省知识产权示范市。浙福1000千伏兰江站建成投运，“二新二扩”输变电工程加快推进。三产发展换档提速。预计实现社会消费品零售总额106亿元，同比增长14%；服务业增加值92亿元，同比增长9.5%，占GDP比重提高0.7个百分点达到34.5%，服务业投资占比进一步提高；外贸进出口总额16亿美元，自营出口月均突破1亿美元。城市商圈建设步伐加快，嘉泰·新时代广场正式试营业，成功引进沃尔玛、福泰隆等商业龙头企业；老城山田·捷盛中央广场业态进一步完善。嘉宝物流、浩鑫物流投入运营，英特药业公共医药平台一期开工建设。电子商务发展势头强劲，入选电子商务百强县，年交易额突破10亿元。六洞山获评国家AAAA级景区，诸葛八卦村游客服务中心完成建设。农业发展激发活力。“六个万亩”基地建设稳步推进，创建省级现代农业园区3个，引进农业项目10个，流转土地1.5万亩，发展设施农业3500多亩。省新型农业社会化服务体系示范试点建设扎实开展，全国小农水重点县建设进展顺利。全省水利工作现场会在兰溪召开，水利建设再获全省水利“大禹杯”金奖。建立山区经济发展项目库，完成《兰溪市山区经济发展规划》编制。成功举办第四届枇杷节、六月杨梅红等农展节会。

（二）转型步伐不断加快。着眼于稳增长、调结构、优服务，产业转型升级步伐进一步加快，发展活力切实提升。有效投入打基础。围绕传统产业、现代服务业和新兴产业，大力开展驻点招商、产业招商、以商招商，先后在兰溪、武汉举办浙商回归暨招商项目集中签约活动。全年引进内资56亿元，实到外资2300万美元，浙商回归到位资金22亿元，总部税收2.2亿元。开展重点项目“百日攻坚”行动，41个省、金华市重大工程项目全部开工建设，并超额完成投资计划。“双百工程”进展顺利，“十大指挥长工程”农防加固、金角大桥、第二水源、总部大楼、企业服务中心等5个项目主体完工，“五城五开”项目半数启动。治水拆违拓空间。全力打好“五水共治”“三改一拆”转型升级组合拳，通过机制倒逼，腾出发展新空间，提升产业层次。全面启动治水三年行动计划，安排项目144个，总投资60亿元，已开工105个、完工69个。募集企业、社会各界“五水共治”捐款8300多万元。举行万人“清三河”大会战，全面完成26条黑臭河、垃圾河治理。承办金华市“五水共治”现场会，与建德在全省率先实施“跨区域联合治水”。开展“清水零点”行动常态化环保执法，全面完成蓄电池、造纸等六大行业的整治提升，取缔“低小散”企业作坊135家。生猪养殖污染专项整治“三年任务两年完成”，关停拆除养殖场3100多户，减少生猪存栏近29万头。出台全省首个“三改一拆”问责办法，拆除违章建筑198万平方米，完成“三改”面积70万平方米。上华、赤溪、灵洞、水亭、诸葛、梅江等6个“无违建”镇乡（街道）创建进展顺利，129个村达到“一户一宅”标准。高速公路、国省道沿线“高炮”广告牌整治全面完成。深化改革添动力。成立市委全面深化改革工作领导小组及8个专项工作小组，全面深化改革各项举措加快落实。全面推行权力清单制度，取消行政审批事项309项；推行工业企业并联模拟审批，实现工商注册登记“多证联办”，成功引进项目图审中介。“四破”整治强势推进，完成整治78家，清理盘活低效用地1600亩。扶持工业“16条意见”有效落实，累计为400多家企业提供资金转贷22亿元，市级重点帮扶的43家企业基本实现平稳过渡。成立市金融办，引进平安银行，全年新增贷款40亿元，金融支持企业力度进一步加大。深化农村“三权”改革，三农资产有效激活。扎实推进“智汇兰江人才工程”，成立首家人才银行，新增“省千”2人、“国千”入围答辩2人，获省人才工作先进市称号。

（三）**城乡统筹协同并进**。城乡区域统筹力度切实加大，城乡一体化水平有效提升，可持续发展能力不断增强。新型城镇化谋划新篇。“一桥两路”工程完成主体建设，义兰公路顺利推进，马墩线基本建成，城乡交通路网进一步优化。港航开发顺利推进，姚家枢纽及船闸工程开工建设。完成市域污水管网规划初步方案，市污水处理厂二期改造完成土建施工。农村生活污水治理工程进展顺利，首批257个村基本完成。溪东片防洪应急工程建成运行，全面形成城防闭合圈。排岭征迁基本完成，启动下金、黄溢、下余等城中村改造。城市建设管理日趋精细。通过省级灭鼠灭蟑先进城区创建考核，国家卫生城市创建取得阶段成效。启动国家园林城市创建。建成数字兰溪地理空间框架。数字城管获全面小康论坛浙江十大民生决策奖，智慧城管一期项目建成。老旧小区改造试点进展顺利，城市交通治堵取得积极成效。美丽乡村建设深入推进。“兰诸”风情线基本建成，成功创建“全国休闲农业与乡村旅游示范县”。探索推行农村环卫收费工作，城乡环卫保洁机制进一步完善，群众参与率达到95%以上。农村赤膊房治理积极推进，开展2个省级中心村和40个环卫保洁示范村的培育工作，创建游诸环卫示范线。开展“清理杂物、美丽庭院”专项行动，“三清三化三送”活动成果得到巩固。再生资源收购点整治有序推进，完成市再生资源回收体系建设专项规划。

（四）**民生事业持续改善**。10个方面25项为民办实事项目进展顺利，96345社会公共服务平台、公共自行车服务系统、出租车电召服务系统等项目全面建成。国家义务教育发展基本均衡市创建通过省级评估验收，浙师大行知学院迁建项目进展顺利，新兰五中完成搬迁，外国语中学、外国语小学投入使用，中高考成绩实现新突破。启动省级卫生强县市创建，中心血站建设进展顺利，中医院病房大楼投入使用。单独两孩政策平稳实施，人口性别比综合治理得到加强。成功举办“畅游家乡水”“第二届兰溪星舞台”“龙舟邀请赛”等文化体育赛事，建成农村文化礼堂22个。完成“两馆一站”提升改造工程，创建省级体育强乡镇14个、体育小康村38个。成功开通兰溪至金华城际客运班线。市民宗局获全国民族团结进步模范集体荣誉称号。

（五）**社会大局和谐稳定**。扎实开展“平安创建”工作，创建覆盖面持续扩大，社会参与率、知晓率不断提高，群众安全感满意率保持高位。顺利完成十八届四中全会、上海亚信峰会、“八一”等重要时段的安保工作。积极创新社会治理，新建流动人口服务管理所9个。社会管理服务中心规范运行，省平安建设信息系统村级覆盖率达2/3。规范矛盾纠纷排查化解工作，完善矛盾纠纷大调解体系，全年共排查化解各类矛盾纠纷近2000起。重大决策社会稳定风险评估工作进一步完善。网络舆情导控能力得到加强。全市安全生产形势总体平稳，治安形势持续好转。

（六）**党的建设切实加强**。以作风建设开局，扎实开展党的群众路线教育实践活动，纠“四风”、治“两局”，自身建设不断加强，党风政风持续好转，切实营造敢担当、严执行、抓落实的干事创业氛围。群众工作站、软弱涣散村整治“十个一”行动等做法得到了省委和金华市委的充分肯定。认真贯彻落实新《党政领导干部选拔任用工作条例》，全面开展干部信用等级评定，选派年轻干部赴重点项目、重点工作一线攻坚锻炼，干部作风明显优化、攻坚克难能力稳步提升。强化党风廉政建设主体责任和监督责任落实，在金华市率先完成乡镇纪委回归主业工作。

落实“正风肃纪”常态化，对112家单位和99名党员干部进行点名通报或处理。保持反腐高压态势，党纪处分187人，移送司法机关22人。推进两新组织党建立体化覆盖，创建示范点10个。积极培育和践行社会主义核心价值观，制作大型现代婺剧《东海魂》，在周边9个县市开展巡演。人大代表联络站实现镇乡街道全覆盖，出台进一步加强人民政协民主监督工作实施意见。统一战线、人民武装工作得到加强，工青妇等群团作用得到更好发挥。市委党校被评为省级先进党校。

同志们，这些成绩的取得，得益于上级党委政府的正确领导，得益于历届班子打下的坚实基础和老领导的大力支持，得益于四套班子和全市上下的精诚团结、奋勇拼搏。在此，我谨代表市委、市政府，向所有为兰溪发展付出辛勤努力的同志，表示衷心的感谢和崇高的敬意！

在肯定成绩的同时，我们也必须清醒地认识到工作中存在的一些问题和不足，突出表现在：经济下行压力较大，“两链”风险局部存在；财政持续增收比较困难，基本公共服务还有部分欠账；少数党员干部的政治意识、担当意识、规矩意识还有待进一步加强。对此，我们必须高度重视，努力加以解决。

二、全面深化“法治兰溪”建设

党的十八届四中全会，提出全面推进依法治国的战略决策，开启了法治建设的新征程。近期，省委十三届六次全会和金华市委六届八次全会，分别对建设法治浙江、建设法治金华作出重要部署。我们要深入学习领会上级有关精神，切实把思想和行动统一到全面推进依法治国的决策部署上来，促进治理体系和治理能力现代化，全面深化法治兰溪建设。

（一）深刻认识法治兰溪建设的重要意义。全面深化法治兰溪建设，具有重要的战略意义和现实意义。首先，建设法治兰溪是依法治国在兰溪的生动实践。党的十八大以来，习近平总书记发表了系列重要讲话，阐述了治国理政新理念，提出了建设法治中国的战略构想。党的十八届四中全会，专题研究全面推进依法治国重大问题，进一步丰富了我们党依法治国、依法执政的理论和实践。全面深化法治兰溪建设，是贯彻落实中央、省委重大决策的具体行动，是依法治国在兰溪的生动实践。其次，建设法治兰溪是推动兰溪赶超发展的必然要求。正确认识法治与改革、发展、稳定的关系，以及法治在兰溪推进全面深化改革、“两富”“两美”建设中的极端重要作用。只有紧紧依靠法治，才能推进科学民主决策，提高政府管理效能，确保我市经济社会各项事业既生机勃勃又井然有序，进而在发展中赢得竞争优势。最后，建设法治兰溪是促进社会公平正义的有效途径。法治建设贯穿于经济社会发展的各领域，当前，“五水共治”“三改一拆”“四破”整治等工作已进入深水区和攻坚期，必然触及更多的深层次矛盾。切实维护社会公平正义，促进社会矛盾化解，让人民群众共享法治阳光，这些都需要强力的法治作为保障。

（二）准确把握法治兰溪建设的主要任务。按照上级部署，到2020年，力争形成尚法守制、公平正义、诚信文明、安定有序的依法治市新格局。坚持依法执政。切实发挥党委的领导核心作用，总揽全局、协调各方，支持和推动人民代表大会制度与时俱进，支持和推动协商民主广泛多层制度化发展，支持人大、政府、政协、审判机关、检察机关依法依章履行职能，加强和改进对政法工作的领导，支持工青妇等群团组织在全面深化法治兰溪建设中发挥作用。加强依法行政。深化“四张清单一张网”建设，加快建设职能科学、权责法定、廉洁高效、守法诚信的法治政府。健全重大事项决策的规则和程序，凡属重大决策部署都要充分论证，广泛征求群众的意见。加大政府信息公开力度，深入推进行政权力网上公开透明运行。促进公正司法。建立健全科学合理、规范运行的司法权利运行体制，严防司法寻租，坚决杜绝以言代法、以权压法、徇私枉法。探索创新群众参与、监督、评判司法的途径和方式，完善人民陪审员制度，让司法权力在阳光下运行。推进全民守法。领导干部带头学法用法，增强对法律的敬畏之心，做遵纪守法的表率。做好“六五”普法宣传，提升群众对法治的认知度、参与率。加强社会诚信体系建设，促进法治与德治良性互动。

（三）切实强化法治兰溪建设的机制保障。 建设法治兰溪，是一项系统的、长期的工程，需要全市上下密切配合、统筹推进。强化组织领导。加强党委对法治建设的统一领导、统一部署，党政主要负责人要改造法治建设第一责任人职责。建立健全法治工作领导小组，定期研究解决重大问题，加强工作指导、统筹协调和督促检查。完善机制建设。完善党委领导，人大、政府、政协分别负责，各部门分工实施的法治建设工作机制。落实成员单位责任，完善联动机制，增强工作合力。健全法治建设指标体系，完善考核评估机制，加强结果运用。建设法治队伍。用好党管干部、党管人才的组织优势，加强理想信念教育，建设一支德才兼备的高素质法治工作队伍。

三、全力以赴抓好2015年各项工作

2015年，是我市全面深化改革的攻坚之年，实施“十二五”规划的收官之年，全面推进依法治国的开局之年，也是我市撤县建市30周年的庆喜之年。抓好2015年的各项工作，意义重大。

2015年工作的指导思想是：全面贯彻落实党的十八大，十八届三中、四中全会及省、金华市一系列重要会议精神，紧紧围绕“追赶跨越、重振雄风”的总目标、总基调，深入实施“强工业、兴三产、优环境、惠民生、重生态、促和谐”十八字方针，以改革的精神、法治的思维、强力的举措，树立新理念、培育新产业、激发新活力，全力推进“两美”兰溪建设。综合考虑各种因素，建议2015年经济社会发展的预期目标为：地区生产总值增长8%、力争9%，地方财政收入增长8%，固定资产投资增长15%，外贸出口增长10%，社会消费品零售总额增长12%，城镇居民人均可支配收入、农村居民人均纯收入分别增长9%、10%。

为实现全年各项目标任务，重点抓好六个方面的工作：

（一）抓投入、稳增长，在提高发展质量上取得新成效

牢牢抓住经济发展的牛鼻子，精确制导、精准发力，着力稳增长、强投入、优服务，切实提升经济发展质量。大力度推进项目建设。以重大项目建设为抓手，进一步突出重点，努力扩大有效投资，着力抓好“四个十大”项目建设，即“十大指挥长”工程、“五城五开”十大项目、“十大产业转型”项目、“十大战略储备”项目。“十大指挥长”工程，要及时优化、调整、充实项目库，集中优势力量和政策资源，切实加快项目推进。“五城五开”十大项目，要抓紧谋划实施，力争今年全部开工。积极谋划布局华铝战略合作、中光科技、自立铜业等“十大产业转型项目”，进一步优化我市产业结构，提升经济效益和发展水平。同时，切实完善项目包装机制，结合“十三五”规划编制，优化调整重点项目储备库，扎实开展工业遗址博览园、文化创意产业园、第三水源、兰江小上规纺织园等“十大战略储备”项目的前期工作，为我市赶超发展提供强有力支撑。高标准推进招商选资。进一步完善招商引资政策，坚持市领导联系重点招商引资项目制度，确保引进内资65亿元、外资3000万美元，浙商回归资金24亿元，总部经济2.2亿元。强化驻点招商，开展上海浦东等地的挂职招商。加大产业招商力度，围绕主导产业、战略新兴产业等产业，大力实施精准招商。完善项目预审机制，推进乡镇工业园区差异化发展，强化工作统筹，优化项目布局。全方位推进要素保障。强化“四破”攻坚，切实加大对重点企业的处置力度，确保清理低效用地1000亩以上，争创金华市“四破”整治示范区。大力推进低丘缓坡综合项目开发，加快乡镇工业园区拓展提升。继续抓好扶持工业16条政策落实，有效防控资金链、担保链问题，保障企业平稳健康运行。深化政银企对接合作，确保新增贷款40亿元。进一步整合国有资产，推进地方融资平台产业化发展。深化权力清单制度，完善“7+X”项目预审、工商注册登记等“多证联办”制度。加快建设“二新二扩”等一批输变电工程。深入实施“智汇兰江工程”，着力引进一批创业创新高层次人才。

（二）抓转型、调结构，在加快产业提升上实现新跨越

坚持创新驱动发展战略，全力加快转型升级

步伐，优化产业结构，打造兰溪产业升级版。全力主攻新型工业化。深化“纺织强市”创建，结合省“两化融合”兰溪棉纺织产业集群示范区、传统块状行业“腾笼换鸟”试点建设，积极培育一批纺织重点项目、产品、示范企业，推进差异化、时尚化发展。深入实施主体培育工程，引导企业积极参与资本市场，大力实施股份制改造，鼓励企业上市；鼓励中小企业加大技改投入，以“机器换人”推进设备更新、新品开发和工艺革新，培育一批“小老虎”企业。完善战略性新兴产业发展考核体系，加大创新型企业、高新技术企业培育力度，大力培育中小型科技企业。加快推进现代服务业。启动服务业发展新三年行动计划，进一步提升现代服务业发展水平，确保服务业占GDP比重达到35%以上。加快推进总部商务区、浙中纺织品市场建设，启动实施海洋城、农批市场、电子商务城、汽车城等一批重大服务业项目。加快发展现代物流业，推进嘉宝物流、浩鑫物流后续建设和英特药业一期建设。大力扶持电子商务发展，完善电商产业链，新增电商企业30家以上。着力推进汇丰贵金属、康恩贝康满家等电商平台建设。做优做强旅游休闲产业，大力发展休闲旅游、民宿经济，加快兰湖旅游度假区招商和游客中心建设。积极发展现代农业。进一步强化农业基础地位，以农业两区建设为抓手，加快推进农业现代化，让农业经营有效益，农业产业有活力。深化农村产权制度改革，启动农村土地承包经营权管理平台建设，完成村经济合作社股份制改革。积极开展多种形式适度规模经营，粮食生产功能区、现代农业园区建设，基本建成“六个万亩”基地。大力引进工商资本，推进京兰文化园、兰梅现代林业园、塔山兰园等一批农业综合项目开发。实施农业与科技深度融合，提升完善数字农业骨干平台，积极发展农业电商平台。加快新型农业社会化服务体系建设。严格养殖业准入，促进畜牧业转型升级，实现绿色、清洁发展。大力推进景观森林建设，继续实施平原绿化、通道绿化，打造“森林兰溪”。

（三）抓环境、重生态，在建设美丽兰溪上作出新努力

以山水兰溪、生态兰溪、智慧兰溪建设为重点，全面优化城乡人居环境，打造宜居宜游的“美丽兰溪”。全面深化“五水共治”。全力推进“五水共治”十大任务、十大行动、十张网络、百个项目，完成10个示范村、10条示范河流、10个示范项目创建。加大力度打造最美河流，整治最差河流。做好农村生活污水后续管理运行，实施第二轮125个村的农村生活污水治理工程。启动钱塘江堤防加固二期工程，力争年内完成12.5公里主体工程。推进梅溪治理，启动游埠溪、甘溪、赤溪水环境综合整治，加快推进市污水处理厂二期、集镇污水截污纳管等治污工程建设。强势推进“三改一拆”。继续保持“三改一拆”高压态势，大力实施违法“一户多宅”整治，争创“无违建市”。坚持拆改结合、拆转结合、拆用结合，进一步抓好拆后利用，推进“三改一拆”工作常态化、科学化。切实抓好集镇建设管理工作。着力打造“精品城市”。推进国家园林城市创建。完成环境功能区划编制，明确生态红线，建立负面清单制度，争创省级生态市。着力提升三江六岸景观，加快兰江绿道建设，推进一批城市公园、景观改造提升工程。推动城北区块有机更新，加快金角新区开发，完成“一桥两路”工程建设。提升基础设施生态功能，新建、改造污水管网32公里。完善建筑垃圾生态处置场所规划。加快老旧小区改造，启动市域村庄布局规划修编。推广应用数字兰溪地理空间框架平台。拓展数字城管服务功能。加快董蒋线规划建设，以马墩线、义兰公路、临金高速建设为契机，推进香溪、横溪、马涧等北部乡镇开发。强化道路超限超载整治，统筹推进治堵治气工作。加快建设“美丽乡村”。启动省级美丽乡村先进县市创建，筹划兰溪全域化风情线建设，打造兰贺线等若干条美丽风情线，积极推进中心村、秀美村、精品村创建，加强历史文化村落保护。提升兰芝风情线产业发展水平，推进兰芝休闲观光园等项目建设。深入实施“四边三化”行动，大力开展“美丽庭院”“美丽厂区”创建，加快推进农房改造工程。积极提升群众对环境的参与意识，大力推行垃圾分类减量处置。切实加大扶贫开发力度。

（四）抓稳定、保平安，在创新社会治理上寻求新突破

围绕平安建设“十连冠”目标，进一步创新社会治理，夯实平安建设基础。加快基层治理信息化建设，深化“两网融合”、一体运作机制，实现省平安建设信息系统村级全覆盖。推进社会治安防控体系建设，完善110应急联动机制，强化流动人口和特殊人群服务管理。强化重点时段、重点人群稳控工作，健全完善矛盾纠纷排查调处工作机制，实现矛盾调处与司法确认的有机结合。深化重大事项社会稳定风险评估机制，推进社会稳定“三色预警”管理。落实重点不稳定因素领导包案机制，继续实行市领导接访机制，加大初信初访的办理力度。加强网络舆情搜集、研判、处置工作，着力打造清朗的网络空间。强化安全监管责任，严厉打击食品药品违法犯罪行为。加强全民禁毒工作体系建设。狠抓安全生产，最大限度预防和减少安全事故。

（五）抓民生、强服务，在增进人民福祉上拓展新空间

坚持富民导向，守住民生底线，全力办好民生实事，满足人民群众对美好生活的新期待。加快芝堰水库除险加固、第二水源输水管网工程建设和第三水源前期工作，切实保障城乡居民饮水安全。完善社会保障体系，健全低保动态管理机制，推进社保征缴扩面。加快保障性住房建设。加快市福利院扩建工程，进一步完善农村社区居家养老服务体系建设。大力拓宽就业渠道，城镇登记失业率控制在4%以内。争创全国义务教育发展基本均衡市，加快义务教育标准化学校创建达标工作，进一步优化全市教育布局。启动省等级职业学校创建，实现省教育现代化市目标。深入推进国家卫生城市、省卫生强市创建。强化出生人口性别比综合治理，巩固提升计生工作水平。继续抓好第三批农村文化礼堂建设。启动文化旅游年，组织开展“撤县建市三十周年”系列宣传活动。

（六）抓党建、提效能，在改进干部作风上落实新举措

全面落实“党要管党、从严治党”各项要求，深入开展“从严管理落实年”活动，不断提升党建科学化水平，为兰溪“追赶跨越、重振雄风”提供坚实的组织保障。加强思想政治建设。继续落实教育实践活动的好经验、好做法，坚持抓常、抓细、抓长，通过制度完善，进一步巩固、提升群众路线教育实践活动成果。深入学习贯彻十八届四中全会以及习近平总书记系列重要讲话精神，围绕适应新常态、创新驱动、依法治国等重点，办好主体班次，着力提升各级党员干部驾驭复杂局面的能力。强化意识形态引领，大力弘扬社会主义核心价值观。促进各级人大、政协组织围绕中心、服务大局，积极开展重点视察、专项督查、分类调研等活动。全面推进协商民主制度化规范化，切实加强统一战线工作，进一步发挥各民主党派、工商联、无党派人士、老干部、工青妇等群体作用，汇聚发展合力。坚持党管武装，切实抓好民兵预备役应急力量建设。加强组织队伍建设。坚持“重品行、重实绩、重乡镇”的用人导向，推行新任领导干部到急难险重岗位顶岗培训、年轻干部下基层挂职锻炼等制度。建立干部定期交流制度，提高干部队伍活力。制订领导干部3+1季度考绩推优制度，提高干部考核科学性。加大两新组织党建力度，确保党的组织和工作全覆盖。进一步严格党内政治生活制度，创新党代表常态化履职载体，全方位搭建党建服务平台。继续开展基层党组织“四规范四提升”活动，强化村级后备干部培养，培育一批农村致富带头人，全面加强服务型党组织建设。继续深化软弱涣散基层党组织预警机制，分步分类推进村办公场所达标、提升建设。加强党风廉政建设。深化中央21项整治、省委“十大整改行动”落实，继续保持正风肃纪的高压态势，防止“四风”问题反弹回潮，形成转作风、促发展的新常态。完善年度履行党风廉政建设主体责任及“第一责任人”职责报告制。强化监督执纪问责，集中力量抓大要案、经济案件以及发生在群众身边的不正之风和腐败问题。认真落实纪检监察“三转”要求，深化乡镇纪委回归主业工作，积极推进市级部门纪检监察派驻机构改革。积极稳妥推进派驻机构统一管理改革。完善村监委会考核评价机制，深化农村集体“三资”管理。全面加强非公企业纪检组织和社区居监会规范化建设。开展党风廉政宣教精品工程创建活动。积极稳妥推进公车制度改革。

同志们，抓落实，一天都不能耽误；抓落实，不看“唱功”看“做功”。2015年的工作依然艰巨、繁重，更加需要我们讲政治、有激情、敢担当，挑起“追赶跨越、重振雄风”的历史重任。在此，我就当前的干部作风和精神状态问题，提四点要求，就是要争做“四有”干部：

一有：勤学善思有方法。努力适应新常态，寻求新常态下的新发展，需要我们更加自觉地学习新知识，注入新动力。现在，不少党员干部因为工作忙、事务多，平时没有静下心来好好学习，碰到难题了才想起临时抱佛脚。“大数据”的时代，要时刻有一种“本领恐慌”，一天不学习就有落后感，把学习当做干好工作的第一要务。创新是活力之源。要多在改革创新上做文章，敢于冲破思想禁锢，敢试、敢闯、敢冒，在遵循客观规律、依法依规的基础上，以改革求突破，以创新求发展，不断提振精气神，提升工作实效。

二有：胸怀大局有担当。现在各种规矩越来越多、越来越严，特别是中央八项规定出来后，少数同志感觉浑身不自在，工作也放不开手脚，认为多一事不如少一事，存在不敢干、不肯干倾向，走向了另一个误区。这种为官不为的思想危害极大。夏宝龙书记讲过，“每个层级有每个层级的担当”。“十大指挥长”工程、“五城五开”项目、治水拆违，我们市四套班子领导分别担任指挥长、河段长，冲在一线，垂范在前。这就是市级班子的担当。前不久，我跟瑞俊市长推出书记、市长集中办公活动，目的就是要给大家挑担子，体现我们党政一把手的担当。我们的乡镇部门一把手，直至一般干部也要胸怀大局，都要有各自的担当，关键时候要豁得出来、顶得上去，确保政策到位、责任到位、执行到位。

三有：敢于攻坚有拼劲。爱拼才会赢，干工作就要有那么一股劲。当前，“五水共治”“三改一拆”“四破”整治等工作，已全面进入攻坚期、深水区，能不能把这些硬骨头顺利啃下来，关系我们改革发展大局，更考验我们的智慧和勇气。困难面前，我们要大力弘扬埋头苦干、真抓实干、拼命快干的工作精神，在攻坚克难中统一思想，在攻坚克难中凝聚人心，在攻坚克难中弘扬正气，拼出协作、拼出技巧、拼出发展。像排岭、下金的征地拆迁，大学城的征地拆迁，都是同志们“白+黑”“5+2”拼出来的。

四有：严守规矩有定力。规矩是一条带电高压线，同志们要且行且珍惜。市委的用人导向非常鲜明，就是要大力培养选拔肯干事、能干事、干成事的干部，反之，对那些不讲大局、不守规矩、为官不为的干部要挪位置、打板子。个别同志工作没干多少，却喜欢评头论足、传递小道消息，说同志、说“战友”的坏话，这是非常不应该的。当干部关键还是要靠自身硬，自身不硬组织想救也救不了你；反之，只要你是一心为了工作、一心为了兰溪发展，真的遇到什么情况，市委市政府都会帮你挑担。我们要认真落实习近平总书记“三严三实”要求，切实做到“心中有规矩，言行守规矩，用权讲规矩”。临近年关，“礼尚往来”的风气有所抬头，各种利益诱惑增多，要严格遵守“八项规定”“六条禁令”，廉洁自律，确保同志们都平安快乐！

同志们，新常态孕育新机遇，新目标引领新发展。让我们以党的十八大，十八届三中、四中全会精神为引领，在省委省政府、金华市委市政府的坚强领导下，高举改革与法治两面大旗，团结一心、振奋精神、锐意进取、务实创新，为全面深化改革、建设“两美”兰溪而努力奋斗！

名词解释

新常态：习近平总书记用四句话概括经济发展新常态特征：增长速度从高速增长转向中高速增长；发展方向从规模速度型增长转向质量效益型集约增长；经济结构从增量扩容为主转向调整存量、做优增量并举的深度调整；发展动力从传统增长点转向新的增长点。

工业经济"16条意见"：兰溪市委、市政府为支持企业稳定发展，于2014年3月份，制定《关于加大工业经济支持力度的若干意见》。主要包括加大工业企业转贷资金、加大对工业企业信贷支持、提高企业工业用地贷款抵押评估指导价等16条意见。

"清水零点"行动：这是我市推进"五水共治"的重要举措。零点左右，由市领导带队，对沿江沿河排污企业和单位进行突击检查，促使企业污染物达标排放。

无违建县市：为巩固"三改一拆"行动成果，我省于2014年起全面开展"无违建县"创建活动。"无违建"标准，包括无既有违法建筑、无新增违法建筑、无规划盲区、无管理死角、无非法"一户多宅"等内容。

四张清单一张网：指政府权力清单、企业投资负面清单、财政管理专项资金清单、责任清单以及省市县三级联动的政务服务网。

二新二扩：开工建设220千伏孟湖输变电工程、110千伏赤溪变，建成投运110千伏上华变和梅江变扩建等输变电工程。

四规范四提升：规范制度挂牌、规范活动场所、规范资料台账、规范信息公开，提升基层党组织的规矩意识、服务功能、内部管理和发展活力。

政府工作报告

——2015年1月11日在兰溪市第十五届人民代表大会第四次会议上

朱瑞俊

市长朱瑞俊作《政府工作报告》（钟路摄）

各位代表：

现在，我代表市人民政府向大会作工作报告，请予审议，并请市政协委员和其他列席人员提出意见。

一、2014年工作回顾

过去一年，面对复杂严峻的宏观形势，我们在市委的正确领导下，在市人大、市政协的监督支持下，紧紧围绕“追赶跨越、重振雄风”的总体要求，贯彻落实“十五字方针”，奋发有为，开拓进取，较好地完成了市十五届人大三次会议确定的各项目标任务。全市预计实现生产总值273亿元，增长8.5%；地方财政收入（公共财政预算收入）20亿元，增长10%；固定资产投资148亿元，增长15%；外贸出口12.5亿美元，增长19%；社会消费品零售总额106亿元，增长14%；城镇居民人均可支配收入29047元，增长9%，农村居民人均纯收入12079元，增长11%。一年来，我们的工作成效主要体现在以下几个方面：

（一）发展后劲不断增强。招商选资难中求进。全年共引进内资56亿元，浙商回归到位资金22亿元，实到外资2300万美元。先后在兰溪、武汉举办浙商回归项目集中签约活动，成立湖北兰溪商会。项目建设有序推进。“十大指挥长”工程、“五城五开”“双百工程”项目总体进展顺利。衢江航运开发、万舟纺织等41个省、金华市重点项目全部开工建设，超额完成投资任务。列入省“双千”技改项目66个，项目数连续8年列全省各县市首位。科技创新不断强化。新增科技型企业63家，其中国家级高新技术企业9家，为历史之最。列入国家级科技项目13个，组建企业研发中心32家。15家企业和机构入驻科技孵化园。丰登化工新型高浓度废水利用处置技术在全国推广。举办第二届人才科技月“院士专家兰溪行”等系列活动，2人入选省“千人计划”。成立金华市首家人才银行。成功创建省知识产权示范市。新增省名牌产品4只。要素保障力度加大。开展“四破”专项整治，盘活闲置低效用地1600亩。浙商创新实验园、开发区三期招商平台基本成形，拓展发展空间2000多亩。1000千伏特高压兰江站输变电工程建成投运，110千伏梅江变、上华变完成扩容。成立金融办，首次引进全国性股份制商业银行——平安银行，筹建民间融资服务中心，全市新增贷款40亿元。交联辐照材料公司获批新三板挂牌上市。在全省率先开展“五水共治”定向融资，成功发行债券5亿元。

（二）经济运行稳中向好。企业发展保持平稳。及时出台扶持工业企业发展“十六条”。加强企业风险防范协调处置，严厉打击非法集资、高利贷、逃废债等行为。开展服务企业“春风行动”，解决企业发展难题124项；转贷22亿元，增长近2倍。新增市场主体4500多家，完成“个转企”近300家。工业转型步伐加快。预计技改投入占工业投资比重达到63%，比上年提高6个百分点；万元GDP能耗下降9.5%，降幅居金华市首位；新产品产值、高新技术产业增加值、装备制造业增加值分别增长40%、13.5%、12.9%，增幅均列金华市第二；战略性新兴产业增加值40亿元，占规上工业增加值比重超过1/4，总量居金华市第二。加快推进纺织行业“机器换人”，确定示范试点项目70项。棉纺织产业集群公共服务平台投入运行。列为综合性“腾笼换鸟”省级试点县，锡箔行业整治列入省第一批传统块状行业“腾笼换鸟”试点。建立工业企业产出效益评价体系，出台全省首个地方性用能确权标准，完成重点企业能源监测体系建设。支持企业“走出去”，红狮集团等企业境外直接投资1.6亿美元，占金华市的70%。服务业多点开花。预计服务业增加值占GDP比重为34.5%，比上年提高0.7个百分点；生产性服务业占服务业投资比重达到26%，比上年提高10个百分点。编制商业网点布局专项规划。嘉泰·新时代广场建成营业，沃尔玛正式入驻。成功签约海洋城、农产品批发市场。改造提升农贸市场3家。引进总部经济税收2.2亿元，总部大楼完成土建工程。启动实施旅游目的地建设三年行动计划，实现旅游收入45亿元，增长29%。兰湖大道主体工程基本完成。嘉宝物流基地投入运行。搭建邮政跨境电商平台，康恩贝自建电子商务交易平台正式运行，新增电子商务企业22家，电子商务交易额突破10亿元，增长42%。现代农业成效显著。成功承办金华市农业“两区”建设现场会。“六个万亩”现代农业项目顺利推进，云山万亩粮食功能区基本建成。创建省级现代农业园区3个。新增流转土地1.5万亩、设施农业3500亩，引进农业项目10个。与省农科院、浙江农林大学合作，建成全省首家“数字农业”平台。创建成金华市首个全国休闲农业与乡村旅游示范县。全面建成镇乡（街道）农业公共服务中心。

（三）城乡面貌大为改观。城乡建设扎实推进。金角大桥基本完工，横山大桥主跨合龙，马墩线主体工程完工，义兰公路顺利推进。姚家枢纽及船闸工程开工。李渔路延伸、和平南路改造、扬子江路新建等城市道路项目完工。修缮历史街区建筑2.5万平方米。顺利完成排岭地块征迁，启动下金、黄溢、下余等城中村改造。数字城管实现镇乡（街道）全覆盖，智慧城管一期工程完工。城区弱电管网实现共建共管。完成人民南路夜市搬迁。游埠镇入选全国重点镇，梅江镇升格为金华市级中心镇，黄店芝堰村、永昌社峰村被评为中国传统村落。“五水共治”开局良好。实施“五水共治”十大工程，募集公益基金8300多万元，开工建设项目105个，完工69个，完成投资9.2亿元。全面落实“河长制”，深入开展“清三河”行动。完成市级污水处理厂应急改造。启动农村生活污水治理，首轮257个行政村治理工程基本完成。深入推进黄砂整治，规范环保处理及生产经营。全面推进生猪养殖污染专项整治，关停、拆除禁养区内养殖场（户）3100多家，减少存栏近29万头。建立生猪政策性保险和无害化处理联动机制。在全省率先开展跨区域联合治水，得到了省政府肯定。经过整治，全市22个水质监测断面中有7个水质得到提升，劣Ⅴ类断面从5个减少至1个，兰江出境水质稳定保持Ⅲ类。农防加固主体工程五年任务三年完成，城东片防洪应急工程建成并发挥作用，荣获省水利最高荣誉“大禹杯”金奖。完成全市供水专项规划编制。环境整治重拳出击。出台全省首个“三改一拆”问责办法，拆除违章建筑198万平方米，完成“三改”70万平方米，上华、赤溪、灵洞、水亭、诸葛、梅江“无违建”镇乡（街道）创建进展顺利，129个村达到“一户一宅”标准。实施主城区黄标车限行，淘汰黄标车近3500辆。开展“清水零点”行动，关停小作坊135家。编制再生资源回收体系建设规划，完成再生纤维及其制品行业整治，关停企业57家。深化六大行业整治提升，制革、造纸行业通过验收。推进环卫体制改革，实现城乡环卫一体化管理。在全省率先推行农村环卫收费，农村环卫长效机制建设经验在全省推广。

（四）社会事业持续进步。浙师大行知学院迁建项目获省政府批准建设。新兰五中和外国语小学、外国语中学两所民办学校建成并投入使用，机关幼儿园迁建工程基础完工，镇乡（街道）中心幼儿园实现全覆盖。义务教育发展基本均衡市通过省级验收。学生饮食放心工程、交通安全保障工程全面实施。中高考成绩实现新突破。中医药三级康复服务体系列入省级科技惠民项目。中医院新病房大楼投入使用。平稳实施“单独二孩”政策。成功创建省级灭鼠灭蟑先进城区。金兰中线城际公交开通运营，公共自行车投入使用。1.33万名被征地农民转保享受职工养老保险待遇。成功举办“兰溪星舞台”等群众文化活动，建成农村文化礼堂22家。全面推行惠民殡葬政策。民宗局被国务院授予“全国民族团结进步模范集体”荣誉称号。扎实推进“平安兰溪”建设，顺利完成各敏感时段安保工作，全市保持和谐稳定，群众安全感满意率不断提高。工会、共青团、妇女、未成年人、老年人、残疾人、慈善等事业有了新进展，外事侨务、台务、人民武装、双拥等各项工作取得新成效。

（五）政府效能得到提升。积极开展党的群众路线教育实践活动，“四风”问题整改基本完成。完善市长集中下基层办公制度，提高为基层抓协调、解难题的效率。推进“四张清单一张网”改革，实施权力清单制度，权力“瘦身”41.2%，用权力的“减法”换取市场活力的“加法”。全面推行工业企业并联模拟审批，实行工商注册登记“多证联办”，成功引进项目图审中介，强化项目审批全过程跟踪监督。完成市场监管体制改革。整合市长热线、96345社会公共服务平台，开通8890便民服务分中心。积极开展公路“三乱”、农民负担等领域纠风治乱，有效维护群众利益。办理人大代表建议412件、政协提案397件。实行“三公”经费和部门预决算公开，全市“三公”经费比预算压缩43.7%。清退机关办公用房近万平方米。

各位代表！过去一年的成绩来之不易。成绩的取得，关键在市委的正确领导，得益于市人大、市政协和社会各界的监督支持，凝聚了全市人民的智慧和汗水。在此，我谨代表市政府向全市广大干部群众，向人大代表、政协委员、各民主党派、工商联、无党派人士、人民团体、离退休老同志、驻兰部队和在外兰溪籍人士，向所有关心支持兰溪发展的各界朋友表示衷心的感谢！

同时，我们也清醒地看到，我市经济社会发展中还面临不少问题，政府工作中还有很多不足，主要是：兰溪作为一个老工业基地，转型升级、绿色发展的任务仍然艰巨；一些企业经营还比较困难，资金链、担保链风险不容忽视；上级对资金、环保、土地等政策管控越来越严格，发展要素制约越来越明显；城乡建设的历史欠账还较多，民生保障的力度与群众的期盼还有较大差距；部分干部的思想观念、精神状态、工作方法还不适应改革的要求，少数干部作风还有待改进，等等。对此，我们一定高度重视，积极采取措施，认真加以解决。

二、2015年目标任务和重点工作

今年是全面深化改革的关键之年，是全面推进法治建设的开局之年，也是“十二五”规划的收官之年，还将迎来兰溪撤县建市30周年。当前发展进入“新常态”，经济进入调整期，改革进入攻坚期，社会进入转型期，机遇和挑战并存，改革的红利和转型的阵痛交织。我们将主动适应“新常态”，运用法治思维，创新工作方法，扎实有为做好各项工作，向全市人民交出一份满意的答卷。

根据市委的总体部署，今年政府工作的总体要求是：以党的十八大、十八届三中、四中全会精神为指引，贯彻落实省、金华市和市委系列会议精神，紧紧围绕“追赶跨越、重振雄风”总要求，深入实施“强工业、兴三产、优环境、惠民生、重生态、促和谐”十八字方针，全面推动改革创新，着力稳增长调结构促转型，不断优化城乡环境，切实保障和改善民生，确保完成“十二五”规划目标任务，全力推进“两美”兰溪建设取得新成效。

综合各种因素，建议今年经济社会发展的主要预期目标为：生产总值增长8%，力争9%；公共财政预算收入（地方财政收入）增长8%；固定资产投资增长15%；外贸出口增长10%；社会消费品零售总额增长12%；城镇居民人均可支配收入、农村居民人均纯收入分别增长9%和10%；城镇登记失业率控制在4%以内；人口自然增长率控制在6‰以内;节能减排完成上级任务。

为实现上述目标，重点做好以下六个方面工作：

（一）以深化改革为统领，激发追赶发展活力

深化政府自身改革。贯彻落实政府机构改革方案，规范机构设置，精简人员编制，理顺部门职责关系，优化部门内部结构。编制完成“四张清单”，进一步推进简政放权。深化行政审批制度改革，进一步落实行政审批“两集中、两到位”，加快网上政务分厅一体化建设，打造集行政审批、便民服务、政务公开于一体的行政审批服务平台，项目审批全流程压缩到100天之内。全面推行企业投资项目高效审批，建立重点项目行政审批“绿色通道”，实行零用地技改项目免审批。加强中介机构管理，建立公开公平的竞争机制。全面推进镇乡（街道）便民服务中心规范化建设。落实新《预算法》，进一步完善政府预算体系，实行全口径政府预算，强化预算执行刚性。按照财政专项资金清单改革的要求，加大专项资金整合力度。全面实行市本级财政资金定期存款存放招投标管理。

推进要素配置市场化改革。严格落实企业分类管理制度，实行低效工业企业差别化水电价政策。完善用地分级保障机制，建立重大项目向上争取指标、公建项目由计划指标优先保障、一般产业项目依靠内部挖潜的用地保障体系。深入开展“四破”整治，完成“退二进三”“退低进高”1500亩以上。立项农村土地综合整治500亩，垦造耕地2000亩，探索通过市场化运作方式垦造耕地。严格落实耕地保护责任。全面清理城区闲置用地，启动部分企业老厂区地块收储。健全国有资产管理，盘活行政事业单位资产，加强国有企业不动产处置资金使用监管，出台行政事业单位国有资产配置标准和管理办法。落实生态环境财政奖惩制度，推进能耗指标市场化交易，进一步淘汰落后产能。深化农村产权制度改革，启动土地承包经营权管理平台建设，完成村经济合作社股份制改革，实现宅基地确权登记发证全覆盖。

加强地方融资创新。主动适应地方政府债务管理新要求，探索建立债务资金使用绩效管理机制。鼓励引导社会资本投向教育、医疗、养老、城建设施等公共事业，理出一批公私合作项目，大力推广PPP融资模式。积极向上争取发行政府债券，拓展建设融资渠道。完善金融机构考核制度，新增贷款40亿元以上。引进全国性股份制商业银行1家，运营民间融资服务中心。积极培育发展互联网金融业。鼓励企业通过定向发行票据、可转债、中小企业私募债等形式进行融资，进一步提升企业直接融资能力。

（二）以项目建设为支撑，进一步扩大有效投资

完善招商选资机制。引进内资65亿元、外资3000万美元，浙商回归到位资金24亿元以上。进一步完善招商考核办法。配强专业化招商队伍，从“有人”招商向“能人”招商转变。优化以产业招商为重点的驻点招商，开展上海浦东等地挂职招商，积极引进高新技术产业、战略性新兴产业项目，从“粗放”招商向“精准”招商转变。实行招商项目全过程管理，完善项目预审机制，统筹项目落地。

推进重大项目建设。积极有为，加大省重大产业和重点项目申报力度，尽力争取政策、资金支持。全力推进“四个十大”项目。实施亿元投资项目100个以上，其中10亿元以上10个。金角大桥、横山大桥建成通车。贯通义兰公路陡深岭隧道，开工建设董将线一期（香溪黄砂通道），加快临金高速、金黄铁路、330国道外迁二期、金兰中线、游埠快速通道、新客运枢纽等交通项目前期工作。有序推进港航开发，加快实施姚家枢纽及船闸工程，推进衢江航道堤防改造和兰江航道提升，基本完成方下店、女埠港区项目前期工作。总部大楼和企业服务中心投入使用。加快推进中光科技、华铝战略合作、万舟纺织、越龙谷等重大产业项目。建成220千伏孟湖变、110千伏赤溪变，开工建设110千伏黄溢变。基本建成女埠园区集中供热一期项目。

健全项目管理机制。完善扩大有效投资工作考核办法，优化投资结构，进一步提高工业技改投入和生产性服务业投资比重。创新“双百工程”推进方法,建立健全项目无障碍推进机制。实施固定资产投资统计“双轨制”，建立部门统计工作联席会议制度和数据共享平台，加强统计专业知识培训，提高统计数据的科学性、准确性。

（三）以转型升级为主线，提高经济发展质量

支持企业转型。根据国务院清理规范税收等优惠政策的要求，及时调整完善相关政策。加强困难企业风险防范处置，开展企业流拍资产政府收储试点，有效防控资金链、担保链风险。积极扶优扶强，支持企业兼并重组，做强行业龙头企业，新增产值超亿元企业5家、10亿元企业2家，上市企业1～2家。推进农业龙头企业信息化建设。大力支持中小微企业发展，培育一批竞争力强的“瞪羚”企业，新增规上工业企业30家、限上服务业企业10家。争创省质量强市示范市，新增省名牌产品2只以上。

促进产业升级。以创建“工业强市”为目标，大力扶持新型纺织、生物医药、先进装备制造、新材料等主导产业，培育新的产业块状，推进乡镇工业功能区差别化发展。加快“纺织强市”建设，进一步推进“机器换人”，建成云山印染等产业链延伸重点项目，实现纺织品市场一期开业，建设兰江“小上规”纺织产业园，引导纺织企业差异化、时尚化发展。出台服务业发展新三年行动方案，编制现代物流、餐饮业等专项规划，合理布局各类商业网点。启动建设海洋城和农产品批发市场。深化农业“两区”建设，新增流转土地1.2万亩，发展设施农业3000亩。实现粮食播种面积33万亩、总产量12万吨，新建粮食生产功能区10个以上。建成现代农业园区10万亩以上，加快建设“六个万亩”项目，建成游诸线省级现代农业综合区并通过验收。支持农产品深加工，做大杨梅等果蔬产业链。完善新型农业社会化服务体系，提升数字农业骨干平台，建设农业特色产业“数字村”。

大力发展电子商务。成立电子商务发展办公室，启动发展规划编制。建设电子商务园区，推进颐高电子项目签约落地。加大招商力度，利用闲置厂房支持培育电子商务企业，新增企业50家以上，实现交易额20亿元以上。加快“两化”融合发展，推动传统产业“触网”转型，支持企业电商平台建设，激发互联网对传统产业的放大效应和催化作用。实施“电子商务进万村工程”，完成100个村电子商务服务点建设。开展电商业务培训3万人次以上。

推进创新驱动。围绕“十倍增、两提高”发展目标，积极培育创新型企业、高新技术企业，新增各类科技型企业60家，研发中心25家，金华市级以上科技项目35个。加强科技孵化器、技术转移中心、研发中心等科技服务平台建设。促进校企对接，支持产学研合作。拓展科技企业专利质押业务，推进科技与金融有效结合。继续实施“智汇兰江”人才工程，引进省“千人计划”人才2人以上。加大本土人才培养力度，抓好企业家培训，引进一批创新团队和行业领军人才。

（四）以城乡统筹为核心，推进山水兰溪建设

提升城市品质。围绕“三江六岸”山水特色，有序推进金角、城南、城北三大区块开发建设，实现城区“一城三片”组团式发展。逐步推进金角新区地块开发，完成兰荫路延伸、金角路等道路建设，加快实施安置房工程。围绕浙师大行知学院建设，完善周边市政配套设施。推动城北区块改造提升，推进工业遗产开发利用，促进产城融合。加快古城保护开发，编制名城保护利用专项规划，规范直管公房使用管理，完成告天台环境提升一期工程。推进国家园林城市创建，实施中洲公园西岸景观改造，加快塔山景观开发。加强地下空间利用，推进丹溪大道地下人防工程和丹溪公园建设。全面开展地下管线普查。推广应用数字地理空间框架平台，拓展数字城管服务功能。

建设美丽乡村。启动省级美丽乡村先进县创建，打造1条美丽风情线，创建10个秀美村、5个精品村、5个农房改造示范村。建设“森林兰溪”，完成山地造林5000亩，平原绿化4000亩，森林抚育4万亩。推动特色小镇、秀美集镇建设，完善集镇配套设施。继续抓好历史文化村落保护利用。启动市域村庄布局规划修编，因地制宜，打破村界，合理引导村民向集镇、中心村集居。开展户口登记管理专项清理整顿，取消城乡二元户口登记制度。

发展休闲旅游。抓住杭长高铁开通机遇，加大招商力度，引进优质旅游项目。加快兰湖旅游度假区建设，实施兰湖大道二期、环湖主干道工程，基本完成启动区块建设。编制白露山旅游区规划，开工建设游客服务中心等基础设施。启动诸葛八卦村AAAAA级景区创建。开展休闲旅游文化年活动，加快发展乡村休闲旅游，提升乡村风情线旅游功能，开展果蔬采摘、农事节庆等活动，建设一批乡村旅游特色村。积极发展民宿经济，梳理适合发展民宿的村庄，通过招商、项目推介等形式进行开发。挖掘人文资源，促进文旅融合，大力发展文化创意产业。推进智慧旅游建设，打造“1+3”智慧旅游体系。

（五）以生态城市建设为抓手，不断优化城乡环境

深入推进“五水共治”。开展“五水共治”攻坚年活动，以实施十大专项整治、100个项目为抓手，解决治水工作深层次问题。喝水问题是兰溪百姓最关心的事情之一，政府将下定决心、花大力气抓好保供水。确保第二水源实现供水，实施芝堰水库除险加固及扩容工程，完成1.5万农民饮用水提升改造。启动第二水源源头水厂建设、溪西水厂搬迁，加快开发区工业水厂建设。完成市域水污染防治整体规划。完成市级污水处理厂一期提标改造，启动二期扩建，实行全市污水处理厂第三方委托运营。铺设、改造污水管网27公里，建设上华至金华临江污水处理厂干管。抓好农村生活污水治理后续运行管理。启动钱塘江堤防加固，力争完成11公里主体工程。完成小流域治理50公里、小型水库除险加固5座、山塘整治20座以上。编制全市集镇治涝规划。制定阶梯水价政策，推进节水型社会建设。探索建立“五水共治”信息化监控系统，整合各类治水信息资源，完善科学管理模式。

强势推进“三改一拆”。以创建“无违建”县市为目标，开展非法“一户多宅”、城乡主要道路两侧乱搭建、党员干部违法建设等重点领域专项整治。坚持拆改结合、拆用结合，加强拆后建筑垃圾处置及土地利用。建立健全长效管理机制，抓好农民建房长效管理。加快排岭、下金、黄溢、登胜等城中村安置房建设，启动1~2个城中村改造项目。实施2个以上旧厂区改造示范项目。

加强大气污染防治。严格执行禁燃区制度，淘汰改造“五炉”120个以上。实施火电行业超低排放技改。加强施工管理，城区范围所有在建工地推行降尘处理，严厉整治渣土运输车辆沿路抛洒，规划建设建筑垃圾生态处置场所，减少扬尘污染。加强矿山改造和管理，逐步推行石灰石矿山传送带封闭集中输送，新增“绿色矿山”4座以上。治理秸秆焚烧，创建省级农作物秸秆综合利用试点县。积极推广利用清洁能源，推进永昌农光互补电站等光伏发电项目。

实施环境综合治理。完成环境功能区划编制，建立环保负面清单。严格环保执法，严厉打击环境违法行为。构建重点污染源自动监控网，提高环保监管效率。加强污染总量控制，建立刷卡排污网，推行企业刷卡排污制度。实施小作坊清洁生产三年行动计划，淘汰关闭“低小散”污染企业。支持生态循环农业发展，严格养殖业准入。全面推行死猪无害化处理，提升治理生猪养殖场1000家以上。建成废旧品集散中心并投入使用。建设浙中清洁城市，完善城乡环卫配套设施，逐步推进农村垃圾分类及减量化处理。加大交通治堵力度，强化交通秩序整治，建成启用市区大型货车停车场，优化部分公交线路和停靠站，完成公共自行车二期工程。

（六）以利民惠民为根本，增进百姓民生福祉

加强社会保障。大力促进就业，新增城镇就业9000人以上，完成农民培训1万人次以上。探索建立城乡一体化的就业失业登记制度，建立高校毕业生就业综合服务体系，健全失业保险基金管理使用机制。千方百计促进低收入百姓增收，实施精准扶贫，完成异地搬迁500人以上，建成来料加工综合服务中心。扎实推进阳光医保监管平台建设，发放40万张城乡居民医保“一卡通”。逐步化解失地农民保险历史遗留问题。完成市福利院扩建工程，启动市康体中心建设。

发展社会事业。争创全国义务教育发展基本均衡市，义务教育标准化学校创建比例达到85%

以上。积极应对高考改革，推进高中教育转型，创建2所特色示范高中。实施城南小学新建、登胜小学扩建工程。完善公办学校食堂原料采购配送及校园超市管理，保障校园食品安全。加大名师培养力度。深入推进国家卫生城市、省卫生强市创建，争取通过国家卫生城市省级考核。逐步建立分级诊疗和双向转诊制度，实施卫生信息平台建设，促进医疗卫生信息互联共享。加强出生人口性别比综合治理。继续办好龙舟赛、“畅游家乡水”等品牌体育赛事，筹办乡村马拉松赛。全面推行农村生态公墓建设，完成兰江生态公墓一期、殡仪馆扩建工程。建成地震台、三江流域气象预警中心。

维护社会和谐。深化“平安兰溪”建设，完善重大事项社会稳定风险评估、突发事件应急处置和信访办理工作机制。健全流动人口管理服务机制，提高流动人口登记率。加强肇事肇祸精神病人等特殊人群收治管理。完善预防青少年吸毒等违法犯罪工作机制，净化青少年成长环境。加强社会治安防控体系建设，推进社会治安视频监控增点扩面。强化市场监管，始终保持食品药品安全监管高压态势。制定农贸市场改造提升三年行动计划，完成黄龙洞等3家以上农贸市场改造提升，新创建2家以上“放心农贸市场”。抓好纺织企业消防等重点领域及人员密集场所安全监管，提升安全生产防控能力。

各位代表，今年我们将进一步健全为民办实事机制，全力以赴办好十大民生实事。一是加强水环境治理，完成125个村生活污水治理工程，建设15公里镇级污水管网，实施300口农村门口塘生态修复。二是实施“气尘同治”。改造空气自动监测站，实施水泥企业烟粉尘治理，开展道路和建筑施工场所扬尘专项整治，全面淘汰辖区内黄标车。三是加强供水供电保障，完成第二水源输水工程，实施城乡110个台区低压电网改造。四是建成兰江西岸中洲路—铁路大桥段沿江绿道。五是实施枣树、黄龙洞社区部分老旧小区改造。六是实施全民参保调查登记，建立全民社会保险基础数据库和信息管理系统，推进全民参保扩面，参保覆盖率达到90%以上。七是完善养老服务体系，新增机构养老床位300张，新建农村居家养老服务中心140家。八是成立市医疗急救指挥中心。九是新建电子商务投递终端“E邮站”50个。十是完善农村公共文化服务体系，新增农村文化礼堂20个，实现农村应急广播行政村全覆盖。

三、加强政府自身建设

“新常态”对政府工作提出了新要求，我们将巩固和扩大党的群众路线教育实践活动成果，以更高的标准、更严的要求、更实的举措加强政府自身建设，为谋发展、抓落实提供强大保障。

建设法治政府，全面推进依法行政。建立政府常务会议学法制度，提高运用法治方式化解矛盾、推动发展的能力。健全依法科学决策机制，将合法性审查作为政府重大决策必经程序，引进公众参与、专家论证、风险评估、民主协商等程序，邀请法律顾问列席常务会议。进一步完善行政执法体制，探索实施乡镇综合执法。坚持公正文明执法，规范执法程序，全面落实行政执法责任制。强化行政权力监督，自觉接受人大法律监督、政协民主监督和社会舆论监督。进一步推进政务公开，加强信息公开业务培训，扩大主动公开的范围，深化、细化行政审批、财政预决算等重点领域公开。

建设有为政府，提高创新实干能力。既要坚持依法治市，又要放手大胆去试，在“讲规矩”中谋创新，在“守底线”时求跨越。振奋精神，敢于担当，保护干部敢作敢为、敢抓敢管、敢闯敢试的积极性。建立健全政府部门学习制度，提高谋发展、求创新的能力。积极谋划“新常态”下发展思路，编制“十三五”经济社会发展规划。把不折不扣抓落实作为政府工作的自觉行动，推行“工作项目化，项目责任化，责任时间化”的工作落实机制。深入一线抓服务、破难题，完善领导联系基层、企业、重点项目制度。加大政务督查力度，健全常态化的督查工作机制，确保决策部署落地生根、早见实效。

建设廉洁政府，树立节俭清廉形象。继续开展落实中央“八项规定”系列专项督查，加大正风肃纪工作力度。落实机关各部门纪检监察派驻机构改革。开展机关事业单位“吃空饷”专项整治。深化廉政防控体系建设，完善招投标交易全程录像和备案制度，加快招投标网上平台建设。加强政府采购监管，进一步推进阳光采购。严格控制行政经费支出，完成公车管理改革，强化公务支出、公务接待审计监督。实施“节俭养德全民节约”十大行动，坚持简朴、实用办事，进一步压缩节会、仪式等活动数量和规模。全面应用办公自动化系统，逐步推行无纸化办公，提高公文运转效率。

各位代表，责任成就使命，奋斗铸就辉煌。让我们在市委的坚强领导下，团结依靠全市人民，凝心聚力，开拓创新，奋发进取，努力开启兰溪追赶发展新篇章，为撤县建市30周年献上一份庆礼！

2014年兰溪市国民经济和社会发展统计公报

2014年，面对严峻复杂的国内外环境和经济下行压力，市委、市政府带领全市上下全面贯彻落实中央、省委省政府、金华市委市政府的各项决策部署，紧紧围绕“追赶跨越、重振雄风”的总目标、总基调，深入实施“强工业、兴三产、优环境、惠民生、促和谐”十五字方针，大力推进“五水共治”“三改一拆”“四换三名”、浙商回归等重点工作，科学应对，团结拼搏，扎实苦干，国民经济在新常态下平稳运行，发展质量、效益稳步提高，较好地完成年初确定的目标任务。

一、综合

初步核算，全年生产总值271.2亿元，按可比价计算，比上年增长8.4%（图1）。其中：第一产业增加值24.1亿元，同比增长2.7%；第二产业增加值152.8亿元，同比增长8.2%，其中工业增加值139.4亿元，增长8.2%；第三产业增加值94.3亿元，同比增长10.3%。按户籍人口计算，人均GDP为40856元（按年平均汇率折算为6651美元），增长8.9%。三次产业增加值结构比重为8.9：56.3：34.8（图2）。

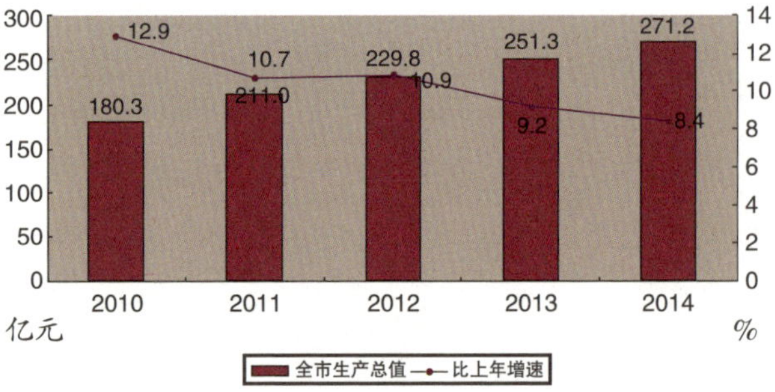

图1 2010—2014年全市生产总值及其增长速度

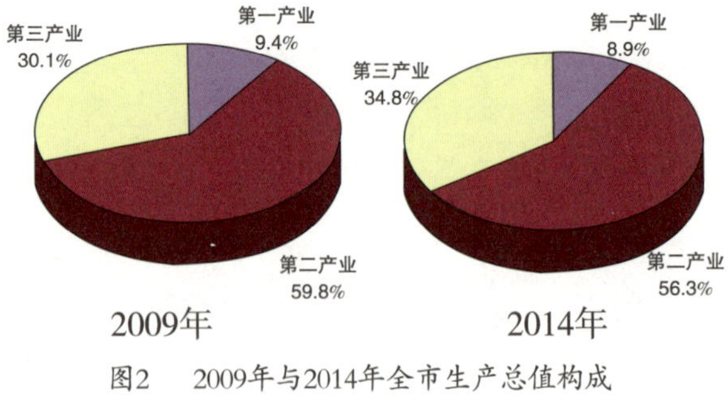

图2 2009年与2014年全市生产总值构成

全年居民消费价格累计同比上涨2.3%，在八大类商品中“六升二降”。其中食品类、衣着类、家庭设备和维修服务类、医疗保健和个人用品类、娱乐教育文化用品及服务类、居住类分别上涨3.7%、1%、0.2%、1.4%、1.5%、4.4%。烟酒类、交通和通信类分别下降0.8%、0.9%。商品零售价格上涨1%；农业生产资料价格上涨2.8%。

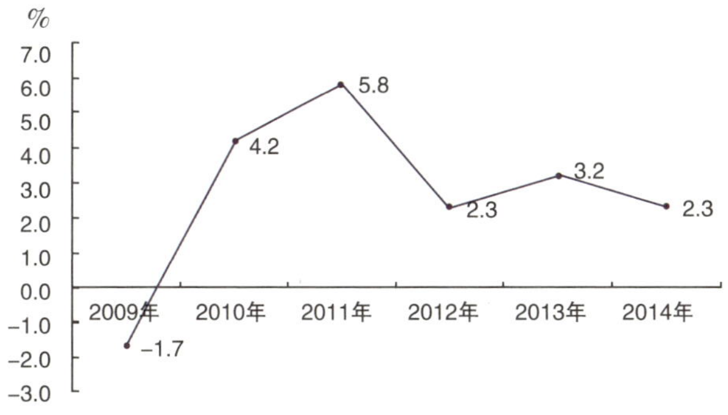

图3　2009—2014年居民消费价格涨跌幅度

全年一般预算总收入37.6亿元，比上年增长10.2%，其中:上划中央“四税”合计17.6亿元，增长10.4%；地方一般预算收入20.0亿元，增长10.0%,其中：税收收入19.1亿元，增长10.5%，非税收收入0.89亿元，增长0.4%。全年一般预算支出合计33.5亿元，同比增长5.1%，其中教育支出7.8亿元，增长9.0%；社会保障和就业支出4.2亿元，增长9.3%；医疗卫生支出4.7亿元，同比增长20.9%；农林水事务支出4.9亿元，增长8.6%。地方预算支出20.0亿元，增长6.0%。

全年新增城镇就业人数1.32万人，其中5745名城镇失业人员实现再就业。年末城镇登记失业率为2.89%。

二、农业和农村建设

2014年全市实现农业总产值40.66亿元，增长2.7%，其中种植业19.65亿元，增长2.4%；林业产值0.34亿元，增长4.4%；畜牧业产值15.10亿元，同比增长3.5%；渔业产值4.80亿元，增长1.0%；农林牧渔服务业产值0.78亿元，增长7.0%。

全年粮食播种面积2.3万公顷，同比增长0.1%，总产量12.96万吨，同比增长1.9%，单产同比提高1.8%。油料作物播种面积9500公顷，下降0.7%，总产量1.8万吨，增长1.5%。蔬菜播种面积为5988公顷，增长3.1%，产量为15.32万吨，同比增长8.9%；棉花种植面积4743公顷，产量为7277吨，分别比去年下降8.7%、10.29%。花卉苗木种植面积1186公顷，同比增长8.7%。

年末生猪存栏24.27万头，同比下降35.6%，年内生猪出栏60.43万头，增长15.2%；年末家禽存栏297.0万只，下降8.6%，出栏497.0.4万只，增长1.6%。

年末共有粮食生产功能区78个，面积10.03万亩，2014年新增粮食生产功能区12个，面积1.6万亩；年末有省级主导产业示范区6个，省级特色农业精品园13个。

全年100%的村庄实现生活垃圾集中收集处理，整治村庄中84.11%农户家庭实现卫生改厕，50%的村庄已开展了生活污水治理。

三、工业和建筑业

全年工业增加值139.4亿元，比上年增长8.2%，工业增加值占GDP的比重为51.4%。规模以上工业企业产值782.6亿元，同比增长7.9%；新产品产值231.6亿元，增长52.9%，新产品产值率为29.6%；利税总额50.5亿元，增长4.1%；其中利润30.2亿元，增长2.2%。七大主导行业产值呈现“四升三降”的态势（分行业主要指标见表1，主要产品产量见表2）。

2014年规上工业企业七大行业主要经济指标

表1　　单位：亿元

行业名称	企业家数	工业产量		主营业务收入		利税总额	
		本年累计	同比（%）	本年累计	同比（%）	本年累计	同比（%）
总　计	441	782.6	7.9	693.7	7.1	50.5	4.1
纺织业	171	282.4	15.8	243.3	16.8	12.1	34.9
化工行业	59	57.0	8.9	50.5	10.2	3.1	21.6
医药制造业	5	41.1	9.0	34.4	−3.1	9.4	−8.4
水泥行业	12	43.6	4.4	38.5	−3.6	4.6	−25.1
有色金属冶炼和压延加工业	21	115.0	−2.5	101.4	2.3	2.0	0.5
机械行业	71	76.0	−0.9	67.3	−1.9	2.6	4.0
电力、热力生产和供应业	5	70.1	−9.5	69.6	−10.1	9.4	−6.5

2014年规上工业企业主要产品产量

表2

产品名称	计量单位	产量	同比（%）
纱	吨	148256	30.8
布	万米	135900	16.1
印染布	万米	4234	–7.9
合成氨（无水氨）	吨	70608	124.1
农用氮、磷、钾化学肥料总计（折纯）	吨	38081	83.1
中成药	吨	3324	–0.4
硅酸盐水泥熟料	万吨	662	–4.2
水泥	万吨	1141	–2.2
钢材	吨	116593	10.4
精炼铜（电解铜）	吨	73916	3.9
金属切削机床	台	324	–40.0
电力电缆	千米	29500	–5.1
自来水生产量	万立方米	2591	9.3

全年建筑业增加值13.4亿元，比上年增长8.4%。年末共有资质等级建筑企业46家，建筑业总产值56.75亿元，增长9.6%，其中省外产值18.98亿元，下降7.9%。建筑施工面积469.68万平方米，房屋竣工面积287.05万平方米，实现利润2.68亿元,下降7.4%；税金2.10亿元，增长42.4%。

四、固定资产投资和房地产业

全年固定资产投资150.1亿元，增长16.5%（见图4）。其中：第二产业投资98.2亿元，增长14.1%；第三产业投资52.0亿元，增长21.1%。全年投资项目385个，其中本年新开工项目249个。

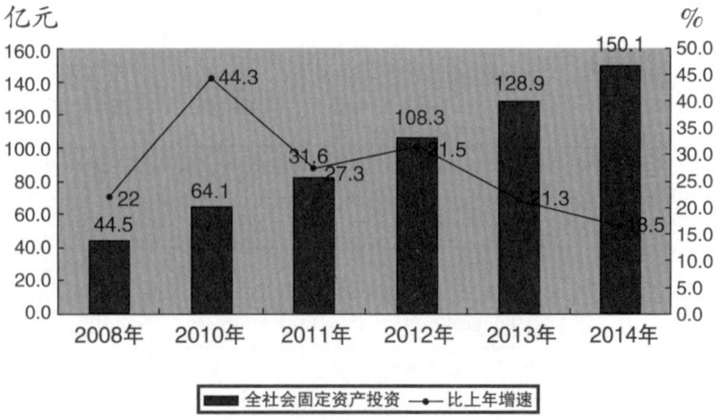

图4 2009—2014年固定资产投资及其增速（计划投资500万元以上）

全年房地产开发投资额30.5亿元，比上年增长48.7%。商品房销售面积30.6万平方米，下降12.5%；商品房销售额22.3亿元，下降13.4%；商品房施工面积212.1万平方米，增长18.4%，其中住宅163.6万平方米，增长21.9%；商品房竣工面积22.9万平方米，下降44.0 %，其中住宅19.9万平方米，下降26.1%。

五、国内贸易

全年社会消费品零售总额106.5亿元，比上年增长14.9%。其中，城镇消费品零售额70.4亿元，增长16.1%；乡村消费品零售额36.1亿元，增长12.7%。分行业看，批发零售业零售额95.8亿元，增长15.1%；住宿餐饮业零售额10.7亿元，增长13.4%。

全年住宿业营业额9958.5万元，增长16.0%；餐饮业营业额15.5亿元，增长17.9%，批发业销售额202.5亿元，增长22.3%，零售业销售额167.0亿元，增长22.0%。

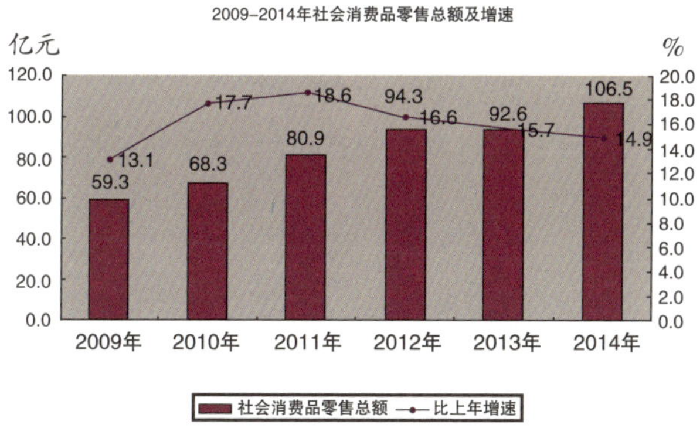

图5 2009—2014年社会消费品零售总额及增速

在限额以上批发零售贸易业零售额中，食品、饮料、烟酒类零售额33194.8万元，增长10.7%；服装、鞋帽、针纺织品类零售额37573.6万元，增长214.6%；日用品类、五金电料类、汽车类零售额分别为3625.7万元、1890.0万元、6357.6万元，分别增长50.5%、45.3%、72.7%；石油及制品类零售额19755.4万元，增长10.4%。

2014年全市共有各类商品交易市场58个，年成交额为32.7亿元，比上年下降7.1%。年成交额超亿元的市场3个，总成交额为6.2亿元，比上年下降9.6%。

六、对外经济

全年进出口总额16.5亿美元，比上年增长12.8%。其中，进口3.9亿美元，下降5.3%；出口12.6亿美元，增长19.8%。其中：对亚洲出口4.1亿美元，同比增长30.1%，出口占比32.4%；对欧洲出口2.4亿美元，同比增长4.1%，占19.2%（主要出口地区情况见表3）。纺织品出口额6.6亿美元，占出口总额52.3%，蓄电池出口额0.69亿美元，占出口总额5.4%，铝合金出口1.4亿美元，占出口总额11.3%（主要出口产品情况见表4）。

全年生产企业出口额10.3亿美元，同比增长19.6%，占全市出口总量的82.1%；外贸流通企业出口额2.3亿美元，同比增长20.5%，占全市出口总量的17.9%。

主要出口地区（国别）情况

表3　　　　单位：万美元

国别/地区	2014年累计出口	同比（%）	占比（%）
亚 洲	40801	30.11	32.35
欧 洲	24190	4.07	19.18
拉丁美洲	27919	28.44	22.14
非 洲	17125	4.08	13.58
北美洲	14239	25.46	11.29
大洋洲	1847	61.04	1.46

主要出口产品情况

表4　　　　单位：万美元

名 称	2014年累计出口	同比（%）	占比（%）
纺织面料	39629	44.19	31.42
家用纺织品	9925	–7.55	7.87
服装及服饰	16461	–5.46	13.05
蓄电池	6860	2.18	5.44

主要出口产品情况

续表4

铝合金、铝箔	14189	50.69	11.25
有机化学品	4828	18.83	3.83
照明产品	4440	-15.94	3.52

全年新批三资企业2家，合同利用外资2500万美元，实际到位外资2347万美元，同比下降22.8%。

七、交通运输、邮电和旅游

全年交通运输、仓储和邮政业增加值为5.93亿元，比上年增长6.2%。

全年完成公路旅客周转量24083万人公里；公路货物周转量80106万吨公里；水运货物周转量3010万吨公里。

全年邮电业务收入4.57亿元，比上年增长2.3 %。其中，邮政业务收入0.72 亿元，增长24.2 %；电信业务收入3.85亿元，下降1.9%。年末城乡固定电话用户9.32万户，比上年末下降27.3%。其中住宅电话5.56万户，下降27.4%；公用电话0.77万户，下降22.1%。年末拥有移动电话用户59.2万户，下降5.7%。国际互联网用户数12.6万户，增长10.0%。电话普及率达103.6部/百人，其中固定电话普及率14.1部/百人，移动电话普及率89.5部/百人。

全市共接待海内外游客494.8万人，实现旅游总收入45.31亿元，增长29.8 %。其中接待国内旅游者494.1万人，实现国内旅游收入45.2亿元，增长29.8 %；接待海外游客6882人，实现旅游外汇收入158.7万美元。

八、金融、证券和保险

年末全部金融机构本外币各项存款余额358.7亿元，比上年末增长11.5%，其中人民币存款余额356.4亿元。全部金融机构本外币各项贷款余额329.1亿元，比上年末增长10.6%，其中人民币贷款余额324.1亿元。

全年保险业实现保费收入6.6亿元，比上年增长6.5%。其中，财产险保费收入3.4亿元，增长14.3%；人身险保费收入3.2亿元，下降3.0%。

九、教育和科学技术

全市拥有各级各类学校213所，招生20008人，毕业生23269人，在校学生85344人，教职工6592人。其中小学45所，招生5375人，毕业生5444人，在校学生33977人，教职工1862人，小学入学率、巩固率均达 100 %；初中23所，招生5340人，毕业生5692人，在校学生16539人，教职工1577人，初中入学率、巩固率均达100%，初中毕业生升入高中段学校比例98.3%；普通高中7所，招生3061人，毕业生4357人，在校生11029万人，教职工916人；各类中等职业教育学校6所，招生1635人，毕业生1811人，在校生4746人，教职工270人。全市拥有幼儿园130所,招生4058人,毕业生5560人,在园幼儿17796人，教职工1946人。特殊教育学校1 所，在校学生37人。

小学生均占地面积24.3平方米，生均校舍面积9.4平方米，生均图书26.9册，校均规模755人。初中生均占地面积55.2平方米，生均校舍面积22.4平方米，生均图书55.9册，校均规模719人。高中生均占地面积58.4平方米，生均校舍面积20.8平方米，生均图书37.9册，校均规模1576人。

2014年，财政科技拨款8588万元，比上年下降1.3%，财政科技投入占财政支出的比重为2.6%。

2014年，全市新列市级以上科技项目73项，其中国家级13项，省级48项，市级12项。获2014年度国家级科学技术奖1项，省级科学技术奖2项，市级科学技术奖4项。新培育创新型企业5家，累计达32家；新认定高新技术企业22家，累计达82家；认定省科技型企业24家。企业研发省级高新技术产品35种。年末拥有县及县级以上独立的研究开发机构3家，省级高新技术企业研发中心9家，市级高新技术企业研发中心30 家。全年专利申请1605件，比上年增长12.3%。其中发明162件，实用新型715件，外观设计728件。专利授权892件，比上年增长29.2%。其中发明19件，实用新型470件，外观设计403件。

十、文化、卫生和体育

年末全市拥有艺术专业团体13个，群众艺术馆（文化馆）1家，公共图书馆1家，博物馆1家。

公共图书馆图书总藏量17.04万册，博物馆古籍2.2万册。剧院、影院3家。县市级广播电台1座、电视台1座。广播综合覆盖率和电视综合覆盖率达100%。放映广场电影和农村电影3579场，观众达36.1万人次。

全年共举办县级以上运动会5次，考上体育院校15人。在市级及以上比赛中共获得9金、12银，共有体育场馆1个。

年末共有卫生机59个（不含村卫生室、诊所、服务站），其中医院20个，卫生院10个，城乡社区卫生服务中心6个。全市实际开放床位数1979 张，其中：医院床位1610张、卫生院182张、城乡社会卫生服务中心187张。有卫生技术人员2667人，其中执业医师和执业助理医师990人，注册护士951人。

全年累计报告发生甲、乙类传染病2110例，发病率为370.3/10万人。5岁以下儿童死亡率为4.1‰。“五苗”接种率98.9%。

十一、人口、人民生活和社会保障

2014年全市出生人口6651人，出生率10.02‰，死亡人口8179人，死亡率12.32‰，人口自然增长率-2.30‰。年末户籍总人口66.09万人，其中男性34.35万人，女性31.74万人；其中非农业人口12.62万人，农业人口53.47万人。年末全市总户数22.21万户，平均每户家庭人口 2.98人。据2014年人口变动抽样调查，年末常住人口56.33万人。

据城乡住户抽样调查，2014年全市城镇常住居民可支配收入[3]29766元，比上年增长9.3%，城镇居民人均消费支出17635元，比上年增长4.1%。城镇居民家庭恩格尔系数（居民家庭食品消费支出占生活消费总支出的比重）为36.03%。年末城镇居民人均住房建筑面积39平方米，与上年同期持平。农村常住居民可支配收入13890元，比上年增长11.8%，农村居民人均生活消费支出11500元，增长12.1%。农村居民家庭恩格尔系数为33.7%。农村居民人均居住用房面积53平方米，比上年下降8.6%。

年末全市城镇职工基本养老保险参保人数14.12万人，基本医疗保险参保人数11.46万人，工伤保险参保人数11.50万人，失业保险参保人数7.11万人，生育保险参保人数7.08万。

年末在册低保对象14589人，其中，城镇643人，农村13946人；共发放最低生活保障金3898.7万元；城乡低保平均标准分别为每人每月540元和390元。

年末各种社会福利院（含敬老院）共22个，床位3905个。

十二、资源、环境保护

全市水资源总量12.86亿立方米。全市共有4个规范化合格饮用水源保护区，保护区水质达标率100%。当年完成造林面积393.6公顷，其中完成人工造林200公顷；更新造林193.33公顷。年末森林面积6.49万公顷，森林覆盖率49.8%（含灌木林）。

2014年，城市空气质量达到二级标准以上天数269天，空气质量优良率达77.7%,比上年降低5.0个百分点。截至年底，主要水系将军岩监测断面水质III类以上比例为75%。2014年末，共有县以上城市污水处理厂1座。城市污水处理率85.1%，生活垃圾无害化处理率100%。

2014年，全市累计建成省级生态乡镇12个，市级生态乡镇16个，市级生态村426个。年末城市建成区绿化覆盖面积1283公顷，绿化覆盖率达37.6%，公园绿地面积246.4公顷，城市人均公园绿地面积9.58平方米/人。

全年规模以上工业企业能源消费比上年下降13.4%，单位工业增加值能耗下降19.8%。

注：

①本公报所列各项数据为年度初步统计数据。

②生产总值和各产业增加值绝对数按现行价格计算，增长速度按可比价计算。

③2012年四季度，国家统计局实施城乡一体化住户调查改革，统一了城乡居民收入名称、分类和统计标准。

2014年谋划实施“五城五开”十大项目

【“五城”项目】 一、古商城。项目于2013年正式启动，相关前期工作进展顺利。按照“统一规划，分步实施”的原则，将古城打造成为

"老兰溪底片、新城市客厅"。

二、海洋城。由嘉兆控股集团投资，占地面积100亩、总投资15.6亿元，建设集娱乐、休闲、购物、餐饮等为一体的多元化城市综合体。

三、大学城。2013年12月4日，中共兰溪市委、市政府与浙江师范大学签订了合作办学框架协议，拟在兰溪建设浙江师范大学行知学院。项目占地800亩、总投资8亿元、可容纳1万名师生，计划2016年9月1日开学前交付使用。

四、汽车城。由金恒德集团投资，占地250亩、总投资16.7亿元，建成年交易额25亿元的综合性汽车市场。

五、电子商务城。由颐高集团投资，总投资15亿元，建成可进驻千名网商，每年带来60亿元的综合经济效益。

【"五开"项目】 一、塔山景观开发。项目位于横山景区南侧，衢江沿岸北起横山大桥、南至衢江大桥，占地700余亩，建设沿江生态廊道，打造三江口观景平台。

二、上海交大科技园开发。借助上海交通大学的科技、人才、教育信息资源优势，以合作的方式，创建"孵化器、加速器、产业园"三位一体的科技服务创新园区，力争三到五年培育科技型企业100家。

三、白露山开发。计划投资20亿元，打造集禅修养生、田园度假、运动体验于一体的综合性旅游产品，争列国家AAAA级旅游景区。

四、金角小区滨江新城开发。突出滨江景观特色，打造成集休闲、生态、旅游、文化为一体的城市新区。

五、女儿滩湿地开发。女儿滩是兰溪市区仅存的一座原生态江心岛，现存面积近600亩，四面环水，风貌独特，拟开发"都市共生科技园"。女儿滩开发将形成全市"一江三岛"景观带。

2014年兰溪市"五水共治"工作

【概况】 2014年，兰溪市贯彻省委省政府、金华市委市政府的决策部署，把"五水共治"作为倒逼兰溪转型发展的重要工作来抓，按照强组织、强保障、强动员、强落实、强合力的工作措施，全力推进治水工作，取得了初步成效。至2014年底，兰江将军岩出境水稳定保持Ⅲ类；小流域多次出现Ⅱ类水质断面，劣Ⅴ类河流首次减少到1条，最差河流浒溪水质由年初的劣Ⅴ类提升至Ⅳ类。通过实施治水十大工程，全面完成了"垃圾河"的治理任务，开展了黑臭河整治工作。黄砂整治、河道警长制、跨区域联合治水、循环农业、数字农业、溪东防洪应急工程、"清三河"大会战等工作分别得到了省市领导的批示肯定。荣获全省第二十届水利"大禹杯"金奖，举办了金华市"五水共治"现场会、全省水利工作现场会、农业干部"联村联场"治水转型服务活动。8月5日，省委书记夏宝龙到兰溪检查指导，充分肯定了兰溪治水工作。

兰溪的目标是，通过"五水共治"，实现"清三河、四覆盖、两转型"（清三河：清理黑河、臭河、垃圾河；四覆盖：农村生活污水治理全覆盖、污水主管网全覆盖、畜禽养殖整治提升全覆盖、河道保清保洁全覆盖；两转型：农业转型、工业转型），倒逼转型升级，促进人水和谐，推进生态兰溪建设。通过治理，达到三年（2014—2016年）解决突出问题，明显见效；五年（2014—2018年）基本解决问题，全面改观；七年（2014—2020年）基本不出问题，实现质变。

2月14日，召开全市"五水共治"动员大会。四套班子主要领导全部出席。会上，印发了"五水共治"行动方案，围绕"综合治污水，合力防洪水，科学排涝水，安全保供水，全民抓节水"提出了2014年度十大治水工程：

一、三江流域综合治理工程，重点编制市域水污染防治整体规划，编制及实施污水管网规划建设方案，三年内城区实现全覆盖，全面清理三江六岸。

二、市、镇级污水处理厂及管网建设工程，包括推进市级污水处理厂一期提标改造及二期项目建设，加快镇级污水管网建设，黄店、游埠、诸葛、马涧、梅江镇级污水处理厂年内投入运行，香溪镇污水处理厂2015年运行。

三、工业污染整治工程，主要为推进六大行业整治提升及“低、小、散”企业作坊整治，继续开展“绿剑”等环保专项执法行动。

四、农村污水污染治理工程，主要内容是制定并实施农村生活污水治理方案，推进农业面源污染治理，建立农村保洁长效机制。

五、中小流域治理工程，具体是落实全流域“河长制”，加快编制“一河一策”治理方案，推进最美河流、垃圾河及黑臭河治理，兰溪现有黑臭河5条，分别为浒溪、吴村溪、郑家排渠、香溪、水亭溪，垃圾河共25条。

六、水库除险加固工程，重点是实施芝堰水库除险加固，开展中小水库维修养护。

七、钱塘江堤防加固工程，主要是完成城市排涝规划修编，完成金华下达钱塘江农防和干堤加固改造任务。

八、城乡安全供水工程，包括编制市域供水规划，实施农村饮水提升工程，完善市、镇、村三级水质监测体系，推进溪西水厂搬迁和第二水源建设。

九、节水工程，重点是完成节水规划、水资源利用规划修编，实施农业、工业节水项目，开展节水型社区创建。

十、全民治水工程，主要是建立环保志愿者组织，倡导全民治水，动员全社会参与建立“五水共治”公益基金，探索形成全民治水的工作机制。

兰溪“五水共治”得到了企业家的支持，首批45家重点企业在治水动员大会现场认捐5388万元，其中红狮控股集团公司捐款500万元，康恩贝公司捐款300万元，胡季强个人捐款100万元。

【建立治水各级组织】 成立了“五水共治”工作领导小组，由市委书记和市长担任组长，四套班子相关领导任副组长，加强了治水工作的组织领导。落实“河长制”，由26位市级领导担任河长，开发区以及16个镇乡（街道）行政负责人担任“河段长”，对三江（金华江、衢江、兰江）和境内黑臭河、垃圾河全面负责。设立“河长”公示牌，接受群众监督。针对专项治理任务，分别成立农村生活污水治理办公室、黄砂整治办公室、生猪养殖污染治理办公室。召开全市性动员大会、每月部署会、推进会，层层传达和贯彻，统一思想和行动。

【建章立制形成联合治水格局】 出台了“五水共治”十大工程实施方案和“十个一”责任制。（开展一次污染源普查、编制“一河一策”、推进一批治水项目、建立一支护河队伍、实施一月一巡查、组织一次专项整治、打击一批违法行为、推行一月一检测、落实一月一提醒、实行一年一评比）。市领导轮流带队，开展“清水零点”环保专项执法，保持打击环境违法高压态势。全年共开展行动17次，检查企业2243家，立案查处53家，关停小作坊135家，行政拘留1人，追究刑事责任1人。创新“河道警长制”，由公安民警全程保障“五水共治”。创新区域联动模式，发动万人“清三河”大会战、上华大会战及各乡镇集中行动，调动志愿者、公安、民兵等力量，对重点区域集中攻坚。各镇乡（街道）累计投入近7000万元，清理垃圾河、黑臭河河道456千米，清运垃圾淤泥等超过6.5万吨。探索县（市、区）域间联动的治水机制，加强与兄弟县市之间的工作联系，启动兰溪–建德“五水共治”跨区域大会战，通过开展“三大行动六大项目”，形成“宣传同心，治理同行，监督同步，成果同享”的“上下游一盘棋”联合治水格局。

【重点突破　治污先行】 黄砂整治。开展“百日治砂”专项行动，将全市181家砂石场整合成7家，获得十年经营权拍卖款1.86亿元，实现黄砂生产规范化管理。此项工作得到省委书记夏宝龙批示肯定，要求在全省推广。工业污染治理。六大行业整治中，在巩固电镀、制革、蓄电池行业整治成果基础上，基本完成造纸、化工、印染行业整治提升。完成首批257个行政村农村生活污水治理工程。农业面源污染治理。实行禁限养区制度，关停拆除养殖场3100多家，减少生猪存栏近29万头，实现“三年任务两年完成”。建立城郊、城西、城北三个沼液抽排运输社会化服务站，年处理能力20万吨，实现沼液生态循环利用。农村长效保洁。将农村环卫管理职能划转至市行政执法局，实现“一把扫帚管到底、城乡环卫一体化”的环卫体制。推开农村卫生费征收工作，共征收卫生费近900万元，参与率95%以上，树立“谁污染、谁付费”的理念，激发村民环保意识。

【做好治水资金6篇文章】 落实资金保障，做好“捐、募、拼、收、拍、省”6篇文章：社会“捐”，发动机关、企事业单位和社会各界人士主动出资出力，共募集“五水共治”公益基金8300多万元；融资“募”，创新融资渠道，在全市率先争取浙江金融资产交易中心支持，发行5亿元的农村生活污水治理基金定向融资；财政“拼”，市财政统筹整合，每年安排1000万元治水专项资金；村民“收”，创新实行农村环卫收费，用于村庄保洁和设施配套，实行专款专用；市场“拍”，全市砂石场整合，获得十年经营权拍卖款1.86亿元，每年增加税收3000万元；机关“省”，削减三公经费30%全部用于“五水共治”。政策支持保障，对治水重点项目，优先安排土地指标，开通审批、政策处理等绿色通道。加快推进项目建设进度，通过开展项目集中攻坚，攻难点、赶进度。2014年投资10.5亿元的118个项目进展顺利。其中，治污水方面完成投资5.3亿元，市污水处理一期应急改造工程完工，游埠、诸葛2座镇级污水处理厂建成投入试运行，其余镇乡污水处理设施建设有序推进。防洪水完成投资1.3亿元，投资7000万元的溪东片防洪应急工程经受了洪水考验。排涝水工作，新建、更新、改建排涝站23座，排水阀25座，新建滚水堰6座。保供水第二水源管网建设先行段基本完工，逐步解决北部镇乡11.7万农民的饮水安全；抓节水，完成灌区55.65千米渠道改善工程，完成建设高效节水灌溉面积3片1630亩。

【推出“五水共治”定向融资计划】 6月24日，兰溪“五水共治”定向融资计划在浙江金融资产交易中心挂牌发行，起购金额为2万元，每半年付息一次，固定年化利率8%。兰溪这次推出“五水共治”定向融资计划是我省继建德市后开展“五水共治”定向融资计划的第二个县级市。“五水共治”定向融资计划，于6月24日开始向投资者募资，至7月13日结束，募集规模不超过5亿元人民币，认购起点为2万元，递增金额为1万元的整数倍；产品投资期限为“2+1”年，即客户在产品成立1年半后，可按规定自由选择产品2年到期或再延长1年。该产品每半年付息一次，产品到期后，融资方将支付客户的投资本金和最后一期的投资收益。兰溪“五水共治”定向融资计划一号4000万元资金募集结束，接着实施计划二号，募集资金也是4000万元。兰溪“五水共治”定向融资计划发行人为兰溪市水务建设工程投资有限责任公司。该公司创建于2002年9月，主要承担兰溪市重点水利、水电建设工程资金筹措和建设管理的职能，为一家政府性国有公司，已完成的工程补贴收入及租赁收入将作为本期定向融资计划偿还的稳定现金来源。为进一步保障融资计划的安全性，由兰溪市人大常委会通过会议决定，批准为本次“五水共治”定向融资计划提供还本付息财政资金支持。

【动员全社会参与治水】 组织“五水共治”文化宣传，设置户外宣传广告，在电视台开设“问水面对面”专栏，《兰江导报》设立常年专版，宣传先进典型，曝光问题隐患。公开聘请环保志愿者，开展“每人每天一元捐”“护水哨兵随手拍”“美丽庭院”“美丽厂区”建设，组织“畅游家乡水”、举办全省龙舟邀请赛等社会化活动，分发倡议书，带动全社会共同参与，营造治水强大声势。

【重点整治对象】 重点河流整治对象：兰江、衢江、金华江、甘溪、大溪、游埠溪、浒溪等。重点企业整治对象：浙江康恩贝制药股份有限公司、浙江宝龙印染有限公司、浙江金梭纺织有限公司、浙江嘉宝化工有限公司、兰溪市污水处理厂等。

兰溪市2014年“双百工程”重点项目

表5

序号	项目名称	建设起止年限	建设规模及内容	总投资（万元）	续建项目2013年底止累计完成投资额(万元)	2014年投资计划（万元）	2014年主要形象进度
一产	10个	合计		242520	33350	44200	
1	浙江兰溪锦荣农业科技发展有限公司铁皮石斛农业种植项目	2013—2018	铁皮石斛农业种植项目，用地234.27亩	10000	400	2500	建设主培室400平方米，建设玻璃大棚2亩，普通大棚80亩
2	白露山万亩精品枇杷基地建设	2013—2015	精品枇杷示范基地5000亩，扩建白枇杷2000亩，建设基地水源8个	11000	5350	2000	扩种500亩，设施投入喷滴灌200亩，新建市场4000平方米
3	凯飞农业建设项目	2014—2016	规模380亩，中药材种植、生态休闲	6000		2000	土地流转380亩、设施大棚23000平方米、组培室400平方米、道路渠系、土地平整、水库维修、管理用房建设
4	兰溪市百果农业科技开发有限公司农业观光休闲游等特色生产发展项目	2012—2015	苗木种植推广，农业观光休闲游等	26000	5800	5000	完成工程量的83%
5	浙江兰梅现代林业综合示范园建设项目	2014—2020	项目总流转林地3.38万亩，种植香榧1.2万亩，发展林下经济8000亩，家庭农场3000亩，果蔬深加工50亩，休闲观光	128000	5000	12000	种植香榧3000亩7.5万株，建设道路35公里，培育香榧苗50万株，建造管理用房4处600平方米，生产作业道路60公里
6	浙江倡运农业科技有限公司无公害蔬菜建设项目	2013—2015	项目总用地租用10000亩，用于建设薄壳山核桃、季节性水果、无公害蔬菜等，办公服务区生产性用地50亩	17720	3000	5000	完成基础设施建设
7	兰溪市兰丰水产生态养殖项目	2013—2015	1000亩水产养殖	15000	2500	5000	主体完成
8	浙江天保药材发展有限公司万亩银杏基地建设项目	2012—2018	万亩银杏基地建设	10300	5300	3200	初见成效
9	诸葛草堂现代农业综合示范园建设项目	2012—2015	建设中草药、粮油、设施瓜果蔬菜等六大区块	15000	5000	5000	建设千亩高标准农田和瓜果蔬菜基地200亩

续表5

序号	项目名称	建设起止年限	建设规模及内容	总投资（万元）	续建项目2013年底止累计完成投资额(万元)	2014年投资计划(万元)	2014年主要形象进度
10	农业社会化服务体系试点建设项目	2013—2014	构建粮食、杨梅、枇杷、蔬菜、畜禽、水产等主导和特色产业	3500	1000	2500	完工
二产	50个	合计		777350	17900	354150	
11	浙江利基锆业有限公司年产5000吨水热合成法制备纳米氧化锆粉体	2014—2015	年产5000吨水热合成法制备纳米氧化锆粉体	72000		21000	设备调试
12	浙江中光信息技术有限公司年产15亿支陶瓷插芯及光通讯工程	2013—2014	年产15亿支陶瓷插芯及光通讯工程	100000		20000	部分投产
13	浙江宝龙纺织有限公司年染色印花9000万米高档纺织品技改项目	2013—2014	年染色印花9000万米高档纺织品	11500	1500	10000	完工
14	浙江唯森工贸有限公司年产1800万套家纺用品生产项目	2013—2014	年产1800万套家纺用品	4000	500	3500	完工
15	浙江三森纺织有限公司年产2500万米高档色织面料技改项目	2013—2014	年产2500万米高档色织面料	11300	1300	10000	完工
16	兰溪市中冠电气科技有限公司年产1000万极小型断路器生产项目	2013—2014	年产1000万极小型断路器	5100	600	4500	完工
17	浙江华博纺织科技有限公司年产3000万米高档面料生产项目	2014—2015	年产3000万米高档面料	18000		10000	土建竣工试生产
18	浙江博高纺织有限公司年产1500万米高档面料产品生产项目	2014—2015	年产1500万米高档面料产品	6000		4000	部分投入使用
19	浙江永博汽车零部件有限公司年产120万台发电机生产项目	2014—2015	年产120万台发电机	11000		5000	完成主体工程

续表5

序号	项目名称	建设起止年限	建设规模及内容	总投资（万元）	续建项目2013年底止累计完成投资额(万元)	2014年投资计划(万元)	2014年主要形象进度
20	年产1000千米特种电线电缆生产项目（应颜良）	2014—2015	年产1000千米特种电线电缆生产项目	12000		6000	试生产
21	浙江瑞福正业光电科技有限公司年产1500万套VCM摄像头生产项目	2013—2014	年产1500万套VCM摄像头	5000	1500	3500	完工
22	年产4600万米舒弹丝面料生产项目（林德华）	2014—2015	年产4600万米舒弹丝面料	30000		8000	完成主体工程
23	浙江宝麒纺织有限公司年产3000万米高档功能性面料生产线项目	2014—2015	年产3000万米高档功能性面料	30000		8000	主厂房土建完成
24	年产300万套国家级日用专利科技产品生产项目（施飚）	2014—2015	年产300万套国家级日用专利科技产品	12600		8000	主厂房土建完成
25	年产10万吨新型材料和1万吨PAL材料生产项目（欧也）	2014—2016	年产10万吨新型材料和1万吨PAL材料	18000		8000	主厂房土建完成
26	年产30万吨饲料生产项目（新希望）	2014—2016	年产30万吨饲料	12000		8000	主厂房土建完成
27	年产5000万米高档纺织面料生产项目（陆丽洪）	2014—2016	年产5000万米高档纺织面料	30000		8000	设备安装
28	年产5000万米高档纺织面料生产项目（陈胜）	2014—2016	年产5000万米高档纺织面料生产项目	30000		8000	厂房土建施工
29	兰溪协鑫环保热电有限公司3*75t/h循环流化床锅炉烟气脱硫项目	2013—2014	3*75t/h循环流化床锅炉烟气脱硫	5000	500	4500	完工
30	浙江堂正格塑料科技有限公司年产200万米木塑复合材料生产项目	2013—2014	年产200万米木塑复合材料	6500	2000	4500	竣工投产
31	万舟纺织年产50万纱锭生产线项目	2013—2015	年产50万纱锭生产线项目，总用地378亩，总建筑面积280000平方米	103100	2000	26000	一期厂房结顶,部分设备安装

续表5

序号	项目名称	建设起止年限	建设规模及内容	总投资（万元）	续建项目2013年底止累计完成投资额(万元)	2014年投资计划(万元)	2014年主要形象进度
32	兰溪市之江家纺有限公司年产1050万米高档化纤面料建设项目	2013—2014	年产1050万米高档化纤面料，购置喷气织机64台	5000	1000	4000	竣工投产
33	浙江丰登化工股份有限公司年产150万Kcal/h余热制冷、工艺废水、2500Nm3/h节能空分	2013—2014	年产150万Kcal/h余热制冷、工艺废水、2500Nm3/h节能空分	3000		3000	投产
34	兰溪市隆轲工贸有限公司年产10000台直联空压机生产项目	2014	年产10000台直联空压机	5000		5000	主体完工
35	浙江康斯兰工贸有限公司年产5000台高档变频空压机生产项目	2014	年产5000台高档变频空压机	5000		5000	主体完工
36	五鱼服饰年产200万件高档服装生产项目	2014	年产200万件高档服装生产线	9500		9500	竣工投产
37	喜来福纺织年产8000吨棉纺原料及纱线生产项目	2014—2015	年产8000吨棉纺原料及纱线	10000		7000	主体完工
38	微宠工艺品年产100万套针织服装生产项目	2014—2015	年产100万套针织服装，建筑面积32620平方米	7500		3800	主体完工
39	浙江海纳德汽车部件有限公司年产10万台沙漠空气滤清器总成线技改项目	2014	年产10万台沙漠空气滤清器总成线技改	3750		3750	竣工投产
40	兰溪英科新材料有限公司年产3000吨UV光固化油墨及醇酯溶型油墨项目	2014—2015	年产3000吨UV光固化油墨及醇酯溶型油墨	8000		6000	一期投产
41	兰溪市恒润化工有限公司年产4000吨水性环保涂料助剂项目	2013—2015	年产4000吨水性环保涂料助剂	15000	7000	8000	一期投产
42	浙江高新科技工贸有限公司年产10万辆电动自行车和锂离子动力电池配套项目	2014	年产10万辆电动自行车和锂离子动力电池	10000		10000	竣工投产

续表5

序号	项目名称	建设起止年限	建设规模及内容	总投资（万元）	续建项目2013年底止累计完成投资额(万元)	2014年投资计划(万元)	2014年主要形象进度
43	浙江鑫隆润滑油年产3.5万吨润滑油项目	2014	年产3.5万吨润滑油	6500		3000	主厂房土建完成
44	兰溪市兴源塑胶有限公司年产4000吨PP-R高档塑胶管生产项目	2014	年产4000吨PP-R高档塑胶管	5500		5500	竣工投产
45	红狮控股集团综合大楼研发中心建设项目	2014—2015	新型建材的研发、试验及培训中心	26000		10000	综合大楼研发中心结顶
46	兰溪市高峰新型建材厂年产30万立方米蒸压加气混凝土砌块生产项目	2014	年产30万立方米蒸压加气混凝土砌块	3000		3000	竣工投产
47	彩钢板及高科技门设备制造项目年产5万吨彩钢板及300台高科技门设备制造生产项目	2014—2015	年产5万吨彩钢板及300台高科技门设备制造	12000		3000	一期厂房建成投产
48	兰溪市永强链条有限公司年产2000万条自行车链条生产线项目	2014—2015	年产2000万条自行车链条	5500		4700	一期投产
49	兰溪市驰航机械有限公司年产300万套链轮曲柄生产项目	2014—2015	年产300万套链轮曲柄	6300		4000	生产厂房土建完成
50	兰溪市三和铝制品有限公司年产3600吨电子散热器生产项目	2014	年产3600吨电子散热器	4000		4000	竣工投产
51	浙江美丽华印刷材料科技有限公司	2014—2015	用地规模19.8亩，建筑面积约13800平方米	5000		5000	竣工投产
52	年产600万平方米菱镁板系列产品生产项目	2014—2015	年产600万平方米菱镁板系列产品	13000		5000	主体厂房动工
53	兰溪市沃德服饰有限公司年产100万套服装项目	2014	年产100万套服装	5000		5000	竣工投产
54	兰溪复顺包装材料有限公司年产2.5万吨高透明聚丙烯环保材料及吸塑包装生产项目	2014—2015	年产2.5万吨高透明聚丙烯环保材料及吸塑包装	10000		5000	主体完工

续表5

序号	项目名称	建设起止年限	建设规模及内容	总投资（万元）	续建项目2013年底止累计完成投资额(万元)	2014年投资计划(万元)	2014年主要形象进度
55	兰溪市中彩文化有限公司年产17000万DLS印刷品塑料类印刷包装项目	2014	年产17000万DLS印刷品塑料类印刷包装	6300		6300	竣工投产
56	兰溪市和兴工贸有限公司年产6000万平方米纸板、纸箱项目	2014—2015	年产6000万平方米纸板、纸箱	8100		5100	竣工投产
57	兰溪市伟恒纸板有限公司纸板生产项目	2014	总建筑面积20000平方米	6000		6000	竣工投产
58	浙江优凯彩印包装有限公司彩印包装生产项目	2014	总建筑面积22000平方米	6000		6000	竣工投产
59	浙江华东铝业股份有限公司年产40万平方米环保铝合金模板型材生产项目	2014—2017	年产40万平方米环保铝合金模板型材	19300		5000	完成厂房主体建设及主要设备招投标
60	浙江浙能兰溪发电有限责任公司600MW汽轮机组超临界增效扩容技改项目	2014	600MW汽轮机组超临界增效扩容技改	15000		15000	竣工投产
服务业	20个	合计		560880	143500	161480	
61	嘉泰·新时代广场	2012—2014	建筑面积65340平方米，占地8101平方米	40900	30900	10000	年底试营业
62	兰溪鸿迪能源有限公司油库中转项目	2014—2015	油库中转60万吨	30000		3000	一期动工
63	兰溪再生资源回收交易集散中心	2014—2015	用地115亩，总建筑面积60320平方米，其中管理用房6730平方米，货场及其他建筑53590平方米	12900	500	5000	建成管理服务用房6730平方米，中心货场交易区10000平方米
64	兰溪市山田大酒店	2013—2014	集酒店、餐饮、服务会所为一体的星级酒店	41700	24400	5000	完成内部装修后开业
65	黄龙洞市场提升改造	2014—2015	建设9000平方米以上的新商贸市场，整体提升黄龙洞市场的形象及规模	4500		2000	拆迁完成，主体完工

续表5

序号	项目名称	建设起止年限	建设规模及内容	总投资（万元）	续建项目2013年底止累计完成投资额(万元)	2014年投资计划(万元)	2014年主要形象进度
66	英特公共医药物流平台金华医药产业中心建设项目	2013—2015	建成集现代营销、专业物流、物流加工和电子商务于一体的医药产业中心，总建设面积10万平方米	21800	2000	8000	主体仓库框架完成3层
67	赤山湖旅游度假区启动区	2014—2015	赤山湖旅游度假区启动区块工程总面积87公顷。项目内容主要包括：市政道路工程、建筑工程、景观工程等	28000		12000	完成1300亩土地流转及政策处理，区内道路工程基本完成，园林景观及建筑工程完成40%
68	浙江浩鑫物流项目	2013—2015	新建一号仓库9979平方米，二号仓库17593平方米，三号仓库12644平方米	32000	10000	10000	仓储及配套完工并投运
69	诸葛八卦村游客服务中心	2013—2014	新建游客服务中心，总建筑面积3000平方米	4000	3000	1000	完工
70	兰溪市银湖山庄建设项目	2012—2014	集观光、休闲农业、餐饮、住宿、会议于一体的农家乐休闲观光	5000	3000	2000	完工
71	蓝调之美度假区	2013—2018	国家建筑大师公园，建成文化、娱乐、商业为一体的公园	10000	5000	2000	一期完工
72	浙江越龙谷国际度假中心	2014—2018	一带五区，公共配套为游客接待中心、停车场等	63000		8000	三通一平，建设道路4.5公里，建设管理用房、森林消防中队营房
73	兰溪市三鑫物流项目	2013—2015	物流基地、仓储	6000	1500	4500	主体完工
74	嘉宝物流基地兰溪风行石油有限公司成品油油库建设项目	2014	占地36334平方米，60000立方米油库建设项目	15200		15200	竣工投产
75	彩虹城（开发区兰江片园区外来务工人员生活服务中心）	2013—2015	园区民工公寓、生活、娱乐、就业服务等配套，建筑面积13.5万平方米	43500	13000	8000	完成一期商业及二期主体50%工程量
76	丹溪应急避难设施建设项目	2013—2015	总建筑面积5.9万平方米，集休闲、商业、人防、避灾于一体的综合性公园	57400	8000	10000	地下二层混凝土浇筑
77	兰溪市总部商务区一期·总部大楼	2012—2015	总建筑面积9.7万平方米,主楼26层，辅楼12层，裙房5层	51000	25000	15000	完成土建工程，室外配套工程完成工程量70%以上

续表5

序号	项目名称	建设起止年限	建设规模及内容	总投资（万元）	续建项目2013年底止累计完成投资额(万元)	2014年投资计划(万元)	2014年主要形象进度
78	康恩贝健康商城	2013—2014	电子商务网络工程建设	12700	7200	5500	物流配套中心建设
79	浙中国际纺织品市场	2012—2015	用地160亩，建筑面积20万平方米，市场7.5万平方米，物流1.8万平方米	76000	10000	30000	A、C地块全面结顶，部分运营
80	浙江永联丹溪物贸平台	2014	办公用房及电子商务平台1800平方米，仓库3000平方米，停车场一个	5280		5280	建成投运
社会发展	20个	合计		714160	162070	227250	
81	兰溪市钱塘垅水库工程	2010—2014	总库容866万立方米，年供水量1215万立方米	32000	22000	10000	完成管网铺设
82	兰溪市钱塘江农防加固工程（二期）	2012—2014	加固堤防32.9公里，新建、改建、重建排涝泵站23座，新建、改建、重建节制闸25座，新建滚水堰1座	32000	25370	5000	完工
83	芝堰水库除险加固工程	2014—2016	拦河坝除险加固采用双排粘土套井防渗墙；改建泄洪洞及进水口；新建开敞式正槽溢洪道；新建发电供水隧洞；改建左岸上坝公路；配套建设自动化监测系统	17800	2000	8000	工程政策处理、招投标等前期准备工作；溢洪道、大坝（迎水面除外）和上坝道路施工等工程建设
84	城东片城市防洪应急工程	2013—2014	新建50年一遇的堤防600米	7000	5000	2000	完工
85	兰溪市220千伏孟湖输变电工程	2013—2015	主变容量2*240MkVA，220kV线路长度35公里	15000	1000	6500	完成变电站土建
86	兰溪至江山公路兰溪马涧至墩头段改建工程	2012—2014	二级公路23.72公里，其中桥梁504米/10座，隧道390米/1座	36260	24000	12000	完工
87	义乌至兰溪公路工程兰溪段	2013—2016	一级公路4.385公里，其中陡深岭隧道1437米	45010	5000	12000	完成隧道40%
88	衢江航道升级改造工程	2014—2017	按四级航道标准改造航道23公里，在兰溪境内建姚家枢纽	246000		30000	开工
89	兰溪市赤山湖大道	2013—2014	道路全长约3.4公里，道路路幅宽为32～38米	29000	10000	19000	完工

续表5

序号	项目名称	建设起止年限	建设规模及内容	总投资（万元）	续建项目2013年底止累计完成投资额(万元)	2014年投资计划(万元)	2014年主要形象进度
90	兰溪市金角大桥及金角路、兰荫路延伸工程	2012—2015	建设新桥一座，全长1580米，其中桥长1187米，宽36米；金角路：全长820米，宽50米；兰荫路：全长600米，宽45米	91000	30000	36000	完成大桥主体施工，金角路、兰荫路延伸工程完工
91	兰溪市横山大桥改建工程	2013—2015	一级公路1.25公里，其中横山大桥长481米	19140	5000	5000	完成桥梁60%
92	兰溪市低丘缓坡基础框架路网工程	2013—2015	完成1500亩土石方平整、道路路网工程及绿化、亮化、供电、弱电等配套设施	20000	5000	5700	完成道路路网工程及绿化、亮化等配套设施
93	兰花路延伸工程	2013—2014	1500*36米沥青混凝土路面、排水、绿化、亮化等配套工程	8000	4000	4000	完工
94	宝龙路延伸工程	2013—2014	3100*36米沥青混凝土路面、排水、绿化、亮化等配套工程	6000	2000	4000	完工
95	污水处理厂（二期）扩建项目	2014	日处理污水4万吨	22000		22000	完工
96	污水处理6号泵站提升工程	2014—2015	新建6号提升泵站一座，建设污水总干管3公里	4500		2000	完成泵站及管网建设45%的工程量
97	兰溪市排岭城中村改造项目	2014—2016	拆迁面积5.8万平方米，安置房建筑面积77536平方米	47900		31600	完成拆迁工作，完成地下基础工程和地上建筑面积15471平方米
98	兰五中迁建工程	2012—2014	新建教学、生活、办公等及其他设施，建筑面积69349平方米	19150	12000	7150	完工
99	兰溪市外国语中学	2013—2015	新建教学、生活、办公用房及其他设施，建筑面积24244平方米	7000	3600	2000	一期工程教学楼、科技楼、学生宿舍、食堂等完工，围墙、操场、绿化等工程结束投入使用；二期工程学生宿舍结顶
100	兰溪市中医院病房大楼扩建工程	2012—2014	新建病房大楼一幢，设置病房床位395张，总建筑面积16573.46平方米	9400	6100	3300	完成
总计				2294910	356820	787080	

兰溪市2014年重点续建工业项目

表6 单位：万元

序号	项目建设地址	企业名称	项目名称	总投资	累计完成投资额	2014年计划投资额	2014年底形象进度
		合计	56项	987220	408457	248350	
1	经济开发区	浙江五丰冷食有限公司	年产4万吨冷冻冷藏食品	50000	10000	5000	厂房土建完成
2	经济开发区	兰溪金工钢结构工程有限公司	年产2万位立体车库	20000	7100	12900	投产
3	经济开发区	兰溪市华拓针纺有限公司	年产1.2万吨提花弹力针织面料	6000	2500	3500	投产
4	经济开发区	浙江伊宝馨生物科技有限公司	年产1500吨功能性天然食品添加剂	16740	6000	5000	厂房土建完成，部分设备到厂
5	经济开发区	浙江达世元电动科技有限公司	年产1万套电动汽车自动变速总成	19630	7000	2000	生产厂房完成土建施工
6	经济开发区	兰溪金丰电器有限公司	年产240万套拉伸电热（磁）杯及电器发热元件	6500	4000	2500	投产
7	经济开发区	浙江诺丰彩印有限公司	年产2亿件高档彩印产品	5600	2600	3000	投产
8	经济开发区	兰溪市九安工贸有限公司	年产100万台LED应急照明灯	5500	2500	3000	投产
9	经济开发区	兰溪市云山印染有限公司	年产1.2亿米高档印花染色面料	43000	2000	5000	部分厂房土建完成
10	经济开发区	浙江康恩贝制药股份公司	基本药物目录	24500	6000	12500	厂房土建完成，部分设备安装
11	经济开发区	浙江金梭纺织有限公司	年产2000万米高档牛仔面料及200万件自主品牌牛仔服装	25000	21000	4000	投产

续表6

序号	项目建设地址	企业名称	项目名称	总投资	累计完成投资额	2014年计划投资额	2014年底形象进度
12	经济开发区	浙江双灯家纺有限公司	年产300万米高档家用纺织装饰品	4100	3000	1100	投产
13	经济开发区	浙江兰棉纺织有限公司	年产8000万米高支高密服装面料	42000	31000	11000	投产
14	经济开发区	浙江升华纺织有限公司	年产2000万米高支高密弹力服装面料	11000	5700	5300	投产
15	经济开发区	浙江鑫兰纺织有限公司	年印染1200万米高档牛仔布	11050	7500	3550	部分投产
16	经济开发区	浙江瑞意得汽车配件有限公司	年产50万套汽车配件	5000	3000	2000	投产
17	经济开发区	浙江千鹤电动车有限公司（金大）	年产40万台千鹤牌锂电池电动车	45000	9500	17100	厂房土建完成，部分设备到厂
18	经济开发区	浙江瀚博纺织有限公司	年产1600万米复合纤维交织高档服装面料	10900	7500	3400	投产
19	经济开发区	浙江威臣纺织有限公司	年产6000万米高级弹力面料	37300	15500	10000	部分设备投产
20	经济开发区	浙江博源纺织有限公司	年产3000万米纺纱	5600	2500	3100	投产
21	经济开发区	兰溪国升印刷包装有限公司	年新增纸质品18000万纸张	5200	2000	3200	投产
22	经济开发区	浙江立马云山纺织有限公司	年产1600万米高档休闲面料	5000	2000	3000	投产
23	兰江街道	兰溪市广丰纺织有限公司	年产1500万米高档汽车装饰布	6500	2000	3000	部分设备安装
24	兰江街道	浙江玲美纺织有限公司	年产900万米高档服装布料	5000	2000	3000	投产

续表6

序号	项目建设地址	企业名称	项目名称	总投资	累计完成投资额	2014年计划投资额	2014年底形象进度
25	兰江街道	浙江凯硕纺织有限公司	年产1500万米高档服装面料	7000	2200	4000	部分设备投产
26	兰江街道	浙江捷高纺织有限公司	年产1500万米高档服装面料	12000	6000	6000	投产
27	云山街道	兰溪市广航工贸有限公司	年产1500万米高档纤维混纺提花面料	5000	3000	2000	投产
28	云山街道	浙江百浩工贸有限公司	年产1万吨卫生用塑料薄膜	6500	4500	2000	投产
29	上华街道	兰溪市恒通织造有限公司	年产4000万米高档服装面料	15000	1600	3000	主厂房土建完成
30	上华街道	兰溪市明辉光电有限公司	年产300吨长余辉发光材料和40万米发光膜版及制品	12000	2000	5000	厂房土建完成，部分设备到厂安装
31	上华街道	三江开源有限公司	年产100万支250升以下不等各类高压轻质气瓶	46000	5800	10000	主厂房完成，部分设备到厂安装
32	永昌街道	浙江赐源纺织有限公司	年产1万头气流纺及10万锭精梭紧密纺	50000	17000	5000	一期投产
33	永昌街道	浙江宝瑞纺织有限公司	年产4500万米高档服装面料	18000	10000	2000	部分投产
34	永昌街道	浙江文荣纺织有限公司	年产800万米高档休闲面料	3000	500	2500	投产
35	赤溪街道	兰溪市雯华纺织有限公司	年产1800吨化纤色纱	3000	500	2500	投产
36	赤溪街道	浙江天鑫纺织有限公司	年产1600万米高档服装面料	12000	6200	5800	投产
37	女埠街道	浙江金兆纺织有限公司	年产4000万米高档牛仔面料	20000	5000	5000	厂房土建完成，部分设备安装

续表6

序号	项目建设地址	企业名称	项目名称	总投资	累计完成投资额	2014年计划投资额	2014年底形象进度
38	女埠街道	浙江联赢印染有限公司	年印染1.5亿米布	38000	5000	5000	主厂房土建完成，部分设备安装
39	灵洞乡	浙江红狮水泥股份有限公司	年处置21.5万吨城市污泥及10万吨工业废物	22600	10000	4000	二期投产
40	灵洞乡	浙江向往玻璃科技有限公司	年深加工415万平方米玻璃	20000	11250	5000	二期投产
41	灵洞乡	兰溪市富屯机械配件公司	年产10000套机械配件	5000	3500	1500	投产
42	灵洞乡	浙江迪佳机电有限公司	年产100万套欧IV排放标准汽车发动机零部件	6500	1600	2500	厂房土建完成
43	游埠镇	浙江双冠汽车部件制造有限公司	年产300万只汽车支撑配件及100万件汽车坐椅配件	10000	5500	1500	厂房综合楼土建完成，部分设备安装
44	游埠镇	浙江兰光新材料饰品有限公司	年产6万件新材料树脂钻	10000	3500	3000	厂房土建完成，部分设备安装
45	水亭畲族乡	浙江云山纺织印染有限公司	年产40000吨新型差别化、功能性纱线和2500万米高档服装面料	55000	29000	1000	一期投产
46	诸葛镇	浙江克罗托纺织有限公司	年产9000万米高档弹力涤纶面料	50000	37000	2000	二期部分投产
47	诸葛镇	兰溪市信航机械有限公司	年产200万套自行车曲柄	10300	3500	2000	厂房土建完成，设备安装
48	黄店镇	兰溪市天海空调压缩机有限公司	年产100万套空调压缩机配件	6000	4500	1500	投产
49	香溪镇	浙江天骏纺织有限公司	年产5000万米高端服装面料	35000	18100	8500	仓库土建完成部分投产
50	马涧镇	浙江华驰工贸有限公司	年产4000吨差别化绵纶长丝	6000	3100	2900	投产

续表6

序号	项目建设地址	企业名称	项目名称	总投资	累计完成投资额	2014年计划投资额	2014年底形象进度
51	马涧镇	浙江鸿飞机械制造有限公司	年产1500台破碎机	12500	3700	2000	部分设备投产
52	马涧镇	浙江宏硕纺织有限公司	年产5500吨气流纺纱	6000	4000	2000	投产
53	梅江镇	兰溪市漫真服饰有限公司	年产650万件纳米技术棉丙纶混纺远红外保健无缝内衣	7500	4500	3000	投产
54	横溪镇	浙江荻生通信电力设备有限公司	年产1万吨异型钢管	10500	1000	3000	主厂房土建完成，设备安装
55	柏社乡	兰溪应氏工贸有限有限公司	年产2万吨复膜家电彩板	9700	5500	1500	一期投产
56	市属	浙江浙能兰溪发电有限责任公司	4台600MW机组烟气脱硝工程	41000	26000	15000	全部建成投入运行

兰溪市2014年重点实事项目

表7

序号	实事名称	实 事 内 容	责任单位	责任人	联系领导
一	推进水环境综合治理	1.市污水处理厂一期提标改造及二期建设项目：建成后污水日处理量从4万吨提高到8万吨。（建设工期为2014—2015年）	钱江水务	高雅麟	陆献龙
		2.污水管网建设工程：①实施丹溪大道行政服务中心至横山立交主干管250米；下穿金千铁路涵洞一座；李渔路至许埠总干管接口1035米。②乡镇污水管网建设：总长26公里。	建设局（牵头单位）、马涧镇、梅江镇、横溪镇、香溪镇、游埠镇、诸葛镇、黄店镇	马叔东	吴乐华
		3.农村生活污水处理：建立长效管理机制，新建处理设施村92个，提升改造村167个。	农办	凌 贞	何吉军
		4.小流域专项整治:①整治一条最差河流——浒溪；生猪养殖污染企业治理；清淤；错接管网改造；河道沿线保洁；园中村及浒溪沿线生活污水收集进污水处理厂。②打造一条最美河流——游埠溪：诸葛镇万田村经永昌街道至游埠镇郦村桥流域，“水洁、流畅、岸绿、景美”，稳定保持Ⅲ类水质目标。	环保局（牵头单位）、开发区、兰江街道、诸葛镇、永昌街道、游埠镇、水亭畲族乡	樊友洪	陆献龙
二	改造提升老旧小区	5.老旧小区准物业管理试点：在兰江街道和云山街道各选一个老旧小区进行物业管理试点，以保安、保洁、绿化、亮化为主实行准物业管理。	建设局	马叔东	吴乐华
		6.老旧小区设施配套工程：①社区硬化改造路面60000平方米，铺设排水排污管道6000米；②城区住宅化粪池清理；③兰荫等3个社区成片绿化，并对缺株露土的社区绿地进行改造补种；④建设滨江等6个社区小游园。	①建设局 ②③④行政执法局	马叔东 徐晓君	吴乐华
三	提升城市休闲功能	7.兰江片核心区沿江绿道改造工程：对兰江片西岸核心区段滨江沿线绿道进行改造，2014年完成兰荫南路与横山路交叉口至兰江大桥段。	建设局	马叔东	吴乐华
四	缓解“行车难”“停车难”问题	8.市区道路改造工程：①和平南路改造工程：兰江大桥至延安路段进行改造，全长400米，宽12米；②经济开发区西环路、振兴路部分路段鼓包路面修复。	①建设局 ②经济开发区	马叔东 陈志良	吴乐华 吴一成
		9. 城乡交通设施提升工程：①道路安全保障设施：游诸连接线至洪畈朱实施村道维护（设施提升）2546米，增设钢质护栏1125米，章士线至王铁店村道维护（设施提升）1453米，增设钢质护栏385米。②新建55个港湾式停靠站。	交通运输局	姚 威	吴乐华
		10.停车设施建设：①建设市区大型货车停车场；②新建小型林荫停车场5个；③增加停车泊位500个。	建设局	马叔东	吴乐华
		11.城区公共自行车系统建设：在城区合理设置公共自行车服务站点，2014年完成服务站点50～60个，投放自行车1300～1500辆。	行政执法局	徐晓君	吴乐华

续表7

序号	实事名称	实 事 内 容	责任单位	责任人	联系领导
五	提高便民服务能力	12. 96345社会公共服务平台建设：提供公共信息查询、家政服务、商务服务等社会公共服务。	民政局	何忠云	何吉军
		13.农贸市场提升改造工程：①完成溪西等3家以上农贸市场提升改造；②完成黄龙洞农展中心主体工程建设。	市场监督管理局	李炜华	陆献龙
		14.农村文化礼堂建设：2014年完成20家农村礼堂建设。	宣传部	姜 驰	陈 艳
		15.电动汽车充电站建设：建设电动汽车充电站1座，按照日服务功能600车次配置。	供电局	江 斌	吴一成
		16.出租车电召服务系统建设：全市216辆出租车试行电召服务。	交通运输局	姚 威	吴乐华
六	保障城乡水电安全	17.饮水安全：①完成25个村的自来水修复改造工程，改善2万人的饮用水条件。②农村饮水安全提升工程：按标准改造部分水厂，提升供水管网及村级管网，涉及人口1.5万人。③自来水管网改造工程：完成老城、溪西片自来水旧管网改造5000米。④增加水质检测设备，加强全市水质检测能力。	①卫生局 ②水务局 ③钱江水务 ④卫生局	张 靓 蓝一飞 高雅麟	陈 艳 何吉军
		18.电网改造：①完成65个台区低压电网改造，提高供电能力和供电可靠性。②城区兰荫路、人民路等道路线缆入地。	供电局	江 斌	吴一成
七	提高养老服务水平	19.农村社区居家养老服务照料中心建设：建设200家，设有“五室一堂”（即文体活动室、图书阅览室、日托休息室、医疗保健室、洗衣室和便民食堂）。	民政局	何忠云	何吉军
		20.市社会福利院扩建工程：建筑面积1.3万平方米，新增养老床位360张。分二期实施，2014年完成一期工程（完成总工程量的50%）。	民政局	何忠云	何吉军
八	加强社会安全保障	21.治安防控体系建设：新建电子围栏5处、智能卡口3处，治安卡口5处，治安视频监控100个。建立信息采集、处理、指挥等为一体的交通指挥平台，实现交通管理事务的无缝对接。新增专职巡防队员40人，配备声波控制仪1台，更新摩托车20辆。	公安局	陈劲松	任春辉
		22.学生交通安全保障工程：在全市16个乡镇全面铺开学生上下学交通安全保障工程。	教育局	童云龙	陈 艳
		23.校园“三防”建设：为全市200多所中小学、幼儿园学生配置安保人员、防护物品、视频监控等，构筑人防、物防、技防的安全屏障。	教育局	童云龙	陈 艳
九	提高医疗卫生服务水平	24.成立金华市中心血站兰溪分站：2014年底前完成血站的建设。	卫生局	张 靓	陈 艳
十	保障食品药品安全	25.食品药品数字监管：完成80家大中型餐饮服务单位（含餐馆和学校食堂）实时监控网络（透明厨房）；完善全市110家药品经营企业在线监管网络。	市场监督管理局	李炜华	陆献龙

2014年大事记

1月

1日，兰溪到烟溪城乡公交车增加2辆车，每天多了10个班次，市民乘车去金华更方便。

同日，兰溪治理“双超”（超限超载）检查点实行24小时执法。

2日，市委十三届五次全体（扩大）会议暨市政府第四次全体会议召开，市委书记吴国成作工作报告，市长朱瑞俊主持会议。会议主题：抢抓改革先机，加速追赶跨越，努力开创“两富”现代化兰溪建设新局面。

同日，召开市四套班子成员例会，听取十大指挥长项目推进情况及下一步工作安排、重大浙商回归项目招商工作情况、义兰公路建设工程、老城保护开发工作、浙商创新实验园、全市信访维稳工作、12月份重点工作进展情况等汇报；观看党内参考片《较量——正在进行》，提高网上舆情引导能力专题学习。

同日，19时30分，央视综艺频道播出2013年度“身边好人·温暖中国”颁奖典礼，兰溪“最美司机”江晓祥获评第二届“十大温暖中国人物”，并接受现场颁奖。

同日，兰溪跑吧55名选手参加2014厦门国际马拉松赛，其中29位选手跑完全程。

3日，诸葛镇诸葛社区成立。社区居民由原兰鹰水泥厂、原镇属有关部门的职工组成，有401户、492人。

4—7日，中国人民政治协商会议第十三届兰溪市委员会第三次会议召开。

5—8日，兰溪市第十五届人民代表大会第三次会议召开。

6日，在全省县（市、区）委书记工作交流电视电话会议上，金华市政协副主席、兰溪市委书记、市人大常委会主任吴国成在兰溪分会场作了治水工作典型发言。

8日，从这天起，兰溪调整住房公积金贷款限额。具体为:职工正常缴存住房公积金低于1000元的，从原来的30万元调整至20万元；职工正常缴存住房公积金高于1000元（含1000元）的，从原来的40万元调整为30万元。

同日，在杭州举行的浙江省第六届抗癌明星等表彰大会上，兰溪市行政执法局荣获“浙江省第六届抗癌爱心单位”称号，兰溪市癌症康复协会会员何抗成被评为“浙江省第六届抗癌明星”。

9日，钱塘江流域兰溪段省级渔业资源增殖放流区开展渔业增殖放流活动，45万只中华绒螯蟹种蟹在兰江水门码头、金华江、衢江等处被放流。

10日，金华市委副书记陶诚华一行到兰溪检查2013年度党风廉政建设责任制落实情况。

同日，兰溪市无党派知识分子联谊会召开第二届第一次会员大会。

10—12日，兰溪市第五届农产品展示展销会在兰溪市体育中心举办，农产品总成交额1050万元。

13日，兰溪市出租车电召服务系统开始试运行，24小时电召热线82820101。

15日，诸葛镇诸葛某因涉嫌“非法获取公民个人信息罪”在兰溪市人民法院出庭受审。被告人诸葛某被判处有期徒刑一年，缓刑一年六个月，并处罚金人民币7万元。这是兰溪审理的首例涉嫌“出售公民个人信息罪案”。

16日，金华市住房公积金管理中心兰溪分中心推出“个人住房公积金搭桥贷款”业务，缓解公积金放贷轮候资金急需。

同日，兰溪市首个流动人口服务管理所在兰江街道成立。

同日，春运开始。在春运动员会上，浙江长风汽车运输有限公司为鼓励员工善待乘客包容乘客，将首个“委屈奖”颁给了第一城乡客运分公司驾驶员叶宏辉。

17日，“我要去兰溪，邀您过大年”——兰溪旅游走进社区推介活动在杭州翠苑二区举行。

同日，灵洞乡白坑村党委书记赵社生被金华市公安局评为拥警模范。

20日，市环境卫生管理处的16台电动扫地机上岗。

21日，兰溪市召开“五水共治”工作布置会。

22日，共青团金华市委牵头组织的“青春聚力、五水共治”节水清波行动在兰溪启动。

同日，市工业经济联合会、企业联合会、企业家协会召开第四届第五次会员大会暨“双优”表彰大会。

同日晚，2014年兰庆草根艺术团春节联欢晚会在市文化馆举行。

23日，在杭州举行的“最美浙江人——2013年度浙江骄傲人物评选活动”颁奖晚会上，兰溪“最美民警”吴宪军入选“最美浙江人——2013年度浙江骄傲人物”。

23—24日，副省长郑继伟带领省有关部门负责人，到兰溪调研教育、卫生、文化等社会事业发展工作。

24日，市长朱瑞俊带领有关部门干部职工在水亭畲族乡参加“清洁河道、美丽家园”行动。

27日，市长朱瑞俊主持召开市政府第二十四次常务会议，研究2013年度兰溪市政府质量奖评审情况，黄溢村、下金村城中村改造相关事宜等议题。

2月

2日，11时，黄店镇芝堰村突发森林火灾，黄店镇及时组织300余名干部群众前往扑救。市森林消防指挥部启动应急预案，调集马涧、女埠、梅江3支专业森林火灾扑救队约100余人前往支援。22时50分，明火被扑灭。3日凌晨，余火复燃。黄店镇再次组织镇消防队和周边200余名村民扑救，当天上午9时将所有明火扑灭。经查，此次火灾是由永昌街道樟林村陈某某在事发地上坟燃放鞭炮引发。4日，因涉嫌失火罪，陈某某被市公安局刑事拘留。芝堰村50岁的水电工方友松因参加扑火牺牲。

春节期间（1月31日—2月6日），市公安局110指挥中心共接到有效报警1278起，其中刑事报警25起，治安报警197起，交通事故报警392起，火警和消防救援299起，共出动警力1540余人次。

春节期间，中洲公园接待游客近30万人次。

7日，市四套班子领导吴国成、朱瑞俊、刘成芝、蔡艳等，与200多名机关干部前往云山街道万亩粮食功能区参加义务植树活动。

8日，金华市委常委、组织部长温暖到兰溪开展“民生问需、发展问计、作风问症，助推开门红”走亲连心活动，走基地、进村庄、访农户，与基层干部聊工作，与普通群众拉家常。

8—12日，兰溪市人力资源市场召开2014年新春系列招聘会，共有100余家次用人单位提供1000个工种、专业，6000 余个岗位，吸引13500多名求职者，达成初步就业意向1609人。

10日，兰溪市召开全市干部大会，总结2013年度工作亮点，部署2014年工作重点，动员全市上下坚定信心、奋发有为、乘势而上，全力开创兰溪赶超发展的新局面。

同日，兰溪市举行“五水共治”公益基金募捐仪式。募捐仪式上，兰溪市四套班子领导吴国成、朱瑞俊、刘成芝、蔡艳等和16个镇乡(街道)、开发区党政主要领导率先垂范，积极捐款，现场募集公益基金18.8万元。

12日，兰江街道后畈村73岁老人梅炳森，早起晨练走在悦济浮桥上，因桥面结冰滑溜，掉进了兰江。梅炳森顺水游了200多米，最终体力不支，搁浅在兰江大桥桥墩平台上，被渔民陈福山发现救起。

14日，兰溪市召开“五水共治”动员大会，围绕“综合治污水、合力防洪水、科学排涝水、安全保供水、全民抓节水”，重点推进治水十大工程，实现“清三河、四覆盖、两转型”，倒逼转型升级，促进人水和谐，推进生态兰溪建设。通过治理，达到三年(2014—2016年)解决突出问题，明显见效；五年(2014—2018年)基本解决问题，全面改观；七年(2014—2020年)基本不出问题，实现质变。动员大会上，首批45家重点企业现场认捐5388万元。

同日，上午10时，兰溪市人民医院住院部二病区401病房里，40岁的兰溪白血病晚期患者姚望舟和39岁的江苏太仓女子高敏举办婚礼。新郎骨瘦如柴，体重不足50公斤，生命垂危。佳话传遍网络，高敏被网友称为“最美新娘”。

14—15日晚，兰溪市婺剧团在兰溪剧院举办了“庆元宵”中青年精品婺剧展演，演出经典婺剧《珍珠塔》《双凤冤》。

15日，兰溪市召开三江六岸规划设计方案研讨会。会上，上海同济大学副校长、瑞典皇家工程科学院院士吴志强及其设计团队，介绍了兰溪三江六岸规划设计方案。

16日，以民盟中央副秘书长、组织部长陈幼平为组长的民盟中组部基层组织建设调研组到兰溪调研。兰溪市委常委、统战部长徐建祥陪同调研。

19日，省水利厅厅长陈川一行到兰溪考察水利工作，先后考察了梅江镇太后垅水库除险加固工程、兰江街道童家埠片农防加固工程、城东片防洪堤应急工程。

21日，兰溪市妇联“清河治水、美丽兰溪”巾帼行动在永昌街道启动。

同日晚，由兰溪茶文化研究会承办的第二十三届“微茶楼全国斗茶赛”，以腾讯微博直播的方式举行，守擂方是兰溪银露茶，攻擂方是新昌高山云雾茶。双方围绕产地、环境、标准等展开激辩。最终，评委集体决定，此次全国斗茶赛不分胜负，双胜。两个小时，25万人“围观”，3500条转发评论。

22日，兰溪“五水共治”三年行动计划实施项目之一的香溪制(洗)砂场整治工程开工。

同日，义乌至兰溪公路义乌段举行开工仪式。2013年8月，义兰公路兰溪段率先动工建设。

23日，由金华日报报业传媒集团和中共兰溪市委宣传部主办的“郁金香诗会”在中洲公园兰花女广场举行。当代著名朦胧派诗人、厦门市文联主席舒婷，诗歌评论家、厦门城市大学教授陈仲义，浙江省社科院文学研究所所长卢敦基等名家做客兰溪，参加中洲公园“郁金香诗会”活动。金华、兰溪十多位诗人和诗歌爱好者现场朗诵了自己创作的诗歌。“最美新娘”高敏朗诵了舒婷的诗歌《致橡树》。

24日，市委召开常委扩大会议，向省委派驻兰溪市党的群众路线教育实践活动督导组汇报工作。省委赴兰溪督导组组长、原巨化集团公司副董事长、总经理、党委副书记蒋声汉出席会议并讲话。省委督导组成员，市四套班子领导，法检两长，市级其他领导等参加。

25日，兰溪市召开党的群众路线教育实践活动工作会议。金华市政协副主席、兰溪市委书记、市人大常委会主任、市委党的群众路线教育实践活动领导小组组长吴国成作动员部署。省委赴兰溪督导组组长蒋声汉，市领导朱瑞俊、刘成芝、蔡艳等参加会议。

同日，浙能兰溪电厂职工鲍伟明从媒体的报道中得知兰溪人姚望舟因患白血病生命垂危，急需补充血小板，就特意从兰溪赶到了金华血站，为姚望舟捐献血小板。

26日，由国家安监总局监管一司司长王玲丁带队的国务院安委会专项督查第十五组，到兰溪检查指导安全生产工作。

同日，共青团兰溪市二十二届二次全委(扩大)会议召开。

同日，全省农业科技工作培训会在兰溪举行。

27日，兰溪市十五届人大常委会举行第十五次会议。

同日，浙江第四届“浙江慈善奖”颁奖活动在杭州举行，116个在公益慈善领域做出突出贡献的个人、机构和项目获奖，受到浙江省政府通报表彰。康恩贝集团有限公司获机构捐赠奖、国网兰溪市供电局职工胡芳获志愿服务奖。

同日，由共青团兰溪市委发起的“滴水行动”暨每人每天一元捐“滴水基金”创建活动在和平公园启动。

28日，中共兰溪市委常委会在杨东海纪念馆召开党的群众路线教育实践活动第一次专题学习会。省委赴兰溪督导组组长蒋声汉，副组长陈兴尧等督导组成员出席。

同日，《兰溪市2014年“双百工程”重点项目》和《兰溪市2014年重点实事项目》公布。

同日，兰溪市召开评审会，原则通过《山区经济发展规划(2013—2017年)》，兰溪山区经济发展有了指导性的行动纲领。兰溪地处浙江省中部、金衢盆地北部，具有“六山一水三分田”的地理特征，属浙江49个山区县之一。全市有横溪、梅江、马涧、柏社、香溪、黄店6个欠发达乡镇，扶贫重点村112个，山区发展基础薄弱。

3 月

1日，市区和平路、中山路、府前路东段(三江路至滨江路)、三江路等4个路段开始实行停车收费管理。至此，市区8条车辆停放矛盾突出和停车需求较大的路段都推行了停车收费管理。

4日，召开全市党建政法工作会议。

4—5日，国家土地总督察办主任马毅带领国家土地总督察办调研组，到兰溪调研水泥行业及化解产能过剩用地情况。

5日，兰溪市召开四套班子成员例会，听取十大指挥长项目推进情况及下一步工作安排、“五城五开”项目进展情况、义兰公路建设工程、全市信访维稳工作、1至2月份重点工作进展情况等汇报，投票产生金角大桥景观设计方案。

同日，兰溪市市场监督管理局挂牌成立。新组建的市场监督管理局，将市食品药品监督管理局、市工商行政管理局、市食品安全委员会办公室的职责整合划入，整合了监管执法队伍、食品检验资源，健全基层监管体系。

同日，共青团兰溪市委、市志愿者协会组织7支志愿服务队，在市区和平公园开展“雷锋广场”志愿服务集中行动。

6日，兰溪市召开扩大有效投资暨招商引资工作会议。会后，16个镇乡(街道)及开发区、水务局分别举行了项目集中开工仪式，总投资34.2亿元的24个项目集中开工。

7日，召开“治水一线先锋行动”动员会，16名从机关部门选派的年轻干部分赴16个镇乡(街道)担任河(段)长助理。

同日，市领导吴国成、胡向东到联系乡镇横溪镇下访约访群众。

同日，市领导朱瑞俊、陈玉祥带领有关部门负责人赴水亭畲族乡开展“走亲连心、下访接访”活动。

同日晚，市公安、市场监管两部门联合行动，端掉4处传销窝点，当场抓获传销涉案人员50余人。

12日，兰溪市召开创建国家卫生城市工作推进会。

同日，兰溪市召开农业农村工作会议。

13日，省发改委、财政厅、教育厅到兰溪考察浙江师范大学行知学院建设事宜。

15日，团市委建成首个“青春护绿区”。12名爱心人士与结对孤儿组成的爱心家庭在中洲公园，共同栽下40多棵桂花树。

19日，省委常委、省委政法委副书记、省公安厅厅长刘力伟到兰溪调研“五水共治”工作。

同日，市委副书记、市长朱瑞俊主持召开市政府第二十五次常务会议，研究“无违建市”创建活动实施方案、2014年工业经济指标分解、农村生活污水治理工作实施意见等议题。

同日，婺学开宗范浚学术研讨会暨《范浚集》首发式在芥子园举行。《范浚集》由范浚后裔范国良编校，收录了范浚理学方面的文章数十篇，约22万字。

20日，中共中央政治局原委员、中央文明委原副主任、北京市委原书记刘淇到兰溪视察，参观了诸葛村。

21日，兰溪市党的群众路线教育实践活动“为民务实清廉”基层先进事迹报告团举行首场报告会。

同日，在建德市大慈岩镇湖塘村，兰溪市永昌街道与大慈岩镇联合启动“携手治理污水 共建美丽家园”水环境治理行动。

同日，召开专题会议，部署开展再加工纤维及其制品专项整治行动。

26日，浙特高压工程首台高端换流变压器从兰溪红狮水泥公司码头转陆路运往武义县的浙江金华±800千伏特高压直流输变电工程现场。

27日，兰溪市“践行群众路线，共推‘五水共治’——万人‘清三河’大会战”启动。

同日，兰溪市启动 “群众微心愿，党员帮您圆”——“点亮微心愿”四季主题活动。

28日，深化“三改一拆”行动暨“无违建市”创建活动动员会以视频会议形式召开，一直开到镇乡(街道)、村(社区)。

同日，兰溪市中小河流(游埠溪、甘溪)治理规划通过专家审查。

同日，德国柏林自由大学教育与心理科学院院长Kuper教授、浙江师范大学教科院院长、教育部长江学者眭依凡教授一行6人到兰溪一中，考察了解该校教育教学、教学管理等情况，并深入班级和学生进行交流。

29日，金华市委副书记、市长暨军民到兰溪调研“五水共治”工作。

同日晚，由兰溪部分音乐爱好者联合举办的首届鼓手音乐节在兰溪剧院拉开序幕。此次音乐节以爵士鼓演奏为主，有独奏、乐队、舞蹈、合唱等20多个文艺节目。参加演出的都是基层的文艺爱好者，最小的参演人员只有5岁。

30日，举办“相约兰芝风情 感受最美春天”骑行活动暨“兰梅杯”兰溪旅游风光摄影大赛开拍仪式。

31日，浙江省建设平安浙江会议暨建设平安浙江10周年纪念大会上，兰溪市被命名为2013年浙江省“平安县(市、区)”，这是兰溪连续第八年获此称号。

同日，兰溪市组织党员市级领导开展党的群众路线教育实践活动封闭式集中学习，为教育实践活动的扎实开展奠定思想基础。

同日，晚10时，市环保执法人员对部分企业进行环保突击检查，为期一年的“清水零点”行动启动。

4月

1日，市级领导封闭式集中学习，四套班子领导紧密结合各自工作实际，围绕群众路线的时代内涵、“四风”（形式主义、官僚主义、享乐主义和奢靡之风）的具体表现和现实危害、为民务实清廉的具体要求，坦诚交流各自的学习体会和理解认识。

同日，金华8890便民服务平台开通预约挂号服务，金华市范围内41家主要医院的预约挂号都可以通过这个平台实现。

2日，召开市四套班子成员例会，听取十大指挥长项目推进情况及下一步工作安排、义兰公路建设工程、全市信访维稳工作等汇报。

同日，第四届“三月三”畲乡风情节暨“婺风”美丽非遗百村行活动在水亭畲族乡举行。

3日，市委副书记、市长朱瑞俊主持召开市政府第二十六次常务会议，研究山区经济发展规划，实施创新驱动战略、加快提升科技创新能力的若干意见，出台单独两孩有关政策等议题。5名市人大代表和5名市政协委员应邀列席。

4日，兰溪市举行浙商回归暨总部经济项目集中签约仪式，共有27个项目集中签约，总投资达

52.97亿元。

10日，召开全市职工互助保障会第一次代表大会暨职工医疗互助保障工作动员大会。

11日，作风建设暨工业经济项目推进“百日攻坚”大会召开。

12日，由共青团兰溪市委、浙江澳辰地产发展有限公司联合主办的“放飞梦想、奉献爱心”希望工程助学捐赠仪式在新湖·香格里拉举行。新湖·香格里拉业主慈善联盟、澳辰地产共向希望工程捐赠了2.4万元助学款，帮助贫困学子圆梦。

12日—5月6日，全市有31家企业参展第115届广交会，共有展位62个。其中，6家企业参加了第一期的工具类、照明类商品展；1家企业参加了第二期的家居装饰类商品展；24家企业55个摊位参加了第三期的纺织、服装类商品展。

14日，兰溪市钱塘江堤防加固(2013—2017)详细规划通过评审。

15日，金华市“五水共治”现场会在兰溪召开，金华市委副书记、市长暨军民强调，开展农村生活污水、农村生活垃圾和赤膊房治理等“三治”工作，是当前“五水共治”中的难点和重点，要横下一条心，拧成一股劲，拿出“踏石留印、抓铁有痕”的劲头，“不见成效不收兵”的韧劲，“能打仗、打胜仗”的勇气，坚决打赢农村“三治”攻坚战。

16日，省评估组就兰溪创建“全国义务教育发展基本均衡市”工作召开评估反馈会。

18日，兰溪市森林城市建设规划在杭州通过专家组评审。

同日，湖南省衡东县委副书记谭建华带领的考察团，到兰溪走亲考察。

18—20日，由省委宣传部常务副部长胡坚带队的“钱塘江抒怀”采风团走进兰溪。“钱塘江抒怀”采风活动由省委宣传部、省作协主办，全省20名知名作家参加，是新中国成立以来浙江省首次组织作家从钱塘江源头到入海口的一次采风活动。采风团先后在诸葛八卦村、古商城、芥子园、李渔文化公园、兰芝风情线、通洲桥等景点采风。

21日，经过投票和专家评委综合评定，兰溪市首届十佳“新兰溪人”和优秀“新兰溪人”揭晓。当选十佳“新兰溪人”的是余建柱、马闯、王行树、陶仲国、周德勇、刘海军、李公勇、饶林洁(女)、王晓红(女)、项柔刚；当选优秀“新兰溪人”的是徐志鹏、鲁海贤、马万祥、孙晓风、吴克泉、张蕙(女)、王金祥、张伟、陈华威、李新英(女)。

22日，由国家质检总局监督司巡视员郑卫华带领的考核组，到兰溪检查淘汰落后产能工作。

同日，兰溪市96345社会公共服务中心正式启用。市96345社会公共服务以呼叫热线为主，辅以网站、微信等形式，为市民提供生活服务和事务咨询两大类服务。其中，生活服务类就是依托加盟的各类服务企业、一技之长服务者和志愿者，为市民提供个性化的生活服务；事务咨询类就是利用服务平台，为市民提供民政事务、法律咨询、交通旅游、商家信息等多方面的咨询服务。该中心已签约14个大类、137个小类、计200多家服务商，一技之长服务人员47人，社区志愿者411名，专业志愿者服务小组16个，涉及家政、民政、设备维修、水电房屋装修、交通旅游、餐饮、庆典、礼仪、法律、医疗、美容、购物、休闲娱乐等服务项目。开通当天，该中心就接到各类服务咨询电话103个。

同日，省安全生产委员会公布了2014年省级挂牌治理的100处事故多发点段，314省道兰溪段被列入其中。314省道即原来的47省道浦兰线，连接兰溪和浦江，是一条二级加宽公路。这段公路从施宅路口至兰溪汽车北站的38.2千米路段，沿线布满工厂、店铺和住宅，是交通事故的高发区域。2005年底开通以来，这一段已经发生交通事故4300多起，造成218人死亡，死亡人数总量占全市事故总死亡人数近一半。

23日，浙江图书馆兰溪分馆正式开馆。

24日，兰溪市召开“四破”(两退两进)工作现场会（“两退两进”：即“退低进高、退二进三”。退低进高，是指将制造业中资源占用多、能源消耗高、环境污染重，已不适合在当地继续发展的相对低端低效的产业、企业或某些生产环节，从原占有的空间中腾退出来，继而引进相对高端高效的先进制造业和现代服务业、优质企业或某些先进生产环节的行为与过程；退二进三，是指城区工业用地通过政府收储、收回等方式，或按规定改变用途，发展现代服务业等第三产业）。

同日，省美协主办的“美丽浙江——水之韵”美术系列活动走进兰溪。

25日，金华市政协副主席、兰溪市委书记、兰溪市人大常委会主任吴国成在兰溪新闻网《常委直播间》，与网友共谈如何推进“五水共治”，建设大美兰溪。兰溪新闻网“常委直播间”陆续邀请14位市委常委，围绕党的群众路线教育实践活动，结合各自分工，与广大网友进行在线交流，解答基层党员群众关注的热点、难点问题。直播期间，网友可以到“常委直播间留言栏”发主题帖向常委提问。

同日，中共兰溪市委发文《关于授予卢志恒同志“兰溪市优秀共产党员”》的决定，号召全市各级领导干部和广大共产党员以卢志恒同志为榜样，学习他的先进事迹和崇高境界，牢记宗旨，开拓进取，扎实工作，为加快兰溪“追赶跨越，重振雄风”步伐做出贡献。卢志恒1977年参加工作，曾任市劳动局安监科科长、市人事劳动社会保障局录用调配科科长、市人力资源和社会保障局公务员管理科科长，现为市人力社保局主任科员。2014年2月，卢志恒同志因病主动提出提前退休。

同日，省环保、财政、水利等部门联合公布2013年度全省跨行政区域河流交接断面水质考核结果，兰溪市被评为优秀，奖励50万元。

同日，《兰溪市旅游发展总体规划》通过专家评审。

27日，由兰溪市农业局、兰溪茶文化研究会联合主办的“品佳茗、结茶缘”兰溪第二届绿茶品鉴暨展示会在市区府前广场举行，全市22家茶企、茶楼参加。

28日，大型现代婺剧《东海魂》在兰溪剧院首演，再现杨东海生前情系群众、苦干实干、勤政廉政的感人事迹。

同日，兰溪市召开会议，部署“共创洁美家园”垃圾河治理大会战行动。

29日，全国旅游景区质量等级评定委员会发布2014年第1号公告，公布了新评定的国家AAAA级旅游景区名单，确认兰溪六洞山景区为国家AAAA级旅游区。

同日，兰溪市召开来料加工工作会议暨经纪人结对扶贫重点村签约仪式。

同日，由兰溪市妇联主办，以“建设市委市政府联系群众的桥梁、对外推介兰溪来料加工的载体”为总体目标的兰溪来料加工网站开通，设有网站公告、动态信息、市场信息等10个一级栏目。网址为http://www.lxlljg.com。

同日，兰溪市裕欣纺织有限公司车间主任董礼获全国五一劳动奖章；黄店镇上包村委会获省模范集体；浙江巨化氟化学有限公司班长丁丽英、邮储银行兰溪市支行综合业务部经理董红旭、浙江欧宝塑业有限公司研发部主任应国新和诸葛镇厚伦桥村党支部书记毛国忠获省劳动模范称号；兰溪诸葛南方水泥有限公司余热发电部获省工人先锋号称号。

同日，市公安局开展打污染清江河“铁拳一号”统一收网行动，出动警力103人，排查涉污企业8家，查处治安案件一起，1人受行政拘留。

30日，兰溪市召开四套班子成员例会，听取污水管网建设、“三改一拆”“五水共治”、浙商回归总部经济、交通建设、农村面源污水处理、养殖场长效机制管理和防汛工作、全市信访维稳工作、“四破”整治、农村环卫收费和垃圾清理、群众路线教育活动、企业帮扶解困，优秀志愿服务集体和个人评比、“百日攻坚”项目落地、4月份重点工作进展等情况汇报。十大指挥长工程进展情况作了书面交流。

5月

3日，兰溪市鸿香生物科技有限公司生产的5批共计101.5吨、货值18.61万美元的蜂蜜经金华出入境检验检疫局检验合格后，顺利出口西班牙，为金华蜂蜜首次出口欧盟。

4日，兰溪市召开第一届志愿者大会暨“五水共治·致青春”纪念“五四”主题月活动启动仪式。

同日，“五一”小长假期间，兰溪市两大主要景区——六洞山景区和诸葛八卦村景区，3天里共接待游客35100多人次，创历史新高。

同日，兰溪发生一起因企业欠薪引起的扰乱公共秩序案件，有关部门快速反应，及时有效地进行了处置，恢复了市区主干道正常秩序。

5日，浙江省第二届全民体育节兰溪市启动仪式暨兰溪市“活力机关、健康兰溪”机关运动会开幕。

同日，省农技推广中心副主任、推广研究员王岳钧带领相关专家对兰溪马铃薯高产创建项目进行验收。测产结果显示，横溪镇核心示范方“中薯5号”平均亩产2235千克，最高亩产达2649千克，按照目前市价2元／千克计算，一亩马铃薯产值5000元左右。

6日，金华市人大常委会主任黄锦朝、副主任张荣贵一行到兰溪调研防洪排涝工作。

同日，由40多名湘商义乌商会成员组成的湘商团到兰溪考察投资环境，并进行项目对接洽谈。

同日，兰溪市召开“塔山景观”开发以及五个城市公园概念性方案设计比选会。

7日，兰溪市党政代表团赴巨化集团公司，就加快工业经济转型升级、生态建设等进行考察学习。

同日晚，一朱姓市民在兰溪市区横山游玩时，在观景台失足坠落山腰，负伤被困。所幸有市民及时发现，随后消防及公安人员及时赶到，将其成功解救。

8日，市委副书记、市长朱瑞俊主持召开市政府第二十七次常务会议，研究加强镇级污水处理设施建设的工作意见和镇级污水处理厂运行管理考核办法、生猪养殖污染专项整治及养殖长效管理有关事宜、“四破”专项行动实施方案等议题。

同日，兰溪市委副书记、市长朱瑞俊走进兰溪新闻网《常委直播间》，就如何推进兰溪经济转型升级、加快兰溪“追赶跨越、重振雄风”步伐，与网友互动交流。

同日，以送文化、送卫生、送科技、送教育、送法律、送爱心为主要内容的兰溪市政协委员“走进基层，走进群众”服务月活动在水亭畲族乡启动。

9日，兰溪市人大常委会召开“两官”履职评议动员大会，正式启动对市人民法院法官、市人民检察院检察官履职评议工作。这是市人大首次对“两官”的履职评议。

同日，在钱塘江流域兰溪段省级渔业资源增殖放流区，700万只中华绒螯蟹蟹苗被放流兰江。

11日，离兰溪杨梅上市还有一个月左右的时间，兰溪马涧、柏社、云山、香溪等杨梅主产区的20多家杨梅专业合作社、农资经营单位联合发出倡议，承诺加强行业自律，即日起禁用农药。

12日，新华浙江大宗商品交易中心与兰溪汇丰贵金属交易市场在杭州签署托管经营协议，由新华大宗对汇丰贵金属交易市场的各项管理制度及运营模式进行全面整理与改进。

13日，由太湖流域防汛抗旱总指挥部秘书长、水利部太湖流域管理局副局长朱威，太湖局防办副主任赵中伟等组成的国家防汛抗旱总指挥部工作组，到兰溪检查指导防汛工作。

14日，省政府党组副书记、省政府顾问王建满到兰溪调研“五水共治”和“三改一拆”工作。

15日，国家电网兰溪市供电公司工作人员为柏社乡岗岭下村村民蒋洪光家的屋顶光伏电站合闸并网。至此，这个100多户人家的山村已有20户农户安装了家庭屋顶分布式光伏发电站，总安装容量达96.03千瓦(功率)，成为目前浙江省安装家庭屋顶电站最多的村。

16日，建德、兰溪两市在兰溪永昌街道铁炉头村举行两地“五水共治”跨区域大会战启动仪式。

同日，横溪镇与市环保、市场监管、供电、公安等部门开展联合执法行动，严厉查处该镇“低、小、散”污染企业作坊，当场取缔117户锡箔、水晶加工点。

18日，12时30分许，市区老城西门城楼一小段城墙发生坍塌，一辆小轿车为躲避落下的砖石，与一辆迎面而来的轿车发生碰撞，所幸无人员伤亡。副市长吴乐华第一时间赶到坍塌现场查勘情况，组织善后处理工作，并会同市公安局、建设局、行政执法局、安监局、文化局及云山街道等部门负责人商讨下一步对古城墙的修缮工作。坍塌城墙为90年代复修部分，长度约16米。年久失修、连年洪水浸泡、墙体结构强度不足和坍塌前雨量较大、污水渗透、墙面爬攀植物及墙顶乔木根系影响等为此次坍塌的综合原因。

19日，市委常委会召开反对“四风”专题讨论会暨问题分析会，对市委常委前期征集到的关于“四风”方面的意见、建议进行讨论，并对梳理出的问题进行分析研究和交办。

同日，兰溪市举行以“爱旅游、爱生活、爱兰溪”为主题的旅游惠民宣传活动。

20日，由市治水办、市总工会联合主办的“五水共治”劳动竞赛启动。

21日，由省农业厅、兰溪市政府主办的浙江省农商对接大会系列活动暨兰溪市第四届枇杷文化节开摘仪式在女埠街道穆坞村举行，省内外的60多名客商，面对面与兰溪枇杷专业合作社、果农对接。

同日，市妇联、市民政局整合资源，在行政服务中心婚姻登记窗口，设立专为妇女提供“一条龙”式服务的婚姻家庭辅导中心。

22日，兰溪市启动“五水共治、会战上华”行动，动员全民参与区域治理行动，全面打响“五水共治”攻坚战，全市各镇乡(街道)、部门的工作人员和志愿者，以及民兵预备役人员共3000多人，冒雨清理垃圾、杂物。

23日，由金华市文联、金华市美协、中共兰溪市委宣传部、兰溪市文联、兰溪市文化广电新闻出版局共同主办，兰溪市美协、兰溪市博物馆承办的“生态与自然”金华市美术作品展在芥子园书画院展厅和博物馆展厅开展。

同日，兰溪市召开论证会，原则通过中洲公园西岸景观提升工程规划设计。

24—25日，由上海“我爱车俱乐部”200多名车友组成的车队组织自驾游兰溪活动。

26日，金华市委副书记、市长暨军民，副市长张伟亚一行到兰溪检查防汛工作。

27日，市委副书记、市长朱瑞俊主持召开市政府党组反对“四风”专题讨论会。

同日，兰溪举办第二届烹饪(创新菜及手工面)大赛，36名选手参加比赛，评出私房臭干红烧肉等“十大创新菜”、葱油拌面等“兰溪特色面”。大赛还评出1名浙江烹饪大师、2名浙江烹饪名师、2名金华烹饪大师和5名兰溪烹饪大师。

28日，兰溪市委统战部、市工商联、市创建办、市经信局在浙江鑫海纺织有限公司联合举办“建设美丽厂区”现场会。

29日，浙师大行知学院迁建项目建设工作领导小组召开第一次会议，授牌成立项目建设指挥部。

同日，市委副书记、市长朱瑞俊主持召开市政府第二十八次常务会议，研究调整城镇职工基本医疗保险有关待遇、创建浙江省卫生强市有关事宜、2014年全市农贸市场提升发展工作等议题。

30日，兰溪市召开四套班子成员例会，传达学习上级有关精神，听取群众路线教育实践活动、浙师大行知学院迁建项目筹备、交通建设、农村面源污水治理、养殖场长效机制管理和防汛工作、“三改一拆”和污水管网建设、浙商回归总部经济、“五水共治”、古商城开发、信访维稳、“四破”整治、农村环卫收费和垃圾清理、企业帮扶解困、“百日攻坚”项目落地、主要经济指标进度等事项。

同日，7时20分许，市区22路公交车上，一小偷在行窃时被发现。公交司机董师傅欲报警抓小偷，然而小偷却对其威逼利诱，司机“软硬不吃”，始终不为其所动，与乘客合力将正欲下车的小偷控制，交给随后赶到现场的民警，此举得到乘客的点赞。

6月

3日，兰溪市召开“五水共治”和“三改一拆”工作现场会，通报相关情况，研究部署下一步工作。

同日，1100万尾鱼苗被放流兰江，其中包括400万尾即将在兰江绝迹的花骨鱼(俗称桃花竹)，放流规模创历次之最。

4日，省委常委、省军区政治委员王新海到兰溪视察防汛防台工作，现场观看金华军分区防汛抢险课目演练。

5日，召开市委常委(扩大)会，学习省委关于建设美丽浙江创造美好生活的决定，专题听取企业帮扶、浙商回归、安全生产等事宜。

同日，宁波市委常委、组织部长杨立平带领调研组到兰溪调研党建和人才工作。

同日，世界环境日，在市区和平公园，环保部门工作人员向市民分发宣传资料、环保袋等，倡导大家积极投身到环保行动中，为构建绿色环保城市出一份力。

7—9日，兰溪4929名考生分赴兰一中、兰三中、兰五中、兰荫中学4个考点参加高考。

8日，第十六届浙江投资贸易洽谈会、第三届中国海洋经济投资洽谈会、2014中东欧国家特色产品展、第十三届中国国际日用消费品博览会在宁波开幕。市领导朱瑞俊、吴一成，经济开发区管委会主任陈志良率团参加。兰溪成功签约3个投资项目，总投资10.15亿元，其中外资3200万美元。

10日，副省长黄旭明到兰溪调研“五水共治”等工作。

同日，金华市机关干部作风建设陈列馆开馆。该馆由兰溪市委组织部主办、兰溪市博物馆承办，全馆以年代为界限，分为“千山万水踏蹄疾、千方百计谋发展、千家万户送春风”三个板块，运用图文资料、实物展示、场景模拟与影像辑录等形式集中展示金华全市机关干部作风建设的历程。

11日，由省农业厅、金华市政府主办的2014浙江“六月杨梅红”系列活动暨兰溪杨梅节启动仪式在马涧镇里山人家举行。副省长黄旭明宣布2014浙江“六月杨梅红”系列活动暨兰溪杨梅节开幕。全市7万亩杨梅集中开摘。

14日，兰溪杨梅节上海推介会在上海百联中环购物广场举行，这是兰溪第七年在沪销售杨梅，上海成为兰溪杨梅最大外销市场。

同日，浙江中西部最大吨位的货船“兰溪货0311”号在湖州顺利下水。该船总长44.8米，宽9.8米，深2.98米，船舶载重吨位500吨级，最大载重量可达800吨。船主为兰溪女埠街道何下庄村人。

15日，兰江街道应家村74岁的糖画老艺人章国清，捡到一个女包，内有银行卡和1000元美金等物，寻了一天，交还失主。

17日，市人民政府、市农业局、有关农业生产经营主体，分别与浙江省农业科学院、浙江农林大学农学院签订11个农业科技项目合作协议。同时，“浙江省农科院兰溪数字农业科技示范基地”“浙江省农科院兰溪市科技服务工作站”“浙江农林大学农学院兰溪市科技服务工作站”揭牌。

18日，金华市政协副主席、兰溪市委书记、市人大常委会主任、市委党的群众路线教育实践活动领导小组组长吴国成主持召开四套班子集中学习会，传达学习中央、省委、金华市委有关精神。

19日，省政府副秘书长、省环保厅厅长、省治水办常务副主任徐震到兰溪检查“五水共治”工作。

同日，全市中小学生“践行核心价值观，携手共筑中国梦”主题教育活动在香溪中心小学举行。

20日，兰溪市召开市委常委会专题问题分析会，集体分析省委督导组反馈的意见和市委常委会班子对照检查材料。

21日，电视剧《故事兰溪》在永昌街道夏李村开机。电视剧《故事兰溪》由兰溪人自编自演，以兰溪方言配音，贴近基层，贴近生活，讲述兰溪人自己的故事，通过故事来宣传兰溪，传递正能量。

22日，在获悉兰溪防汛形势严峻的消息后，金华市委副书记、市长暨军民赶赴兰溪检查指导防汛抗洪工作。当晚，兰溪又召开紧急视频会议，进一步落实防汛抗洪工作。暨军民强调，要把保证人民群众的生命安全放在首位。

同日，中午12时许，受连日雨水冲刷，云山街道上源垅山塘坝体突发塌方险情。接报后，金华市副市长张伟亚，市领导吴国成、蔡艳、金承飞、何吉军赶赴上源垅山塘，现场指挥抗洪抢险和人员疏散。

23日，以省气象局副局长王仕星为组长的省防汛防台督查组到兰溪检查防汛工作，对兰溪的防汛抗洪工作表示肯定。

同日，2时40分，兰江第一次洪峰水位为31.76米，超危急水位0.76米。晚7时，兰江通过第二轮洪峰，水位为31.73米，超危急水位73厘米。

兰溪上下众志成城，严防死守，全力以赴投入抗洪抢险。上午8时30分，兰溪召开防汛视频会商会议，听取各镇乡(街道)防汛抗洪及灾情汇报，研究部署落实当前防汛抗洪工作。金华市委书记徐加爱就兰溪汛情专门连线兰溪市领导吴国成，了解兰溪的汛情，对防汛抗洪人员表示慰问，要求大家全力抢险，严防死守，确保不溃坝、不死人、不伤人，确保最大限度减少财产损失。

24日，市四套班子党员领导干部举行集中学习活动，观看《中共农安县委常委班子专题民主生活会实录剪辑》，学习借鉴农安经验，部署召开专题民主生活会的相关准备工作。

同日，国家防指工作组到兰溪检查指导防汛工作。此次洪水，全市共有4.98万亩农作物受灾，受灾作物以棉花、水稻、蔬菜、杨梅、葡萄等为主，直接经济损失近一亿元。还造成3500亩农田和800亩大棚等农业设施损毁，死亡牲畜190头、禽类4400羽。

同日，兰溪推出“五水共治”定向融资计划，所募资金专项用于“五水共治”项目。该项目还款计划列入市财政综合年度预算。至7月9日，定向融资计划5亿元额度全部售完。

同日，嘉宝物流公共供应链管理服务平台启用，海关、商检等部门入驻，服务平台功能从无水港提升为内陆口岸。

25日，市民政局在全市范围，试点实施公益创投资金资助社会组织开展公益项目。此项工作，旨在鼓励引导社会组织提供公共服务，探索建立政府购买服务机制，支持促进社会组织的培育发展。

26日，市委副书记、市长朱瑞俊主持召开市政府第二十九次常务会议，研究工商注册登记多证联办试行办法、《2014年度“五水共治”考核办法》《2014年度“河长制”考核办法》、煲庄搬迁项目相关事宜等议题。

同日，泰隆银行金华兰溪支行与白坑新村举行授信签约仪式，白坑新村获得该行3000万元贷款授信金额。

27日，浙江省国际贸易集团有限公司董事长丁康生一行到兰溪考察投资环境，并就电子商务、外贸、金融等合作事宜进行协商洽谈。

同日，在青田县举行的 2014 年全国精品杨梅评比会上，由兰溪市健之梅果蔬专业合作社选送的东魁杨梅，被评为“青田杯”全国精品杨梅金奖。

28日，5时，兰江洪峰水位达到31.13米，超警戒水位1.63米，超危急水位0.13米，流量为每秒8510立方米。随后，兰江水位逐渐回落，洪峰安全过境。洪水使兰溪城区及各镇乡（街道）遭受不同程度内涝。

7月

1日,召开市委常委(扩大)会议，参观机关干部作风建设陈列馆和党史图片展，观看学习舟山市委常委专题民主生活会视频，听取市委常委专题民主生活会前期准备工作汇报等。

同日，横溪镇、梅江镇率先启动“党员志愿服务日”活动。市委决定，自2014年起，每年7月1日为“党员志愿服务日”。要求各级党组织重点开展好“清三河·美家园”志愿行动，动员广大党员干部带头做好防汛指导工作，带头参加义务劳动，清垃圾，清杂物，清黑河、臭河、垃圾河，建立健全农村卫生保洁、五水共治长效机制。各机关部门要积极组织党员干部到联系镇乡(街道)开展志愿服务活动。

同日，灵洞乡中心学校举行“科华教育基金”奖学金颁发仪式，为赵晓哲等14位考上兰一中的和100 多位品学兼优的学生颁发“科华奖学金”和“科华助学金”，总额3万余元。

同日，兰溪市图书馆正式开通“一卡通”服务功能。兰溪的读者只需在市图书馆办理一张金华地区“一卡通”借阅证，就可在金华市图书馆、少儿馆、永康馆、东阳馆、浦江馆、义乌馆等10家公共图书馆自由借阅图书。

同日，调整后的兰溪市城镇职工基本医疗保险有关待遇开始实行。

同日，由兰溪市小萝卜产业协会负责起草修订的《无公害兰溪小萝卜生产技术规程》地方标准规范，由市质量技术监督局批准发布，并通过省质监局备案，即日起正式实施。

2日，金华市政协会同婺城区政协、兰溪市政协联合组织省、市、县(市、区)三级政协委员，就“五水共治”民主监督工作开展跨区域联合视察活动。

同日，兰溪市党的群众路线教育实践活动领导小组正风肃纪组联合市纪委、作风办、公安局、市场监管局和新闻媒体等单位，对市区棋牌室、咖啡厅、茶楼等娱乐场所同时开展狠刹“酒局”“牌局”专项督查行动。省督导组成员参与行动。

同日，团市委、市志愿者协会、中国公益顺风车金华兰溪站等联合举办启动仪式，公益顺风车正式走进兰溪。顺风车的概念是，多人使用同一辆汽车来完成大家共同的旅程。如果你有需要，看到系有绿丝带的顺风车时，就可竖起大拇指示意，在顺路的情况下，即可搭乘顺风车。

3日，兰溪市召开会议，启动省级卫生强市创建工作，加速推进生态市建设。

同日，兰溪市召开美丽乡村建设暨农村生活污水治理推进会。

4日，召开四套班子成员例会，听取“三改一拆”和铁路建设、“五水共治”“四破”整治、“百日攻坚”项目落地等重点工作，决策西门城楼两侧城墙修复方案。

同日，副省长黄旭明对兰溪现代农业园区“千斤粮、万元钱”农业新模式推广工作作出批示：兰溪创新农作制度工作很好，效果明显，值得肯定。

同日，兰溪市选派“科技镇长团”“科技经理团”活动启动，浙江大学研究生兰溪挂职锻炼基地揭牌成立。首批8名浙江大学硕博生到兰溪开展为期两个月的挂职锻炼。

5日，“温州‘千人团’游兰溪”欢迎仪式在地下长河景区举行，来自温州各县（市、区）的近千名旅游爱好者组队游兰溪。

同日，2014“恒大冰泉杯”兰溪市第二届足球联赛在市体育中心开赛。此次足球联赛由市体育局、市足球协会主办。兰溪瀚博建设足球俱乐部、兰城90足球队、浙江锦华足球队、兰溪詹氏骨伤足球队、兰溪佳瑞达足球队、浙能兰电足球队、浙江巨江电源足球队、兰溪中医院足球队等8支球队参赛。大赛汇集了全市200多名优秀的足球运动爱好者。比赛历时近两个月。

6日，由市委宣传部和市文明办、团市委、教育局、少工委、关工委、《兰江导报》、广电台等联合举办，浙江师范大学团委、市青少年宫承办的“小水滴·大梦想”兰溪市第三届“完美童年春泥计划”公益行动正式启动。

7日，兰溪公布第六批“非遗”作品和基地。12个传统技艺和民俗项目被列为市级第六批非物质文化遗产代表作名录，分别是：兰溪糖画、无骨花灯制作技艺、官酱园老酒酿造技艺、兰溪泥塑、古砖瓦制作技艺、兰溪面塑、灯笼制作技艺、兰溪香醋制作技艺、角带酥、箍木桶、传统宝对、匾额制作技艺和畲族婚嫁习俗。5个单位被列为市级非物质文化遗产重点保护项目传承基地，分别是：畲族对唱、畲族织带、畲族祭祖舞、畲族婚嫁习俗传承基地——兰溪市畲乡风情旅游发展有限公司，墙头画传承基地——兰溪市灵洞乡烟溪辅小，兰溪缸米黄(红曲酒)酿造技艺传承基地——兰溪市龙山姚家酒厂，传统实木家具制作工艺传承基地——兰溪市天龙红木家具厂，兰溪市豆制品制作技艺传承基地——兰溪市兰江街道洪岗村。

同日，兰溪启动供水应急预案。每日溪西水厂：上午8：30—10：30，城东水厂：下午14：00—16：30，分别启用备用水源衢江水和兰江水。

8日，组织17个农村生活污水治理工程中标单位召开座谈会，推进农村生活污水治理工程建设。

同日，金华市公安局领导专程到兰溪为“浙江省见义勇为先进分子”毕美芳和“金华市见义勇为勇士”陶仲国授奖。

同日，兰溪市长乐古村落污水处理规划设计原则通过评审。

同日，中国古典红木首席专家、故宫博物院研究馆员胡德生到浙江兰福家具有限公司，考察“兰福家具”制造工艺。

9日,兰溪市公共自行车交通服务系统试运

行，市区50个公共自行车站点、1500多辆自行车全部投入使用。收费采用分段累计，所有站点通借通还。单次租车不超过1小时免费，骑行1小时以上2小时以内收1元，2小时以上3小时以内收3元，3至24小时的超过3小时部分按3元/每小时计，即每增1小时加收3元。超过部分按1小时，单次租车24小时内最高扣费24元，每天不限租车次数。

10日“‘两美’金华抒怀婺江”采风团到兰芝风情线采风。

同日，诸葛镇长乐村保护设施建设项目被国家发改委列入国家文化和自然遗产保护设施2014年中央预算内投资计划，获补助资金300万元。

同日，浙师大行知学院心理健康教育协会心灵方舟暑期实践队29位队员，到云山街道云山社区开展心灵流动乐园活动。

同日，台胞赵元旗回到兰溪，专程前往水亭畲族乡柏园初中，看望在那里支教的“柏园学人爱心团队”的大学生。

14日，即日起，凡是符合条件的外省驾驶证允许直接转入兰溪。

15日，市委常委会召开专题民主生活会。金华市委常委、组织部长温暖参加指导，并在会前听取了市教育实践活动进展情况及专题民主生活会准备情况汇报，与市党政主要负责人进行了谈心谈话；省委赴兰溪督导组组长蒋声汉对会议进行评价。在专题民主生活会上，金华市政协副主席、兰溪市委书记、兰溪市人大常委会主任吴国成代表市委常委班子作对照检查，其他常委发表意见并认领责任；市委书记吴国成，市委副书记、市长朱瑞俊，市委副书记蔡艳及其他市委常委逐个作个人对照检查、自我批评，诚恳接受别人的批评意见，负责任地对其他班子成员提出批评。

同日，330国道兰溪市区过境段公路改建工程顺利通过专家组的工程质量专项竣工验收。

16日,兰溪市启动“护水哨兵随手拍”水情督查志愿服务行动，并举行服务队出征仪式。

17日，华东旅游媒体联盟推出的“江南十大杨梅”评选活动在杭州举行“杨梅评选网络现场对话”，新华网、大浙网、江苏网等百余家媒体参与网络现场投票，最终评出“江南十大杨梅”，兰溪杨梅名列榜中。

18日，省重点工程钱塘江中上游衢江（金华段）航运开发工程建设项目姚家枢纽(水利部分)工程的土地征用动员会在游埠镇召开。

同日，召开2014年金融服务实体经济动员大会暨政银企合作洽谈会，27家市内外银行、50多位重点企业负责人、2014年兰溪市“双百工程”和56个重点续建工业项目负责人参加洽谈。

同日，《兰江导报》报道：由兰溪市农作物技术推广站主要完成的“棉花高产创建集成技术及高效模式示范推广”项目，荣获2013年度省农业丰收奖一等奖。

22日，举行农产品商贸城项目签约仪式。

同日，兰溪网供最高用电负荷达55.4万千瓦，出现首个用电高峰，比去年最高用电负荷早了一个月。

24日，在全球范围内运营着超过180个物流网络的全方位物流服务供应商泛韩物流(Pantos Logistics)与浙江嘉宝物流有限公司签署了谅解备忘录，这是该公司在中国拓展国际运输业务举措的一部分。

同日，省国税局局长周广仁一行到兰溪调研国税工作。

25日，市委十三届六次全体(扩大)会议暨市政府第五次全体会议召开。会议深入学习贯彻党的十八大、十八届三中全会和习近平总书记系列重要讲话精神，认真落实省委十三届五次全会、金华市委六届七次全会决策部署，总结上半年工作，部署下半年任务，动员全市上下坚持更新起点、更高目标，努力开创“建设美丽兰溪、创造美好生活”新局面。

同日，市四套班子专题民主生活会情况通报会召开。市委书记吴国成在通报时指出，市委常委会和其他三套班子党组专题民主生活会，把工夫下在会前，一步一个脚印扎实做好各项准备工作，重点做到“四个坚持”，坚持学用结合，扎实开展学习教育；坚持开门纳谏，广泛征求各方意见；坚持开诚布公，深入开展谈心交心；坚持聚焦“四风”，认真撰写对照检查材料。在专题民主生活会上，大家对照检查认真，查摆剖析深刻；在批评和自我批评过程中，立足分管工作，积极分担班子责任，不仅联系现在职务和岗位职责，而且联系成长进步经历，在工作上找差距，在思想上、党性上找根源。不仅红了脸，还有“辣味”，不仅紧张、严肃，又相互鼓劲、加油，自我揭短不遮不掩，相互批评体现关爱，剑指“四风”，心系兰溪未来发展大局，体现整风精神。

同日，兰溪发展研究会杭州分会在杭州成立。该研究会是从事兰溪经济社会发展研究的群众性、学术性民间非盈利团体，由一批心系家乡发展的在杭兰溪籍专家教授及热心人士组成，宗旨是凝聚在外兰溪籍人才力量，搭建政府与人才、人才与人才之间的沟通和联系桥梁，发挥专家教授“智囊团”和“思想库”作用，重点研究兰溪在可持续发展、企业转型升级等方面遇到的问题，服务领导决策，增强决策的民主化、科学化，为兰溪追赶跨越、重振雄风贡献力量。

同日，兰溪市委理论学习中心组举行集中学习扩大会，邀请南京陆军指挥学院陈向阳教授，围绕“国家安全面临的挑战及对策”作专题报告。

同日，省农科院、浙江农林大学的农业科技专家到兰溪开展科技服务。在兰溪期间，农科专家前往云山、女埠、马涧等镇乡(街道)的杨梅、枇杷、葡萄基地，现场提供技术指导，并向基地赠送农业科技有关书籍。省农科院、浙江农林大学还与兰溪有关单位签订了一批关于建设科技示范基地的协议。

同日，金华市运输安全管理工作现场会在兰溪召开。会议总结交流上半年交通行业安全工作，部署下半年工作任务。

27日，成立市民拍客协会。该协会旨在将兰溪广大拍客（摄影摄像爱好者）组织起来，开展摄影摄像创作、交流、采风等活动，弘扬时代主旋律，为兰溪文化建设做贡献。

同日，《兰江导报》报道：中国科协、财政部近日联合发布《2014年“基层科普行动计划”奖补单位和个人的通知》，兰江街道排岭社区、云山街道枣树社区上榜，荣获“全国基层科普先进单位”称号。中央财政将分别给予这两个社区20万元的专项奖励。

28日，诸葛镇首家老年公寓——下徐村老年公寓投入使用。该公寓于2014年10月份开工建设，投资168万元，占地500平方米，内设活动室、阅览室、卫生咨询室和健身场地等，有23个房间，可供50多位老人入住。只要户籍是上徐村，年龄在70岁以上的老人都可申请免费入住。周一到周六，每人每餐2元，周日免费用餐。

28—29日，金华市人大常委会主任读书会在兰溪举行。

29日，市长朱瑞俊主持召开市政府第三十次常务会议，研究加快推进信息化与工业化深度融合的实施意见、小型水库巡查工作管理办法、“四破”暨土地年收益征收管理办法等议题。

同日，在东风水库灌区召开会议，部署落实防旱抗旱工作。

31日，市委书记吴国成主持召开四套班子成员例会。会议组织党的群众路线教育有关学习，传达学习上级有关文件精神，听取十大指挥长工程、“五城五开”项目、兰义公路建设等重点项目推进情况的汇报。

8月

1日,省科技厅党组书记、厅长周国辉到兰溪调研科技工作。

同日，省环保厅核查组到浙能兰溪发电公司进行2014年上半年污染物减排核查。

同日，兰溪调整最低工资标准。即日起，最低月工资标准从1200元调整为1350元；非全日制工资的最低小时工资标准从9．7元调整为10．9元。

1—2日，由省农业厅主办的“2014浙江精品果蔬展销会”在杭州举行，兰溪市组织农吧观光农业园、孟塘果蔬专业合作社、畲野果蔬专业合作社等参展。兰溪选送的“农吧”牌芦笋获得精品果蔬展销会金奖，“孟塘”牌黄瓜、“东翠”牌蜜梨等5个果蔬产品获优质奖。

5日，芝堰村举办了“2014·芝堰民宿开张暨清凉节”，推出了篝火晚会、“清凉芝堰——邀您吃住行”等活动。

5—6日，省委书记、省人大常委会主任夏宝龙到兰溪调研工作，对兰溪工业经济发展、“五水共治”、新农村建设、园林城市创建等工作表示肯定。

7日，兰江街道排岭城中村改造项目开工。

9日，兰溪市举办“保护母亲河、畅游家乡水”活动，组织2000多名游泳爱好者到兰江主活动现场及梅溪、甘溪、东风水库、金印水库、常满塘等6个分活动现场畅游。

同日，中国农产品流通经纪人协会举办2013年度全国“双百”评选授牌仪式，兰溪市鸿香生物科技有限公司和金华市大麻子食品连锁有限公司的蜂产品和兰溪酥饼获“全国百佳农产品”称号。

12—13日，由省总工会、省人力资源和社会保障厅主办，省棉纺织行业协会、兰溪市纺织工业协会协办的2014年全省纺织行业“鑫浪杯”穿经工职业技能竞赛在兰溪举行。来自浙江祥嘉纺织有限公司、浙江创维纺织有限公司、浙江鑫浪纺织有限公司及浙江云山纺织印染有限公司的6名选手最终从25名参赛选手中脱颖而出，代表浙江省参加9月份在江苏举行的2014年全国穿经工职业技能大赛。

13日，副省长毛光烈到兰溪调研工业和科技工作。

同日，金角大桥完成主桥合龙作业，大桥建设涉及的下金、张村和黄湓村安置房开工建设。

同日，《兰江导报》报道：国家住房建设部、发改委等7部委公布新一批全国重点镇名单，兰溪市游埠镇榜上有名。

同日，市慈善总会召开2014 年度助医助残工作会议，研究发放500张价值60万元的助医卡，救助总人数为500人，同时发放120辆助残轮椅。

14日，副省长梁黎明一行到兰溪调研商务和旅游工作。

同日，永昌街道议政会成立并召开第一次会议。这是兰溪成立的首个街道议政会。

15日，召开党外人士暑期读书会，贯彻落实兰溪市委十三届六次全体(扩大)会议暨市政府第五次全体会议精神，推进中国特色社会主义在兰溪的实践，促进兰溪经济又好又快发展。

同日，金华市“学习身边典型”报告团到兰溪作巡回报告，用身边情感动人，用身边事教育人，深入推进党的群众路线教育实践活动。

16—18日，由中共兰溪市委宣传部，东阳、建德、婺城、兰溪等地的文化广电新闻出版局，嘉兴市秀洲区教育文化体育局，兰溪市行政执法局等联合主办的“美丽兰溪·魅力中洲”消夏纳凉文化艺术周活动在市区中洲公园亲水平台举办。

18日，市委召开常委扩大会议，传达贯彻省委书记夏宝龙，副省长毛光烈、梁黎明在兰溪调研时的重要指示精神。

同日，2014中国民营企业500强名单揭晓，红狮集团位列第214位，在浙江省138家入围企业中排名第40位。

20日，全国人大常委、省人大常委会副主任、九三学社浙江省委主委姒健敏到兰溪调研工作。

同日，召开府院联席会议，通报全市2013年行政复议案件和行政诉讼案件情况。

同日，兰溪市总工会举行2014年金秋助学暨“爱心透析”救助金集中发放仪式，53名困难职工子女得到资助，发放助学慰问金9万余元；15名困难职工得到救助，发放“爱心透析”救助金6.75万元。

同日，《兰江导报》报道：市委、市政府出台《关于建立工业企业产出效益评价体系加快转型发展的实施意见》，对工业企业实行分级管理，对企业以税收总额、亩均税收、亩均工业增加值、亩均工业产值、单位能耗税收、单位主要污染因子排放量工业增加值6项指标评价，辖区内四类企业将享受差别化政策。

21日，“浙江省百强企业”揭晓，兰溪红狮控股集团有限公司以2013年营业收入总额187．5亿元，位居省百强企业第57位。在一同揭晓的浙江省制造业百强企业名单中，红狮集团位居第35位。

22日，由市委副书记、市长朱瑞俊率领的市党政考察团，赴平湖市考察学习创建国家卫生城市的先进经验和做法。

23日晚，黄店镇芝堰村举行“江南丽江，清凉芝堰”篝火晚会。当晚，芝堰名宿爆满，来自上海、杭州和本地的数百名游客参加晚会。

25日，团市委举行“圆梦”奖学金发放仪式，49名成绩优异的寒门学子获得奖学金。

25—28日，市委书记吴国成率领市党政代表团赴青海考察学习。28日在青海西宁举行投资环境和重点项目推介会，达成合同项目2个，协议投资总额8.2亿元。

同日，《兰江导报》报道：红狮控股集团投资10亿元成功入股中国民生投资股份有限公司（中民投），成为入股该公司的两家浙江企业之一。“中民投”为首家“国字号”民营大型投资公司，8月21日在上海正式揭牌。

27日，兰溪农民学校挂牌成立，为全市新农村建设提供坚强的人才保障和智力支持。

同日，傍晚6时左右，强对流天气突袭女埠街道穆坞村及周边几个村，暴风雨夹杂冰雹，使穆坞村400多亩、一万多棵枇杷树受损，经济损失五六百万元。

同日，市总工会与中国工商银行兰溪支行联合举办“情系职工 服务会员”工会卡发放启动仪式。

28日，市委副书记、市长朱瑞俊主持召开市政府第三十一次常务会议，研究《治理淘汰高污染排放车辆工作实施方案》《黄标车淘汰补助实施办法》、2015年城乡居民医疗保障筹资工作、深化殡葬改革全面推行生态葬法等议题。

同日，《诸葛亮》特种邮票首发式在诸葛村举行。邮票共1套2枚，分别为《卧龙出山》和《鞠躬尽瘁》，小型张1枚。全套邮票面值8.4元。另外，还特别发行《诸葛亮》绢质小型张4连张1枚，面值24元。

同日，诸葛村举行了“孔明杯”全国摄影大展开镜仪式，举行了诸葛祭祀、诸葛后裔训诫等民俗活动。

29日，兰溪市外国语中学、外国语小学竣工，两所民办外国语学校新校区正式投入使用。

30日，全市范围的白蚁蚁情蚁害普查工作完成。房屋建筑、水库堤坝、园林绿化、古树名木、文物古建和山林果园等蚁害情况的抽样普查结果为：农村房屋建筑物蚁害率1.3%，城区小区居民的蚁害率18%，水库堤坝蚁害率75%，园林绿化蚁害率25.5%，古树名木蚁害率64%，文物古建蚁害率77%，山林果园蚁害率15%。文物古建、水库堤坝、古树名木白蚁危害最严重。

9 月

1日，兰江街道大塘下村一纺织厂发生火灾，由于车间内堆放着棉纱包等易燃物，火势很快蔓延开来，钢架结构的车间发生坍塌。经过消防官兵3个多小时扑救，大火被成功扑灭，所幸未造成人员伤亡。

2日，召开对接会，欢迎湖南省衡东县选派的第二批15名干部到兰溪挂职。

同日，兰江街道登胜新村开工建设。登胜村有330余户800多人口，是位于经济开发区的园中村。该村于2011年9月确定新农村建设框架，2013年3月被兰溪市政府列入城中村园中村改造试点。

3日，召开市委常委议军会，分析2014年以来全市武装工作情况，研究解决当前的重点难点问题。

同日，浙江出入境检验检疫局局长阎震一行到兰溪调研指导工作。

同日，市委副书记、市长朱瑞俊带领市政府领导班子成员和有关部门负责人，开展市长集中下基层现场办公活动，直面难题，群策群力，帮助女埠、永昌、梅江、横溪等4个镇乡(街道)协调解决当前发展中遇到的一些问题。

4日，市委书记吴国成主持召开市四套班子成员例会。会议学习了党的群众路线教育实践活动相关内容，部署推进党的群众路线教育实践活动，听取农村生活污水治理、“三改一拆”“五水共治”“四破”整治和重点项目落地等重点工作及风险企业帮扶等事项。

同日，兰溪市举行表彰大会，表彰张大均等36名兰溪市劳动模范和兰溪市实验幼儿园等10家模范集体。

同日，市台办、侨办、台联、侨联联合主办

台侨眷属“共庆中秋节，共圆中国梦”中秋联谊会。市领导与近200名台侨胞眷属及有关人士欢聚一堂，共庆佳节，共话发展。

5日，金华市农业“两区”建设工作现场会在兰溪召开。金华市委副书记、市长暨军民强调，2014年是开展农业“两区”建设的第五个年头，农业“两区”建设进入了提升和攻坚阶段，全市上下要进一步统一思想，再强信心、再鼓干劲、再出实招，不断提升农业“两区”建设水平，为打造“两美”金华贡献力量。

同日，福泰隆兰溪生活广场开业，这是“福泰隆”在兰溪市开张的首家生活超市。福泰隆兰溪生活广场位于市区丹溪大道153号，投资近2亿元，商业面积达2万平方米，涵盖生活超市、潮流服饰、美食中心、数码产品、娱乐休闲、儿童教育培训基地等多种消费形态，是以“年轻人为主要定位”的大型生活服务中心。

同日晚，由李渔国际研究中心、金华市作家协会主办的“多情明月照今宵”中秋诗会在兰溪芥子园举行，纪念李渔诞辰403周年。

同日，召开埃博拉出血热疫情防控工作会议，传达上级重要批示和我省、金华市埃博拉出血热疫情防控工作会议精神，部署疫情防控工作。

9日，兰溪市召开庆祝第30个教师节暨先进表彰大会。会上表彰了全国模范教师章永清。

同日，兰溪召开对接会，欢迎安徽省石台县的13名干部到兰溪挂职锻炼。

9—12日，市委副书记、市长朱瑞俊率领兰溪招商团赴上海、杭州推介投资环境、洽谈项目合作。

同日，《兰江导报》报道：中秋节期间，兰溪组成4个专项检查组，开展涉尘企业专项整治，对全市18家粉尘企业进行了检查，共发现隐患124处，8家企业停产整顿，10家限期整改。

10日，钱塘江中上游衢江(金华段)航运开发工程姚家枢纽及船闸工程正式开工建设，这是衢江（金华段）首个实质性动工建设的航运项目。姚家枢纽及船闸工程是集航运、行洪、发电为一体的综合性系统工程，位于游埠镇下叶村和上华街道上吴村之间，将建设发电厂房、泄洪闸、船闸等，工程总投资12.6亿元，计划2017年建成。

同日，第二届兰溪星舞台启动仪式暨上华海选专场在上华街道下余村举行。

同日，第十七届亚运会中国体育代表团名单正式公布，兰溪籍帆船运动员徐小梅入选。

同日，浙江一新制药股份有限公司销售经理、自然风光摄影师黄志强的黑白摄影作品《流云飞渡》，获深圳第一届国际影展银奖，这是他今年获得的第九个国际国内摄影奖项。

11日，市“创·青春”合作银行杯青年网络创业创意大赛举行决赛，东方国际针织有限公司网络创业项目等6个项目参赛。“指上兰花”网络创业项目夺得桂冠。

12日，市第十五届人大常委会举行第十九次会议。会议对市经信局、市水务局进行工作评议；对市人民法院法官、市人民检察院检察官进行履职评议。

同日，市召开纺织业“机器换人”推进现场会。省级纺织装备“机器换人”指导组专家和机械科学研究总院专家参加现场会。

同日，《兰江导报》报道：全市范围试点实施首届公益创投资金资助社会组织开展公益项目，经过实地查看、项目评审，确定10个首届公益创投项目，分别为：爱家婚姻家庭辅导中心离婚劝导机制、常青颐养院社会救助人员关爱项目、“护水哨兵随手拍”水情督查志愿服务行动、“爱心助成长”关爱贫困学子项目、丹阳社区义务巡逻队、96345社会公共服务中心青少年心理辅导、社区青少年心理干预咨询、心舞工作室“平安黄手环”关爱项目、关爱老年人志愿服务行动和社会救助政府购买服务。

14日，为期3天的兰溪市第十二届汽车展销会落幕。车展共有来自金华、兰溪的16家汽车经销商参与，参展车辆近300辆，共成交各类车辆近200辆。

同日，团市委举办新兰溪人专场相亲会，为来自兰溪经济开发区各企业的近100名外来单身青年男女牵红线。这是当年的第三场青年相亲活动。

15日，由省委办公厅副巡视员毕书明任组长的省督导组到兰溪，就“五水共治”“三改一拆”工作开展为期一周的督查。

16日，召开创建国家卫生城市迎检工作动员会，部署下一阶段创建任务和节俭养德全民节约行动。

同日，省发改委主任谢力群一行到兰溪调研项目工作。

同日，由市委、市政府授权，兰溪市委市政府新闻办公室实名认证的“兰溪发布”网络政务平台正式开通上线。

同日，84岁兰溪人赵文卿自费赴重庆梁平，应邀参加在当地举办的2014“平野园林杯”全国演讲大赛，宣讲李渔。

17日，市委书记、市委全面深化改革领导小组组长吴国成，主持召开兰溪市委全面深化改革领导小组第一次会议，兰溪全面深化改革大幕由此拉开。

同日，金华市“五水共治”督查组在兰溪督查工作，随机选择黄店镇、永昌街道的8个村进行督查，重点检查农村生活污水治理工作。

同日，2014兰溪市文化礼堂文艺汇演初赛在水亭畲族乡举行。

18日，省政协副主席汤黎路一行到兰溪调研中光科技项目。

同日，2014兰溪市龙舟赛开幕，9支龙舟队参加角逐，兰江队、女埠队和游埠队分获冠、亚、季军。

同日，在兰溪督查的省“五水共治”“三改一拆”督导组召开座谈会，就治水工作听取兰溪有关方面人士的意见和建议。

同日，兰溪分三个阶段试鸣防空警报，兰江、云山、上华、永昌、赤溪、女埠、灵洞、游埠、水亭、诸葛、黄店、香溪、马涧、柏社、梅江15个警报点的防空警报同时拉响。850余名丹溪、丹阳、排岭社区居民及育才中学师生参加疏散演练。

同日，《兰江导报》报道：水亭畲族乡西姜村出台相关政策，向社会公开招聘“荣誉村民”，用10年古民居使用权换取社会修缮资金，开辟借用民间力量保护、开发古民居之路。

19日，省督导组召开会议，向兰溪反馈督查情况，对兰溪“五水共治”“三改一拆”工作表示充分肯定，并提出要求。

同日，2014年兰溪市科普节在刚启用的云山街道枣树社区科普活动中心开幕。

21日，2014年浙江兰溪龙舟邀请赛在兰江举行，来自省内龙游、台州、温州、嘉兴、建德、丽水、绍兴、金华等各大水系的12支龙舟队参加比赛。经过激烈角逐，200米直道竞速项目前三名为衢州龙游泽龙公司龙舟队、金华兰溪兰江街道龙舟队、丽水市龙舟队；500米直道竞速项目前三名是衢州龙游泽龙公司龙舟队、金华兰溪兰江街道龙舟队、温州瓯海区威华龙舟队。兰溪女埠街道龙舟队两个项目均位列第五，总分排第六名。

23日，市委副书记、市长朱瑞俊，市政协副主席陈玉祥在水亭畲族乡下访约访群众。

同日，兰溪市分别召开“五水共治”和“三改一拆”会议，总结经验，部署推进四季度“五水共治”决战和“三改一拆”工作。

同日，兰江街道敬老院被民政部授予“全国农村五保供养工作先进单位”称号，这是浙江省唯一上榜的农村基层敬老院。

24日，省政协副主席张泽熙率“五水共治”民主监督第五监督组，到兰溪开展“三级政协联动、万名委员同行、助推五水共治”民主监督活动。

同日，省农业厅厅长史济锡、副厅长陈利江带领20多名省市农业专家，到兰溪开展万名农业干部“联村联场”治水转型大行动，力促农业水环境改善。

同日，省质监局党委书记、副局长杨烨一行到兰溪调研质量监督工作。副市长郭志刚陪同调研。

25日，兰溪市现代物流行业协会成立。

26日，市委书记吴国成主持召开兰溪市委常委(扩大)会议，听取赴外地招商引资工作、粉尘企业安全生产专项整治、电子商务发展等情况汇报。

同日，金华市举行老干部表彰会，兰溪市建设局离休干部姜纪钦多年来帮困助学、乐于奉献，荣获“最美老干部”；市卫生局退休干部施宝花二十年如一日照顾患病丈夫，荣获“最美老伴”；李旭红夫妇多年服侍93岁的老父亲，荣获“最美子女”。

28日，兰溪市最大的民营医院瑞康医院正式营业。

29日，兰溪市举行兰湖旅游度假区招商推介暨投资项目签约会，现场集中签约3个项目，总投资达8亿元。

同日，市检察院实行案件信息网上公开。

同日，兰溪市纺织行业协会召开第二届一次会员大会。

30日，市委书记吴国成主持召开市四套班子成员例会。会议听取了群众路线教育整改、浙中纺织品市场建设、农村污水治理、“三改一拆”“五水共治”“四破”整治和重点项目等重点工作及主要指标进度事项。

同日，兰溪市四套班子领导吴国成、朱瑞俊、刘成芝、蔡艳等与烈士遗属、老战士、军队离退休干部、部队官兵及市级党政机关干部、学校师生等各界代表一起，参加公祭烈士仪式。

同日，在中央民族工作会议暨国务院第六次全国民族团结进步表彰大会上，兰溪市民族宗教局获全国民族团结进步模范集体称号。

同日，中国纺织工业联合会正式发布“2013—2014年度中国纺织服装企业竞争力500强”名单，浙江立马云山纺织股份有限公司、浙江双灯家纺有限公司、浙江鑫浪纺织有限公司、兰溪市裕达纺织有限公司、浙江兰棉纺织有限限公司、浙江腾马纺织有限公司、浙江创维纺织有限公司、兰溪市圣宇毛巾有限责任公司8家兰溪企业榜上有名。

10月

1日，兰溪籍漫画家“口袋巧克力”（龚毅坚）作品《昨日青空》法文版正式在法国发行，向法国人讲述原汁原味的兰溪小城故事。

8日,兰溪市第二届人才科技月活动开幕，有启动仪式、院士专家兰溪行、“智汇兰江”高峰论坛、精英人才项目对接洽谈会、兰溪发展研究会专题研讨、科技创新成果展、引进人才恳谈会、电商发展论坛、人才对接洽谈、“青苗计划”评选、来料加工能手挑战赛、“名师名校长”送教育到山区、农业科技下乡、文化人才惠民、人才素质提升、院士专家工作站创建、人才科技集中宣传17个大项的活动。

同日，游埠镇镇区道路改造及管网工程、古溪二期改造工程、游古线道路拓宽工程、游诸线亮化工程和郎静山纪念馆修建工程等五大工程集中开工建设。

9日，兰溪市第二届女性电子商务创业培训班在浙江师范大学开班。

同日，受省物价局、省公路管理局委托，兰溪市召开330国道兰溪收费站改变收费方式听证会。

同日，西门城楼两侧的九福楼、太阳宫拆除。原址将建成观景平台。

10日，《兰江导报》报道：“十一”国庆长假，全市有3名参保学生意外伤害险的儿童意外死亡。

同日，兰溪经济开发区主办的“鑫兰杯”首届企业职工篮球联赛总决赛在体育馆举行。此次比赛于9月10日开赛，共有12支队伍参加比赛。经过激烈角逐，温商巨江电源篮球队夺冠，鑫兰纺织篮球队获得亚军。

11日，市长朱瑞俊主持召开市政府第三十二次常务会议，研究深化农村确权赋权改革的实施意见、加强畜禽规模养殖审批管理工作、市区个人出租房税收征收管理暂行办法等议题。

同日，市长朱瑞俊主持召开市长办公会，专题研究工业强市、市域污水管网建设和农村生活污水治理工作。

12日，由兰溪市文广新局、《兰江导报》主办，兰溪市武术协会承办的“金梭杯”第四届太极拳比赛在府前广场举行。比赛分个人参赛项目及集体参赛项目，共有百余名选手参赛。

同日，由中共兰溪市委宣传部、市文广新局、《兰江导报》主办，双洲酒厂协办的第二届“四季澜庭”杯健身舞大赛决赛在府前广场举行，来自全市各镇乡(街道)的20支队伍参赛。

13日，兰溪市委召开党的群众路线教育实践活动总结大会，全面总结全市教育实践活动取得的成效，对进一步巩固扩大教育实践活动成果、坚持从严治党提出明确要求，作出新的部署。

14日，由遂昌县委副书记、县长何卫宁带领的遂昌县党政代表团到兰溪考察城市执法管理工作。

同日，兰溪市举办新型纺织材料及织造技术培训会，对纺织企业负责人、技术骨干进行培训。培训会上，省内外的织造专家就新型纺织材料、新型加工技术及新型织造技术等作交流与指导。

同日，建德、兰溪“五水共治”跨区域大会战对接会在兰溪召开。

同日，金华市政协在兰溪召开座谈会，庆祝人民政协成立65周年。

15日，省委副书记、省长李强到兰溪调研指导工作，对兰溪的工业经济运行和企业发展表示充分肯定。

同日，金华市人大常委会主任黄锦朝一行到兰溪调研指导工作。

16日，省委副书记、政法委书记王辉忠到兰溪调研指导群团工作。

同日，首家进驻兰溪的全国性股份制商业银行——平安银行金华兰溪支行正式营业。

17日，由市科协、市教育局、市委610办公室、团市委联合主办，市青少年宫、青少年科技教育协会承办的兰溪市第二十届青少年科技节第五届橡皮筋航模大赛在市实验小学举行。来自全市45所中小学近200名选手参加了比赛。最终，兰溪市聚仁教育集团振兴小学华骏祥同学获得比赛第一名。

18日，颐高·兰溪数码城开业。

20日，香港儒释道功德同修会等团体的100余人，到兰溪祭拜黄大仙，并举行黄大仙文化座谈会。

21日，黄大仙诞辰1687周年祭祀活动在黄大仙宫举行，数百名国内外黄大仙信徒前去祈福祭祀。

同日，2014年兰溪市中小学田径运动会在体育中心开幕。来自全市各中小学校的64支代表队661名运动员参赛。

同日，兰溪市教育局组织10多位“名师名校长”活动小组的优秀骨干教师，通过“送教下乡”的形式，为柏社中学、柏社小学、柏社中心幼儿园送去先进的教学理念和方法，让农村孩子享受到城市优质的教育资源。

22日，由中国氮肥工业协会、中国环境保护产业协会、中国石油和化学工业联合会化工园区工作委员会共同主办的“利用水煤浆技术处置高浓度废水联产合成氨”应用推广交流会在兰溪召开。“利用水煤浆技术处置高浓度氨氮废水联产合成氨”技术由浙江丰登化工股份有限公司研发，能有效处置高浓度废水，同时节约企业的运营成本。该技术于2010年通过省经信委组织的工业新技术认证，属国内首创，处于国内领先水平，2013年获中国氮肥协会科技进步一等奖，2014年获金华市科技进步一等奖。

同日，兰溪市浙江中光科技信息技术有限公司年产15亿陶瓷插芯及光通信工程项目、浙江利基锆业有限公司年产5000吨水热合成法制备纳米氧化锆粉体项目、兰溪越龙谷国际旅游度假中心项目被列入2014年浙江省重大产业项目。

24日，金华市第十八个省环卫工人节庆祝表彰大会在兰溪举行。金华市委书记徐加爱，金华市委副书记、市长暨军民致信，对广大环卫工人致以节日的祝贺和亲切的慰问。兰溪市环境卫生管理处被省住房和城乡建设厅授予浙江省城市市容环境卫生工作先进集体。

同日，兰溪发展研究会杭州分会在浙江大学召开兰溪经济发展与金融环境建设专题研讨会。部分在杭的兰溪籍金融专家与兰溪企业家面对面，“把脉”家乡经济发展形势。

25日，第20届义乌国际小商品博览会闭幕，兰溪来料加工统一招牌“兰嫂加工”成为一大亮点。此次义博会上，兰溪参展的8位来料加工经纪人共获订单1000多万元。

27日，召开全市农村生活污水治理工作推进会。

28日，召开市委常委(扩大)会议，传达贯彻党的十八届四中全会和省委、金华市委常委(扩大)会议精神。

31日，第116届中国进出口商品交易会第三期在广州举行。兰溪共有参展企业41家，展位数87个。兰溪8家休闲面料企业组团首次设立浙江兰溪休闲面料专区。

同日，兰溪市第二届职工创新成果展暨“五

水共治”创新成果展在市政府开展。

同日，2014年度通过廉租住房保障资格复核的130户家庭，在城北安居苑一期签订租房合同并交付钥匙。

11月

1日，2014兰溪购物节之百家商企大联动开幕。

3日，举办以“科技引领发展、创新成就未来”为主题的第二届人才科技月——院士专家兰溪行活动。在兰期间，王子才、谭天伟、谭建荣、尤政4位中国工程院院士和国内自动化、机械、化工、信息、新材料等科技领域的16位专家，通过开展院士专家企业行、作专题报告等形式，与企业广泛对接，会诊把脉企业发展，推动产学研合作，为兰溪经济发展献计献策。

4—5日，由市委书记吴国成带领的兰溪市党政代表团赴广州、深圳两地，深入广州浪奇实业股份有限公司、深圳博鹏发电子科技有限公司、鸿烨控股集团和信盈集团等多家企业考察学习。

4—7日，金华市委书记徐加爱到兰溪对所有镇乡(街道)进行暗访调研，全方位检查了集镇环境、“三改一拆”“五水共治”等工作，总体评价比较满意，也指出了集镇建设管理水平不高、存在扬尘废土情况、“四边三沿”乱建乱搭较多、乡政府内部环境较差、项目建设进度不快等五大类共17项问题。

5日，兰溪市人民医院(浙医二院兰溪分院)首次成功使用体外膜肺氧合技术，用一个“人工肺”，代替一位重症肺炎患者应某自身的肺行使了9天的肺功能。13日，应某体外的“人工肺”顺利撤离。

6日，浙江华东铝业股份有限公司年产40万吨高精度铝板带箔项目在兰溪经济开发区创新实验园开工，标志着华铝重大产业项目全面启动。

7日，浙江省人民政府授予兰溪市第二十届水利“大禹杯”金奖。

同日，兰溪市来料加工能手挑战赛暨业务进社区活动中，20名巧手“兰嫂”荣获“兰溪市最佳加工女能手”称号。16个镇乡（街道）160名手工加工女能手参赛。

8日，浙江省公安机关赴菲律宾缉捕工作组押解4名境外在逃人员，抵达萧山国际机场。其中一名是兰溪籍在逃境外经济犯罪嫌疑人谭某。

9日，由求是《小康》杂志社和浙江日报报业集团主办的第二届中国(浙江)全面小康论坛暨颁奖典礼在杭州举行。兰溪市荣获“第二届中国(浙江)全面小康论坛公共服务奖”，兰溪市行政执法局数字城管平台荣获“2014中国(浙江)全面小康十大民生决策奖”。

10日，召开精英人才项目对接洽谈会。浙江大学、浙江工业大学、浙江理工大学、法国巴黎高等法经学院等院校的教授、专家集中发布推介了电子信息、生物医学等领域的10项科技成果。兰溪市招才局分别与“青钱柳等天然植物活性成分高效提取及综合开发利用”“北斗卫星导航接收机核心芯片的产业化”签订人才项目落地协议；6家企业与3家高校签订技术合作协议；签约入驻孵化园项目协议2个。

11日，黄店镇举行2014年重点项目集中开工仪式。浙江永联民爆器材有限公司永进分公司、浙江美丽华印刷材料科技有限公司、浙江瑞莎纺织有限公司3家企业同时开工，总投资达7.2亿元。

同日，第四批国家非物质文化遗产项目名录正式公布。兰溪市诸葛镇诸葛村诸葛后裔祭祖入选第四批国家非物质文化遗产代表性项目名录扩展名录民俗类祭祖习俗项目。

同日晚，经过泳装、晚礼服、问答等环节的角逐，首届泰中友谊小姐评选中，兰溪女孩郑思圆获2014泰中友谊小姐大赛亚军和最佳友谊小姐奖项。

12日，兰溪画家、陶艺家陈军国画陶艺作品展在浙江美术馆开幕，完成其个人展览的“三级跳”跨越式进程。

13—17日，第五届浙江省少数民族传统体育运动会在温州举行，兰溪有10名少数民族运动员参加了押加、蹴球两个项目的比赛。其中，水亭畲族乡的雷小军、蓝建坤分获押加68公斤级、85

公斤级第一名。

14日，兰江街道举行2014年重点项目集中开工仪式。浙江奇锦纺织有限公司、金华德营食品有限公司、浙江万舟纺织有限公司、兰溪市鸿锦祥纺织有限公司4家企业开工建设，总投资达14.08亿元。

15日《兰江导报》报道：目前，兰溪市平安办、民政局和妇联联合设立妇女（家暴）救助中心，地点设在市民政局救助站。该救助中心庇护对象为本市遭受家庭暴力需要庇护的妇女，在本市务工、有固定住所、有正当经济来源、遭受暴力侵害的外地妇女，被批准入住的妇女可携带未成年子女。其他需要庇护的妇女，救助中心为受助妇女提供临时性庇护场所，负责为受助妇女提供食宿、安全保障，对受助妇女进行依法维权、自我保护、心理健康、社会性别意识等方面教育，为有就业意向的受助妇女提供劳动就业技能培训，并提供就业信息服务等。

17日，“锦绣天成”杯2014兰溪市首届篮球联赛在市体育馆开幕，28支队伍参加角逐。经激烈角逐，云山街道代表队和黄店镇代表队分别夺得冠亚军。

18日，兰溪8890便民服务热线开通，市民只要拨打88900000，便可享受咨询、求助、投诉等服务。8890一线承接万民事，24小时开通。

20日，市委理论学习中心组举行集中学习扩大会。浙江工商大学校长助理、浙江工商大学计算机与信息工程学院院长琚春华教授作了题为《新形势下电子商务创新与发展》的辅导报告。

同日，市第四届大学生村官论坛在永昌街道夏李村举行，主题是“电子商务与新农村建设”。

同日，调整兰溪市住房公积金贷款额度和首套房首付比例。在兰溪市范围内使用公积金贷款购买首套住房的家庭，首付款比例由原来不低于房价的40%调整为不低于房价的30%，贷款额度由原来不高于房价的60%调整为不高于房价的70%。同时，夫妻双方均正常缴存住房公积金的贷款最高上限从40万元提高到60万元，职工单方正常缴存住房公积金的贷款最高上限从20万元调整为30万元。住房公积金月缴存额1000元(含)以上的职工，最高限额可增加10万元。即夫妻双方住房公积金月缴存额均高于或等于1000元的，最高限额可达80万元。

21日，庆祝政协成立65周年暨全市政协工作会议召开。

同日，省考核组召开反馈会，宣布兰溪创建省级灭鼠灭蟑先进城区工作通过验收。这标志着兰溪创建国家卫生城市拿到了第二张入场券。

23日，国际商贸发展大会分会——兰溪面料与服装企业对接会在兰溪召开。中国纺织品进出口商会与兰溪市商务局组织了18家优秀外贸企业及国外采购商到兰溪，与兰溪15家面料服装企业面对面洽谈交流。国际商贸发展大会于11月22日至23日在东阳举行，大会包括跨境电子商务服务链产品推介会、重大招商项目签约仪式等内容，兰溪面料与服装企业对接会是活动内容之一。

23—28日，2014年浙江省大学生足球乙丙级联赛在兰溪举行。来自全省17所院校的18支足球队参加，其中参加乙级联赛的有浙江传媒学院、浙江大学城市学院等8支代表队，参加丙级联赛有浙江财经大学、杭州职业技术学院等10支代表队，参赛运动员约400名。浙江师范大学普通队、台州学院队分获乙级组、丙级组比赛冠军。

25日，总投资2亿多元、耗时7年的兰溪市整体异地搬迁建设项目西山寺新村暨总部大楼正式投入使用。

同日，举行2014年度兰溪市政府质量奖审查表决会议。经现场投票，浙江双狮建材有限公司、浙江中一建设有限公司、浙江兰福家具有限公司3家企业被确定为2014年度兰溪市政府质量奖初选授奖企业。

26日，第三批中国传统村落名录公布，兰溪永昌街道社峰村和黄店镇芝堰村入选。

同日，《兰江导报》报道：《大师身后之大师——记李可染夫人、兰溪籍著名艺术家邹佩珠》。1920年，邹佩珠出生于浙江兰溪官桥的一个皮鞋匠家，并在这里度过了幼年，后随家人迁居杭州。1938年，年仅18岁的邹佩珠考入重庆国立艺专雕塑系，为我国雕塑事业的发展做出贡献。1944年与李可染喜结连理。二十年前曾专程回到兰溪寻找祖坟，至今一直念叨兰溪。

同日，全市农村传统建筑工匠技能比武大赛在诸葛村举行，比武项目包括马头墙、花窗砌筑，鹅卵石、薄砖铺路，木工技能、木雕工艺展示等。

同日，兰溪市新生代企业家商会成立。该商会由浙江嘉宝物流有限公司、浙江腾马纺织有限公司、浙江博爱家纺有限公司3家企业发起，首批会员近50名，都是1975年以后出生或第二代创业者。

27—28日，全省水利局长暨冬春农田水利现场会在兰溪召开。会议总结交流今年水利工作，对今冬明春农田水利基本建设、明年水利工作再动员、再部署。

28日，市长朱瑞俊主持召开市政府第三十四次常务会议，研究市直管公房管理暂行办法、数字城管向镇乡(街道)延伸工作实施意见、进一步加快民族地区经济社会发展实施意见等议题。

同日，浙江喜燕生态农业发展有限公司的股权登录上海股权交易中心中小企业报价系统，股权代码为202656。这是金华地区首家在该中心挂牌的农业企业。“喜燕农业”是兰溪市人民政府重点农业招商项目，2010年6月注册，项目总投资5.8亿元。在不到五年时间内，“喜燕农业”完成土地经营权流转一万多亩，种植香榧8万多株，培育香榧苗木400多万株。“喜燕农业”实施行业并购，全资控股“浙江柏灵”“江西柏灵”“兰溪榧夷所思”“兰溪嵩山旅游”等公司，被授予“中国香榧产业种植示范基地”等荣誉称号。

12月

1—3日，以金华市人大常委会副主任王国强为组长的金华市第四考核组，对兰溪市2014年度“五水共治”工作进行检查考核，通过对兰溪“五水共治”工作的年度考核验收。

2日，召开旅游发展大会暨美丽乡村建设推进会。市委书记吴国成强调，切实把握旅游业发展新机遇，全力打造旅游升级版和美丽乡村建设升级版。

同日，市委书记吴国成主持召开兰溪市四套班子成员例会。会议听取“五水共治”、古商城及海洋城开发、群众路线教育整改、大学城建设、农村生活污水治理、“三改一拆”、招商引资、信访维稳、“四破”整治和重点项目进展等情况汇报，并集体决策城东防洪应急工程景观设计方案和兰溪中心城区兰江绿道景观设计方案。

同日，由金华市特级教师协会和兰溪市教育局联合开展的特级教师带徒活动在育才中学启动，金华市19位特级教师和30名兰溪市名优骨干教师结对。

同日，市公安局在府前广场举办集中返还涉案物品活动，共返还涉案物品50余件(其中小型汽车14辆)，返还现金160余万元，总价值达450余万元。

4日，兰溪市人大常委会党组党的群众路线教育实践活动整改方案、兰溪市政府党组党的群众路线教育实践活动整改方案和兰溪市政协党组党的群众路线教育实践活动整改方案公布，欢迎社会各界和广大群众对整改落实情况进行监督。

同日，第十四个全国法制宣传日暨首个国家宪法日，市委、市政府在府前广场举行庄严的宣誓仪式。市领导刘成芝、蔡艳等与各部门、镇乡(街道)主要负责人，政法干部、司法部门干部，检察官、法官、公安干警、行政执法人员、律师等代表一起参加宣誓活动。

同日，召开第四次归侨侨眷代表大会，选举产生兰溪市侨联第四届委员会，审议通过了兰溪市侨联第三届委员会工作报告。

同日，兰溪市城乡居民医疗社会保障卡在上华街道首发。全市将发放城乡居民医疗保障卡约47万张，首批20万张将于12月底前发放完毕。

同日，上午9点，兰溪首部都市青春动作喜剧片《我为花狂》在诸葛八卦村正式开拍。电影《我为花狂》围绕郑板桥的“兰花图”展开，是一部轻喜剧爱情片，也是第一部全方位展现兰溪风土人情的数字电影。电影《我为花狂》总投资约150万元，由北京嘉禾世纪影视公司摄制制作，男女主角由中央戏剧学院、北京电影学院演员出演，并邀请兰溪本土知名演员友情演出，女配角则由获得兰溪市“兰花女”称号的兰花女担纲。

同日，共青团中央、中国青年志愿者协会主办的第十届中国青年志愿者优秀个人奖、组织奖、项目奖评选结果揭晓，兰溪人水鸿雁获得优秀个人奖。水鸿雁，1981年出生，是“我们都是兰溪人QQ群”志愿者服务队负责人兼团总支书记、兰溪市志愿者协会常务理事兼副秘书长。

6日，兰溪境内连续发生3起重大交通事故，导致3人死亡。

7日，兰溪市在武汉纺织大学举办纺织人才专场招聘会，31家兰溪企业走进该校延揽纺织英才。

8日，兰溪在武汉举行浙商回归项目暨科技合作协议签约仪式，24个项目集中签约，投资总额达49.9亿元；签约科技合作项目两个。同时，兰溪市政府与武汉纺织大学签订全面合作协议。

同日，湖北兰溪商会在武汉正式成立。商会第一次会员大会选举产生了首届理事会，湖北京兰水泥集团有限公司董事长赵伟光当选会长。

12日，兰溪成立金华首家人才银行。兰溪科技型小微企业可通过对专利、知识产权等无形资产的抵押，吸引社会资本，完成“知本”与“资本”的对接。

15日，英特药业公共医药物流平台金华医药产业中心一期工程在兰溪市上华街道开工奠基。“英特药业公共医药物流平台”项目是浙江省“十二五”物流业规划确定的90个重点项目之一，投资主体英特集团是由中国中化集团和浙江省国资委合资的中化蓝天集团旗下的上市公司，项目投产后将是浙江省最大的政府医药储备中心。英特药业公共医药物流平台金华医药产业中心一期工程总投资1.8亿元，占地73亩，总建筑面积5.3万平方米。项目建成后，年配送额可达50亿元。

同日，出台《关于进一步推动企业股份制改造和上市的意见》，调动企业股份制改造和上市（含新三板、全国区域性股权交易中心挂牌）积极性。浙江伊宝馨生物科技股份有限公司、浙江交联辐照材料有限公司、浙江喜燕生态农业发展有限公司等企业加快企业股改和上市步伐，积极对接多层次资本市场，其中喜燕生态农业已在上海股权交易中心中小企业报价系统登陆。

17日，兰溪市获2014年度全国县级防震减灾工作综合考核先进单位，成为金华市首个获此殊荣的单位。

同日，嘉泰·新时代广场开业。这是兰溪市重点商贸流通项目、金华市服务业重大项目，总投资达4亿元，建筑面积约7万平方米。嘉泰·新时代广场是一座集大型超市、精品百货、餐饮娱乐、休闲文化等多功能于一体的大型商业综合体。

18日，由兰溪市农办主办的第二届农家乐厨艺大赛在市职业中专举行。17家农家乐参加。樟树下土菜馆的“鱼头炖豆腐”、畲族风情园的“凤(鸟皆)嘣嘣”、卧龙湖红杉部落农庄的“火烧赤壁”获特色菜组金奖；木莲山庄的“水纤面”、畲族风情园的“乌饭”、野狐山寨的“玉石”获点心组金奖。

19日，全市开展第二届“最美乡村”评选，32个候选村投票选出20个市民最满意的村。

同日，全市首个村级文化艺术馆在马涧镇东叶村创立。

23日，金华市副市长、义乌市代市长盛秋平带领义乌市财政局、投资促进局等部门负责人，到兰溪水亭畲族乡开展结对帮扶，推进义乌、兰溪两地合作事宜。

同日，市青少年足球训练基地在市体育中心揭牌，与之配套的五人制标准球场同时投入使用。兰溪首届贺岁杯五人制足球赛在体育中心五人制足球场开赛，名远车行、平安银行、锦华建筑等9支代表队将展开6轮比赛。

24日，市长朱瑞俊主持召开市政府第三十五次常务会议，研究《低收入农户收入倍增计划实施意见》、全市商业网点布局专项规划等议题。

同日，兰溪市被国家农业部、国家旅游局授予“全国休闲农业与乡村旅游示范县”称号，成为金华地区首个获此称号的县(市、区)。

28日，市12358价格举报中心完成电话割接工作，成功接入浙江省12358价格举报管理信息系统，实现了国家、省、市、县价格举报网络的“四级联网”。

29日，第二届兰溪星舞台总决赛暨新年晚会在市体育中心举行。从6500多名文艺爱好者、500多个参赛节目中脱颖而出的12组总决赛选手，展示了他们动听的歌声和优美的舞姿。经过综合评分，朱傲谦舞蹈工作室的《朝鲜顶水舞》、老年联谊会的群舞《百花争妍》获得一等奖。朱傲谦舞蹈工作室选手获最佳人气奖。

30日，兰溪市第五中学举行搬迁揭牌仪式。兰五中迁建工程是省重点工程、兰溪市重点民生项目，位于兰溪经济开发区，占地面积200亩，总投资2.07亿元，建设规模为全日制寄宿高级中学，规划设置48个班级，每个年级16个班。按照规划，兰五中新校区新建图书行政科技楼1幢、教学楼3幢、实验楼2幢、教师宿舍楼2幢、男女生宿舍楼6幢、体育艺术楼1幢、食堂1幢，并配套田径场看台、配电房及门卫房等建筑，总建筑面积67138.61平方米，于2011年12月16日奠基开工。

同日，兰溪海洋城商业休闲综合体项目举行签约仪式，正式落户兰溪。兰溪海洋城项目位于老农药厂地块，由嘉兆控股集团投资开发，总投资不少于12亿元，总规划建设面积14万平方米，其中商业建筑面积10.9万平方米，海洋馆面积不少于0.8万平方米。除商业零售外，配套以海洋馆、标准影院、仿真溜冰场、电玩等休闲、娱乐、餐饮、旅游度假、教育文化类项目的大型商业购物休闲综合体。

自然环境

【地理位置】 兰溪市地处浙江中部偏西，金衢盆地北部边缘，北纬29° 01′ 20″ ~29° 27′ 30″，东经119° 13′ 30″ ~119° 53′ 50″。东南邻金华市金东区、婺城区，西南接龙游县，西北毗连建德市，东北与浦江县、义乌市交界。市域土地总面积1312.44平方千米，市政府所在地兰江街道。北至省会杭州市径距132千米，距金华市20.5千米。东西长67.5千米，南北宽38.5千米；金岭铁路、330国道自东南至西北贯穿市境，杭金衢高速公路穿越南境，47、46、45省道连接浦江、金华、龙游，兰江水运直达钱塘江口，交通便捷。

【地形地貌】 兰溪市所处地域，在地质学上被称为元古代末期形成的“绍兴—江山深断裂带”，地质构造属浙江西部扬子准地台浙西台褶带诸暨衢州拗陷，板块构造属晚元古代太平洋板块俯冲带。市境地势东北群山高耸，西南丘陵低缓，中部平原舒展，属浙中盆地丘陵地貌。境内有四支山脉：北部东部为龙门山脉和金华山脉，西北为千里岗山脉支脉，南部为仙霞岭山脉余脉。三块丘陵：北部丘陵、南部丘陵和西部丘陵。两个盆地：金衢盆地和墩头盆地。一片平原：三江河谷平原。山地丘陵822平方千米，盆地平原403平方千米，水面85平方千米，历来有“六山一水三分田”之称。

【山脉水系】 境内有千里岗、仙霞岭、金华山、龙门山四支山脉。

千里岗山脉 由浙赣边境的玉华山延伸入浙。其北支自建德新岭伸入市境西北，主峰尖坞山（977.3米），其次有三峰尖、蟠山、白露山，余脉延至兰阴山（又名横山，140.7米），横亘兰江边，为风景名胜地。南支自建德天池山入境，主峰砚山（333.7米），山巅平整，有池如砚。延伸有大山、郭偲寺岭、大岩山、明堂山，尽于衢江北岸游埠镇与龙游县交界处。

龙门山脉 由浦江县进入市境，横亘东北部，东起桐坞岭，向西沿浦江、建德边界延至兰江边将军岩。主峰肇峰山（957.3米），又名售峰山、寿峰山，山峦层叠，高峻挺拔。此外尚有叶山、毛坪尖、毛竹尖、马岭山、大青尖、桃花岭、石板坪、双虎尖、天索尖、独塘岭等。

金华山脉 由金华市北进入市境东部，分左右两翼，向东北和西南展开，绵延50余千米。山势高峻挺拔，重峦叠嶂，1000米以上山峰3座。

主峰大盘山（1312米），又名玉壶山、养马山，为市境最高峰，向称邑之祖山。大盘山东行，有尖头尖（1017米）、螺蛳尖、猴狲尖、双尖、鸡生潭、高田岗、雷公尖，尽于梅溪南岸，墩头盆地。大盘山西行，有九龙山（1245米）、扁担岗、白露尖、王大尖（向称邑之主山）、高笋尖、大云山（114米）又名大寺山、挂榜山，在市区云山街道，为风景名胜。此外，过扁担岗西行，有纱帽头、六洞山，又名灵洞山，多石灰岩溶洞，其中地下长河2000多米。

仙霞岭山脉 仙霞岭又名古泉山，绵延于浙闽边界。仙霞岭余脉自金华市婺城区大岩至馒头山伸入市境上华街道马达一带，地势低平，起伏和缓，海拔一般在40米～70米之间。展布的低山有后金垅、老鹰顶、上樟山、下紫岩等。

境内河道属钱塘江流域。主要河道有二级河兰江、金华江、婺江3条，总长58.2千米；四级河8条，总长144.24千米。河流总长度882.3千米，河网密度0.67千米/平方千米，径流总量166.52亿立方米。境内最大的河流是兰江，从三江口至将军岩流经境内兰江街道、云山街道、女埠街道等，长22.5千米，流域面积1312.44平方千米，年均流量503立方米/秒，主要支流有甘溪、浒溪、香溪、梅溪、七都溪、大溪等。

【气候特征】 市境属亚副热带季风气候，四季分明，冬夏季较长，春秋季偏短；盆地气候特征明显，灾害性天气影响较大。多年平均气温17.9℃，最冷月平均气温5.6℃，最热月平均气温29.7℃，历年极端最高气温41.5℃(2013年8月2日)，极端最低气温-8.2℃（1970年1月15、16日）。雨量充沛，分布不均，年平均降雨量1458.3毫米，其中3—9月降雨量1110.4毫米，占全年降雨量的76.1%。年平均相对湿度74%，最小相对湿度8%。无霜期长，年平均无霜期257天。全年日照1641.4小时，占可照时数的37%。年平均风速1.7米/秒，最多风向为N风。年平均蒸发量1428.4毫米。年雷暴日数40.6天。主要气象灾害有暴雨、洪涝、干旱、台风、大风、冰雹、雷电、寒潮、大雾。

资源特产

【土地资源】 市境土壤类型多样，全市共有红壤、黄壤、岩性土、潮土、水稻土等5个土类，11个亚类，34个土属，60个土种，按不同海拔高度和地形分布在全市各地。全市各类土地总面积131244.07公顷，其中耕地40966.98公顷，占31.21%；园地17223.99公顷，占13.12%；林地46402.08公顷，占35.36%；草地497.17公顷，占0.38%；城镇村及工矿用地11474.7公顷，占8.74%；交通运输用地2269.56公顷，占1.73%；水域及水利设施用地9657.37公顷，占7.36%；其他土地2752.22公顷，占2.10%。

【水资源】 市境多年平均年水资源量为9.07亿立方米，丰水年为11.25亿立方米，枯水年为7.07亿立方米。全市地表水年水资源量为9.94亿立方米，人均占有量为1506立方米。兰江是市境最大的过境河流。年人均占有过境水量26000立方米。2010年，兰溪市地下水资源量为2.9769亿立方米，人均占有量451.9294立方米（以户籍人口65.93万计）。

【矿产资源】 全市已发现矿产21种，有甲类矿床（点）30余处，查明有资源储量的矿产10余种。其中金属矿产有金属金，能源矿产有煤、石煤(伴生钒、铀、钼等)；非金属矿产有石灰石、建筑用石料、饰面花岗岩、石英砂岩、萤石、陶瓷土和天然矿泉水等。其中水泥用灰岩矿产储量3亿吨，面积12.75平方千米，年产水泥用灰岩矿353.99万吨。萤石，主要分布在柏社乡白岩山一带，面积7.8平方千米，已查明萤石资源储量2098710吨，矿物量1092980吨。年开采量5.91万吨（露采）。

【森林资源】 境内植被类型属于亚热带常绿常阔叶林和针叶林。2009年调查，全市林业用地69544.62公顷，其中林地面积55826.54公顷。森林总蓄积量2723983立方米，毛竹555.18万株。森林覆盖率49.48%，林木覆盖率50.42%。全市植物资源丰富，有木本植物72科297种，其中珍稀树种，有列入国家和省级保护的银杏、金钱松、杜仲、红豆杉、鹅掌楸等；有草本植物72科219种。樟树是兰溪市树。马尾松和杉木是市境主要材林树种。此外，茶叶、蚕桑、柑橘、杨梅、枇杷、柿、栗、枣、银杏等种植十分普遍。

【旅游资源】 市境旅游资源较丰富，分地文景观类、水城风光类、生物景观类、遗址遗物类、建筑设施类、人物活动类。旅游资源单体广布于16个镇乡（街道）。著名的有：诸葛亮后裔聚居地——全国重点文物保护单位诸葛村；洞府泉流航游之冠——地下长河；国家级农业旅游示范点——兰花村；第六批全国重点文物保护单位芝堰村古建筑群等。还有白露山、芥子园、黄大仙宫、绮霞园、石门槛森林公园等。

【名优特产】 兰溪大青豆。种植已有300多年历史，为浙江“四大名豆”之一。豆呈椭圆形，色泽青翠，颗壮粒大，质优味美，营养丰富，是制作豆浆、豆腐、豆芽等豆制品的主要原料。据测定，兰溪大青豆油分含量在20%左右，蛋白质含量40%左右，比东北大豆或美国大豆高5%左右。兰溪大青豆年产量最高曾达570万公斤。

蜜枣。又称“金丝琥珀蜜枣”，为兰溪传统名产。兰溪金丝琥珀蜜枣是选本地所产优质颗大的青枣，枣身用刀细切丝缕，以桂花白糖或蜂蜜煎制、烘焙而成。蜜枣色泽金黄，缕纹如丝，形似琥珀，质地糯软，味道甜美，色、香、味、形俱佳。金丝琥珀蜜枣品质优良，久贮不坏。

火腿。旧金华府属8县均产火腿，故通称“金华火腿”。历史上“金华火腿”集散于兰溪，故有“金华火腿兰溪出”之说，兰产“金华火腿”，腿皮薄，肉板厚，精肉细，红似玫瑰，肥肉透明，赛如水晶，不咸不淡，香气扑鼻，素以色、香、味、形“四绝”闻名于世；1926年曾获西湖博览会特等奖；1980年以来，又多次获国家金质奖和省级质量优胜奖。

兰花。兰溪种植兰花至迟可追溯到唐代末年，邑以产兰得名。兰花有春兰、建兰、报岁兰（墨兰）、蕙兰（九头兰）、台兰、秋兰、寒兰等。品种繁多，四季开花，色香俱绝，惹人喜爱。兰溪兰花古时多生于山丘、郊野，现多家栽，亦建有兰花种植基地。兰阴山脚有兰花村，家家种植兰花，出售兰花等奇花异卉。1987年，兰溪市人民代表大会常务委员会已将兰溪传统名卉——兰花，定为“兰溪市花”。

杨梅。系兰溪传统水果，兰溪马涧、石渠、柏社一带，俗称“里山”，自古以来盛产杨梅，名呼“里山杨梅”，素为杨梅之上品。20世纪90年代引入“东魁”“黑炭”等优种杨梅，已成为主产品。全市杨梅栽培面积3800公顷，其中投产面积2933.33公顷，马涧、柏社、香溪和下蒋坞、朱山等镇乡村成为杨梅生产重点乡镇和重点村，并沿兰浦公路（47省道）形成“五十里杨梅长廊”。其中“下蒋坞”牌杨梅先后获得兰溪市优质农产品金奖、金华市精品水果金奖、浙江省农业博览会优质奖、浙江省十大精品杨梅、浙江省绿色无公害农产品、金华市名牌产品、浙江省名牌产品、浙江省著名商标等荣誉称号。

枇杷。兰溪枇杷主要产于女埠街道、黄店镇、马涧镇等地，种植面积1066.67公顷，年产枇杷3000余吨。女埠街道穆坞村盛产枇杷，素有“华东枇杷第一村”美称。穆坞枇杷果大金黄，肉腴质细，柔软汁多，甘甜鲜洁，滋味优美，食之齿颊留香，是初夏季节最受人们喜爱的水果珍品。特别是“穆坞白枇杷”，更是以其果大甘甜而享誉全国。穆坞枇杷基地是农业部认定的无公害农产品生产基地，穆坞枇杷先后获得兰溪市农产品金奖、金华市优质农产品金奖、中国国际农博会优质奖、浙江省农博会优质奖。

毛峰茶。历史悠久，产量甚丰，风味独特，香气鲜灵，滋味醇厚，为茶叶中之上乘。兰溪毛峰茶主要产于兰溪北部和西部的深山岗岭之中。尤以龙门山、毛山突、黄泥湫等地所产的为最佳。毛峰茶的另一处产地是兰溪西部的朱家蒋塔、张坞、蟠山等村，其中蟠山山峰顶上的野猪坦，是兰溪毛峰茶最优越的产地。野猪坦所产的毛峰茶所含茶单宁多，茶叶浓郁清香，茶芽不易

老化，持嫩性强，所以素被誉为“云雾茶”“白毛尖茶”“白云茶”。

大红柿。主产于马涧镇和黄店镇等地，种植面积1027.93公顷，年产大红柿6000余吨。黄店镇余粮山村的“余粮山牌”大红柿，先后被评为中国浙江国际博览会金奖、金华优质农产品金奖、兰溪名牌产品、金华名牌产品、金华市著名商标、浙江省名牌产品。创建的余粮山大红柿基地被认定为浙江省森林食品基地，无公害标准化栽培推广示范基地。

历史沿革

【市名由来】 城西南兰阴山下有溪，崖岸多兰茝（Chen），溪以兰名，县以溪名，故名兰溪。

【政区沿革】 春秋属越国，战国为楚地。秦时属会稽郡乌伤县。东汉初平三年（192年）析乌伤县西南置长山县，属长山县。隋开皇十三年（593年）改长山为吴宁县，属吴宁县；十八年改为金华县。唐咸亨五年（674年）八月析金华县三河戍地置兰溪县，时为上县，隶属婺州；天宝十三年（754年）析县北通化乡（今梅江镇）归属浦阳县（今浦江县）；大历十三年（778年）升为紧县。宋熙宁六年（1073）升为望县。元元贞元年（1295年）升为不辖县的州，隶属婺州路。明洪武三年（1370年）三月复为兰溪县，属金华府；成化七年（1471年）析县南龙岩乡全部、太平乡的29都和横山乡的33、34都归属新置的汤溪县（今金华婺城区）。明、清和民国初期均为一等县。1914年6月置金华道，道署驻兰溪。1916年移驻衢县。1927年废道制，兰溪直属于省。1932年6月浙江省实行行政督察区划，兰溪属第八区。1933年9月置兰溪实验县，为全国四个优秀实验县之一。1934年8月设兰溪区行政督察专员公署，辖11个县，区公署驻兰溪。1937年改兰溪区为第四行政督察区，驻地迁至金华。1949年5月6日兰溪隶属浙江省第八行政区，原汤溪县所辖下王和中洲2个乡仍析归兰溪；6月辖城区、万坛、游埠、永昌、女埠、马涧6个区；9月增设厚仁区；11月特设兰东区，划城区范围设立兰溪市，12月撤销兰东区。1950年6月撤兰溪市建制，并入兰溪县，同时增设兰西乡和香溪乡（后改为洲上区）；10月底全县农村29个乡划建为85个乡、1个镇，城区分城中、城南和城北3个镇，共设7个区、4个镇、85个乡。1955年10月改称兰溪县人民委员会；11月撤城区及所辖城中、城南、城北3个镇，设立城关镇。1956年3月撤区并乡，撤销万坛、兰西、永昌、洲上区，保留游埠、厚仁、女埠、马涧4个区，全县86个乡镇撤并为35个乡。1957年10月恢复永昌、万坛两个区，永昌区辖温塘、汪高、杨塘、永昌、诸葛、双牌6个乡，万坛区辖下余、灵洞、板桥、黄家4个乡，岩山乡划归女埠区，官塘、洲上2个乡划归马涧区，城关镇直属县。1958年8月至11月撤区并乡，农村32个乡合并为6个乡，成立7个人民公社。1959年12月撤销浦江县，所属梅江公社划归兰溪县。1961年10月调整人民公社规模，设7个区，1个区级镇，1个乡级镇，51个公社。1968年12月改称兰溪县革命委员会，时辖50个公社、1个直属公社。1980年9月恢复兰溪县人民政府。1983年5月至7月，人民公社实行政社分设，分别建立乡人民政府和乡人民公社，乡人民公社成为乡政府领导下的经济组织。全县辖7个区、2个镇、54个乡。1985年4月撤销蜀山、宋宅、白枣、双溪、渔塘下5个乡设横溪镇；5月15日撤兰溪县，设立县级兰溪市；11月撤游埠乡，所属17个村并入游埠镇，永昌、诸葛、女埠、马涧、香溪5个乡改设为建制镇，年末辖7个区、8个镇、43个乡。1988年9月圣山乡改为圣山畲族乡。1991年10月厚仁乡改为建制镇，至此全市有7个区、9个镇、42个乡（包括水亭畲族乡）。1992年3月撤上华、游埠、永昌、女埠、岩山、马涧、梅江7个区，将原有51个乡镇扩并为兰江、游埠、永昌、诸葛、女埠、马涧、香溪、马达、黄店、墩头、横溪、厚仁12个镇，柏社、灵洞、孟湖、赤溪、官塘、张坑、下陈、白沙、石渠、芝堰、横木、朱家、水亭畲族13个乡；兰江镇设城中、城东、城南、城西、城北、城郊6个办事处。2001年撤兰江、厚仁镇，张坑乡和永昌镇16个村、女埠镇15个村合并设立云山、兰江、城南3个街道。

2004年4月撤芝堰、朱家乡并入黄店镇；撤石渠、横木乡并入马涧镇；撤下陈乡并入柏社乡；撤横溪、墩头镇，白沙乡合并设立梅江镇；撤官塘乡并入香溪镇；撤马达、永昌、女埠镇，孟湖、赤溪乡，城南街道，合并设立上华、永昌、赤溪、女埠4个街道。年末辖兰江、云山、上华、永昌、赤溪、女埠6个街道；游埠、诸葛、黄店、香溪、马涧、梅江6个镇；灵洞、柏社和水亭3个乡。2007年11月恢复重设横溪镇。2012年末辖兰江、云山、上华、永昌、赤溪、女埠6个街道，游埠、诸葛、黄店、香溪、马涧、梅江、横溪7个镇，灵洞、柏社、水亭3个乡，共16个乡级政区；辖有26个社区居民委员会，646个村民委员会，共670个群众自治组织；下设407个居民小组，5046个村民小组。

人口状况

【人口】 2014年全市出生6651人，出生率10.02‰，死亡8179人，死亡率12.32‰，人口自然增长率–2.30 ‰。年末户籍总人口66.09万人，其中男性34.35万人，女性31.74万人；其中非农业人口12.62万人，农业人口53.47万人。年末全市总户数22.21万户，平均每户家庭人口 2.98人。据2014年人口变动抽样调查，年末常住人口56.33万人。

【民族】 全市总人口中，以汉族为主，达66.12万人，占99.1%；全市有户籍少数民族5771人，29个民族成分；其中畲族4008人。

荣誉称号

【历年荣誉】

表8

荣誉名称	授奖时间	颁奖单位
浙江省卫生城市	1995年 2012年11月复评	浙江省爱国卫生运动委员会
全国体育先进县（市）	1998年	国家体育总局
中国兰花之乡	1999年5月	中国特色之乡推荐暨宣传活动组织委员会
全国科技工作先进县（市）	1999年11月	中华人民共和国科学技术部
浙江省历史文化名城	2000年2月18日	浙江省人民政府
全国中医先进县（市）	2001年3月 2012年9月复评	国家中医药管理局
全国文化先进县（市）	2001年12月	中华人民共和国文化部
国家天然药物产业基地	2004年8月	中华人民共和国科学技术部
中国优秀旅游城市	2005年2月21日	中华人民共和国国家旅游局
浙江省文明城市	2006年12月	中共浙江省委员会 浙江省人民政府
中国织造名城	2007年	中国纺织协会
中国杨梅之乡	2007年12月	中国经济林协会
浙江省示范文明城市	2012年	中共浙江省委员会 浙江省人民政府
浙江省平安县市	2012年	中共浙江省委员会 浙江省人民政府

【历年荣誉】

续表8

国家纺织服装人才培养基地	2012年11月	国家纺织人才交流培训中心
浙江省休闲农业与乡村旅游示范县	2013年8月30日	浙江省农业厅 浙江省旅游局
浙江省园林城市	2013年12月31日	浙江省人民政府
浙江省平安渔业示范县	2014年2月	浙江省海洋与渔业局 浙江省安全生产监督管理局

【2014年荣誉】

表9

荣誉名称	授奖时间	颁奖单位
浙江省第二十届水利“大禹杯”金奖	2014年11月7日	浙江省水利厅
浙江省现代生态循环农业示范县	2014年12月15日	浙江省农业厅、浙江省发改委、 浙江省财政厅、浙江省环保厅
全国休闲农业与乡村旅游示范县	2014年12月24日	国家农业部、国家旅游局
2014年度电子商务百强县		

主要行政事业机构及负责人

中国共产党兰溪市委员会

书　　记：吴国成
副 书 记：朱瑞俊 蔡　艳
常　　委：徐建祥 范冬岩 金建荣
　　　　　任春辉 范卫东 陈　艳
　　　　　林纪平 黄胜可
　　　　　林建良（挂职，—2014. 7）
　　　　　金承飞 张　锋
　　　　　章剑锋（挂职）

市委办公室（保密办、台办、信访局、督查办、防范和处理邪教问题领导小组办公室、党史研究室、政策研究室）

主　　任：汤浩江

政策研究室

主　　任：芦建洪

信访局

局　　长：章立峰

防范和处理邪教问题领导小组办公室

主　　任：徐　京

台湾工作办公室

主　　任：郭文华（—2014. 7）
　　　　　方丽萍（2014. 9—）

党史研究室

主　　任：应燕波

组织部（市委两新工委）

部　　长：范冬岩
常务副部长：王　斌
两新工委书记：章志威

宣传部

部　　长：范卫东
常务副部长：姜　驰

创建文明城市委员会办公室

主　　任：何锦连

统战部（民族宗教事务局、侨务办公室）

部　　长：徐建祥
常务副部长：杨炳岁

民族宗教事务局

局　　长：叶洪甘

侨务办公室

主　　任：白秀丽

政法委员会（综治办、维稳办、国安办、流管局）

书　　记：黄胜可
副 书 记：金承飞（兼） 任春辉（兼）
　　　　　连　平（挂职，—2014. 5）
　　　　　朱少波（挂职，2014. 8—）
　　　　　张国良 徐振华 孙建军

社会管理综合治理委员会办公室

主　　任：张国良

维护社会稳定领导小组办公室

主　　任：徐振华

国家安全领导小组办公室

主　　任：连　平（挂职，—2014. 5）

朱少波（挂职，2014. 8—）

流动人口服务管理局

局　　长：徐振华

市直机关党工委

书　　记：徐培金

老干部局

局　　长：童寿飞

农业和农村工作办公室（城乡一体化办公室）

党组书记：凌　贞

主　　任：凌　贞

城乡一体化办公室

主　　任：凌　贞

党校（行政学院）

党校校长：范冬岩

行政学院院长：任春辉

常务副校长：王跃良

档案局（馆）

党组书记：蔡志华

局（馆）长：蔡志华

机构编制委员会办公室

主　　任：朱小爱民

兰溪市人大常委会

主　　任：吴国成

党组书记：李庆松

副 主 任：李庆松　胡向东　赵月莲

徐亚平　张林安　邵茂良

办公室

主　　任：蒋用军

法制工作委员会

主　　任：金建清

财政经济工作委员会

主　　任：徐炳银

农村经济工作委员会

主　　任：吴惠芳

教科文卫工作委员会

主　　任：余卫军

代表与选举任免工作委员会

主　　任：方巧飞

城乡建设环境保护工作委员会

主　　任：杨胜华

兰溪市人民政府

市　　长：朱瑞俊

党组书记：朱瑞俊

副 市 长：任春辉　陈　艳

林建良（挂职，—2014. 7）

章剑锋（挂职）　陆献龙

吴一成　吴乐华　何吉军

郭志刚（挂职，2014. 7—）

党组成员：翁柯卫　邵培生（2014. 5—）

市政府办公室（驻杭沪办、机关事务管理局、法制办、外事办、金融办）

主任、党组书记：翁柯卫

机关事务管理局

局　　长：李建成

兰溪驻杭（沪）办事处

主　　任：郑益新

法制办公室

主　　任：方雪峰（—2014.12）

公开办公室

主　　任：童永生（—2014. 5）

应急管理办公室

主　　任：严学军

外事办公室

主　　任：余樟土

金融办公室

主　　任：童永生（2014. 5—）

发展和改革局（物价局）

局长、党组书记：朱　伟

物价局

局　　长：朱　伟

经济和信息化局

局长、党委书记：胡纪土

教育局

党委书记：李金红（—2014.5）
童云龙（2014.5—）
局　　长：童云龙

科学技术局

局长、党组书记：吴　歆

公安局

局长、党委书记：金承飞
政　　委：陈伟通
常务副局长：陈劲松（—2014.12）

民政局

局　　长、党委书记：何忠云

司法局

局　　长、党组书记：周云金（—2014.9）
康　婕（2014.9—）

财政（地税）局（国资办）

局　　长：陈玉祥
党组书记：陈根斗（—2014.2）
施廷涌（2014.2—）

国资办

主　　任：童洪基

人力资源和社会保障局

局长、党委书记：徐建光

国土资源局

局长、党委书记：赵红卫

住房和城乡建设局（规划局、测绘与地理信息局）

党委书记：马叔东（—2014.8）
龚建峰（2014.8—）
局　　长：马叔东（—2014.10）
龚建峰（2014.10—）

规划局、测绘与地理信息局

局　　长：马叔东（—2014.10）
龚建峰（2014.10—）

交通运输局

局　　长：姚　威
党委书记：龚建峰（—2014.8）
曹永清（2014.8—）

水务局

局长、党委书记：蓝一飞

农业局

局长、党委书记：严秋林

林业局

局长、党组书记：冯汉生

商务局（经济合作交流办公室）

党组书记：邓素牛
局　　长：叶小虎

经济合作交流办公室

主　　任：叶小虎

文化广电新闻出版局（体育局）

局长、党组书记：蓝　峰

体育局

局　　长：蓝　峰

卫生局

局长、党委书记：张　靓

人口和计划生育局

局长、党组书记：金永才

审计局

局长、党组书记：盛文星

统计局

党组书记：何永耀
局　　长：严赛虹

环境保护局

局长、党组书记：施廷涌（—2014.2）
樊友洪（2014.2—）

安全生产监督管理局（安全生产委员会办公室）

局长、党组书记：王学庆

安全生产委员会办公室

主　　任：王学庆

食品药品监督管理局（—2014.2）

局长、党组书记：李　皓（—2014.2）

市场监督管理局（食品安全委员会办公室）

局长、党委书记：李炜华（2014.2—）

城市管理行政执法局

局长、党委书记：徐晓君

质量技术监督局

局长、党委书记：程　明（2014.3—）

人民防空办公室（民防局）

党组书记：叶海连
主　　任：叶海连

民防局

局　　长：叶海连

行政服务中心（公共资源交易管理委员会办公室）

主任、党组书记：吴跃升

粮食局

局长、党委书记：蒋庆余

广播电视台

党委书记：张裕林（—2014.6）

台　　长：马兴堂

浙江省兰溪旅游度假区管委会（旅游局、风景名胜管理局）

主　　任：方建良（副县级）

旅游局

局长、党委书记：方建良

风景名胜管理局

局　　长：方建良

供销合作总社

主任、党委书记：毛伟军

浙江省兰溪经济开发区管委会

主任、党工委书记：陈志良（副县级）

常务副主任：江勇钧

新闻传媒中心

主任、党委书记：钟晓灵

政协兰溪市委员会

主席、党组书记：刘成芝

副 书 记：朱恒德

副 主 席：朱恒德　陈玉祥　章撮贤　王柏中

冯　俊　姜玉芳　姚　威

秘 书 长：蔡敏龙

市政协办公室

主　　任：郎松青

提案法制委员会办公室

主　　任：郭浦香

经济科技委员会办公室

主　　任：姚新富

教体文卫委员会办公室

主　　任：陈兴兵

三胞联谊委员会办公室

主　　任：应立忠

兰溪市纪律检查委员会（监察局）

书　　记：林纪平

副 书 记：徐庆康（—2014.7）

马叔东（2014.10—）　陈志滨

监察局

局　　长：徐庆康（—2014.9）

马叔东（2014.11—）

兰溪市人武部

政　　委：张　锋

部　　长：应庆伟

兰溪市法院、检察院

兰溪市人民法院

院　　长：盛少华（—2014.11）

代 院 长：胡公益（2014.11—）

党组书记：盛少华（—2014.11）

胡公益（2014.11—）

兰溪市人民检察院

检察长、党组书记：徐　强

人民团体（部分）

兰溪市总工会

主　　席：章撮贤

党组书记：赵景琦（—2014.2）

李　皓（2014.2—）

共青团兰溪市委员会

书记、党组书记：许文芳

兰溪市妇女联合会

主席、党组书记：林　月

兰溪市科学技术协会

主席、党组书记：沈文华

兰溪市文学艺术界联合会

主　　席：陈　军

兰溪市工商业联合会

主席、党组书记：曾永寿

兰溪市残疾人联合会

主　　席：何吉军

理事长、党组书记：鲍桂林

兰溪市计划生育协会

会　　长：胡向东

专职副会长：沈选奇

兰溪市红十字会

会　　长：陈　艳

专职副会长：王凌喜

国家、省、金华市驻兰（共管）机构

兰溪市国家税务局

局长、党委书记：毛晓东

兰溪市工商行政管理局（—2014. 2）

局长、党委书记：李炜华（—2014. 2）

兰溪市质量技术监督局（—2014. 3）

局长、党委书记：程　明（—2014. 3）

金华出入境检验检疫局兰溪市办事处

主　　任：王　政

金华海关兰溪联络处

主　　任：周虹阳

兰溪市供电局

局　　长：江　斌

党委书记：钱关厅（—2014.11）

　　　　　戴　彦（2014.11—）

兰溪市电信局（电信实业公司）

局长（总经理）、党委书记：陈豪智

兰溪市邮政局

局长、党委书记：蔡　东

兰溪市烟草专卖局（公司）

局长（经理）、党组书记：廖明景

兰溪市气象局（台）

局（台）长：童建跃

兰江导报

总　　编：钟晓灵

兰溪市盐务管理局

局　　长：杨跃仙

浙江移动兰溪分公司

总 经 理：邵旭辉

中国联通兰溪分公司

总 经 理：朱献阳

中国人民银行兰溪市支行

行　　长：金欲立

金华银监分局兰溪办事处

主　　任：沈海良

中国工商银行兰溪市支行

副行长（主持工作）：姜剑纲

中国农业银行兰溪市支行

行　　长：陈中清

中国银行兰溪市支行

行　　长：宛俊红

中国建设银行兰溪市支行

行　　长：黄　炜

中国农业发展银行兰溪市支行

行　　长：沈亦工

中国邮政储蓄银行兰溪市支行

行　　长：洪　莉

金华商业银行兰溪市支行

行　　长：方茂松

兰溪市农村合作银行

董事长、党委书记：游　尧

行　　长：洪志强

浙江稠州商业银行兰溪支行

行　　长：金庆洪

兰溪越商村镇银行

董 事 长：傅培松

行　　长：郑晓明

浙江民泰商业银行金华兰溪支行

行　　长：陈跃军

浙江泰隆商业银行金华兰溪支行

行　　长：马建清

平安银行股份有限公司金华兰溪支行

行　　长：唐峥翔

中国人民保险公司兰溪市支公司

总 经 理：王绍洪

中国人寿保险公司兰溪市支公司

经　　理：杨廷辉

金华市住房公积金管理中心兰溪分中心

主　　任：王永生

兰溪市镇乡（街道）党政机构

兰江街道

书　　记：邵培生（—2014.5）

徐政飞（2014.5—）

主　　任：徐政飞（—2014.5）

孙晓媚（2014.6—）

云山街道

书　　记：曹永清（—2014.8）

陈崎峰（2014.8—）

主　　任：陈崎峰（—2014.8）

仇　亮（2014.8—）

上华街道

书　　记：范秀良

主　　任：赵庆鸿

永昌街道

书　　记：章丽清

主　　任：戴建辉（—2014.9）

周玉军（2014.9—）

赤溪街道

书　　记：周　通（—2014.2）

汤宝升（2014.2—）

主　　任：何海荣

女埠街道

书　　记：方志春

主　　任：王　峰

灵洞乡

书　　记：胡耀明（—2014.9）

胡作滔（2014.9—）

乡　　长：黎文新

游埠镇

书　　记：黄凯声（副县级，—2014.2）

周　通（2014.2—）

镇　　长：童小锋

水亭畲族乡

书　　记：邵卫荣

乡　　长：雷启余

诸葛镇

书　　记：成德华

镇　　长：潘丽芳

黄店镇

书　　记：汤宝升（—2014.2）

倪红光（2014.2—）

镇　　长：倪红光（—2014.6）

陈金品（2014.6—）

香溪镇

书　　记：严建成

镇　　长：董为民（—2014.9）

胡建平（2014.9—）

马涧镇

书　　记：柳卫东

镇　　长：王　谦（—2014.9）

董为民（2014.9—）

柏社乡

书　　记：倪成品

乡　　长：刘秋瑾

梅江镇

书　　记：胡作滔（—2014.9）

金志福（2014.9—）

镇　　长：金志福（—2014.10）

应荣军（2014.10—）

横溪镇

书　　记：樊友洪（—2014.2）

郑英文（2014.2—）

镇　　长：郑英文（—2014.2）

陈晓红（2014.2—）

（组织部）

中共兰溪市委员会

综　述

【概况】 2014年，市委常委会贯彻落实中央、省委和金华市委各项决策部署，围绕“追赶跨越、重振雄风”的总目标、总基调，深入实施“强工业、兴三产、优环境、惠民生、促和谐”十五字方针，团结拼搏，扎实苦干，经济社会各项事业呈现良好发展态势。全年实现地区生产总值271.2亿元，同比增长8.4%；地方财政收入20亿元，同比增长10%；全社会固定资产投资150.1亿元，同比增长16.5%；城镇居民人均可支配收入29047元，农村居民人均纯收入12079元，同比分别增长9%和11%。被金华市评为2014年度县（市、区）综合考评一等奖。

【经济发展平稳向好】 三次产业呈现稳步增长态势。工业方面，全年实现规上工业总产值782亿元、规上工业增加值153.1亿元，同比分别增长8%和7.9%。列入省“双千”技改项目66个，连续8年位列全省各县市首位。单位GDP能耗下降率、用能总量下降率均居金华市首位。70家企业的“机器换人”示范点建设取得良好成效。兰溪棉纺织产业集群公共服务平台投入运行。锡箔行业整治列入省第一批传统块状行业“腾笼换鸟”省级试点。成功创建省知识产权示范市。浙福1000千伏兰江站建成投运。三产方面，实现服务业增加值92亿元，同比增长9.5%，占GDP比重提高0.7个百分点，达到34.5%。城市商圈建设步伐加快，嘉泰·新时代广场正式试营业，老城山田·捷盛中央广场业态进一步完善。电子商务发展势头强劲，入选电子商务百强县，年交易额突破10亿元。六洞山景区获评国家AAAA级景区，诸葛八卦村游客服务中心建设稳步推进。农业方面，推进“六个万亩”基地建设，创建省级现代农业园区3个，引进农业项目10个，流转土地1.5万亩，发展设施农业3500多亩。省新型农业社会化服务体系示范试点建设扎实开展，全国小农水重点县建设进展顺利。水利建设再获全省水利“大禹杯”金奖。

【赶超后劲持续增强】 提升发展活力，加快转型升级步伐。扩大有效投入。先后在兰溪、武汉举办浙商回归暨招商项目集中签约活动，全年引进内资56亿元，实到外资2300万美元。浙商回归到位资金22亿元，总部税收2.2亿元。开展重点项目“百日攻坚”行动，41个省和金华市重大工程项目全部开工建设，“十大指挥长工程”5个

项目主体完工，“五城五开”项目半数启动。推进治水拆违。全面启动治水三年行动计划，安排项目144个，总投资60亿元，已开工105个。募集“五水共治”捐款8300多万元。在全省率先实施“跨区域联合治水”，完成26条黑臭河、垃圾河治理。生猪养殖污染专项整治“三年任务两年完成”。出台全省首个“三改一拆”问责办法，拆除违章建筑198万平方米，完成“三改”面积70万平方米。上华、赤溪等6个“无违建”镇乡（街道）创建进展顺利，129个村达到“一户一宅”标准。全面深化改革。全面推行权力清单制度，取消行政审批事项309项。实现工商注册登记“多证联办”，成功引进项目图审中介。“四破”整治清理盘活低效用地1600多亩。扶持工业“16条意见”有效落实，累计提供资金转贷22亿元。成立市金融办，引进平安银行，全年新增贷款40亿元。深化农村“三权”改革顺利启动。大力推进“智汇兰江人才工程”，获省人才工作先进市称号。

【城乡统筹协同并进】 提升城乡一体化水平，增强可持续发展能力。新型城镇化建设方面，“一桥两路”顺利完工，义兰公路顺利推进，新马墩线通车，城乡交通路网进一步优化。港航开发姚家枢纽及船闸工程开工建设。完成市域污水管网规划初步方案，市污水处理厂二期改造完成土建施工。农村生活污水治理工程首批257个村基本完成。溪东片防洪应急工程建成运行，全面形成城防闭合圈。排岭征迁基本完成，启动下金、黄湓、下余等城中村改造。城市建设管理方面，通过省级灭鼠灭蟑先进城区创建考核，国家卫生城市创建取得阶段成效。启动国家园林城市创建。建成数字兰溪地理空间框架。数字城管获全面小康论坛浙江十大民生决策奖，智慧城管一期项目建成。老旧小区改造试点进展顺利，城市交通治堵取得积极成效。美丽乡村建设方面，“兰诸”风情线基本建成，成功创建“全国休闲农业与乡村旅游示范县”。探索推行农村环卫收费工作，群众参与率95%以上。开展2个省级中心村和40个环卫保洁示范村的培育工作，创建游诸环卫示范线。开展“清理杂物、美丽庭院”专项行动，“三清三化三送”活动成果得到巩固。推进再生资源收购点整治，完成市再生资源回收体系建设专项规划。

【民生事业不断发展】 10个方面25项为民办实事项目进展顺利，96345社会公共服务平台、公共自行车服务系统、出租车电召服务系统等项目全面建成。国家义务教育发展基本均衡市创建通过省级评估验收，浙师大行知学院迁建项目进展顺利，新兰五中完成搬迁。启动省级卫生强县市创建，中心血站建设进展顺利。单独两孩政策平稳实施，人口性别比综合治理得到加强。成功举办“第二届兰溪星舞台”“龙舟邀请赛”等文化体育赛事。

【社会大局和谐稳定】 开展“平安创建”工作，群众安全感满意率保持高位。创新社会治理，新建流动人口服务管理所9个。社会管理服务中心规范运行，省平安建设信息系统村级覆盖率达2/3。规范矛盾纠纷排查化解工作，完善矛盾纠纷大调解体系，排查化解各类矛盾纠纷近2000起。完善重大决策社会稳定风险评估工作。全市安全生产形势总体平稳，治安形势持续好转。

【党的建设从严从实】 开展党的群众路线教育实践活动，纠“四风”、治“两局”，党风政风持续好转。群众工作站、软弱涣散村整治“十个一”行动等做法得到省委和金华市委的充分肯定。贯彻落实新《党政领导干部选拔任用工作条例》，开展干部信用等级评定工作。强化党风廉政建设主体责任和监督责任落实，在金华市率先完成乡镇纪委回归主业工作。落实“正风肃纪”常态化，对112家单位和99名党员干部进行点名通报或处理。保持反腐高压态势，党纪处分187人，移送司法机关22人。推进两新组织党建立体化覆盖，创建示范点10个。培育和践行社会主义核心价值观，编排大型现代婺剧《东海魂》并开展巡演。人大代表联络站实现镇乡（街道）全覆盖，出台进一步加强人民政协民主监督工作实施意见。加强统一战线、人民武装工作，发挥工青妇等群团作用。

（李　平）

重要会议

【市委十三届五次全体（扩大）会议暨市政府第四次全体会议】 于1月2日召开。会议全面贯彻落实党的十八大、十八届三中全会，中央经济工作会议、中央城镇化工作会议、中央农村工作会议和习近平总书记系列重要讲话精神，按照省委、省政府，金华市委、市政府的决策部署，回顾总结2013年工作，部署2014年工作任务，围绕“全面深化改革、再创体制机制新优势”这一主题，动员全市上下进一步解放思想、坚定信心，抢抓机遇、赶超发展，努力开创“两富”现代化兰溪建设新局面。市委书记吴国成强调，2014年要重点抓好六方面的工作：一是狠抓有效投入，不断巩固稳中向好的发展态势；二是坚持发展理念，积极谋划“五城五开”十大项目；三是加快创新步伐，继续保持转型发展的强劲动力；四是实施“五水共治”，营造山清水秀的生态环境；五是推进城乡统筹，全力加快新型城镇化建设步伐；六是坚持以人为本，切实维护和谐稳定的大好局面。

【全市干部大会】 于2月10日召开。大会总结2013年度工作亮点，部署2014年工作重点，动员全市上下坚定信心、奋发有为、乘势而上，全力开创兰溪赶超发展的新局面。市委书记吴国成强调，2014年要全力开展好“五水共治”、产业提升、项目推进“三大行动”。在作风建设方面，吴国成对广大党员干部提出四点要求：一要充满感情做工作，二要带着敬畏办实事，三要沉下身子干事业，四要冲在一线解难题。市委副书记、市长朱瑞俊部署了“我为五水共治做贡献，千名干部下基层，三清三化三送”活动。会议还表彰了2013年先进单位和个人。

2月10日，全市干部大会召开（章晓栋提供）

【“五水共治”动员大会】 于2月14日召开。会议提出，2014年围绕“综合治污水、合力防洪水、科学排涝水、安全保供水、全民抓节水”，重点推进三江流域综合治理工程、市镇级污水处理厂及管网建设工程等治水十大工程，实现“清三河、四覆盖、两转型”，倒逼转型升级，促进人水和谐，推进生态兰溪建设。与会的首批45家重点企业为“五水共治”踊跃认捐，现场共认捐5388万元。会上还对2013年度断面考核及“五水共治”十大工程情况进行了通报；朱瑞俊代表市政府与镇乡(街道)、相关部门负责人签订“五水共治”目标责任书。

【党的群众路线教育实践活动工作会议】 于2月25日召开。会议深入学习贯彻上级有关会议精神，全面动员部署党的群众路线教育实践活动。会议要求全市各级党组织、广大党员干部要把思想和行动统一到中央和省委部署要求上来，以饱满的政治热情和良好的精神状态积极投身教育实践活动。吴国成在作动员部署时强调，要准确把握中央、省委和金华市委精神，以“追赶跨越转作风，重振雄风惠民生”为总载体，贯彻整风精神，突出服务发展、服务群众，聚焦解决“四风”问题，举起透视镜、拿起铁扫把，着力在解决具体问题中让群众看到变化、增强信心。会议还对市级领导班子和省、金华市管党员领导干部的作风建设情况进行民主评议，并为部分机关部门、镇乡(街道)群众工作站授牌。

【扩大有效投资暨招商引资工作会议】 于3月6日召开。会议强调要把握重点，攻坚克难，狠抓落实，在全市迅速掀起抓投入、抓项目、抓招商的热潮，促进全市经济取得“开门红”“全年红”。会议指出要着力在三个方面狠下功夫：一要在招商引资上狠下工夫，二要在项目建设上狠下工夫，三要在优化环境上狠下工夫。会后，16个镇乡(街道)及开发区、水务局分别举行了项目集中开工仪式，总投资34.2亿元的24个项目集中开工。

【深化“三改一拆”行动暨“无违建市”创建活动动员会】 于3月28日以视频会议形式召开，一直开到镇乡(街道)、村(社区)。会议指出，“无违建市”创建活动是深入推进“三改一拆”行动、巩固工作成果的重要载体，是发展之需、民心所向，要以时不我待、只争朝夕的干劲，以不达目的誓不收兵的决心，一鼓作气、乘势而上，坚决打赢这场攻坚战。会议强调，要认识再提高，坚定信心增干劲，思想认识上要做到“三破三立”；要目标再明确，势如破竹强推进，重点做好“拆、改、用”三篇文章；要责任再落实，严明纪律求实效，重点要做到责任到位，凝聚合力，考核到位，严明纪律，宣传到位，强化氛围，积极营造人人参与创建的浓厚氛围，全力推进“三改一拆”和“无违建市”创建工作。

【作风建设暨工业经济项目推进“百日攻坚”大会】 于4月11日召开。会上强调，要充分认识工业在兰溪经济社会发展中的特殊地位和作用，坚持“强工兴市”战略不动摇，全力推进“工业强市”建设，为工业经济平稳快速发展保驾护航。会议提出，从4月份开始，将利用三个月的时间，开展重点项目“百日攻坚”活动。本次活动分动员部署、集中攻坚、总结考核三个阶段进行，主要针对省411项目、省重点项目、金华市重点项目、扩大有效投资项目以及兰溪市“双百工程”重点项目，并做到以点带面，带动面上其他投资项目扎实有序推进。

【金华市“五水共治”现场会】 于4月15日在兰溪召开。会议强调开展农村生活污水、农村生活垃圾和赤膊房治理等“三治”工作，是贯彻落实省委、省政府“五水共治”决策部署的急事，也是推动农村强、农村美、农村富的要事，更是践行党的群众路线教育、改善农村人居环境的实事，各地各部门要进一步提高认识，采取有力措施，切实将这项工作抓紧抓好。会上，兰溪市委副书记、市长朱瑞俊就农村环境卫生治理工作进行交流发言。

【市委十三届六次全体(扩大)会议暨市政府第五次全体会议】 于7月25日召开。会议深入学习贯彻党的十八大、十八届三中全会和习近平总书记系列重要讲话精神，认真落实省委十三届五次全会、金华市委六届七次全会决策部署，总结上半年工作，部署下半年任务，动员全市上下坚持更新起点、更高目标，努力开创“建设美丽兰溪、创造美好生活”新局面。会议提出了建设“两美”兰溪的具体目标。会议强调，下半年重点要以“两美兰溪”为目标，强势推进“五水共治”工程；要以“四破整治”为抓手，不断扩大有效投资；要以“改革创新”为动力，切实加快转型步伐；要以“实事惠民”为宗旨，着力创新社会治理；要以“群众路线”为主线，全面加强党的建设。

【金华市农业“两区”建设工作现场会】 于9月5日在兰溪召开。会议强调2014年是开展农业“两区”建设的第五个年头，农业“两区”建设进入了提升和攻坚阶段，金华市上下要进一步统一思想，再强信心、再鼓干劲、再出实招，不断提升农业“两区”建设水平，为打造“两美”金华贡献力量。会上，兰溪市作了典型交流发言。

【市委全面深化改革领导小组第一次会议】 于9月17日召开。会议指出，2014年是全面深化改革的开局之年，是干好“一三五”的关键一年。要进一步把中央和省委关于全面深化改革的有关精神学习好、理解深、消化透，切实增强全面深化改革的自觉性和坚定性。会议审议了《市委全面深化改革领导小组工作规则》、《市委全面深化改革领导小组2014年工作要点》等文件，并对下一步工作进行部署。

【市委党的群众路线教育实践活动总结大会】 于10月13日召开。会议全面总结全市教育实践活动取得的成效，对进一步巩固扩大教育实践活动成果、坚持从严治党提出明确要求，作出新的部署。会议强调，要扎扎实实抓落实；要久久为功刹“四风”；要一以贯之抓队伍；要坚持不懈强基础；要攻坚克难敢担当；要一丝不苟严督查。

【庆祝政协成立65周年暨全市政协工作会议】 于11月21日召开。会议充分肯定兰溪政协成立58年来特别是近年来政协工作取得的成绩。会议强调，站在新的起点、面对新的形势，人民政协重任在肩。要更加紧密地团结在以习近平同志为总书记的党中央周围，高举中国特色社会主义伟大旗帜，同心同德、群策群力，努力把人民政协事业不断向前推进，为“两美”兰溪建设做出新的更大贡献。

（章晓栋 傅 宇）

重要活动

【启动“五水共治”公益基金募捐工作】 2月10日，举行“五水共治”公益基金募捐仪式。市四套班子领导和16个镇乡(街道)、开发区党政主要领导率先垂范，积极捐款，现场募集公益基金18.8万元。

【“践行群众路线，共推‘五水共治’——万人‘清三河’大会战”启动仪式】 于3月27日举行。此次集中清理以镇乡(街道)为单位，从上游起始点逐步清理至下游入江口，对河床进行清淤，对河面漂浮废弃物进行打捞，对河岸垃圾及河道障碍物进行清理。关停河边200米范围内的规模化养殖场，启动岸边垃圾池改造，开展河岸两边绿化造景等。

【浙商回归暨总部经济项目集中签约仪式】 于4月4日举行。共有27个项目集中签约，涉及高档服装面料、气流纺纱、电解铜、汽摩配等，同时签约的还有多个农业和三产投资项目，总投资达52.97亿元。

【建德、兰溪两市两地“五水共治”跨区域大会战启动仪式】 于5月16日在兰溪永昌街道铁炉头村举行。此次大会战按“三大行动六大项目”有序开展，覆盖10个镇乡(街道)、1150平方千米，惠及31.7万人口。

【省委书记夏宝龙到兰溪调研】 8月5日至6日，省委书记、省人大常委会主任夏宝龙到兰溪调研，对兰溪工业经济发展、“五水共治”、新农村建设、园林城市创建等工作表示肯定。省领导赵一德，金华市领导徐加爱、暨军民，兰溪市领导吴国成、朱瑞俊等参加调研。

8月6日，省委书记夏宝龙到诸葛村调研（郑国藩摄）

【钱塘江中上游衢江(金华段)航运开发工程姚家枢纽及船闸工程】 于9月10日开工。标志着兰溪的航运复兴之路随之开启，这也是衢江（金华段）首个实质性动工建设的航运项目。

【2014年浙江兰溪龙舟邀请赛】 于9月21日开赛。来自省内龙游、台州、温州、嘉兴、建德、丽水、绍兴、金华等各大水系的12支龙舟队参加比赛。

【省长李强到兰溪调研】 10月15日，省委副书记、省长李强到兰溪调研，对兰溪的工业经济运行和企业发展表示充分肯定。金华市领导徐加爱、暨军民，兰溪市领导吴国成、朱瑞俊等陪同调研。

10月15日，省长李强视察兰溪甬金公司（钟路摄）

【创建省级灭鼠灭蟑先进城区】 11月21日，省考核组召开反馈会，宣布兰溪创建省级灭鼠灭蟑先进城区工作通过验收。这标志着兰溪创建国家卫生城市拿到了第二张入场券。

【浙商回归项目暨科技合作协议签约仪式】 8日，兰溪在武汉举行浙商回归项目暨科技合作协议签约仪式，24个项目集中签约，投资总额达49.9亿元；签约科技合作项目两个。兰溪市政府还与武汉纺织大学签订全面合作协议。

（章晓栋 傅 宇）

市委办公室工作

【概况】 市委办公室以“服务领导、服务基层、服务群众”为出发点，讲政治，敢担当，重落实，努力适应党委办公室工作“要求严、任务重、标准高”的新常态，发挥参谋助手、综合协调、监督检查和后勤保障四大职能，为推进与落实市委各项工作，建设“两富”“两美”兰溪作出努力。

2014年，市委办紧贴市委中心工作，准确把握市委工作思路，着力领会领导决策意图，强化精品意识，反复推敲，较好地完成各类综合文稿起草、修改工作，全年撰写各类材料280余篇。拟发文件简报400余件，举办各类会议活动240多起；各类会议活动比2013年同期减少9.4%，文件简报减少8.1%。编发《兰溪政研》4期，组织专题调研8次，协助金华政研室开展专题调研1次。市委改革办合署市委政研室，增加内设机构1个，编制2个，中层职数1个。全年共刊发《兰溪信息通报》32期，上报各类信息500多条（篇），采用130余条，其中中央办公厅采用2条，省委办公厅采用70余条，金华市委办采用60余条。

组织开展各类督查40余次，下发各类督（交）办件56件，刊发督查通报30期，形成督查汇报2期。修订完善2014年度镇乡（街道）、机关部门和经济开发区工作目标责任制综合考核办法。组织开展全市涉密中央文件保密管理专项检查和非涉密网络保密管理专项检查；抓好《保密法实施条例》学习贯彻工作，修订下发了兰溪市《保密管理制度》。

（章晓栋 傅 宇）

纪检工作

【概况】 中共兰溪市纪律检查委员会，与兰溪市监察局合署办公，内设办公室、干部室、宣传教育室、党风政风监督室、信访室、案件监督管理室、第一纪检监察室、第二纪检监察室、第三纪检监察室、第四纪检监察室、案件审理室。

2014年，全市纪检监察组织聚焦主业，主动担当，出新招求突破，抓重点求实效，履行党风廉政建设监督责任，推进纪律检查体制改革，落实“三转”（转职能、转方式、转作风）工作，严明纪律、严纠“四风”、严惩腐败，党风廉政建设和反腐败斗争取得了新成效。

3月3日，市纪委举行第四次全体(扩大)会议（市纪委提供）

【落实党委主体责任】 在市委十三届七次全会、市纪委十三届四次全会等全市性重要会议上，强调落实好党委主体责任，并在兰溪新闻网"常委直播间"访谈节目中作解读。通过报纸专栏、电视专访、网站专版等形式，宣传"两个责任"有关要求。年初，分别与全市镇乡（街道）、机关部门"一把手"签订了党风廉政建设目标管理责任书，明确总责和专责，落实一岗双责（各级干部在履行本职岗位管理职责的同时，还要对所在单位和分管工作领域的党风廉政建设负责）。印发实施《关于做好党委（党工委、党组）履行党风廉政建设主体责任情况报告工作的通知》，规定全市镇乡（街道）、机关部门党委（党工委、党组）每年年初向市委、市纪委报告上一年度党委（党工委、党组）履行党风廉政建设主体责任和主要负责人履行"第一责任人"职责情况。开展党委（党工委、党组）履行主体责任情况报告工作，所有镇乡（街道）、机关部门党委（党工委、党组），都在规定时间向市纪委提交了履行主体责任书面报告。当面听取全市16个镇乡（街道）以及5个重点部门党委（党工委、党组）履行主体责任情况汇报，并作了现场评议。

【干部正风肃纪】 按照"日有督查、周有通报、月有专题"的要求，紧扣"四风"问题，抓节点，抓重点，抓焦点，共开展正风肃纪督查行动114次，发现问题194起，点名道姓通报处理111人，刹住了"餐桌浪费""车轮腐败"等问题，其中全年"三公"经费支出比预算压缩43.7%。在全省率先出台《兰溪市"三改一拆"工作问责办法》，围绕市委市政府重点工作任务开展纪律督查9次，追责14人，免职2人。新聘25名纪检监察工作"四员"、20名"民情代表"和28名"隐形监督员"，升级"优化环境直通车"网上对话平台。以中央巡视组反馈意见为导向，按照"每周一报、双周通报"要求，集中利用两个月左右时间，牵头开展了纪检监察机关贯彻落实省委"十大整改"专项整治行动，明确相关职能部门五大类28项具体任务，细化责任分工，强化监督检查，各项整改任务进展顺利。

【依纪依法办案】 全年立案192件，同比增长43.4%，其中查处乡科级要案10起，同比增长233%；移送司法机关22件，同比增长69.2%。遵循办案程序和办案纪律，落实办案安全责任制。健全办案人才库和陪护队伍，强化办案人员教育管理，确保依纪依法、安全文明办案。推行党政纪处分执行工作流程化管理，开展了公开审理、协助审理、回访教育、一案一执行等工作。全年共受理信访1464件（次），办结1432件（次），办结率97.81%。本着实事求是的原则，为255名党员干部澄清了问题，保护他们干事创业的积极性。

【勤政廉政教育】 组织开展相关腐败案件庭审旁听警示教育活动。分别组织75名新提拔市管干部、45名中青班干部进行了廉政知识测试。每周五向全市市管干部发送廉政短信，累计发送3万余条。开展廉政婺剧《东海魂》巡演活动，组织党员干部观看；全市有145批次、8000余人次党员干部到杨东海纪念馆参观学习，发挥了廉政文化及廉政阵地的教育功能。

9月19日上午，市环保局环境监测站原站长诸葛志平违法犯罪案件庭审旁听警示教育活动现场（市纪委提供）

【预防腐败体系建设】 在全市纪检监察系统执行六个严禁（严禁出入私人会所和歌舞厅、夜总会等消费娱乐场所；严禁组织和参与任何形式的赌博活动；严禁公款吃请，公款旅游；严禁借婚丧嫁娶之名，大操大办，趁机敛财；严禁收送礼品、礼金、购物卡、纪念品和土特产；严禁违规驾驶和使用公车）的规定。出台《兰溪市惩治和预防腐败体系2013—2017年实施方案》，细化完善了《关于规范和重申兰溪市领导干部报告婚丧喜庆等个人重大事项的通知》《关于对党员干部实行诫勉谈话的规定》等系列制度，对3名领导干部违规操办喜宴问题进行了调查，其中党纪处分1人，诫勉谈话2人。深化公共资源交易平台建设，规范权力约束机制，重大交易事项纳入电子监察系统，实施全过程录像、全过程公开的“阳光交易”。开展“一家两制”、利益冲突情况检查，排查整改干部企业兼职入股行为41起，督促清退“吃空饷”人员2名，追回违规享受津补贴8.7万元。

【农村党风廉政建设】 牵头完成村监会换届选举并组织集中轮训，制订《兰溪市村务监督委员会履职细则（试行）》，出台《关于加强村务监督委员会常态化管理的实施意见》，强化考核、加大培训，重点发挥回归主业后的镇乡（街道）纪委对村监会建设及职能发挥的主责作用，完善镇、村立体监督网络。确立了西山寺村等32个村监会典型示范点。开展村级财务管理混乱、基层干部贪污侵占、涉农涉地等群众反映突出问题的专项整治行动，督促基层干部上交收受“红包”、回扣和开单提成等22.94万元；检查农民减负情况，清退违规支出费用3.86万元，问责镇村干部19人；牵头建立村级事务准入制，督促开展“三多”事项清理整治，清理各类牌子43900块。出台了《兰溪市加强农村集体“三资”管理若干规定》，重申六个不准（一律不准接受村集体的公款吃请；一律不准参加用村集体公款支付的休闲娱乐、外出旅游性考察等消费活动；一律不准接受村集体赠送的礼品、礼盒、礼券、礼卡、土特产、香烟和各种有价证券及支付凭证等；一律不准要求村集体为本单位和个人报销招待费及其他费用；一律不准在参与各类村务活动中为自己或亲友谋取不正当利益；一律不准违反规定干预，执行村级组织选举和农村集体“三资”的使用、处置及农村工程建设等项）规定，落实村级公务“零招待”制度。

【纪检监察体制改革】 按照上级纪委统一部署，将党风、纠风、执法、效能等4个室整合为党风政风监督室，新增3个纪检监察室，单设干部室。委局执纪监督机构和办案人员占比分别达到64%和78%。在全市机关部门开展纪检组长（纪委书记）兼职清理，清理全市37个部门纪检组长（纪委书记），脱离其他业务分工106项。出台《关于改革乡镇（街道）纪检监察组织回归主业工作的实施意见》和《关于进一步加强镇乡（街道）纪检监察干部队伍建设的意见》，通过一种模式管理、一份主业担当、一套专职班子、一个规范场所、一个口子考核，全市16个镇乡（街道）纪委书记、副书记全部专职专责到位，完成两个场所（一个是乡镇纪委拥有单独的办公场所；另一个是统一规范的乡镇纪检谈话室）建设，实施系列工作新规。率先在金华完成了乡镇纪委回归主业工作，得到了上级纪委的充分肯定。

（吴　剑）

7月3日，市委常委、市纪委书记林纪平在兰溪新闻网《常委直播间》，围绕“监督执纪问责、为兰溪发展保驾护航”这一主题，与网友在线交流（市委组织部提供）

组织工作

【概况】 2014年，市委组织部贯彻落实十八届三中全会和上级组织部长会议精神，坚持紧扣中心、服务大局，以深入开展党的群众路线教育实践活动为主线，以“追赶跨越转作风，重振雄风惠民生”为载体，抓好基层组织、干部队伍、人才队伍和自身建设，为全市经济社会跨越发展提供了坚强的组织保证和人才支撑。是年，全市有基层党组织2167个，党员42231人，其中2014年发展党员700人。

【深入开展群众路线教育实践活动】 牵头制订群众路线教育实践活动《实施意见》，对活动进行全面细致部署。制订《市委常委会带头深入开展党的群众路线教育实践活动的实施方案》，明确常委参与活动的10项规定动作。通过分层召开座谈会、蹲点调研、谈心交心等7种方式征求到涉及“四风”问题1183条次。在此基础上，带着问题开展“破解难题、一线攻坚”、认领三张整改清单、包案化解重大信访案件等活动，攻坚破难抓整改。派出32个督导组，指导全市58个机关部门、16个镇乡（街道）、2167个基层党组织开展教育实践活动。贯彻中央“八项规定”及省委、金华市委有关贯彻意见，开展中央21项专项整治和兰溪“十项”专项整治行动，解决了一批“四风”和损害党群、干群关系的突出问题。着眼于管根本、管长远，抓长效机制建设，巩固活动成果，市四套班子及74个参学单位共废止制度27个，修订完善制度358个，新建制度432个，规范了权力运行，为党员干部联系群众、改进作风树立了行为准则。

2月25日，全市党的群众路线教育实践活动工作会议召开（市委组织部提供）

【金华首个干部作风陈列馆在兰建成开放】 6月19日，金华地区首个机关干部作风建设陈列馆在兰溪博物馆开放。“机关·足迹——机关干部作风建设陈列馆”，陈列了来自金华地区各机关部门，包括照片、办公用品、书籍在内的老物件300余件，时间跨度65年。全馆以年代为界限，分为“千山万水踏蹄疾、千方百计谋发展、千家万户送春风”3个板块，运用图文资料、实物展示、场景模拟与影像辑录等形式集中展示金华全市机关干部作风建设的历程。该馆由兰溪市委组织部主办、兰溪市博物馆承办，6月10日起向市民免费开放。

金华市机关干部作风建设陈列馆（市委组织部提供）

【深化干部人事制度改革】 贯彻新《党政领导干部选拔任用工作条例》，制作领导干部选拔任用工作流程图，落实实名推荐制度。推出3个职位面向全市镇乡（街道）事业干部“公推比选”镇乡（街道）领导班子人选。修订《中层干部选拔任用工作实施办法》，加强对机关部门和镇乡（街道）干部任用工作的指导。注重优秀年轻干部培养选拔，制订《兰溪市年轻干部培养规划（2015年—2017年）》。制订出台《兰溪市重点项目建设一线干部考察实施办法》，开展重点项目、重点工作一线干部考察工作。围绕“治水攻坚”，选派16名机关干部到全市镇乡（街道）重点河段担任河段长助理；围绕溪西商圈建设，抽调24名优秀年轻干部参与为期2个月的集中征迁工作，让年轻干部在急难险重任务中摔打磨砺、增长才干。制订出台《兰溪市干部信用等级评定实施办法（试行）》，采集干部信用信息并进行量化评分和定级，实行拟提拔干部任前信用信息审查制度，优化干部行为习惯作风，树立良好形象。

治水先锋工作交流会（市委组织部提供）

【推进干部教育培训工作提质增效】 2014年完成新任市管干部培训班、中青班、优秀青年干部培训班等主体班次培训24个、部门班次50个。中青班首设“意志锤炼周、党性廉政周、实践调研周、经济文化周”四个主题开展模块式教学，相关做法在中央组织部、省委组织部信息刊发。加强浙西特委纪念馆、杨东海纪念馆干部教育现场教学示范基地规范化建设，承办金华市机关干部作风建设陈列馆，为金华地区新增一个干部教育培训现场教学基地。建立组工干部读书会学分通报机制，督促市管干部加强网络学习。落实镇乡（街道）干部“夜学夜访”“干部轮值讲堂”等教育培训制度。举办“三改一拆”“四破整治”“五水共治”专题培训，优化广大干部的知识结构。

【整顿软弱涣散党组织】 筛选37个软弱涣散党组织开展集中整顿活动，创新推出“十个一”集中整顿工作法、强村智囊团巡回问诊法、整顿转化情况“回头看”等措施，助推软弱涣散基层党组织整顿提升。推进全市村（社区）党组织健康发展，制订出台《村（社区）党组织软弱涣散预警机制》，对出现软弱涣散苗头性问题的村（社区）党组织早发现、早整顿。健全完善“星级评定”工作机制，按照“基层党组织自评、党员群众测评、上级党组织考评”的程序，完成2014年基层党组织星级评定工作，共评选五星级基层党组织121个、四星级437个、三星级773个、二星级596个、一星级27个。

【加强基层党组织带头人队伍建设】 建立“1+16”村干部培训模式，在16个镇乡（街道）自行培训的基础上，市级层面统一组织全市1155名新一届村主职干部进行封闭式集中培训，学习“五水共治”“三改一拆”、群众路线等内容。出台《兰溪市村干部行为规范》，开展村主职干部成绩单式考核管理，推行“三不”干部处置、退出机制，严格日常管理。是年，3名长期不在村的村书记被撤职。开展村级组织后备人才集中推荐工作，研究制订《关于加强村（社区）后备干部队伍建设的实施意见》，以镇乡（街道）为单位，组织村级后备人才集中推荐，建立后备人才库，进行压担培养。选树了28名村（社区）百姓喜爱的好支书，在党的群众路线教育实践活动总结大会上表彰，在兰溪电视台、《兰江导报》开设专栏进行集中宣传报道。

村主职干部培训（市委组织部提供）

【搭建党代表履职平台】 健全党代表约谈、列席重要会议、参与民主管理等机制，围绕党的群众路线教育整改落实相关工作及“五水共治”“三改一拆”等中心工作，组织“两代表一委员”开展视察活动。依托党代表工作室，在全市设立25个群众工作站，畅通民情传递渠道，对群众关心、关注的热点难点问题，及时答复、交办。2014年，群众工作站开展走访活动75次、走访村民570多户，收集到环保、道路、建房、发展村集体经济等方面意见建议315条，其中，办理 121件，交办158件。中国共产党新闻网、新华社《国内动态清样》《内参选编》《浙江领导参考》等对兰溪市群众工作站的做法均作了专题报道。

【提升两新组织党建工作水平】 全市建立两新党组织598个（其中非公企业党组织447个），建成非公企业党建示范点10个，实现两新组织党组织100%覆盖。实施村企联建治水示范工程，全市18家双管企业认捐治水资金1638.2万元，落实村企联建治水工程13个。推行“青春党建特色套餐”，奏响青春主题曲、成长曲和进行曲。举办两新组织党组织党务工作者培训班，开展菜单式培训。结合教育实践活动，引导社会组织服务基层，开展各类社会公共服务。为帮助企业平稳过渡，从10个部门选派出经验丰富、政策熟悉的驻企指导员，组团为8家风险企业问诊把脉。浙江组工通讯以《兰溪非公党建“新三样”激活企业“创新因子”》为题刊发了2014年两新组织党建工作做法。

【实施重大人才工程】 开展人才大普查活动，组建6个人才小组，详细了解企业项目需求和高层次人才对接情况，走访全市规上企业、科技型企业473家。成立人才工作小组，做好申报服务工作，通过电话、上门拜访等形式加强与海外高层次人才的对接。2014年，获评金华地区唯一一个全省人才工作目标责任制考核优秀单位；2人入选浙江省第七批“千人计划”。嫁接大院名校，引进高校研究生、教授学者、治水专家42人。成立兰溪发展研究会，首批吸收在外专家81人。

【举办第二届“人才科技月”活动】 举办兰溪市第二届“人才科技月”。开展院士专家兰溪行活动，王子才等4名中国工程院院士、20名国内知名专家到兰溪入企服务，举办高峰论坛、科技宣讲4场；开展精英人才对接洽谈会，吸引30余名海外留学人员到兰溪洽谈对接，现场签订项目落地协议4个、校企合作协议6个。提升兰溪市科技企业孵化园服务功能，成功创建为金华市级科技孵化器，建成1家金华市级院士专家工作站及清华大学技术转移中心。成立兰溪市人才银行，为高层次人才创业企业提供知识产权质押贷款、精英人才项目抵押贷款等金融服务。创新人才创业平台建设模式，通过“政府+企业”共建的形式，启动兰溪市科技人才创业园建设。引导企业建设高端人才创新载体，新建院士专家工作站1家，新增科技型企业国家级9家、省级25家、金华市级16家，国家级高新技术企业建成数创新高。

【实施大学生村官成长工程】 完善大学生村官量化积分综合评价办法及日常督查考评机制，提升大学生村官管理规范化和科学化水平。开展“五水共治 村官先行”主题实践活动，发放《“五水共治”倡议书》1170份；开展清塘行动11次，清理乡村水塘（河道）16口（段）。举办“电商创业 强村富民”培训班，引导30余名大学生村官投身电商创业热潮。开展面向大学生村官选拔村（居）“两委”主职后备干部工作，10名大学生村官脱颖而出，1人被任命为软弱涣散村党组织负责人。做好大学生村官有序流动工作，面向大学生村官开展各类招考和招聘活动9次，向社会输送优秀大学生村官93人。

【实施组工干部成长计划】 带头落实中组部“十严禁”和“五条禁令”规定，严格执行重大事项报告、风险防范管理、谈心谈话、部风监督等制度，开展“文山会海”“衙门作风”等5项专项整治行动，新建立9项长效制度，提高工作效率。推行组工干部日志管理制度，建立部机关科室特色工作“月评月展”制度、镇乡（街道）组织工作“季评季展”制度，引导组工干部抓落实，出成效。定期召开部机关支部学习会、组工干部读书交流会，强化组工干部甘为人梯、清正廉洁的工作作风。通过“一刊一网一官博”平台，提高组织工作透明度和影响力。是年，在金华市级以上主流媒体及网络媒体发表宣传报道81篇，中央电视台2篇，浙江新闻联播3篇，省党建播报24篇，党建好声音1篇，榜样栏目2篇。

（张　诚）

宣传工作

【概况】 2014年，全市宣传思想文化工作以党的十八大，十八届三中、四中全会和全国、全省、金华市宣传思想工作会议精神为指导，围绕市委市政府中心工作，开展党的群众路线教育实践活动，在理论武装、舆论引导、对外宣传、精神文明建设、文化发展繁荣、队伍自身建设等方面取得新成效。

制定《中共兰溪市委理论学习中心组学习制度》，全年组织中心组学习24次。组建党的群众路线教育实践活动“为民务实清廉”基层先进事迹报告团，编排现代大型婺剧《东海魂》，做强兰溪市“流动党校”，形成了“一校一团一剧”三合一的理论宣讲新形式。开辟《市委常委群众路线笔谈》《群众路线大家谈》专栏，举办全市2014年度微型党课大赛，获以“五水共治·美丽金华”为主题的金华市第三届微型党课大赛一等奖。编印《先进事迹报告团资料汇编》《群众路线宣传画》《见人见事见思想 真刀真枪触灵魂——专题民主生活会感言集》《亲民 爱民 敬民 惠民——兰溪市乡村干部工作经验大家谈》等学习宣讲资料。编印《学习 学习 再学习——习近平总书记精彩话语集》口袋本3000册，推动了习近平总书记系列重要讲话在基层、在群众中生根、开花、结果。这一做法得到省委宣传部领导批示肯定，获得金华市第二届宣传思想文化工作创新奖。“兰江大讲堂”全年开讲9场。组建三个层面总计274人的“乡音宣讲团”队伍，形成了“群众点菜、专家下厨、政府买单”，年年有计划、月月有宣讲、场场有主题的宣讲格局。全年市乡音宣讲团下乡宣讲108场次，听众一万余人。

在各级外媒刊播兰溪宣传新闻1500多篇，《诸葛八卦村乡韵》入选中宣部与中央电视台“记住乡愁”活动三个示范片之一。“6·22抗洪抢险”最美群像的宣传报道受到上级领导批示肯定，电视栏目《兰溪好人》播出一百多期，成为兰溪人民喜闻乐见的金牌栏目。与《金华日报》签订战略合作关系，《金华日报》二版每两周一次编发兰溪专版。兰溪华数广电网络有限公司成立一年来，运行良好。“兰溪发布”在新浪、腾讯网站上建立了微博、微信公众账号，兰溪新闻APP移动客户端正式推广，用户逾万人。“微视兰溪”公众微信号顺利运行，粉丝超万人。

基层先进事迹报告团开展巡回宣讲（市委宣传部提供）

建立三级架构的网评员队伍，团结一批网民意见领袖。处置了多起负面舆论事件和不实报道。制定《加强网民队伍建设的实施意见》等多项规范管理文件，建立了网络管理QQ群，清除网络有害信息，全年共清除色情等有害信息1.6万余条。开通“兰溪发布平台”，部署开展了“让网络空间清朗起来——当战士、不当‘绅士’”学习讨论实践活动、兰江新闻网网民座谈会、让网络空间清朗起来倡议及广场签名活动等互动活动。在兰溪新闻网还特别开设“追赶跨越转作风 重振雄风惠民生——常委直播间”网络互动专题，邀请了13位市委常委做客兰溪新闻网与网友开展互动。活动中有360多位网友向各位常委发问，专题点击量25万余人次。

部署开展培育和践行社会主义核心价值观“一月一主题”活动、“节俭养德全民节约”十大行动、优秀家风家训传承活动等，兰溪市中小学优秀家书获金华市一等奖4个，二等奖3个，三等奖8个。开展文明出行、公共场所禁烟、家门口的夏令营志愿服务、第五届“温暖的旅程”未成年人暑期亲子读书活动等。做大做强善美人物事迹发掘和宣传，推动最美精神传播传扬，久久为功。“兰溪好人”继续接力传承，姜纪钦、俞炳富、丁海良3人获评“浙江好人”，8人获评“金华好人”。市供电局志愿者“心舞”获浙江省政府颁发的慈善奖。部署开展“再学杨东海”主题实践活动，下发了《关于开展向“东海式”好党员卢志恒同志学习活动的决定》，号召全市党员干部争做最美党员。兰溪新申报全国文明单位2家（浙能电厂、供电局），省级文明单位6家、文明村14个。在省级文明单位选拔赛中，兰荫中学、中国人民财产保险股份有限公司兰溪支公司两家单位入围。全市新增“春泥计划”实施村58个，实施村总数达598个，覆盖率92.6%。

策划包装了“兰芝风情线”、诸葛长乐历史文化古村落、兰湖旅游风景区等大型文化旅游项目。完成大型现代婺剧《东海魂》制作。《诸葛亮》特种邮票在诸葛村首发。成功拍摄首部以兰溪为背景的电影《我为花狂》。举办婺学开宗范浚学术研讨会暨《范浚集》首发式。全市又有2个村被列入中国传统村落。提升“两馆一站”公共文化服务点建设，培育现代公共文体服务示范点，开展送文化下乡系列活动，全年为镇乡（街道）、村社区送去图书9683册，价值220多万元；送电影下乡4500余场。开展文化欢乐行系列活动、“情系昭通 你我同行”云南地震赈灾晚会、香港儒释道功德同修会、省龙舟邀请赛、杨梅节、“三月三”风情节、第二届“兰溪星舞台”、郁金香花展、郁金香·诗会、兰溪首届篮球联赛等。全市新建成农村文化礼堂25家。

完善学习、组织生活制度和为民服务举措，开展“再学杨东海”“群众路线大家谈”“不能为官不为”等主题教育实践活动，动员干部投身“五水共治”“三改一拆”等市委市政府重大决策部署和重点工作。完善基层宣传干部绩效考核办法等激励机制，加强宣传系统内部干部交流任职，经常性组织教育、培训活动，增强队伍活力。开展批评与自我批评、会员卡清查清退工作和廉政警示教育等活动，开展“四个扪心自问”“三严三实”等学习讨论，强化节庆假日和“八小时外”管理，提升队伍自身约束力，全年实现队伍零违纪，作风建设考核获党群部门第一名。

【编发《习近平总书记精彩话语集》口袋本】 为便于基层干部群众学习习近平总书记系列重要讲话，编发《学习 学习 再学习——习近平总书记精彩话语集》口袋本。读本收录十八大之后至2014年上半年习近平总书记系列讲话中精彩语段，包括中国梦、社会主义核心价值观、党的建设、生态建设等。收录了浙江的“四个够不够”“四个有没有”“工作十法”等内容。首印3000册，发乡科级干部和所有行政村书记、主任，乡音宣讲团成员。

口袋书受到社区居民欢迎（市委宣传部提供）

【党的群众路线教育实践活动】 制定《兰溪市党的群众路线教育实践活动信息工作目标管理考核办法》《兰溪市深入开展党的群众路线教育实践活动

宣传工作方案》《兰溪市委常委会集中学习计划》《关于做好兰溪市党的群众路线教育实践活动“为民务实清廉”基层先进事迹报告团相关工作的通知》《群众路线“常委直播间”在线访谈活动工作方案》《关于征集党的群众路线教育实践活动体会文章的通知》《中共兰溪市委关于授予卢志恒同志“兰溪市优秀共产党员”的决定》等一系列制度方案。为全市活动开展提供制度框架要求。市内两家媒体开设《追赶跨越转作风，重振雄风惠民生——深入开展党的群众路线教育实践活动》新闻报道专栏，推出《市委常委群众路线笔谈》。组织“为民务实清廉”基层先进事迹报告团开展宣讲活动，编排现代婺剧《东海魂》并在金华市际巡演。通过走亲连心、蹲点调研、召开座谈会、发放《关于征求对市委宣传部贯彻党的群众路线加强作风建设的意见函》、深入基层面对面征求意见等形式，征集到意见建议237条次。

【召开文艺工作座谈会】 12月11日，召开全市文艺工作座谈会，市委常委、宣传部长范卫东，各镇乡（街道）宣传委员，各条战线文艺骨干和年轻文艺工作者代表等出席会议。会议集中学习讨论习近平总书记在文艺工作座谈会上的重要讲话精神，畅谈“深入生活、扎根人民”主题实践活动，为繁荣兰溪文艺创作建言献策。会议认为，习总书记的讲话是继毛主席《在延安文艺座谈会上的讲话》时隔72年之后的又一次重要讲话，习总书记在坚持“二为”方向、“双百”方针基础上提出了很多新思想、新观点、新论断、新要求。会议强调文艺应该立足于人民，服务于人民，文艺作品必须提倡主旋律，接地气，正能量，以文育人，以文教化人，以文感染人。会议要求全市文艺工作者满怀激情、立说立行，扎根人民、扎根生活，发挥好本土文化的资源优势，展示兰溪形象，讲好兰溪故事，为两美兰溪建设贡献文化力量。

【举办“郁金香诗会”】 2月23日，由金华日报报业传媒集团和中共兰溪市委宣传部主办的“郁金香诗会”在中洲公园兰花女广场举行。当代著名朦胧派诗人、厦门市文联主席舒婷，诗歌评论家、厦门城市大学教授陈仲义，浙江省社科院文学研究所所长卢敦基等名家做客兰溪，参加“郁金香诗会”活动。金华、兰溪十多位诗人和诗歌爱好者现场朗诵了自己创作的诗歌。“最美新娘”高敏朗诵了舒婷的诗歌《致橡树》。“姚望舟就是那棵橡树，而你就是紧紧依偎在他身边的那株木棉，终身相依。你们之间伟大的爱情故事是对这首诗最好的诠释。”当高敏为自己的偶像舒婷献上鲜花的时候，舒婷紧紧拥抱高敏在她耳边说出了这番话。舒婷送给高敏一本她的自选诗集。姚望舟与高敏生死相依的爱情故事经媒体报道后，在社会上引起了广泛关注，高敏被网民称为“最美新娘”。

【“钱塘江抒怀”采风团走进兰溪】 4月18—20日，由省委宣传部常务副部长胡坚带领的“钱塘江抒怀”采风团走进兰溪。来自全省各地的10多位知名作家、诗人实地考察诸葛八卦村、芥子园、兰江防洪工程、兰芝风情线、古商城、李渔文化公园、通州桥等处，感受兰溪“五水共治”浓厚氛围和实际成效。采风团成员创作出20多篇散文、诗歌作品，陆续在报刊、网站上发表，书写兰江故事，讴歌兰溪山水之美、人文之美、发展之美。

4月中旬，“钱塘江抒怀”采风团走进兰溪(王恩眖摄)

【新建农村文化礼堂25家】 全年新建成农村文化礼堂25家，建立文化礼堂运用管理长效机制，落实“三员”制度和每月活动制度。组织开展“乡音宣讲团”进文化礼堂、“美丽非遗”进文化礼堂、“兰溪星舞台”进文化礼堂、“家规家训”进文化礼堂等系列文化活动。举办庆祝建国65周年暨兰溪市首届文化礼堂文艺汇演。各地结合特色开展了新兵入伍壮行礼、开蒙礼、诵读国学经典、唱道情、新婚礼等特色文化活动。

（蒋晓辉）

9月17日，首届农村文化礼堂文艺汇演在水亭畲族乡举行（市委宣传部提供）

统战工作

【概况】 兰溪市委统一战线工作部简称统战部，是中共兰溪市委主管统一战线工作的职能部门。

2014年，统战部学习贯彻党的十八大，十八届三中、四中全会和省、金华市统战部长会议精神，围绕市委工作中心，突出重点、体现特色，开展各项工作，取得较好成效。

省委统战部副部长楼炳文到兰溪调研统战工作（市委统战部提供）

【多党合作工作】 完善专题议政，全年共召开4次专题议政会，分别就“推行权力清单制度，深化政府职能改革”“抓好‘两退两进’，提高土地资源要素优化配置和利用率”“开展‘五水共治’，促进兰溪发展”等4个协商专题征求党外人士意见建议；深化重点调研，形成6篇高质量调研报告；开展“建功建言，服务‘十二五’”竞赛，表彰了10位党外人士；5月，举办以“坚持和发展中国特色社会主义”为主题的党外代表人士骨干培训班，135名党外代表人士参加培训；8月，召开党外人士暑期读书会，市委书记到会通报全市上半年经济社会发展情况，市纪委书记通报党风廉政建设情况；建立了民主党派人士到对口联系部门挂职锻炼制度，选派4名民主党派人士到对口联系部门挂职锻炼；建立民主党派、工商联、知联会等统战团体领导班子成员年度测评制度；协助市委落实市委常委走访联系各民主党派、统战团体制度；在诸葛镇、梅江镇和市卫生局开展基层协商民主试点；成立兰溪市网络界人士联谊会，首批会员25人，主要由新媒体从业人员、网站论坛意见人士等网络界代表人士组成，加强了党委政府与网络界人士的沟通。

4月11日，市委领导征求民主党派及无党派人士意见建议（市委统战部提供）

【民族工作】 贯彻浙江省人民政府办公厅《关于进一步加快民族乡（镇）经济社会发展的意见》精神，出台《关于进一步加快民族地区经济社会发展的实施意见》（兰委办[2015]10号），实施新一轮少数民族帮扶行动计划，加强与省民宗委、省交通厅、义乌市政府、嘉兴市委统战部、桐乡市委统战部、义乌市委统战部及东阳市委统战部等单位对接联系，开展“三联帮扶”民族村活动，共落实西方坞村特色村寨建设资金100万元、范院坞水产养殖基地扶持资金30万元、周郘汤村和下吴村“五教同行、五水共治”资金70万元，帮扶少数民族村资金50万元。争取民族重点项目1个，民族特色村寨项目1个。指导水亭乡举办第四届“三月三”风情节，畲族婚嫁习俗被列为兰溪市第六批非物质文化遗产代表作名录，畲族特色村寨建设取得新进展。做好全省少数民族运动会兰溪参赛项目训练和后勤保障工作，在第五届浙江省少数民族传统体育运动会上，取得两个第一名的好成绩。做好城市民族工作和少数民族成分审核更改工作。

【宗教工作】 3月，完成330国道、47省道和45省道旁的“三沿两侧”宗教标志物处置工作。5月16日，完成全市18处宗教标志物处置工作，市委副书记蔡艳代表兰溪在全省电视电话会议上作经验介绍。做好全市民间信仰场所调查摸底，建立电子档案，把握政策，集中力量，打好“三改一拆”涉及宗教及民间信仰场所违法建筑处置工作攻坚战，整个处置工作平稳有序，通过省、金华市考核验收。推进基督教私设聚会点处置工作，对全市基督教私设聚会点全面摸底，综合运用法律、政策等手段，强化思想教育转化，基督教私设聚会处置工作取得阶段性成果。召开佛教场所负责人会议和基督教两会主要负责人会议，签订了消防安全工作责任书，在重大节假日前，组织力量对全市部分重点宗教场所进行安全检查。推进和谐寺观教堂创建活动，隆兴殿、三峰殿、下陈教会、甘溪教会4处宗教场所达到创建标准，兰阴寺、兰溪教会、黄大仙宫3处场所获三星场所称号。协助市基督教“两会”举办传道人义工培训班，90多人参加，组织宗教界代表人士参加金华市宗教骨干培训班。

【非公有制经济领域统战工作】 完成镇乡（街道）商会换届工作，成立兰溪市新生代企业家商会和湖北兰溪商会。配合市委、市政府举办浙商回归暨总部经济项目集中签约仪式和武汉科技合作暨浙商回归项目签约仪式。开展“服务企业、服务基层”活动，牵头帮扶重点风险企业1家。评选表彰市第二届优秀中国特色社会主义事业建设者13名，会同市委宣传部和新闻媒体开展优秀中国特色社会主义事业建设者事迹系列宣传活动。开展“同心·送温暖”活动，组织全市非公有制经济人士走访慰问“三老”“两户”，捐助款物共计60余万元。

兰溪召开首个基层协商民主座谈会（市委统战部提供）

【港澳台和海外统战工作】 完成“基本侨情”调查；召开兰溪市第四次归侨侨眷代表大会，选举产生了兰溪市第四届侨联委员会。指导云山街道枣树社区成功创建国家级“侨法宣传角”，指导云山街道枣树社区成立了社区基层侨联。协助香港兰溪同乡会顺利换届。加强新侨民、新生代代表人士工作，接待了美国浙江商会、巴西金华同乡会和香港兰溪同乡会会长等一批兰溪籍重点海外人士。召开侨台眷属共庆中秋、共创中国梦迎中秋茶话会。推荐2名重点侨属参加第四期浙籍海外和统会负责人国情研修班；组织华侨子女9人参加中华寻根之旅夏令营活动。密切与美国“手牵手”教育基金会联系，引进海外捐赠。

【服务助推“五水共治”】 制定出台《统一战线服务推动“五水共治”专项行动实施方案》（兰委统〔2014〕9号）。组织开展了“五水共治”金点子征集活动，共收到金点子22条。组织各民主党派、工商联、知联会等统一战线团体开展专题调研、主题宣传和垃圾清理、植树绿化、河道整治等活动53次。市侨联向侨企和侨联委员发放《投身“五水共治”、建设幸福家园》倡议书100余份，组织“五水共治”主题文艺演出8场。协助动员组织全市非公有制企业和统一战线人士为“五水共治”公益金捐款。

【群众路线教育实践活动】 紧扣为民务实清廉主题，以“凝心聚力助赶超，服务群众促和谐”为载体，抓住“强素质、转作风、有作为”这一核心，开展部领导班子党的群众路线教育实践活动。坚持把学习贯穿活动始终，采取周一夜学、专题讲座、领导带头讲党课、观看教育影片、警示教育、短信课堂等形式学习；开展“坚定理想信念、敢于担当克难”主题教育和“三思四问”大讨论活动。活动期间发放书面征求意见函120份，召开镇乡（街道）统战团体负责人座谈会16次，组织召开了市级统战团体征求意见会和各民主党派及无党派人士座谈会。共征集到5大类19个方面意见建议，梳理出部班子在“四风”方面的问题13项。对群众反映强烈的突出问题，立说立改、即知即改、边整边改。调研并健全完善了《统战部部务会议工作规则》《统战部部务会议现场办公制度》《统战部工作例会制度》等11项制度。

市委统战部长徐建祥在常委直播间回答网友关于统战工作的提问（市委统战部提供）

【开展统战工作系列文件落实情况督查】 在全市镇乡（街道）、市机关各部门中部署开展对《中共兰溪市委关于进一步加强新形势下统一战线工作的实施意见》（兰委〔2013〕22号）等4个文件贯彻落实情况自查工作。各镇乡（街道）、市机关各部门根据自查表逐项自查，写出书面自查总结，报统战部汇总，共收到自查表及自查总结49份。组织重点督查，先后对14个镇乡（街道）进行现场督查，并召开市委文件贯彻落实情况部门汇报会，对宣传部、经信局、教育局、科技局、人劳局、水务局、农业局、文广新局、卫生局等9个重点部门以座谈会形式进行督查，与组织部召开党外干部工作联席会，专题研究党外干部队伍建设问题。

（占　华）

侨务工作

【概况】 2014年，完成市侨联换届和基本侨情调查。云山街道枣树社区成功创建国家级“侨法宣传角”。

10月14日，云山街道枣树社区侨联成立（市侨办提供）

【开展基本侨情调查】 按照“条块结合，以块为主，上下协同，内外互动，相互印证”要求，全市16个镇乡（街道）全面开展侨情调查。全市登记涉侨家庭929户，录入海外华侨华人共1624人，归侨侨眷2170人，“四有”重点人士221人，侨资企业79家，海外侨团9个。建立了兰溪留学生、博士硕士高级人才等侨情数据库。

【召开第四次归侨侨眷代表大会】 2014年12月，召开兰溪市第四次归侨侨眷代表大会。全市80名侨界代表参加会议，会议通过了市侨办主任白秀丽代表市侨联第三届委员会作的工作报告，选举产生白秀丽为兰溪市侨联第四届委员会主席，童正庭、章新远、童正坤、徐建良、胡友能、叶子皓6人为副主席，占华为秘书长。

【开展“暖巢行动”】 市侨办、侨联开展“暖巢”行动，走访慰问空巢侨界老人。做好重点侨团侨胞侨眷的走访慰问。在春节、中秋等节日走访重点涉侨人士及部分困难涉侨群众78户，给他们送去党和政府的关心慰问，加深了侨界对政府的认同感。

【侨界参政议政】 做好侨界人士和侨界政协委员参议政工作，在市政协十三届二次会议上提交各类提案12件，就城市交通、行政管理、医疗卫生、社会保障等诸多领域建言献策，7人被评为政协“星级委员”。

【参与公益事业】 密切与美国手牵手教育基金会联系，受资助学子42人，全年引进两笔捐赠计4万余元。海外侨胞为全市13名贫困学生捐助15000元助学款。联合温州商会到蜀山中学开展助学活动，为10名贫困生捐资8000元。参与三联帮扶民族村活动，为结对帮扶村捐款1万元。市侨台联艺术团开展“送演出，送服务”到敬老院演出8场次。

市侨联捐助贫困学生（市侨办提供）

【加强联络联谊】 加强与海外重点侨界人士、香港乡亲的联络联谊。接待了香港兰溪同乡会回乡考察团、香港儒士道同修会、香港黄大仙园清阁、香港啬色园等团体200余人以及美国浙江商会会长曹胜华、巴西金华同乡会会长胡友能、香港兰溪同乡会会长周伍鸿等一批兰溪籍重点人士。举行兰溪市“同圆中国梦，共庆中秋节”台侨眷属联谊会，邀请侨界重点人士和归侨侨眷代表100余人参加。指导各基层侨联开展中秋联谊会、新春茶话会等活动，共举办联谊活动27场次。组织9名华侨子女参加“中国寻根之旅”夏令营活动。组织侨界书画家开展送书画进侨企、送春联入乡村活动。

【助推“五水共治”】 发出《投身“五水共治”、建设幸福家园》的倡议书，号召全市侨眷侨胞积极参与“五水共治”。组织市侨界政协委员参与垃圾河监督工作。侨眷自发组成侨台联艺术团，自编、自导、自演宣传“五水共治”主题文艺节目，走进镇乡（街道）、村（社区）演出10余场。动员侨资企业参与“五水共治”公益金募捐活动，全市侨资企业捐款累计60余万元。

（占　华）

机关党建

【概况】 2014年，市直机关工委下辖党的基层组织536个，其中党委40个、总支36个、支部460个，共有党员8547名。

【开展党的群众路线教育实践活动】 2月28日，部署开展机关工委党的群众路线教育实践活动，明确工委书记为活动第一责任人。组织开展集中学习活动8次,累计时间5天，查摆班子“四风”问题9条49条次，领导干部“四风”问题52条，征集基层诉求3条16条次。至10月初，所有“四风”问题全部整改到位。

市委组织部长范冬岩调研机关党建工作（市直机关工委提供）

【深化基层组织建设】 加强学习型党组织建设。2月27日，会同组织部联合下发《兰溪市直机关各部门（单位）党组织学习情况定期检查制度》，以推进会、交流会和检查指导等方式，规范和加强机关部门（单位）基层党组织定期开展学习工作。完善机关基层组织建设。先后指导国税局、财税局、国土局、公安局、住建局等部门按章依规完成直属机关党组织的换届选举或班子调整，指导华数广电网络有限公司设立了直属机关党委及配套群团组织。开展分类定级工作。全市468个机关部门（单位）基层党组织，获评五星30个、四星107个、三星233个、二星93个、一星2个。加强党务干部教育培训工作。4月10—11日，邀请金华机关工委书记金艳，兰溪市委常委、组织部长范冬岩授课，对全市机关部门（单位）的144名党务干部进行了理论指导和业务培训。推行入党积极分子“双培”制度。5月23日，开展机关部门入党积极分子培训，66名学员中49名学员通过测试，通过率74%，严把“入党关口”。

4月10—11日，全市机关部门144名党务干部进行理论、业务培训（市直机关工委提供）

【加强机关作风建设】 参与“三清三化三送”活动，共开展下基层走访调研、清扫整治和绿化植树等集中行动9次，参与清理道路57千米、清理溪河40千米、清洁池塘11口、清运垃圾456吨，投入2万余元包干落实柏社乡300米工业园创业大道绿化示范创建，落实联系村（社区）帮扶资金10万元。贯彻“五水共治”系列工作，开展专项资金募集活动，机关工委在职党员干部共捐款5700元。开展《我为“五水共治”献一计》微博征集活动，共征集到“治水”微博、微言200多条。开展“城乡结对促党建 先锋携手共治水”的主题活动，全市439个机关党组织共结对村（社区）229个，签订协议书229份，认领攻坚项目233个。推进在职党员进社区活动，3月19日，组织全市2069名机关党员干部开展“五水共治”共建活动；7月1日，组织1500多名机关党员干部开展纪念“七一”中洲公园清淤活动；三季度，号召机关党员干部参与“国家卫生城市”创建工作；12月下旬，围绕“送温暖”，开展机关部门困难党员走访慰问工作。全年合计有4000多名机关部门在职党员干部到社区开展公益活动。

中洲公园清淤（市直机关工委提供）

【加强机关文化建设】 5月5—15日，与市总工会、文广新局联合举办了兰溪市“活力机关 健康兰溪”主题机关运动会。市直机关各部门（单位）1500余人次参加了比赛。开展机关党建理论调研，全市机关部门（单位）共撰写党建调研文章46篇，从中择优上报金华工委12篇。兰溪机关工委被评为“2013年度金华市思想政治工作优秀单位”和“2013年度金华市机关党建调研工作先进单位”。贯彻落实党风廉政建设。按照年初签订的《责任书》落实目标责任。如实填写上报领导干部“个人信用等级评定”以及其他有关信息。指导各市直机关部门（单位）加强廉政文化建设，兰溪市行政服务中心被评为第三批金华市级廉政文化进机关示范点。

（方 瑞）

机关运动会上的拔河比赛（市直机关工委提供）

党校工作

【概况】 中共兰溪市委党校以服务干部健康成长为己任，充分发挥干部培训主阵地、主渠道作用；以推进兰溪经济转型升级为目标，发挥党校宣讲的喉舌作用，围绕市委、市政府中心工作，加强市情研究，推进教研咨一体化发展。2014年，党校被评为全省党校系统先进单位。

【培训工作】 改变培训模式固化、课程设置老化、培训平台本土化、师资资源单一化的状况，拓展“三个延伸”：即坚持请进来与走出去相结合，实现由本地培训向外地培训的延伸；坚持课堂教学与实践锻炼相结合，实现由课内培训向课外培训的延伸；坚持传统教学方式与现代教学手段相结合，实现由灌输式学习向互动式学习的延伸，发挥培训主阵地作用。坚持“四加强”，探索形成了“丰富课程、教研互动、封闭管理、主题班会、轮岗实训”的教学新思路：加强教学内容的前沿化设置，结合党的十八大，十八届三中、四中全会精神，中国梦，依法治国，“两美兰溪”建设，开设中国特色社会主义理论体系、区域经济转型升级、党性教育、市情研究等相关专题课程；加强教学创新，外聘专家、学者、教授授课50余次，领导干部授课9次；加强教学模式创新，采用异地联合办学、军事化训练、现场教学等新模式，开展义乌现场教学、省第五监狱警示教育、军事化训练各两次；加强教学管理，实行量化考核和考勤制度，不间断召开学员座谈会，倾听学员意见，及时改进教学管理。全市新任村主职干部培训，市新任市管干部培训、中青年干部培训等按既定计划开展。年内共举办主体班次培训21期，培训4066人次。其中，全市新任村主职干部1200多人在金华党校开展的异地大集训，采用了“封闭式管理、军事化训练、全方位充电、全过程学习”培训模式，得到学员和社会各界好评。协助各单位部门做好业务培训，举办了国土局地质灾害预防培训、粮食局保验员培训、行政服务中心全程代理员培训、档案局档案管理培训等30多期，培训3500多人次。

新上岗市管干部培训班学员参观作风建设站（市委党校提供）

2014年新任村主职干部培训班学员参观上包村包氏宗祠（市委党校提供）

【科研工作】 围绕“两富”“两美”兰溪建设主题，瞄准兰溪经济社会发展中的热点难点问题，开展市情研究，完善科研奖励制度，搭建“四平台”，发挥市情研究智库作用：搭建与市委市政府政研室定期交流联系平台，及时与市委、市政府重大决策部署对接；建立教学科研基地平台，及时与市直各部门重点工作对接；加强市情研究平台建设，及时与全市经济社会发展热点、难点问题对接；建立与上级市委党校科研机构联系平台，及时与重大课题申报对接。“四平台”建设，提升了科研质量和科研水平。论文《回归与重构：乡村道德治理中社会教化的嵌入——基于文化礼堂的建设》获金华市党校系统理论研讨会一等奖，3篇论文入选全省党校系统理论研讨会；论文《五力同举：培育人才队伍建设核心竞争力》获全省党校系统人才队伍建设研讨会二等奖并在会上交流发言，1篇论文在省委党校《当代社科视野》上发表，1篇文章在《金华日报》上发表，2篇文章在《兰江导报》上发表；3项课题获金华市社科联优秀课题，其中1项为重点课题；与组织部共同完成课题2项，与市领导共同参与课题1项，完成学校主课题1项；1人获金华市党校系统精品课比赛三等奖，并代表县级党校参加全省党校系统精品课比赛。

【宣讲活动】 宣讲中，倡导学习在前、研究在前、宣传在前、贯彻在前的理念，“有请必讲、有讲必好”，做到理论前沿与部门工作相结合，热点难点问题与地方特色相结合，党性修养与人文情怀相结合的原则，帮助党员干部、群众学好党的知识，倾听党的声音。宣讲内容结合党的十八大，中国梦，十八届三中、四中全会精神，党的群众路线教育主题实践活动，依法治国，七一党课等知识。在群众路线教育实践活动中，成立了以常务副校长为团长的“流动党校”宣讲团，入机关、走学校、进企业、下乡镇，宣讲80多场，听众上万人。

【学历教育】 与浙江工商大学合作，联合举办了法学本科班，招收学员31名，采用远程教育的管理模式，利用双休日时间集中授课。

【主题实践活动】 2月，启动群众路线教育实践活动。主题实践活动围绕“为民务实清廉”内涵和要求，多方位征求意见，查找出班子整改任务30条，完成整改任务28条，另2条整改项目在按计划整改中。开展送书下乡活动，为两富指导员联系村送去一千多册、价值上万元的农用书籍。开展党员认领微心愿活动，10名党员认领微心愿11个，为困难群众送上粮油、书包及其它生活用品。参加社区共建活动，多次到社区参加卫生清理整洁活动，为共建社区排岭社区、共驻社区青松社区各赞助社区共建经费1万元。开展“三清三化三送”活动，多次到联系乡镇游埠镇参加清理垃圾、种树活动，参与柏社乡、女埠街道新农村“五水共治”活动，全体教职员工募集“五水共治”经费6000多元，学校赞助资金3万元。

（蒋小辉）

党史研究

【概况】 2014年，市委党史研究室履行“存史、资政、育人”职能，以编纂地方党史二卷为重点，参与党的群众路线教育实践活动，转化党史研究成果，强化党史宣传工作，提升党史工作影响力。

7月1—25日，在市博物馆举办以“学党史、明宗旨、转作风、促发展”为主题的群众路线教育图片陈列展。展出期间，金华市领导、兰溪市四套班子领导、镇乡（街道）机关干部及各界群众1435人参观了陈列展。完成《中共兰溪党史二卷》第二篇、第三篇初稿编写。完成金华党史研究室交给的《日军在兰溪实行细菌战专题》编写。参与农村文化礼堂建设，向上华街道马鞍徐村、梅江镇倪大村、磐安县仁川镇以及建德市大慈岩镇李村、寿昌镇南浦村文化礼堂提供党史档案资料、文献资料、图片资料，赠送党史书刊。落实黄店镇农军暴动遗址陈列室所需土地、资金。整个农军暴动遗址由纪念亭和布展室两部分组成。为兰溪革命烈士纪念馆重新布展提供图片288张，对布展内容作了调整，增加抗战部分的史料。

【为群众路线教育活动宣讲党史】 3月，以为民务实清廉为主要内容的第二批党的群众路线教育实践活动全面展开。市委党史研究室结合党史工作特点，通过党史宣讲、组织参观等形式，发挥党史工作资政育人的作用，为群众路线教育实践活动服务。根据不同对象，安排不同内容的党史宣讲。3月2日，邀请省委党史研究室副主任王祖强给市委常委会全体成员作群众路线教育实践活动的专题讲座和辅导；4月25日，市委党史研究室给金华市职业技术学院的党员干部作革命传统教育宣讲；5月6日，为市领导介绍新民主主义革命时期兰溪党史情况；7月1—25日，为金华市领导和兰溪市四套班子领导、镇乡（街道）机关干部及各界群众宣讲兰溪党史。

【2000多人参观党史纪念馆】 发挥杨东海纪念馆、中共浙西特委纪念馆、兰溪革命烈士纪念馆等党史纪念馆和革命遗址的作用，组织党员干部参观学习，为群众路线教育实践活动提供实践场所和基地。3月2日，市委常委参观杨东海纪念馆，此后，各参学单位党员干部陆续在党史纪念场馆参观学习。全年，参观党史纪念馆和革命遗址的党员干部计30多次，2000余人。

（琚宏刚）

中共金华市委常委、组织部长温暖参观党史陈列展（市委党史研究室提供）

老干部工作

【概况】 至年底，全市市管离休干部共142名，最低年龄82周岁，最高年龄99周岁，平均年龄89.3周岁。按参加革命工作时间分：抗战前期7名，抗战后期15名，解放战争120名；按行政级别分：厅（局）级3名，正县（处）级3名，副县（处）级62名，科级74名；按原单位性质分：行政单位35名，事业单位21名，企业单位86名。另有垂直管理部门在兰离休干部20名；外省、外县易地安置到兰溪代管的离休干部6名，在兰离休干部总共168名。

落实老干部政治待遇。每月定期开展学习，传达党和国家的大政方针，通报市委市政府对重大事项的决定及重要会议精神；完善各项制度，坚持和完善集中学习、阅读文件、情况通报、参加重要会议和重大活动、走访慰问、信访接待等制度；开展“走、看、促”活动，引导老干部们为兰溪经济社会发展建言献策。

争取财政支持，对全市离休干部护理费、公用经费标准调整执行到位，加大离休干部各项政策落实情况的监督检查；坚持全员联系老干部制度，每月为老干部提供送学上门、送医上门、精神慰藉等服务；坚持“五必访”制度，在重大节日、高温期间、重病住院，有困难和有思想问题时，走访慰问老干部；完善老干部信访制度，坚持每月25日为局长接待日制度，对老干部来信来访做到件件有着落，事事有回音。

【老干部活动中心】 利用活动中心组织开展活

动。坚持老干部中心学习组定期学习，县处级老干部每月一周定期阅文，以交流座谈、墙报、黑板报等形式组织老干部学习党的十八大，十八届三中、四中全会精神和习近平总书记系列讲话精神等文件内容，领会党的精神实质，理解党的十八大，十八届三中、四中全会提出的新思想、新观点、新论断。老干部活动中心从老干部的需求出发，组织开展了春游、室内游艺、知识竞赛、法制讲堂等老干部喜闻乐见的活动，丰富老干部晚年精神文化生活。

【老年大学】 市老年大学共开设18个专业，32个班级，学员974人，1450人次。教师21名。兰溪老年大学和老干部合唱团以中华人民共和国成立65周年暨老干部合唱团建团25周年为契机举办了一系列活动。学校配合中心工作，围绕群众路线教育，组织老师、班长参观浙西特委纪念馆，开展“五水共治”宣传活动，举办庆祝中华人民共和国成立65周年“诗书画影剪纸展”和“歌唱祖国·唱响兰溪”专题文艺演出，展示办学成果，展现学员风采。老年大学武术班参加金华市老年体育运动会开幕式表演，还代表兰溪市参加香港太极拳表演比赛。

（童晓健）

市委老干部局中心学习组法制讲堂暨宪法宣誓仪式(市委老干部局提供)

农业和农村工作

【概况】 兰溪市农业和农村工作办公室（简称市农办）下设综合科、扶贫办、一体办，2月增设兰溪市农村生活污水治理指挥部并设办公室（地点在农民之家），具体负责农村生活污水治理。2014年，市农办贯彻党的十八届三中全会、省委十三届四次全会和金华市委六届六次全会精神，按照省、金华市及兰溪市农村工作会议的科学部署，坚持以美丽乡村建设为总主题，以“农业增效、农民增收、农村增美”为总目标，以农村生活污水治理和农村环境综合整治为抓手，加强农村基础设施建设，拓宽农民增收渠道，推进兰溪美丽乡村各项建设事业稳步发展。

【农村生活污水治理】 根据农村生活污水治理三年目标任务和“试点先行，面上推开”的原则，全市农村生活污水治理工作稳步推进。全市启动实施农村生活污水治理村259个，占年度计划数的101%；新增受益农户64836户，完成年度计划的119%。完成编制《兰溪市农村生活污水治理总体规划》《兰溪市农村生活污水治理工作实施细则》和《兰溪市农村生活污水治理三年行动计划》；以招标方式确定设计、招标代理咨询公司和监理单位，委托进行方案设计、审查工程预算、招标代理及工程监督管理；主要管材采取政府采购确定供货单位并以甲方供货方式供应。建立每周工作例会制度和监督管理机制，确保工程的建设质量。项目实施村落实监理单位和监理人员，全程跟踪项目建设。分期分批对镇乡（街道）分管领导、实施村主职干部进行业务培训，组织参观考察，提高业务水平。共举办培训班17期，参训人员1400多人次。镇乡（街道）在工程开标后一周内与施工单位签订合同，合同签订后一周内必须进场施工；组织召开技术交底会，明确项目进度、质量和时间要求；8月27日和10月27日，召开农村生活污水治理工作现场会，总结前段工作，通报建设进度；“十一”期间不放假，组织人员检查工程建设情况。为确保质量，联合建设局等部门分3个工作督查组到各镇乡（街道）、实施村施工现场督查，发现问题及时督促整改；治污办以短信E管家平台、简报等形式，按照工程建设时间节点，定期通报排名，并将现场巡查情况及时反馈。

10月27日，参加全市农村生活污水治理推进会人员实地查看水亭乡下方泉村治理情况（市委农办提供）

【美丽乡村创建】 新创建第四批中心村2个，完成了培育申报和委托规划设计，建设项目按期开工。中心村培育过程中，坚持把提升农民生活品质作为根本，把完善配套基础设施作为重点，抓好村道硬化、污水治理、村庄绿化、洁化和环境美化等项目的提升和完善，推进中心村农房改造和新集聚区建设。新启动美丽乡村秀美村17个，完成了规划设计和评审，部分村已进入招投标和开工建设。论证通过了《兰溪市美丽乡村建设总体规划》，明确了“大美兰溪、乡村记忆”规划主题以及“一心、三带四片四主线”建设目标。8月、10月，组织召开了全市美丽乡村建设现场会，开展了全市第二届最美乡村评选活动。培育金华市级美丽乡镇1个，美丽乡村10个，精品村6个。做好历史文化村落保护和利用，新启动创建第二批5个历史文化村落保护利用村，其中2个重点村已完成了规划设计文本并通过省级评审，3个一般村已完成市规划设计论证，完成年度建设任务。出台了《兰溪市农村赤膊房治理三年行动计划（2014—2016年）》，全市范围已开展治理赤膊房（外墙未粉刷的房屋）9000多户，30万多平方米。其中，启动列为2014年重点治理的47省道沿线可视范围内农户治理工作，年底前基本完成外立面粉刷。确 定25个村为2014年度农村住房改造建设实施村。对41个农房改造完成村进行了验收，并对符合要求的33个村拨付资金801.5万元。

美丽乡村建设村马涧镇马坞村（市委农办提供）

【农家乐休闲游营业收入1.1亿元】 出台《关于推进民宿型农家乐休闲旅游发展的实施意见》，从合理规划、创新特色、统一管理、规范发展四个方面对民宿型农家乐作了规范。结合山区经济项目，加大对芝堰村、柏社下陈片等地农家乐扶持力度，安排项目资金780万元。设立农家乐贴息资金，鼓励农家乐业主做大做强产业。3月中旬，举办了农家乐民宿培训班，组织了90多名农家乐民宿村干部及业主赴兄弟县市观摩学习品评交流，先后组织了农家乐民宿、消防安全、发展创新等培训班10多期（次），培训500多人次。4月上中旬，组织了农家乐安全大检查，重点检查消防、卫生、交通等方面的安全隐患，检查出的问题限时整改。与《兰江导报》、兰溪电视台合作，先后推出了兰芝线、柏社下陈等5条农家乐休闲旅游线路及金家湾农庄、野狐山寨等重点农家乐点（户）的推介专题。12月，组织了全市第二届农家乐厨艺大赛，17家单位24支队伍参加。2014年，全市新创建五星级农家乐经营点1个、四星级农家乐经营户1个，金华市级农家乐特色村1个、农家乐特色点2个、三星级农家乐经营点（户）5个。全年共接待游客101万人次，同比增长15.3%，实现营业收入1.1亿元，同比增长15.4%。

8月6日芝堰民宿开张暨清凉节在芝堰村开幕(市委农办提供)

【全年培训农民7200人】 出台了《兰溪市2014年度农民素质提升培训工作实施方案》。8月，成立“兰溪农民学校”，开展农民大讲堂5场次，举办农村生活污水、农村卫生保洁、新农村建设和农家乐创业人才培训35期3100人。以农民学校为依托，先后与农业局、江南职校等部门（单位）和永昌等镇乡（街道）举办村干部业务、农业种植技术、农机具操作、农家乐、扶贫业务、“月嫂”岗位等培训。全年共培训农民7200人，其中农村实用人才培训1200人，转移就业技能培训1100人，农业实用技术及普及性培训4900人。

【农村扶贫开发】 制订《关于实施低收入农户收入倍增计划的意见》。开展异地搬迁工作，分解落实异地搬迁省补资金结余任务，完成搬迁929人。“慈源小区”异地搬迁安置点主体工程基本完成，配套设施正在建设中。实施低收入农户发展资金项目12个，中央财政补助项目20个。新增扶贫重点村资金互助组织试点村2个。利用“兰溪市阳光工程网”平台，做好扶贫项目的公示公开工作。

异地搬迁——黄店镇蟠山新村(市委农办提供)

【山区经济工作】 编制《兰溪市山区经济发展五年规划》，申报2013、2014年度计划实施项目31个，争取省补资金7000多万元。与财政部门联合制定下发了《兰溪市山区经济发展专项资金和项目管理实施细则（暂行）》。联合财政、审计等部门举办了山区经济实施项目业务专项培训。

（范荣泉）

关心下一代工作

【概况】 全市各级关心下一代工作委员会，学习宣传贯彻党的十八大和十八届三中、四中全会精神，学习习近平总书记重要系列讲话精神，践行党的群众路线，围绕党政中心工作，按照“急党政所急，想青少年所需，尽关工委所能”的方针，发挥“五老”优势，主动作为，创新载体，加强青少年思想道德建设，为青少年办实事、做好事，促进青少年健康快乐成长成才。2014年，市关工委荣获中国关工委宣传报道暨《中国火炬》征订发行工作先进单位；市关工委“五老”志愿服务队获金华市、兰溪市两级优秀志愿服务集体；诸葛镇关工委被评为浙江省关心下一代工作先进集体，市委组织部副部长、老干部局局长童寿飞和市关工委专职副主任郑凤英2人被评为浙江省关心下一代工作先进个人；市关工委“五老”校外辅导员姜纪钦获浙江好人——7月榜单和兰溪市杰出志愿者；市关工委“五老”法制宣传员楼锡铮被评为金华市优秀志愿者、兰溪市志愿服务先进工作者。

清明期间，开展祭扫先烈爱国主义教育及征文活动,有20余所学校6000余名中小学生参与，15人获征文一等奖；开展全市中小学生“践行核心价值观 携手共筑中国梦”主题教育活动，组织学生参与省关工委“与梦同行”网上主题征文活动；组织“五老”宣传团，以文艺、书画、宣讲、知识问答等形式到李渔中心小学、永昌街道井头童村等基层关工委开展核心价值观宣传教育活动，发出倡议书1000多份；组织“五老”校外辅导员深入学校、社区，开展庆祝中华人民共和国成立65周年青少年爱国主义教育宣讲活动；开展全市中小学生“学雷锋、爱环保、争当‘五水共治’小卫士”主题教育实践活动，全市50所学校，40000余名学生参与，并开展主题征文活动；组织学生参与省关工委“五水共治、我心中的小河”网上主题征文活动，1人获省级征文二等奖，6人获三等奖，延安路小学荣获优秀组织奖；开展“孝道文化、家训家风、生态文明”等宣传教育活动。

开展“帮学、帮困、帮教”活动。发挥“五老加一老（老板）”作用，筹集“关心桥”助学款28万多元，资助贫困生近200名；推进“五老”结对关爱教育“留守儿童”等未成年人活动，开展思想引导、文化辅导和困难帮扶等关爱活动；发挥政法系统关工委作用，以宣传《宪法》为重点，对青少年开展“关爱明天 普法先行 法在我心中”宣传教育、关爱帮教活动。

依托教育共同体拓展“城乡、跨域手拉手”活动；结合中心工作，开展老少携手“助力五水共治、共建美丽家园”活动；创建“假日学校”，联合有关部门组织城市学生、农村留守儿童、贫困学生、外来务工子女等1000多名学生参加公益夏令营，“手拉手”结伴过暑假，丰富假期生活，保障假期安全；挖掘资源，创建课外教育基地，在黄店镇中心小学创建了“兰溪市青少年孝敬教育示范基地”；组织“五老”网吧义务监督员，对城区33家网吧巡查监督600余人次。

（郑凤英）

10月22日，省关工委领导张海洋、张绪培等到兰溪，在黄店中心小学调研孝文化（市关工委提供）

7月1日，暑假第一天，市关工委顾问胡汝明带领关工委人员深入基层了解留守儿童情况（王恩觃摄）

6月19日，全市中小学生“践行核心价值观、携手共筑中国梦”主题教育活动（郑凤英摄）

信访工作

【概况】 2014年，兰溪市信访局共受理群众信访1857件、2922人次，其中受理来信841件，接待来访1016批2922人次；发挥信访联席会议作用，协调各镇乡（街道）和部门，解决重点疑难信访件23件；落实责任，及时督查，化解各类积案252件，在省委督导组驻兰期间，完成了交办的各类信访件256件，切实解决群众实际困难；坚持“依法信访”宣传工作，做好信访干部队伍建设，深入社区宣传依法逐级信访等相关政策法规，维护全市良好信访秩序。

【干部接访活动】 年初，出台了《兰溪市党的群众路线教育实践活动领导干部“访民情、解民忧、化积案、促和谐”大接访大化解专项行动方案》（兰委办〔2014〕29号），完善各级各部门及领导干部接访机制，明确市级领导每月15日到信访局定点接访，每月10日到联系镇乡（街道）下访约访，根据需要随时接待到市政府集体上访和非正常上访问题，包案解决重大信访事项，下基层调研信访热点、难点和突出问题。16个镇乡（街道）成立群众工作站，领导班子成员随时接待群众来访。2014年，市级领导接访182批504人次。

【部门联合接访机制运行】 3月17日，机关部门联合接访机制正式运行。建立涉法涉诉、国土住建城管环保执法、社会保障民政救助、党风廉政村务管理及“两代表一委员”、其他社会事务类5个联合信访组，每组确定牵头单位和成员单位，每周安排一次在信访局联合接访，联合处置。

8月，市委组织部、市法院和人社局联合接待信访群众，组织部长范卫东与信访群众耐心沟通，法律援助中心为信访群众提供法律咨询（市信访局提供）

【积案化解工作】 4月11日，排查出48件突出信访问题，按照“四包三亲自”（包方案制订、包调处化解、包教育疏导、包息诉息访，亲自研究案情、亲自协调处理、亲自督办落实），由市级领导包案化解稳控解决。5月16日，市实践办排查梳理出14件重大信访案件，交由市委常委包案化解。8月21日，省委驻兰溪督导组和市实践办信访接待组又梳理出31件信访积案，由市级领导包案化解处理。各镇乡（街道）结合实际，排查梳理辖区内212件信访积案，落实班子成员包干处理，做到“人人有案子、个个有责任”，群众信访诉求“件件有查证、事事有结论”，使全市信访积案量下降、信访秩序明显好转。

【重要节点稳控】 在各级“两会”“亚信峰会”、南京青奥会、十八届四中全会、APEC会议、首届世界互联网大会期间，成立相应的信访工作领导组织，制订工作预案，层层召开会议部署落实。重要节点期间，没有非访人员和突出问题发生。

【依法信访宣传】 从5月开始，开展“依法信访”主题宣传活动，通过巡回宣讲，发放信访宣传资料、媒体宣传等方式，督促各级各部门依法、按程序处理信访问题，同时引导信访群众依法、有序、规范、逐级信访，促进信访工作“双向责任”落实。

（胡卫军）

档案工作

【概况】 截至年底，兰溪市档案馆馆藏档案全宗有215个，案卷总数101969卷。其中：民国档案30个全宗，计8208卷，内容涉及国民党党、政、军、群及警察、司法、教育、金融、财政、邮电等诸多部门的文书、专业档案。新中国成立后档案全宗185个，计93761卷，包括市委、市政府，机关各部门、部分企事业单位的文书档案，以及部分涉及民生的档案。其中：婚姻档案全宗3232卷，土改土地房产证存根档案全宗1435卷，二轮土地承包（延包）档案全宗598卷，山林权证清册档案全宗1409卷。除馆藏档案外，另有馆藏资料17495册，馆藏照片档案4598张，寄存书画作品30幅及会计档案2000册。

【档案管理】 采取业务指导小分队模式，下乡入企送服务。先后对环卫处、双灯纺织、金梭纺织等多家企业上门业务指导。专项验收了省重点建设项目兰溪旺能环保能源有限公司垃圾焚烧发电工程档案、浙江康恩贝制药股份有限公司银杏叶制剂生产过程质量控制高技术产业化示范工程档案和浙能兰溪发电有限责任公司烟气脱硝改造工程项目竣工档案。对全市各单位在开展“党的群众路线教育实践活动”“五水共治”及“三改一拆”等活动中形成的文件材料，上门指导，传授收集、整理、归档知识。5月19日，市档案局与组织部联合开展干部人事档案管理情况检查，涉及教育局、人力资源和社会保障局、卫生局、公安局、检察院和法院等部门，检查档案库房管理、材料收集、整理和利用情况。。

【档案利用】 市档案馆查档接待窗口坚持“服务为先，规范管理”原则，相继推出“异地查档、跨馆出证”、节假日预约查档、网络咨询等便民举措，丰富和完善档案利用服务方式，畅通绿色服务渠道。窗口推行文明服务“十字”用语（您好、请、谢谢、对不起、再见），做到“三声”“四心”（来有迎声、问有答声、走有送声；态度热心、服务耐心、工作细心、对群众的要求上心）。截至年底，查档利用窗口接待档案利用者3012批次，计4566人次，调阅案卷4099卷，免费提供查档取证复印11263页。

【档案数字化】 档案在线登记备份中心平台和数字档案馆项目，通过验收投入运行。馆藏档案数字化加工（一期）工程，由省档案事务所以79.52万元价格中标，计划扫描档案176万页，主要涉及婚姻、山林、土地等民生档案。11月中旬，数字化加工工作正式开展。截至年底，有59家单位进行了档案登记备份。市级以上重点建设项目，除未开工及自筹资金外，有9家单位按要求进行档案登记备份，备份项目2个。对于应备份的数据，仍以脱机备份为主，截至年底，登记备份中心已有市人力资源社会保障局、国土局、民政局等29家，收录备份光盘104 张，硬盘3个，数据量295.709GB。

（马忠富）

市档案馆馆藏档案数字化（一期）工作现场（市档案馆提供）

兰溪市人民代表大会

综　述

【概况】 2014年是人民代表大会制度建立60周年，也是贯彻党的十八届三中、四中全会精神，全面深化改革的落实之年。在中共兰溪市委的领导下，市人大常委会保持奋发有为的状态，在民主法制的“一线”履行职责，在改革发展的“一线”发挥作用，圆满完成了市十五届人大三次会议确定的各项目标任务。一年来，共召开10次常委会会议和22次主任会议，听取和审议“一府两院”工作报告17个，作出决定决议23项，组织视察5次，任免国家机关工作人员52人次。监督工作、代表工作及常委会自身建设等方面都取得了新的成绩。

重要会议

【市十五届人大三次会议】 1月5—8日，兰溪市第十五届人民代表大会第三次会议在市区举行。会议听取和审议市政府工作报告；审查和批准2013年国民经济和社会发展计划执行情况与2014年国民经济和社会发展计划、2013年财政预算执行情况和2014年财政预算报告；听取和审议市人大常委会、市法院、市检察院工作报告，并作出相关决议。会议补选了江斌、章志威为市人大常委会委员。

1月5日，市十五届人大三次会议召开（钟路摄）

【市人大常委会第十五次会议】 2月27日，市十五届人大常委会召开第十五次会议。会议决定免去施廷涌的市环境保护局局长职务、李皓的市食品药品监督管理局局长职务，决定任命樊友洪为市环境保护局局长、李炜华为市市场监督管理局局长。会议审议通过了市人大常委会关于同意市政府2014年贷款计划列入市财政综合年度预算的决议草案，并授权市人大常委会主任会议对该计划内的项目贷款作出决定。会议还审议通过了市人大常委会2014年工作要点。

【市人大常委会第十六次会议】 4月23日，市十五届人大常委会召开第十六次会议。会议决定接受黄凯声、樊友洪辞去市人大代表职务，通过了蒋旭芳、程明等8名同志的人事任免，任命童美华等61名同志为兰溪市人民陪审员。会议听取了市公、检、法、司机关关于研究处理市人大常委会关于刑事诉讼法执法检查报告的审议意见情况的报告、市政府关于研究处理市人大常委会关于兰溪市棉纺织产业发展情况报告的审议意见情况的报告。

【市人大常委会第十七次会议】 6月26日，市十五届人大常委会召开第十七次会议。会议通过了尼玛扎西、何裕生等4名同志的人事任免。会议听取了市政府关于2014年政府重大投资项目实施情况的报告，听取和审议了市政府关于防洪排涝工作情况的报告，听取了市人大常委会调研组关于兰溪市防洪排涝工作情况的调研报告。会议听取和审议了市政府关于电子商务发展情况的报告、听取了市人大常委会调研组关于兰溪市电子商务发展情况的调研报告。会议审议通过了金华市公安局婺城分局关于要求许可对管中采取刑事强制措施的报告和兰溪市人民代表大会常务委员会街道工作委员会工作规则（试行）。

【市人大常委会第十八次会议】 8月22日，市十五届人大常委会召开第十八次会议。会议决定免去林建良的兰溪市人民政府副市长职务，决定任命郭志刚为兰溪市人民政府副市长，接受张凤娟、王建良辞去市人大代表职务。会议听取和审议了市政府关于2014年上半年全市经济社会发展情况和下半年政府工作报告、市政府关于2013年财政决算草案和2014年上半年财政预算执行情况报告、2013年度本级财政预算执行及其他财政收支情况的审计工作报告。审查批准了市政府提出的兰溪市2013年财政决算。会议审议通过了市政府关于政府重大投资项目计划调整情况报告和政府性贷款年度计划调整情况报告。

【市人大常委会第十九次会议】 9月12日，市十五届人大常委会召开第十九次会议。会议决定免去周云金的兰溪市司法局局长职务，决定任命康婕为兰溪市司法局局长，通过了徐军华等8名同志的人事任免。会议听取和审议了市经信局和水务局的工作情况报告，听取了市人大常委会工作评议调研组的调研报告，并组织与会的市人大常委会组成人员和市人大代表通过无记名投票方式对两个部门进行了满意度测评。会议听取和审议了蒋秋生等5名法官和赵喜华等3名检察官的履职报告，听取了市人大常委会“两官”履职评议工作组的调研报告，并组织与会的市人大常委会组成人员和市人大代表通过无记名投票方式对8名重点评议对象进行了履职情况测评。

【市人大常委会第二十次会议】 9月19日，市十五届人大常委会召开第二十次会议。会议决定接受胡耀明辞去市人大代表职务。

【市人大常委会第二十一次会议】 10月28日，市十五届人大常委会召开第二十一次会议。会议决定任命龚建峰为兰溪市住房和城乡建设局局长。任命胡公益为兰溪市人民法院副院长、审判委员会委员、审判员，陈旭忠为兰溪市人民检察院检察委员会委员。任命胡琴仙、胡格赢为兰溪市人民法院审判员。决定免去徐庆康的兰溪市监察局局长职务，马叔东的兰溪市住房和城乡建设局局长职务。免去盛少华的兰溪市人民法院审判委员会委员职务，周秀芬的兰溪市人民法院民事审判第一庭副庭长职务，马春田、吴志良的兰溪市人民法院审判员职务。同意盛少华辞去兰溪市人民法院院长职务，决定接受邵培生、曹永清辞去市人大代表职务。会议决定胡公益副院长代理兰溪市人民法院院长职务。会议开展了“五水共治”专题询问，常委会组成人员就规划编制、项目实施、资金保障、饮用水安全、生猪养殖场整治、农村生活污水治理等12个重点问题进行了提问，市政府及相关部门逐一进行了回答。会议听取了市政府研究处理关于电子商务发展审议意见情况的报告、市政府研究处理关于防洪排涝审议意见情况的报告，听取和审议了市政府关于市十五届人大三次会议代表建议办理情况的报告，审议通过了关于补选兰溪市第十五届人民代表大会代表的决定。

【市人大常委会第二十二次会议】 12月26日，市十五届人大常委会召开第二十二次会议。会议补选浙江华东铝业股份有限公司总经理、党委委员肖以华为金华市六届人大代表，决定任命马叔东为市监察局局长，通过何志贤等4位同志的人事任免。会议审议通过了关于召开兰溪市十五届人大四次会议的决定，决定兰溪市第十五届人民代表大会第四次会议于2015年1月11日召开。会议听取了市经信局、市水务局工作评议意见的整改落实情况报告和市法院、市检察院关于“两官”履职评议意见的整改落实情况报告。会议听取和审议了市政府关于研究处理审计工作报告审议意见情况的报告，审议通过了市人大常委会监督司法机关工作办法。

代表建议

【重要建议】

1.关于促进纺织行业健康发展的建议　吴卸连等12人

2.关于建立企业投融资风险防范预警机制的建议　范俊峰等12人

3.关于开发区企业分质使用水资源的建议　童福友等9人

4.关于加大兰江水环境综合整治的建议　周玉相等6人

5.关于进一步加大农村环境卫生和河道整治的建议　方赛花等5人

6.关于加强露天焚烧垃圾管理的建议　刘永松等7人

7.关于新农村建设彰显特色与古村落、农村古建筑和文物保护相结合的建议　陈馨等6人

8.关于实行人性化殡葬措施的建议　潘绍声等9人

9.建议在城西规划建设一座大型公墓与殡葬馆的建议　吴瑞康等4人

【建议办理】 市十五届人大三次会议期间代表提出的412件建议，通过会议交办、领衔办理、跟踪督办和评议督办，代表建议办理情况总体较好，已经解决或基本解决占总数的67.7%，正在解决或列入计划逐步解决的占27.2%，一批人民群众关注的热点、难点问题得到解决。

代表视察

【视察省风景名胜区条例执行情况】 4月9日，市人大常委会组织部分市人大代表对兰溪执行浙江省风景名胜区条例情况进行了视察。代表们先后视察了白露山—芝堰风景名胜区和六洞山风景名胜区，听取了有关情况汇报。视察中，代表们提出要加大浙江省风景名胜区条例宣传力度，建立协调工作机制，加强部门间执法配合，加大对违法违章建筑处置和环境整治力度；要加强风景区基础设施建设，通过招商引资，以开发促保护，以保护促发展。

【视察浙商创新实验园】 5月28日，市人大常委会组织部分市人大代表视察浙商创新实验园建设情况。代表们就进一步推进实验园建设，围绕完善实验园规划、加大政策处理、加快项目推进、促进增容扩建等提出了意见建议。

【视察省棉纺织品质量检验中心】 7月24日，市人大常委会组织部分市人大代表视察浙江省棉纺织品质量检验中心建设情况。代表们视察了中

心新建大楼和检测室，听取了中心建设情况的汇报。视察中，代表们就进一步推进中心建设，提出了加快进度，早日投入使用；拓宽思路，确定发展目标；加大宣传，明确功能定位；提升服务，注重发挥实效等意见建议。

7月24日，市人大代表视察棉纺织品检验中心（市人大提供）

【视察农村生活污水及垃圾治理工作】 9月25日，市人大常委会组织部分市人大代表视察农村生活污水及垃圾治理工作情况。代表们视察了杜村、旧宅、钱村生活污水及垃圾治理工作开展情况，听取了市政府工作情况汇报。代表们就进一步推进“五水共治”工作，促进农村环境卫生治理等提出了许多意见建议。

9月25日，市人大代表视察农村污水处理工程（市人大提供）

【视察为民办实事项目实施情况】 11月19日，市人大常委会组织部分市人大代表视察为民办实事项目实施情况。代表们视察了浒溪整治现场、溪西菜场、和平南路改造现场、公共自行车调度中心，听取了市政府工作情况汇报。

（周朝军）

11月19日，市人大代表视察为民办实事项目（市人大提供）

兰溪市人民政府

综　述

【概况】 兰溪市辖6个街道、7个镇、3个乡。2014年末，户籍总人口66.09万人，常住人口56.33万人。

2014年，全市实现地区生产总值271.2亿元，增长8.4%；地方财政收入（公共财政预算收入）20亿元，增长10%；固定资产投资150.1亿元，增长16.5%；外贸出口11.5亿美元，增长21.4%；社会消费品零售总额106.5亿元，增长14.9%；城镇常住居民人均可支配收入29766元，增长9.3%，农村常住居民人均纯收入13890元，增长11.8%。

【发展后劲不断增强】 全年共引进内资56亿元，浙商回归到位资金22亿元，实到外资2300万美元。先后在兰溪、武汉举办浙商回归项目集中签约活动，成立湖北兰溪商会。衢江航运开发、万舟纺织等41个省、金华市重点项目全部开工建设。列入省“双千”技改项目66个，项目数连续8年列全省各县市首位。新增科技型企业63家，其中国家级高新技术企业9家。列入国家级科技项目13个，组建企业研发中心32家。15家企业和机构入驻科技孵化园。丰登化工新型高浓度废水利用处置技术在全国推广。举办第二届人才科技月“院士专家兰溪行”等系列活动，2人入选省“千人计划”。成立金华市首家人才银行。成功创建省知识产权示范市。新增省名牌产品4种。开展“四破”专项整治，盘活闲置低效用地1600亩。浙商创新实验园、开发区三期招商平台基本成形，拓展发展空间2000多亩。1000千伏特高压兰江站输变电工程建成投运，110千伏梅江变、上华变完成扩容。成立金融办，首次引进全国性股份制商业银行——平安银行，筹建民间融资服务中心，全市新增贷款40亿元。交联辐照材料公司获批新三板挂牌上市。开展“五水共治”定向融资，成功发行债券5亿元。

【经济运行稳中向好】 出台扶持工业企业发展“十六条”。加强企业风险防范协调处置，打击非法集资、高利贷、逃废债等行为。开展服务企业“春风行动”，解决企业发展难题124项；转贷22亿元。技改投入占工业投资比重达到61.1%，比上年提高4个百分点；万元GDP能耗下降9.5%，降幅居金华市首位；新产品产值、高新技术产业增加值、装备制造业增加值分别增长40%、13.5%、12.9%，增幅均列金华市第二；战略性新兴产业增加值40亿元,占规上工业增加值比重超过1/4，总量居金华市第二。推进纺织行业“机器换人”，确定示范试点项目70项。棉纺织产业集群公共服务平台投入运行。列为综合性“腾笼换鸟”省级试点县，锡箔行业整治列入省第一批传统块状行业“腾笼换鸟”试点。建立工业企业产出效益评价体系，出台全省首个地方性用能确权标准，完成重点企业能源监测体系建设。支持企业“走出去”，红狮集团等企业境外直接投资1.6亿美元，占金华市的70%。服务业增加值占GDP比重为34.8%，比上年提高1个百分点；生产性服务业占服务业投资比重达到26%，比上年提高10个百分点。编制商业网点布局专项规划。引进总部经济税收2.2亿元，总部大楼完成土建工程。实现旅游收入45亿元，增长29%。嘉宝物流基地投入运行。搭建邮政跨境电商平台，康恩贝自建电子商务交易平台正式运行，新增电子商务企业22家，电子商务交易额突破10亿元，增长42%。承办金华市农业“两区”建设现场会。云山万亩粮食功能区基本建成。创建省级现代农业园区3个。新增流转土地1.5万亩、设施农业3500亩，引进农业项目10个。与省农科院、浙江农林大学合作，建成全省首家“数字农业”平台。创建为全国休闲农业与乡村旅游示范县。全面建成镇乡（街道）农业公共服务中心。

【城乡面貌大为改观】 金角大桥基本完工，横山大桥主跨合龙，马墩线主体工程完工，义兰公路顺利推进。姚家枢纽及船闸工程开工。李渔路延伸、和平南路改造、扬子江路新建等城市道路项目完工。修缮历史街区建筑2.5万平方米。完成排岭地块征迁，启动下金、黄溢、下余等城中村改造。游埠镇入选全国重点镇，黄店芝堰村、永昌社峰村被评为中国传统村落。实施“五水共治”十大工程，募集公益基金8300多万元，开工建设项目105个，完工69个，完成投资9.2亿元。完成市级污水处理厂应急改造。启动农村生活污水治理，首轮257个行政村治理工程基本完成。开展生猪养殖污染专项整治，关停、拆除禁养区内养殖场（户）3100多家，减少存栏近29万头。经过整治，全市22个水质监测断面中有7个水质得到提升，劣Ⅴ类断面从5个减少至1个，兰江出境水质稳定保持Ⅲ类。荣获“大禹杯”金奖。完成全市供水专项规划编制。出台“三改一拆”问责办法，拆除违章建筑198万平方米，完成“三改”70万平方米，129个村达到“一户一宅”标准。实施主城区黄标车限行，淘汰黄标车3600辆。开展“清水零点”行动，关停小作坊135家。编制再生资源回收体系建设规划，完成再生纤维及其制品行业整治，关停企业57家。推进环卫体制改革，实现城乡环卫一体化管理。推行农村环卫收费。

【社会事业持续进步】 浙师大行知学院迁建项目获省政府批准建设。新兰五中和外国语小学、外国语中学两所民办学校建成并投入使用，机关幼儿园迁建工程基础完工，镇乡（街道）中心幼儿园实现全覆盖。义务教育发展基本均衡市通过省级验收。学生饮食放心工程、交通安全保障工程全面实施。中医药三级康复服务体系列入省级科技惠民项目。中医院新病房大楼投入使用。实施“单独二孩”政策。创建为省级灭鼠灭蟑先进城区。金兰中线城际公交开通运营，公共自行车投入使用。1.33万名被征地农民转保享受职工养老保险待遇。建成农村文化礼堂22家。全面推行惠民殡葬政策。民宗局被国务院授予“全国民族团结进步模范集体”荣誉称号。

【政府效能得到提升】 开展党的群众路线教育实践活动，“四风”问题整改基本完成。推进“四张清单一张网”改革，实施权力清单制度，权力“瘦身”41.2%。推行工业企业并联模拟审批，实行工商注册登记“多证联办”。完成市场监管体制改革。整合市长热线、96345社会公共服务平台，开通8890便民服务分中心。办理人大代表建议412件、政协提案397件。实行“三公”经费和部门预决算公开，全市“三公”经费比预算压缩43.7%。清退机关办公用房8235.14平方米。

（成 进）

市政府常务会议

【第二十四次常务会议】 1月27日召开，市长朱瑞俊主持会议，研究2013年度兰溪市政府质量奖评审情况，黄溢村、下金村城中村改造相关事宜等议题。市委常委、常务副市长任春辉，市委常委、副市长陈艳，副市长陆献龙、吴一成、吴乐华、何吉军参加。市人大常委会副主任徐亚平、市政协副主席章撮贤应邀参加。5名市人大代表和5名市政协委员应邀列席。

【第二十五次常务会议】 3月19日召开，市长朱瑞俊主持会议，研究“无违建市”创建活动实施方案、2014年工业经济指标分解、农村生活污水治理工作实施意见等议题。市委常委、常务副市长任春辉，市委常委、副市长陈艳、章剑锋，副市长陆献龙、吴一成、吴乐华、何吉军参加。市人大常委会副主任赵月莲、市政协副主席朱恒德应邀参加。5名市人大代表和5名市政协委员应邀列席。

【第二十六次常务会议】 4月3日召开，市长朱瑞俊主持会议，研究山区经济发展规划，实施创新驱动战略、加快提升科技创新能力的若干意见，出台单独两孩有关政策等议题。市委常委、常务副市长任春辉，市委常委、副市长陈艳、章剑锋，副市长陆献龙、吴一成、吴乐华、何吉军参加会议。市人大常委会副主任胡向东、市政协副主席冯俊应邀参加。5名市人大代表和5名市政协委员应邀列席。

【第二十七次常务会议】 5月8日召开，市长朱瑞俊主持会议，研究加强镇级污水处理设施建设的工作意见和镇级污水处理厂运行管理考核办法、生猪养殖污染专项整治及养殖长效管理有关事宜、“四破”专项行动实施方案等议题。市委常委、常务副市长任春辉，市委常委、副市长陈艳、章剑锋，副市长陆献龙、吴一成、吴乐华、何吉军参加。市人大常委会副主任赵月莲、市政协副主席陈玉祥应邀参加。5名市人大代表和5名市政协委员应邀列席。

【第二十八次常务会议】 5月29日召开，市长朱瑞俊主持会议，研究调整城镇职工基本医疗保险有关待遇、创建浙江省卫生强市有关事宜、2014年全市农贸市场提升发展工作等议题，市委常委、常务副市长任春辉，市委常委、副市长陈艳、章剑锋，副市长陆献龙、吴一成、吴乐华、何吉军参加，市人大常委会副主任徐亚平、市政协副主席陈玉祥应邀参加，5名市人大代表和5名市政协委员应邀列席。

【第二十九次常务会议】 6月26日召开，市长朱瑞俊主持会议，研究工商注册登记多证联办试行办法、《2014年度“五水共治”考核办法》《2014年度“河长制”考核办法》、煲庄搬迁项目相关事宜等议题。市委常委、常务副市长任春辉，市委常委、副市长陈艳、章剑锋，副市长陆献龙、吴一成、吴乐华参加会议。市人大常委会副主任胡向东、市政协副主席章撮贤应邀参加会议。5名市人大代表和5名市政协委员应邀列席会议。

【第三十次常务会议】 7月29日召开，市长朱瑞俊主持会议，研究加快推进信息化与工业化深度融合的实施意见、小型水库巡查工作管理办法、“四破”暨土地年收益征收管理办法等议题。市领导任春辉、陈艳、陆献龙、吴一成、吴乐华、何吉军、郭志刚参加会议。

【第三十一次常务会议】 8月28日召开，市长朱瑞俊主持会议，研究《治理淘汰高污染排放车辆工作实施方案》《黄标车淘汰补助实施办法》、2015年城乡居民医疗保障筹资工作、深化殡葬改革全面推行生态葬法等议题。市委常委、常务副市长任春辉，市委常委、副市长陈艳、章剑锋，副市长吴一成、何吉军、郭志刚参加会议。市人大常委会副主任邵茂良、市政协副主席冯俊应邀参加会议。5名市人大代表和5名市政协委员应邀列席会议。

【第三十二次常务会议】 10月11日召开，市长朱瑞俊主持会议，研究深化农村确权赋权改革的实施意见、加强畜禽规模养殖审批管理工作、市区个人出租房税收征收管理暂行办法等议题。兰溪市委常委、常务副市长任春辉，市委常委、副市长陈艳、章剑锋，副市长吴一成、何吉军、郭志刚参加会议。

【第三十三次常务会议】 10月30日召开，市长朱瑞俊主持会议，研究休闲农业与乡村旅游发展规划、全民参保登记工作实施方案、加快发展养老服务业的实施意见等议题。兰溪市委常委、常务副市长任春辉，市委常委、副市长陈艳、章剑锋，副市长陆献龙、吴一成、吴乐华、何吉军、郭志刚参加会议。

【第三十四次常务会议】 11月28日召开，市长朱瑞俊主持会议，研究市直管公房管理暂行办法、数字城管向镇乡(街道)延伸工作实施意见、进一步加快民族地区经济社会发展实施意见等议题。兰溪市委常委、常务副市长任春辉，市委常委、副市长陈艳，副市长陆献龙、吴一成、吴乐华、何吉军、郭志刚参加会议。

【第三十五次常务会议】 12月24日召开，市长朱瑞俊主持会议，研究《低收入农户收入倍增计划实施意见》、全市商业网点布局专项规划等议题。兰溪市委常委、常务副市长任春辉，市委常委、副市长陈艳、章剑锋，副市长陆献龙、吴一成、吴乐华、何吉军、郭志刚参加会议。

（成 进）

重要会议

【市委十三届五次全体（扩大）会议暨市政府第四次全体会议】 1月2日召开，市委书记吴国成作工作报告，市长朱瑞俊主持会议。会议主题：抢抓改革先机，加速追赶跨越，努力开创“两富”现代化兰溪建设新局面。

【全市干部大会】 2月10日召开，总结2013年度工作亮点，部署2014年工作重点。动员全市上下坚定信心、奋发有为、乘势而上，全力开创兰溪赶超发展的新局面。市委书记吴国成作重要讲话，兰溪市委副书记、市长朱瑞俊主持会议。会上，部署了“我为五水共治做贡献，千名干部下基层，三清三化三送”活动。会议表彰了2013年工作目标责任制综合考核先进单位，工业类、招商引资、项目推进、服务业类、三农类的先进单位和个人，“示范窗口”“十佳”全程代理员、“十佳”科所站队，以及最美兰溪人；浙江康恩贝制药股份有限公司董事长胡季强，永昌街道永昌赵村党支部书记、村委会主任赵小建，上华街道党工委书记范秀良，商务局局长叶小虎，经济开发区管委会主任陈志良，副市长陆献龙作了典型发言。

【“五水共治”动员大会】 2月14日召开，围绕“综合治污水、合力防洪水、科学排涝水、安全保供水、全民抓节水”，重点推进治水十大工程，实现“清三河、四覆盖、两转型”，倒逼转型升级，促进人水和谐，推进生态兰溪建设。通过治理，达到三年(2014—2016年)解决突出问题，明显见效；五年(2014—2018年)基本解决问题，全面改观；七年(2014—2020年)基本不出问题，实现质变。动员大会上，首批45家重点企业现场认捐5388万元。

【农业农村工作会议】 3月12日召开，会议贯彻落实中央、省、金华市有关会议和文件精神，回顾总结2013年全市农业农村工作，研究部署2014年“三农”工作重点。2014年，兰溪“三农”工作目标是：着力深化农村各项改革，转变农业发展方式，推进城乡统筹发展，提升农民生活质量，加快实现农业由大到强的跨越，努力实现农业增加值增长1.6%，农民人均纯收入增长10%以上。

3月12日，全市农业农村工作会议召开（章晓栋提供）

【深化“三改一拆”行动暨“无违建市”创建活动动员会】 3月28日以视频会议形式召开。2014年，兰溪将以“无违建市”创建活动为载体，进一步深化“三改一拆”行动。根据部署，2014年的“无违建市”创建活动将完成拆违50万平方米，确保全市40%村(社区)达到“无违建村(社区)”标准，上华、赤溪、灵洞、水亭、诸葛、梅江等6个镇乡(街道)达到“无违建镇乡(街道)”标准。2015年，全市80%以上村(社区)和80%以上镇乡(街道)，分别达到“无违建村(社区)”“无违建镇乡(街道)”标准。

【作风建设暨工业经济项目推进“百日攻坚”大会】 4月11日召开。为加大对全市工业经济的支持力度，市委、市政府专门出台《关于加大工业经济支持力度的若干意见》。其内容主要是：市财政在原1亿元工业企业转贷资金的基础上再增加1亿元，用于工业企业转贷；加大对工业企业信贷支持；审慎处理企业担保代偿问题；提高企业工业用地贷款抵押评估指导价等16条意见，给工业企业渡过难关创造一个较为宽松良好的环境等。同时，从4月份开始，全市将用三个月时间，开展重点项目“百日攻坚”活动。主要针对省411项目、省重点项目、金华市重点项目、扩大有效投资项目以及兰溪市“双百工程”重点项目。开展征地、杆线迁移专项攻坚，确保万舟纺织年产50万纱锭生产线项目等31个重点项目完成攻坚目标；开展抓前期促开工集中攻坚，选取黄龙洞市场提升改造等22个新建项目作为促开工攻坚项目，选取芝堰水库除险加固工程等14个重大前期项目作为攻坚项目，分别达到攻坚月和年度目标节点要求。

【金华市“五水共治”现场会】 4月15日在兰溪召开，金华市委副书记、市长暨军民强调，开展农村生活污水、农村生活垃圾和赤膊房治理等“三治”工作，是当前“五水共治”中的难点和重点，要横下一条心，拧成一股劲，拿出“踏石留印、抓铁有痕”的劲头，“不见成效不收兵”的韧劲，“能打仗、打胜仗”的勇气，坚决打赢农村“三治”攻坚战。会上，兰溪市委副书记、市长朱瑞俊就农村环境卫生治理工作进行交流发言。与会人员实地考察了三江口兰江防洪综合治理、赤溪街道下洪溪村农村生活污水处理、永昌街道姜坞底村农村环境卫生整治、浙江宝龙纺织有限公司污水处理工程，以及浒溪河道综合治理现场。

【市委十三届六次全体(扩大)会议暨市政府第五次全体会议】 7月25日召开。金华市政协副主席、市委书记、市人大常委会主任吴国成作工作报告。会议由市委副书记、市长朱瑞俊主持。会议学习贯彻党的十八大、十八届三中全会和习近平总书记系列重要讲话精神，落实省委十三届五次全会、金华市委六届七次全会决策部署，总结上半年工作，部署下半年任务，动员全市上下坚持更新起点、更高目标，努力开创“建设美丽兰溪、创造美好生活”新局面。上半年，全市实现地区生产总值126亿元，同比增长8.4%；规上工业产值361亿元，增长8.7%；财政总收入23.7亿元，地方财政收入13.4亿元，分别增长8.5%和11.9%；固定资产投资84亿元，增长17.6%；城镇居民收入1.5万元，农村常住居民可支配收入7700元，分别增长8.9%和12.2%。41项经济社会发展主要指标中，有21项指标总量或增幅列金华前三位，实现了“半年红”的目标。

【金华市农业“两区”建设工作现场会】 9月5日在兰溪召开，金华市委副书记、市长暨军民强调，2014年是开展农业“两区”建设的第五个年头，农业“两区”建设进入了提升和攻坚阶段，全市上下要进一步统一思想，再强信心、再鼓干劲、再出实招，不断提升农业“两区”建设水平，为打造“两美”金华贡献力量。

（成 进）

9月5日，金华市农业“两区”建设工作现场会在兰溪召开（市农业局提供）

重要政事

【公共自行车投入运行】 7月9日，公共自行车交通服务系统试运行，市区50个公共自行车站点、1500多辆自行车全部投入使用。市领导朱瑞俊、刘成芝、蔡艳、赵月莲、吴乐华、章撮贤、姚威参加启动仪式。公共自行车的启用，是推进兰溪节能减排、倡导市民绿色出行的有效手段，有助于改善城区交通环境，推动全民健身运动，提升兰溪城市形象。

7月10日，市领导、机关干部和市民体验公共自行车骑行（市执法局提供）

【举行《诸葛亮》特种邮票首发式】 8月14日，《诸葛亮》特种邮票全国首发式在诸葛八卦村举行。此次发行的《诸葛亮》特种邮票共1套2枚，小型张1枚。还特别制作了《诸葛亮》小型张四连张一枚，材质为绢质。中国集邮总公司总经理刘燕明，金华市政协主席、金华市集邮协会名誉会长郑金平，中国邮政集团公司特别代表、邮票发行部印制监管处处长韩玮，中国摄影报社副社长方焕然，以及市领导朱瑞俊、范卫东、章剑锋、胡向东、陈玉祥等参加首发仪式。

8月28日，《诸葛亮》特种邮票首发式在诸葛村举行（王恩觃摄）

【姚家枢纽及船闸工程开工建设】 9月10日，钱塘江中上游衢江(金华段)航运开发工程姚家枢纽及船闸工程正式开工建设，标志着兰溪的航运复兴之路随之开启，这也是衢江（金华段）首个实质性动工建设的航运项目。金华市委常委、常务副市长金中梁，金华市政协副主席、兰溪市委书记、兰溪市人大常委会主任吴国成，金华市政府副秘书长姜能，兰溪市领导任春辉、赵月莲、吴乐华、王柏中、姜玉芳参加开工仪式。

【承办全省水利局长暨冬春农田水利现场会】 11月27日，全省水利局长暨冬春农田水利现场会在兰溪召开。会议总结交流2014年水利工作，对冬春农田水利基本建设、2015年水利工作再动员、再部署。省水利厅厅长陈川，金华市副市长张伟亚，兰溪市委副书记、市长朱瑞俊，副市长何吉军出席会议。

【举行浙商回归项目暨科技合作协议签约仪式】 12月8日,兰溪在武汉举行浙商回归项目暨科技合作协议签约仪式，共有24个项目集中签约，投资总额达49.9亿元；签约科技合作项目两个。同时，兰溪市政府还与武汉纺织大学签订全面合作协议。武汉纺织大学校长韦一良，兰溪市领导朱瑞俊、蔡艳、徐建祥、徐亚平、吴一成、朱恒德，其他领导陈志良、方建良参加签约活动。

【创建为全国休闲农业与乡村旅游示范县】 12月24日，兰溪市被农业部、国家旅游局授予“全国休闲农业与乡村旅游示范县”称号，成为金华市首个获此称号的县(市、区)。

（成　进）

办公室工作

【概况】 2014年，共起草、审核以市政府名义和市政府办公室名义发文的各类文件502件；草拟领导讲话稿3500余篇，整理会议材料360余件；处理上级来文450余件，乡镇及部门来文810余件；办理组织参加上级会议150余次；组织全市各类会议750余次。举办信息工作培训班6次，编发《兰溪信息通报》32期，上报各类信息500条以上，被省、金华市采用107条，其中专报类信息13篇，获省级领导批示7篇，金华市级领导批示6篇。编发《政务督查工作》31期，下发《关于分解落实2014年政府工作报告目标任务的通知》，开展“五水共治”“四破”“三改一拆”、有效投资和招商引资、转型升级等重点工作专项督查。“两会”期间共收到建议、提案809件，其中建议412件、提案397件，所有建议、提案均在法定期限内办理完毕，人大代表建议和政协委员提案办理满意率均达到99.8%。

（成　进）

外事及港澳事务

【概况】 全年接待2批次135名外宾，审核、报批因公出国(境)人员11人次。10月20—21日，接待了来自香港儒释道功德同修会和香港啬色园130余名宾客。完成一个党政干部因公出国（境）团组，兰溪市赴瑞士、奥地利开展合作项目洽谈。参加上级组织的双跨团组7批8人次，企业因公出国1人次。全年无违反外事纪律情况发生，共审核17家涉外企业的外国人申请来华邀请事宜。

（章　涵）

应急管理工作

【概况】 建设应急联动组织体系。各镇乡（街道）成立应急联动领导小组，全市共制订专项应急预案64项，26个社区、646个行政村、300余家规模以上企业、44所中学及361所小学和幼儿园全部制订了应急预案。建立应急救援队伍及应急物资储备数据库，市级层面建立治安巡逻、公共卫生、森林防火等应急救援队伍40余支，1000多人。镇乡（街道）有维稳调解、民兵应急救援、公共卫生等队伍50余支，1500多人。开展应急联动宣传工作，发放“防灾应急实用手册”300余本。

（查晓东）

电子政务

【概况】 完成全市政府系统公文无纸化办公及

OA平台建设，正式投入运行，移动办公系统进入试运行阶段。实现兰溪市网上政务分厅与浙江省网上政务大厅同步上线。基本完成市政府中心机房升级改造。有效维护市政府网站运行，全年共对外发布信息7459条，更新信息9216条。

（邵孝春）

政务公开和政府信息公开

【概况】 2014年，兰溪市人民政府网站上主动公开信息的政府部门37个，垂直管理部门10个，镇乡、街道16个，公共企事业单位6个。截至2014年底，主动公开政府信息7403条，累计主动公开政府信息31427条，全文电子化率达到100%。全年共接到依申请公开事项47件，同意公开的23件，同意部分公开的11件，不同意公开的5件，根据《条例》和《暂行办法》规定，认为申请信息不存在的2件，告知作出更改补充的2件，告知通过其他途径办理的4件。全市发生因政府信息公开引起的行政复议1起，维持具体行政行为；行政诉讼7起，维持具体行政行为或者驳回原告诉讼请求5起，被依法纠错2起。

（章　涵）

“8890”便民服务分中心

【概况】 有效整合“12345”市长热线和“96345”便民服务热线，成立市8890便民服务分中心。全年共受理群众来电38567件，有效来电5103件，市长信箱1012件，办结率达98.5%、满意率达98.2%。

（伍晓进）

8890便民服务分中心（网络搜集）

行政服务

【概况】 市行政服务中心机关设办公室、业务科、督查科；下设市公共资源交易中心。现有26个部门在中心单设服务窗口，8个部门在中心设立联合窗口。

2014年，市行政服务中心加强行政审批服务和公共资源交易平台“民心工程”和“阳光工程”建设，优化服务环境，提高服务效能。中心各窗口共收件154703件，办结154703件，办结率100%；受理预审项目50个，原则通过项目36个，项目总投资 21.1亿元，预审同意用地 577.8 亩。2014年,服务中心被市委、市政府授予合力扶工先进部门、项目（招商引资）优质服务奖、服务业协作部门协作奖、农村生活污水治理工作部门服务先进单位。

【“三个一”服务机制】 “一站式”办事。加强内部管理，规范审批项目，推行联审联办，各窗口的人员、授权、业务三到位，实现企业从业务受理到业务办结“零接触”的保姆式服务。“一条龙”服务。实现办证、报批、代办、跟踪“一条龙”。“一口子”收费。企业办理审批手续统一扎口收费，将原先涉及43项收费，企业需缴费26次，减少到4个扎口收费，只需缴费4次，收费项目优惠，只占原收费标准的30%，公开收费标准和收费依据，杜绝“暗箱操作”现象。

上门年审（市行政服务中心提供）

【全天候预约服务机制】 预约服务，是指服务对象因特殊原因无法在法定工作时间内办理的行政许可事项，服务对象与窗口工作人员双方事先约定，在法定工作时间外为服务对象提供职责范围内服务。情况特殊时可根据服务对象需要，通过预约，派人上门提供业务咨询、解释、项目报批等服务。对批办时间特别紧急的，及时将办结的证照、办件主动送至投资者手中。

【“7+X”项目预审模式】 严格项目预审，提高项目投资质量和审批时效。采用“7+X”工作模式，即在中心牵头下，先由发改、国土、建设、环保、工商、经信、商务7个部门窗口联合项目有关其他部门窗口对项目进行现场踏勘，再召开项目预审会议，对预审项目从环保、能耗、规划、产业政策等方面进行集体把关。对符合要求、预审合格的项目发放预审通过书，建立预审项目档案库，实行全过程跟踪。

【图纸会审】 工业项目预审通过后，中心要求相关部门窗口凭预审通过书，按各自职责各自办理相关手续，行政服务中心、住建局组织发改局、国土局、环保局、气象局、消防大队等相关部门人员对新建项目开工前的图纸（总平面图、建筑施工图、水电施工图等）进行初审，并形成书面意见，各有关企业根据初审要求对图纸进行修改，修改完善后的图纸经住建部门审核同意后，报行政服务中心和住建局窗口备案。

【并联模拟审批】 工业类项目行政审批涉及两个以上部门审批时，按其并联性将审批过程设置为若干个审批阶段，对同项目审批按照“一个部门牵头、一次现场踏勘、一次会商讨论、窗口同步受理、一个口子收费”的运行机制，采取联合踏勘、预审联席会议和窗口审批（模拟审批）等审批方式。审批过程中，行政服务中心有关窗口凭项目预审通过书，进行联合审批或行政许可。对项目有关审批环节在供地前实行模拟审批。将审批提速视线转移到土地出让前的“真空期”，提前介入，审批关口前移，服务前倾。全市工业项目审批原先备案注册、土地预发证、施工证和房产证办理三个阶段理论审批时间为423个工作日，推行并联模拟审批后缩短为207天，其中包括环评、能评、施工图设计及施工图审查等中介机构必须的准备135天，提速51%，实际审批过程含公告、土地招拍挂等法定要求为60天。

【企业投资项目行政审批“快速通道”】 对固定资产投资5000万元以上或外资500万美元以上项目，中心建立企业投资项目行政审批“绿色通道”，组织有关部门窗口提前介入，主动服务、靠前服务、跟踪服务，不受办件承诺时限和工作时间限制，实行急事急办、特事特办、快速审批。

（范卫毅）

公共资源交易管理

【概况】 市公共资源交易中心设有办事大厅、开标区、评标区等服务场所和相应的硬件配套设施，软、硬件建设、电子辅助评标系统、建设工程计算机远程评标的应用走在全省前列。中心内设信息管理科、工程交易科、政府采购科，是全市进行建设项目交易、土地交易、产权交易和政府采购等交易活动的有形市场。2014年，中心被评为金华市公共资源交易综合先进单位。

是年，公共资源交易中心完成土建招投标259项，投资额为16.95亿元，节约建设资金1.84亿元，节约率9.8%。组织政府采购77项，成交价为9692.9万元，节约资金1746万元，节约率18%。土地出让3宗，成交价为2.8亿元，比起拍价增加70万元，增值率0.3%。国有、集体产权公开出让出租12次，成交总价为2781.3万元，比评估价增值177万元，增值率6.8%。累计节约建设资金和实现资产增值2.04亿元。

（范卫毅）

民族宗教事务

【概况】 全市有户籍少数民族人口5771人，29个民族成分，其中畲族占少数民族人口的83%，有1

个民族乡（水亭畲族乡），16个民族村，主要分布在水亭畲族乡、诸葛镇、游埠镇、兰江街道、上华街道、永昌街道。全市外来流动少数民族人口4839人，民族成分33个，主要来自云、贵、川、湘等西部省市。2014年兰溪少数民族人均收入9850元。

全市有佛教、道教、基督教和天主教。经政府依法登记的宗教活动场所共69处，其中基督教活动场所26处，教职人员78人，信教群众近1万人；佛教活动场所37处，教职人员38人，信教人数近5万人；道教活动场所6处，教职人员6人，信教人数近1万人；天主教信徒20多人，未设立固定聚会点。有宗教团体4个，市基督教“三自”爱委会，主席汪伟；市基督教协会，会长邓亚平；市佛教协会，由副会长释印觉主持工作；市道教协会，会长陆阳。

2014年11月28日，市委、市政府出台了《关于进一步加快民族地区经济社会发展的实施意见》（兰委办〔2014〕10号，支持民族地区经济发展。

金华市人民政府副市长林丹军到兰溪视察宗教工作（市民宗局提供）

市民宗局获全国民族团结进步模范集体殊荣（市民宗局提供）

【扶持民族村事业发展】 全年共向省有关部门争取民族扶持资金225万元，其中重点项目130万元，一般项目资金55万元，为西方坞村解决特色村寨资金100万元、范院坞水产养殖基地扶持资金30万元。一般项目资金用于8个项目的扶持。省民委开展“五水共治、五教同行”活动，兰溪共争取到资金70万元，其中用于周邵汤村村庄污水和湖塘改造工程50万元、上华街道下吴村污水改造工程20万元。开展结对帮扶民族村工作。2014年，嘉兴、桐乡、义乌、东阳分别到开展结对帮扶民族村活动，为洪畈朱村高效设施农业基地、柳塘章村路灯建设、汪高岭村民族文化工程、奎塘畈村道路硬化工程落实帮扶资金50万元。开展“三联”帮扶民族村工作。春节期间，各帮扶单位都到各自的联系村走访慰问，项目帮扶资金陆续到位。

【民族特色村寨和民族文化建设】 水亭畲族乡西方坞村特色村寨建设畲族风情广场建设基本完工，二期村入口景观营造工程年底完工。全市16个民族村民族特色村标和民族文化全部上墙。在水亭“三月三”风情节上举办了全市少数民族传统体育押加选拔赛。畲族婚嫁习俗被列为兰溪市第六批非物质文化遗产代表作名录。畲族风情园被确定为畲族对歌、畲族织带、畲族祭祖舞、畲族婚嫁习俗传承基地。

【兰溪在全省民运会上取得好成绩】 11月13—17日，第五届浙江省少数民族传统体育运动会在温州举行，兰溪市10名少数民族运动员参加了押加、蹴球两个项目的比赛。水亭畲族乡雷小军、蓝建坤分别取得了押加68公斤级、85公斤级两个第一名。兰溪运动员共取得2个一等奖（第一名），3个二等奖，4个三等奖的好成绩，实现兰溪参加历届省民运会金牌零的突破。

【少数民族群众工作】 做好少数民族贫困户慰问工作。春节前，陪同省民宗委莫幸福副主任、金华市民宗局、金华宗教团体走访慰问80余户少数民族贫困户和少数民族贫困学生。做好少数民族成分审核更改工作。严格把关，为全市115名参加中考和高考的少数民族考生开具民族成分确认证明。为少数民族群众更改其子女民族成分10人。做好城市民族工作。向外来少数民族群众宣传党的民族政策，维护他们的合法权益。

【涉及宗教违法建筑处置工作】 完成“三改一折”涉及宗教违法建筑处置的拆改任务，整个处置工作平稳有序，顺利通过省、金华市考核验收。推进基督教私设聚会点处置工作，对全市基督教私设聚会点进行全面摸底，综合运用法律、政策等手段，强化思想教育转化，基督教私设聚会点处置工作取得阶段性成果。

【宗教领域安全稳定工作】 年初，召开佛、道教场所负责人会议和基督教“两会”常委会，会上签订消防安全工作责任书，部署春节前后的安全稳定工作。春节期间全市各宗教场所安定详和，没有出现不稳定因素。2月14日，对全市重点宗教场所进行安全检查。就消防安全、人员安全、场所安全、食品安全等方面提出要求，对安全隐患要求各场所做好早预防、早发现、早整改。做好特殊时间宗教界维稳工作。配合做好反恐工作，在重点宗教场所配置防控装置，保障宗教场所安全。

【宗教团体自身建设】 协助市基督教“两会”举办传道人义工培训班，90多人参加，提高传道人素质。推进和谐寺观教堂创建活动。按照创建工作要求，健全各项制度，规范各场所的管理。组织宗教界代表人士参加金华市宗教骨干培训班。

【开展宗教界慈善公益事业】 组织全市各宗教团体学习省民宗委“五水共治，五教同行”文件精神，各宗教团体为“五水共治”捐款计10万元左右。市佛教协会还向黄店镇佳泽坞村捐款5万元，用于该村的饮用水改造工程。市佛协、道协、基督教两会向高元张民族村捐款3万元，用于该村的民生工程建设。

【宗教交流活动】 2014年，兰溪黄大仙宫多次赴港参加香港黄大仙宗教文化交流。10月20—21日，香港儒释道功德同修会、香港啬色园、香港元清阁、香港道教联合会等宗教团体，到兰溪祭拜黄大仙，进行宗教文化交流。20日，香港儒释道功德同修会、香港道联会等团体与兰溪黄大仙研究者举行黄大仙文化座谈会。大家就如何认识儒释道发展的历史进程以及进一步弘扬我国儒释道传统文化优秀思想、深入挖掘黄大仙文化精神内涵，提高黄大仙在海内外知名度，增进兰溪和香港两地交流合作及建立文化学习交流长效机制等进行研究和探讨。香港儒释道功德同修会分别向黄大仙宫及黄大仙志愿工作服务团捐款。香港儒释道功德同修会会长黄维溢道长等5人被聘为兰溪市道教协会名誉会长。兰溪市道教协会会长陆阳道长被聘为香港儒释道功德同修会名誉会长和学术堂顾问。

（汪旭霞）

10月21日，香港儒释道功德同修会等团体100余人，到兰溪祭拜黄大仙并举行黄大仙文化座谈会（市民宗局提供）

台湾事务

【概况】 市台办利用传统节日、重大活动，通过书信、电话、贺年卡等形式与台胞台属交流信息，互通情况，联络感情。通过接待交流沟通，宣传党的对台方针政策和兰溪经济建设成就，广交朋友，增进友谊。2014年，向上级台办和统战部报送工作信息9篇，市台联会编写《台联快讯》4期、《兰溪台联》4期。

台湾同胞是发展两岸关系的一支重要力量。在台胞接待工作中，既珍惜老一代台湾同胞的深厚乡情，又重视加强与二、三代台湾同胞和青年学生的密切沟通，延续乡亲情谊，增强他们对中华民族和祖国大陆的认同感。全年接待回乡探亲、访祖、捐学和交流台胞70人，为台胞台属排忧解难5起，协助台湾居民项光、姚凤珠了解有关事项两件，为台胞台属办理探亲、探病，遗产继承等各类证明8份。

市台办和市台联会联合走访台胞台属企业，了解企业的发展现状、经营管理以及未来发展规划和存在的困难与问题，及时向有关部门反映和沟通联系，帮助企业渡过难关。

3月，市台办和台联会第五次组织22人参加的探亲旅游团赴台交流、探亲、寻亲和观光活动。在台期间，16位台属与在台亲人团聚。鼓励兰溪企业赴台商务考察，全年有两家企业5人赴台商务考察。

台联调解委员会参与调解台胞台属的建房、邻里纠纷、台属企业土地等问题5件，维护了台胞台属的合法权益。

【为“五水共治”捐款】 4月10日，市台联会召开“五水共治”座谈会。会上，台胞台属为“五水共治”捐款人民币5020元，并有台资台属企业在全市“五水共治”动员会上认捐人民币56万元。

【台胞捐赠支教助贫款142.1万元】 兰溪籍台胞全年共捐赠人民币142.1万元，用于发展教育事业和资助贫困家庭。

【提交政协提案15件】 台胞台属界别政协委员在市政协十三届二次会上，就加强对台工作、宣传扶持“三农”、加速发展工业经济、注重文化教育等兰溪社会发展和群众关心热点、难点问题，提交了15件提案。为发展兰溪经济、社会发展和社会事业，履行职能，建言献策。

（市台办）

志鉴编修

【概况】 2014年，兰溪市地方志办公室继续编纂《兰溪年鉴》，指导市各级部门、镇乡（街道）和村修志。年内，《赤溪街道志》正式出版，《灵洞乡志》和《兰溪司法志》完成总纂，《兰溪统计年鉴（2014）》编印出书。

《兰溪年鉴2013》（王恩贶摄）

【首部《兰溪年鉴》出版】 7月，《兰溪年鉴（2013）》由浙江人民出版社正式出版发行。《兰溪年鉴（2013）》是中共兰溪市委和兰溪市政府主办，兰溪市地方志办公室承编的第一部兰溪市地方性综合年鉴，是全面、系统记述2012年度全市自然、政治、经济、文化和社会等方面情况的年度资料性文献，是集权威性、史料性、实用性于一体的资料性工具书。年鉴设34个类目、235个分目、946个条目，有表格20个，图照247幅，其中卷首彩页照片62幅，共66.85万字。《兰溪年鉴》主编严学军、执行主编王恩贶。

【编纂《兰溪年鉴（2014）》】 年初，《兰溪年鉴（2014）》编纂工作启动，至年底完成年鉴稿总纂，送有关部门审核后交出版社排版审阅。《兰溪年鉴（2014）》采用分类编辑法，分类目、分目、条目三个层次，以条目为主要载体。全书设特载、专辑、大事记、市情概览、组织机构及其负责人、中共兰溪市委员会、兰溪市人民代表大会、兰溪市人民政府、政协兰溪市委员会、民主党派·工商联、人民团体、政法·武装、社会事务、农业·林业·气象、水务、工业、商贸、开放型经济、旅游、财政·税务、金融·保险·证券、经济管理、城乡建设·环境保护、交通、信息产业、科学技术、教育、文化·体育·传媒、医疗卫生、镇乡（街道）、文件选辑、名录、附录和索引34个类目，约60万字。

【编印《兰溪方志》总第68期】 9月，编纂印发《兰溪方志》总第68期。该期主要内容，刊载发生在抗日战争期间炸死日军中将师团长酒井直次的兰溪战斗参与者的回忆文章，从多角度印证兰溪的抗战历史。

【向杭州兰溪籍专家赠送《兰溪市志》】 7月25日下午，兰溪发展研究会杭州分会在杭州成立。该研究会是从事兰溪经济社会发展研究的群众性、学术性民间非盈利团体，由一批心系家乡发展的在杭兰溪籍专家教授及热心人士组成。市政府向与会者赠送了新编《兰溪市志》。

【《赤溪街道志》出版】 9月，《赤溪街道志》由浙江大学出版社出版发行。《赤溪街道志》86万字，由赤溪街道志编纂委员会编，主任周通，主编周福生。《赤溪街道志》分16编，共70章，上限至事物发端，下限截至2012年底。大事记部分内容延至2014年4月。

【何百川入选“浙江省最美方志人”】 1月，全省方志系统推荐出9位“最美方志人”，兰溪市地方志办公室原主任、《兰溪市志》主编何百川入选。

（王恩觃）

《赤溪街道志》出版（王恩觃摄）

综　述

【概况】　2014年，是十三届市政协工作务实创新、持续推进的一年。一年来，在中共兰溪市委的领导下，市政协常委会坚持以中国特色社会主义理论体系为指导，贯彻中共中央和省、市委一系列重大决策部署，按照市委十三届五次会议提出的发展目标和总体要求，围绕中心，服务大局，发挥独特优势和作用，履行政治协商、民主监督、参政议政职能，完成了十三届三次会议确定的各项工作任务，为建设“两富”现代化兰溪做出了积极贡献。

兰溪市庆祝人民政协成立65周年暨全市政协工作会议（市政协提供）

【市政协十三届三次会议】　2014年1月3日至1月7日，政协第十三届兰溪市委员会第三次会议在兰溪剧院举行。出席会议的政协委员255名，邀请列席人员281名。市政协党组副书记、副主席朱恒德主持会议，市政协党组书记、主席刘成芝向大会作十三届兰溪市委员会工作报告，副主席冯俊向大会作十三届二次会议以来提案工作情况报告。会议听取并审议通过了提案审查委员会关于十三届三次会议提案审查情况的报告，审议通过市政协十三届三次会议决议、关于常务委员会工作报告的决议和提案工作情况报告的决议。委员们列席了市十五届人大第四次会议，听取并协商讨论了市政府工作报告和计划、财政工作报告以及市人大常委会、市法院、市检察院工作报告。朱恒德在政协闭幕会上致闭幕词。

1月3—1月7日，政协第十三届兰溪市委员会第三次会议召开（市政协提供）

主席会议

【第十七次主席（扩大）会议】　3月14日，在市政协会议室召开十三届十七次主席（扩大）会议，组织学习了党的十八届三中全会精神宣讲提纲、十八大报告、省委十三届四次全会、金华市委六届六次全会和市委十三届五次全会精神。协商讨论了市政协常委会2014年工作要点和活动安排，2014年政协常委会重点调研课题；审议通过了政协兰溪市委员会《关于开展政协委员“走进基层、走进群众”服务月的实施方案》、市政协党组及政协机关班子党的群众路线教育实践活动学习计划；协商确定在全市范围内开展“政协委员助推‘五水共治’民主监督”活动。

【第十八次主席（扩大）会议】　4月28日，在市政协会议室召开十三届十八次主席（扩大）会议，协商确定了《市府办牵头整合资源，构建大公共服务信息平台》等7件提案为市政协十三届三次会议重点提案；协商讨论了市政协开展垃圾河治理民主监督活动的实施方案和市政协“委员服务月”启动仪式方案。

【第十九次主席（扩大）会议】　7月29日，在市政协会议室召开十三届十九次主席（扩大）会议，讨论了市政协半年工作总结。各委办汇报交流了2014年上半年工作总结、下半年工作思路以及对重点调研课题的工作开展情况。

【第二十次主席（扩大）会议】　10月22日，在市政协会议室召开十三届二十次主席（扩大）会议，传达了金华市庆祝人民政协成立65周年暨全市政协工作会议精神。讨论了2014年常委会重点调研课题——《关于我市生态城市建设的调研报告》总课题及3个子课题。

【第二十一次主席（扩大）会议】　11月10日，在市政协会议室召开十三届二十一次主席（扩大）会议，讨论了兰溪市庆祝人民政协成立65周年暨全市政协工作会议的方案，协商讨论了《中共兰溪市委关于进一步加强人民政协协商民主建设的实施意见（讨论稿）》《中共兰溪市委关于进一步加强人民政协民主监督工作的实施意见（讨论稿）》，协商了《关于我市生态城市建设问题的建议案》。

【第二十二次主席（扩大）会议】　12月4日，在市政协会议室召开十三届二十二次主席（扩大）会议，讨论了增设更名市政协内设机构及增加人员编制的相关事宜。通过了《中共兰溪市委关于进一步加强人民政协协商民主建设的实施意见》《中共兰溪市委关于进一步加强人民政协民主监督工作的实施意见》两份文件。

【第二十三次主席（扩大）会议】　12月18日，在市政协会议室召开十三届二十三次主席（扩大）会议，会议邀请了市委组织部常务副部长王斌、市委统战部常务副部长杨炳岁参加。分别协商讨论了镇乡（街道）政协工作联络处的有关人事调整事项、十三届政协委员调整方案和市政协十三届四次会议的大会发言主题、委员风采名单；审议确定了市政协三次会议以来的优秀提案、提案积极分子、提案先进单位以及政协第十三届兰溪市委员会第四次会议等相关事宜。

【第二十四次主席（扩大）会议】 12月31日，在市政协会议室召开十三届二十四次主席（扩大）会议，协商讨论了十三届四次全会开幕式上大会发言的相关事项；审议通过了十三届四次全会委员风采名单、2014年度星级委员、星级基层组织名单；协商讨论了政协第十三届兰溪市委员会常务委员会工作报告（草案）；协商讨论了政协第十三届兰溪市委员会常务委员会关于提案工作情况的报告（草案）；讨论了中共兰溪市委书记在开幕式上的讲话（征求意见稿）；协商讨论了关于完善委员管理工作的意见（讨论稿）、政协委员和基层组织履职服务积分制管理办法（讨论稿）；协商讨论了关于第十三届政协委员履职情况的通报（讨论稿）。

常委会议

【第十二次会议】 1月4日，十三届十二次常委会在世纪王朝四楼世纪厅举行，由副主席朱恒德主持，听取各委员组对中国人民政治协商会议第十三届兰溪市委员会第三次会议开幕式上吴国成书记的讲话以及《市政协十三届常务委员会工作报告》《提案工作报告》的讨论情况汇报。

【第十三次会议】 1月6日上午，十三届十三次常委会在世纪王朝四楼世纪厅举行，由副主席陈玉祥主持，听取各委员组对政府工作报告及计划、财政报告的讨论情况汇报；协商市政协十三届三次会议选举办法；协商市政协十三届委员会补选常务委员候选人建议名单；协商总监票人、监票人建议名单；协商市政协十三届三次会议提案审查情况报告；协商会议决议。

【第十四次会议】 1月6日下午，十三届十四次常委会在世纪王朝四楼世纪厅举行，由副主席章撮贤主持，听取各委员组对法院、检察院工作报告讨论情况汇报；协商通过市政协十三届三次会议选举办法；协商通过市政协十三届委员会补选常务委员候选人建议名单；协商通过总监票人、监票人建议名单；协商通过市政协十三届三次会议提案审查情况报告；协商通过会议决议。

【第十五次会议】 3月25日，十三届十五次常委会在党政中心八楼大会议室举行，由副主席王柏中主持，市人大常委会副主任徐亚平、市政府副市长陆献龙应邀参加会议。会议审议通过了《2014年常委会重点调研课题》及《市政协常委会2014年工作要点》。会议通报了《关于开展政协委员“走进基层、走进群众”服务月的实施方案》及《兰溪市“三级政协联动、万名委员同行、助推五水共治”民主监督活动》。会议听取了副市长陆献龙关于兰溪市“五水共治”的工作开展情况通报。

【第十六次会议】 8月12日，十三届十六次常委会暨常委读书会在诸葛卧龙湖举行，由副主席冯俊主持，市委常委、常务副市长任春辉、市人大常委会副主任张林安应邀参加会议。会议通报了《市政协上半年工作总结与下半年工作计划》，通过了相关人事任免，听取了任春辉副市长关于《2014年上半年全市经济社会发展和下半年政府工作情况》通报。

【第十七次会议】 10月29日，十三届十七次常委会在世纪王朝四楼世纪厅举行，由副主席冯俊主持，市委常委、常务副市长任春辉、市人大常委会副主任胡向东、市政府副市长陆献龙应邀参加会议。组织政协常委实地视察了农村生活污水治理工作和黑臭河治理工程；听取了市委常委、常务副市长任春辉关于政协十三届三次会议提案办理情况的通报、市治污办关于农村生活污水治理工作汇报以及市治水办关于兰溪市“五水共治”工作汇报。

【第十八次会议】 12月26日，十三届十八次常委会在党政中心八楼大会议室举行，由副主席姚威主持。市委常委、统战部部长徐建祥，市政府副市长何吉军应邀参加会议。会议协商讨论了《政府工作报告》《国民经济和社会发展计划》《财政预算报告》（征求意见稿）；会议审议通过了政协第十三届兰溪市委员会委员调整方案、关于召开第四次会议的决定、常务委员会工作报告及报告人、常务委员会关于提案工作情况的报告及报告人、会议建议议程、会议日程、会议秘书长、副秘书长名单、会议执行常委分组名单、会议编组及各组组长名单、会议邀请列席人员范围、会议提案委员会名单以及有关人事事项。

政协工作

【注重自身建设】 加强理论武装。学习贯彻中央、省、市委各级重要会议精神和重大决策部署，增强政治意识、大局意识和“一线”意识。注重机关建设。贯彻落实中央“八项规定”和省、市委关于加强作风建设的要求，从严落实中央八项规定、省六条禁令和兰溪市二十三条；改进工作作风、注重发挥党员在政协机关的先锋模范作用。强化委员服务管理。规范委员履职活动，修订完善委员履职考核管理办法，考核重心由参加履职活动的次数转向活动后建言献策的质量。

【开展主题教育实践活动】 开展党的群众路线教育实践活动，树立“人民政协为人民”的理念，把群众路线贯穿于政协履职各个方面。坚持开门纳言、“零距离”问政于民，征求意见建议900余条次，谈心交心80余次，走访联系村、社区及软弱涣散村30余次。以整风精神抓整改，通过建章立制实现自我净化、自我提高，修订完善了“政协机关文件和会议规则”等制度9项。

【助推“五水共治”】 市政协每位主席全部担任河长，深入治水一线，协调落实治水项目；“一办四委”根据职能分工，组织委员开展各类助推活动。基层联络处、委员组分别依托各界别优势、结合辖区实际组织委员开展各类助推活动。成立治水监督小组16个，对全市30余条垃圾河治理以及农村污水处理等工程进行巡查监督。先后有200多人次深入镇乡（街道）、村、社区，发放“五水共治”宣传资料500余份，收集意见和建议40余条，编发建议书9份，开展相关活动30余次，捐款300余万元。

【关注民生服务民需】 组织“委员服务月”活动。深入基层开展文化、卫生、科技、教育、法律、爱心“六送下乡”，进行科技指导、医疗义诊、法律宣传、示范教学、文化走亲、爱心慰问。开展“进村入企”活动。定期走访委员企业、联系镇乡（街道）、联系村和软弱涣散村，做好指导帮扶工作。开展扶贫帮困活动。引导基层联络处做好辖区内特殊困难群众的结对帮扶牵线工作，动员政协委员和机关工作人员参与爱心帮扶、点亮“微心愿”活动，鼓励企业家委员热心慈善、回报社会，真情帮助群众解决实际困难。

“走进基层、走进群众委员服务月”活动启动仪式（市政协提供）

【开展课题调研】 确定“兰溪市生态城市建设问题的调研”为政协常委会重点课题。课题的整个调研成文工作求“实”、求“细”、求“新”。调研报告提出要“将生态城市建设作为兰溪发展的总战略、全面提高资源利用效率、积极培育生态文化理念、实行区域差别化考核”等新观点，得到了市委市政府主要领导和有关方面的高度关注。其中“重生态”在市委十三届七次会议上被纳入兰溪市的战略方针。

【委员视察和主席走访企业】 配合党的群众路线教育实践活动、“五水共治”民主监督、“委员服务月”活动，组织视察走访活动100余次。配合金华市政协做好金华、婺城、兰溪三地政协委员联合视察活动，开创跨区域视察之先河。开展主席走访“委员企业家”活动，共走访委员企业80余家，与委员企业家探讨规避融资风险、加快转型升级新思路。

市政协委员视察建设中的金角大桥（市政协提供）

【参与中心工作】 市“指挥长工程”由政协领导领衔的有3项，分别是金角大桥建设工程、总部大楼建设工程、义兰公路建设工程，各相关责任人员大胆协调，靠前指挥，各项工程进展顺利，总部大楼主体基本完工，金角大桥春节前通车，义兰公路已完成总施工量的62%，展现了政协领导班子敢于担当，勇上“一线”“火线”的精神风貌。配合“三改一拆”“四换三名”“四边三化”、兰芝风情线建设、城乡环境综合治理等全市重点工作，政协委员担当城市督查员和民间调解员，宣传城市文明，化解市民纠纷。

【抓实提案工作】 共征集提案466件，立案398件，由50个党政部门承办，协商确定重点提案7件，分别是：蒋新庆委员提出的《市府办牵头整合资源，构建大公共服务信息平台》，徐海林委员提出的《完善空间换地政策，破解土地制约瓶颈》，胡汝明等7位委员提出的《关于加强兰溪市养老服务体系建设的建议》，李晓明委员提出的《提升养殖产业须强化制定环境保护规定措施》，吴伟东委员提出的《关于打造兰溪美食一条街的建议》，刘松美委员提出的《打造黄大仙品牌，以仙乡文化助推兰溪经济发展》，朱健华委员提出的《关于城区入江排污口尽快纳管的建议》。所有立案提案全部办复，提案人对办理工作的满意率为99.7%。市政协在提案初审和立案两个环节上严格把关，要求提案正式形成前必须进行集体把脉预审，合并重复提案，增加团体提案。注重提案办理协商，由市委、市政府领导领办重点提案，扩大提案办理影响力。实行提案分层督办，通过联合督办、部门督办、现场督办、视察督办等形式，提升提案办理实效。

【社情民意工作】 采取电话与委员联系、到基层与委员核实、邀请委员到市政协面谈等方式，及时对社情民意进行充实、完善，使内容更加丰满、真实，所提建议更有针对性和可操作性。对一些社情民意信息反映的问题在转办过程中了解到相关部门客观上难以解决，主动约见受办单位和信息报送人面商。全年共编发工作简报12期、社情民意24期；向市委市政府投递信息50余篇，其中在《联谊报》《金华日报》《金华政协》《金华社会科学论坛》《兰江导报》等报刊上宣传报道30余篇，被《联谊报》评为宣传成绩突出单位。

【组织联络联谊】 以“五水共治”为创作主题，联合建德、浦江开展三县市政协委员书画联合创作，举办书画联展，出版书画作品集。诗词书画社组织社员深入基层，为企事业单位进行主题创作，为群众写春联，为发展绘风采。组织机关干部和部分政协委员前往安吉、长兴、湖州、绍兴等地学习取经，先后接待了省、金华市政协领导，嘉兴、嘉善、龙游、仙居、淳安等地政协同仁来访，为他们提供参观学习、视察调研、工作交流的便利，密切了联系，增进了友谊。

【文化文史工作】 挖掘社会主义核心价值文化，编撰文史资料《兰溪家风》；推进诗词进校园普及教育，编撰《缀霞》第55期；挖掘基层协商民主文化，参与策划微电影《樟二村的民主生活》，推进农村基层党组织规范建设；搜集整理机关作风建设文化，参与策划金华市机关干部作风建设陈列馆，继承与弘扬老机关干部艰苦朴素、为民服务、务实清廉的优良作风。委员们都能充分利用自身优势，以文为媒、贴近群众，在文化宣传方面做出了成绩，获得了较高的社会赞誉。

（张锡强）

民主党派·工商联

民盟兰溪市委

【概况】 民盟兰溪市委员会（简称盟市委），下设教育、文艺、社会服务、老龄、妇女5个工作委员会和兰溪盟员之家学习与管理委员会。设兰一中、兰二中、兰三中、兰五中、文艺、科技和直联7个支部。截至2014年底，全市有盟员125人。2014年是民盟兰溪市支委会成立30周年，市委会把2014年定为“盟史教育年”，组织广大盟员开展“学盟章、读盟史”读书活动，举办盟知识竞赛，推荐优秀盟员参加金华、省民盟相关竞赛活动。王伟松获民盟金华市委会“学盟章、读盟史”知识竞赛活动二等奖，陈兴兵撰写的《西窗月下读盟史》获民盟金华市委会“学盟章、读盟史”征文一等奖、民盟省委会征文二等奖。民盟兰溪市委员会先后荣获民盟中央2014组织建设年全国先进基层组织、民盟省委会2013—2014年度先进盟组织、金华市委会2014年“基层组织建设年”活动最佳组织奖、政协兰溪市十三届三次会议提案先进单位；一中支部、五中支部被评为民盟金华市委会2013—2014年度先进盟组织；16人被评为金华民盟先进个人，2人被评为省民盟先进个人，1人被评为省民盟思想宣传工作先进个人。

民盟中央组织部长陈幼平到兰溪调研盟员之家建设情况（市民盟提供）

【编写《兰溪民盟三十年》】 盟市委组织编写兰溪盟史资料《兰溪民盟三十年》，全国政协副秘书长、民盟中央副主席徐辉题写书名。全书分为盟务、盟员、盟情、盟言四个部分共14章，近30万字，370多张图片。该书图文并茂，数据翔实，全面真实地展示了兰溪民盟成立组织三十多年来在组织建设、参政议政、社会服务等各个方面取得的成就。

【参政议政】 在市政协会议上，市盟员政协委员提交个人提案54件，占会议总提案398件的13.57%，提交团体提案7件，占会议总提案21件的

33.33%，盟市委再次获提案先进集体。盟市委的团体提案《关于古城商埠文化保护与利用的几点建议》、吴伟东的《关于打造兰溪美食一条街的建议》提案、张响珍的《关于规范城市空中网线管理的建议》提案被评为优秀提案，方绍龙、严新霞被评为活动提案积极分子。

【民主监督】 盟市委有7名盟员担任市纪委党风廉政建设“四员”（廉情监督员、政府督学员、行风监督员和特邀审计员）等，在纪检、教育、审计等方面履行特约人员职责。

【服务社会】 盟市委发挥文化、教育优势，开展社会服务。5月，文化、教育界部分盟员参加在水亭畲族乡开展的市政协委员“走进基层走进群众”服务月活动；9月10日，在马涧中心小学举行了“读万卷书　行万里路”百姓杯助学实践活动暨“烛光行动”支教活动；3月，围绕“五水共治”主题，向市盟员发出助推“五水共治、建设美丽兰溪”的倡议书，并组织盟员前往兰湖旅游度假区开展“植绿养水、美化兰溪”春天行动；9月28日，组织离退休老盟员开展“重阳看新城”活动。

民盟兰溪市委会组织盟员进行“植绿养水美化兰溪”活动（市民盟提供）

【自身建设】 2014年发展新盟员6人。组织市委会各支部委员以上骨干29人参加市委统战部举办的坚持和发展中国特色社会主义教育培训班。选派陈兴兵参加民盟中央在北京举办的中央社会主义学院2014民盟盟务工作骨干培训班。组织各支部委员以上骨干和部分新、老盟员24人赴省社会主义学院爱国统一战线教育基地“学盟史、助盟务”主题学习培训。组织盟市委全体委员和各支部主委进行宪法日宣誓活动。各支部组织学习中共十八届四中全会精神。

（陈月凤）

民建兰溪市总支

【概况】 民建兰溪市总支部,截至2014年底，共有会员82人，共设5个支部，分别由经济界、政府机关、教育卫生、法律通讯等会员组成。16名会员当选为市十三届政协委员，其中3名市政协常委；会员中金华市人大代表和金华市政协委员各1名。选派2名会员参加民建省委会骨干培训。12名会员被评为民建金华市委会优秀会员；民建兰溪市总支部被民建浙江省委会评为2013年度优秀基层组织；总支部主任徐松平被评选为浙江省优秀社会主义建设者。

11月13日，民建兰溪市总支助学结对仪式启动（市民建提供）

【参政议政】 民建会员委员在市政协全会上提交个人提案52件，题为《创新管理模式 强化项目推进》的政协大会发言，得到市委、市政府的高度认可。会员委员被评为五星级委员2名、四星级委员6名、提案积极分子2名。4名会员分别担任工商局、审计局、检察院、法院特约监督员。

【社会服务】 11月13日，总支部联合浙师大总支会员参与社会公益事业；“奉献爱心，捐资助学”，促成与兰溪市马涧中心小学24名贫困学生成立“持续结对助学”；联系沟通民建结对帮扶少数民族村诸葛厚伦方村“来料加工基地”项目的促进和落实；总支部主动响应民建金华市委会号召，为民建先贤施复亮故居修缮工程捐款10余万元。

（陆筱仙）

农工党兰溪市委

【概况】 农工党兰溪市委下设人民医院总支部（人民医院一支部、人民医院二支部、人民医院三支部）、机关直属支部、科技支部、兰冶支部、中医院支部和教育支部。截至2014年底，全市共有党员124人。教育支部被农工党金华市委会评为2014年度先进基层组织。

【参政议政】 在金华市、兰溪市两级人大、政协会议上共提交提案、议案13件，内容涉及卫生、教育、交通、城市管理、新农村建设等方面；完成兰溪保供水情调研课题1个。参加市委统战部组织的季度专题议政会，围绕“《2014年政府工作报告》（征求意见稿）”、“推行权力清单制度、深化政府职能改革”、“抓好‘两退两进’，提高土地资源要素优化配置和利用率”、“开展‘五水共治’,促进兰溪发展”4个专题建言献策。多项建议被政府和相关部门采纳。

【社会服务】 参与市委统战部组织的“三联”帮扶民族村活动，加强和结对西方坞村的联系沟通，联系企业参与西方坞民族村建设。发动农工党员开展回报社会感恩活动，以结对帮困、结对助学、结对助老等形式参与社会公益活动；参与了多次医疗服务活动；教育支部继续开展爱心贫困助学活动，为贫困学子捐款4000余元。

【民主监督】 兰溪农工党员被中共金华市委组织部聘为特约干部监督员1人；被兰溪市委市政府特约聘为审计和监督3人；被市纪委、市委统战部聘为廉情监督员2人。

【自身建设】 新发展政治考察对象5名；组织骨干参加2014年党外人士骨干培训班；选派1人到对口联系部门挂职锻炼。

（占　华）

九三学社兰溪市委

【概况】 2014年，九三学社兰溪市委员会以建设中国特色社会主义参政党为政治使命，学习贯彻中共十八大和九三学社第十次全国代表大会精神，围绕中共兰溪市委、市政府中心工作，深入实施“加强学习，增进共识，固基强社，凝聚智慧；搭建平台，参政议政；科学发展，扩大影响”的工作思路，加强自身建设，提高履职水平，各项工作取得了新的成绩。

8月20日，全国人大常委、省人大常委会副主任、九三学社浙江省委主委姒健敏（前排左三）到兰溪九三学社调研工作并与社员合影（市九三学社提供）

【参政议政】 发挥“两会”平台重要作用，为兰溪社会经济发展建言献策，为促进兰溪民生和谐出谋划策，为帮助解决兰溪热点难点问题献计献策。社市委根据兰溪生猪养殖造成面源污染严重的实际情况，提交了《整治面源污染，打造生态兰溪》的团体提案，对推进兰溪整治生猪养殖、优化兰溪环境提出了建议和措施，得到市委、市政府的肯定，被市政协评为十三届三次会议优秀提案。严赛虹《关于促进科技成果转化，提高企业自主创新能力》、丁小富《关于发展现代职业教育培养新兴产业技术人才》的提案被评为优秀提案。九三学社兰溪市委中的金华市人大代表、政协委员、兰溪市政协委员参加“两会”活动，共提交提案32件。刘旭东、叶雪程等被评为市政协五星级委员，丁小富、叶媛媛、王瑞明、严赛虹被评为市政协四星级委员。

【组织建设】 配合金华市委会完成换届工作，社员陆献龙和严赛虹当选为九三学社金华市委委员。社市委会陈冬红因工作和身体原因辞去副主委职位，选举章宏为副主委。社市委会以支社为单位组织全体社员学习，通过《九三简讯》，宣传贯彻有关禁令、规定及上级学社的有关文件精神。8月，社省委主委姒健敏到兰溪调研五水共治和党派工作，对兰溪九三学社提出了新的要求。严赛虹、章宏、叶媛媛、徐小华等人先后参加省社会主义学院学习和培训。九三学社兰溪市委员会被社省委评为2012—2013年度社会服务先进集体，陈冬红被九三学社中央组织部授予2013年度先进组工干部。发展后备力量，做好思想传承，吸收金艳烽、成敏、施小萍、孙伟东、洪建新、楼巍、申素贞7位同志入社。截至2014年底，全市共有社员95人。

【社会服务】 为兰溪社会经济建设、社会服务、公益事业发挥自己的作用。社市委会组织社员到水亭乡上朱村开展"促、帮、扶"活动，对村庄整治、壮大村级经济提出建设性建议。主委陆献龙担任市"五水共治"办公室常务副主任，直接工作在一线，其在"五水共治"中提出的跨区域联动治水方案得到省领导的肯定。全体社员为兰溪"五水共治"捐款15200元。张淑芬在医学影像杂志发表的《64层螺旋CT论断脾脏原发性肿瘤的临床分析》和王蓓的《高频超声在糖尿病下肢动脉粥样硬化中的应用》获兰溪市优秀论文奖；盛柏松的《均代耐磨剂SCS30在轮胎面胶中的应用研究》论文，发表于《橡胶科技》2014年第11期，并获国家发明专利。

（叶媛媛）

兰溪市工商联

【概况】 兰溪市工商业联合会有会员单位1900多家，执委152家。其中：常委40家，职副主席（副会长）38家。基层商会组织28家：其中镇乡（街道）商会16家，在外异地商会7家，驻兰外企商会4家，行业商会1家。

会员企业中有全国人大代表1名，浙江省人大代表3名，金华市人大代表11名，兰溪市人大代表53名；浙江省政协委员1名，金华市政协委员8名，兰溪市政协委员64名。各级优秀中国特色社会主义事业建设者49名，其中省级2名，金华17名，兰溪30名。

【提交市政协提案45件】 市两会期间，市工商联在政协大会上作了"加快引进浙商回归创业，打造兰溪经济升级版"的专题发言，提交了《关于在政府职能转变中，进一步发挥工商联助手作用的建议》《关于促进我市企业管理升级的建议》等团体提案；工商联界别政协委员提案43件。工商联团体提案分别受到金华和兰溪政协表彰。

【基层商会换届工作】 4月23日，召开了工商联八届三次执委会，部署基层商会换届工作。至年底，15个镇乡（街道）完成商会换届。

【兰溪市新生代企业家商会成立】 11月25日，兰溪市新生代企业家商会成立。市领导蔡艳、徐建祥、徐亚平、郭志刚、章撮贤出席授牌仪式。该商会由浙江嘉宝物流有限公司、浙江腾马纺织有限公司、浙江博爱家纺有限公司3家企业发起，首批会员近50名，都是1975年以后出生或第二代创业者。经选举，商会产生第一届理事会，"嘉宝物流"常务副总经理徐嘉宝当选会长，"博爱家纺"总经理许幸来当选秘书长。市委副书记蔡艳勉励新生代商会成员积极向上，脚踏实地，践行梦想，把事业做大做强。

11月25日，兰溪市新生代企业家商会成立（市工商联提供）

【湖北兰溪商会成立】 12月8日，湖北兰溪商会在武汉正式成立，在湖北打拼创业的兰溪客商从此有了异乡之家。商会第一次会员大会选举产生了首届理事会，湖北京兰水泥集团有限公司董事长赵伟光当选会长。湖北省委统战部副部长、省工商联党组书记曹立明，湖北省浙江企业联合会(湖北省浙江总商会)执行会长、党委书记蒋红雨，武汉市金华商会会长吕成远，兰溪市领导朱瑞俊、蔡艳、徐建祥、吴一成参加商会成立大会。兰溪市委副书记、市长朱瑞俊为商会授牌。近年来，兰溪籍在湖北创业经商的企业家不断增多，企业经营范围也不断扩大。在湖北的兰溪人涉足水泥生产、房地产开发、文化传媒、环保科技等多个行业领域。会上，市委副书记蔡艳代表兰溪市四套班子向湖北兰溪商会的成立表示祝贺，希望商会发挥组织优势，为促进兰、鄂两地合作交流、经济社会发展做贡献。商会成立大会前，朱瑞俊一行还专程走访了湖北三磊实业集团、湖北武汉国研文化传播有限公司，看望在鄂经商的兰溪籍企业家。

12月8日，湖北兰溪商会成立（市工商联提供）

【服务经济和企业】 以兰溪市非公有制经济服务中心为平台，为会员企业提供针对性专业性服务。邀请副市长吴一成给会员企业分析当前经济形势和兰溪经济情况。4月4日，引导浙商回归创业创新，配合市政府开展兰溪市2014年浙商回归暨总部经济项目集中签约仪式活动，邀请11位异地商会代表参加。12月8日结合成立湖北兰溪商会，配合市政府在湖北举行招商项目集中签约仪式。

【回报社会】 组织引导会员企业参与“五水共治”“建设美丽厂区”和“三清三化三送”等活动。会员企业和全市非公有制经济人士响应工商联倡议，为“五水共治”认捐8500多万元，到位3800多万元；为农村治理污水捐助专项资金370多万元。市委统战部、市工商联、市创建办和市经信局联合发文，向全市企业提出建设美丽厂区的行动建议，得到企业的积极响应。3月28日，召开全市建设美丽厂区动员会，4月28日召开现场交流推进会，确立并达到全年建设36家美丽厂区的目标。全市会员企业为“三清三化新农村建设”捐款250万元。年初，在全市商会和会员企业开展了“同心·送温暖”惠民走访活动，走访慰问了310户“三老两户”（老革命、老党员、老模范和贫困户、困难户）和镇乡（街道）敬老院，送去了59.5万元慰问金。

（廖养华）

1月27日，市工商联领导组织开展春节送温暖献爱心活动（市工商联提供）

人民团体

总工会

【概况】 兰溪市总工会下设局（系统）工会工作委员会15个，16个镇乡（街道）和经济开发区全部建立了总工会。截至2014年底，全市共有基层工会1340家，涵盖单位3094家，工会会员14.1万人，工会组建率94.2%，职工入会率96%。组织开展“职工之家创优达标”活动，选树60家企业工会为创优达标示范点。全市有省级示范镇乡（街道）工会（工委）14家，金华级36家，市本级129家。新增兰溪市自立铜业有限公司等5家企业为省级“职工书屋”示范点，云山街道中徐村获评省级农民工文化家园。兰溪市总工会（以下简称市总工会）被评为金华市工会重点工作考核优秀单位。

12月22日，市总工会搬至新大楼办公（市职工活动中心）。

5月20日，启动“五水共治”劳动竞赛活动（市总工会提供）

【实施职工医疗互助保障】 实施在职职工住院医疗互助保障工作。下发了《关于开展职工医疗互助保障工作的实施意见》（兰总工〔2014〕1号）；4月，召开全市职工医疗互助保障会第一次会员代表大会暨医疗互助保障工作动员会。截至年底，全市参加在职职工住院医疗互助保障3.8万余人，参保金额190多万元。局系统完成率102.6%，参保职工8441名；教育系统完成率达96.6%，参保职工4933人；财贸系统完成率86.2%，参保职工2976名；梅江镇、灵洞乡、游埠镇、女埠街道等完成率均超过85%。至年底已为467名住院职工报销互助保障金29.27万元。

【举办职工免费培训】 发挥工会“大学校”作用，做好职工免费培训工作。抓技术素质、创新能力和中高级技术工人培训，为企业培训多工种的初、中、高级技工和实用管理人才。市职工学校全年举办各类企业职工免费技能培训57期，培训3816人；各级工会全年培训19500人，全市共培训2.2万余人次。

【举办创新成果展】 10月，与科技局、经济开发区联合举办第二届职工创新成果暨“五水共治”创新成果展。展览汇集了全市2013年以来在职工技术创新特别是“五水共治”活动中取得的成果，评出了12项优秀成果。

【举办农村传统建筑工匠技能比武大赛】 11月26日，与市住房和城乡建设局、市人力社保局、市农办联合举办兰溪市农村传统建筑工匠技能比武大赛，来自16个镇乡（街道）近100名能工巧匠参加比武，角逐马头墙砌筑等7个项目的比赛，女埠街道舒国真等21人被授予“技术能手”称号。全年有260多家企（事）业单位5万余名职工参加各类劳动竞赛和技能比武活动。

【评选出36位市劳模】 2014年是三年一次的兰溪市级劳动模范评选之年，经过层层推荐，严格考查，评选出张大均等36位劳动模范和兰溪市实验幼儿园等10个模范集体。推荐评选浙江省劳动模范4人，省模范集体1个，全国“五一”劳动奖章人选1人。（劳模名单见《名录》）

【“情系职工、服务会员”活动】 深化“情系职工、服务会员”活动，与中国工商银行兰溪市支行联合推出“工会会员卡”一卡通服务。“工会会员卡”是一张集工会服务、职业培训、医疗购物、法律援助、图书阅览、休养旅游、金融服务等15类40多个服务项目优惠的纯公益性质惠民服务卡，全市已有30家单位、企业、商家成为工会卡首批优惠服务店，惠及全市14.4万工会会员。截至年底，全市已有54家单位4000余名职工办理了工会会员卡。

【开展工资集体协商工作】 全年开展工资集体协商1290家，覆盖企业2940家，签订率96.4%。培育了红狮水泥、裕华纺织、鑫和粉末、万盛达、自立铜业、巨江电源、山野机械、鑫兰纺织等一批集体协商提质增效示范企业。红狮水泥工资集体协商工作在金华市总工会业务培训班上作典型发言；灵洞乡水泥行业和赤溪街道纺织行业工资集体协商，内容更完善、程序更规范；女埠街道酥饼行业工资集体协商成为金华市典型。

【困难职工帮扶】 开展“冬送温暖”活动，市总工会走访慰问困难职工313人，困难劳模20余人，慰问金27万元；开展“夏送清凉”活动，走访慰问奋战在高温岗位的一线职工3000余名；开展“金秋助学”活动，在高中和大学在读的全市困难职工子女均可申报，最低资助金额从2013年的500元提高到1000元，最高是5000元，53名困难职工子女受到资助，发放慰问金10余万元；开展“福彩牵手，温暖回家——困难外来务工人员专项帮扶活动”，为12名困难外来务工人员各发放1000元救助金，感谢他们为兰溪经济建设做出的贡献；与解放军73051部队医院合作，组织开展免费送体检到企业活动，全年有6345名企业职工接受免费体检；教师节期间走访诸葛镇中心小学马塘教学点，送去了慰问品及慰问金。

1月14日，市总工会领导慰问困难职工（市总工会提供）

【职工维权】 强化服务中心法律维权职能，该中心全年接待职工群众来访87批次，263人次，办结86批次，受理和办结12351维权专线咨询投诉45起，帮助职工解决工资拖欠、经济补偿金、补缴社保基金和改制遗留等问题，参与起诉、仲裁各2次，代书7件次，为职工挽回经济损失300多万元。各级工会广泛开展送温暖、强保障活动，全市1270家企业参与“强保障、促和谐”活动，改善了企业职工的生产生活条件。

【职工服务中心建设】 兰溪市职工维权帮扶中心于2013年11月更名为职工服务中心。新建职工服务中心服务大厅沿街落地，面积约110平方米；8名专职工作人员，其中有法律工作资格或法律专业毕业的4名。服务中心除困难救助、就业援助、信访接待、法律援助、医疗互助5项基本职能外，增加了心理咨询、工会法人资格登记、职工疗休养、养老互助、会员发展、一卡通办理，职工培训等8个服务项目，实现了市总工会所有对外服务项目全部在窗口受理。新市职工活动中心改善了市总工会业务用房紧缺和职工活动设施落后陈旧等问题。

【开展职工文体活动】 “五一”节前，在经济开发区举行了以“中国梦·劳动美”为主题的慰问演出活动；5月初，联合市体育局、市直机关工委举办了“活力机关，健康兰溪”机关运动会；6月，开展了“争当好职工，奉献中国梦”为主题的征文、演讲比赛，优秀作品获省个人征文二等奖，金华市个人演讲比赛二等奖；6月底，组队参加金华市第三届职工排舞比赛，获县（市、区）组二等奖；9月初，组织工会会员参加全市五水共治“保护母亲河，畅游家乡水”活动；6—12月，与市委宣传部、市文广新局等单位联合举办“兰溪星舞台，有梦你就来”群众文化活动；12月初，选送优秀歌手参加金华市首届“职工好声音”电视大赛，兰溪合作银行方叶荣获银奖，其他选手获铜奖1名、优秀奖1名；12月底，联合市委宣传部、市文广新局、经济开发区、浙江星辉铝轮企业举办了兰溪市第十届情系园区文化系列活动。

（张筱菲）

4月17日，“中国梦 劳动美”慰问演出在兰溪开发区举行（市总工会提供）

共 青 团

【概况】 2014年，共青团兰溪市委遵循“服务中心、服务青年”的工作宗旨，以“滴水行动”为载体青春助力五水共治；以“创青春”网络创业大赛等为抓手助推青年创业；以第一届志愿者大会的召开为契机，营造浓厚志愿服务氛围；以兰溪市青少年服务中心的设立为平台，深化帮扶解困、维护青少年权益；以党的群众路线教育实践活动为重点，深化作风建设，践行群众路线，完成了对革命烈士纪念馆的整体改造工程和市青少年宫的环境改造工程。团市委获2014年度金华市共青团系统年终考核第二名。

【召开共青团兰溪市二十二届二次全委(扩大)会议】 2月26日，共青团兰溪市二十二届二次全委(扩大)会议召开。团市委书记许文芳作了题为《点燃青春梦想、服务赶超发展，团结带领青少年为建设“两富”现代化兰溪奉献青春力量》的工作报告。会议通过了团市委委员卸免递补确认案，表彰了2013年先进集体和个人。

【启动青春助力五水共治——“滴水行动”】 2月27日兰溪市青春助力五水共治——“滴水行动”启动暨每人每天一元捐“滴水基金”创建仪式在和平公园举行。现场募得治水基金2599元，全年共募得18万元。“滴水行动”分为“河段认领”“青春护绿区创建”“每人每天一元捐”“护水哨兵随手拍”“雏鹰争章”爱水行动等，贯穿全年。

2月27日，每人每天一元捐“滴水基金”创建活动启动（团市委提供）

【举办市第一届志愿者大会】 5月4日，兰溪市召开第一届志愿者大会，并启动“五水共治·致青春”纪念“五四”主题月活动。会上，成立了兰溪市五水共治(环保)志愿者分会，表彰了52个兰溪市第一届志愿服务功勋奖、杰出志愿者、优秀志愿者、杰出志愿服务集体、优秀志愿服务集体和志愿服务公益合作伙伴等先进单位和个人。出台《兰溪市志愿者服务工作奖励办法》，形成志愿者表彰长效机制。截至年底，全市已拥有注册志愿者近1.5万人，有120余支有规模、有队伍、有活力的志愿服务队，其中专业志愿服务队26支，已建成志愿服务站38个，志愿服务基地60多个。从1995年兰溪正式推出“青年志愿者行动”以来，共有10万余人次志愿者为社会提供了300多万小时的志愿服务。

5月4日，市第一届志愿者大会召开（团市委提供）

【开展“爱心杨梅券认购公益行动”】 6月12日，组织爱在兰溪爱心联盟、网兰车友、我们都是兰溪人QQ群、雷锋车队等青年社会组织志愿者开展爱心杨梅券现场认购活动，号召广大网友到柏社乡青年屠栋家里摘杨梅，或者通过购买爱心杨梅认购券，认购屠栋家的杨梅。屠栋是柏社乡屠宅村人，30周岁，多年前患上进行性肌营养不良症，手脚瘫痪无力，不能干活。屠栋家里有百余株杨梅，是他家主要的收入来源。也是他每年暑假去石家庄进行干细胞移植的唯一希望。爱心券每张券面值50元，可购买一篮黑炭杨梅（3.5公斤左右）。认购的杨梅，将统一时间放置到指定地点后认领。在志愿者的帮助下，广大市民现场认购了140多篮杨梅，募得7000多元现金。

6月12日，爱心杨梅券公益行动认购现场（团市委提供）

【启动“完美童年　春泥计划”公益行动】 7月7日，由市委宣传部、市文明办、团市委、市教育局、市少工委、市关工委、《兰江导报》、市广电台等联合举办，浙江师范大学团委、市青少年宫承办的兰溪市第三届“完美童年　春泥计划”公益行动启动。公益行动从7月7日起至8月20日止，分“留守儿童手拉手夏令营”“外来务工子女夏令营”和“家门口夏令营”三个部分20个营，全部免费开放，覆盖儿童6000多人。

【开展水情督查志愿服务行动】 7月16日，举行“护水哨兵随手拍”水情督查志愿服务行动出征仪式，由100余名志愿者组成的水情督查志愿服务队领旗出征。服务队以“随手拍”的形式，对全市16个镇乡（街道）的水情进行督查，全年拍摄照片332组，形成通报6期。

【举办“创青春”青年网络创业创意大赛】 9月11日，举行兰溪市“合作银行杯”青年网络创业创意大赛决赛。最终，“指上兰花”项目夺冠，获得万元奖金。“指上兰花”网络创业项目，是由一名90后在校女大学生率领创业团队，设计研发出国内市场上首款兰花主题的手机APP“指上兰乡”，意欲打造指尖上的“兰花之乡”。整个大赛共有44个网络创业项目参加，经过专家初审、网络投票、模拟陈述三大环节，6个项目进入决赛。进入决赛的创业项目都获得了2000元至10000元不等的创业基金。据不完全统计，全市以淘宝、微信为主在网络上开的网店有400多家，从事网络创业的青年有2000多人。

9月12日，市“创·青春”合作银行杯青年网络创业创意大赛（团市委提供）

【举行烈士公祭活动】 9月30日，兰溪市在横山革命烈士纪念碑举行烈士公祭活动。市委、市人大、市政府、市政协四套班子领导和市人武部、驻兰部队负责人；烈士遗属和老战士、军队离退休干部、社会各界人士、机关部门主要负责人、部队官兵及少先队代表，近300人参加了活动。

【设立市青少年服务中心】 10月中旬，兰溪市青少年服务中心正式成立，中心面向社会、面向青少年提供各类公益性、综合性服务。中心下设志愿者工作指导中心、青年社会组织联盟、青年就业创业服务中心、青少年权益维护中心、新媒体中心，形成“五位一体”的组织格局。

【王辉忠到兰溪调研共青团工作】 10月16日，浙江省委副书记、政法委书记王辉忠到兰溪考察调研共青团工作。王辉忠先后到上华街道马鞍徐村、市青年电子商务创业基地和市青少年服务中心考察调研，对兰溪共青团关于实施双网互动创新农村基层团组织建设、扶持青年创业和搭建实体化阵地建设服务型团组织等工作给予高度肯定。

10月16日，省委副书记王辉忠到兰调研指导共青团工作（团市委提供）

【举办第四届大学生村官论坛】 11月20日，由市委组织部主办，团市委、永昌街道办事处承办的兰溪市第四届大学生村官论坛在永昌街道夏李村举行。论坛以“电子商务与新农村建设”为主题，邀请浙江农林大学信息工程学院讲师许风亚，金华同城购电子商务有限公司总经理周翔，金华金东区大学生村官、金华市欧风贸易有限公司总经理王辉辉及兰溪农村合作银行卡部负责人邱艳婷等嘉宾，与兰溪大学生村官现场互动交流。

【市青联召开四届一次全体会议】 12月5日，兰溪市青年联合会第四届委员会第一次全体会议召开。会议听取和审议了市青联第三届委员会常委会题为《凝聚青年力量 汇集青春智慧 团结带领全市青年为建设“两美”兰溪而努力奋斗》的工作报告，选举产生了新一届市青联领导机构。许文芳当选为市青年联合会第四届委员会主席。

（团市委）

妇女联合会

【概况】 2014年，全市各级妇联组织立足自身职能和优势，以“争做最美女性 共建美丽兰溪”为主线，围绕“五水共治”“四城同创”“美丽庭院”、来料加工和巾帼党建等中心工作，以创新激发活力，以服务凝聚民心，动员全市妇女为“两美”兰溪建设做出贡献。

全年创金华市“平安家庭”示范户10户，兰溪市“平安家庭”示范户50户。深化牵手行动，开展贫困失独、丧偶、“两癌”妇女、“春蕾女童”等特殊困境妇女儿童结对帮扶公益实事项目。持续实施“母亲健康”工程，推进农村妇女“两癌”免费筛查项目，免费为3540名妇女进行乳腺癌、宫颈癌免费检查，申报国家“两癌”补助1人，获省“两癌”补助2人。试点开展儿童保护项目，兰荫社区获省首批社区儿童保护项目试点。新建厚伦方村等“留守儿童之家”2个。开展贫困儿童“春蕾助学”行动，结对资助贫困儿童652人次，发放助学款340250元。开展“暖秋关爱”“母亲邮包”和“心系妇女儿童 情暖困难家庭”等帮扶公益活动，走访慰问贫困妇女及退职村妇女主任128人次。

全市各妇联组织举办“女性电子商务创业”“兰香月嫂”和乡村厨娘、植树栽花、加工技能等特色培训班30余期，培训城乡妇女3000多名。

截至年底，全市两新组织妇女组织1598个，覆盖率为95%，创金华市级“巾帼党建示范岗”50家。

浙江长风汽运客运西站行车检票组等5家单位被命名为省级巾帼文明岗，百姓旅行社导游组等3家单位被命名为金华市巾帼文明岗，农业局农机管理站等10家单位被命名为市级巾帼文明岗；潘卫平被评为省“三八红旗手”，徐晓君等4人分别被评为省巾帼建功标兵、金华市“三八红旗手”和优秀妇联干部。市妇联先后获全国2014年度《婚姻与家庭》杂志宣传推广先进奖、全省“感恩亲情 共同成长”征文活动优秀组织奖、兰溪市年度目标责任制综合考核先进单位、市综治维稳和国安工作先进集体及市新农村建设创新奖等荣誉。

3月5日，庆“三八”先进表彰会召开（市妇联提供）

【来料加工两项指标居金华首位】 2014年，全市发放来料加工费6.94亿元，完成全年任务的106.77%，同比增长1.74%；带动全市8.1万人从业，其中低收入农户6200多户；新培育年发放加工费100万元以上的规模经纪人37个；建设镇乡（街道）来料加工集聚区6个。截至2014年底，全市有来料加工企业376家、上规模经纪人363名，发放加工费总量、新创办企业数居金华各县市区首位。树立了“兰嫂加工”品牌。

【“春风送岗位，情暖姐妹心”招聘会】 2月18日，联合市人力资源和社会保障局、市工商行政管理局、市残联等单位举办了以“春风送岗位，情暖姐妹心”为主题的女性专场招聘会，128家企业提供的5520个食品、服装、家政、服务等岗位，吸引了众多的求职者，成功介绍826名妇女就业。

【启动“清河治水 美丽兰溪”活动】 2月21日，市妇联“清河治水 美丽兰溪”巾帼行动在永昌街道启动。全市组建791支红帽子巾帼志愿服务队，分发“节水护水”宣传黄册子2万份。各级妇联开展清理杂物专项行动，发动干部群众11万多人次，开展庭院洁化序化集中行动1445次，清理庭院各类垃圾729余吨，清理庭院卫生死角1392处，整理杂物1645处。开展园林下乡行动，邀请园林处专家在镇乡（街道）巡回举办花卉养殖、园林设计等专业知识讲座110场，培训女户主12000多人。

2月21日，“清河治水 美丽兰溪”巾帼行活动启动（市妇联提供）

【创建“美丽庭院”3805户】 “美丽庭院”创建活动在16个镇乡（街道）全面展开，全市创“美丽庭院”户3805户，永昌邱村等16个村被评为市级“美丽庭院”示范村，徐桂林等50户家庭评为“最美庭院”。“美丽乡村看庭院、庭院美化靠妇女”，“美丽庭院”创建示范点成为兰城“美丽乡村”的新风景线。

【评选“最美家庭”】 立足家庭阵地，建设美好家园。以家庭美德建设为重点，不断丰富文明家庭创建内涵，增强各类特色家庭创建。在全市开展寻找“最美家庭”活动，经过基层推荐、组织评选产生“最美家庭”10户，方小文等5户家庭被评为第九届浙江省文明家庭；吴国富等28户家庭被评为省、金华、市级“绿色家庭”；方彩萍等11户家庭被评为省、金华市“文明交通示范家庭”。

【设金华首个婚姻家庭辅导中心】 建立全市性别平等妇女权益评估机制。创新服务载体，前移维权工作关口，在行政服务中心民政窗口设立了金华地区首个婚姻家庭辅导中心，引入离婚前劝导机制，减少非理性离婚。中心配有12名经验丰富的婚姻家庭调解工作志愿者，他们每周一至周五轮流到婚姻家庭辅导中心“坐诊”，面对面对离婚当事人开展离婚劝导和心理疏导服务。

截至年底，有261对夫妻参加咨询调解。其中164对夫妻表示和好，97对夫妻仍然选择离婚，劝和率达到63%。

（邵黎仙）

11月7日，金华市妇联到兰溪婚姻家庭辅导中心调研（市妇联提供）

文 联

【概况】 兰溪市文学艺术界联合会（简称市文联）下辖：芥子园管理处、芥子园书画院和方增先艺术研究会3个事业单位和美术家协会、摄影家协会、作家协会、书法家协会、音乐工作者协会、戏曲工作者协会、舞蹈工作者协会、李渔研究会8个协会（研究会），会员总数802人，其中全国会员22人，省级会员82人，地级市会员211人。

2014年，各协会开展各项特色工作，美协的“兰溪市中国画团体——兰江画会”被评为浙江省优秀视觉文化团体；摄协与市水务局联办了第三届“水土保持杯”摄影比赛，与市农业局联办了第二届“农业杯”摄影大赛；音协配合市委宣传部、市文广新局举办了第二届“兰溪星舞台”活动；书协在温州龙湾区参加了第三届全省县区书协工作经验交谈会，与市博物馆联办了“担三杯”兰溪市书法展，与香溪镇香二村一起打造了“浙江书法村”；戏协协助文广新局参与了全市“文化下乡”“文化走亲”“杨梅节开摘”“非物质文化遗产”展示等专题性和节日性庆典活动；作协参与中洲公园首届“郁金花香诗会”，举办“廿文化草根论坛”，参加黄店镇“2014年芝堰民宿开张暨清凉节”采风活动，举办“多情明月照今宵，纪念李渔诞辰403周年”中秋诗会。

【参加市文艺工作座谈会】 12月11日，由市委宣传部组织的兰溪市文艺工作座谈会在芥子园举行，来自各条战线的文艺骨干和工作者代表30多人出席了会议。市文联各协会主席和负责人就文化品牌建设、承传与创新、文艺如何面向群众等问题发言。市委常委、宣传部长范卫东作总结，指出真善美才是文艺创作的永恒力量，文艺工作者一定要正确领会、准确把握习总书记的讲话要求，不能只为“讲话”精神而激动，还要有激情；也不能只为有了正确的文艺导向而感动，还要有行动，希望文艺工作者扎根人民、扎根生活，利用本土文化的资源优势，用饱满的创作热情，去书写家乡的人文地理，去实现美丽的中国梦，实现中国民族的伟大复兴。

4月22日，兰溪市文艺工作座谈会在芥子园召开(市文联提供)

【“钱塘江抒怀”采风团走进兰溪】 4月18日至20日，由省委宣传部、省作协主办的“钱塘江抒怀”采风团走进兰溪。“钱塘江抒怀”采风活动，组织了全省20名知名作家参加，是新中国成立以来浙江省首次组织作家从钱塘江源头到入海口的一次作家采风活动。采风团先后在诸葛八卦村、古商城、芥子园、李渔文化公园、兰芝风情线、通洲桥等景点采风。兰溪的自然生态和美丽乡村给作家们留下了深刻印象，他们将通过采风作品，描绘兰溪的山水之美、人文之美、发展之美。

“钱塘江抒怀”作家采风团参观古城唐壬森故居（王恩贶摄）

【省音协“钱塘风抒怀”采风团到芥子园采风】 4月17日，由浙江歌舞剧院院长董兰，西安音乐学院著名作曲家周煜国，浙江歌舞剧院民乐团团长夏杨等人组成的“钱塘风抒怀”采风团，到芥子园采风，通过探访一代戏曲大师李渔生平创作轨迹，寻找创作灵感。

【“美丽浙江·水之韵”省青年画家采风团到兰采风】 4月24日至25日，由来自全省各地优秀青年画家组成的“美丽浙江·水之韵”省青年画家采风团20余人到兰溪采风，先后对芥子园、李渔故里夏李村、兰溪古商城、中洲公园等地进行了采风，创作完成了80余幅作品。

【江西省作协主席刘华走访芥子园】 6月7日，中国民间文艺家协会副主席、江西省作家协会主席刘华一行到兰溪芥子园、芝堰村、三泉村、社峰村和西姜村考察。

【总后全国人大代表团考察芥子园】 12月13日，中国人民解放军总后勤部全国人大代表团孙大发上将、陈锦华少将等一行10余人考察芥子园。

【举办朱维星油画写生作品展】 4月28日至5月2日，由市文联和市美协举办的“朱维星油画写生作品展”，在芥子园书画院展厅举行，展出朱维星写生于兰溪古建筑、田野风光的油画作品92幅，从不同侧面和角度反映了兰溪鲜明的本土特色和精神风貌。

【举办“生态与自然.金华市美术作品展”】 由金华市文学艺术界联合会、金华市美术家协会、中共兰溪市委宣传部、兰溪市文学艺术界联合会、兰溪市文化广电新闻出版局联合主办的“生态与自然·金华市美术作品展”，5月23日在芥子园书画院展厅和市博物馆临时展厅举行。此次画展是金华市美术界5年一次的美术作品大展，共展出金华地区美术作品200余幅，涵盖了中国画、工笔画、油画、年画、漆画、水彩画、漫画等多个领域。

【举办“翰墨绘清流，共治美三江”书画展】 10月31日，在市文联芥子园书画院展厅举办了以“五水共治”为主题的“翰墨绘清流，共治美三江”书画联展。此次画展由建德市政协发起，联合兰溪、浦江两地，展出三地政协书画社书画作品100余幅。

【陈军国画陶艺作品展在浙江美术馆举行】 11月12—21日，由省文联、省美术家协会、兰溪市人民政府共同主办的“陈军国画陶艺作品展”在浙江美术馆举行。开幕式由中共兰溪市委常委、副市长陈艳主持，省文联党组书记、书记处常务书记田宇原，兰溪市政协主席刘成艺，中国民间文艺家协会副主席、江西省作协主席刘华先后致辞，中共浙江省委原副书记、浙江文史馆馆长梁平波宣布展览开幕。省人大常委会副主任王永昌，省政协副主席陈加元，金华市政协主席郑金平，衢州市政协主席俞流传，衢州市委常委、常务副市长赵建林，省文联党组成员、书记处书记高克明，金华市副市长孙荣燕，兰溪市四套班子部分成员及全国美术界书画爱好者500余人出席了开幕式。

【胡雪峰举办个人影展】 3月3—31日，由市博物馆、市摄影家协会主办的“永昌老街——胡雪峰摄影展”在博物馆展厅展出，这是兰溪市首次举办个人摄影展，展出胡雪峰以永昌老街为主题拍摄的50幅作品。

3月26日，市领导参观“永昌老街——胡雪峰摄影展”（陆海燕摄）

2014年文联所属协会个人出版情况

表10

姓 名	名 称	体 裁	出 版 社
陈 军	《水墨精神——陈军画集》	画集	中国艺术出版社
陈 军	《陈军——当代陶艺》	画集	江苏美术出版社

2014年文艺作品入展、获奖（国家、省级）作品

表11

作 者	名 称	体 裁	获奖、展演或发表
陈 军	《此中有真意》	陶瓷作品	入展江苏省委宣传部“首届江苏文化创意设计大赛之陶瓷艺术专项比赛”

2014年文艺作品入展、获奖（国家、省级）作品

续表11

陈 军	《此中有真意》	陶瓷作品	入展文化部、江苏省委宣传部在台湾举办的“首届江苏文化创意设计大赛之陶瓷艺术专项展”
陈 军	《艳语》	陶瓷作品	浙江美术馆收藏
王琼瑶		篆刻作品	入展中国书协“王安石奖”书展
王琼瑶		篆刻作品	入展中国书协第二届“赵孟頫·奖”书展
王琼瑶		篆刻作品	入展中国书协“欧阳询杯”书展
何志刚		论文	入编中国书协编辑出版“兰亭论坛”一书
杜志芳		书法作品	入展“中国梦乡村行”浙江书法村作品联展
姚克辉		书法作品	入展浙江省书协“中国梦乡村行”浙江书法村作品联展
傅亚苏	《四月天》	美术作品	入展浙江省美术作品大展并获优秀奖
方渊萌	《江南早茶》	油画作品	中国梦想速写大赛优秀（最高）奖
金燕青		演唱	浙江省文化厅“中国梦.社区情”声乐大奖赛演唱一等奖
王 萌		演唱	浙江省文化厅“中国梦.社区情”声乐大奖赛演唱二等奖
陈兴兵	《夏李，李渔的故乡》	作词	省委宣传部、省文联“2014省村歌创作赛”铜奖
徐 琮	《夏李，李渔的故乡》	作曲	省委宣传部、省文联“2014省村歌创作赛”铜奖
方 芳 童 欢		排舞	全国全健排舞委员会“2014年全国全健排舞大赛”金奖
翁雪飞		舞蹈	中国舞协展演一等奖
傅 彦		肚皮舞	广州国家肚皮舞联盟“第三届广州全国肚皮舞大赛”银奖
胡 斌	《南下干部》	戏 曲	上海市第十六届中国上海国际艺术节“缤纷长三角浦东祝桥杯”曲艺邀请赛银奖
林隐君	《财神殿》	自由诗	全国多家省级文学期刊联合举办的“首届玉龙艺术奖”诗歌类一等奖
林隐君	《涛涛和淘淘》	童谣	省文明办、省文联、省作协“浙江省首届童谣征文”二等奖

（林隐君）

科 协

【概况】 2014年，全市有市级学（协）会33个，镇乡（街道）科协16个，社区科协21个，企（事）业科协7个，农村科普示范基地41个（2014年新成立8家），金华市院士专家工作站2家（2014年新成立一家）。继桃花坞社区后，排岭社区、枣树社区又获全国科普示范社区称号，获中国科协、财政部科普经费奖励各20万元；黄龙洞社区、青湖社区被评为省级科普示范单位；市人民医院科协获全省优秀企业科协称号，市科协被评为省科协工作先进集体。

9月19日，兰溪市科普节在全国科普示范社区枣树社区科普活动中心开幕（市科协提供）

【提升农民科学素质】 推进“科普宣传进农村文化礼堂”工作，将科普宣传、村级农函大实用技术培训等作为农村文化礼堂宣讲内容。与灵洞乡西山寺新村探索“农村文化礼堂科普活动场所联创共建”模式，为推进“科普知识进农村文化礼堂”工作摸索经验，灵洞乡西山寺村被评为省级农村科普示范单位。结合科技周活动，开展科普报告、讲座3场，农函大实用技术等科技培训5次，播放科普电影23场次，科普图板展览8次，电视科普大篷车播放26次。发放各类科普书籍及实用技术培训资料共28000余份（册）。

【科技创新大赛和科普知识竞赛获奖】 组织参加省、金华市科技创新大赛、清洁核能科普知识竞赛。省第28届青少年科技创新大赛中兰溪7项（件）作品获奖：（兰溪市实验小学选送的《旧衣翻新机》、永昌中心小学选送的《城市雾霾清洁机》获少儿科幻画一等奖，兰一中选送的《冬葵对土壤重金属吸收的试验》、兰溪市技工学校选送的《智能家居报警系统》获青少年科技创新项目二等奖，其他3个项目分获三等奖；云山小学获金华市第28届青少年科技创新大赛优秀组织奖及6名个人获优秀辅导员称号；冶炼厂职工徐向敏获省首届清洁核能科普知识竞赛一等奖。

【搭建科普宣传平台】 完善科普短信发送平台，结合市委、市府中心工作，为创建国家卫生城市、“五水共治”和平安兰溪建设阶段性连续发送专题科普短信。七年多来累计发送科普短信息65万条。中国科协主办的《科协论坛》2014年第3期，刊文介绍“兰溪市科普短信息的发送实践与探索”一文，被省科协评为2013—2014年优秀科普论文；完善科普硬件设施，指导创建枣树社区科普活动中心、科普长廊和5个村庄的科普画廊（共25米）建设；在电视台开播《科普大篷车》电视科普栏目，每周六18：10播出；在枣树社区科普活动中心举办2014年科普节活动。围绕“五水共治”重要性和兰溪水环境现状宣传科普知识，在23个社区轮流放映科普电影。

【开展继续教育培训】 与人力资源和社会保障局共同组织开展2014年专业技术人员继续教育公共必修课培训，2400名科技人员报名参加。培训主要课程是物联网技术与应用和低碳经济与绿色生活。培训采用网络教学、集中面授和自学相结合方式，以网络教学为主，集中面授为辅。网上开展继续教育公共课培训在兰溪尚属尝试。

（童建军）

残疾人联合会

【概况】 2014年，兰溪市残疾人联合会依据《中华人民共和国残疾人保障法》履行“代表、服务、管理”职能，代表残疾人的共同利益，维护残疾人的合法权益；团结教育残疾人，为残疾人服务；承担政府委托的任务，开展残疾人工作；动员社会力量，发展残疾人事业。截至年底，全市共有持证残疾人12671人。以户籍分：农村11219人、城镇1452人。以级别分：一级残疾2022人，二级残疾2078人，三级残疾5900人，四级残疾2671人。以类别分：视力残疾1479人、听力残疾2032人、言语残疾95人、肢体残疾7173人、智力残疾1039人、精神残疾744人、多重残疾109人。

【残疾人生活救助】 残疾人基本生活保障工程，对重度残疾人单独列保，全额享受。全市持证残疾人享受低保共2535人，其中农村2383人，城镇152人。二级以上持证重度残疾人全额享受补助金

683人，其中农村639人，城镇44人。重度残疾人托（安）养工程，全年落实托（安）养893人，当年新增70人，其中新增集中托养14人，居家安养或日间照料56人。无固定收入残疾人生活补贴，对18至60周岁的无固定收入残疾人，给予每月100元生活补贴，全市共落实1700人，比上年增加198人。特困残疾人住房改造56户。开展残疾人人身意外保险试点工作，灵洞乡533名持证残疾人办理人身意外保险，每个残疾人每年保险费用40元，其中个人负担10元，市残联补贴30元。

【残疾人康复工程】 对有适应指症并有康复需求的贫困残疾人，实施助明、助听、助行康复行动。全年完成白内障复明手术300例、助听器验配50例、助视器验配20例、假肢适配10例、盲人定向行走训练60例。完成残疾儿童抢救性康复42例，其中普及型辅助器具8例、聋儿听力语言康复8例、脑瘫儿童康复训练16例、智力儿童康复训练4例、孤独症儿童康复训练4例、肢体矫治手术1例、人工耳蜗1例。建立社区残疾人康复站4家，其中新建省级社区示范站1家。提供机构康复服务3560人次、社区康复服务2560人次、康复人才培训11人。

【残疾人教育就业】 全市残疾人集中就业1333人，按比例就业996人，个体及其他就业204人，基地就业147人，合计2680人。居家来料加工就业1300人；当年新增就业119人，其中新增按比例就业43人，集中就业30人，个体就业和自主就业22人，灵活居家就业12人，基地就业12人。全市共有残疾人扶贫基地25家，新增3家。其中省级基地1家，金华市级基地7家，本市级基地17家。直接安置残疾人就业149人，辐射带动493户残疾人家庭。组织残疾人参加技能培训300人，雇主培训10家，盲人培训5人，基地就业指导员培训5人，手语培训10人。为残疾学生及残疾人家庭子女助学205人。

【残疾人精神文化建设】 加强对残疾人保障法等残疾人法律、法规的宣传力度，营造良好的扶残助残社会氛围，做到报纸上有文字、电视上有图像、广播上有声音。继续与电视台合作，开播双语节目“一月要闻”。围绕各种“节日”开展活动。在5月18日第二十四个全国助残日，由市委、市人大、市政府、市政协分管领导带队走访慰问101户特困残疾户及特教学校，赠送轮椅150辆、助听器50副、助视器20副；组织部分残疾车免费接送乘客一天，回报社会；3月3日第十五次“全国爱耳日”，举行爱耳日主题宣传活动，惠耳听力、妇保院等单位专家现场宣传爱耳护耳小知识，为新生儿检测听力，发放200余份宣传资料；10月15日是第三十一届“国际盲人节”，组织盲人协会部分会员游览诸葛八卦村。

【参加金华和省残疾人运动会】 选拔残疾人参加省、市残疾人体育活动。5月17—19日，组团参加金华市第五届残疾人运动会，荣获金牌13枚，银牌12枚，铜牌7枚；10月30日—11月2日，兰溪5名残疾人运动员参加浙江省第九届残疾人运动会，荣获6枚金牌、4枚银牌，1个第四名、2个第五名、2个第六名。

（高瑞浓）

法治·武装

综合治理

【概况】 2014年，全市政法委贯彻党的十八届四中全会和习近平总书记系列重要讲话精神，坚持以人为本，坚持问题导向，将提升社会治理能力和提高平安建设水平相结合，推进"大平安"意识，做好平安综治各项工作，促进和谐，社会政治环境持续稳定。兰溪市被评为浙江省2014年"平安县（市、区）"，实现平安建设"九连冠"。

【兰溪连续第九年获省"平安县市"称号】 3月31日，全省建设平安浙江工作电视电话会议召开，兰溪市被授予2014年浙江省"平安县（市、区）"，这是兰溪市连续第九年获此称号。

【增强"大平安"意识】 各镇乡（街道）、各机关部门，严格执行综治例会、综治述职报告、实绩档案等制度，将本单位平安综治工作放入全市"大平安"中。建立健全平安建设、矛盾纠纷排查调处月例会、月自评、月分析制度，分析、评查全市社会治安形势、平安建设情况，监控、研判考核数据，及时发现问题。坚持问题导向，对分析研判中发现的问题，由市委督查室或市平安办发放《整改通知书》，跟踪督查。组织开展平安建设、反邪教、禁毒、普法等宣传活动。

【社会矛盾纠纷化解】 出台了《兰溪市关于规范矛盾纠纷排查调处工作意见》（兰委办〔2014〕23号）、《关于进一步完善矛盾纠纷大调解体系的意见》（兰委办〔2014〕45号）等指导性文件，建立健全矛盾纠纷月例会、维稳周例会制度，"民转刑"命案和进京非访每月汇总报告制度。1—12月，排查各类矛盾纠纷2065起，就地化解1959起。全市挂牌交办的10起重大矛盾纠纷全部化解，省联席办挂牌交办兰溪的8件信访积案和金华市实践办交办的17件积案全部化解。

【邪教和"三非"整治】 部署开展了"全能神"专项整治、邪教组织"百日"攻坚及邪教"法轮功"排查摸底工作，送金华学习班3批次5人，转化4人。严厉打击邪教违法犯罪活动,专案经营"5·28"、"6·3"反宣案件，抓获犯罪嫌疑人6名，查获邪教"法轮功"聚会窝点4个。办理"三非"外国人（指那些未经合法手续而在中国非法就业、非法入境和非法居留的外国人）案件19起，采取刑事强制措施4人，遣返外国人4批次44人。

【社会治安防控体系建设】 出台《兰溪市社会治安防控体系建设的实施意见》，新增视频监控探头110个，新建电子围栏5处、智能卡口3处，治安卡口5处，全市200多所中小学，安装视频监控系统，完成CK报警系统联网，提高街面安全防控的科技化水平，街面犯罪明显下降。全市形成了以16个镇乡（街道）的社会服务管理中心为依托，32个示范性综治工作站为样本，1068个基层网格点为基础，593支平安志愿服务团队为支撑的社会治理新格局，在信息采集、矛盾纠纷化解、治安防控、重点人员帮教、扶贫助困等方面发挥重要作用。

【重点人群管理】 加强流动人口服务管理工作，全年共登记流动人口65649人；成立了“新兰溪人之家”；开展了首届十佳“新兰溪人”评选活动；增强外来人员对兰溪的认同感和归属感。推进肇事肇祸精神病人救助工作，实行精神病人“直通车”救助机制，收治住院肇事肇祸精神病人22人；严格矫正对象监管，对违法违纪的监管对象警告处理56人次，治安拘留3人次，收监7人次。

1月16日，兰江街道流动人口服务管理所成立（林马富摄）

【首届十佳“新兰溪人”评选】 4月21日，经过投票和专家评委综合评定，兰溪市首届十佳“新兰溪人”和优秀“新兰溪人”揭晓。当选十佳“新兰溪人”的是余建柱、马闯、王行树、陶仲国、周德勇、刘海军、李公勇、饶林洁(女)、王晓红(女)、项柔刚；当选优秀“新兰溪人”的是徐志鹏、鲁海贤、马万祥、孙晓风、吴克泉、张蕙(女)、王金祥、张伟、陈华威、李新英(女)。这次评选出来的十佳“新兰溪人”来自各行各业，有艰苦创业的能人精英、有爱岗敬业的劳动模范、有热心善良的道德楷模、有见义勇为的感动人物。他们来自全国各地，用自己的勤劳智慧，为兰溪的发展做出了贡献，也获得了社会各界的普遍认可和尊重。

【“七类重大刑事案件”全部破案】 坚持命案必破、黑恶必除、盗抢必打、毒赌必禁、逃犯必追、乱点必整工作原则，2014年发生的5起命案全部侦破，“七类重大刑事案件”破案率达100%，侦办黑恶势力团伙5个，抓获涉黑人员28个。处理盗抢等侵财型犯罪嫌疑人388人，破获系列团伙性案件79个，人民群众财产安全得到有效保护。严禁黄赌毒等社会丑恶现象，重点打击涉毒案件，全年抓获涉毒犯罪嫌疑人61人，查处吸毒人员208人，强制戒毒39人，破贩毒团伙案件5起。

【查获传销窝点12处】 开展“无传销”县市区建设，共查获传销窝点12处，抓获涉嫌非法拘禁的犯罪嫌疑人25名，破获非法拘禁案7起，判刑19人，解救受害人90名，查获网络传销案1起，有效遏制传销活动蔓延趋势。

【大阜张村治安整治】 对金华挂牌整治的兰江街道大阜张村进行了为期半年的集中整治攻坚，共登记核实外来人口5800余人，排查矛盾纠纷121起，调处化解119起，大阜张村治安状况明显好转。

【安全生产】 集中开展安全生产“百日整治”“百日攻坚”等专项行动，出台了《企业安全生产诚信管理实施办法》，全市安全生产形势总体平稳。全年共发生各类事故192起，同比下降19.7%；死亡41人，同比下降8.9%；直接经济损失455.041万元，同比下降17.9%。

【开展重大决策稳评工作】 年初,下发了“2014

年重大决策社会稳定风险评估计划的通知”，对全市涉及人民群众利益的重大决策、重大工程、重大项目进行全面梳理，尽可能保证应评尽评，对梳理出来的稳评计划进行筛选，确定“兰溪市天然气门站建设项目”等20个工程项目为2014年兰溪稳评重点项目。为确保稳评工作落到实处，市维稳办与市发改局进行沟通对接，将稳评结果列入项目审批条件；建立了由市长担任组长的全市稳评工作领导小组，各镇乡（街道）和机关各部门建立了相应的稳评工作班子。全年开展一般程序风险评估30起，完成评估21件；开展简易评估69件。

【问题企业稳控化解】 对全市涉企涉众问题进行排查摸底，做到底数清、情况明，对排查出来的涉企问题进行分门类别，在市级层面成立困难企业风险防范和处置领导小组，根据分类情况，设立7个专门工作小组，每个小组分别由一位市领导担任小组长，相关部门负责人为成员，负责处理和协调相关问题，镇乡（街道）和开发区按“属地管理”原则负责涉稳企业信息搜集、与专门工作小组间的日常联络等工作。一年来，兰溪市缘丽工艺品、天梭纺织、阿尔莎等企业不稳定问题得到了化解，汉高、瑞俊纺织、国际大酒店、红太阳毛巾厂等一批企业不稳定问题得到了稳控。

【基层信访维稳工作】 坚持下基层开展维稳督查工作，由市政法委（维稳办）牵头组织，综治、信访、公安、人劳、司法等有关部门参加，每季度到各镇乡（街道）开展一次现场检查、指导、督促维稳工作。检查交办情况，落实重点人员管控，对现有的不稳定问题和重大矛盾纠纷逐一逐个分析，需市级层面解决的带回交办相关部门单位或交由相关市领导协调解决。对镇乡（街道）突出的涉稳问题，维稳办立即组织相关部门前往专项督导，全年开展专项督导3次，达到了较好效果。坚持市领导下基层约访接访制度，每月上旬由市领导到联系镇乡（街道）开展约访接访，2014年市领导下基层接访300余人次。

【发放司法救助金52万元】 运用司法救助功能，对有的案件采取多种形式的帮扶救助。执法监督科通过二级、三级联动的方式，争取上级资金26.5万元，全年共发放司法救助金52万元，解决案件48件、55人次，息诉罢访案件6件，社会效果显著。

【协调职能　督办案件】 全年召开公、检、法提请的案件协调会8次，协调各类案件10件，形成协调会议纪要，统一公、检、法的办案思想。收到金华市委政法委督办案件6件，及时将案件对相关政法部门予以督办。其中，省政法副书记朱贤良批示的两封信件。

【调处涉法涉诉信访积案】 王建华、唐顺荣非法吸收公众存款案件系20世纪90年代遗留的案件，该案涉及集资户146人，非法吸收公众存款606.89万元。17年中，一些集资户在国家、兰溪重大节庆日和重大会议期间一直上访，要求协调处理相关债权债务。在市委市政府的重视和协调下，政法委发挥执法监督作用，召集有关部门召开协调会，专门成立处置工作领导小组及办公室，在各方努力下，案件圆满化解，当事人对最后结果非常满意。

【案件评查工作】 成立由市委常委、政法委书记黄胜可担任组长，公、检、法一把手、人大副主任、政协副主席、政法委副书记担任副组长，人大、政协、公检法分管领导担任成员的案件评查领导小组。邀请3家律师事务所主任为工作领导小组办公室成员。政法各部门也专门成立评查工作小组，制订评查工作实施方案。开展故意伤害案件专项评查，专门组织专职督查员和邀请政法部门业务骨干对公安4件、检察院3件、法院3件，共10件案件进行集中评查、讨论。评查出瑕疵案件6件，其中法院2件、检察院2件、公安2件。瑕疵案件中，法律运用不恰当1件，办案程序违规1件，运用强制措施不当1件，法律文书文字存在差错1件，法律效果、社会效果、政治效果不佳1件，对当事人没有做到平等对待1件。向办案单位反馈案件评查结果，责令进行责任追究。

（市政法委）

法制政府建设

【概况】 开展规范性文件管理工作，全年共向金华市政府报送规范性文件15件。开展权力清单清理规范审批事项，减少行政权力事项3030项，剩余县级保留权力事项4320项，减权率41.2%。全年共受理复议案件6起，办结6起，参加市政府常务会议、市长办公会议及各种协调会150余次，为市政府领导决策提出参考建议意见50多条，发挥了参谋、助手和法律顾问作用。

（陈炎升）

公　安

【概况】 2014年，兰溪市公安局以党的群众路线教育实践活动和“三警”（“为何从警、如何从警、为谁从警”）主题讨论活动为主线，对照金华市公安局“五化三治”建设要求，以“保稳定”、实现全市不发生影响恶劣的政治事件及重特大案件为重中之重的工作目标。围绕“五水共治”“四破攻坚”“三改一拆”“十大指挥长工程”等中心工作，全力服务经济发展。

在党的群众路线教育实践活动期间，市公安局征求人大代表、政协委员、社会各界和群众代表意见建议258条。局党委班子成员牵头对全局性14项问题进行整改，确定了68项内容的“整改清单”。至年底，整改到位率达90%。建立健全加强群众工作能力“6+1”模式、“三驻”（驻村联户，驻所督导，驻所解忧）工作等制度，务求群教活动常效化。

围绕道路交通、消防、危险物品的安全防范、管理，推进道路交通“纠违治危”专项整治及“清剿火患”等专项活动，加强安全隐患排查和整治，加强对安全生产监督管理，督促生产经营单位及从业单位落实各项法定职责。全年全市未发生一次死亡3人以上的重大交通事故，也未发生造成人员死亡的火灾事故。

截至2014年底，兰溪市户籍总户数为222056户，总人口660879人，其中，男343453人，女317426人。流动人口总数为65427人，其中，男40049人，女25378人。

全年新增机动车驾驶员13065名、机动车12104辆。机动车驾驶员保有量达148633人，机动车保有量达到115605辆，其中小型汽车保有量逾6万辆（以上数据未包括在市境外获取驾驶证人员、在市境外申办汽车牌照数）。

7月8日，金华市公安局副局长项平到兰溪为记一等功的“浙江省见义勇为先进分子”毕美芳和记二等功的“金华市见义勇为勇士”陶仲国授奖，送上荣誉证书和奖金（童琳摄）

【严打食品、药品、环境犯罪】 6月6日，设立食品、药品、环境犯罪侦查大队（简称食药环大队），成为打防食品、药品、环境犯罪职能单位，有效遏制了食药环案件高发势头。全年破获食药环犯罪案件22起，抓获犯罪嫌疑人55名（21人被逮捕，27人被取保候审，48人被送市人民检察院审查起诉）。其中，破获涉嫌环境污染类犯罪案件5宗，抓获涉案犯罪嫌疑人15人（被审查起诉13人）；涉嫌食品类犯罪案件12宗，抓获涉案犯罪嫌疑人29人（被审查起诉29人）；涉嫌药品类犯罪案件5宗，抓获涉案犯罪嫌疑人62人（被审查起诉6人）。破获公安部督办案件1宗，省公安厅督办案件2宗，1宗案件线索移送外省公安部门。

【打击涉毒品违法犯罪】 围绕“打击黄赌毒专

项行动”“大排查大管控”“利剑行动”“禁毒百城会战”等工作重点，全警参与、警种联动，先后组织多次场所清查、毒驾整治、利剑扫毒等行动。4月14日，捣毁了以汪某某为首的吸、贩毒团伙，抓获各类吸、贩毒嫌疑人85名，其中被采取刑事强制措18名、受到行政拘留处罚52人。“百城禁毒会战”中，抓获各类涉毒犯罪嫌疑人24人，查处吸毒人员65人，其中17人被强制戒毒；列省目标案件2宗，破获2宗。

【侦破3件网络诈骗案】 5月、8月，市内相继发生2宗企业财务人员被人以QQ聊天形式实施的网络诈骗案件，被骗总金额197万元。民警前往5个省的7个市，抓获广西壮族自治区南宁地区宾阳县新桥镇大林村28岁的陆某某等7名犯罪嫌疑人，破获2宗诈骗案件，追回赃款155万余元，并破获发生在外省的1宗特大网络诈骗案件。

【侦破特大汽车租赁诈骗案】 6月，民警通过视频资料研判，围绕“诈骗”“改装”“销赃”整个犯罪环节循线追击，抓获嘉兴市桐乡市石门镇崇安村33岁的房某某等犯罪嫌疑人21人，侦破1宗特大汽车租赁诈骗案件。全力追赃，从各环节的犯罪嫌疑人手中追回被骗车辆20余辆，总价值300余万元。

【10小时侦破一起命案】 2月5日，市公安局接到家住劳动路70号1单元402-1室的许美霞失踪报警，迅速组织刑侦大队、辖区派出所民警展开此宗疑似命案的侦破。10多小时后，抓获金华市婺城区洋埠镇三益里村的犯罪嫌疑人洪某某，供认其因贪图受害者财物，采用掐颈等方式杀死许美霞的犯罪事实。据其交待，民警起获抛在三益里村家中化粪池中的被害者尸体。

【集中返还涉案物品450余万元】 12月2日，市公安局在市府广场举行集中返还涉案物品仪式。返还涉案物品50余件（其中小型汽车14辆），返还现金160余万元，总价值450余万元。

12月2日，市公安局在市府广场将总计400多万元的赃款赃物返还失主（童琳摄）

【查处越南籍人员在兰非法就业】 6月7日，上华派出所民警在出租房检查中，发现经济开发区金华鼎卫木业有限公司有越南籍人员非法就业，随即立案查处。经查：2014年4月25日，一外号叫“阿花”的越南妇女带领LE PHUONG、TRAN XUAN HOP、NGUYEN THUAN HAU、DONG DAI PHUOC、VO XUAN CONG、HO NGOC HUNG等6名持L签证的越南人从友谊关入境，绕道广东省，并在广东省将LE PHUONG等人及先期到达广东的越南妇女NGUYEN THI THU THUY、DUONG THI THAM共8人送上到兰溪的大巴客车，电话通知金华鼎卫木业有限公司法人代表叶国姹（女，27岁）到杭金衢高速公路兰溪出口接应。叶国姹接到这些人后，将其安排到金华鼎卫木业有限公司非法务工。6月8日，市公安局以涉嫌非法就业对越南人LE PHUONG等8人拘留审查，并将他们羁押在兰溪市拘留所。

【实施城市“治堵”工作方案】 市交警大队制定了治理城市交通秩序工作方案：确定人民路、府前路、东风广场、社保大楼旁的红绿灯、辅仁路与府前路的交叉口为“五路一桥六个堵点”，确定重点道路、堵点之治堵整治责任人；成立治堵小分队，新招10名协警，按照“高峰站岗，平峰巡逻”的工作要求，开展交通陋习劝导，及时查处发生在身边的各种容易引起交通拥堵的隐患；将每月19日作为城市治堵日；改造东风广场、兰江大桥溪西桥头两城区交通枢纽，打通兰荫路“断头”，保持畅通；减少城区主要道路影响车辆通行的停车泊位200个，新增停车泊位2000个，地下停车泊位由2000个增至3000个；实施文明交通行动计划，加强与新闻媒体的互动联系，运用微博、微信、QQ群、手机报，多方开展交通宣传，开通微信“在路上”频道，把道路施工信息，道路拥堵信息、路上发生事故情况实时告知广大交通参与者；依法查处“七类”重点交通违法行为47742宗，查纠“十大交通陋习”39813宗。

【纠正各类交通违法行为13.13万余宗】 全年市境道路交通事故报警1.89万宗，与2013年的1.48万宗相比，上升27.7%。市交警大队严抓“纠违治危”，严厉查处醉酒驾驶、酒后驾驶、疲劳驾驶和车辆超速、超员、超载，将这些重点交通违法行为列入超常态管理范畴。全年纠正各类交通违法行为13.13万余宗，其中查处醉酒驾驶110宗、酒后驾驶523宗。严查电动车逆向行驶、闯红灯等严重交通违法行为。加强与交通运输局的路政等部门、城市管理行政执法局相关部门的协作，严查货车超载、超限、遗撒装载物等交通违法，严管学生接送车、客运、危化品运输车辆，防止群死群伤事故发生。提高重点路段、重点时段、重点车辆的严管态势。全面排查、梳理市境各等级道路交通安全隐患，加强与交通、安监等部门的协作，整治消除省、市二级事故黑点13处，道路交通事故实际死亡人数连续4年下降。

【户籍清理整顿】 7月开始，进行户口登记管理专项清理整顿。对历史遗留户口登记差错、管理漏洞和政策缺陷，督促各派出所户籍窗口做好户口管理工作制度、政策规定、业务档案和人口信息数据相关内容的清理、整顿，力争在3年内实现全市户口和公民身份证号码准确性、唯一性、权威性。全年完成10182条数据核查，按要求处理了9352条数据，数据清理率达91.7%。复查各类户籍档案12000余份，纠正、更正各类户籍登记事项244项，注销重复户口895人，注销失踪人员户口3044人，注销死亡未销户口2237人，注销服兵役未销户口102人，纠正公民身份证重号6人。

【建立“河道警长制”】 在“五水共治”中,建立兰江、衢江、金华江、梅溪、浒溪、游埠溪、马达溪等28条干、支溪流河道“河道警长制”，落实派出所主要领导和责任区民警作为“河道警长”，确定局领导负责协调联系相关部门，协助“河长、河段长”开展各项工作。

【周兴高获省公安系统“最美警察”称号】 兰江派出所民警周兴高被省公安厅评为2014年度全省“最美警察”。周兴高，1972年1月出生，为兰江派出所第五警组中队长。2014年，他先后破获林某等10人故意伤害案件、洪某某等人系列入室盗窃案件、刘某等5人非法拘禁案件、莫某某等人利用技术开锁盗窃系列案和方某、李某敲汽车玻璃盗窃车内物品等案件。2014年，周兴高主破获各类刑事案件52起，抓获各类刑事犯罪嫌疑人39人，查处各类治安案件21起，处罚33人。

【丁海良入围中国好人敬业奉献类候选人】 兰江派出所退休民警丁海良被评为2014年“发现最美浙江人——浙江好人榜”12月的“敬业奉献榜”。丁海良入围中央文明办组织的中国好人12月评选之“敬业奉献类”候选人。丁海良1949年1月10日出生，1969年参军，1970年加入中国共产党，1981年12月转业到兰溪市公安局游埠派出所工作。曾任游埠派出所副所长、所长和女埠派出所所长、治安拘留所所长、局纪委副书记等职。2009年退休后从事“老丁调解室”的联合调解工作。截至2014年11月，调解各类纠纷矛盾1700余起，调处率达99%。

（林马富）

检　察

【概况】 2014年，兰溪市人民检察院（以下简称市检察院）学习贯彻党的十八届三中、四中全会和习近平总书记系列重要讲话精神，服务改革发展大局，强化法律监督，各项工作取得新的进展。

12月4日，检察官在向宪法宣誓（市检察院提供）

【反贪污贿赂】 全年共立案侦查贪污贿赂等各类职务犯罪案件12件12人，其中受贿案件9件9人，行贿案件3件3人；立案案件中大要案5件5人。为国家和集体挽回经济损失160余万元。

【反渎职侵权】 全年共查办滥用职权、失职渎职等渎职侵权犯罪案件3件7人，其中要案5人，全部得到有罪判决，为国家挽回经济损失80余万元。

【侦查监督】 全年共受理公安机关提请批准逮捕的各类刑事案件424件583人，经审查，批准逮捕373件512人，不批准逮捕55件75人。监督纠正公安机关应当立案而不立案8件；监督撤案3件5人；纠正漏捕6人；纠正侦查违法行为5件。

【公诉工作】 全年共受理公安机关移送审查起诉的各类刑事案件693件1081人，受理市检察院移送审查起诉案件13件16人。经审查，提起公诉579件908人，不起诉51件81人，报送金华市检察院审查起诉15件24人，抗诉3件，纠正漏诉16人，建议侦查机关撤案13件39人。发出纠正违法通知书7份。检察长出庭2次；列席审委会2次。

【控申、举报工作】 全年共受理各类来信来访124件，举报案件经审查后由举报中心初查7件、分流市检察院反贪9件、反渎1件；控告申诉案件经审查后由控申部门办理3件、分流市检察院侦监9件、民行5件、公诉2件、反贪3件、反渎2件，移送市纪委39件、公安机关23件、审判机关3件。检察长接待日24天，接待群众来访24批32人。办理刑事被害人救助4件，支付救助金14000元。开展举报宣传周活动一次。

【监所检察】 加强对监管场所的监督检查，参与安全检查14次。对发现的问题发出书面纠正违法通知书和检察建议书7件，口头形式提出纠正违法20余次，发现并消除事故隐患2件。对在押人员谈话教育160余人次,参与对全体在押人员集体教育6次。依法开展羁押必要性审查，提出释放建议11件。加强对社区矫正的法律监督，通过检查发出检察建议4件。

【民事行政检察】 全年共受理民事行政申诉案件9件，不予支持监督申请2件，立案7件。经审查后，调处结案5件，中止审查1件，移送公安机关犯罪线索1件。发出检察建议18件，其中向行政机关发出行政执法监督检察建议8件，向法院发出审判监督检察建议2件、执行监督检察建议8件。向公安机关移送虚假诉讼线索1件，经立案侦查、审查起诉后得到有罪判决。

【职务犯罪预防】 开展职务犯罪同步预防，帮助市环保局、市计生局完善相关制度。撰写的《环保系统受贿窝案犯罪分析》得到市领导的肯定。协助浙能兰电公司完成“君子兰”廉政网站建设。走进机关、社区、企业等开展预防职务犯罪宣讲活动数十次。与国家电网兰溪市供电公司合作组织开展“检企共建”活动。将浙江师范大学行知学院工程建设确定为专项预防项目。

【检察技术】 做好办案办公软件的日常维护和保障。协助案管中心做好AJ2013案件统计管理软件与检察机关统一业务系统的衔接和案件信息公开系统上线工作。开展涉密信息分级保护系统建设工作。规范录音录像工作，确保录制质量，配合自侦部门录音录像100余次，录制时长900多小时。开展文检工作，完成2件文检案件。

【信息宣传】 全年编发检察信息、简报15期21篇，被省院采用2篇，市院采用3篇，1条获得省委领导批示肯定。省级以上公开发表调研论文8篇，市级2篇。被各级媒体采用检察宣传稿件70篇，其中国家级3篇，省级14篇，地市级27篇；被金华检察网采用20篇。编印检察宣传册5000余份。

6月26日，开展第十六个举报宣传周活动（市检察院提供）

【法警大队】 全年共履职649人次，其中执行拘传和协助执行其他强制措施42人次；押送、提解犯罪嫌疑人、被告人42人次；看管犯罪嫌疑人、被告人19人次；参与搜查3人次；维护信访秩序8人次；送达法律文书267人次，办案工作区使用51次；未发生任何办案安全事故；完成其他任务126人次。

【永昌检察室】 全年共接待各类群众来访、咨询89批次106人。下访巡访5个辖区42个行政村；参与社区矫正隐患排查37次，向辖区司法所发出检察建议2件，向市公安局发送检察建议1件；对辖区内学校周边环境进行整治，向有关部门发出检察建议9件，均得到落实。开展职务犯罪预防及法制宣传2次，上街开展法律宣传、咨询活动1次，接受群众现场咨询30余人次，发放宣传资料700多份。

【队伍建设】 按照“照镜子、正衣冠、洗洗澡、治治病”的总要求，开展党的群众路线教育实践活动。组织开展纪律作风集中教育整顿活动，重点突出对干警八小时以外的管理，向全院干警家属发出廉政公开信，筑牢廉洁从检家庭防线。开展青年干警读书会活动，通过专题讲座、案件评查、青年论坛、社会实践等活动形式，引领青年干警成长。加快专业化检察人才培养，1名干警被评为首届“金华市检察机关业务尖子”。

（陈 倩）

12月11日，举办青年干警读书班（市检察院提供）

法 院

【概况】 2014年，兰溪市人民法院全年受理案件9393件，结案9102件，同比分别上升6.84%和3.69%。

审结刑事案件626件890人。严厉打击危害社会治安犯罪活动，审结故意杀人、强奸等犯罪案件100件137人；严厉打击危害公共安全犯罪活动，审结放火、交通肇事等犯罪案件153件154人；严厉打击扰乱社会秩序犯罪活动，审结寻衅滋事、涉毒等犯罪案件118件214人；严厉打击危害民生安全犯罪活动，审结生产销售假药和有毒、有害食品等犯罪案件10件19人。保持打击职务犯罪的高压态势，审结贪污、贿赂、渎职等犯罪案件12件15人，其中副科级以上干部4人。审结首例非法获取公民个人信息犯罪案件和强制医疗案件，依法保护公民个人隐私和社会公共安全。

受理民商事案件5944件，审结5646件，同比分别上升12.88%和7.11%。审结婚姻家庭、继承等案件713件，增进家庭和睦；审结劳务合同、劳动保险等案件115件，保护劳动者的正当权益；审结雇员受害、人身损害赔偿等案件1831件，确保受害者得到及时救助；审结退房、违约赔偿等案件69件，保障人民群众安居乐业；审结买卖合同案件623件，促进企业诚信交易；审结民间借贷案件1389件，促进民间资金合法流转。坚持“能调则调，当判则判”，调处民商事案件，55%的案件以调解撤诉方式结案；调解结案中，66%的案件当事人自动履行义务，实现案结事了。支持基层组织化解矛盾，897份人民调解协议予以司法确认。

审理企业资金链、担保链断裂引发的案件，审慎处理企业间担保问题，促进企业互助互救，防范连锁反应。涉企案件慎用财产保全、强制执行措施，运用活扣押等司法手段，注重帮扶有市场、有潜力的企业渡难关。依法审理2件企业破产案件，推进企业重整。参与危困企业风险排摸、指导帮扶，提出加强风险管控、化解建议。

受理行政诉讼案件33件，审结35件（含旧存），同比分别上升65%和84%。审查被诉具体行政行为，依法判决行政机关败诉4件。审结公民申请政府信息公开案件8件，促进政府依法向公民公开信息。强化行政诉讼协调，实质性化解行政争议案件9件。依法审查、裁定准予执行行政机关申请强制执行案件49件。通过召开府院联席会议、报送行政审判白皮书等方式，促进规范执法，保护公民合法权益。

执结案件2735件，执行到位资金2.9亿元。强化财产查控，运用网上存款查控系统，查询被执行人银行存款1.2万余次，冻结1000余起，强制执行到位资金1000余万元。强化财产处置，拍卖、变卖查封扣押房地产、股权等财产85起，成交款2亿余元。强化惩戒力度，发布失信被执行人信息1300余条，网络曝光失信被执行人302人，并实施限制高消费和金融贷款等措施；司法拘留抗拒、逃避执行被执行人36人；刑事追究拒不履行生效裁判文书被执行人2人。强化保障力度，开展涉民生案件等专项集中执行活动，执结欠薪等案件551件。强化攻坚力度，执结恢复执行案件391件，金额7800万元。

开展党的群众路线教育实践活动，执行中央“八项规定”，解决审判执行工作突出问题，整治“门难进、脸难看、事难办、立案难、诉讼难、执行难”。出台《党风廉政和纪律作风建设巡查督查办法》，院领导每周对司法作风、司法礼仪、规章制度落实进行常态化巡查，通报问题，落实整改。通过转变司法作风，提升法官形象，全年有9个集体、19名个人受到表彰。

2014年，市法院荣获金华中院百名青年法官进百企入百村专项活动先进集体，兰溪市合力扶工先进单位、综合治理工作先进集体、人口和计划生育工作先进单位，黄店、马涧人民法庭被省高院授予“省级模范五好法庭”，民事审判第一庭获集体三等功。

8月20日，市法院与市政府召开首次联席会议（唐云峰摄）

【推进司法便民】 设立简易案件审判庭，审结金额10万元以下、事实清楚的案件206件，平均结案时间38天。建立维权绿色通道，就地巡回审结交通事故案件1185件。适用小额诉讼程序结案151件，一审终审，平均审理天数26天。注重保障刑事被告人诉讼权利，通知法律援助律师为62名被告人辩护。通过淘宝网平台，推进“零佣金”司法拍卖，为当事人节省费用900余万元。扩大司法救助受惠范围，为39名经济困难当事人缓减或免交诉讼费49万元，向46名困难当事人、被害人发放司法救助金43.79万元。开通12368司法服务平台，累计向当事人发送案件信息短信3000余条，保障当事人的知情权。

【深化司法公开】 完成法院门户网站改版升级，建立审判流程、裁判文书、执行信息三大公开平台，方便当事人和社会公众获取案件信息；发挥数字法庭功能，所有开庭案件全程同步录音录像；加大裁判文书公开力度，上网公布裁判文书2266篇，上网处理率达99%；公开摇号确定209件案件鉴定机构，当事人全程参与；7次开展公众开放日活动，邀请社会各界400余人走进法院，进一步强化审务公开。

9月19日，市法院在第一审判庭公开审理被告人诸葛志平涉嫌受贿罪一案。市纪委组织全市各单位200余名中层干部参加旁听（杨旭娟摄）

【防范冤假错案】 全年判决案件上诉294件，瑕疵案件8件，改判率低于全省平均水平。审判委员会对46件疑难案件进行集体讨论，保证办案质量。与检察机关分工协作、互相配合、互相制约，准确有效执行法律。严把刑事案件质量，排除非法证据11件，避免1起错案。健全判前社会调查制度、撤销缓刑案件听证程序，听取基层组织意见并作为判决依据。防范利用诉讼手段逃避债务或谋取不正当利益行为，防范虚假诉讼案件10余件。

【优化金融环境】 严厉打击非法吸收公众存款、集资诈骗等危害金融环境犯罪，审结案件28件，判处罪犯51人，涉案金额1.5亿元；加快审执进度，审结金融纠纷案件473件，金额11.7亿元，执结金融债权案件263件，维护金融债权安全；适用担保物权特别程序，审结申请实现担保物权案件72件，金额5.42亿元，拓宽银行处置不良资产路径。

【依法化解涉诉信访】 坚持依法纠错、依法救助、依法终结、依法治闹，将涉诉信访纳入法治轨道。明确诉访分离标准，将涉诉信访案件依法导入司法程序，畅通申诉救济渠道，受理申诉、申请再审9件，决定再审3件。规范信访秩序，健全涉诉信访终结机制，依法终结5件。

（吴　昕）

司法行政

【概况】 2014年，兰溪市司法局发挥司法行政职能，为兰溪经济社会发展和“两富”“两美”兰溪建设做出贡献，荣获金华市司法行政工作推进奖。

【法制宣传】 开展“五水共治”主题法制宣传活动，通过编印发放“五水共治”法律知识宣传资料、开展“五水共治”法律法规巡回宣讲，在兰溪普法网、普法微博开设“五水共治”法制宣传专栏（题），将“五水共治”相关法律法规知识纳入领导干部和公务员2014年度学法用法考试等形式，为“五水共治”的顺利推进提供良好的法治氛围；提升《平安兰溪》法制宣传版块宣传效果，提高广大民众对司法行政工作的知晓度；在优秀人民调解案例宣传的基础上，策划人民调解、社区矫正、法律服务、法律援助等各方面的专题线索，打造传统媒体品牌普法栏目，完成了9期司法行政法制宣传专题制作节目。创新普法教育平台，开通了“兰溪普法”微博，增强普法宣传的时代性、群众性和实效性。

【首个“宪法日”宣誓活动】 12月4日，是第十四个全国法制宣传日暨首个国家宪法日，市委、市政府在府前广场举行庄严的宣誓仪式。兰溪市四套班子领导刘成芝、蔡艳等，与各部门、镇乡(街道)主要负责人，政法干部、司法部门干部，检察官、法官、公安干警、行政执法人员、律师等代表200多人参加宣誓仪式。仪式结束后，还举行了大型广场法制咨询活动。

首个国家宪法日集体宣誓仪式（司法局提供）

【创建“民主法治村”】 结合新农村建设、无违建市创建、“五水共治”等市委市政府重点工作，挖掘农村（社区）法治文化，通过完善台账资料，夯实创建基础。永昌街道夏李村和黄店镇上包村成功通过省级“民主法治村”考核验收，云山街道枣树社区等6个村（社区）被评为金华市级“民主法治村（社区）”。

【人民调解工作】 整合全市调解资源力量，以“五水共治”“三改一拆”、无违建市创建、非正常死亡纠纷等影响稳定的突出问题为重点，深入排查，精心调处，做好矛盾纠纷排查化解工作。完善医调、诉调、交调等行业性专业调委会工作机制建设，推进社会管理创新，构建大调解格局。加强医调会的建设，建立医调专家库，规范医疗纠纷人民调解工作相关流程和制度，提升医患纠纷调处能力，特别是重大纠纷的调处能力。拓宽调解范围，成立了学生伤害、环境保护纠纷等4个行业性专业调委会，扩大人民调解的工作领域。1—12月，全市各级调解组织共排查调处民间纠纷3511件，成功3468件，成功率98.78%；抓住村级换届选举契机，及时调整充实了基层人民调解员队伍，举办了全市新任村级调解主任培训班，提升人民调解员的调解技能和法律素养。推进司法所规范化建设及星级评定工作。开展人民调解案卷季度评查，利用司法所季度工作例会，每季度对各司法所办结的所有人民调解案卷进行交叉评查，边评查，边整改，边培训，重点加强了司法所工作人员调解技能的培训。完善了矛盾纠纷的“每周一报”制度和非正常死亡案件的报告制度。

【社区矫正工作】 召开了全市社区矫正工作会议，邀请金华市局矫正处人员对全市社区矫正专管员进行业务培训，从执法理念、执法风险等方面进行了详细的讲解。对当前社区矫正工作中存在的问题进行了认真的分析和研判，提出了具体的措施，与每个司法所签订了监管责任书，明确了目标任务和奖惩措施。成立了社区矫正执法大队，充实人员，理顺管理体制和工作机制；利用信息化手段，运用浙江省社区矫正管理平台，重点加强网上巡查和网下日常管理相结合。每天对网上巡查发现的关停机、越界等问题及时查处，及时通报，及时整改，有效遏制社区矫正人员违法违规行为发生。严查违法违规行为，1—12月，共警告处罚58人，收监执行13人。加强对社区矫正对象的走访和教育，特别是加强对重点矫正对象的走访，实现早发现，早处理，严防重新犯罪，确保矫正效果。开展公、检、法联合执法检查，通过核对相关信息，查漏补缺，形成监管合力；做好审前调查工作，把好社区矫正入口关，走访了省第三监狱，了解兰溪籍罪犯的服刑情况，加强相互配合，做好监地衔接工作。审前调查工作依法依规、实事求是、按时完成。1—12月，全市共接收矫正对象351人，解除矫正394人，在管社区矫正对象497人，无再犯新罪，没有发生脱管漏管和严重刑事犯罪。全市归正人员1754人，帮教人员1731人，帮教率98.7%；安置人员1729人，安置率98.6%；当年重新犯罪26人，重新犯罪率1.48%，低于省定指标，完成审前调查190件。

【律师公证管理】 开展“诚信执业、坚守法治”主题教育实践活动，加强法律服务队伍建设。针对律师队伍诚信建设方面存在的突出问题，以叶国辉案为典型，分析该案发生的原因，在思想政治、法律法规、职业道德和执业纪律等方面开展教育学习，提高律师的综合素质。5名律师参加由市委宣传部组织的乡音宣讲团。2名律师入选兰溪“青苗计划”培养人选。新注册成立了1家律师事务所；完善乡村法律顾问工作机制，推进法律服务体系建设。修改《兰溪市农村（社区）法律顾问工作考核奖励办法》，明确乡村法律顾问工作的具体目标任务、考核内容、奖惩措施，加强日常监督和检查。全市所有行政村都签订了农村法律顾问合同，6名律师被聘为市政府法律顾问，全市136

家规模以上企业聘请律师和基层法律服务工作者担任法律顾问;公证处围绕“五水共治”“三改一拆”等中心工作，为污水治理工程招投标活动进行公证并免收全部公证费，累计节约财政资金310余万元。以优质服务保障“五水共治”“三改一拆”行动，共办理了证据保全等70余件，减免公证费9000元。全年共办理公证业务2713件，其中涉外公证674件，经济公证337件，民事公证1702件。

【法律援助】 法律援助中心相继开通法律援助农民工讨薪和工伤案件“绿色通道”，优先接待、优先受理、优先指派、优先办理。以16个镇乡（街道）法律援助工作站为支点，各部门援助工作站为辅助点，村（社区）法律援助联络点为补充的援助网络，形成市、镇乡（街道）、村（社区）三级工作网络，实现“一站式”服务，方便困难群众申请援助。与财政部门联合下发了《兰溪市法律援助经费使用管理办法》，提高办案补贴标准，增强经费保障能力。1—12月，法律援助中心接待来电来访法律咨询2571人次，其中接听来电769人次，接待来访1802人次。办理援助案件421件，其中民事案件287件，刑事案件134件。办理了“金龙康酒店员工讨要工资案件”等一批有影响的援助案件，其中“父母双双入狱，6岁孩子求帮助”的案例报道在金华电视台《小周今日谈》栏目播出，收到了良好的社会效果，维护了弱势群体的合法权益，维护了社会公平正义。

【司法业务用房建成投用】 兰溪市司法局司法业务用房项目于2012年9月10日开工建设，2014年12月，建成投用。市司法业务用房系与市职工活动中心的合建项目。于兰花西路北侧、新气象局地块东侧，项目总占地7.79亩，建筑面积11632平方米。其中司法业务用房占地约3.47亩，建筑面积4003平方米，地下车库面积1203平方米，投资约2042万元。

（黄旭洋）

12月8日，市司法局业务用房揭牌（市司法局提供）

人民武装

【概况】 兰溪市人民武装部（简称市人武部）成立于1950年11月；1954年8月，改称兰溪县兵役局；1959年12月，复称兰溪县人民武装部；1975年4月与安徽省颍上县对调换防；1985年6月兰溪撤县设市后，改称兰溪市人民武装部；1986年6月，市人武部改归地方建制，为副县级单位；1996年4月，由地方收归军队建制，为正县级单位。

2014年，市武装工作，以党在新形势下的强军目标为统揽，以大规模军事斗争作战准备为牵引，围绕“三个转变”总目标，着眼“三时一体”总要求，贯彻落实省军区和军分区党委（扩大）会议精神，坚持两手准备、统筹推进，坚持深化改革、创新发展，推动国防动员和后备力量建设的发展。市人武部被省军区表彰为“军事训练先进单位”。

【王新海到兰溪视察防汛防台工作】 6月4日，省委常委、省军区政治委员王新海到兰溪视察防汛防台工作，现场观看金华军分区防汛抢险课目演练。省军区副司令员兼参谋长李大清、副参谋长徐学清，金华市委副书记、市长暨军民，市委常委、金华军分区司令员程友敏，副市长张伟亚，市领导吴国成、朱瑞俊、张锋、何吉军等陪同视察。

【市委常委议军会】 9月3日，召开市委常委议军会，分析2014年全市武装工作情况，研究解决当前的重点难点问题。金华市政协副主席、兰溪市委书记、兰溪市人大常委会主任、兰溪市人武部党委第一书记吴国成强调，要切实强化党管武装认识、服务大局观念、应急能力建设，再接再厉，保持良好的发展势头和工作干劲，促进全市经济社会和国防力量建设协调发展。

常委议军会（范平良摄）

【专武干部军事训练】 参加分区组织首长机关按纲施训，突出以“四知一明白”为重点的基础训练、业务技能补差训练、战术作业、基础和战斗体能训练。坚持岗位常态训练，每月落实不少于7天的在岗训练；完成“日做一题、周标一图、月写一文”和每日一小时体能训练活动，增强了基础知识，提高了身体素质。组织了为期10天的专武部长集训，进行了军事理论、识图用图、教学法、实弹射击等学习和训练，总评成绩良好以上，专武干部能力素质有了明显提高。5月，参加了省军区组织的人武部军事主官、后勤科长强化训练与考核，部长、政委分别在省军区集训考核中获得了前十名的好成绩。

【民兵组织建设】 采取“上下联动、统分结合”的方式，以镇乡（街道）、企事业单位、行业系统为单位具体组织实施。围绕质量建设这个中心，“择优选、对口建、抽组编、模块储”，坚持四个优先，严格按照10%的比例增编机动人员，克服交叉重叠、一兵多职。通过调整，完成了军分区下达的基干民兵征集任务。组建了3大类60支基干民兵分队。其中28周岁以下人员占80%，退伍军人率为44.2%，党团员比例达89.9%，专业对口率达81%，优化了民兵组织结构和部署，提高了民兵队伍的技术含量，增强了民兵在高技术条件下局部战争的动员保障能力。

【民兵训练】 5月，结合汛期，组织民兵应急分队开展防汛救灾训练，并协调市人防、水务等相关单位做好抢险救灾演练准备，落实单位对接、任务对接、装备对接，完善了防汛抗台等方案计划。6名民兵分批参加省军区组织的跨区联训，学习了抗洪抢险、教学法、无线通信、核化救援、情报侦察等专业基本知识和常识，各集训队的考核均达到良好以上。

【民兵整组点验】 5月14日，举行2014年民兵整组点验活动，兰溪市委常委、人武部政委张锋，副市长何吉军参加点验大会。落实首批动员使用的后备力量任务分队“三个现地”（现地组织点验、现地明确任务、现地开展训练）整组训练，把首批应急兵员动员对象和现役部队预编兵员全部核查点验一遍，在“动”中发现和解决问题，把任务落实到每个单位、每支分队、每个人头。按照“三个现地”要求，市人武部干部分别对各分队进行点验，并对接受点验的民兵进行政治与军事辅导。

民兵点验（范平良摄）

【章树根家庭被评为全国“情系国防好家庭”】 2月10日，由国家国防教育办公室和中央人民广播电台联合主办、全国妇联协办的“情系国防好家庭”宣传活动总结表彰仪式在北京举行，经过网络投票、专家评议和组委会审定，全国20个家庭当选全国“情系国防好家庭”优秀代表。浙江立马控股集团有限公司董事长章树根名列其中，是浙江省唯一当选的家庭。章树根退伍近40年来，始终情系国防建设。30多年来，他的企业先后安置了800余名退伍军人就业；连续10年给贫困的退伍复员军人家庭补助，总额达30余万元。

（陈怀峰）

人民防空

【概况】 2014年，完成枣树、滨江、青松、华丰、丹溪、天福山、永进、竹园、和平9个社区及女埠街道、黄店镇两个重点镇（街道）人民防空省级规范化建设。新建柏社乡1个镇级民防应急指挥平台，搬迁赤溪街道1个镇级民防应急指挥平台，至年底，全市已建立14个重点镇级应急指挥平台。

全市共办理人防审批件55件，开工在建人防工程项目25个，人防工程竣工验收项目6个。

【开展应急救援训练】 9月，参加金华市人防办组织的人民防空应急应战救援演习（简称“浙江金盾—1408”），完成演习任务。10月，参加金华市民防应急指挥车跨区域移动通信保障演练。5月12日，进行防灾警报试鸣，联合兰溪市人武部开展抗洪抢险应急演练，两支队伍进行了“人员和物资转移”“水上救护”“军民联合巡查堤坝”“加固堤坝”4个科目演习。9月18日，结合防空警报试鸣，组织排岭社区、丹阳社区、丹溪社区、育才中学师生1000余人进行防空隐蔽疏散演练。

5月12日，市人武部与市人防办联合开展抗洪抢险应急演练（滕佳摄）

9月18日，丹溪社区、育才中学居民和师生开展防空疏散隐蔽演习（滕佳摄）

【人防教育展馆被命名为金华社会科学普及基地】 2月26日，人防教育展馆开馆。人防教育展览馆位于兰溪市横山路19号兰溪市博物馆地下人防工程内，面积约280平方米，总投资50余万元。被金华市命名为第二批社会科学普及基地。

（滕　佳）

消　防

【概况】 2014年，兰溪市公安消防大队开展“创人民满意消防队伍”实践活动，推进“基础信息化、警务实战化、执法规范化、队伍正规化”建设，打造“听党指挥、能打胜仗、作风优良”的现代化公安消防铁军。大队1人荣立个人三等功，1人被省消防总队评为优秀团员；中队党支部被金华消防支队评为“先进党支部”；大队长吴圣安被兰溪市政府嘉奖一次。

1月16日，市长朱瑞俊带领相关部门到丰登化工公司等企业开展消防安全检查（周建香摄）

【火灾及抢险救援】 2014年，火灾406起，抢险救援114起，抢险疏散73人，保护价值6000余万元。

3月21日，消防队员在兰江街道上黄村一印刷厂火灾现场灭火（周建香摄）

【防火工作】 结合地方经济建设，抓好“创人民满意消防队伍”建设，开展重大火灾隐患、区域性火灾隐患、涉爆粉尘企业整治和“打非治违”体系建设等专项行动。贯彻全民消防安全宣传教育纲要，开展今冬明春清剿火患、九九消防平安行动和119消防宣传月等主题宣传。全年受理消防设计备案215个，验收备案192个，受理审核、验收项目54个，开业检查受理84个。检查单位1647家，发现火灾隐患1856处，整改火灾隐患1838处，指导服务企业40余家，解决问题100余处。

【内部建设】 市公安消防指挥中心于2011年12月27日开工建设，占地面积25亩，建筑面积9928.53平方米，总投资2683万元，于2012年12月完成建设，获2014年“兰江杯”建筑质量评比优质工程。是年，指挥中心进行内部装修和家具、电器采购，门前市政道路“溪桥路”完成土地征迁，进入施工。消防指挥中心预计于2015年4月投入使用。

【拥政爱民】 结合“创人民满意消防队伍”活动，开展拥政爱民活动。组织开展“慈善一日捐”、为“五水共治”捐款活动，官兵义务冲洗场地30次，送水500余吨，为学校和企业举办消防知识讲座授课90余次，结对助学帮困2人，为民取钥匙、取马蜂窝80余次。

（周建香）

社会事务

人力资源和社会保障

【概况】 2014年，全市城镇职工参加养老保险14.12万人，比去年底净增10131人；参加医疗保险11.46万人，比去年底净增1414人；参加工伤保险7.11万人，比去年底净增3189人；参加失业保险11.50万人，比去年底净增2610人；参加生育保险7.08万人，比去年底净增3100人。城乡居民社会养老、医疗保险总参保人数分别达27.13万人和47.95万人，参保率分别为95%和97%；被征地农民基本养老保障新增参保2967人，实现了即征即保。

全市城镇新增就业13192人，期末城镇登记失业率2.89%，低于4.0%的控制指标。实施了《关于进一步促进普通高等学校毕业生就业创业的补充意见》（兰政办发〔2014〕85号），完善了高校毕业生就业创业政策扶持；开展公益性岗位开发，落实社保补贴、创业补贴等743万元，帮助1654名就业困难人员实现再就业，城镇零就业家庭实现了基数归零、动态归零；全年共开展就业再就业培训3746人次，开展电子商务师等专项网络创业培训184人次，对旭博工艺等16家企业2850名职工组织开展岗前技能培训。

8月16日，市人社局、公安局、发改局等6部门在和平公园开展了以打造“阳光医保”为目标的反欺诈“亮剑”专项行动宣传展示活动(市人社局提供)

【引进专业人才2100多名】 全年共举办7场大型人才招聘会、41场人才周末集市，组织8批次66家企业组团赴武汉、西安等地招聘，引进急需专业人才，全年引进各类人才2100多名。拓宽了校企合作力度，与武汉纺织大学签订了人才合作意向书，现场招聘会达成意向115人，为全市纺织产业转型升级提供了人才支撑。

【完善社保体系】 推进社保制度改革。完善被征地农民基本生活保障政策，实现了与相关养老保险制度的衔接，共办理转保1.38万人，其中1.04万人开始享受职工养老退休待遇。推行大病医疗商业补充保险制度，48万名城乡居民纳入到保险范畴，避免了少数群众“因病致贫、因病返贫”。落实医保付费方式改革，年度医保基金节余200余万元；推动出台了解决已征未批、以租代征等被征地农民参保遗留问题意见的政策。

【新社保大厅启用】 8月1日，新社保大厅正式启用，市社会保险事业管理处、市医疗社会保险管理处、市农村社会养老保险事业管理处和市城乡居民医疗保障管理处的窗口统一在社保大楼二楼社保大厅办公。市民办理基本养老保险、基本医疗保险、工伤保险、生育保险、城乡居民社会养老保险、被征地农民基本养老保障、城乡居民医疗保障等业务享受更加便利快捷的一站式服务。大厅设有政策咨询台，由各处副主任轮流坐班负责政策咨询，设立咨询电话88892717。社保、医保业务采用叫号系统，按照取号顺序办理业务。

【劳动监察】 全年共受理劳动保障监察案件198件，为2993名劳动者追回或督促发放被拖欠克扣的工资3695万元。立案受理劳动争议调解仲裁372起，结案358起，结案率达96%，维护了全市劳动关系和谐稳定。开展工资支付等5次专项大检查，排查检查用人单位336家，涉及2.8万人次。开展规范企业用工管理巡回培训活动，9个镇乡（街道）500余家企业有关人员参加培训。

（叶洁梅）

民　政

【概况】 2014年，全市新增城镇最低生活保障对象29户46人，新增农村最低生活保障对象539户794人；退出城镇最低生活保障对象140户230人，退出农村最低生活保障对象1665户2845人。截至年底，全市共有最低生活保障对象9761户14589人，其中：城镇居民433户616人；农村居民7886户12531人；集中供养对象1442户1442人，其中，城镇“三无”对象27户27人，农村敬老院五保对象1415户1415人。发放救助类资金4328.44万元。

从12月1日开始，城镇居民最低生活保障标准从每人每月480元调整为540元，农村从每人每月327元调整为390元，为历年来调整幅度最大的一次。农村低保标准达到城镇的72%，城乡差距进一步缩小。

出台了《兰溪市城乡困难群众医疗救助实施办法》，救助审批工作全部纳入兰溪市社会救助信息平台，实行网上审批，做到公开、公平。是年，全市医疗救助和临时救助分别达到13元/人和3元/人的筹资标准。全年实施医疗救助4582人次，医疗救助支出963.17万元；临时救助1109人次，发放实物和现金124.78万元；重度残疾人生活保障对象683人，发放重残补助金336.58万元。

全年新增13个乡镇级避灾中心和217个村级避灾点；截至年底，全市拥有市级避灾中心4个，乡镇级避灾中心20个（乡镇级避灾安置场所覆盖率100%），村级避灾点238个（村级避灾安置场所覆盖率达35.52%），标识牌和指示牌设置率70%。

出台《兰溪市关于加快发展养老服务业的实施意见》，建立了市级养老服务指导中心、镇乡级养老服务中心及村（社区）居家养老服务照料中心三级组织管理系统和服务网络。

成立市养老服务指导中心，为全额拨款事业单位，核定编制3人，在职在编2人。新建成农村居家养老服务照料中心203家，建成老年公寓式的养老服务场所12家。至年底，全市有农村居家养老照料中心266家。全市16个镇乡（街道）敬老院安装了远程监控监督系统。黄店、香溪、梅江敬老院改扩建工程基本完成，新增床位200张。亚华生态园颐养中心投入运行。总投资4873万元的社会福利院扩建工程动工建设，建成后新增养老床位360张。兰江街道敬老院被民政部授予“全国农村五保供养工作先进单位”称号。

7月25日，农村社区居家养老服务照料中心建设进度推进会召开（市民政局提供）

出台《兰溪市村（社区）准入制实施办法》《村级（社区）事务准入运行规范》和《关于进一步推进城市社区的建设意见》，规范村级（社区）事务管理。

兰江敬老院老人在锻炼身体（毛雄摄）

全年共办理结婚登记5042对，离婚1351对，补领结婚证1233对，补离婚证52对，出具无婚姻登记证明10248人次。

推进社会组织管理制度改革，实行四类社会组织直接登记工作，接受省厅部分社会组织登记管理下放权限。截至年底，登记注册社团175家，民非组织172家,成立基金会1家。

完成水库移民创业园园区控制性详细初步设计，列入厅市战略合作协议扶持项目，争取到第二批移民扶持资金600万元。完成一期1、2标段土石方平整工程，投入移民资金200万元。第3标段完成地质勘察，主体工程动工建设。

截至年底，全市共有福利企业31家，实现销售额81.36亿元，工业总产值92.08亿元，工业增加值7.54亿元，就业人员3312人，其中残疾职工1321人，占39.89%。

全年共命名道路3条，住宅小区9个，办理门牌证4473块，幢牌92块，单元牌17块，户牌3566块，单位大门牌53块。全年共接到数字城管交办的路牌、门牌损坏件20件，及时进行修复，保持良好的城市形象。

全年销售中福在线视频福利彩票5487万元，同比增长19%。加强福利彩票的公益宣传，走访慰问城乡的特困老人、贫困家庭60户，发放慰问金4.8万元；联合市关工委开展助学活动，共救助贫困大学生新生10名，救助资金5万元；救助困难在兰外地务工人员100名，资助物品价值10万元。

【救助对象审核】 全年复核最低生活保障对象8050户，不符合救助条件的1531户，检出率19.01%；核查申请最低生活保障对象720户，不符合救助条件的262户，检出率36.38%；复核重残补助对象685户，不符合救助条件的144人，检出率21.02%；核查申请重残补助对象108户，不符合救助条件的35户，检出率32.47%，减少支出救助金350余万元。

【“96345”社会公共服务中心启用】 4月22日开通运行的96345社会公共服务中心，通过设立24小时热线“96345”、微博、微信等途径，依托各部门、加盟业主、社会组织、社区志愿者组织、专业技术组织和一技之长者，成为一个覆盖整个城区的社会信息管理和服务平台，无偿为居民提供信息中介服务，让居民及时享受到快捷、方便、实惠、个性化的各类社会服务。中心运行以来，开展了“青少年考前心理疏导”“520结婚登记”“送服务进社区”等系列特色活动。截至年底，中心进社区活动20场，热线接打量为44523个，微信关注8893人，上门求助161人次。回访满意率100%，办结率100%，取得良好社会效应。

4月22日，兰溪市96345社会公共服务中心正式启用（市民政局提供）

【确定兰溪首届10个公益创投项目】 在全市范围试点实施首届公益创投资金资助社会组织开展公益项目，出台《关于2014年度公益创投资金资助社会组织开展公益项目试点的实施办法》,鼓励引导社会组织提供公共服务，探索建立政府购买服务机制，支持促进社会组织的培育发展。市爱家婚姻家庭中心、常青颐养院、志愿者协会等12家社会组织向民政部门申报了22个公益创投项目。经实地查看、项目评审，全市确定了10个首届公益创投项目，涉及为老服务、求助帮困、青少年服务等，资助资金总额30万元。这10个项目为：爱家婚姻家庭辅导中心离婚劝导机制、常青颐养院社会救助人员关爱项目、“护水哨兵随手拍”水情督查志愿服务行动、“爱心助成长”关爱贫困学子项目、丹阳社区义务巡逻队、96345社会公共服务中心青少年心理辅导、社区青少年心理干预咨询、心舞工作室“平安黄手环”关爱项目、关爱老年人志愿服务行动。

【殡葬改革】 深化殡葬改革，推行生态葬法，推动“绿色殡葬”。出台《兰溪市关于深化殡葬改革推行生态葬法的实施意见》，开展了农村公益性墓地建设试点，参与了一次骨灰海葬活动。按照《殡葬基本服务项目免费办法》，从1月1日起，5项殡葬基本服务项目免费，全年减免费用310万元。10月4日，殡仪馆改扩建工程火化间、灵堂建设项目投入使用，悼念厅、骨灰寄存用房项目开工建设。火化区火化率达100%，全年共火化遗体4800多具。

【“双拥”优抚安置】 开展双拥共建活动。春节、八一期间，走访慰问驻兰部队及驻金共建部队，赠送慰问金、慰问品120多万元。为150多户生活困难的重点优抚对象发放春节、八一慰问金20万元。为160名优抚对象发放临时生活困难补助款25万元。为全市665户义务兵家庭足额发放义务兵家属优待金532万元；为3700余名优抚对象发放抚恤金和生活补助款1150万元；发放一次性物价补贴15万元。全年医疗补助220人次，合计90万元；为残疾军人发放门诊补助110万元。完成308名残疾军人换证工作。会同人武部、职业中专学校、社保处联合办公，为退役士兵提供从报到、预备役登记、职业技能教育培训、社保资金转移等政策咨询一站式服务。全年接收退役士兵294名，其中自主就业退役士兵275人，发放经济补助295万元，组织178名退役士兵参加职业技能培训；接收安置符合政府安排工作条件退役士兵19名，其中8名安排在事业单位工作，11名安排在国有企业工作或自谋职业。

【烈士褒扬工作】 建成烈士褒扬管理信息系统，复查核对系统内抗美援朝牺牲的129名烈士信息，为50余名烈士家属更换烈士证书；完成12处零散烈士纪念设施（墓）修缮工作。9月30日，在市横山革命烈士纪念碑前举行了兰溪首次烈士公祭活动，市四套班子领导与烈士遗属、老战士、军队离退休干部、部队官兵及市级党政机关干部、学校师生等各界代表共200余人参加，缅怀革命先烈，弘扬革命优良传统。

【首创离婚前劝导机制】 5月21日，与市妇联联手打造“婚姻家庭辅导中心”，在金华市范围内首创婚姻登记处离婚前劝导机制，引入第三方力量，专劝“冲动型离婚”，由当事人自愿选择是否接受调解。截至年底，接待261对要求离婚的夫妇，其中164对表示和好，97对选择离婚，劝和率为63%。

（何兴华）

人口和计划生育

【概况】 2014年，围绕统筹解决人口问题，提高人口素质，促进人口长期均衡发展的总体目标，在实施“单独”两孩政策、推进计生宣传、依法行政审批、完善利益导向、流动人口均等化服务等方面开展工作，总体运行良好，完成了各项目标任务，获得金华市人口和计划生育工作优胜奖。

2014年，全市共出生6062人，同比增加971人。出生女婴2908人，出生婴儿性别比为108.46，同比下降0.53个比值。计生率为91.03%，同比下降1.07%，符合金华市的责任目标。全市上报计划外生育544人（其中双胞胎10对），同比增加计划外出生142人。

【全市人口和计划生育工作会议】 2月12日，召开全市人口和计划生育工作会议，市委书记吴国成、市长朱瑞俊、市委副书记蔡艳、副市长陈艳参加会议并作重要讲话和专题工作报告。吴国成、朱瑞俊代表市委、市政府与各镇乡（街道）、市机关有关部门签订了2014年度人口和计划生育目标管理责任书，表彰了各项先进，特别嘉奖了2个20年、3个30年以上无计划外生育村，市政府授予柳冬苏、赵利群、赵荣妹、陈妙珠4人贡献奖荣誉证书，各奖5000元。表彰会上发放奖励金147万元。

全市人口和计划生育工作会议上表彰了计生工作先进集体和先进个人（市计生局提供）

【“单独两孩”政策实施】 1月17日，浙江省正式公布实施“单独两孩”政策。兰溪开展“单独两孩”政策宣传和政策解读，引导单独夫妇合理安排再生育时间；4月8日，市政府出台《关于做好单独两孩政策实施工作的通知》（兰政办发〔2014〕41号）文件，规范了申请审批程序；开展生育监测，截至年底，全市共审批“单独”夫妇再生育申请902例，已生育147人。

【计划生育“一票否决”审核】 对推荐评选各类先进、授予荣誉称号、提拔任用干部、晋升职务、推选党代表和人大代表及政协委员、录用公职人员、私营企业主入党、离任村主职干部待遇享受等按计划生育“一票否决”审核要求进行了审核。截至12月31日，审核和报送“一票否决”145批次，其中单位633个、个人1641人次；审核通过单位567个、个人1617人次；审核不通过单位66个、个人24人次。

【出生实名制信息监控】 2014年1月1日至12月31日，出生实名制信息应用系统已有出生实名登记4326人，其中男婴2263人、女婴2063人。

【计划生育服务】 全年门诊17828人次，施行各项节育手术4017例，其中放环1016例，取环2066例，人流470例，药流275例，绝育手术9例，皮下埋植剂取出术9例，妇科小手术172例。查环查孕6056例，门诊咨询1273人次。开展妇女生殖保健服务，生殖保健门诊8120人次，其中开展宫颈癌筛查763例，发现异常103例。对村级计生联系员免费两癌筛查952例，发现异常的及时给予相应指导或治疗。全年发放避孕药具50790份。5月和10月，分别进行病残儿筛查鉴定45名，市级终审确定可以再生育12名。

为永昌街道外来流动人口育龄妇女开展生殖健康咨询服务（市计生局提供）

【孕前优生健康检查】 2013年10月1日至2014年9月30日，全市参加国家免费孕前优生健康检查4404人，孕前优生检测率85.27%；查出风疹病毒434例，巨细胞14例，弓形虫9例。对通过病残儿鉴定符合再生育条件的12人全部纳入高风险管理，病残儿父母再生育两孩优生指导和服务率100%。对婚姻登记和领取生育证夫妇，宣传指导孕前优生知识，优生咨询指导率99.43%。全市参加婚前检查9110人次，其中男性4529人、女性4581人，婚前医学检查率96.40%。

【计划生育宣传教育】 在市电视台开辟《计生之窗》专栏，每周二晚9点至9点30，播放计生知识宣传片。每晚在《兰溪新闻》前播放“单独两孩生育政策”动漫宣传片和宣传标语；在139辆城乡公交车内滚动播放有关优生优育、“单独两孩”生育政策等内容的动画宣传片；制作搪瓷宣传标语480套（每套5块），分发至各村（社区）钉上墙，营造计生宣传氛围。

【生育文化阵地建设】 将计生阵地建设融入新农村建设，开展生育文化特色“双创”工作。创建永昌街道胜岗村、兰江街道黄畈洋村、上华街道大洋畈村、黄店镇甘溪村、马涧镇马坞村、梅江镇上李村等10个高标准的生育文化特色村；创建诸葛镇下徐村为精品提升村。对通过创建验收的村给予经费支持，生育文化特色村每村5万元，精品提升村为10万元。在78个行政村的村民活动核心地带构建了生育文化宣传园，让村民在休闲中自觉接受生育文明熏陶。创建村级阵地规范化建设村，出台《关于加强生育文化特色村及村级示范阵地建设的实施意见》，16个镇乡（街道）101个村（社区）参与创建，验收后予以每村（社区）1万元补助。

【流动人口服务】 在省全员人口计划生育管理服务综合平台上，流动人口待办应处理数92913，已处理数92749，完成率99.82%。为流动人口育龄群众开展生殖健康和妇女常见病普查普治，做到与户籍人口同管理、同服务，使免费计生服务实现全覆盖。共为外来流动人员免费“三查”967人，免费提供计生手术服务125人。建立24小时值班制度。全年共处理无证生育467人。

【发放利益导向资金725.21万元】 全年净增奖扶对象940人，为累计5202名符合奖扶的独生子女父母发放每人960元的奖励扶助金，计499.39万元；为228名特别扶助对象发放特扶资金165.12万元。自2014年起提高特扶标准，满60周岁的每月每人700元，未满60周岁的每月每人500元；对163名计生困难家庭人员进行了救助和帮扶，发放计生公益金30.65万元；为388户城市夫妻双方失业、无业的独生子女家庭发放独生子女父母奖励费3.88万元；为107户双农独女户父母中一人提供社会养老保险补助15.13万元；对45名三级以上计划生育手术并发症人员发放特别扶助金11.04万元。合计发放利益导向资金725.21万元。

【计生协会工作】 开展生育关怀—致富发展项目申报。2014年，申报的黄店镇和仪水稻集约化农场项目经过省计生协会审核后立项，获5万元项目补助。因项目实施带动新增就业45人，帮扶困难计划生育家庭发展生产30户，带动周边群众发展生产80户。通过开办专业技术培训班和计生知识培训班，宣传了计划生育政策、计生知识。对2009—2013年被省计生协会立项补助的5个项目进行绩效评估。开展基层群众自治“双示范”工作，2014年，诸葛镇诸葛村被评为国家级人口计生基层群众自治示范村。

【“5·29”会员活动日】 开展“5·29”会员活动日宣传服务活动，围绕“生育关怀你我他、宣传服务进万家”主题，以宣传“单独两孩”生育政策、帮扶困难计生家庭为重点，开展了形式多样的宣传服务活动。全市发放“单独两孩”政策宣传折页11000份、一次性纸杯35万个、环保袋3万个，发送计生宣传短信1800多条，配送避孕药具8000多份，宣传服务6800多人次。举办知识讲座6场。

【计生审批】 2014年，完成再生育审批2281例，完成特殊情况生育审批124例。

【计生信访】 做好计划生育来信来访，处理来信来访2起，办结案件2件。办理优化环境直通车对话话题52件。

（钱小兰）

老龄工作

【概况】 兰溪市老龄工作委员会辖16个镇乡(街道)老龄工作委员会，办公室设在市民政局。按户籍人口统计，2014年底全市60周岁以上老年人136882人，占全市总人口的20.71%；其中65周岁以上老年人90060人，70周岁以上56726人，80周岁以上20030人，占老年人口的14.63%；90周岁以上老年人1633人，100周岁以上8人。全市城区老年人24871人，占老年人口数的18.17%，农村老年人112011人，占老年人口数的81.83%。

全市先后建立了老年书画研究会、老年文艺联谊会、老年摄影研究会、老年体协、老年学研究会5个市级老年文艺学术团体。

全国老龄办、民政部、教育部、国家新闻出版广电总局、团中央、全国妇联和中国关心下一代工作委员会7部门联合开展了全国敬老爱老助老主题教育活动，评选出第六届敬老模范人物和敬老模范单位。胡汝明荣获“全国孝亲敬老之星”称号。

【老龄工作宣传】 4月，在《兰江导报》设专版介绍了兰溪市老龄人口统计数据分析，内容包括2013年兰溪老龄化状况，老龄化的特点，全市养老服务体系建设情况。利用“96345”进社区的机会，开展老年法律宣传和咨询活动，分发了《老年法》小册子2000余册，对老年人进行维权宣传。

【老年教育】 全市有市级老年电视大学1所，市级老年大学1所，有老年电视大学教学点58个，老年学员7740人。开展了老年电大先进评选，评出了先进教学点17个，优秀办学工作者34名。兰溪老年大学有教学场地1000多平方米，21位聘用教师、33个班级、990名学员，开设了医学保健、体育舞蹈、文化艺术、生活实用和现代科技等五大类16门课程。

【老年文艺活动】 省老龄办到兰溪开展送文化下基层活动。10月22日，钱江浪花艺术团在兰溪剧院门口举办了一场老年文艺晚会。市老龄办联合市文广新局、市老年人协会在和平公园举办了“兰溪市第七届老年艺术节”,演出了17个节目。

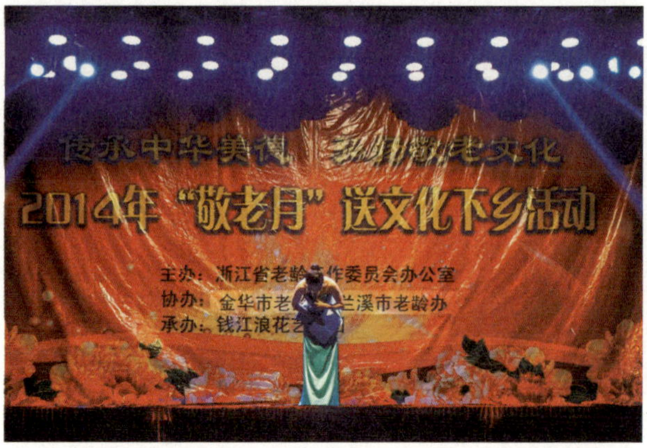

省老龄委送文化下基层演出现场（市老龄委提供）

【为老服务】 农村居家养老照料服务中心建设全面推广，全年共建成照料服务中心213家。至年底，276家照料服务中心投入运营。建成城区居家养老服务中心5个，服务站15个，对331名政府重点保障对象和特困老人实行了政府购买服务，全年共发放居家养老“福利服务券”48万元。2014年全市共办理老年人优待证18294张，其中红证（70周岁以上）7207张，绿证（60周岁以上）11087张。

8月20日，开展老人法律咨询活动（市老龄委提供）

【慰问百岁老人】 重阳节，市领导分四批走访了市区7家福利院和和8名百岁老人，老龄办带领老年医院医生上门为百岁老人免费体检。

（舒兴旗）

农　业

【概况】 2014年，兰溪市农业局（以下简称市农业局），以促进农业增效、农民增收为目标，以发展生态循环农业为主线，以农业“两区”建设为重点，推进农业信息化、农村确权赋权改革、农业招商、农产品营销、发展休闲农业、完善服务体系、农业安全生产等工作，加快农业现代化发展，全市农业经济有序健康运行。是年，全市实现农业增加值24.1亿元，同比增长2.7%，农村常住居民人均可支配收入13890元，同比增长11.8%。兰溪市成功创建为全国休闲农业与乡村旅游示范县和省级现代生态循环农业示范县。

【兰溪创建为全国休闲农业与乡村旅游示范县】 12月24日，农业部和国家旅游局联合发文，认定兰溪市为全国休闲农业与乡村旅游示范县。

【兰溪创建为省级现代生态循环农业示范县】 12月15日，省农业厅、省发改委、省财政厅和省环保厅联合发文，认定兰溪市为第二批省级生态循环农业示范县（市）；黄店镇为省级生态循环农业示范区。全市现有2个省级示范区和2个省级示范企业。

种 植 业

【概况】 全年实现粮食播种面积2.31万公顷，总产量13万吨，产量同比增长1.93%。其中早稻播种面积0.14万公顷，亩产391千克，与2013年基本持平；晚稻播种面积1.23万公顷，亩产470千克，亩产同比增长4%。全市油菜面积0.95万公顷，棉花面积0.47万公顷，同比减少8.7%。全市蔬菜种植面积8.98万亩，同比增加3.2%。茶叶面积1.85万亩，产值约4430万元。水果面积约15.19万亩，产值3.9亿元，面积较2013年增加0.47万亩。其中杨梅6.65万亩，产量1.87万吨；大红柿1.48万亩，产量4773吨；枇杷1.85万亩，产量4811吨。

【水稻高产示范片亩产615.41千克】 9月17日，市农业局组织相关专家对云山街道万亩粮食功能区内的省级水稻千亩高产创建示范片测产验收，金华市农技站站长、高级农艺师胡谷琅和金华市农科院等专家，根据示范片水稻生长情况，选择了3块典型田块测产，现场用收割机收割全田，实测全田面积，当场秤取稻谷产量，其中徐跃林户品种内5优8015，湿谷平均亩产741.43千克。全市实施水稻产业提升项目，建立5个水稻省级千亩高产创建示范片，面积6110亩。

【“棉花高产创建集成技术及高效模式示范推广”项目获省农业丰收奖】 由兰溪市农作物技术推广站主持完成的“棉花高产创建集成技术及高效模式示范推广”项目荣获2013年度省农业丰收奖一等奖。该项目以农业部棉花高产创建为平台，通过强化行政推动、技术拉动、示范带动，在主产镇乡建立万亩高产示范片，集成并推广应用“优化品种、适度密植、肥促化控、综合防控”等棉花高产高效技术；开展了棉田间作套种高效模式、洪灾后绝收棉田抢时重播技术等试验及创新研究；形成了《金华市棉花高产创建技术模式图》以及棉花套种鲜食豌豆、鲜食春大豆套种棉花、洪灾后棉花管理、灾后绝收棉田重播等技术规程，实现了“八百斤棉、八千元钱”的棉田高产高效目标，取得了显著的经济、社会和生态效益。

10月11日，农业部棉花高产创建验收专家组，到兰溪进行2014年度棉花高产创建测产验收（市农业局提供）

【“孟塘”牌草莓获浙江农业吉尼斯草莓擂台赛三等奖】 1月10日，省农业厅在奉化市举行“第二届浙江农业吉尼斯草莓擂台赛”，市孟塘果蔬专业合作社选送的“孟塘”牌草莓，经现场榨汁测定，可溶性固形物含量达12.2%，位列全省“第四名”，荣获“三等奖”。

【孟塘草莓获省草莓评比金奖】 12月26日，浙江省蔬菜瓜果产业协会举办了第一届优质草莓评比活动，全省各地草莓专业合作社、家庭农场和农业企业共选送47个不同品种草莓参加评比，通过对草莓外观品质、内在品质及产品包装的综合评分，共评选出15个金奖产品、22个优质奖产品。兰溪市孟塘果蔬专业合作社的草莓获得金奖。

【枇杷＋草莓立体种植示范模式】 为提高大棚设施利用率，市虹霓山枇杷专业合作社开展了以“枇杷+草莓”为主的立体种植模式，采用限根栽培、无土栽培、肥水同灌以及智能监控和远程控制等技术，为枇杷产业的升级提供示范样板。与传统草莓生产不同之处在于，“枇杷+草莓”为主的立体种植模式的草莓长于空中，无需弯腰就可轻松管理。

【第四届兰溪枇杷节在穆坞村举行】 5月21日，省农商对接大会系列活动之一、第四届兰溪枇杷文化节在女埠街道穆坞村枇杷市场举行。兰溪市枇杷开摘仪式在女埠街道穆坞村举行。女埠街道、黄店镇的7个枇杷专业合作社、9位枇杷种植大户在现场设摊，展示自己种植的枇杷。省内外60多名客商面对面与兰溪枇杷专业合作社、果农对接。

第四届枇杷节在穆坞村举行（王恩觃摄）

【举办兰溪杨梅节上海推介会】 6月14日，2014年兰溪杨梅节上海推介会在上海百联中环购物广场举行。推介会期间，上海世纪联华超市中环店现场销售兰溪杨梅。上市期间，兰溪杨梅通过冷鲜车源源不断运往上海，并辐射销往周边地区。

在上海水果批发市场，兰溪杨梅的价格约为每千克8～12元；在超市，零售价卖到每千克16～20元。500克装的小盒杨梅最受欢迎，一盒卖8.8元。推介会开幕一上午，750公斤小篮杨梅全部售罄。马涧镇蒋坞村顾峰山杨梅专业合作社理事长胡金阳说，通过合作社，整个村一天在上海的杨梅销量20吨左右。

【兰溪杨梅参加浙江杨梅香港推介活动】 6月23日，由浙江省农业厅主办的浙江杨梅六月红暨名优农产品推介会在香港举办，市马涧新农夫果蔬专业合作社的“东魁”杨梅代表兰溪杨梅首次赴香港参展，并与香港兰丰贸易有限公司签订合作意向协议。

6月23日，马涧新农夫果蔬专业合作社与香港兰丰贸易有限公司签订合作意向协议（市农业局提供）

【兰溪杨梅获全国精品杨梅金奖】 6月27日，在青田县举行的2014年全国精品杨梅评比会上，兰溪市健之梅果蔬专业合作社选送的“东魁”杨梅被评为“青田杯”全国精品杨梅金奖。评比活动由中国园艺学会杨梅分会主办，吸引了来自全国各地杨梅产区的24个样品参赛，最终评选出5个金奖，5个优质奖。

【“农吧”芦笋获浙江省精品果蔬展销会“金奖”】 8月2日，2014年浙江省精品果蔬展销会在杭州举行，兰溪选送的“农吧”牌芦笋获展销会金奖，“孟塘”牌黄瓜、“东翠”牌蜜梨等5个果蔬产品获优质奖。

【建成第二批保障型蔬菜基地1000亩】 10月，2013年度保障型蔬菜基地建设工作通过金华市考核验收，上华街道“横山保障型蔬菜基地”“上吴保障型蔬菜基地”、游埠镇“郎家保障型蔬菜基地”、黄店镇“青塘何保障型蔬菜基地”、柏社乡“嘉顺保障型蔬菜基地”5家共1000亩蔬菜基地通过验收。

【大棚春马铃薯亩产值6000元】 4月，对市兰北蔬菜专业合作社的30亩大棚马铃薯测产，品种为中薯3号，平均亩产1250公斤左右，市场销售价每千克5.0～5.2元，亩产值6000元左右，效益明显。从2011年冬季开始，兰溪试验示范大棚马铃薯栽培技术，因效益较好，2013年冬季扩大播种面积。大棚马铃薯一般在上年的12月上中旬播种，大棚加地膜覆盖，3月底4月初开始收获上市。

【农民从创新农作制度中获益】 “春马铃薯—莲子‘水稻’—兰溪小萝卜”是兰溪重点示范的新型农作制度模式之一。该种植模式各季作物生长季节紧凑，土地利用率高，通过水旱轮作减轻了病虫害的发生，确保了农产品质量安全。莲子田在4月底5月初翻耕，利用上年的地下茎萌发不再播种，6月底开始收获莲子至9月中下旬结束；水稻在4月底5月初播种，9月底10月初收获；莲子或水稻收获结束后播种兰溪小萝卜，一般11月上旬开始收获至12月底结束；马铃薯在12月底1月初播种，4月中下旬收获。2014年，马涧镇周姓种植大户应用该模式面积115亩，其中大部分为莲子田，小部分为水稻田，马铃薯上年12月下旬播种，4月14日开始收获上市，经农技人员现场测产，平均亩产1145.1千克，平均售价3.0元/千克，亩产值4245.3元。

养殖业

【概况】 2014年，全市畜牧业生产稳步发展，实现总产值13.2亿元。其中生猪存栏27万头，出栏63万头，存栏较去年同期下跌3.57%，出栏增加

26%；家禽存栏375万羽，出栏425万羽，存、出栏同比有少量增加；蜜蜂饲养量15.3万群，山羊存栏1.42万只，出栏1.37万只，存栏较去年大幅上涨；肉类总产量52288吨，总体平稳。

养猪场（市农业局提供）

【肉牛快速育肥技术进入推广阶段】 市畜牧兽医局在马涧镇横坑村肉牛养殖基地推广了“肉牛应用颗粒饲料快速育肥技术”。12月，该项技术通过市科协“金桥工程”初验，进入实质推广阶段，为全市草食动物养殖发展提供了技术支撑。

【启动生猪保险试点工作】 1月，全市启动了生猪政策性保险试点工作，参保的生猪保险理赔金额最高可达600元／头。

【结对达成“三沼”供应协议】 9月27日，兰溪举行沼液资源化利用签约仪式，彩潮养猪场、方下店养猪场、蓝裕生态养殖场分别与畲野果蔬专业合作社、城西沼液抽排运输服务站、浙江新天地生态水果种植有限公司结对，达成“三沼”（沼气、沼液、沼渣）供应协议。

“两区”建设

【概况】 2014年，全市2个现代农业综合区、6个主导产业示范区（其中农业4个、林业和水产各1个）和13个特色农业精品园（其中农业4个、林业7个、水产2个）列入省级创建点。截至年底，全市共有11个示范区（精品园）成功通过省级考核验收。全年有10个工商资本投资现代农业项目落地，加上续建项目，总投资5.93亿元。通过发挥政策引导作用，整合小农水建设项目，全市新增设施农业面积3500多亩，农业设施化水平进一步提高。

【金华农业“两区”现场会在兰溪召开】 金华农业“两区”现场会9月5日在兰溪召开，省农业厅、金华市及有关部门负责人，各县(市、区)党委、政府主要领导，财政、农业、林业、水利等部门负责人，农业主体代表等200余人参加会议。与会人员实地参观了兰溪云山万亩粮食功能区、锦荣农业科技园、农民之家、九畹幽兰精品国兰基地、雅滩精品特色渔业基地，对兰溪“两区”建设表示出浓厚兴趣。

参加金华市农业两区现场会的代表参观（市农业局提供）

【建成粮食生产功能区80个】 截至年底，全市已建成粮食生产功能区80个，面积10.07万亩。其中云山万亩粮食功能区总投资3332.78多万元，建设规模1.2万亩，2014年完成功能区及配套的城北育秧烘干中心和云通育秧烘干中心工程，提升了粮食生产功能区的社会化服务水平。

云山万亩粮食功能区（市农业局提供）

【“孟塘生态农业科技园”规划方案通过论证】 “兰溪市孟塘生态农业科技园”规划面积1023亩，计划总投资2042万元，规划园区建设期限为4年（2014—2017年），按照“一次规划，分期实施，逐步推进”的建设思路组织实施。园区建设分为设施蔬果区、原生态农业区、休闲旅游区、水生种养区、农业科技展示与综合服务中心，形成“四区一中心”的生态农业科技园基本格局。“兰溪市孟塘生态农业科技园”总体规划方案，由金华市农业科学研究院、金华市生态农业规划设计院规划设计，4月通过了市级论证。该项目由市孟塘果蔬专业合作社组织实施。

农业服务

【概况】 2014年，兰溪被列入浙江省新型农业社会化服务体系建设试点县市。全市重点加快乡镇基层农业公共服务体系建设，完成了16个镇乡（街道）农业公共服务中心建设任务。以实施国家新型农业社会化服务体系建设试点为契机，从“市、乡、村”三个层面，初步建立了“农业公益性服务体系、农业主导产业服务体系、生态循环农业服务体系、金融助农服务体系及农产品价格预警系统”的立体服务体系。在水果、粮油、水产、生态循环等领域培育一批具有一定农业社会化服务功能的农业生产经营服务主体。

【省农业干部“联村联场”治水转型行动走进兰溪】 9月27日，省农业厅厅长史济锡、副厅长陈利江带领20多名省市农业专家，到兰溪开展万名农业干部“联村联场”治水转型大行动，力促农业水环境改善。永昌街道顺康养殖场是省畜牧技术推广总站副站长俞国乔的联系点。俞国乔和养殖场业主商讨“一场一策”，计划改善排污设施，通过建设沼气池、沼气发电等设备，向猪场下游村的农户供气，真正实现“三沼”全利用。在水亭畲族乡水亭街村广场，农业专家设摊提供现场咨询服务，向村民解读畜禽生态养殖、化肥减量及有机肥利用、绿色防控等知识，发放各类农业书籍。在现场，油动植保喷药直升机、螺旋翼植保机、太阳能水循环系统等一大批先进的农业机械的展示，让农业大户们大长见识。史济锡一行先后前往顺康养殖场、水亭省级生态循环农业示范区等地，进村入场考察养殖场治理、循环农业发展情况。

省市农业专家在水亭畲族乡指导（市农业局提供）

【农业公共服务中心】 建设镇乡（街道）示范性农业公共服务中心5个、一般性农业公共服务中心11个，并根据兰溪市机构编制委员会《兰溪市镇乡（街道）公共服务机构设置方案》确定的编制数，按照“3+X”的职能配置和服务模式，由兰溪市委组织部等部门进行定员定岗。实施测土配方施肥面积53万亩，统防统治面积7.5万亩，粮食生产全程机械化应用面积6401.22亩。

【农民之家】 新农民之家启用后推进了兰溪新型农业社会化服务体系建设，深化农业服务机制和模式，提高农业服务效率，为农民持续增收和现代农业加快发展提供服务支撑。2014年，以农民之家为首的农业服务中心接待来人来电咨询12000余人次，下乡指导280余次，帮助农民解决生产中遇到的技术难题40余项，发放各类技术资料、农业政策宣传资料3.5万份，完成农民劳动力素质培训1200多人次。

农民之家邀请省农科院专家在孟塘蔬菜专业合作社指导（市农业局提供）

【基层农技人员知识更新培训】 针对基层农技人员知识老化问题，开展基层农技人员知识更新培训，4—11月间，分24个专业批次选送了66名基层农技人员到浙江大学、省农科院、浙江农林大学等8所部、省级现代农业技术培训基地参加知识更新培训。

【市农展会销售额突破千万元】 1月10日至12日，兰溪市第五届农展会在市体育中心举行。3天时间，农产品销售额达1050万元，首次突破千万元。农展会以“安全、优质、品牌”为主题，共设新农村建设、一村一品、畜牧业、种植业、农产品加工等9个展区、200多个销售摊位，185个相关企业、上千个品种参展。其中，农业局农技咨询、展示扩大到了9个展位，涵括了植保器械新技术宣传展示、农机宣传展示、粮油特产新品种宣传展示等，并接受现场咨询。农展会在各镇乡（街道）推荐的基础上，由相关专家组织评分，经筹委会审定，共评选出“赏梅”牌梅江烧荞麦酒等30种农产品为金奖农产品，“小锦”牌稻鳖米等9种农产品为优质奖农产品。

【出台新型农业社会化服务贷款贴息资金管理办法】 3月，兰溪出台了《兰溪市农业社会化服务贷款贴息资金管理办法》，明确规定了贴息范围、贴息对象、贴息项目、单位条件、贴息期限、贴息额度、贴息资金的监督管理、贷款贴息资金的申报程序和申报材料要求等；并有专门条款明确对编造虚假财务会计信息、贷款合同、贷款用途、贷款挪作他用等套取财政贴息资金的行为，一经核实，将按国家相关法规追究责任。《办法》自2014年3月7日起实施。

【市植物保护检疫站创建成功标准化示范单位】 农业部组织开展的全国农作物病虫害测报标准化区域站创建活动中，市植物保护检疫站被认定为全国农作物病虫害测报标准化区域站创建示范单位。

【14辆沼液抽排车投入使用】 4月25日，14辆新采购的沼液抽排专用车正式交送3个区域服务站和5家规模种养殖企业，服务沼液异地利用。这批沼液抽排车总吨位59吨，全年可异地运输沼液能力约10万吨，占全市异地利用量的18%，能有效解决规模养殖场不能就地利用沼液的问题，实现养殖场与农产品基地“双赢”。

14辆沼液抽排车启用（市农业局提供）

【28家农商对接】 5月20日，浙江省农商对接活动走进兰溪，80多名省内外客商代表参加，并与28家兰溪农产品企业面对面进行现场对接，推介兰溪时令特色农产品，其中，兰溪小萝卜、时令蔬菜等农产品广受客商欢迎。据统计，对接现场共达成意向订单500万元。

【市政府与省农科院签订数字农业合作协议】 6月17日，兰溪市政府、市农业局、有关农业生产经营主体与省农业科学院、浙江农林大学就数字农业科技战略合作关系协议、远程诊断服务平台、实用技术人才培养、“三农图书馆”建设合作等11个农业科技项目举行合作签约仪式。其中数字农业科技战略合作关系协议是省农科院首次与县级政府签订的合作项目。当天，浙江省农业科学院兰溪数字农业科技示范基地、浙江省农业科学院园艺所兰溪农业科技服务工作站和浙江农林大学农业与食品科学院兰溪农业科技服务工作站揭牌成立。

【基层农技人员定向委培】 兰溪市与浙江农林大学开展定向培养基层农技人员工作，招收4名具有兰溪市户籍的2014年报考普通高校的学生，主要培养方向为动物医学专业，在第二批提前录取志愿。该4名定向委培生按期毕业后，回兰溪市镇乡（街道）农技推广机构工作。

农业产业化

【概况】 通过落实土地流转政策，加大扶持力度，完善市、乡、村三级土地流转服务体系，加快流转速度，提高农业产业规模化经营程度。全市新增土地流转面积1.5万亩，其中50亩以上规模经营主体44个，面积合计0.8万亩。

全市农业招商引资实现投资总额和项目质量双丰收。全年新引进农业项目10个，实际到位资金合计达5.93亿元，投资总额居金华各县市前列。

举办兰溪杨梅节上海推介会，加强上海兰溪两地的合作，推进兰溪农产品在上海乃至长三角的销售。举办第五届兰溪农产品展示展销会，销售额达1050万元。参加浙江省农博会、茶博会等各类农业展会，宣传推广兰溪特色农产品，提升品牌知名度，提高产品市场占有率。梅江烧酒、童建君小萝卜两只农产品获“杭州市民最喜爱的十大农产品”。

全市农业机械总动力312498.84千瓦，其中柴油机动力170925千瓦，汽油机动力15465.35千瓦，电动机动力126108.49千瓦。耕作机械2689台，收获机械22281台，植保机械2259台，排灌机械37864台，农副产品机械2714台，运输机械3832台。农业机械总值33187万元，净值18869万元。

农业监督管理

【概况】 坚持执行源头监管、综合治理、明查暗访、专项考核等制度，在全市开展农民负担监督管理阳光行动，加强对村级公益事业议事程序、筹资筹劳到位、资金核算、台账建立等方面的监管，确保项目资金安全，深化农民负担监督管理长效机制。在全市范围内开展农村集体“三资”清理核实工作，并建立台账，核实所有权，确保台账健全、手续完备、产权明晰。对全市646个村经济合作社开展集体经济调查摸底，完成村级财务清理（审计），推进农村集体三资“管理”。启动农资监管与服务信息化平台建设工作。

市农业行政执法大队加强对农资市场日常巡查和农资产品的质量监督抽检和违法行为的查处，规范了农资市场的生产和经营秩序。2014年度累计出动执法人员450人次以上，检查农贸生产经营企业170余家，抽检种子、肥料、农药、兽药、饲料和饲料添加剂等农业投入品80批次以上，查处农业违法案件8起以上。

农业执法人员在检查农资产品（市农业局提供）

【生态循环农业】 推进畜牧业现代化建设，构建新型畜牧产业体系，开展重大动物疫病防控和无害化处理专项整治行动。截至年底，全市共关停拆除养殖场3109户，处置生猪约29万头。新增沼液利用量10.2万吨，落实生态消纳土地10万亩。

【农业生产安全】 落实不发生区域性重大动植物

疫情、不发生重大农产品质量安全事件“两不”要求，完成春秋两季动物集中免疫行动，实现辖区内牲畜免疫率、挂标率、建档率三个100%。抽检蔬菜、水果等2685个批次，合格率为99.03%，抽检瘦肉精40368个批次，合格率为100%。新增无公害农产品基地6个。强化源头管理，完善落实农机安全生产责任制，促进农机监理规范化，推进平安农机创建工作。

【制作全市农资生产与经营单位分布图】 市农业行政执法大队制作了全市农资生产与经营单位分布图，将全市230余家农资生产与经营企业标注在兰溪市行政地图上，并将年度巡查情况通过不同的符号标注在地图上，巡查一家，标注一家，防止发生监管空白点。

（余　静）

兰溪市农资生产与经营单位分布图

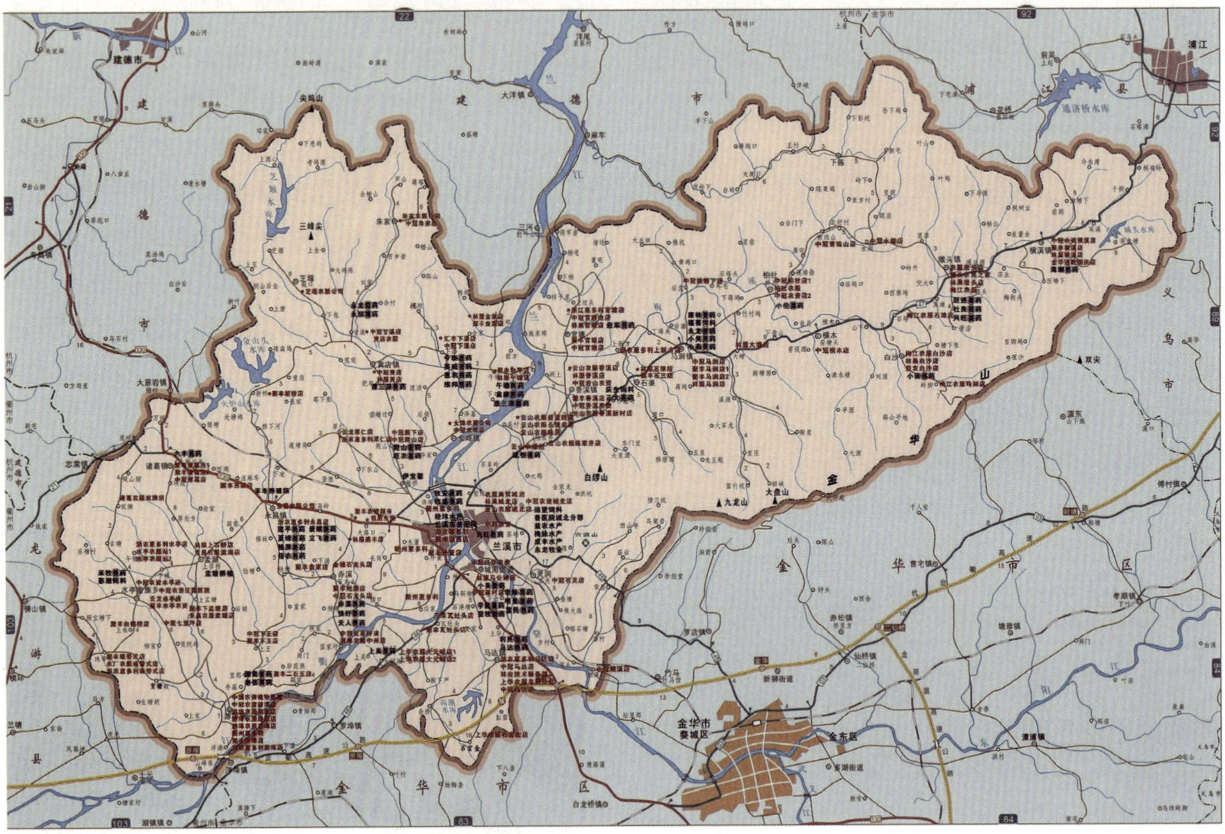

林　业

【概况】 2014年，市林业局围绕“美丽兰溪、生态兰溪、森林兰溪”建设目标，将产业发展与改善生态，资源保护与农民增收有机结合，推进林地规范流转，强化现代林业园区建设，加强资源保护并重，全年实现林业生产总值13.2148亿元。

【国家林业局林改司到兰溪调研林改工作】 6月17—18日，国家林业局林改司司长刘拓一行到兰溪调研林权制度改革。实地走访、与林业种植大户座谈、查看资料，刘拓一行详细了解兰溪林地流转现状、问题及现代林业园区建设、发展情况，向林业种植大户收集林权制度改革建议及意见。

刘拓一行在兰梅公司调研（市林业局提供）

【**绿化造林**】 全市完成绿化造林346.67公顷，迹地更新193.33公顷，森林抚育 3333.33公顷。结合市委组织开展的“三清三化三送”活动和“五水共治”行动，完成平原绿化266.67公顷，建设森林通道51千米，种植浙江樟、红豆杉、浙江楠等珍贵树种9.5万株；向140个村、3200户农户赠送各类树苗49万株。

春节后上班第一天市领导参加义务植树（市林业局提供）

【**森林村镇创建**】 全市新增“金华市绿化示范村”27个，为兰江街道白山村、何夏庄村、尖山村、清胜塘村、张塔头村、祝塘村，上华街道皂洞口村、马鞍徐村、江边村、石岩金村、会桥村，赤溪街道常满塘村、下洪溪村、桥头村，永昌街道洪畈朱村、检塘村、胜岗村、永昌赵村、永昌村、樟二村、樟三村、邱村村，女埠街道穆坞村、郎山村、泽基村、泉湖村、虹霓山村。截至2014年底，全市有“兰溪市绿化示范村”120个，“兰溪森林村庄”20个，“金华市绿化示范村”67个，“金华市森林村庄”4个，“省级绿化示范村”8个，“省级森林村庄”3个。灵洞乡和诸葛镇通过省级森林城镇验收，成为兰溪首批省级森林城镇。

【**生态公益林建设**】 全市生态公益林损失性补偿资金标准每亩23元，全市共发放补偿资金891.53万元，累计建成公益林优质林面积18400公顷。

【**出台《兰溪市林地流转扶持办法》**】 1月2日，为规范林地依法有序流转，鼓励林地流转，促进林地规模经营，制定印发了《兰溪市林地流转扶持办法》。《办法》规定，对当年形成新增连片1000亩以上（含），期限40年以上（含），给予流出方一次性50元/亩的补助，同时对符合条件成功流转林地的林地股份合作社给予1万元的补助。

【**开展林地股份制流转工作试点**】 完成柏社乡里胡村和外方坞村林地股份制流转工作试点。里胡村有林地面积7606亩，成立了“兰溪市里胡村果蔬专业合作社”，有200多户农户股份流转林地1500多亩。外方坞村有林地面积2800亩，成立了兰溪市冷水湾果蔬专业合作社，160多户（农户）参股，股份流转林地2000多亩，其中村集体200亩。这两个合作社的分红方式基本相同，采取“保底+递增”模式，即从合同签订开始的前15年参照当年生态公益林补助标准分红，第16年开始以当年实际亩产青果收益的3%分红，分红率每年递增0.7个百分点，到20%封顶，每年一付。截至年底，全市已流转林地面积近6万亩，直接带动了3亿多元的工商资本投入林业开发建设。

【**木竹经营监管**】 5—9月，市林业局在全市范围内开展查处无证无照木竹经营行为专项行动，规范经营企业的经营资格和经营行为。摸排16个镇乡（街道）186家木竹经营加工企业，查出24家企业未办理木竹经营加工许可证，属无证照经营。向经营单位或个人发放宣传资料2000份，收集规范林业经营市场建议和意见23条。

【推广12个林技项目】 按照“首席专家—林技指导员—责任林技员—村土专家”林技推广形式和“公司经营—示范基地—示范户”的产业发展模式，重点推广柿优良新品种及高效栽培、薄壳山核桃引种、毛竹笋竹林高效经营等林业技术项目12个，争取到各类林业扶持资金1300多万元，组织送科技下乡5次，举办各类培训15期，发放各类培训资料10000余份，参训林农1500人次。

【林业资源保护】 全年办理林业行政许可693件，发采伐证91份，发证采伐量223.59公顷，按采伐类型分：主伐99.73公顷，抚育伐87.56公顷，其他伐36.3立方米；按消耗类型分：商品材208.93公顷，毛竹13600支。审核审批林地征占用项目10起，面积7.41公顷，其中长期项目1起，面积0.17公顷，林业生产设施服务类项目9起，面积7.24公顷。有永久性河流、洪泛平原湿地、永久性淡水湖、库塘、输水河、水产养殖场各类湿地8289.6公顷。组织开展“利剑、清火、铲种禁毒”等专项行动，查处各类破坏森林资源案件17起，其中，刑事案件1起、行政案件16起。

【林业发展贷款和保险】 与金融机构沟通联系，对发展规模林业的林业企业、大户，优先安排贷款，实行优惠政策，为规模林业发展提供资金支持。截至年底，全市累计办理8宗贷款，发放资金4130万元。为全市35万亩省级以上生态公益林投保了政策性林木火灾保险，投保了6000多亩林木综合保险，投保了商品林火灾险3669亩。

【森林消防】 全市共接到各类火情报警357起，其中森林火灾1起，森林火灾发生率1.4次/10万公顷森林面积，森林火灾受害率0.26‰，无重大森林火灾发生。

【创建首支市属专业森林消防队】 通过政企联合模式创建首支“引水灭火”市属森林消防专业队伍，首创我省政企联合出资建队、养队新模式。政企联合为专业消防队投资180余万元，新建营房600余平方米，购置森林消防车、风力灭火机和个人防火装备等。

市领导为森林消防专业队揭牌（市林业局提供）

【创建首个集中祭拜点】 为防止祭拜引发山火，市森林消防指挥部在灵洞乡实施集中祭拜试点，12月19日举行了集中祭拜启动仪式。集中祭拜点设在费垅口村向阳山脚，投入30多万元集建了焚烧炉、祭祀台、休息室，在主要入山口设置了告示牌，悬挂宣传标语。

【山林纠纷调处】 本着维护林区稳定、依法依规、总揽全局、循序渐进、相互谅解的原则，全市共调处山林纠纷9起，解决争议面积132.27公顷。

（杨立恒）

气　象

【概况】 2014年，兰溪市气象局及时、主动为政府决策提供气象服务，向市政府及有关部门汇报重要天气5期，发布气象内参16期，发布预警信号28次。召开气象协理员培训会议1次，部门联络员会议1次，受市政府表彰的优秀气象协理员5人。市气象局坚持公共气象服务方向，围绕“安全、民生、经济、生态”发展气象，结合兰溪主导产业，开展杨梅、枇杷等农作物专项气象服务。利用“3·23”世界气象日、“安全生产月”宣传咨询日等活动，通过开放气象台、展示气象展板、播放气象宣传片、发放宣传资料等形式宣传气象科普知识。9月，在水亭乡初中和社区举办了气象科普讲座。

【防灾减灾体系建设】 通过整合气象灾害预警平台服务对象，将政府领导、部门领导，各镇乡（街道）分管领导、气象协理员、村气象信息员，学校、重点企业、种养殖大户等列入用户数据库，免费服务用户数2000余个。及时发布气象预警信息，全年发布各类气象短信161次70万条次。新建或更新气象电子显示屏19块，扩大气象信息覆盖面。完成3个气象防灾减灾标准化社区和2个防灾减灾标准化村建设工作并通过验收。

【气象现代化建设】 三江流域兰溪气象预警中心工程项目完成主体大楼结顶，其他土建工程相继实施。推进综合气象观测系统建设，重新安装了一套新型自动站。完善人工增雨体系建设，特别是队伍建设、效益评估。

【兰溪天气特点】 多年平均气温17.9℃，最冷月平均气温5.6℃，最热月平均气温29.7℃，历年极端最高气温41.5℃(2013年8月2日)，极端最低气温-8.2℃（1970年1月15、16日）。雨量充沛，分布不均，年平均降雨量1458.3毫米，其中3—9月降雨量1110.4毫米，占全年降雨量的76.1%。年平均相对湿度74%，最小相对湿度8%。无霜期长，年平均无霜期257天。全年日照1641.4小时，占可照时数的37%。年平均风速1.7米/秒，最多风向为N风。年平均蒸发量1428.4毫米。年雷暴日数40.6天。主要气象灾害有暴雨、洪涝、干旱、台风、大风、冰雹、雷电、寒潮、大雾。

【全年气候评价】 2014年，总的气候特点为气温偏高，雨量偏多、雨日偏少，日照时数略偏少。年平均气温18.4度，比常年同期偏高0.5度，年极端最高气温37.5℃，出现在7月11日；年极端最低气温-3.2℃，出现在1月23日；年降水量1678.9毫米，比常年同期偏多220.6毫米，雨日144天，比常年同期偏少8天。6月17日入梅，7月7日出梅，梅雨期20天，梅雨典型，雨量较常年偏多49%，期间出现3次明显降水过程；年日照时数1564.3小时，比常年同期偏少77.1小时。

附1：历年平均温度

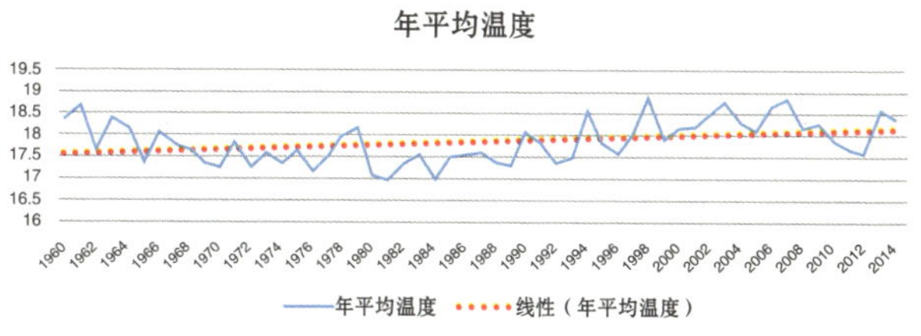

附2：历年年降水量

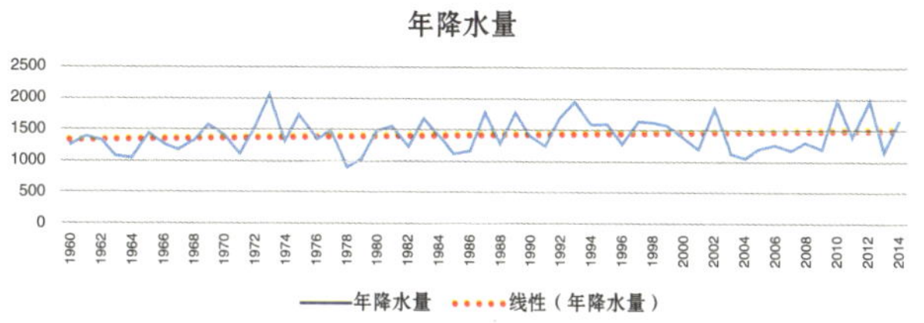

【梅雨典型】 梅雨期间，尤其6月下旬兰溪出现入梅以来的降水集中期，持续性强，有连续暴雨，下旬雨量比常年偏多287%，创有气象记录以来历史同期新高，出现洪涝、内涝，对农业、生活、交通造成显著影响。

【8月低温阴雨】 8月8日—9月1日，兰溪出现了低温多雨寡照天气，35℃以上高温天气仅1天，平均气温26.8℃，比常年同期偏低1.8℃，为历史同期第四低值。总雨量236.1毫米，比常年同期偏多1.3倍，居历史同期第一；雨日多达16天，居历史同期第四；其中8月18—20日出现持续强降水天气，强降水范围广、降水密集，造成江河水位暴涨，引发洪涝灾害。

【台风】 年内有3个台风外围环流影响全市，分别为第10号台风“麦德姆”、12号台风“娜基莉”和第16号台风“凤凰”，对兰溪影响利大于弊，没有出现明显灾情。

（邵小卫）

水务

综述

【概况】 兰溪市水务局，设办公室、行政审批科（水政水资源科）、规划建设科、渔业科；下设市防汛防旱指挥部办公室、水利工程质量与安全监督站、水库管理站、农村水利管理站、河道管理所、水利水电规划室、渔政站、水政监察大队、节约用水办公室、水土保持监督管理站、防汛机动抢险队、水利水电物资供应站、机电排灌管理站、城区流域水利管理站、城北流域水利管理站、城西流域水利管理站、游埠排灌站、芝堰水库管理处、东风水库管理处、城头水库管理处、高潮水库管理处、钱塘垅水库管理处等事业单位；下辖市水务建设工程投资有限责任公司、水利水电勘测设计所、兰溪市钱江水务有限公司、兰溪市青湖公园管理处、浙江鼎川建设公司等水利相关企业。

2014年，全市新增有效灌溉面积387公顷，新增节水灌溉面积879公顷，18069人饮水条件得到提升改造，堤防达标长度128.30千米，新增水土流失治理面积50公顷。

兰溪市荣获浙江省政府设立的全省水利工作最高成就奖——浙江省第二十届水利“大禹杯”金奖。

2014年兰溪市再度荣获全省水利“大禹杯”金奖(黄磊摄)

【完成水利建设投资6.65亿元】 全年全市水利建设总投资6.65亿元，其中：中央投资2548.33万元，占3.83%；省级投资6328.5万元，占9.51%；县级投资7660万元，占11.51%；银行贷款5亿元，占75.15%。按五水共治划分：防洪水完成32450万元，占48.76%；排涝水完成4520万元，占6.8%；保供水完成2311万元，占3.47%；治污水完成15062万元，占22.64%；抓节水4146万元，占6.23%；其他8047.83万元，占12.1%。

【水事执法】 全年共组织执法巡查180余次，出动执法人员750人次；坚持24小时110接、处警制度，高效快速查处水事违法活动，接、处警38

次，出动执法人员146人次。发现并查处水事违法行为18起，其中给当事人口头警告15次；立案3起，结案3起。处罚金额4.3万元；查处非法吸砂船1只,维护正常的水事秩序。全年共调解各类水事纠纷和信访回复28起，疏导矛盾，维护社会稳定。

【违建黄砂专项整治】 规范各制洗砂场建设，开展对各制洗砂场土地使用情况的调查，全市拆除原制砂场简易房3600平方米，拆除原砂场塔吊基座112座，拆除黄砂零售点5处。

防汛抗旱

【概况】 2014年，检查各类水利工程2653处，查出各类问题3824处。公布小型水库、山塘、基层防汛体系，“三江”堤防、排涝站，城区重要防洪抢险地段防汛和农村水电站防汛安全管理责任人。完成全市水情、雨情、汛情、台情、旱情、灾情的上情下达和下情上报工作。编印防指文件14个及《兰溪汛情信息》《兰溪旱情信息》6期，编发各类手机短信32多万条，为全市防灾抗灾减灾工作及时提供科学依据，为各级领导指挥决策提供参考。

【防汛办指挥系统升级改造项目】 兰溪市防汛防旱指挥部办公室指挥系统升级改造和兰溪防汛网、三江洪水风险图管理系统开发建设，工程概算总投资200万元，截至年底，完成该项目建设，并通过金华验收。

【塔山水文站建成】 市中小河流水文监测系统塔山水文站项目，2013年下半年开始建设，2014年底完成；概算总投资调整为288万元，除中央和省补助资金外（中央补助96万元，省补助77万元），其余资金地方配套（地方自筹115万）。截至年底，基本完成土建和水文设备安装。

8月19日，省水文局长俞锡根到兰溪检查中小河流水文监测系统建设项目市塔山水文站建设情况（蒋淑雁摄）

【水情】 兰溪站全年总降雨量1673.9毫米。1月至11月份降雨量总体偏多，比多年平均降雨偏多21.5%。梅汛期（兰溪6月17日入梅、7月7日出梅），全市共经历三次强降雨过程，全市平均降雨409.8毫米，比2013年梅汛期降雨量157.2毫米，偏多161%（多年梅汛期降雨量250～290毫米），降雨量超过450毫米以上的站点有7个，其中超过500毫米的站点1个，最大降雨站点为水亭站，降雨量达527.4毫米。2014年兰江共发生7次洪水，4次超过警戒水位，3次超保证水位。

2014年洪水情况

表12

序　号	第1次	第2次	第3次	第4次	第5次	第6次	第7次
发生时间	5月5日 凌晨2:00	5月17日 1:55	6月23日 2:40	6月23日 17:00	6月28日 5:00	8月20日 3:00	8月20日 21:00
洪峰水位（米）	27.81	27.87米	31.76米	31.73	31.13	28.89	30.00
洪峰流量（立方米/秒）	/	/	9830	9830	8510	5300	6950

【灾情】 进入汛期，全市已发生多次突发性灾害天气及局地短时强降水、强雷电、局部大风等灾害性天气；兰江“6·23”和“6·28”洪水，全市受灾人口9.23万，直接经济总损失3410万元，其中水利设施直接经济损失2724万元。汛情总体上比较平稳，未有人员伤亡和重大财产损失情况报告。由于5—8月份降雨比较充沛，全市各类山塘水库蓄水率普遍较高，局部强对流天气频繁，因而未有明显旱情发生。

规划设计

【概况】 编制了《兰溪市钱塘江堤防加固（2013—2017年）工程规划》《兰溪市治涝规划》《兰溪市中小河流（游埠溪、甘溪）治理规划》等水土保持规划。11月底，《兰溪市城乡供水规划》《兰溪市节水型社会建设规划》和《兰溪市水资源利用规划》由省水利河口研究院编制完成，12月12日通过市政府审查。

【钱塘江堤防加固（2013—2017年）工程规划】 4月，编制完成了《兰溪市钱塘江堤防加固（2013—2017年）工程规划》（报批稿），7月由市政府批复实施。规划主要包括城区范围许埠片、金角片、溪西片、城北片、新周片、上华片及衢江航运开发影响范围后龚片、游埠片和中洲片共9个围片，规划加固堤防护岸总长度62.43千米，工程估算总投资16.74亿元。计划至2017年底前，可基本解决全市城市规划区的城市防洪问题。

【治涝规划】 10月，浙江省水利水电勘测设计院完成《兰溪市治涝规划》编制。该治涝规划包括44个涝片，规划排涝河道涉及排水河道82条，河道总长166千米。

【中小河流（游埠溪、甘溪）治理规划】 3月，由中标单位金华市水利水电勘测设计院有限公司编制完成了《兰溪市中小河流（游埠溪、甘溪）治理规划》（报批稿），7月由市政府批复实施。甘溪河道治理规划范围为：主流甘溪从芝堰水库下游芝堰村起凤桥至与兰江汇合口处，长度约为17.46千米；支流朱家溪长度为1.7千米，以及其他受甘溪回水影响的一定规模的支流，工程总投资28178.6万元；游埠溪中小河流治理工程规划范围包括兰溪市境内的游埠溪干流（含游埠溪古河道）及其水亭溪干流和水亭溪支流，其余支流规划范围为受干流回水影响段，规划河道总长50.1千米，工程总投资54514万元。

【兰溪市城乡供水规划】 针对全市城乡用水需求，开展供水水源和供水工程规划研究。依据兰溪市经济社会发展规划的预测以及相关行业定额分析结果，采用定额法得出现状年、2020年、2030年城市管网供水区的需水规模，分别为13.41万立方米/吨、20.96万立方米/吨、30.35万立方米/吨；乡镇集中供水区的需水规模，分别为2.31万立方米/吨、3.30万立方米/吨、3.24万立方米/吨。

【兰溪市节水型社会建设规划】 分析全市水资源量、水利工程、城乡供水工程、用水量、现状用水水平及节水型社会建设现状，得出兰溪市水资源管理能力、用水水平、水环境治理水平及水资源管理工作基础和保障措施均有待加强。提出水总量、工业和生活用水量、万元工业GDP用水量等8项I类指标及管理和制度建设、农业节水等5类24项指标的控制目标体系，并确定节水型社会建设重点领域的建设实施任务计划。

【兰溪市水资源利用规划】 以全市水资源调查及其开发利用评价为基础，根据兰溪市经济社会发展需求，综合考虑生活、生产、生态用水对区域水资源配置和供水能力提升要求，统筹考虑本地水、过境水等多水源的开发利用，构建兰溪市水资源合理开发、高效利用的配置格局，实现优水优用，满足不同类别用水户对水资源开发利用的要求。规划作为今后一个时期内水资源开发利用与管理的基本依据，促进和保障人口、资源、环境、经济的相协调发展，以水资源的可持续利用支持兰溪市经济社会的可持续发展。对兰溪2020年、2030年提出需水预测、水资源供需分析、水资源配置方案及兰溪市水资源开发利用总体布局。

【兰溪市水功能区、水环境功能区修编方案】 6月30日，省水利河口研究院编制完成《兰溪市水功能区、水环境功能区修编方案》，通过对兰溪市水资源、水环境、水资源开发利用、供水现状以及污染排放情况的调查与分析，结合城市总体规划、水资源综合规划、生态环境功能区规划、饮用水安全保障规划等相关规划的分析汇总，提出兰溪市水功能区水环境功能区修编方案。修编完善后，兰溪市水功能区个数从12个增加至15个，其中农业用水区、渔业用水区、景观娱乐用水区和过渡区个数不变，分别为5个、1个、1个和1个；饮用水源区由4个增加至7个。7月29日通过金华市环保局、水利局审查，2015年1月通过省环保厅、水利厅批准。

【水土保持规划（2013—2030）】 11月，杭州大地科技有限公司编制完成《兰溪市水土保持规划（2013—2030）》，12月9日通过省水利厅审查。该规划的期限为2015—2030年，规划治理水土流失面积82平方千米，其中近期（2015—2020年）治理水土流失面积42平方千米。近期水土流失综合治理主要有5条小流域，分布在黄店镇、马涧镇、柏社乡和永昌街道。重点预防区面积共有437平方千米，约占全市总面积的33%，主要分布于兰溪西北、东北和西南的广大区域。以水源涵养、水质维护为主，主要通过加强清洁小流域建设，减少水土流失。重点治理区面积共有100平方千米，约占全市总面积的7.6%，主要分布在兰溪西部。以农田防护、生态维护为主，主要措施包括封禁治理、建设水土保持林、溪沟治理、拦砂坝等。

【在建工程设计】 在建工程：干堤及农防(二期)加固工程共19个标段39千米；新建、重建排水闸和排涝站28座。梅溪治理（三期）工程，共六段综合治理长度9.05千米，其中：新建（加固）堤防4.09千米，护岸长度9.21千米；工程概算2490万元；同时完成了梅溪治理（四期）工程招标设计，综合治理长度5.85千米，其中：新建护岸长度9.0千米；工程概算2915万元。

农防加固工程（二期6标）女埠街道泉湖片（王斌摄）

【小（Ⅱ）型水库除险加固工程施工图设计】 完成钢粮、丰收、大官塘、太后垅、大青塘、大板桥等7座小（Ⅱ）型水库除险加固工程施工图设计；完成了2014年实施项目岩坞、官山垅、清塘垅、海螺形、五龙5座小（Ⅱ）型水库除险加固工程大坝安全技术认定综合评价报告和初步设计，工程概算投资合计2750万元，完成了5座水库除险加固工程的招标和施工图设计，保证了工程如期招标，按期实施。

【农村饮水安全提升工程】 编制完成了《兰溪农村饮水安全提升工程实施计划》，工程涉及全市13个镇乡（街道）101个行政村，提升和改善10.17万人饮水条件，工程总投资约6100万元。

【钱塘垅水厂工程项目建议书】 完成了兰溪市钱塘垅水厂工程（一期1万吨/日）项目建议书编制，估算投资2590万元。

水利工程建设与验收

【概况】 根据原省长吕祖善关于兰溪市农防加固“五年任务三年完成”的指示精神，2014年是兰溪农防加固工程的收官之年。该年度承接2013年招标的12-17标段工程施工任务，同时完成了2012年底招标的因政策处理等原因造成施工进度滞后的农防二期2标、4标、7标、10标、11标及机电及金属结构安装标等标段的扫尾工作，完成农防加固工程建设任务。工程累计完成投资约9300万元。

【城东片防洪堤应急工程主体完工】 城东片防洪堤应急工程，位于市区老城自来水厂至云山路的婺江路段，堤线总长约为640米。防洪堤结构形式为沿婺江路外侧布设57扇直升式钢闸门。工程总投资约6952万元，工程等级Ⅳ级，防洪堤坝为4级建筑物，设计洪水标准为20年一遇。工程2013年8月开工，2014年4月份主体工程建成并发挥防洪效益，经受住了“6·23”和“6·28”两场洪水的考验，得到省委书记夏宝龙的充分肯定；副省长黄旭明行文批示“兰溪市城防闭合圈建设，资源最节约，‘扰民’变利民，解决了多少年的老大难问题，实属可赞可贺……”。

11月27日，省水利厅长陈川与各县市水利局长考察城东片防洪应急工程（黄磊摄）

【农村饮水安全提升工程完成投资900万元】 农村饮水安全提升工程涉及10个镇乡（街道）21个行政村18069人。工程主要建设内容为按标准改造提升部分供水管网以及解决部分还未建成通水的行政村。工程于9月份开工，12月初完工，累计完成工程投资900万元。

【小型农田水利建设项目完工】 2014年续建项目——2013年度中央财政小农水重点县项目建设完成整治山塘20座；新建高效节水灌溉工程3片，面积1630亩；灌区改造7处共1.01万亩，改造渠道55.65千米，工程批复总投资2557.1万元。12月20日，续建项目2013年中央农田水利建设资金项目建设完成山塘整治9座，工程批复总投资819万元。

农防新貌（香溪镇洲上黄沙圩片）（王斌摄）

【小型水库除险加固工程完成总投资6649万元】 截至12月，完成双牌、秋公塘、后垅、解塘、下塘垅、大板桥、太后垅、大官塘8座小型水库除险加固工程项目建设任务，其中双牌为小（Ⅰ）型水库，其他7座为小（Ⅱ）型水库，完成总投资6649万元。

【梅溪治理二期完成投资2681万元】 2014年续建工程——梅溪宋宅至后潘段治理工程（梅溪治理二期），河道综合治理长度7.45千米，按十年一遇防洪标准新建（加固）堤防7.75千米，护岸长度3.31千米，项目批复总投资3285万元。工程分四个标段，于2013年7月底前完成了监理及施工招投标。截至年底项目除4标后潘段外，其余标段均进入扫尾阶段，工程累计完成投资2681万元，占工程总投资81.6%。

【梅溪治理三期完成投资970万元】 2014年实施的兰溪市梅溪上祝宅至丁埠头段治理工程（梅溪治理三期），按十年一遇防洪标准新建堤防4.09千米，护岸长度9.21千米，河道综合治理长度9.05千米。项目批复总投资约3399万元。梅溪治理三期项目分别已于6月25日、9月11日完成监理与施工标招投标。截至年底，完成工程投资970万元，占工程总投资28.5%。

工程管护

【概况】 全市现有中、小型水库134座，其中：中型5座，小（Ⅰ）型22座，小（Ⅱ）型107座。截至2014年底，全市完成中型水库除险加固4座，芝堰水库于12月完成了除险加固项目可行性研究报告的批复；完成13座小（Ⅰ）型水库除险加固工程，完成66座小（Ⅱ）型水库除险加固工程。

2014年度获得省水利厅河道保洁长效管理先进单位三等奖。

联合整治围垦乱种（黄磊摄）

【防汛管护】 3月27日，召开全市防汛工作会议，分三个层面签订防汛工作责任制：市政府与16个镇乡（街道）、35个防指成员单位和5个中型水库管理处分别签订《防汛防旱责任书》；各镇乡（街道）与村及联村干部签订《防汛工作责任书》，包括堤防、小（Ⅱ）型以上水库及全市1万方以上重点山塘责任制的落实；各村、水管单位与水库巡查员、堤防巡护员、排涝机手、山塘管理员签订《防汛安全管理责任书》。全市共储备编织袋（含麻袋、草包袋）48.6万条，土工布(膜)38800平方米、彩条布47400平方米（加重型33300平方米、重型14100平方米）、救生衣1885件（自备100件）、铁锹1885把（自备160把）、照明机组4台以及各类机电水泵设备等防汛抗旱物资。与防汛物资的生产厂家保持联系，在急需时能及时快捷地将物资送到位。

水资源管理

【概况】 2014年，全市水资源总量12.86亿立方米，用水总量（含环境配水）2.65亿立方米,万元GDP用水量（不含环境用水）97.53立方米,万元工业增加值用水量60.76立方米。全市企业工业用水重复利用率为61.49%，征收水资源规费203.37万元。

全市总供水量2.65亿立方米。其中地表水源供水量2.48亿立方米，占93.6%；地下水源供水量1695万立方米，占6.4%。

农田灌溉用水量1.13亿立方米 ,林牧渔畜用水量3811万立方米，工业用水量8472万立方米，城镇公共用水量689万立方米，居民生活用水量2073万立方米,生态与环境补水量83万立方米。

自来水

【概况】 2014年,完成售水量2496.73万吨， 污水处理1219.18万吨，安装供水管道61.06千米；新装水表5330副，其中安装“一户一表”4684只。强化水质管理，管网水水质综合合格率达99.9%。清泉热线与市长热线（现8890便民服务中心）、公安“110”、工商96315紧密联动。清泉热线共接到来电4437起，其中抢修的1332起，（包括因管道、水表、阀门破裂引起的漏水），查询水费的953起，反映水质314起，水压存在不足的536起，其他业务咨询的1302起；群发各类短信192次。市长热线57件、兰江清风23件，公安110转办的来电9起。做好接听、登记、调度、落实、督查，办结率达100%，处理及时率达99%以上。

全年供水管道抢修维修1094次（其中DN100以上的177次），及时率99%,全年无发生一次用户投诉现象,群众满意率99%以上。

【安全生产】 2014年兰溪汛期降雨量大，兰江共发生3次超危急水位，钱江水务公司把防汛工作列入《年度安全生产工作计划》，作为全年的重点工作来抓。组织开展“安全生产月”活动。张贴“强化红线意识、促进安全发展”宣传画，组织安全生产检查；开展以饮用水处理、污水处理为主题的征文活动。组织开展了《引水水渠垮蹋（停水、停电）应急救援》实战演练，做到防患于未然。

【制水厂技术改造】 东城水厂完成了滤池气水反冲洗和次氯酸钠投加系统改造。溪西水厂完成了次氯酸钠和加碱投加系统改造。在东城、溪西、芝堰3个制水厂和游埠管网点安装出厂水水质在线检测（余氯、浊度、pH值）仪表，实施出厂水浊度、余氯、pH值水质指标的24小时监控。

【污水厂应急改造】 7月，污水处理厂应急改造工程设施建成投入运行。污水处理厂通过对储泥池、细格栅添加投药设施，提高脱泥效果和摸索加药除磷方案；新建自动加碱投药系统，稳定pH值；通过对生化池安装喷淋系统，增加生化池消泡功能，提高污泥的沉降性能；均质泵投入使用，增强了调节池的均质功能。应急工程设施建成投入试运行以来，通过预处理沉淀池先期去除部分TP、重金属、SS，通过撇渣管先期处理部分油渍等，降低后续生物处理负荷，提高了抗冲击能力，出水水质明显好转。污水厂生产运行平稳，出水水质较为稳定，在进水水质较为稳定情况下，COD和TP指标达到一级B国家排放标准。

【城市供水管网建设】 钱塘垅水库输水管线工程先行段DN600球墨管（溪源—马二村），管线总长6175米。该工程自6月20日开工以来，由于安装路线长，涉及政策处理面广，铺设管道主要沿溪河高低不平的硬岩石床面施工，增加了安装难度。至12月底已完成4700米管线建设。完成金角大桥过桥管道(DN500球墨管)安装工程，该工程东起黄大仙路，西至横山路，与溪西横山路、李渔路和兰荫路连接，与老城兰江路、黄大仙路、凯旋路连接，总长2400米。

渔业生产及渔政管理

【概况】 渔业工作按照兰溪市“十二五”渔业发展规划要求，紧扣新农村建设和渔业增效、农渔民增收和“渔业转型促治水”两大主题，以转变渔业发展方式为主线，推进现代渔业园区建设，拓展渔业发展空间，履行监管职能，保障水产品质量安全，实现全市渔业经济平稳运行。

全市渔业经济发展势头平稳健康，水产品产量稳中有升，渔业经济总产出平稳增长；商品鱼价格先升后降；龟鳖产业企稳回升；珍珠市场价格持续上扬；现代渔业发展趋势尚好。全市拥有水产养殖面积3515公顷，实现水产品总产量2.03万吨，同比增长2.7%，其中池塘养殖面积2337公顷，产量5903吨；水库养殖面积1175公顷，产量3235吨；其他3公顷，产量68吨。是年稻田养殖面积4385公顷，产量9336吨。全年实现渔业总产值6.18亿元，同比增长9.8%，其中珍珠产值2.12亿元，占34.3%；甲鱼产值1.27亿元，占20.6%；其他水产品2.35亿元，占38%；苗种产值4375万元，占7.1%。渔民人均纯收入13258元，同比增长5.6%。市水务局被省海洋与渔业局评为2014年度“浙江省县级渔业工作先进单位”。

【推进现代渔业园区建设】 全年共建成省级现代渔业园区创建点项目4个，分别为兰溪市柏社泥鳅特色精品园、兰溪市清溪湾鱼蚌特色精品园、兰溪市南峰防病草鱼特色精品园、兰溪市雅滩特色渔业精品园。另有永昌特色渔业精品园项目通过省级考核验收，现代省级渔业园区增至4家。

【创建培育渔业示范场社企业】 创建“农业部第九批水产健康养殖示范场”2家（兰溪市佳腾水产养殖场、兰溪市卧龙源水产养殖场），认定省级示范性渔业专业合作社3家（兰溪市群星龟鳖专业合作社、兰溪市腾飞龟鳖专业合作社、兰溪市清溪湾水产专业合作社），新创立渔业专业合作社1家（兰溪市田湖龟鳖专业合作社），新培育兰溪市级农业龙头企业2家（兰溪市兰丰水产生态养殖有限公司、兰溪市南峰养殖场）。

【“渔业转型促治水”工程】 启动“渔业转型促治水”行动三大工程。全年完成稻鱼共生任务3106亩；实施渔业资源增殖放流项目；全年完成水产养殖场生态化改造面积2059亩，实施禁限养区划定和整治（洁水渔业）面积12261亩。

【开展渔业资源增殖放流活动】 开展渔业资源增殖放流活动10次，投入资金67万元，在钱塘江流域兰溪段省级渔业资源增殖放流区总投放各类鱼苗种2047.2万尾，其中，中华绒螯蟹蟹种44.2万只、蟹苗（大眼幼体）700万只、花鱼骨（3厘米）200万尾、黄尾密鲴（3厘米）200万尾、花白鲢（夏花）541万尾、草鱼（夏花）350万尾；在芝堰水库、城头水库、钱塘垅水库3座饮用水水源地投放花、白鲢（冬片）12万尾。

【形成渔技推广体系】 基层渔技推广体系改革与建设形成了水务局、局属流域站与各镇乡（街道）“三位一体”工作格局，推行“专家—渔技人员—科技示范户—辐射带动户”的渔业科技进村入户服务模式。全市聘请渔技专家3人、渔技员30人；建立两个渔业科技试验示范基地，推广中华鳖仿生态养殖和鱼蚌高效生态养殖模式与技术；培育渔业科技示范户90户，示范面积9888亩，辐射带动周边养殖户1200户、面积2万亩。2014年，基层渔技推广体系改革与建设项目获浙江省海洋与渔业局高度肯定，考核获96.5分的高分，名列金华市第一。

【实施“稻田养鱼工程”4000亩】 兰溪市是省稻田养鱼试点县，共落实养鱼稳粮增收工程4000亩。建立4个示范基地，其中雅滩水产养殖场示范基地芦苇稻产量可达450千克/亩，水产品产量可达500千克/亩，亩产值可达15000元；少平水产养殖场示范基地水稻产量达550千克/亩以上，中华鳖亩产量达720千克，亩产值达39000元（该基地还顺利通过市科协系统“金桥工程”的验收）；慧芬农场示范基地水稻产量达580千克/亩，水产品产量可达180千克/亩，亩产值达5200元；米好家庭农场示范基地水稻产量达550千克/亩，水产品产量达65千克/亩，亩产值达5600元。通过稻田养鱼工程的实施，全市种粮大户更加注重稻米品牌效益，已注册了“小锦”“兰江秀”“垅中秀”“东风秀”等品牌，提升了稻米品质、提高了渔（农）民经济效益。

7月14日，上华基地在稻田投放泥鳅（网络搜集）

【初级水产品质量监管】 全年共开展水产品质量安全检查73次，出动执法人员152人次，检查养殖企业（户）239家次，约谈养殖企业主（户）195人次，发放通告和签订责任书75份；共抽检龟鳖、鲫鱼、黄颡鱼及饲料等养殖场60家，64个样品、350个批次，主要检测氯霉素、硝基呋喃、孔雀石绿、无色孔雀石绿、乙烯雌酚等项目，经检测全部合格，未发现违法使用禁用药和滥用渔药行为。

【渔政执法及渔船安全管理】 全年出动渔业行政执法检查169次，参检657人次，检查渔船822艘（次），查获各类违反渔业法规案件9起：其中电鱼案5起，毒鱼案2起。没收电鱼器具13套，已结案9起，结案率100%，收缴罚没款1.08万元。调查渔业污染事故8起，为养殖户挽回经济损失49.15万元。检验渔业船舶231艘。建立渔民手机移动信息平台，全年共发送各类预警短信2万多条。

11月25日，市渔政站组织240名渔民进行安全生产培训（黄磊摄）

【养殖技术培训】 举办水产品质量安全与健康高效新模式培训班、水产养殖专项技术阳光工程培训班、渔业安全生产培训班、基层渔技人员培训班5次，参训人员300多人次，发放资料1200余份。

【推广浅水塘虾鱼生态混养新技术】 兰溪市博士园水产专业合作社在上华街道石宕金村建立示范基地100亩，组织实施浅水塘虾鱼生态混养高产高效新技术项目。通过一年实施，养殖基地亩均产值16635元，亩利润达5885元，显著提高了浅水塘生产能力，增加生产收益，带动和改良本地养殖品种和养殖结构，推动当地渔业发展，提高水产市场竞争力。

（陈　鲁）

工 业

综 述

【概况】 2014年，全市规模以上工业企业441家，实现工业总产值782.57亿元，同比增长7.9%；新产品产值231.61亿元，同比增长52.9%；利税总额50.46亿元，增长4.1%；其中利润30.19亿元，同比增长2.2%；工业增加值153.13亿元，同比增长8.0%。工业入库税金22.62亿元，同比增长8.3%。全市外贸出口总额12.62亿美元，增长19.8%。实现限额以上工业性投入98.2亿元，增长14.1%。工业用电量39.63亿千瓦时，下降19.18%。

市经济开发区实现规模以上工业总产值284.55亿元，增长9.87%，占全市规模工业的36.36%。16个镇乡（街道）规模以上工业总产值416.2亿元，其中，云山街道80.0亿元，增长7.64%，占19.22%；灵洞乡65.77亿元，增长10.89%，占15.8%；规模以上工业总产值10亿元以上的镇乡（街道）还有永昌街道、兰江街道、游埠镇、诸葛镇、女埠街道、梅江镇、上华街道、水亭乡、赤溪街道和横溪镇。

新增亿元企业29家，累计亿元企业152家；10亿元以上企业家10家，其中，自立铜业有限公司实现产值65.63亿元，浙能兰溪发电有限责任公司实现产值47.1亿元。119家重点工业企业实现产值560.2亿元，同比增长4.9%，占全市规模工业的71.6%；实现利润23.5亿元，同比增长－4.6%，占全市规模工业的77.9%。

截至2014年底，全市引进总部企业累计90家，完成税收2.3亿元。

规模以上主要工业产品产量

表13

产品名称	单　位	2014年	比上年增减（%）	产品名称	单位	2014年	比上年增减（%）
发电量	万千瓦小时	1281713	－13.59	硅酸盐水泥熟料	吨	6620993	－4.22
纱	吨	148256	30.80	其中：窑外分解窑水泥熟料	吨	6620993	－4.22

规模以上主要工业产品产量

续表13

其中 棉纱	吨	48603	9.92	水泥	吨	11413390	-2.15
棉混纺纱	吨	61213	53.90	散装水泥	吨	8405581	-0.09
化学纤维纱	吨	38440	30.44	精炼铜（电解铜）	吨	73916	3.95
布	万米	135900	16.05	原铝（电解铝）	吨	0	-100
服装	万件	344.8	-71.67	铝合金	吨	48155	21.51
合成氨（无水氨）	吨	70608	124.10	铜材	吨	19230	244.13
农用氮、磷、钾化学肥料总计（折纯）	吨	38081	83.12	铝材	吨	2768	-88.31
中成药	吨	3324	-0.37	金属切削机床	台	324	-40.00
橡胶轮胎外胎	吨	0	-100	其中：数控金属切削机床	台	278	-40.22
塑料制品	吨	25648	2.97	电力电缆	千米	29500	-5.14
机制纸及纸板（外购原纸加工除外）	吨	13470	-38.67	电光源	万只	9834	-24.26

全市利润总额前10位企业

表14

序号	企业名称
1	浙江浙能兰溪发电有限责任公司
2	浙江康恩贝制药股份有限公司
3	浙江红狮水泥股份有限公司
4	兰溪诸葛南方水泥有限公司
5	兰溪协鑫环保热电有限公司
6	浙江甬金金属科技股份有限公司
7	兰溪天达环保建材有限公司
8	浙江天一堂药业有限公司
9	兰溪市正大纺织有限公司
10	浙江嘉宝化工有限公司

全市主营业务收入前10位企业

表15

序号	企业名称
1	兰溪自立铜业有限公司
2	浙江浙能兰溪发电有限责任公司
3	浙江康恩贝制药股份有限公司
4	国网浙江兰溪市供电公司
5	浙江红狮水泥股份有限公司
6	浙江威斯康电源制造有限公司
7	浙江嘉宝化工有限公司
8	浙江华东铝业股份有限公司
9	兰溪市博远金属有限公司
10	浙江佳而美纺织有限公司

【产业投资】 2014年，全市完成限额以上工业性投入98.2亿元，同比增长14.2%。列入省技术改造重点项目计划66项，计划总投资187亿元，其中：省重点技改项目15项，省“双千工程”项目51项，占金华全市的四分之一；兰溪市“双百工程”工业项目共50项，计划总投资76.3亿元，全年完成投资额19.6亿元，建成（或部分）投产项目25项；兰溪市重点续建工业项目53项，计划总投资96亿元，全年完成投资25.5亿元，投产或部分投产项目30项。

【实施“机器换人”项目】 召开“机器换人”穿筘、断纬工序现代化现场会，聘请省纺织装备“机器换人”专家组驻兰指导，确定机械科学研究总院为“机器换人”金牌服务商。实施2014年兰溪市“机器换人”示范试点项目计划，评定示范项目10项、试点项目60项。申报金华市“机器换人”项目累计121项，其中示范项目18项，试点项目103项。全年争取国家、省技术改造、技术创新、转型升级等各项各类专项资金补助项目16项，计2899万元。

【技术创新76个项目】 全年技术创新类项目总数达76项，其中金华市级以上技术创新类项目61项，超额完成金华市下达技术创新类任务25项，技术创新类项目总数比2013年增加4项，再创历史新高。其中，获省级重点高新技术产品开发项目11项，分别是：浙江兰溪山野机械有限公司配重式电动叉车项目和双动对接叉车的研发项目、兰溪健发食品机械有限公司超声波食品切割机集成技术研究与应用项目、浙江联强数控机床股份有限公司NMC100H/1卧式交换工作台加工中心项目和NFC6920落地式数控镗铣床项目、兰溪永丰机械有限公司高速NC数控直线冲管机项目、浙江鑫海纺织有限公司多功能户外运动和帐篷用纺织品生产关键技术研发项目、浙江彩之源纺织有限公司七彩涡流纺异型纤维功能性纱线项目和新型涡流纺细旦中空保暖型功能性纱线项目、浙江金博金属科技有限公司铜铝复合导电材料研发项目、浙江明辉发光科技有限公司年产300吨长余辉发光材料和40万平方米发光膜板及其制品项目；省技术中心创新能力建设项目1项，浙江天一堂药业有限公司技术中心创新能力建设项目；获金华市企业技术中心3项，分别是：浙江旭阳钢业企业技术中心、兰溪市捷克运动器材制造企业技术中心、浙江兰溪山野机械企业技术中心；获金华市工业设计中心1项：兰溪市捷克运动器材制造有限公司工业设计中心；完成省级工业新产品完成备案33

项、金华市级技术创新专项12项，新认定兰溪市企业研发（技术）中心15项。

【节能降耗淘汰落后产能】 2014年，对各镇乡（街道）、开发区及各类重点用能企业实施能源消费强度和能源消费总量“双控”措施，全市规上工业增加值能耗降低率19.8%，降幅高于全省平均水平13.1个百分点，高于去年同期8.5个百分点。规上工业等价能耗218万吨标准煤，同比下降13.4%。分行业看，有色行业等价能耗减少43.36万吨，主要原因是华东铝业产业结构调整，继2013年华铝关停一条电解铝生产线后，2014年1月又关停了第二条生产线，全年腾出用能空间38.5万吨，对兰溪乃至金华全市节能做出巨大贡献；非金属矿物制品业（水泥）和电力行业同比下降1.76%和6.44%；纺织、化工和机械行业分别同比增长14.67%、34.47%和25.77%。全市申报实施节能节水项目7个，计划总投资约1.8亿元，2个项目建成投运。有18家企业通过了清洁生产审核验收，106个项目通过了能源评估，15家重点用能企业实施了能源消费实时在线监测。全年全市新增用热户9家，新增用热量22.8万吨，节约能源折标煤1.5万吨。完成了国家级、省级下达的淘汰任务，涉及11家，拆除设备376台/套。完成了市本级淘汰任务，涉及企业21家，拆除设备451台/套。取缔锡箔作坊77家，整治76家再生纤维企业，提升40家，取缔36家。兰溪市被列为省级综合性“腾笼换鸟”试点单位和锡铂行业“腾笼换鸟”试点单位。

【出台《关于加大工业经济支持力度的若干意见》】 开展企业服务“春风行动”，兰溪市在金华市率先制定了《关于加大工业经济支持力度的若干意见》，出台了支持转贷、分割办证、合并计税等十六条具体政策措施。市领导带头，走企业、解难题、办实事，强化政策宣传，提振企业发展信心。活动中，梳理难题135项，由市集中交办，实行了挂销号制度，定责限时，合力破难。至10月底，除11项因土地、消防等政策性原因无法解决外，办结难题124项，办结率91.8%。全年预审项目76个，通过60个，技术改造核准备案148个。

【银企合作贷款9.1亿元】 召开了金融服务实体经济动员大会暨政银企合作洽谈会，组织27家市内外银行、50多位重点企业负责人、兰溪市“双百工程”和56个重点续建工业项目负责人参加洽谈，16家企业与各金融机构现场签订了总金额为9.1亿元的合作、贷款项目。全年转贷达409家次，发放转贷资金21.82亿元，转贷额比去年增3倍以上，其中到外地银行转贷54家次4.97亿元。

【园区平台建设】 全年累计实现园区土地征用3483亩，其中镇乡（街道）2263亩；开展“四破”攻坚专项行动，采取收回、转让、促产及盘活等方式，完成“退低进高”1623.79亩，其中，经济开发区完成597.59亩，镇乡（街道）1026.198亩。全市园区配套设施投入94745万元，其中开发区完成74412万元，镇乡（街道）完成20333万元。全市一区十五园全年实现工业总产值636.1亿元；实现税金22.3亿元。经济开发区全年实现规上企业产值284.55亿元，同比增长9.87%；税收10.885亿元，同比增长9.46%；实现固定资产投入37.2亿元，同比增长15.17%。

【企业信息化】 出台了《兰溪市加快推进信息化与工业化深度融合的实施意见》《兰溪市“两化”融合重点项目管理办法》。列入2014年金华市“两化”融合重点项目8个：浙江瑞域纺织有限公司ERP项目、浙江玉帛纺织有限公司制造执行系统EMS、兰溪市超翔金属制品有限公司ERP信息化管理系统、浙江瑞福正业光电科技有限公司企业信息化建设项目、圣蕾诗化妆品有限公司信息化管理及安全生产管理、浙江红狮水泥股份有限公司生产管理系统MES、浙江劲膳美生物科技有限公司信息化管理项目、浙江七星纺织有限公司企业信息化管理系统工程；兰溪市“两化”融合重点项目51个，兰溪市“两化”融合试点企业17家，示范企业13家。6月，兰溪棉纺织产业集群

"窗口"服务平台与浙江省、金华市中小企业公共服务平台实现互联互通。10月底，省经信委举办"两化"深度融合进企业系列活动，组织"走进红狮控股集团现场会"，全市100余家重点企业代表参加。

主要行业

【纺织行业】 全市纺织行业规模以上企业181家，规模以上企业从业人员23107人，实现产值289.3亿元，同比增长15.1%，占全市规模工业37.0%；规模以上工业销售收入249.9亿元；工业增加值53.7亿元，同比增长14.9%，占全市工业增加值35.07%；完成兰溪市纺织行业协会换届选举，选举产生新一届纺织行业协会理事会，浙江金梭纺织有限公司董事长童福友当选为协会新一届会长。9月30日，中国纺织工业联合会正式发布"2013—2014年度中国纺织服装企业竞争力500强名单"，浙江立马云山纺织股份有限公司、浙江双灯家纺有限公司、浙江鑫浪纺织有限公司、兰溪市裕达纺织有限公司、浙江兰棉纺织有限公司、浙江腾马纺织有限公司、浙江创维纺织有限公司、兰溪市圣宇毛巾有限公司8家企业入选。

浙江立马云山纺织股份有限公司（王恩觊摄）

【冶金行业】 全市冶金行业规模以上企业21家，实现产值115.0亿元，同比下降2.5%，占全市规模工业的14.9%；利税1.99亿元，同比增长0.32%；利润1.1亿元，同比增长3.5%。11月7日，杭州锦江集团与红狮控股合资的浙江华东铝业股份有限公司年产40万吨高精度铝板带箔项目在浙江兰溪经济开发区创新实验园举行开工仪式，标志着华铝重大产业项目全面启动，将成为兰溪实施创新驱动战略、加快赶超发展的新引擎。兰溪自立铜业有限公司荣登2014年中国制造业企业500强和2014年浙江省制造业百强企业榜单。

兰溪市博远金属有限公司（网络搜集）

【化工行业】 全市化工行业规模以上企业59家，实现产值57亿元，同比增长8.9%，占全市规模工业的7.3%；利税3.1亿元，同比增长21.6%；利润1.7亿元，同比增长17.8%。7月，浙江丰登化工股份有限公司成功控股浙江绍兴市化工有限公司57%的股份；公司的"利用水煤浆技术焚烧高浓度废水联产合成氨"技术，获2014年度金华市科学技术奖一等奖和浙江省科学技术三等奖；10月，中国氮肥工业协会、中国环境保护产业协会、中国石油和化学工业联合会化工园区工作委员会专门在兰溪召开技术应用推广交流会，向全国推广该项技术。

浙江嘉宝化工有限公司（网络搜集）

【机械行业】 全市机械行业规模以上企业71家，实现产值76亿元，同比下降0.87%，占全市规模工业的9.7%；利税2.6亿元，同比增长4.01%；利润1.5亿元，同比增长14.1%。

【医药行业】 全市医药行业规模以上企业5家，实现产值41.1亿元、利税9.4亿元，分别同比增长9.0%和下降8.44%。浙江康恩贝制药股份公司入选2014中国民营企业制造业500强、中国医药行业百强、成长五十强，获浙江省首届工业大奖金奖。

康恩贝公司污水处理站（康恩贝公司提供）

【水泥行业】 全市水泥行业规模以上企业12家，实现产值43.6亿元，同比增长4.4%，占全市规模工业的5.6%；利税4.6亿元，同比下降25.1%；利润2.9亿元，同比下降31.6%。红狮集团入选2014中国民营企业500强榜单和2014浙江省制造业百强企业。

红狮公司（王健敏摄）

【电力行业】 全市电力行业规模以上企业5家，实现产值70.1亿元，同比下降9.54%，占全市规模工业的8.95%；利税9.4亿元，同比下降6.52%；利润5.86亿元，同比下降5.33%。

（胡　鹏）

浙能兰电公司操作员精心监盘力保机组稳发满发（范莉摄）

供　电

【概况】 国网浙江兰溪市供电公司，内辖35千伏及以上变电所13座，主变压器26台，变电总容量113.5万千伏安，35千伏及以上输电线路35条，线路总长365.948千米；10千伏配电线路177条，线路总长2182.471千米，10千伏配电变压器1875台，配电总容量56万千伏安。固定资产原值71840.53万元，用户31.1万户，工业总产值195038.9万元。

全年完成固定资产投资8484.20万元，新增110千伏变电容量11万千伏安，改造新增10千伏线路253.01千米。完成售电量31.68亿千瓦时，同比增长5.57%；全网最高负荷59.08万千瓦，同比增长6.05%；线损率3.5%。完成174个台区新农村电气化改造，完成211个村384个配电台区的农村农用电力线路改造。

完成市委市府交办的临时工作任务，助力“双百”工程、五水共治、环境整治等全市性行动，完成“市两会”“畅游母亲河”龙舟赛、防灾警报、杨梅节等重大节日和重大活动的保供电任务。

【1000千伏浙福特高压交流工程浙中站建成投运】 12月26日，浙北—福州1000千伏特高压交流输变电工程正式投运。这是浙江境内投运的第三个特高压工程。

特高压工程浙中站（滕健摄）

【实施“二新二扩二增容”工程】 220千伏孟湖输变电工程完成场地“四通一平”，110千伏赤溪输变电工程完成土地征用；110千伏中洲变、兰溪变完成增容改造；110千伏梅江变、上华变2号主变完成扩建投运，结束了兰溪境内110千伏变电站单线单变运行的历史，兰溪电网结构更趋完善。

【开展涉电难题攻坚活动】 主动服务兰溪经济社会发展，梳理出百日攻坚、服务企业难题交办、乡镇杆线迁移、农防加固、排涝站电源接入等103项工作，倒排计划、责任到人、限期考核，体现电力企业高度的社会责任意识。

【开展“你用电，我用心”为民服务百日行动】 推出为民服务十项举措，建立领导班子联系点制度，先后召开座谈会4次，服务企业300多家，办结供电难题76项。拓宽服务渠道，建设智能互动服务平台，打造微信、网站、短信、彩信、手机客户端、微博“六位一体”的互动服务体系。深化大客户“管家”服务，开辟业扩报装绿色通道，业扩报装办理时间缩短23%。完善配网抢修指挥运行机制，实施“主动式”供电服务。

（侯　飞）

浙江省兰溪经济开发区

【概况】 2014年，全区实现规上产值284.6亿元，同比增长9.9%；规上工业新产品产值88亿元，同比增长64.2%；规上工业增加值56.3亿元；实现税收10.08亿元，同比增长9.46%；完成工业投入39.6亿元，同比增长22.5%；完成服务业投入12.48亿元，同比增长45.8%。

是年，引进内资项目20个，总投资19.78亿元；引进外资1500万美元；完成浙商回归7亿元；第三产业招商2.5亿元；完成总部税收6314万元。

兰江片三期招商平台和浙商创新实验园（低丘缓坡试点）开发基本完成；“两中心一市场”（开发区企业服务中心、园区生活配套中心-彩虹城、浙中国际纺织品综合市场）扎实推进；兰花路延伸工程按计划在兰五中搬迁前正式投入使用；宝龙路延伸工程完成排水、路基工程；民生实事项目振兴路、西环路修复工程8月份进场施工，10月底竣工通车。

浙中国际纺织品综合市场项目（童赟摄）

开发区管委会获2014年金华市“五水共治”先进集体，兰溪市工作目标责任制综合考核先进单位、市工业综合一等奖、市工业投入一等奖、市招商引资一等奖、市服务业考核综合一等奖、市科技创新工作考核二等奖、市项目推进二等奖、市“四破”（两退两进）工作一等奖、市“五水共治”工作二等奖和市“三改一拆”工作二等奖等荣誉。

振兴路修复工程开工（童赟摄）

【华铝高精度铝板带箔项目开工建设】 11月6日，华东铝业年产40万吨高精度铝板带箔项目举行开工奠基仪式。该项目依托杭州锦江集团与杭州鼎胜铝业公司在内蒙古兴建的100万吨哈兹特连铸连轧生产工艺提供的优质胚料，在兰溪进行高精度铝板带箔精加工后直接投放市场。项目占地面积1000亩，总投资50亿元，预计达产后可实现销售收入89.5亿元，税收6.1亿元。

【农产品商贸城签约】 7月22日，开发区与浙江新农实业有限公司举行了兰溪农产品商贸城项目签约仪式。项目占地180亩，总投资5亿元，商贸城定位为集果蔬大型交易、冷冻、农产品、产品展览中心为一体的现代市场交易场所。

【谋划上海交大（兰溪）科技园】 主动对接上海交大科学技术发展研究院国家技术转移中心，达成合作意向及框架性意见，同意先在兰溪市科技企业孵化园设立上海交大国家技术转移中心兰溪分中心和上海交大（兰溪）科技园。

【启动西环路以西5平方千米控规编制】 西环路以西区块控制性详细规划总用地面积5平方千米，规划方案经前期多轮修改完善后于8月15日组织市相关部门进行论证通过。

【科技创新】 全年新增金华市级以上高新技术企业11家、省科技型企业9家，省级专利示范企业2家、金华专利示范企业5家，省名牌产品2种、金华市级名牌产品5种，省著名商标2件、金华市著名商标5件。累计申报金华市级以上工业科技项目38项、金华市级以上技术创新项目20项、战略性新兴产业项目18项；金华市“两化融合”项目34项、兰溪“两化融合”项目20项；申请专利560件，完成专利授权344件，同比增长30.3%。

【五水共治】 开展强网、强排、强查、强供四大工程，其中兰江片企业管网改造、新兰五中周边区块一期雨污水收集、浒溪和姚溪河道改造等工程全部完工，老轻工业园区污水管网改造工程完成招投标程序。浒溪水质明显好转，全年有6个月达到了三类水标准。

兰溪经济开发区浒溪整治改造施工现场（钟路摄）

【“四破”（两退两进）】 严格按照市“两退两进”专项行动要求，对全区479家企业进行了整体排摸，筛选出“退低进高”企业41家，并对其中亩均税收排名后30位企业进行曝光。明确41家重点处置企业的整改方案。全年完成企业处置21家，面积597.8亩。

【三改一拆】 截至年底，拆除违章建筑4.3万平方米，占年度任务数的430%；完成旧厂房改造8.9万平方米，占年度任务数的127%。

（童　赟）

商贸

服务业

【概况】 2014年，全市第三产业增加值达到94.29亿元，同比增长10.3%，占GDP比重34.8%，增速位列金华第二；全年社会消费品零售总额实现106.49亿元，同比增长14.9%，排名金华市第一；全年实现服务业投资52亿元，同比增长21.1%；新增服务业限上企业57家，其中“下升上”36家。

编制并评审通过了《兰溪市商业网点布局专项规划》和《兰溪市餐饮业“十二五”规划》。

推进重点商贸基础设施建设，溪东老城商圈捷盛·中央广场商贸综合体成功引进颐高、星乐迪KTV、爱在春天等国内知名品牌，业态得到完善。五星级标准的浙江山田大酒店启动招商规划，预计2015年底投入运营；溪西新城商圈福泰隆兰溪生活广场和嘉泰·新时代广场相继营业，国际名牌沃尔玛、星巴克入驻，集聚效应不断增强。

构建生产性服务体系。兰湖游客服务中心地下层及兰湖大道基本完工；总部经济大楼完成土建工程；浙中纺织品市场A、C地块顺利结顶。成功签约海洋城、新农农产品交易市场等重大项目。

【捷盛·中央广场】 捷盛·中央广场是兰溪首家涵盖酒店、购物、影院、金融、娱乐五大功能的巨型商业体。通过引入城市商业体的经营模式，借鉴香港旺角新世纪广场的建筑形态，引领兰城百姓超前实现在家门口享受国际级购物休闲的梦想。捷盛·中央广场总建筑面积约30万平方米，引进全国百强企业杭州解百、综合百强的世纪联华及杭州时代影城、乐逍遥电玩城、杭州星乐迪量贩KTV、世界500强百胜企业旗下的必胜客、DQ冰淇淋、巴厘时光咖啡、芒不颠港式甜品等入驻开业运营。

捷盛·中央广场（王恩觃摄）

【沃尔玛兰溪店开业】 12月17日，沃尔玛在兰溪开设一家新的门店，这是沃尔玛12月在全国新开的9家门店之一。沃尔玛兰溪店位于市区丹溪大道157号嘉泰新时代广场地下一层，占地面积超过1.2万平方米，经营商品总类超过2．2万种，同时提供近264个专用停车位，以服务周边约25万居民。沃尔玛兰溪店是兰溪第一家外资超市。

沃尔玛开业盛况（王恩贶摄）

【福泰隆兰溪广场开业】 9月5日，兰溪福泰隆生活广场开业，这是“福泰隆”在兰溪市开张的首家生活超市。福泰隆兰溪生活广场投资近2亿元，商业面积达2万平方米，涵盖生活超市、潮流服饰、美食中心、数码产品、娱乐休闲、儿童教育培训基地等多种消费形态，是“以年轻人为主要定位”的大型生活服务中心。

福泰隆店内商品（网络搜集）

【成品油市场监管和年检】 12月，对全市加油站进行2014年成品油年检工作，53座加油站（点）通过年检，10座加油站（点）由于道路外迁、改制歇业或停业等原因，暂缓检审。7月，组织建设、交通、安检、质监等单位对石龙头（东、西）加油站进行竣工验收。

【典当行监管和年检】 12月，按照《典当行管理办法》的规定，统一下发了对全市典当行年度财务报告进行统一审计的文件，按规定对相关典当公司进行年检，对典当行业存在的问题提出了整改意见，促进了全市典当企业规范经营。同时，邀请审计部门专家对企业进行了具体指导、培训，提升全市典当企业经营防范风险能力。

【举办兰溪市购物节】 4月1日—12月31日，在全市开展2014年兰溪购物节，本次购物节共包含14个子活动。其中汽车展实现销售额7700万元，房博会实现销售额2000万元，百家商企大联动活动也在全市范围内营造了浓厚的商业氛围。

【兰溪烹饪比赛评出各级烹饪大师】 5月27日，兰溪市第二届烹饪（创新菜及手工面）比赛在职业中专学校举行。本次比赛共有36名选手参赛，其中创新菜21名，手工面15名。经过评审团评选，和平饭店葱油拌面等8种面被评为兰溪市第二届烹饪（手工面）比赛“兰溪特色面”。今朝酒店的私房臭干、红烧肉等被评为“十大创新菜”。按照选手的综合成绩，世贸大饭店童志银以第一名的成绩，获得“浙江烹饪大师”称号，章杰、董景勇获得“浙江烹饪名师”称号，张建新、沈跃军获得“金华烹饪大师”称号，戴立明等5名选手获得“兰溪烹饪大师”称号。

兰溪市第二届烹饪（手工面）比赛“兰溪特色面”

表16

名　次	单　位	姓　名	面　名
1	和平饭店	柏　青	葱油拌面
2	兰庆鸡蛋馃店	郎梅芳	兰庆土拉面

续表16

3	今朝酒店	李　磊	雪菜牛肉面
4	铂爵会所	蒋旭清	鲍汁伊面
5	今朝酒店	李石林	雪菜千张牛肉面
6	旗升牛肉面馆	夏渭兴	旗升牛肉千张面
7	南南面馆	厉友花	牛肉手工汤面
8	太白楼酒家	张益新	手工虾爆鳝面

兰溪市第二届烹饪（创新菜）比赛“十大创新菜”

表17

序　号	单　位	姓　名	菜　名
1	今朝酒店	王小建	地参煲牛尾
2	世贸大饭店	童志银	火腿枇杷金丝枣
3	今朝酒店	李继军	私房臭干红烧肉
4	小琳饭店	沈跃军	大仙豆腐
5	世贸大饭店	董景勇	葫芦素宝
6	世贸大饭店	金征鉴	翠华丝断注红梅
7	职业中专	章　杰	马苋养生焖肉
8	百姓人家	徐胜标	粗粮烩
9	铂爵会所	何建宗	大仙鱼饼
10	太白楼酒家	张国卫	养生李渔鳖

兰溪市第二届烹饪比赛综合成绩

表18

单　位	姓　名	荣　誉
世贸大饭店	童志银	第一名（浙江烹饪大师）
职业中专	章　杰	第二名（浙江烹饪名师）
世贸大饭店	董景勇	第三名（浙江烹饪名师）
澳辰地产	张建新	第四名（金华烹饪大师）
小琳饭店	沈跃军	第五名（金华烹饪大师）
自由人大酒店	戴立明	第六名（兰溪烹饪大师）
今朝酒店	王小建	第七名（兰溪烹饪大师）
世贸大饭店	吴有明	第八名（兰溪烹饪大师）
太白楼酒家	张国卫	第九名（兰溪烹饪大师）
世贸大饭店	金征鉴	第十名（兰溪烹饪大师）

物流业

【概况】 兰溪市物流业启于水运，始于20世纪80年代末和90年代，历经20多年，目前物流平台初成，处于从单纯的“零担货运、货物配送”转型升级为集物流、信息流和资金流为一体的现代物流业关键期。2014年，嘉宝物流基地投入运行，风行油库项目基本建成；浩鑫物流1、2、3号仓库建成投运，近30家商家已入驻；英特药业公共医药物流平台金华医药产业中心项目正式开工；全市121家物流经营企业为打造大物流奠定了坚实的基础。

【嘉宝物流基地投入运行】 6月24日，一批红木原木通过浙江嘉宝物流有限公司海关监管处检验通关。这表示经过4年建设的现代化航母级“嘉宝物流”正式启用。“嘉宝物流”毗邻330国道、高速公路出口、铁路龚塘货运站旁，离兰溪港方下店码头1.2千米，是目前浙江中西部地区唯一具有公路、铁路、水运等多式联体的第三方物流企业。嘉宝物流占地面积740亩，投资5.8亿元，除成品油油库项目在建外，已建成19万平方米的仓储、综合等硬件设施和物流信息平台，有20亿元流动资金授信、仓单质押、保税功能的大金融优势，4条与铁路相接的专用线、1.3万平方米保税仓库和10万平方米的海关监管场所，为船务公司、货代公司、保险、银行、电商企业和外贸厂家设立办事处专门配备了总面积4.1万平方米的智能化大楼及设施，还与拥有86条航线的46家船务公司建立了战略合作关系，企业可以在此享受第一手的船务价格。“嘉宝物流”与宁波港信息平台实现了无缝对接，该港的订仓平台向“嘉宝物流”开放，原来要到宁波、上海等地办理的报转关业务，在这里都可以完成。“嘉宝物流”还可向宁波、新疆阿拉山口、满洲里、绥芬河等口岸发送定点、定时、定价格、定航线、定班次的“五定班列”。

【风行油库项目建成】 兰溪风行石油有限公司6万立方米成品油仓储右路项目，由浙江嘉宝物流有限公司出资于2012年12月31日成立，注册资金188．7万元。企业利用灵洞乡耕头畈村36334平方米商业服务用地投资建设6万平方米成品油仓储油库项目，包括油罐9个（4个10000立方米柴油储罐、3个5000立方米汽油储罐、1个3000立方米和1个2000立方米汽油储罐）和油品汽车装卸设施。该项目已于2014年建成投用。

【浙江浩鑫物流】 浙江浩鑫物流，总投资3.2亿元，现已完成1、2、3号仓库建设，有国内各专线及外贸进仓专线等20余家物流、仓储客户入园经营，园区年吞吐量可达到200万吨以上。

【英特药业公共医药物流平台金华医药产业中心项目开工】 投资2亿元的英特公共医药物流平台项目，于12月16日在上华街道开工建设。“英特药业公共医药物流平台”项目是浙江省“十二五”物流业规划确定的90个重点项目之一，投资主体英特集团是由中国中化集团和浙江省国资委合资的中化蓝天集团旗下的上市公司，项目投产后将是浙江省最大的政府医药储备中心。英特药业公共医药物流平台金华医药产业中心一期工程总投资1.8亿元，占地73亩，总建筑面积5.3万平方米。项目建成后，年配送额可达50亿元，将承担金华、丽水、衢州、台州以及江西、福建等地区的药品配送业务及省内其他物流库的调拨业务。

（王骏彬）

粮食流通

【概况】 2014年，兰溪市粮食局以确保粮食安全为中心任务，落实政府粮食安全责任制工作，加强和改善粮食宏观调控，强化粮食流通监督检查和依法管理，推动粮食流通产业发展，确保全市粮食总量平衡和粮食安全。

【储备粮管理】 按要求完成储备粮计划，全年储备粮轮换早籼稻入库4512吨，市级储备粮轮换晚籼谷入库3000吨。筹措资金，通过改造仓容、添置新设备、升级控制系统、资产维修改造等方式，实现全市储粮仓库100%机械通风，电子计算机粮情测控仓库30座仓容5.85万吨，有效提升仓储水平。

夏粮除杂入库(市粮食局提供)

【粮食购销】 2014年入库稻谷共计10982吨，其中早稻订单3470吨。开展省外订单基地走访连心活动，深化产销合作，落实巩固5万亩省外粮食订单基地。建立粮食行情对兰溪粮食影响的“会诊机制”；会同发改局、财政局、农发行召开2014年省外粮源基地定价会议确定价格，完善自行组织储备粮采购轮换的“定价机制”；修改完善《兰溪市级储备粮轮换办法》（送审稿）。

【应急保障】 落实应急供应企业及网点、日常监测点等29家，与应急供应、加工、运输等单位签订协议，明确责任并授牌。

【建成1000套农户储粮工程】 完成2014年度兰溪市农户科学储粮专项工程1000套小粮仓建设任务。

【粮食质量监测】 制订《兰溪市粮食质量监管实施办法》，规范经营企业必须遵守的26条规定，市粮食储备中心设立中心化验室，面积约37平方米，配检验仪器设备16台（套），增加专职化验员1名。各站库建立化验室，配备稻谷出（糙）白机、水分快速测定仪等常规检验仪器。

副市长陆献龙检查入库夏粮品质（市粮食局提供）

【完善粮食企业体制】 完善所属企业体制，撤销城北、城西2家分公司，调整为市粮食购销有限公司，下设市粮食储备中心、游埠、永昌、城北区域库。建立粮油收购内控、干部选拔、企业账务、企务公开等内部管理制度，明确各岗位职责及经济管理目标责任制，量化细化考核，提高企业治理能力。

（芮阳彦）

供销合作

【概况】 兰溪市供销合作总社，全年实现商品销售总额9.6亿元，同比增长22.6%，超额完成全年目标任务，实现利润119.6万元，同比扭亏为盈316.46万元。

供销系统有各类连锁网点707家，2014年新发展13家，实现连锁经营总额3亿余元，同比增长25%。

2014年杨梅节期间，马涧镇政府和市供销社与上海农产品中心批发市场签订了对接暨基地合作协议，马涧杨梅成为上海农产品中心批发市场的基地杨梅。

兰溪上海对接签约仪式（倪成良 石佼摄）

【新办农村综合服务社30家】 领办农民专业合作社、培育综合服务社、组建综合服务体，整合基层社服务功能，全年领办农民专业合作社6家，累计达72家，新达标省级示范专业合作社1家，合作组织建设更趋规范。新办农村综合服务社30家，累计58家；兴办经营服务综合体5家，累计9家，提升了村级综合服务质量。

【农资销售1300万元】 参与农业“两区”建设，做好“粮食功能区和现代农业园区”和春耕备耕的农资供应、服务工作，增设农资供应点2处，配送化肥86次，计1850吨500万元；发挥农资主渠道作用，做好农资淡季储备。全年实现农资销售1300万元；提供测土配方服务1500亩，提供融资性担保贷款1950万元，推销农产品1600万元。

【两家涉农企业获“全国百佳农产品”品牌称号】 8月9日，市鸿香生物科技有限公司的“鸿香”和金华大麻子食品连锁有限公司的“大麻子”两个品牌荣获全国“百佳”农产品品牌称号。

【实施“四化”营销措施】 实施“外展化、平台化、本地化、网络化”的营销措施，开展农市、农超、农社对接。“外展化”，是以上海农产品中心批发市场作为马涧杨梅销售基地，发挥其展示销售作用，让农产品与外地市场对接；“本地化”，是以星地买等超市设立本地特色农产品展销专柜或专区，推介兰溪多家专业合作社、农产品生产大户的产品进入超市销售；“网络化”，是以“两店一平台”为基础，开设淘宝网店、大地久久网店，推进“兰溪购”网上同城配送平台建设；“平台化”，是以市农产品展示销售公司为平台，加强与杭州市农产品流通行业协会的合作，将兰溪的小萝卜、火腿、风肉、金丝蜜枣、蜂蜜、梅江烧等地方名优特农产品输送至杭州社区网点，实现了农产品与社区的有效对接，拓宽了兰溪地方名优特农产品的流通渠道。

名特优农产品进社区展销（蒋小林摄）

【新疆温宿特色农副产品在兰展销】 10月21日，新疆温宿县特色农副产品在市区溪西星地买超市门口展销，市供销社负责展销会对接服务。新疆温宿县是金华市援疆工作的对口支援县，在兰溪巡展期间，新疆特产红枣、薄皮核桃、葡萄干抢购脱销，香梨、杏干、巴旦木等特色农产品深受兰溪市民欢迎。供销社全资单位农产品展示中心、星地买超市等部门与新疆达成农产品供销意向协议，订单达70余万元。

新疆农副产品展销现场（倪小雁摄）

【再生资源回收体系建设规划】 9月底，通过了《兰溪市再生资源回收体系建设规划（2014—2020年）》。兰溪再生资源较为丰富，每年产生再生资源约14万吨，全市有再生资源回收点116家，较大经营规模回收点95家，从业人员3000多人，流动收购车800多辆，初步形成了覆盖市、镇乡（街道）两级再生资源回收管理体系和回收站（点）、中转站、集散市场再生资源回收三级网络体系。

【再生资源集散中心项目建设】 建设再生资源集散中心，项目总投资12900万元。项目第一期征用30亩土地交付使用，土方基本填平，开始“三通一平”和围墙施工。第一期主体工程建筑面积17000余平方米，将于2015年建成投入使用。第二期计划在2016—2017年实施。

【完成融资性担保6300万元】 市农信担保公司扩大农信担保，拓展担保服务范围、担保方式和担保对象，增加了融资担保合作银行，在原来兰溪农合行的基础上增加了金华银行、越商村镇银行。截至年底，完成融资性担保6300万元，超任务300万元，比上年度增加了近2000万元，增长了46.2%；完成诉讼保全担保9430余万元。

【举办农产品经纪人培训班】 7月中旬，与市农办联合在马涧镇举办了农产品经济人培训班。109名农产品种养销大户、专业合作人员参加培训，104人获得农产品经纪人执业资格证书，获证率超95.4%。

（市供销总社）

马涧镇第二期农产品经纪人培训班学员在鉴定茶叶（倪成良 石佼摄）

烟草专卖

【概况】 全年销售卷烟19706.96箱，实现卷烟销售收入62957.92万元，实现利税16447.39万元，其中税金3326.37万元，利润13121.02万元，实现毛利17184.12万元，单箱毛利0.87万元。三项费用率6.22%。市烟草专卖局规范决策创新项目课题成果在金华全市烟草系统推广。

【兰溪“1·6”特大运销假烟网络案】 1月6日，兰溪市烟草专卖局会同公安部门在杭金衢高速公路堵截，查获一辆装有19852条假冒卷烟的半挂大货车；1月8日，又将另一辆装有15272条假冒卷烟的大货车查获。以查获的两车假冒卷烟（实物702.48件35124条，案值756.8万元）为突破口，在省烟草专卖局和金华市烟草专卖局的支持和指导下，协同公安部门辗转广东、福建、江西、湖北等地调查取证、抓捕涉案人员，破获了兰溪2014年“1·6”特大运销假烟网络案。该案被公安部、国家烟草专卖局列为督办案件，至年底已抓捕犯罪嫌疑人11名，总涉案金额达1800余万元。

这是查获的“中华”“利群”等品牌的假冒卷烟（周用来摄）

【兰溪“6·4”销售假烟网络案】 6月1日，执法人员对位于市环城北路216号的兰溪市实诚货运服务部进行检查，当场查获中华(硬)420条、南京(红)70条，总计2个品种490条，价值15.8万元。卷烟经浙江省烟草质量监督检测站鉴定为假冒卷烟。6月4日该案移交公安部门立案，抓获接货人、送货人和供货人。该案查实涉案卷烟180余件，涉案金额196万元，抓捕涉案嫌疑人3名，被省局认定为国标网络案（兰溪“6·4”销售假烟网络案）。

【捣毁当地一假冒卷烟窝点】 9月17日，执法人员对城区马某某窝点进行突击检查，查获假冒卷烟207.8条，为近年来兰溪市场一次性查获假冒卷烟最多的案件，公安部门依法对两名涉案人员实施逮捕。该案在进一步调查中。

【卷烟市场监管】 全年查获走私卷烟6621条；查获案件90起，比去年同期增长5.9%；查获违法卷烟47491.4条（其中假冒卷烟35894.9条，占金华全市的48.7%；走私烟6621条，占金华全市的17.6%）；查获卷烟总值932.58万元，同比增长2054.8%。强化真烟外流监管，卷烟外流数量152.5条，同比去年外流数量下降60.15%。全年市场净化率99%以上。

五一之前，对卷烟零售户进行专项检查（胡昆摄）

【许可证总量稳中有降】 依法依规做好许可管理，完善许可预勘验制度，不断改进和提高服务质量。至年底，全市许可证总量3193本，比上年底减少25本。

【销毁假冒卷烟10.33万条】 3月14日，金华市烟草专卖局会同公安、工商等部门，将近年来全地区查获的10.33万条假冒卷烟，在兰溪市热电厂集中销毁。

【强化品牌管理】 组织开展“寻找四五类烟的出路”活动、七匹狼（豪运）品牌培育劳动竞赛和200元—280元档重点规格培育，全年七匹狼（豪运）销量同比增长27%。玉溪（软）同比增长31%；200元—230元黄鹤楼同比增长43%。七匹狼（通福）、七匹狼（纯雅）、七匹狼（红）、黄鹤楼（软雅韵）、黄鹤楼（硬金砂）5个重点规格进货面超去年水平，平均增幅19%。开展喜烟专柜创意陈列评比，推进芙蓉王（硬）、双喜(硬经典1906)等喜事用烟的培育。

客户经理和送货员对辖区内卷烟零售户摸底调查四、五类烟市场需求（方伟骅摄）

【挖掘现代终端功能】 终端建设由重数量向数量质量并重转变，在“硬件”管理上注重制度引领，在“软件”提升上注重服务先行，将形象上的一店一品转到功能上的一店一品，如建立喜庆用烟示范店、工地用烟定点店等，并对一些配合程度不高的客户实行退出机制，截至年底拥有现代终端客户368户。

【推广新客户分类】 做好“零售户细分和货源定量浮动管理项目”，形成41个客户分类新体系。

【“三员”协同】 发挥市场管理员、客户经理、送货员“三员”协同作用，三员之间开展协同18654户次，查获5万元以上真烟案件4起，防止了卷烟非法流动。

（陈　瑛　方向中）

盐业专营

【概况】 2014年，全市购进各类盐产品14140.71吨，完成年度计划的119.43%。销售各类盐产品14503.85吨，其中小包装碘盐2158.58吨；食品加工用盐6179.92吨；工业用盐6165.35吨。实现销售收入2625.48万元，同比增长13.81%，完成年度预算的101.11%。实现利润总额120.35万元，同比增长16.03%，完成年度预算的104.44%。资产保值增值情况良好，净资产收益率为28.9%，同比增长2.4%。全年上缴税金总额126.23万元，比上年增加9.68万元，增长8.3%。截至年底，各类盐产品库存2257.91吨，其中小包装碘盐544.16吨、食品加工用盐867.95吨、工业用盐845.8吨，库存结构合理，符合保证供应的储备要求。

【保障市场供应】 市盐务管理局（盐业公司）履行食盐专营管理职责，严格执行调运计划和食盐价格政策，做好合理储备和碘盐普及供应工作。全市城区小包装碘盐直配直送零售点比例100%，乡镇村达85.8%。抓好常规性供应工作同时，按照《兰溪市生活必需品市场供应突发事件应急预案》要求，加强应急管理，对食盐市场实行动态监测，较好地保障了全市盐业市场的有效供应。

【消除碘缺乏病】 5月15日，会同市卫生局疾控中心、上华街道卫生院、教育局、电视台、《兰江导报》等部门，在上华街道开展了第二十一个“防治碘缺乏病日”宣传活动。围绕“科学补碘，保护智力正常发育”活动主题，展示图片、知识解答，发放资料宣传资料300多份，接受咨询和解答120多人次。宣传组到上华中心小学，对该校两个班级100多位小学生进行甲状腺体格检查，对携带的家庭生活用盐进行现场碘测，体查与碘测两项结果均为正常。全市碘盐覆盖率100%，碘盐合格率100%，合格碘盐食用率100%。

【盐政管理】 依托各部门联合执法平台，对全市盐业市场有效管控，从源头上堵住工业副盐、私盐以及假劣盐产品流入食盐市场。全年共组织盐政市场检查412人次，检查盐产品经营户、使用户和用盐企业4230家（次），出动车辆112次，查处涉盐违法案件3起（简易程序），罚没款150元，没有发生行政诉讼和复议案件，做到依法治盐。

（何遂健）

石油经营

【概况】 中国石化销售有限公司浙江金华兰溪石油支公司隶属于中石化销售板块，主要从事汽油、柴油销售业务，承担了全市大部分的油品供应职能。公司现有职工200余名。下设一座油库、24个加油站，2014年共销售油品94544吨，销售额7.18亿元。

【打造环保型企业】 企业在满足当地社会生产、生活油品需求的同时，不断提升自身环保要求，执行总部的“碧水蓝天”环保计划。通过提高所售油品标准，对加油站进行环保改造等手段尽量减少石化产品的使用对大气形成的污染。

【推广易捷品牌】 近年来，公司在保证油品销售的同时全力拓展非油品业务，推广中石化“易捷”品牌，在全市加油站内开设了21家“易捷”便利店，仅几年时间就使非油品年营业额突破1000万元。

（张响东）

招商引资

【概况】 2014年，招商引资内资项目86个，投资总额共95.59亿元。其中农业项目9个，投资总额4.96亿元；工业项目60个，投资总额56.03亿元；服务业项目17个，投资总额34.6亿元。

【引进工业内资项目60个】 全市共引进工业内资项目60个，投资总额56.03亿元，固定资产投入42.66亿元（续建项目固定资产投入20.76亿元，占整个工业固定资产投入的48.7%），完成全市48亿元任务数的88.9%。其中，经济开发区引进项目20个，投资总额19.88亿元，固定资产投入19.7亿元，完成19.7亿元任务数的100%（续建项目10.66亿元，占固定资产投入的54.1%）；镇乡（街道）引进项目40个，投资总额36.15亿元，固定资产投入22.96亿元，完成28.3亿元任务数的81.1%（续建项目10.1亿元，占固定资产投入的44.0%）。

【上报浙商回归项目19个】 上报金华浙商回归项目18个，当年引进新项目10个，结转项目8个，到位资金19.99亿元；上报浙商资本回归项目1个，到位资金0.98亿元。到位资金共20.97亿元，完成17亿元考核任务的123.35%，完成19亿元工作任务的110.37%。

【浙商回归暨总部经济27个项目在兰溪签约】 4月4日浙商回归暨总部经济项目在世贸饭店集中签约，签约项目27个，投资总额52.97亿元。

【浙商回归24个项目在武汉签约】 12月8日，兰溪市人民政府在武汉举行浙商回归项目暨科技合作协议签约会，签约浙商回归项目24个，投资总额49.9亿元；科技合作项目2个。

【全市固定资产投资59.99亿】 全市实际完成固定资产投资59.99亿元（含续建项目31.03亿元），完成全市下达65亿元任务数的92.3%。

（王骏彬）

对外贸易

【概况】 2014年，兰溪市外贸进出口总额164985万美元，同比增长12.75%。其中，出口126121万美元，同比增长19.79%，完成金华下达年度计划目标的109.86%，增幅和完成进度分别列金华地区第二和第一；进口38865万美元，同比下降5.29%。全市主要出口产品为纺织面料、服装和家用纺织品，累计出口额66015万美元，同比增长23.24%，占全市出口总额的52.34%。主要进口产品为棉纱、废铝和铜废碎料。

【4家企业年出口5000万美元以上】 2014年，全市开展进出口业务的企业有321家，比去年同期增加20家，新增开展业务企业55家，出口覆盖166个国家（地区）。其中，出口1000万美元以上企业30家，出口额83808万美元，占出口总额的66.43%。金梭纺织、博远金属、腾马纺织和鑫兰纺织4家企业年出口5000万美元以上，占全市出口总额的27.91%。

【组织参加第115届广交会】 4月15日—5月5日，组织全市31家企业参加第115届广交会，共设62个展位，产品涉及工具、照明产品、汽车配件、纺织原料面料、家纺、服装服饰及配件等15个类别。

【组织参加第116届广交会】 10月15日—11月4日，第116届广交会在广州琶洲会展中心举办。全市共有参展企业41家，展位87个，参展企业数和展位总数均创新高。兰溪白坯布、色布生产企业首次尝试抱团参展，8家企业22个展位，由政府出资统一装修外展设计，以“兰溪休闲面料展示专区”的形象进行集中展示推介。

【举办面料与服装企业对接会】 11月23日，由中国纺织品进出口商会、兰溪市商务局共同主办的浙江兰溪面料与服装企业对接会开幕，来自境内外的采购商与兰溪的14家面料生产企业进行了洽谈对接。

面料与服装企业对接(陈水河提供)

【“永新牌”获评金华出口名牌】 12月，兰溪市永新织造有限公司的“永新”牌被认定为2014年度“金华出口名牌”。至今，兰溪分别有4家和9家企业获评“浙江出口名牌”和“金华出口名牌”。

（王骏彬）

外资、外经和电子商务

【概况】 2014年，新批境外投资（营销网络）企业2家。完成对外投资1.57亿美元，完成金华下达任务650万美元任务数的2415%，位列金华市第一。

全年共注册服务外包型企业8家，并通过商务部审核，实现服务外包业务执行额543.16万美元，完成金华下达500万美元任务数的108.63%。

创建农产品进城镇超市“放心柜”3个。

电子商务已被兰溪市确定为该市经济结构转型的先导产业。出台了《关于加快兰溪市电子商务发展的若干意见》以及《兰溪市促进电子商务发展暂行办法》，明确了电子商务扶持奖励、招商引资力度、人才培育和引进等政策。根据政策，投资建设有关B2B、B2C电子商务发展平台的项目，最高可获得50万元奖励。2014年，兰溪市在全国电子商务百强县中排名第71位。

【电子商务】 兰溪从事电子商务的企业约600家，非注册个体经营户约3000人。去年兰溪市快件总量约383.4万件，电子商务类快件占53%，达到203.2万件。2014年电子商务销售额14.4亿元，同比2013年增长100%。支付宝用户人均网上支出列全国互联网消费百强县（市）第83位。康恩贝电子商务大健康平台实现网上零售额1.08亿元，荣获年度中国电商企业百强县；兰溪市野马摩托车配件有限公司通过天猫旗舰店，网上年销售摩托车头盔实现营业额1000多万元，网上搜索排名长期居业内第一位。

（王骏彬）

市青年电子商务创业基地的工人为即将跨境派送的商品打包(钟路摄)

出入境检验检疫

【概况】 2014年，金华检验检疫局兰溪办事处围绕强局建设推进强办工程，主动服务地方经济，提升把关能力和通关效率。全年检验检疫出入境货物3177批，货值2.41亿美元，受法检目录调整影响，批次和货值分别同比下降56.11%和39.25%。其中出境货物2856批，货值1.40亿美元；入境货物321批，货值1.02亿美元。共检出不合格54批，其中出境不合格23批，货值69.02万美元，入境不合格31批，货值2502.35万美元，出境货物批次合格率99.2%。完成输非监装158批，货值1077.37万美元，柜数328个。新增自理报检单位备案登记30家。

签发原产地证书3082份，货值1.37亿美元，数量和金额同比增长11.83%和7.05%。其中普惠制及区域性优惠原产地证书1908份，货值8049万美元，按平均优惠关税5%计算，兰溪出口企业共获得进口国关税减免折合人民币近2498万元。完成工业品退货调查11批，同比增长120%。其中，法检目录内商品2批，法检目录外商品9批。1—12月累计收取检验检疫规费28万元，为企业减免检验检疫规费83万元。

办事处连续四年获“扶持外贸发展先进单位”荣誉，报检大厅获“浙江省巾帼文明示范岗”称号。

【进口工业品不合格检出率金华首位】 受理进口工业品102批，检出不合格30批，检出率29.41%，列全省第4，金华局首位；受理出口工业品2620批，检出不合格22批，检出率0.84%，列全省第13位，金华局第2位。首次报省局发布2014年第16号警示通报《关于金华局输欧玩具因微生物含量超标连续遭进口国通报的警示通报》。

【进出口产品执法】 对2起未经检验检疫部门许可擅自将进境动植物产品卸离运输工具的违法行为立案处罚，处罚金1万元上缴国库。组织开展出口玩具质量监督抽查，对辖区2家企业进行抽样，抽样结果良好。开展辖区1批3C免办货物验证和企业定期监管。加强目录外进口产品市场流通情况摸底调查。

【有害生物监管】 全年共截获有害生物115批，有害生物28种，与去年的6批5种相比，批次和种类同比增长18倍和4.6倍。其中截获的松褐天牛、黑双棘长蠹、褐斑大蠊、花蜱属等15种有害生物为金华地区首次截获。有害生物监测，发现农业部检疫性实蝇——桔小实蝇及检疫性杂草——毒莴苣。

【服务地方重点项目】 把服务企业、服务地方、服务外贸各项措施落到实处。联合局综合处、动植处、检验监管处等部门帮扶嘉宝物流试运行进口红木转检成功；浩鑫物流项目报省政府协调；辅助辖区农产品出口，帮助兰溪杨梅首次赴港展销；助力鸿香园蜂蜜首次出口欧盟。通过新闻媒体发布包含无纸化申报、关税减免、新产地证政策等内容的信息12篇；利用报检大厅、原产地之家QQ群、检验检疫动态等载体宣传新发布的原产地政策。将产地证业务模块分类整理，细化到人，制作“贴心服务卡”。

（唐简妮）

省出入境检验检疫局副局长于洋一行到浙江嘉宝物流有限公司调研指导工作(赵秋林摄)

金华海关兰溪联络处

【概况】 2014年，金华海关兰溪联络处坚持海关工作16字方针，针对经济发展实际，突出“服务经济、促进发展”重点，推进各项业务。

【为企业提供便利服务】 做好对税源企业的政策业务延伸服务，经常联系回访，做好跟踪关注，尤其是注重宣传长三角区域通关一体化便捷通关政策措施，引导更多企业属地申报纳税。兰溪属地纳税企业没有流失，原有重点纳税企业纳税额保持增长。全年共为8家重点技术改造企业提供进口减免税设备政策前伸服务，涉及进口设备货值1100多万美元，使企业减免关税700多万元人民币；为进口企业提供验放集装箱服务590多个。走访外贸企业，宣传海关优惠政策，主动解答企业疑难问题。全年共接受社会各界关于海关知识、政策法规等事项的咨询共计286次，代办海关年审、变更及减免税设备审批等各项海关业务62次。

【加工贸易和保税监管】 2014年，加工贸易业务稳步发展。以风险管理为依托，对加工贸易企业和备案合同实施动态管理，严格合同备案、展期审批和单耗管理。全市加工贸易企业15家，合同备案62份、合同变更122份、外发加工2份、深加工结转124份，全年实现加工贸易进口备案金额2.9亿美元，同比增长363.4%。嘉宝物流公用型保税仓库主营棉纱业务，全年入库棉纱1681.5吨，出库1962.8吨，价值约587万美元。为嘉宝物流提供视频验放集装箱服务550多个。

【企业管理】 培育提升企业资信，增强企业风险防控能力。海关总署根据企业信用状况将企业认定为认证企业、一般信用企业和失信企业，按照诚信守法便利、失信违法惩戒原则，分别适用相应的管理措施。2014年，海关企业信用管理政策与国际接轨，中国的认证企业能够和其他国家、地区的AEO（经认证的经营者）企业互认，提高了高资信企业的通关效率。以企业守法为基础，按照风险高低对不同进出口货物实施差别化管理的分类通关作业模式，即低风险快速放行、低风险单证审核、高风险重点审核。企业与海关通关作业系统实现互通互联、实时共享，企业信用管理被广泛应用在海关“事前、事中、事后”各个监管环节，越来越多的诚信企业享受到改革“红利”。全市高级认证企业2家，认证企业累计67家；全年新增海关备案进出口企业68家，进出口企业总数达672家。全年属地报关670票，同比增长128.7%。

（黄　强）

旅游

综 述

【概况】 2014年，兰溪旅游工作围绕“旅游目的地建设”目标，树立“大旅游”发展理念，推进项目建设，提升整体形象，推进旅游业持续快速发展。市旅游局将2014年确定为“旅游系统项目招商年”，本着“不求所有，但求所在，只求发展”的理念，策划、包装一批重点旅游开发项目对外招商，将旅游项目建设作为推进兰溪旅游产业提档升级的重要内容。

是年，全市共接待游客494.79万人次,同比增长28.38%；门票收入3251.93万元，同比增长17.16%；旅游总收入45.31亿元,同比增长29.78%。旅游业发展态势良好。

旅游资源

【概况】 全市共有国家AAAA级旅游区2处（诸葛八卦村、六洞山景区），国家AA级旅游区1处（黄大仙赤松园景区）；省级风景名胜区2处（六洞山风景名胜区、白露山—芝堰风景名胜区）；星级旅游饭店7家，其中三星级3家：国泰大酒店、兰江大厦和今日名都大酒店；二星级4家：香格里拉大酒店、天成假日酒店、国贸宾馆及方正大酒店；国内旅行社9家，其中省四星级旅行社2家，分别是百姓旅行社和亚泰旅行社。

【诸葛八卦村】 位于浙江中西部兰溪市境内，距市区18千米，村中现居有诸葛亮后裔近4000人，为全国诸葛亮后裔最大聚居地。景区由丞相祠堂、大公堂、钟池、天一堂、农坊馆、大经堂、雍睦堂、上塘古商业街及诸葛村的200多座明清古建筑构成。相继实施了百草生态园、西线古村落游览区等休闲观光项目，并对外开放，景区扩容提升取得明显成效。2014年，按照国家AAAAA级景区标准建设的游客服务中心，主要配置游客接待中心、咨询服务中心、购物中心及相关服务配套设施等，已正式运营。

诸葛村上塘夜景（王恩贶摄）

【六洞山景区】 六洞山风景区历史悠久，景区总体规划面积为8.5平方千米。六洞山风景区是集洞美、水秀、山奇、寺幽为一体的风景区。主要景点有：地下长河、绮霞园、栖真寺等。涌雪洞的“地下长河为”海内一绝，被誉为“全国洞府泉流航游之冠”。4月29日，全国旅游景区质量等级评定委员会发布公告，确认六洞山景区为国家AAAA级旅游区。这是继诸葛八卦村后兰溪市第二家国家AAAA级旅游区。

六洞山景区（王恩觊摄）

旅游信息

【开展旅游招商年活动】 “旅游项目招商年”，实施三大举措，实现旅游投资稳步增长。做好旅游项目策划包装。围绕现有景区深度开发和乡村旅游资源整合等，策划、包装一批重点旅游开发项目，编制旅游项目招商手册，丰富旅游产品，优化产业结构，引导投资重点领域和方向。加强旅游项目对接推荐工作。成立旅游项目招商工作领导小组，对包装的项目实行分工落实、专人负责。主动对接招商，通过“走出去”“请进来”，加大旅游项目宣传力度，重点加强对兰溪籍在外客商的推荐和浙商回归工程招引工作。注重旅游项目投资建设服务指导和督查考核。定期组织研究旅游项目包装和招商引资工作，做到项目有计划、对接有安排、成效有检查，做到领导到位、责任到位、服务到位。建立督查考核制度，包装了白露山景区休闲旅游开发建设项目、兰溪市六洞山森林公园开发项目、兰江水上旅游综合开发项目、兰溪旅游度假区兰湖生态茶园观光旅游开发项目等重点旅游项目10个以上，达成投资意向的签约旅游项目6个以上，总投资约18亿元。

【市人大代表检查《浙江省风景名胜区条例》执行情况】 4月9日，部分市人大代表检查《浙江省风景名胜区条例》在兰溪执行情况。人大代表前往白露山和六洞山风景区，检查风景区的保护、建设与管理工作，听取相关工作汇报。代表们提出要加大《浙江省风景名胜区条例》宣传力度，建立协调工作机制，加强部门间执法配合，加大对违法违章建筑处置和环境整治力度；加强风景区基础设施建设，通过招商引资，以开发促保护，以保护促发展。

【六洞山景区正式被评为国家AAAA级旅游区】 4月29日，全国旅游景区质量等级评定委员会发布2014年第1号公告，公布了新评定的国家AAAA级旅游景区名单,确认兰溪六洞山景区为国家AAAA级旅游区。六洞山景区是兰溪市主景区之一，自开展创建国家AAAA级旅游区以来，按照《旅游景区质量等级评定与划分国家标准评定细则》要求，加强景区硬件和软件建设，使景区的品质有了质的提升。

【六洞山风景区网络平台建设初见成效】 12月，六洞山风景区，充分利用旅游信息技术平台，提升游客的旅游体验和旅游品质。一是与杭州贝竹科技有限公司合作，提升景区软件功能，成为兰溪首家免费使用语音导游的旅游景区。为广大游客提供更加方便快捷、舒适灵活无障碍优质服务。二是与同程网、驴妈妈等网络公司合作，开展网络营销推广工作，为景区开辟一个直接面向市场进行旅游营销推广、实现线上线下互动的渠道，对打造兰溪旅游起到推动作用。三是景区微信公众平台正式建立。由专人负责对外发布宣传景区旅游信息，介绍全市旅游动态、法律法规、文明出游和旅游小百科。游客不仅能通过微信公众平台预订门票及获取周边吃住信息，还可获得景区免费语音导游。实现景区游客中心Wi-Fi全面覆盖，扫公众微信，就可获得景区“语音导游”。

【梁黎明副省长调研兰溪旅游工作】 8月14日，浙江省副省长梁黎明一行调研兰溪旅游工作。对诸葛八卦村的古建筑保护和开发利用工作表示肯定。她指出，兰溪山清水秀，人文底蕴深厚，旅游资源丰富，旅游文章大有可为。要充分发挥自身资源优势，挖掘历史文化内涵，注重规划，加大宣传营销力度，把兰溪旅游做出特色，做出品牌。

8月14日，浙江省副省长梁黎明一行到诸葛村调研旅游工作（市旅游局提供）

【兰溪市获全国休闲农业与乡村旅游示范县称号】 12月，兰溪市被农业部、国家旅游局认定为“全国休闲农业与乡村旅游示范县”，成为当年被认定的37个国家级休闲农业与乡村旅游示范县之一，浙江省仅兰溪市和新昌县获此殊荣，兰溪市是金华地区首个获此称号的县(市、区)。兰溪市利用丰富的农业休闲旅游资源，拓展农业休闲旅游功能，逐步形成了以47省道“五十里杨梅长廊”为主线的四季鲜果采摘游，以黄店、女埠白露山油菜花为主题的(花海白露)农业观光休闲游，以地下长河、石门槛为主体的自然风光生态游，以诸葛、长乐、芝堰为主的古村游，以水亭风情畲乡为民俗文化游等的休闲旅游线路。

【兰溪旅游发展大会暨美丽乡村建设推进会】 12月2日召开，会议提出，兰溪将突出以“丰富点、拉长线、完善配套、营造氛围”这14个字为主要抓手，努力促进兰溪旅游业提档升级，把兰溪建设成为浙中西部知名旅游目的地。。

【两家农家乐获省星级农家乐经营户（点）称号】 12月，由浙江省农业和农村工作办公室、浙江省旅游局联合下文公布了第五批浙江省四五星级农家乐经用户（点）名单。兰溪市卧龙湖红杉部落村庄、上华街道樟树下土菜馆分获“浙江省五星级农家乐经营点”称号、“浙江省四星级农家乐经营户”称号。农家乐休闲旅游业是顺应城乡消费新趋势而逐渐发展起来的新兴旅游产业，有利于促进农民转移就业、增收致富，促进旅游经济发展，提升了兰溪农家乐品质，促进兰溪乡村旅游业的发展。

景区规划和建设

【概况】 兰溪旅游坚持规划引领，完成了《兰溪市旅游发展总体规划》编制，通过专家评审；《白露山风景区控制性详规》初稿完成，召开了征求意见会。

景区改造升级步伐加快。启动兰溪“五城五开”重点建设项目之一的白露山省级风景名胜区的保护开发工作，成立项目开发领导小组，招标确定相关基础性项目施工图设计单位。六洞山景区建成为国家AAAA级景区。诸葛八卦村景区扩容提升，推进农业休闲观光项目，景区百草园、乡村民俗展馆已对外开放，入口游客服务中心建设完工，进入内部装修，拉大了景区框架。协同赤山湖项目指挥部做好赤山湖启动区的开发建设，抓好旅游项目包装和对外招商工作。2014年，已接待上海、杭州、宁波、温州等地考察客商20余批次。

乡村旅游逐步兴起。乡村游凭借优越的生态环境、淳朴的民风、丰富的农特产吸引了一大批游客前往，构成了兰溪旅游的新板块。依托“兰芝风情线”，将黄店镇芝堰村作为民宿改造工作试点，对村中6户农户实施了民宿改造，新设床位80余张，于8月9日开始试营业。在柏社乡进行了乡村旅游试点的改造工作，白鸠村、岗岭下村、大厦口村3个村开始试营业，下陈工作片的50余张床位客房正在装修，游客接待中心和停车场等项目已列入议事日程。

【《兰溪市旅游发展总体规划》通过评审】 4月25日，市旅游局《兰溪市旅游发展总体规划》通过评审。近年来，兰溪市委、市政府重视旅游业发展，通过出台《加快旅游产业发展实施意见》，实施诸葛八卦村、六洞山风景区改造提升，推出赤山湖、白露山等地旅游开发，在一些城建项目中融入旅游元素等举措助推旅游业发展。原《兰溪市旅游发展总体规划(2000—2015)》编制于2000年，在定位、目标及服务措施等诸多方面已不适应形势变化。新的《兰溪市旅游发展总体规划》注重旅游业与其他产业的互动与协调，提出塑造个性化休闲旅游目的地目标。

【白露山旅游区规划和建设】 7月24日，召开《白露山旅游区控制性详细规划》（初稿）征求意见会。与会人员认为，方案基础资料调查详实，层次分明，对兰溪白露山旅游区建设发展有一定指导性，对规划设计提出了意见和建议。白露山旅游开发为兰溪“五城五开”十大重点项目之一。白露山风景名胜区于2006年2月由省政府批准为省级风景名胜区。该规划范围总面积为13.73平方千米，其中山体面积约8.3平方千米。10月14日，召开白露山旅游区开发启动项目施工图纸设计单位招标会，比选确定设计单位，前期项目将于2015年启动建设。旅游区建设前期启动的基础性项目初步确定为游步道、云抱小舍（次游客服务中心）、慧教禅寺前佛教文化广场、游客服务中心、停车场、观景台等。

市场营销

【概况】 出台《“住宿在兰溪”旅行社组团来兰奖励政策》，吸引旅行团和游客，形成兰溪二日游，提高了市外旅行社带团积极性。在浙江电视台、兰溪电视台投放兰溪旅游形象广告，在杭金衢高速公路上设立兰溪旅游大型广告牌。在兰溪广播电台（FM90.8）开设了“兰溪旅游”栏目。建立“兰溪旅游”公众微信平台，定期推送全市旅游动态、法律法规、文明出游和旅游小百科等信息，宣传整体旅游形象。成立兰溪旅游网络宣传营销中心，加强网络宣传营销力度。策划举办了多项促销活动。立足夏季旅游市场，举办了“‘兰溪是个好地方’——兰溪旅游走进温州推介会”；立足自驾游市场，主动请进来，邀请上海苏州200多名自驾车车友到兰溪“二日游”，取得较好效果。

【兰溪旅游亮相浙江（山东）旅游交易会】 3月28—30日，2014浙江（山东）旅游交易会在山东济南举行。市旅游局组织兰溪旅游企业参加，宣传推介兰溪旅游。交易会期间，发放相关宣传资料2300余份，旅游纪念品300多份，赠送免费门票30余张，二天半时间接待1500余名咨询者。

浙江（山东）旅游交易会上的兰溪展台（市旅游局提供）

【组织“骑行千岛湖兰溪旅游宣传”活动】 4月29日，以“2014首届千岛湖漫游节暨长三角运动休闲体验季”活动在千岛湖举行为契机，借船出海，联合兰溪索罗门骑行俱乐部，以运动和旅游结合，组织了骑行千岛湖兰溪旅游宣传推介活动，吸引60余名骑友参加。活动全程153千米，途径千岛湖小金山、界首乡、浪川乡等地，参加活动的单车统一悬挂“千年古韵 名胜兰溪”“爱旅游 · 爱生活 · 爱兰溪”等兰溪旅游宣传小旗，沿途向当地百姓发放兰溪旅游宣传资料和小礼品1000余份。

【携手兰溪96345策划旅游宣传推介活动】 5月12日，市旅游局与兰溪96345公共服务平台一起推出了“爱旅游、爱生活、爱兰溪、爱在96345”微信幸运大转盘活动。借助96345平台，通过微信幸运抽奖赢取景区门票的方式吸引网友，既关注了96345，又了解兰溪旅游，实现旅游与网络平台结合，取得良好效果。

【举办“5·19”中国旅游日旅游惠民宣传活动】 5月19日，第四个“中国旅游日”，在市政府广场举办以“爱旅游、爱生活、爱兰溪”为主题的旅游惠民宣传活动。全市30多家旅行社、景区景点、旅游饭店在现场宣传旅游知识，推出部分特价旅游线路，为兰溪市民送上了一份“旅游大餐”。

【组织苏沪两地车友自驾游兰溪活动】 5月24—25日，市旅游局联合上海“我爱车俱乐部”共同组织苏沪两地200多名自驾游爱好者到兰溪参加“二日游”活动。这次自驾游活动，除了游览地下长河、诸葛八卦村等景区外，车友还参与枇杷采摘活动，体验农家休闲乐趣。兰溪旅游部门开发“二日游”线路，吸引游客走进兰溪、游在兰溪，还让游客住在兰溪、消费在兰溪，实现旅游收益由门票经济向旅游经济的转变。

自驾游游客在六洞山景区（市旅游局提供）

【兰溪旅游项目在省旅游项目洽谈会上签约】 6月7日，2014浙江旅游项目洽谈会暨乡村休闲旅游项目对接会在宁波召开，兰溪旅游度假区管委会与投资商现场签约了总投资额为6.3亿元的中国兰溪越龙谷国际度假中心项目协议。该项目规划总用地5200亩，落户于梅江镇，项目建设目标为集休闲养生、度假疗养、民俗体验及文化旅游综合开发为主体的度假林场。

【“兰溪是个好地方”——兰溪旅游推介会在温州举行】 6月18日，在温州鹿城区举行“兰溪是个好地方”旅游推介会。推介会上，兰溪市旅游局分别与温州鹿城区风景旅游管理局、浙江工贸职业技术学院签订旅游合作协议，兰溪诸葛八卦村景区、六洞山景区与温州星远国际旅行社签订合作协议。两地旅游界决定相互支持、携手合作，实现两地客源互换、市场共享，推动双方旅游业共同发展。

兰溪旅游走进温州推介会会场（市旅游局提供）

【举办《诸葛亮》特种邮票首发式兰溪旅游宣传推介活动】 8月28日，借助《诸葛亮》特种邮票首发式在诸葛八卦村景区举行契机，举办《诸葛亮》特种邮票首发式兰溪旅游宣传推广活动。组织全市旅游企业向游客、集邮爱好者、摄影爱好者，送产品、送服务、送心意，全面展示兰溪秀美风光和历史底蕴。

在诸葛村宣传推介兰溪旅游（市旅游局提供）

【省旅游集团到兰考察旅游投资环境】 11月8日，浙江省旅游集团有限责任公司投资发展部总经理谢建民一行到兰溪考察旅游投资环境。谢建民一行实地考察了游埠古镇、永昌街道夏李村、诸葛镇、六洞山风景区和兰湖度假区，听取兰溪旅游发展情况介绍，认为兰溪具备良好的旅游投资环境，将寻求合作切入点，并就兰溪旅游发展提出意见和建议。

行业管理

【概况】 加强规范建设，推进安全工作。开展节前安全工作大排查。在春节、清明、五一、十一等法定节假日开展安全检查，确保到兰游客的安全，与每个旅游企业签订安全工作责任书。组织旅游企业开展导游专业知识、消防安全、服务质量提升等培训，实施“从业人员素质提升工程”，推进旅游企业规范化建设，提升服务品质。组织各旅游企业从业人员参加省、金华市举办的旅游职业经理人、旅游饭店培训管理师等各类培训；组织旅游企业开展导游专业知识、急救知识、服务礼仪、消防安全等培训。检查全市9家旅行社业务广告、旅游合同文本规范，纠正违规行为。

【举办全市旅游景区导游培训班】 9月14—16日，举办2014年景区导游培训班，全市百余名导游员参加了培训。参训导游学习《景区(点)导游基础知识》《导游讲解流程及技巧》以及《礼仪礼节》等内容，要求注重兰溪旅游点线串通，注重了解景区景点讲解串通。

（林芳芳）

兰湖度假区

【概况】 2014年，是兰湖度假区开发建设确保实现“三年初展形象”工作目标的关键之年。完成了茶园旅游策划、启动区施工图、风情小镇规划和上樟村民宿旅游开发规划等项目的规划设计；赤山湖大道工程建设，主车道全线贯通；启动区（主入口服务区）一期工程，实施面积约360亩，主要包含游客服务中心、兰桥花谷叠水、停车场等项目，计划2015年投入试运行。

先后与国内外100多批次的投资客商广泛接待、洽谈，兰溪国际影视文化交易交流中心、浙中房车营地、风情小镇、度假酒店和浙中养生度假区5个项目形成明确投资意，总投资约18亿元。

高潮水库实施清水养鱼一年整，湖水质量明显好转；制定了水库周边环境巡查制度；开展了环湖养殖场整治；水库库湾收回统一管理。

【原赤山湖旅游度假区更名为“浙江兰湖旅游度假区”】 2012年4月，省政府批复以高潮水库和市茶厂为主的黄土丘陵区（赤山湖区块）为兰溪旅游度假区中心区块，暂命名为赤山湖旅游度假区。而后，度假区委托同济大学副校长吴志强教授领衔的团队规划设计，设计创意中将高潮水库以“兰花”形状展开进行规划功能布局，为使度假区形象和设计理念相契合，与兰溪历史脉络相衔接，经市政府同意，2014年12月1日，正式更名为浙江兰湖旅游度假区。

（兰湖旅游度假区办公室）

9月29日，市领导和市知名企业家到兰湖旅游度假区指导工作（兰湖度假区提供）

财政·税务

财　政

【概况】 2014年，全市实现一般公共预算收入19.95亿元，完成年度预算的100.0%，增长10.0%；其中国税部门征收6.56亿元，完成年度预算的100.0%，增长10.0%；财政地税部门征收13.39亿元，完成年度预算的100.0%，增长10.1%。实现财政总收入37.60亿元，增长10.2%。一般公共预算收入占财政总收入比重为53.1%；税收收入占一般公共预算收入比重为95.5%。全市实现一般公共预算地方安排支出20.02亿元，完成年度预算的100.0%，增长6.0%。一般公共预算支出33.49亿元，增长5.1%。全年实现财政收支平衡。

5月16日，市财税局与市电台联合播出《财税零距离》直播节目，宣传最新税收政策（包永平提供）

【支持经济发展】 完善产业政策。将技改、外贸、战略性新兴产业等各项财政奖励整合为工业发展专项资金，兑现奖励1.50亿元；修订服务业发展专项资金管理办法，兑现奖励4020万元；安排农业“两区”建设资金3300万元。促进科技创新。市财政安排科学技术、人才发展专项资金1.00亿元，增长6.5%。扶持实体经济。贯彻兰溪市委、市政府《关于加大工业经济支持力度的若干意见》，转贷资金规模扩大至2.00亿元，为409户次企业安排转贷资金21.83亿元。举办规模以上企业“融资筹划与风险控制”专题培训。

【保障民生支出】 全年民生支出25.86亿元，占一般财政预算支出的77.5%。地方安排民生支出15.98亿元，占一般公共预算地方安排支出的79.8%。一般公共预算地方安排支出比上年增加1.13亿元，其中用于民生8545万元，占新增支出的75.3%。

【农林水支出4.87亿元】 支持统筹城乡发展。农林水支出4.87亿元，增长8.6%。投入全市“五水共治”资金7.46亿元，其中农村生活污水治理资金1.26亿元。安排新农村建设与农房改造专项资金5159万元。试行农村卫生费收取办法。实施村级“一事一议”财政奖补项目82个。

【教育支出7.83亿元】 发展教育文化事业。教育支出7.83亿元，增长9.0%。出台教育基建专项资金管理办法，拨付校舍维修改造资金2980万元、新兰五中建设资金2700万元。落实文物保护经费2818万元。支持农村文化礼堂建设。

【医疗卫生支出4.73亿元】 加大医疗卫生投入。医疗卫生支出4.73亿元，增长20.9%。出台基层医疗卫生机构绩效工资考核办法。推行城乡居民大病医疗商业补充保险。

【健全社会保障体系】 实施失地农民养老保险可转职工养老保险政策。拨付农村居家养老服务中心建设及运行经费1296万元。实行殡葬基本服务项目免费，安排经费310万元。落实城乡居民最低生活保障资金3145万元。创新政府购买服务机制，实施首批公益创投项目10个。

【控制一般支出】 贯彻实施《党政机关厉行节约反对浪费条例》，制订实施会议费、培训费等管理规定，明确支出标准，严格财经纪律，开展行政事业单位《会计法》执法检查。全市“三公”经费支出3420万元，比预算数压缩43.7%。

【推进预算管理改革】 试编全口径预算。政府和部门预决算向社会公开。规范项目支出申报审核程序。完成2013年度权责发生制政府综合财务报告试编。实施国库集中支付管理系统升级，累计发放公务卡3177张。清理财政结转结余资金，收回资金3564万元。规范镇乡（街道）财政管理。报批镇乡（街道）财政管理人员编制，招录人员20名。乡镇公共财政服务平台管理信息进入数字电视系统。

【加强财政监管】 深化财政资金绩效管理。出台财政支出项目绩效目标申报暂行办法，推行绩效目标管理，完成28个项目绩效自评。开展城镇污水处理设施建设项目和全省产业集聚区政策实施情况绩效评价。强化政府投资项目监管。前移审价关口，加强标后监管，共审核政府投资项目410个，审定金额24.58亿元，净核减率4.4%。完成政府采购金额1.81亿元，资金节约率23.4%。规范政府性债务管理。按月汇总政府性债务发生、偿还情况，监测债务规模结构和偿债能力。

【完善国有资产管理】 完成行政事业单位、国有企业房地产清理核查。国有房地产租赁使用权公开拍卖成交租金1614万元。制订行政事业单位资产配置标准。开展清理党政领导干部在企业兼职工作。确定国有投融资公司业务费开支限额标准。完成14家国有投融资公司审计。

（包永平）

地方税务

【概况】 2014年，全市地税部门共组织收入26.09亿元，增长10.3%，其中：税收收入14.73亿元，增长10.1%；非税收入11.36亿元，增长10.7%。

地税办税窗口（包永平提供）

【支持浙商创业创新】 统筹抓好总部经济和浙商回归工程。开展支持浙商创业创新“长效机制建设年”活动，加强政策宣传辅导和税收统计监测，86家总部经济企业入库税费2.20亿元，完成年度目标任务。

【企业税费优惠】 落实高新技术、产品研发、设备投资和环保节能节水项目等税收优惠，全年减征或抵免企业所得税2703万元。落实中小企业结构性减税政策，1847户次企业减免或减征税费6339万元。加强政策解读和联系帮扶，促进“个转企”提质扩面，累计办理“个转企”税务登记508户。

【征收管理】 加强税源税种管理。理顺管理机制，对549户企业征管片区进行调整。开展金融租赁服务等行业30户企业专项纳税评估，补缴税费102万元。完成661户企业所得税汇算清缴，年所得12万元以上个人所得税自行申报1442人，完成计划的123.7%。完善双定户管理，调整定额1046户。加强个人出租房产税收征管，暂行办法由市政府下发实施。施行存量房交易最低计税价格调整。实施电信业“营改增”改革试点。实行税收征管质量计算机考核。

【税收风险管理】 执行非正常户认定、税务登记注销程序。实行欠税公告，建立企业欠税追缴制度，清理确认欠税金额1155万元。通过“税友龙版”5项风险防控指标取数，补正纳税人信息6531条，选取项目实施风险应对。开展纳税人受票信息查验比对。提升税收质量效益。开展“四破”（两退两进）专项整治，组织企业零申报及信息不匹配情况核查，全年房产税增收963万元、增幅15.8%，城镇土地使用税增收1456万元、增幅16.1%。

【税收法治】 开展税收执法督察，规范执法程序，重点检查税收科室、稽查局、各税务分局行政处罚、欠税清缴等税收执法情况。各月税收执法责任制考核成绩均列金华各县市前3名。加强税务稽查，全年共查补税费1317万元。建立稽查与征管协作机制，根据税收专项检查结果提出稽查建议。通过新闻媒体曝光发票违规案件，提升稽查威慑力。

【规费征收】 健全社会保险费征缴机制，开展企业缴费基数调查；年度结算申报率达到95.3%，提高17.6个百分点；加强灵活就业人员保费欠费催缴和退休缴费登记注销清理；首次开征事业单位生育保险费，212家单位纳入参保范围。组织社会保险费年度网上结算，共有2715家企业完成申报，结算申报率达到95.4%，提高18.3个百分点，结算入库社会保险费916万元。全市社会保险基金收入9.45亿元，增长11.0%，其中养老保险基金收入6.33亿元，增长8.4%。全年共组织征收规费收入11.92亿元，增长13.1%。

【纳税服务】 深化行政审批制度改革，根据浙江政务服务网兰溪分厅建设工作要点，逐项确定行政许可等审批事项网上申报业务模式。清理权力事项136项，于10月底网上公开。完成203项便民服务事项目录编制。开展“便民办税春风行动”，开通灵活就业人员社会保险欠费短信提醒，建立办税服务厅午间值班制度。推行契证办理便民举措，缩短资料审核时限，增设缴税渠道。实施多证联办，实现营业执照、税务登记证、组织机构代码证、刻章备案等集中办证。完成全国纳税人满意度调查工作。加强税收宣传，开展以“访企业求发展，访群众促民生，访代表谋改革”为内容的“三访”系列活动。稽查局被评为全市十佳科所站队，行政审批科连续6年被评为全市“示范窗口”。

（包永平）

市财税局干部在游埠镇潦溪桥村为村民就房产过户税收政策答疑解惑（包永平提供）

国家税务

【概况】 2014年，全市国税收入累计入库233242万元，同比增长10.04%，完成公共财政预算收入65615万元，同比增长10%，其中增值税入库16643万元，同比增长13.28%；消费税入库86万元，同比下降22.15%；企业所得税入库56375万元，同比增长1.7%；个人所得税入库0.57万元，同比下降81.31%；车购税入库10348.33万元，同比增长8.86%。

开展“便民办税春风行动”（市国税局提供）

【落实税收优惠政策】 落实各项税收优惠政策，全年共落实各项税收减免退税10439万元，其中福利企业退税4458万元，资源综合利用企业退税5802万元。鼓励企业“机器换人”，全年累计办理固定资产抵扣增值税18168万元。加大出口退税力度，全年共计办理外贸企业退税15358.55万元，同比增长15.6%；办理生产企业退税58060.45万元，同比增长29.8%。

出口退税申报辅导（市国税局提供）

【开展“便民办税春风行动”】 简化办税手续，优化流程，即办事项由66项增加到114项。与8户行业龙头企业签订税收遵从合作协议，开启了税务管理由税务机关管理为主逐渐向以纳税人自我管理为主转变新模式。制定《规范入户执法工作实施办法》，落实《工作派工单》制度，规范进户执法项目，避免了“多头执法”“多头检查”。

【提升服务效能】 落实《全国县级税务机关纳税服务规范》，统一服务标准，规范服务流程，简化审批手续。10个窗口全部职能升级，拓展多元办税，推出预约服务、延时服务、错峰办税和导税服务，改造扩展了电子、自助多元化办税平台，全程提速办税。全年有4837户企业自助认证发票24419份，4501户企业自助抄报税15421次。启用新版“免填单系统”，涵盖税务登记、税务认定、发票管理、税收优惠等6大类服务，73项具体办税事项31张表单，方便了纳税人。

【推进“营改增”扩面】 完成铁路运输业、邮政业、电信业“营改增”，降低全市范围内所涉及的行业税收负担。全年共计入库“营改增”增值税4658万元，直接为纳税人减轻税收负担1500万元。“营改增”带动了全市经济结构变化，推动和加速了现代服务业发展。

【落实“小微企业”优惠政策】 落实国家扩大小微企业所得税减半征收范围、简并增值税征收率等支持小微企业发展系列税收政策，用持续释放的政策红利激发小微企业发展活力，促进小微企业健康稳健发展。全市418户小微企业享受所得税减半征收政策，减免企业所得税313万元，36户企业享受简并增值税征收率政策，减免增值税560万元。

到小微企业调研（市国税局提供）

【深化税收管理创新】 在出口退税管理中创新出口退税服务方式，打造严审快退“升级版”，退税资金到账时间平均提前10个工作日。探索建立混凝土、化纤纱行业风险监控模型，运用监控模型开展行业评估，提高征管质效。补缴入库增值税、所得税及滞纳金685.36万元，调整应纳税所得额436万元。聚焦征管热点难点问题，以创新推动征管工作，组织实施的“构建综合分析平台，提升税收分析能力”被省局评为创新优秀项目。

【调整内设机构】 11月1日起，根据《浙江省国家税务局市、县局部分内设机构和派出机构设置及职责调整方案》，对部分内设机构设置及职责进行调整。局机构总数保持基本不变，调整部分内设机构设置及职责：税源管理一科更名为纳税评估科，负责全市区域内重点税源企业和一般税源企业的纳税评估工作；税源管理二科更名为进出口税收管理科，并加挂进出口税收管理分局，负责全市区域内进出口企业税收管理；税源管理三科更名为税源管理一科，负责兰溪经济开发区、兰江街道、云山街道、上华街道、永昌街道、赤溪街道、女埠街道等区域范围的税源基础管理和重点税源企业风险提示工作；税源管理四科更名为税源管理二科，负责灵洞乡、游埠镇、水亭乡、诸葛镇、黄店镇、香溪镇、马涧镇、柏社乡、梅江镇、横溪镇等区域范围的税源基础管理和重点税源企业风险提示工作。

【推进依法行政】 开展全国第23个税收宣传月活动，引导企业依法经营、诚信纳税。整顿和规范税收秩序，促进良好税收环境的形成。发挥税务稽查“以查促管、以查促收”作用，持续整顿和规范税收秩序，全年共检查涉税案件212件，发现有问题案件202件，累计查补入库总额4007.28万元，查补入库税款100万元以大要案3件，移送司法机关追究刑事责任2人次，稽查查补收入同比增长134.04%。

【强化干部队伍建设】 以“执法禁贪、服务禁懒、管理禁散”廉政主题教育为主线，抓好日常教育。组织干部观看廉政警示片4场，收集反“四风”廉政微作品16篇。重点开展“违规兼职、投资入股、经商办企业”专项治理和“三清三察三审”专项治理，腾退超标准办公用房152.29平方米，31人次上交礼品礼金91236元，通报违规使用公车1起。开展巡查20次，考核问责15人次。开展文明创建活动，纳税服务科、稽查局在2014年度全市科所站队民主评议中分别获服务类第七名和执法类第五名。

（朱紫仪）

银行业金融机构监督管理

【概况】 至年底，全市共有13家银行业金融机构，其中：国有大型银行分支机构4家，分别是工行兰溪支行、农行兰溪支行、建行兰溪支行和中行兰溪支行；政策性银行分支机构1家，为农发行兰溪市支行；法人机构2家，分别是浙江兰溪农村合作银行和浙江兰溪越商村镇银行股份有限公司；全国性股份制商业银行1家，为中国平安银行金华兰溪支行；城市商业银行分支机构4家，分别是金华银行兰溪支行、浙江稠州商业银行兰溪支行、浙江民泰商业银行兰溪支行和浙江泰隆商业银行兰溪支行；还有1家为中国邮政储蓄银行兰溪市支行。

2014年末，全市银行业金融机构本外币各项存款余额为3586853万元，比年初增加370013万元，增长11.5%，其中：单位存款余额1464179万元，比年初增加119963万元，增长8.9%，城乡居民储蓄存款余额1896827万元，比年初增加204644万元，增长12.09%，各项贷款余额3291304万元，比年初增加315403万元，增长10.06%。

是年，市银监办围绕全市经济社会发展，落实“提升信用品质、服务实体经济”主题活动。督促法人机构制定方案，对活动开展情况多次进行督导和推动，组织辖内银行业金融机构全面启动“金融知识进万家”宣传服务月活动，指导和推动银行业开展排污权抵押、动产抵质押、贷款还款方式和信贷品种等金融创新。参与多方协作，推动银行强支持、企业增信心。参与当地政府“服务企业百日专题行动”，联合经信、开发区组织银行对接39家企业，解决了45个困难与问题。为当地政府和部门完善林权流转管理办法、完善顺位抵押登记办法等出谋划策，缓解辖内银行贷款担保抵押难题。

参与政府牵头的企业风险处置防范工作。参与政府起草出台了兰溪市加大工业经济支持力度的十六条政策意见，强化了金融对工业经济的支持力度和对企业的帮扶工作。开展服务企业“春风行动”，为企业送服务、送温暖、送信心。对涉及资金困难的企业会同相关银行进行调研、走访，协助银企之间增进沟通，分析商讨对策，解决问题。参与市政府风险企业处置化解工作，及时对风险企业进行处置，防止出现因少数企业资金链断裂导致风险而扩散至担保人，甚至在局部造成蔓延的状况，全年参加各类处置、协调会议32次，涉及企业16家、涉贷金额近12亿元。参与政府牵头的企业资金风险处置，做好辖内政府融资平台贷款清理规范沟通协调。全年，共妥善解决客户有关理财产品销售、柜面服务不到位等方面的问题9人次。对信访件及转来的市长热线、来信来电，不积压、不推诿，妥善处理。开展风险提示，督促整改问题。与2家银行开展了3次监管会谈，提出14条具体监管要求，督促落到实处。如针对兰溪国税部门函告的某兰溪城商行的一家授信企业涉嫌屡次过度作废税票有否套取银行承兑问题的情况，办事处及时进行了调查核实，发出风险提示单，并与其班子进行会谈，指出问题，提出硬性的监管意见，督促其采取切实措施。加强对农村合作金融机构的年度评级工作；做好行政许可初审；做好非现场监管。全年共参加金华银监分局组织的现场检查项目8个，累计投入工作日576个。开展调查研究，引导银行业金融机构增加对兰溪实体经济的支持力度；完善小微企业服务，破解融资瓶颈；当好政府参谋，支持政府融资平台的有效、合理需求，防范风险；配合政府帮扶困难企业，妥善处置企业资金链风险。会同公安部门按季召开金融机构安保会议，在重要节日开展对银行业金融机构安保大检查。

（董　林）

中国人民银行兰溪市支行

【概况】 2014年末,中国人民银行兰溪市支行，共有职工18人。截至2014年12月末，全市金融机构本外币各项存款358.68亿元，比年初新增37.00亿元，增长11.5%；本外币各项贷款329.13亿元，比年初新增31.54亿元，增长10.6%。不良贷款率为1.87 %，比年初略有下降。

【建立与银行无信贷关系的小微企业信息库】 根据信贷政策要求，建立了500家小微企业无贷户名单，其中将“个转企”任务分解金融机构落实，并将名单通过网络发送到各金融机构，各金融机构把这500家企业作为全年营销重点，落实到客户经理列入年终考核。截至12月末，500家企业中与银行建立信贷关系113家，发放贷款3.7亿元，支持了小微企业的健康发展。

【促进政银企合作】 6月16日，召集12家银行、5家小额贷款公司在游埠镇召开了银企对接会，会上，6家银行与7家企业现场签约，签约额3900万元。7月18日，举办2014年金融服务实体经济动员大会暨政银企合作洽谈会，向与会的本外地金融机构介绍了“双百工程”重点项目100项和重点工业续建项目56项，16家企业与银行现场签约，金额9.09亿元。

【开展企业“春风行动”】 “春风行动”把解决企业发展和建设中的资金问题列为活动的一个重要内容，与金融机构及市政府有关部门实地走访乡镇、企业，了解和掌握企业生产经营和资金营运情况，征询客户的金融产品需求及对金融服务的意见和建议，为做好金融产品创新和信贷业务打基础。

（陆　霄）

中国工商银行兰溪支行

【概况】 中国工商银行股份有限公司兰溪支行（简称工行兰溪支行）。下辖营业部、站前支行、官桥分理处、城西分理处、云山分理处共5个对外营业网点；内设办公室、公司业务科、信贷管理科、个人业务科；在岗员工118人。

截至2014年底，全行各项存款余额46.86亿元，四行占比30.21%，排名第二，比年初新增2.05亿元，四行占比25.46%，排名第二。年末各项贷款余额61.92亿元，四行占比32.32%，排名第一，比年初新增4.68亿元，四行占比36.82%，排名第一。

是年，创新本外币贷款品种和担保方式，发放抵押余值信用贷款4笔1460万元。存量贷款提前申报审批，在到期前完成审批，还款后立即放款，减轻企业还贷压力，累计同意35家企业使用财政转贷资金办理转贷2.24亿元。全年新增表内各项贷款6.2亿元、表外资产6.04亿元，共计13.04亿元；其中新增政府性贷款5.64亿元、中小微企业及个人经营性贷款5.89亿元、“三农”及其他贷款1.51亿元。加大市场拓展力度，持续加大自助银行和自助设备投入力度，在改善柜面服务的同时，优化、拓宽电子银行服务渠道。全年累计新开企业电子银行145户、个人电子银行7305户。

8月27日，中国工商银行兰溪支行与兰溪市总工会联合举办“情系职工 服务会员”工会卡发放启动仪式。工会卡是一张银联芯片贷记卡，也是一张集工会服务、职业培训、医疗购物、法律援助、图书阅览、休养旅游、金融服务等40多个服务项目的纯公益性质惠民服务卡。全市30家单位、企业、商家成为“情系职工，服务会员”工会卡首批优惠服务点。

（柳咪伟）

情系职工 服务会员”工会卡发放（兰溪工行提供）

中国农业银行兰溪市支行

【概况】 中国农业银行兰溪市支行有营业网点8个，机关部室5个，员工164人。

2014年，截至12月末，全行本外币各项存款余额47.71亿元，比年初增加3.86亿元，四行份额30.83%，比年初提升0.76个百分点，余额、增量均位列四行第一。本外币各项贷款余额46.43亿元（含卡透支），比年初增加2.70亿元，增长6.17%。系统内总量占比7.86%，比年初下降0.31个百分点；四行份额24.24%，比年初下降了0.21个百分点，余额、增量均居四行第三。实现中间业务收入5358万元，同比增加118万元，完成全年任务的101.60%，四行占比22.56%，位列四行第三。实现公司类中间业务收入（不含国内保理）1247万元，其中对公理财业务收入123万元，公司高端投行业务收入853万元，机构中间业务收入269万元，托管业务收入155.8万元，人民币结算与现金管理业务收入220万元。实现国际结算46058.58万美元，同比上升13660.28万美元，增幅42.16%。

受经济下行、区域信用风险蔓延等因素的影响，信贷成本快速上升，对盈利能力形成一定冲击，但从总体情况看，该行的营业收入仍保持了稳步增长。截至12月末，全行实现拨备前利润17047万元，同比增加885万元。

全行实现平安经营。面对经济下行，各类案件和违规行为集中暴露的特殊时期，该行紧扣稳健经营总要求，加强安全管理，防控操作风险和合规风险；抓好三大领域精细化管理；防控信贷业务风险；推进运营“三化三铁”和安全保卫“三化三达标”创建，推进“平安金融”和“心防工程”建设；开展舆情风险排查，提高案防水平。全年未发生重大违规、违纪事件，未发生重大负面舆情和重大事实风险，全行实现安全经营。

（何建雄）

中国建设银行兰溪支行

【概况】 建行兰溪支行2014年底在职员工115人，截至2014年12月底，本外币一般性存款余额46.54亿元，余额占比30.14%；贷款余额61.92亿元，余额占比32.29%。经营规模居兰溪四大商业银行首位。

【信贷投入】 对大项目落实目标责任制，结合支行的信贷政策和业务特点量身定做金融服务方案，确保重大项目在规定的时间按计划推进，先后完成兰溪市溪西商圈开发建设有限公司的城镇化建设贷款4亿元的授信、兰溪市现代教育发展有限公司“浙江师范大学行知学院迁建项目”的城镇化建设贷款5亿元的授信、兰溪浙中纺织市场开发有限公司1.35亿元的基本建设贷款的后续投放、红狮控股集团股份有限公司8亿元的短期融资券的发行工作。

【结构调整】 坚持金融服务实体经济的总体方向，多次走访开发区和乡镇，倾听客户需求，加大对实体经济特别是小微企业的支持力度，帮助企业解决实际困难。加强对中小企业的营销力度。通过对有贷户的重新认识、重新谈判，提升了存量有贷客户的综合贡献度。从小企业客户抓结算量和时点存款开始，客户经理大量的走访和沟通，有贷户的日均存贷比去年有较大提升。

【个人业务】 开展个金条线单项营销活动等一系列竞赛方案，夯实个银业务基础，提升网点销售能力。组织全行性的“进区入户”宣传营销，扩大客户群体。多次举办理财讲座、养生讲座和网点沙龙等活动，通过对客户的增值服务，做好客户关系维护。拓展汽车分期、家装分期及现金分期业务。发展个人住房贷款、助业贷款、消费贷款等个人信贷产品，个人类贷款余额18.93亿元，总量排名当地四行第一。

【网点服务】 以“群众满意服务窗口”评比为载体，加强服务礼仪培训，规范网点服务迎送动作，组织网点员工学习客户服务标准，人人签订服务承诺，将优质服务作为网点一项重要工作来抓。支行于年初制订了《网点服务检查考核办法》，通过现场检查、录像抽查和台账检查，持续督促网点做好服务工作。

【合规经营】 加强内控制度建设，深化全面风险管理，健全案件防控工作机制，层层签订责任书。在全行开展预防职务犯罪讲座，进行责任意识、合规意识和风险防范意识的教育；9月份邀请兰溪市检察院领导为全行员工上一堂预防职务犯罪讲座。组织学习“案防三办法”及《浙江省分行业务操作严禁事项汇编》等材料；多渠道、多层面的开展员工行为排查，并组织开展家访活动。加强安全检查保卫工作，做好平安建行、平安金融、心防工程的三项建设工作。

【风险防控】 规范贷后检查操作流程，走访全行有贷户，做好风险预警。一户一策制订不良化解方案，加强与政府、法院等相关部门的沟通联系，加快不良贷款催收和处置进度。全年处置对公不良贷款21162万元，存量折合现金回收4260万元，处置回收个人不良贷款2728万元，年底不良贷款控制在市分行下达指标以内。

（陈小敏）

中国银行兰溪支行

【概况】 2014年，中国银行兰溪支行本外币存款余额14.12亿元，新增1.53亿元；本外币贷款余额21.38亿元，新增3.01亿元，其中公司贷款新增1.9亿元，个人贷款新增1.11亿元。

服务当地“411”和十大指挥长重点工程，为赤山湖旅游度假项目、总部经济大楼、云山纺织异地搬迁、彩虹城等重点项目提供资金支持。推广金融便民措施，以网点为单位，开展上门服务，到社区、学校、企业、农村50多次。

开展“心防工程”，加强群众安全防范宣传，通过进社区、进学校，走工厂等形式开展活动。走访街道社区、企业20多个，发放各类宣传资料13000多份，组织摆摊点定宣传5次，柜台宣传常态化．2014年，成功堵截4起电信、网络诈骗案件，为客户挽回了5.9万多元经济损失。

发挥国际结算和外汇业务优势，特别对结算量大的客户，营销其做远期锁汇，为客户规避一定的汇率风险，对中小微企业，利用信用证、跨境人民币结算、进口押汇、汇率达等优势产品，解决客户资金周转困难问题。全年国际贸易结算业务量达22012万美元，同比增加8.7%。

为帮助兰溪市外向型企业规避美元等国际货币汇兑风险，掌握跨境人民币业务相关政策法规，协助兰溪市人民银行，承办召开了“兰溪市跨境人民币业务结算培训会”，对全市200多家企业相关财务、业务人员进行培训。2014年，全行跨境人民币业务量10846万元。

做好小微企业服务工作，重点对节能环保、新型科技、能促进就业、能坚持主业经营的小微企业提供融资服务。在“信贷工厂”的框架下，结合小微企业抵押物少或无抵押物的情况，利用网络通宝、税务通宝、科技贷款、生意宝、兴微贷等小微企业专属产品，帮助解决小微企业融资难问题，同时简化审批流程，加快投放步伐，为企业节省财物成本。全年净新增中小企业10户，新增授信8531万元。

（陈跃良）

中国农业发展银行兰溪市支行

【概况】 2014年，中国农业发展银行兰溪市支行，以贷款风险防控、处置为重点，开展精细化管理，发挥农发行政策性支农的职能作用。截至2014年12月末，存款余额21075万元，日均存款余额21463万元，贷款余额82499万元，日均贷款余额81947万元，实现中间业务收入52万元，完成全年任务的118%，利润1780万元，新发生不良贷款3080万元。

【贷款业务】 做好粮油收购信贷业务，确保各级储备粮油轮换的信贷资金供应。财政补贴资金都能及时足额到位，确保粮食企业保管费用的拨付和农发行储备利息的回收。全年投放粮油购销储备贷款7025万元，轮换粮食1098万公斤。农发行政府项目储备一直比较匮乏，面对所处的困境，以当前兰溪市城镇化建设发展为契机，立足政府中长期项目贷款，积极与市政府、发改局、财政局、政府融资平台等多方对接，遴选符合农发行政策的项目，成功与兰溪市交通建设投资有限公司达成2亿元农村路网项目贷款的合作，并发放首期1400万元贷款，加快了当地农村基础设施建设进程。全年累计发放中长期项目贷款2笔，金额7500万元。2014年，农发行发生了历史上从未有过的不良贷款，全行利用多种渠道，采取各种措施积极应对。全年清收盟猪食品风险贷款1000万元。

【存款组织】 多措并举，加大存款组织力度，抓商业性货款归行留存率管理，尽力发挥销售货款及时足额归行在风险防控及存款贡献上的作用；延伸存款营销链条，加大对贷款关联企业、主管部门及担保单位等非贷企业的营销力度。

（农发行）

金华银行兰溪支行

【概况】 金华银行兰溪支行，设有营业部、东郊支行、溪西支行、江南支行4家网点。支行坚持“立足地方、支持中小、服务市民、回报社会”的经营宗旨和“中小企业主办银行”的市场定位，为兰溪市中小企业、广大市民、市重点工程等提供金融服务和经济支持。

至2014年底，全行各项存款余额22.02亿元，各项贷款余额17.26亿元。全年小微企业贷款新增额15058万元，500万元以下小微企业和“三农”贷款增额7410万元。支行为浙江师范大学行知学院发放表外投行业务1亿元。

2014年，支行先后被授予浙江省巾帼文明岗、金华市银行业金融机构安全评估工作先进集体、金华市青年文明号、金华市级治安安全单位、五星级党支部等多项荣誉。

【重点支持小微企业】 按照“保总量、调结构、转方式、拓渠道”总体要求，优化资源配置，贷款新增基本投向制造业实体经济，贷款优先支持融资敞口1500万元以下小企业客户群体，重点拓展融资总量500万元（含）以下的非评级小微企业。至年底，支行中小微企业贷款余额15.59亿元，比年初新增1.77亿元，增幅12.8%，占全部贷款的90.3%。探索小微企业的担保方式，改善小微企业融资担保难问题，全年以农信担保公司担保发放支农支小贷款660万元，排污权质押贷款400万元，收费权质押贷款300万元，首笔专利权质押贷款300万元。

【完善网点布局】 11月18日，山江支行成功搬迁并更名为江南支行。新址位于兰溪市衢江路5-1-101号，总面积206平方米。迁址后的江南支行布局更加合理，服务设施更加完善，营业环境更加优良。

（刘　佳）

浙江兰溪农村合作银行

【概况】 2014年，浙江兰溪农村合作银行，以普惠金融工程为重点，抓机制、控风险、保增长，各项业务实现持续稳定发展。

截至年底，各项存款余额100.28亿元，比年初上升12.71亿元，增长14.51%。日均存款余额99.04亿元，比年初上升12.70亿元，增长14.71%。各项存款占全市金融机构27.96%，六大系统存款市场份额35.17%；各项贷款余额71.12亿元，比年初新增8.58亿元，增长13.72%。各项贷款占全市金融机构21.61%，六大系统贷款市场份额为26.05%。支持了兰溪辖内四分之一的中小企业和90%有信贷需求的农户发展，支农贷款增量和增速实现“两个高于”，支小贷款增量、增速和户数实现“三个不低于”的要求。

经营风险总体可控，抗风险能力不断增强。2014年末，五级不良贷款余额13304万元，比年初上升1363万元，占比1.87%，比年初下降0.04个百分点；四级不良贷款余额9479万元，占比1.33%。以上数据都在预期范围之内。贷款拨备率6.95%，比年初上升0.06个百分点，拨备覆盖率371.32%，比年初上升10.37%，贷款损失准备充足率337.40%，均高于“好银行”的标准。

经营效益发展良好，税收贡献再创新高。全年实现财务收入7.84亿元，同比增加1.10亿元，增长16.48%；成本收入比为31.99%，低于35%的控制目标，财务控制和约束能力不断增强。实现税前盈利2.44亿元，同比增加1906.29万元，增长8.47%，上缴税收1.3亿元，同比增加0.25亿元，增长23.81%。

（徐金浩）

走访兰花家庭农场（兰溪农村合作银行提供）

浙江兰溪越商村镇银行

【概况】 浙江兰溪越商村镇银行，至2014年末，存款余额达11.85亿元，比年初增加1.67亿元，增长16.40%，贷款余额达10.99亿元，比年初增加2.52亿元，增长29.81%。2014年被兰溪市政府列为兰溪纳税五十强企业。

（吴梦杰）

越商村镇银行

浙江稠州商业银行兰溪支行

【概况】 浙江稠州商业银行兰溪支行（简称稠行兰溪支行）是浙江稠州商业银行第27家分支机构。

2014年末，存款12.45亿元，比年初新增1.85亿元；年内有贷户393户，贷款总额8.58亿元，比年初新增1.04亿元；敞口10.17亿元，敞口比81.68%。稠行兰溪支行加大对小微客户的支持力度，70%以上的信贷资源投放于小微企业和个体工商户，剩余资源用于支持产业链上游的龙头企业或集团客户，通过“1+N”批量带动下游小微客户发展，加大信贷投放力度。

【开通水费代缴业务】 9月5日起，兰溪市民就可以在兰溪支行和云山支行办理水费代缴业务，推出“委托代扣缴”“现金缴款”“手机银行自助缴款”和“网上银行自助缴款”4种收费方式，兰溪支行成为金华地区首家与当地自来水公司签订委托代收水费协议的稠州银行。

【云山支行存款突破亿元】 10月8日，稠行兰溪云山支行存款余额达10332万元，较年初增长5100万元；日均存款7527万元，较年初增长2300万元；有效价值户数938户，年内新增568户，价值客户数547户，年内新增339户；销售理财产品9586万元。存款首次突破亿元大关。

（舒肖瑾）

中国邮政储蓄银行兰溪市支行

【概况】 2014年，中国邮政储蓄银行兰溪市支行（简称邮政银行）以发展为主线，以利润为目标，以高品质、专业化服务为手段，拓展市场、创新营销方式、培育新老客户，实现了各项业务稳步增长。至年底，完成自营业务收入5768万元，完成金华市分行下达确保目标的103.31%，较2013年同期增加905万元，增长18.61%；个金业务收入完成936万元，同比增加119万元,增长14.57%，完成金华市分行下达单项收入指标的96.76%；公司业务收入完成829万元，同比增加291万元,同比增长54.09%,完成金华市分行下达单项收入指标的115.94%；信贷业务收入完成3980万元（其中小企业贷款收入496万元），同比增加502万元,增长14.43%,完成金华市分行下达单项收入指标的102.18%。

开展走百家访万户助小微邮储阳光、普惠金融宣传、反洗钱宣传、金融知识宣传等活动；召开个人经营性贷款“百日攻坚”动员会，行领导参加赤溪街道送温暖——银企对接会，支持实体经济发展。

邮政银行兰溪市支行召开党员会议（兰溪邮政银行提供）

【负债业务】 截至12月31日，全辖自营网点个人储蓄时点余额50957.4万元，比上年末上升了12803.62万元；个人储蓄日平均余额46074.73万元，比2013年日均增长了6583.57万元。储蓄日均余额净增完成率为102.87%。

【中间业务】 截至12月31日，新增信用卡1303张，完成全年新增目标的86.87%，激活率56.26%，活跃率38.42%，不良资产率0.76%；新增商易通用户42户。综合保费销量1302.25万元，完成全年目标108.52%；个人理财日均保有量1414.36万元，日均增量1012.48万元，完成全年日均净增目标142.60%；基金有效销量191.11万元，完成全年有效销量目标44.44%；全辖国债销售428.80万元，完成全年销量目标82.46%。个人网银新增注册数5852户，完成全年目标102.67%；个人网银新增激活数5070户，完成全年目标111.18%。手机银行新增注册数5998户，完成全年目标105.23%；手机银行新增激活数3355户，完成全年目标162.86%。

【公司业务】 截至12月31日，全辖公司业务余额规模达59723万元，全辖公司年平均余额46134万元，年日均新增17970万元(均不含现金管理分配)。1—12月份公司存款利差收入646.27万元，完成市分行公司利差收入目标485万元的133.20%。本年累计发生票据贴现86笔，贴现金额50181万元，1—12月份票据贴现收入111.62万元，完成市分行票据收入目标210万元的53.15%。

【信贷业务】 截至12月31日，零售贷款结余3337笔，金额102070.36万元；全年共发放各类贷款1388笔，金额65563万元；全年贷款净增57笔，金额5904万元。小企业贷款结余17573万元，比去年新增7210万元，四季度追加目标1500万元，完成市分行增净5500万元的131.09%；1—12月份小企业收入496万元，完成市分行小企业收入目标435万元的114.02%。

（邮政银行兰溪支行）

浙江泰隆商业银行金华兰溪支行

【概况】 截至2014年底，泰隆银行金华兰溪支行向兰溪地区累计发放贷款1776笔，金额达30291万元，户均贷款17.05万元，其中87.16%以上均为保证类贷款。

6月26日，在灵洞乡白坑新村举行了整村授信签约仪式，向该村集中授信3000万元，根据信用等级向首批13位村民代表分别授信40万～100万元不等。此次整村授信活动是兰溪支行的第一次尝试，加强了银村合作。

（王 燕）

白坑村整村授信（兰溪泰隆银行提供）

平安银行股份有限公司金华兰溪支行

【概况】 平安银行股份有限公司金华兰溪支行，于2014年1月获得省银监局同意筹建批复，9月17日对外试营业，10月16日正式营业。网点地址：兰溪市振兴路456、458号。

截至12月底，各项存款余额2134万元，各项贷款余额8750万元。支行共有员工21人，设行长室、办公室、公司业务部、零售业务部、小企业业务部、营业部。

（方叶春）

中国人民财产保险股份有限公司兰溪支公司

【概况】 公司全年实现各类保费收入15879万元，比上年增加2918万元，增长22.51%，其中财产险保险收入5356万元，增长34.81%；车险保费收入10523万元，增长17.08%。支付赔款8065万元，赔付率为50.79%，未决赔款4705万元；实现考核利润2428.39万元，完成上级公司下达的各项任务指标。以“风雨同行、至爱至诚”为核心价值观，以“创新驱动，科学发展，价值强司，走在前列”为工作要求，推进“基层建设年”，开展党的群众路线实践活动；开展“请进来”“走出去”“客户经理关怀季”“多快好省”理赔服务、“服务在心，体验在行”服务体验大使、“十一”黄金周客户自驾游服务、满意在人保等各项活动。

2014年，人保财险兰溪支公司取得了金华市全市系统单证管理三等奖，信息新闻工作先进单位二等奖，信用险业务发展先进单位二等奖，车险经营管理精英奖三等奖，出单单位考核奖二等奖、“满意在人保”金牌服务标兵单位等诸多奖项；获2014年度省级金牌服务县区标兵奖、省级先进单位、集团公司农村保险业务竞赛“优秀团体奖”、总公司“模范职工小家”等光荣称号。

（方正威）

中国人寿保险股份有限公司兰溪市支公司

【概况】 中国人寿保险股份有限公司兰溪市支公司有员工35人、保险营销员300多人。公司主要提供个人人寿保险、团体人寿保险、意外险及健康险等产品和服务。

2014年，公司共实现保费收入19925.49万元。其中个人营销业务14025.23万元，同比增长10.8%；团体业务1107.04万元，同比增长14.6%；银行代理业务4793.22万元，同比增长24%。

全年短险赔款金额681.99万元，同比增长44.3%；死伤医给付金额452.57万元，同比增长19%；满期金及年金给付5349.06万元，同比增长36%。截至12月31日，中国人寿兰溪支公司市场份额63.17%，同比上升9个百分点。

（苏卫华）

中国太平洋财产保险股份有限公司兰溪支公司

【概况】 2014年，保费总收入4245.29万元，市场份额12.4%，同比增长51.15%。其中：企业财产保险保费237.55万元；机动车辆保险保费3115.51万元（商业险2556.53万元，交强险558.98万元）。总赔付支出1901.70万元，简单赔付率44.80%，其中企财险赔付支出101.45万元，赔付率42.71%；机动车辆保险赔付支出1603.13万元，其中商业险1066.72万元，赔付率41.73%，交强险536.41万元，赔付率95.96%。

2月17日，兰溪支公司成功中标并签订了红狮控股集团有限公司保险业务战略合作协议。本次中标业务涵盖了集团商务用车和员工私家车保险业务、团体人身意外险和企财险业务，年保费规模约1000万元。

（徐　琳）

中国银河证券兰溪证券营业部

【概况】 中国银河证券股份有限公司兰溪三江路证券营业部，经营范围：证券经纪、证券投资咨询、融资融券、证券投资基金代销、为期货公司提供中间介绍业务、代销金融产品。

2014年，营业部实现股票基金交易量544亿元。

【宣传“新国九条”】 5月9日，国务院印发《关于进一步促进资本市场健康发展的若干意见》，进一步促进资本市场健康发展，健全多层次资本市场体系，对于加快完善现代市场体系、拓宽企业和居民投融资渠道、优化资源配置、促进经济转型升级具有重要意义。营业部通过投资者教育园地、电子屏、跑马灯以及投资报告会等多种途径，宣传新国九条。

【实现网上自助开户】 9月4日，营业部开始推行网上自助开户，客户使用电脑或手机，通过银河开户通软件，无需到营业部现场即可顺利开通沪深股票账户和资金账户。

【沪港通开通】 11月17日，香港证券交易所与上海证券交易所正式启动沪港通业务。A股市场开始迎来一波牛市行情。自11月17日至12月31日，沪指和深指分别上涨31%和33%。

（郑　瑶）

经济管理

发展与改革

【概况】 2014年，兰溪市发展和改革局，以抓调研促规划、抓项目促投资、抓三产促转型、抓改革促创新、抓价格促规范、抓学教促效能为主线,扎实开展工作，被金华市发改委评为“2014年度金华市发改系统年度综合考核优秀单位”、金华市克难攻坚先进单位。是年，由于项目扩大有效投资工作突出，兰溪市被省委省政府评为“全省扩大有效投资优秀县（市）”。

2014年7月11日，市机构编制委员会下文成立市金融办。将市发改局原来承担的相关职责划入市金融办，撤销原在市发改局体改科挂的“上市办”牌子。

经济运行主要特点

【经济总体稳中向好】 工业经济平稳增长。1—12月规上工业总产值782.6亿元，同比增长7.9%，规上工业增加值153.1亿元，同比增长8.0%。内需拉动作用继续增强，扩大有效投资取得新突破，固定资产投资150.1亿元，同比增长16.5%。消费稳中有升。1—12月，全市社会消费品零售总额106.5亿元，同比增长14.9%，位列金华全市第一。其中批发业零售业销售额369.5亿元，同比增长22.2%；住宿餐饮业营业额16.5亿元，同比增长17.8%。外贸市场回暖向好。全市外贸进出口总额16.5亿美元，自营出口突破12亿美元，增长19.8%。财政金融运行良好。1—12月全市财政总收入37.6亿元，同比增长10.2%。其中，地方财政收入（公共财政预算收入）19.95亿元，同比增长10%。金融发展质量不断提高，全年新增贷款40亿元。居民收入不断增长。城镇常住居民可支配收入29766元，同比增长9.3%；农村常住居民可支配收入13890元，同比增长11.8%，农村居民收入增速高于城镇居民收入2.5个百分点。

【转型升级步伐加快】 产业结构不断优化，三产占比34.8%，比上年提高1个百分点。工业转型成效明显。规上工业新产品产值210亿元，同比增长40 %。纺织强市创建工作加快推进，棉纺织产业集群公共服务平台投入运行。实施“机器换人”，技改投入占比达63%，比上年提高6个百分点。列入省“双千”技改项目66项，项目数连续8年居全省各县市首位。康恩贝公司国家高技术产业化项目通过省级验收。淘汰落后产能力度加大，完成化工、印染行业整治52家。现代服务业加速推进。新增“下升上”企业54家。浙中纺织品市场等4个项目列入省服务业重大项目。完成商业网点规划编制，嘉泰新时代广场试营业。嘉宝物流公共服务平台正式启用，浩鑫物流投入使用，英特药业物流平台一期开工。六洞山景区成功创建国家AAAA级景区。电子商务快速发展，入选电子商务百强县，年交易额突破10亿元。现代农业规模化发展。新增土地流转面积1.5万亩、设施农业3500亩。“六个万亩”基地建设基本成形。创建省级现代农业园区3个。循环经济加快发展。浙能兰电公司、红狮水泥等企业脱硝系统相继投运。益达康等4个大中型沼气项目列入中央预算内投资计划。

【创新驱动能力不断提升】 新增科技型企业63家，其中国家级高新技术企业9家。新列入国家级科技项目13个，新建企业研发中心32家。15家企业和机构入驻科技孵化园。举办了第二届人才科技月“院士专家兰溪行”活动，举行武汉纺织人才专场招聘。成立金华市首家人才银行，申请发明专利1300多件。成功创建省知识产权示范市。

【重点项目扎实推进】 11个省“411”工程和11个省重点建设项目完成年度计划的150%以上，37个金华市重点建设项目完成年度计划的157%；市“双百工程”建设总体良好，投资完成年度计划的90%以上。“十大指挥长”工程、“五城五开”项目有序推进，金角大桥完成主体工程，横山大桥主跨合拢，总部大楼、企业服务中心基本建成。马墩线实现通车，义兰公路顺利推进。衢江航运开发工程姚家枢纽开工建设。浙北至福州1000千伏交流特高压工程进入试运行阶段。

经济运行主要问题

【转型升级压力较大】 兰溪是一个老工业基地，工业经济总量虽大但是产业结构不太合理，高科技产业发展比重较低，而高能耗、低产出的传统行业比重较高；经济增长方式较粗放，经济增长和资源约束之间的矛盾较大，资源承载能力下降，节能减排形势依然严峻。随着国家对资金、环保、土地等政策管控越来越严格，发展要素制约越发明显，转型升级、绿色发展的任务仍然艰巨。

【支柱产业实力不强】 全市支柱产业主导不鲜明，优势不明显，除了纺织业占比较高，其余支柱产业规模小。产业集聚效应不明显。全市的支柱产业在国内、省内没有形成明显的优势。虽然纺织、医药等行业在业内有一定知名度，但与周边县市永康“五金”、义乌“小商品”等区域产业品牌比，差距较明显。结构不合理，发展质量较低。七大支柱产业中，纺织、化工、水泥、冶金、电力五个行业是高耗能行业，尤其是水泥、冶金两个行业在消耗近60%能源的同时仅贡献20%左右的增加值。

【科技创新能力不强】 全市科技水平虽有所提升，但与全省相比，差距还是较大。主要表现在高新技术企业数较少，拥有发明专利、实用新型专利少；科研机构力量相对薄弱；高层次科技人才相对匮乏。2013年全市高新技术企业家数只有39家，占金华全市的10.3%，远低于金华全市20%的平均数；设置研发机构企业数55家，与永康的193家、武义112家、浦江93家相比，差距较明显。2013年全市R&D经费达到4.7亿元，占GDP的比重达到了1.74%，高于金华全市1.71%的平均水平，低于全省0.33个百分点，但是与自主创新关系密切的科研活动内部投入经费增长较缓，相对于浙江省平均2.07%的占比还是有不小的差距，与省内大部分城市科研投入强度还有较大距离。

计划管理

【概况】 全年经济实现稳增长，主要经济指标增长基本达到进度要求。预期性计划：地区生产总值计划增长9%，初步概算增长8.5%；地方财政收入计划增长10%，实际增长12.3%；固定资产投资

计划增长20%，实际增长15%；社会消费品零售总额计划增长13%，实际增长14%；外贸出口总额计划增长10%，实际增长20%；城镇居民人均可支配收入计划增长10%，实际增长9%；农村居民人均纯收入计划增长10%，实际增长11%。约束性计划：人口自然增长率计划控制在6‰以内，实际控制在6‰以内；城镇登记失业率控制在4%以内，实际控制在4%以内；万元GDP综合能耗、化学需氧量排放量、氨氮排放量、二氧化硫排放量等节能减排指标完成金华下达的任务。

【“十三五”规划前期进展】 “十三五”时期是兰溪市进一步提升全面小康社会水平，加快追赶跨越、重振雄风的关键时期，编制好“十三五”规划意义重大而深远。12月份市委办公室、市政府办公室联合下发了关于开展兰溪市“十三五”规划编制工作的通知，拟订了20个前期重大调研课题，兰溪市十三五规划编制工作正式启动。确定浙江省发展规划研究院为兰溪市“十三五”规划《基本思路》和《纲要》编制单位。

项目管理

【概况】 开展了“扩大有效投资暨五水共治项目集中开工”活动。组织开展了金华市统一部署的十大专项行动，集中力量解决一批难点问题，扩大有效投资工作实现开门红。组织开展了为期100天的重点项目推进“百日攻坚”活动。活动主要围绕省411项目、省重点项目、金华市重点项目、金华市扩大有效投资项目以及市“双百工程”重点项目。开展了“决战三季度、冲刺四季度”扩大有效投资行动。重点项目顺利推进，省411、省重点项目、金华市重点项目提前完成全年目标任务，项目开工率达100%。

1—12月份全市完成固定资产投资150.13亿元，比上年同期增长16.5%。根据《兰溪市大气污染防治行动2014—2017实施方案》要求，制定了《兰溪市高污染燃料禁燃区建设和淘汰改造非禁燃区分散燃煤锅（窑）炉实施方案（2014—2017年）》。完成“十三五”能源规划编制工作。

【列入省“411”项目11个】 全年列入省411项目11个；单体投资规模超过50亿元项目1个（赤山湖旅游度假区项目），产业单体超20亿元项目1个（中光科技）。1—12月份完成投资37.76亿元，完成年度投资24.68亿元的153%。

【列入省重大产业项目3个】 10月22日，浙江省发改委、省国土厅联合下发了2014年浙江省重大产业项目名单。兰溪市浙江中光科技信息技术有限公司年产15亿陶瓷插芯及光通信工程项目、浙江利基锆业有限公司年产5000吨水热合成法制备纳米氧化锆粉体项目、兰溪越龙谷国际旅游度假中心3个项目列入省重大产业项目。当年省重大产业项目（万舟纺织）用地指标奖励300亩，其中预支指标147亩。

【列入金华市扩大有效投资实施计划项目81个】 全年列入金华市扩大有效投资实施计划项目81个，年度计划投资84.4亿元，占金华地区固定资产投资额比重第2位；1—12月份完成投资118.57亿元，完成年度计划投资84.4亿元的140.48%。

【列入金华市重大项目10个】 全年列入金华市重大项目前期项目10项，分别是兰溪芝堰水库除险加固工程、330国道兰溪永昌至建德交界段改建工程、兰溪市污水处理厂（二期）扩建项目、兰溪市康体中心、兰溪市交通客运枢纽建设工程、兰溪市排岭城中村改造项目、兰溪市董宅桥至将军岩公路改建工程、兰溪市再生资源回收集散中心、赤山湖旅游度假区启动区块和金华市至兰溪（45省道）改建工程；其中兰溪市排岭城中村改造项目、赤山湖旅游度假区启动区块和兰溪市康体中心项目已完成前期工作。

【列入央企合作项目3个】 全年列入央企合作项目有3个，分别是浙江五丰年产4万吨冷冻冷藏食品生产项目、英特物流和金华兰溪大盘尖风场风能资源项目，1—12月份完成投资2.04亿元，完成年度计划2亿元的102%。

【列入省重点建设项目11个】 全年有11个项目列入省重点项目，其中新增省重点项目3个，分别是万舟纺织、丹溪应急避难设施建设项目和兰梅项目。11个省重点项目年底全部开工，1—12月份完成投资21.97亿元，完成年度投资13.56亿元的162%。

【列入金华市重点建设项目37个】 全年列入金华市重点建设实施计划项目37个，年度计划投资44.17亿元；37个金华市重点项目年底全部开工，1—12月份完成投资69.38亿元，完成年度投资44.17亿元的157.1%。

【“双百工程”项目】 截至12月底，共完成投资54.16亿元，完成年度计划投资63.5亿元的85.3%，已开工项目77个,开工率达78%。“五城五开”项目中，金角小区滨江新城开发、古商城、塔山湿地开发、大学城等项目已开展前期工作。

【重大项目稽察监管】 开展项目现场监管，及时上报监管信息；按时完成并上报半年度分析和全年项目稽察报告；配合做好省市确定的项目的稽查工作。

【项目社会稳定风险评估】 成立重大固定资产投资项目社会稳定风险评估工作领导小组；选派骨干力量参加省发改委专题培训，着重解决具体操作问题；会同市维稳办研究提出2014年20项重大决策社会稳定风险评估重点项目。

【制订扩大有效投资考核奖励办法】 制订了《兰溪市扩大有效投资考核奖励办法》。考核内容包括固定资产投资增长率、投资质量及结构优化、双百项目推进、项目谋划储备、项目管理、重大项目推进等六大类共17项指标。

【首个厂房屋顶分布式光伏发电项目验收并网】 12月12日，兰溪市首个利用厂房屋顶建设的分布式光伏发电项目通过供电部门验收，正式并网运行。该项目位于兰溪经济开发区，装机容量为0.16MWP，租用迪马橡胶厂房屋顶面积近2000平方米，投资总额约120万元，预计年发电16万千瓦时电，节约标准煤约500吨。

【汤黎路到兰调研中光科技重大项目】 9月18日，省政协副主席汤黎路一行专程到兰溪调研中光科技重大项目。中光科技项目是省“411”重大项目，由省发改委牵头，省政协副主席汤黎路作为该项目的联系人专程到兰溪上门服务。调研会现场解决了中光科技项目存在的困难，对中光公司提出的诉求作了回应。

【市儿童康复养育中心项目获中央资金100万元】 7月7日，省发改委转发了《国家发改委关于下达儿童福利设施建设2014年中央预算内投资计划的通知》，兰溪市社会福利院儿童康复养育中心建设项目获中央预算内投资资金100万元。

体制改革

【行政权力和便民服务事项梳理】 3月31日，组织召开了行政权力事项及便民服务事项梳理会，落实《行政权力事项梳理情况表》的时间节点、要求、责任；共清理出行政权力38项，第一批11项权力已获省发改委批准，第二批行政权力事项上报发改委审批同意。截至12月底，已完成三报工作，共清理出权力事项38项。

【社会信用体系建设】 制订出台了《关于创建兰溪市农村信用体系建设试验区的实施意见》。明确了指导思想、工作目标、主要内容和工作要求，夯实了农村信用体系建设的框架基础。

【中心镇培育】 完成诸葛、游埠两个省级中心镇的总体规划和控制性详细规划工作。市级中心镇马涧镇完成控制性详细规划。梅江镇成功申请为金华市级中心镇。拟定了省级中心镇强镇扩权目录草案。

【政策性农村住房保险】 全年政策性农村住房保险有参保农户163123户，参保率99.95%。

【政策性农业保险】 政策性农业保险主要品种参保率达60%以上。其中能繁母猪、生猪和公益林参保率达100%，实现保险全覆盖。油菜、水稻保险参保率有较大幅度的提高，参保率达80%以上。

【兰溪市成为省生猪保险联动试点】 7月，省农险办同意兰溪市开展生猪保险与无害化处理联动试点。试点采用“政府监管、财政扶持、企业运作、保险联动”的模式，将保险查勘理赔与病死猪尸体的无害化处理相结合，通过利用保险赔款来制约养殖户，推动无害化处理工作。试点使兰溪78万头猪实现统保，分散和化解生猪养殖风险，保障了养殖户的权益。

【公车改革数据统计】 完成了全市公车改革基础数据统计，统计重点为单位人员编制信息、单位实有人员信息、离退休干部人数、单位车辆编制数、单位实有车辆数、单位司勤人员数、单位2011年至2013年车辆运行费用和司勤人员费用，为开展公车改革打基础。

【新华大宗托管兰溪汇丰】 5月12日，新华浙江大宗商品交易中心与兰溪汇丰贵金属交易市场在杭州签署托管经营协议，由新华大宗对汇丰贵金属交易市场的各项管理制度及运营模式进行全面整理与完善。新华大宗派驻管理人员对兰溪汇丰财务、经营等进行综合管理，规范各项管理制度及运营模式。托管结束后，实施系统对接、平台互通。

【兰溪第五家小额贷款公司试点方案获批】 2月，省金融办下文同意兰溪市开展兰溪京兰小额贷款股份有限公司试点的申请。至此，兰溪市共有5家小额贷款公司试点。该公司由浙江京兰投资有限公司为主发起人，另有3家法人企业和10名自然人注资组成，注册资本2亿元，注册地为兰溪市马涧镇。

【规范民间融资服务中心】 出台了《关于印发兰溪市民间融资服务中心管理办法（试行）的通知》，对服务中心的设立条件、合规经营、扶持政策、监管要求作了明确规定。

现代服务业

【概况】 兰溪市在2013年全省服务业发展目标考核中，名次前移4位，位列全省24位。全年物流业销售收入增速超过金华水平，指标完成；邮政业务总量增速为14.81%；行业投资额28.05亿元，为目标任务的165%；交通运输物流业税收3609万元，完成任务的138%。净增限上企业5家，超目标任务3家。

【嘉宝物流基地被列为战略物资金华建材预储基地】 嘉宝物流基地工程基本完工，风行油库项目继续有序推进，完成库区外围砌墙，开展汽车械台、消防道路等配套设施建设。嘉宝物流基地被列为战略物资金华建材预储基地。

【浩鑫物流园区建设】 浙江浩鑫物流园区项目建设规模：仓储面积27104平方米，购置物流设备13台（套），并配备给排水、变配电等公用工程设备。获2014年中央预算内计划投资150万元。该项目1、2、3号仓库已完成建设并投入使用，配套绿化、水电照明电气工程、监控安装以及公共物流信息系统各项运营设施有序安装中，商业综合楼正在建设。

【越龙谷国际度假中心获省资金60万元】 该项目规划面积8536亩，分五大板块：即入口形象展示板块、生态农业体验板块、民俗休闲体验板块、家庭林场示范板块、际绿领森林板块。配套建设8米主干道30千米，游步道60千米。建设期2014—2018年。2014年争取到省服务业发展引导资金60万元。

物价管理

【概况】 开展价格监测、预警，建立价格异常波动预警和应急监测机制，对商品市场价格的波动及时进行监测分析，加强上下联动，为政府调控市场提供决策依据。规范行政事业收费。规范和调整商品和服务价格；主动服务企业，缓解价格矛盾。

全面公开各部门行政事业性收费目录。加强政府制定价格信息的公开工作。加大对价格和收费违法违规行为查处情况的信息公开。加强价格和收费信息公开的宣传和引导。开展公办幼儿园保育费、医院床位费、民办学校学费和住宿费收费标准的调整和城市供水成本、污水处理成本的监审。

【规范行政事业收费行为】 全年新取消、免征行政事业性收费项目15项，减轻企业负担13.44万元。对全市73家行政事业性收费单位实行收费年审，涉及收费项目75项，收费总额1.93亿元，占全市财政收入6%。

【组织330国道撤销合并收费听证会】 受省物价局、省公路局委托，由市发改局会同市交通局组织召开撤销330国道兰溪收费站，改为在杭金衢高速公路兰溪收费站出口另行合并收费的听证会，成为首个省物价局委托县市局进行省级权限的听证会。

【价格检查】 根据省物价局部署，重点对交通系统、银行系统的收费情况进行检查。全年共查处价格违法案件7件，实施经济制裁43.599万元，其中，退还35.51万元，没收5.188万元，罚款2.9万元。“12358”价格举报中心全年办理各类举报件咨询90件，退还用户（消费者）金额12.983万元，办结率100%。

【价格认证】 价格认证中心全年共受理公安案件290件，涉案金额金额850余万元，完成车损等其他价格认证950件，涉案金额250余万元。全年实现无一例重新鉴定、补充鉴定或复核裁定的案件，结案率达100%。为司法、行政执法机关提供了有效的客观价值依据。

（徐文忠）

国土资源管理

【概况】 2014年，市国土资源局按照“保护资源，保障发展，维护权益，服务社会”的总体要求，贯彻落实耕地保护基本国策，坚持最严格的耕地保护制度和节约集约用地制度，服务发展，规范管理，构建保障和促进科学发展新机制，各项工作稳步推进。2014年被评为兰溪市垂直部门综合考核先进单位和金华市国土资源系统先进单位，黄砂整治工作获得上级领导肯定，杭长客专征迁工作得到金华市政府通报表扬。

是年，全市耕地保有量面积61.62万亩，基本农田保护面积54.57万亩，标准农田保有面积26.68万亩。完成土地利用规划局调方案27个，涉及项目800个，修改面积372.7607公顷。分别落实省重点项目市钱塘江农防加固（第二期）建设项目规划空间指标31.1804公顷，钱塘江中上游衢江（金华段）航运开发游埠、姚家枢纽及船闸工程规划空间指标56.0572公顷。

【耕地保护】 出台高标准基本农田建设政策，落实粮食功能区1.59万亩，农业综合开发及农田水利建设约2.3万亩，建设类、提升类高标准基本农田2.63万亩。全年完成垦造耕地项目20个，新增耕地面积2651亩；根据后备资源中涉林项目较多的情况，与林业局合作委托林业部华东院编制了低产林地改造方案，涉及面积7038.3亩，分三年实施。全年立项农村土地综合整治项目6个，规划新增耕地面积约472亩，复垦项目2个40亩。验收农村土地综合整治项目3个，面积87亩。

【土地报批供应】 全年争取新增建设用地计划指标2083亩，其中切块计划指标569亩，历史文化村落保护指标30亩，地质灾害搬迁指标11亩，预支省重大产业项目指标147亩，“机器换人”技术改造考核奖励指标105亩，农户建房单列指标97亩，农村土地综合整治挂钩指标472亩。完成10个计划批次、6个农整批次及3个单独选址建设项目的农转用报批工作，面积2127亩。2013年上报的单独选址项目——义乌至兰溪公路（兰溪段）工程、浙中1000千伏变电所工程获国土部批准，面积492亩。完成供地333宗，面积5878亩，其中存量建设用地1815亩，批而未供土地1904亩。完成征地1525亩，发放征地费用5281.5万元，核准被征地农民基本养老保障可参保人数1317人，落实征地农民基本养老保障政府补助基金1316.4万元。

【土地经营出让】 完成云山纺织地块收储和原芥子园酒厂与农药厂收储地块的移交工作。全市出让城区经营用地3宗，面积79.30亩，合同出让金2.7737亿元。出让乡镇经营性用地9宗，面积21.69亩，合同出让金6698.4856万元。办理房改房、商品房划拨补办出让合同267宗，面积4461.55平方米，收取出让金241.4586万元。8—10月，根据国务院的统一部署，开展了土地出让金收支和耕地保护情况审计，重点审计土地出让金收支、土地征收、储备、供应、整治、耕地保护及土地执法等情况，时间跨度为2008年至2013年。

【地质灾害防治】 编制了《兰溪市2014年地质灾害防治方案》，落实群测群防乡级责任人20人，村级责任人53人，村级监测员53人。全年发布地质灾害防范信息17次，出动应急巡查处置小组241次/组。举办地质灾害防治培训班，全市近160名相关人员参加了培训。完成柏社乡施坞滑坡、横溪镇虞街滑坡治理扫尾工程；完成万盛达、大云山马岭背滑坡勘查与设计；完成黄店镇蟠山村滑坡等4处避让搬迁107户351人。立项黄店镇坞口村崩塌地质灾害避让搬迁项目，争取到用地指标11亩，涉及22户85人。

【土地执法监察】 2013年度土地卫片执法检查，国土资源部向兰溪下发B图斑面积2520.75亩，其中耕地1428.21亩；下发PJ图斑323.4亩，其中耕地204.98亩。根据外业核查结果，对47宗违法用地进行立案查处，面积564.19亩，其中耕地面积306.36亩。拆除违法用地23宗，面积73.7亩，其中耕地55.7亩。开展“两网化”（即对违法用地、违法建筑全面实行网格化、网络化管理）建设工作，投入资金89万元，购买平板电脑、GPS等设备70台，在诸葛镇完成试点工作，运行“两网化”综合执法监管信息系统。

女埠街道拆除违章建筑（王宙摄）

【矿产资源管理】 控制矿山总数，提高矿产资源集约化开发水平，矿山总数从2013年底的32家压缩至2014年底的28家。编制了8个矿山的绿色矿山创建方案，建成绿色矿山4家。完成诸葛、双牌两家废弃矿井治理，长乐废弃矿治理项目通过验收。完成嘉峰饮料矿泉水公司与石塘山矿业有限公司石灰石矿延续登记、灵洞四矿山省厅延续登记、游埠黄砂出让等工作。规范矿产资源补偿费征收，将征收工作与储量动态实测相结合，全年收取采矿权出让金1851.7万元、使用费1.25万元、资源补偿费366.8万元。

【“四破”（两退两进）专项行动】 专项行动以提高土地节约集约水平为目标，以资源要素市场化配置为核心，以“破僵尸企业、破围墙圈地、破低效用地、破既得利益”为内容，综合运用经济、法律、行政等手段，强势推进“两退两进”行动，全年完成“退低进高”面积1638.49亩，收回企业12家，面积307.77亩；转让29家，350.74亩；促产40家，979.98亩；收取转让、促产保证金共计2785.41万元。

“两退两进”现场推进会（市国土局提供）

【土地登记】 全年受理土地登记6232宗，其中国有土地5433宗，集体土地799宗；受理抵押登记632宗，抵押面积836.02公顷，抵押金额54.81亿元；受理注销登记601宗，注销面积619.96公顷，注销金额47.65亿元。

【制定权力清单】 确定涉及部门职责的权力事项173项，其中行政许可类19项，非行政许可审批类2项，行政处罚类87项，行政强制类2项，行政征收类9项，行政裁决类3项，行政确认类20项，行政奖励类3项，其他行政权力18项。

【重大调研活动】 3月4—5日，国家土地总督察办公室主任马毅带领国家土地总督察办调研组，到兰溪调研水泥行业及化解产能过剩用地情况。5月16日，省国土资源厅总规划师盛乐山一行到兰溪调研低效用地再开发、工业用地差别化管理和流转、集体经营性土地流转等工作。

（朱　弋）

国家土地总督察办到兰溪调研（市国土局提供）

审计监督

【概况】 2014年，市审计局完成审计项目34个。查出被审计单位违规金额10304万元，管理不规范资金100995万元。完成政府性投资审计项目9个,送审金额15669.62万元，净核减1346.18万元。有两个审计项目被金华市审计局评为优秀审计项目。审计信息被市委办、市府办采用13篇，被省级以上媒体采用48篇。市委、市政府及相关部门采纳审计建议50余条，审计结果报告及审计专报得到市领导批示4次。向市纪委及相关主管部门移送案件线索5条，有3名人员被处理，1个单位被行政处罚。市审计局被省审计厅评为省县级审计机关考核先进单位，被市委、市政府评为年度综合考核良好单位。

走进电台《部门与您零距离》节目，与听众互动（市审计局提供）

【预算执行审计】 审计53家预算单位2013年度公务支出公款消费情况。发现个别主管部门在下属单位列支公务接待费、车辆运行维护费和未制定公务接待费、会议培训费管理办法等问题，向市政府提出了“进一步健全公共预算制度，加强预算监督管理，强化制度约束和行政问责，确保公务支出公款消费逐年下降”的建议；市政府出台了《兰溪市会议费管理规定》和《兰溪市培训费管理规定》等制度，推动了中央“八项规定”的落实。在服务业专项资金绩效审计中，对政策不够完善、审核监管未到位、绩效评价体系不健全等问题，向市政府提出了完善服务业奖励政策、健全绩效评价和项目跟踪监督机制等建议。市政府出台了《关于印发兰溪市服务业发展专项资金使用管理暂行办法的通知》。开展地方税收征管审计，重点核查城镇土地使用税征收管理情况。发现了城镇土地使用税在税收政策执行、土地税源管理、税款征收管理以及减免税审核等方面存在的突出问题，提出了切实可行的审计建议。审计实施阶段，上报审计专报1篇，查处2家企业违规享受税收优惠行为。地税部门全面清理核查，补登税源数据，追缴企业违规享受的税款，督促相关企业补交税费；民政部门依法查处某企业违规享受税收优惠行为，撤销了2名退休退职残疾职工的资格认定。

【领导干部经济责任审计】 完成经济责任审计项目18个。加强审计规范化建设，按照《兰溪市领导干部经济责任审计操作指南》实施审计，加强对领导干部经济决策权、经济管理权、财经政策执行权的审计监督。9月份对拟提拔的2名干部进行了任前审计。在对拟提拔的市福利彩票销售中心主任的审计中，发现该主任存在领取兼职奖金补贴、私人车辆在单位报销费用、违规和超范围列支费用等问题，审计结果被市委组织部采纳，作出对该主任不予提拔的决定。加大审计宣传力度，总结领导干部在履行经济责任过程中存在的9个共性问题，编写印发了《2013年领导干部经济责任审计发现的主要问题通报》，提醒有关单位主要负责人自觉接受审计监督，规范履职行为；编写经济责任审计知识宣传手册，印发给各经济责任审计对象。做好离任领导干部经济责任交接，分别于3月份、10月份，会同市委组织部开展了12名离任领导干部经济事项的交接工作，使领导干部走得清楚，接得明白。

【政府投资审计】 完成政府性投资审计项目9个,送审金额15669.62万元，净核减1346.18万元。配合有关部门，参与行知学院项目预防职务犯罪宣传，参与溪西商圈指挥部排岭城中村改造项目和污水处理委托第三方运营考察评分，参与中洲公园西岸景观提升工程及兰江绿道景观设计论证，参与农村污水治理设计及监理评标等工作。对全市54个政府性投资项目的招标文件进行会审，对70个在建项目进行标后监管。配合市十大工程全面动工，对多个政府重点投资项目实行跟踪审计，加大对这些工程项目的招投标管理、施工合同执行及施工管理等方面的审计监督。

【民生资金审计】 在2013年度城镇保障性安居工程跟踪审计中，发现了项目资金贷款未按规定享受优惠利率、保障性住房分配和使用管理有待优化等问题。相关部门对19户不符合保障条件的住户进行了重新核实和认定，对31户未及时退出保障房的住户作出了停止发放待遇的决定，责令限期退出。在财政涉农资金专项审计调查中，及时向市纪委移送了利用外地粮骗取粮食补贴、通过虚报统防统治面积骗取财政资金等案件线索。在市实验小学和兰江街道社区卫生服务中心的财务收支审计中，重点关注义务教育经费保障、管理和使用情况，医院各项收费的合法性以及内控制度建设等情况，规范了单位内部管理，促进了民生资金的安全高效使用。

审计人员现场勘查“五水共治”工程（市审计局提供）

【内部审计】 年初，建议市政府出台了《关于进一步加强内部审计工作的意见》，提出了抓好内审工作的主要目标、工作重点、工作方式及具体措施；陆续出台《兰溪市内审工作操作规程》

《兰溪市内审专业人才培养及管理办法》等文件，明确全市内审机构的审计程序、审计权限、人才管理及法律责任等。以市政府出台加强内审工作文件为契机，督促全市各重点单位设置内审机构，配备内审人员。8月，会同市府办、监察局等部门，对民政、卫生、教育等11个部门的内审工作进行专项检查。至年底，全市已建立内审机构15家，配有专兼职内审人员75人。

【联合督查公务支出公款消费】 会同市纪委、财政等部门，全年3次对部分重点行政事业单位贯彻执行《党政机关厉行节约反对浪费条例》情况进行联合督查，重点检查前三季度是否存在超标准接待，是否用公款相互宴请，是否用公款购买购物卡、消费卡等有价证券，是否超编制、超标准配备公务用车等情况；检查结束后，对发现的问题进行梳理分析，在全市范围通报，督促相关单位及时整改，促使各部门单位从严控制公务支出公款消费，建立健全厉行节约反对浪费的长效机制。

【审计信息】 全年上报各类审计信息、审计专报90多篇，采用78篇，其中被《中国审计报》《中国审计》杂志采用10篇，被《浙江审计信息》、省厅网站等省级媒体采用38篇。重视计算机审计成果推广，上报省厅AO案例2个，AO方法3个。根据审计建议，市政府及相关部门出台各类政策制度18项，较好地发挥了审计的建设性作用。

（徐亚平）

统计工作

【概况】 2014年，《兰溪市乡镇街道公共服务机构设置方案》（兰编[2013]76号文件）得到进一步贯彻执行，16个镇乡（街道）单独设置“经济与统计服务中心”，其中涉及统计的有：农业、工业和服务业统计3个岗位编制，镇乡 (街道）统计岗位编制从15名增到51名,2014年新招21名，至此实际到位36名。兰溪市服务业调查中心（增挂兰溪市社情民意调查中心）新增3名工作人员，全市持统计从业资格证的统计人员有1800余人。

开展第三次经济普查，查实全市二三产业家底，特别是战略性新兴产业、服务业和小微企业的发展状况。突出专项调查改革，夯实城乡收入等专项调查业务。

全年编印《兰溪经济月报》和每月主要经济指标21期，编发《兰溪统计视窗》44期，向市两办报送各类信息122条，编印出版了《2014年统计年鉴》和《浙江省61个县市（区）主要统计指标排序》。撰写统计分析、信息264篇。完成投资统计改革金华市综合试点工作。

【“三大举措”推进兰溪第三次经济普查工作】 1月1日是全国第三次经济普查正式开始普查登记和数据采集工作的日子，市经普办“三大举措”确保经济普查的顺利进行。深入一线，及时监测，做好普查登记过程中的数据质量控制；领导督查，政府通报，加强普查登记及查漏工作专业参与，乡镇配合，做好审核改错工作。现已完成第三次经济普查主要阶段工作任务。

【兰溪服务业综合发展列全省中上游水平】 8月，省发改委发布了《关于2013年度全省各市、县（市、区）服务业发展目标考评结果的通报》，在全省的56个县（市）中，兰溪市列第24位。该排名综合考虑了2013年各县（市）服务业增加值和投资的实绩总量、占比、增速、目标完成程度等因素，较为客观地发映了各地服务业发展的实际水平。

【兰溪完成投资统计改革金华市级试点工作】 兰溪市被选为投资统计改革金华市综合试点市，通过“政府搭台、统计唱戏，双管齐下、上下联动”的方式，在市统计局与镇乡（街道）、开发区及部门沟通协调，紧密配合、分工协作，紧扣兰溪实际情况，做到试点培训的针对性、实用性，掌握工作进展，加强基层指导，完成试点工作。

【对百家工业企业进行统计巡查】 7月25日—8月25日，会同经信局，分三个组，对各镇乡（街道）、经济开发区的105家规上工业企业和30家服务业企业进行统计巡查。此次统计巡查主要是，强化统计基础工作，规范企业统计台账等基础资料，力求报表、台账、原始资料的一致性，做到数出有据，应统尽统，保障源头数据质量；了解企业上半年经营状况及下半年运行走势，查找存在的问题和不足，为全市工业经济把好脉。

【开展月度新增“小升规”入库工作】 截至2014年底，全市累计新增“小升规”入库单位共计111家。其中工业40家，建筑业5家，批零住餐业35家，房地产业8家，其他服务业23家。

【全市农作物播种面积保持稳定】 全市农作物播种面积70.7万亩，与去年基本持平，同比增长0.1%，遏制住近几年农作物播种面积连续小幅下降局面。其中粮食作物播种面积34.7万亩，同比增长0.1%，粮食总产量12.96万吨，同比增长1.9%；油料播种面积14.3万亩，同比略有下降；果用瓜播种面积2.0万亩，同比增长2.9%，产量2.8万吨，同比增长7.2%；花卉苗木和其他农作物播种面积19.7万亩。

（吴　则　董益娟）

市场监督管理

【概况】 兰溪市市场监督管理局于3月5日正式揭牌，这是根据《浙江省人民政府关于改革完善市县食品药品监管体制的意见》（浙政发〔2013〕54号）、《兰溪市人民政府关于改革完善食品药品监管体制的意见》（兰政发〔2014〕1号）文件精神，将兰溪市工商行政管理局、兰溪市食品药品监督管理局职责整合，组建形成的新局(保留兰溪市工商行政管理局、兰溪市食品药品监督管理局牌子)，加挂兰溪市食品安全委员会办公室牌子。市场监督管理局主管全市工商行政管理、食品药品监督管理和市食品安全委员会办公室日常工作。局设办公室、政策法规科、食品安全综合协调科、市场规范管理科、行政许可服务科、食品生产流通监督管理科、餐饮服务监督管理科、药品医疗器械监督管理科、网络经营监督管理办公室、个体私营经济监管科、消费者权益保护科、组织人事科12个内设机构；有企业注册中心（与行政许可服务科合署办公）、城西市场监督管理所、云山街道市场监督管理所、城南市场监督管理所、诸葛镇市场监督管理所、永昌街道市场监督管理所、梅江镇市场监督管理所、马涧镇市场监督管理所、黄店镇市场监督管理所、香溪镇市场监督管理所、游埠镇市场监督管理所、食品药品检验检测中心12个派出机构；市场监管稽查大队1个直属机构。

全局核定编制196名（局机关行政编制36名；企业注册中心专项编制20名，基层市场监管所专项编制101名，参公30名，事业编制9名），实际在编147人，缺编49人，其中中层正职24人、中层副职22人、一般干部92人。

至2014年底，全市有企业7824家，注册资本386.2575亿元；个体户21846户。全市申请商标813件，核准注册405件，国际注册商标222件，其中新增36件。新核准省著名商标3件，延续申报9件；新核准金华著名商标9件，延续申报25件。新获国家级“重合同　守信用”企业3家，获省级“重合同　守信用”企业2家。全市有专业药品生产企业3家、药包材企业4家、医院制剂企业1家、医用氧生产企业1家、药用辅料企业1家；有药品批发企业2家、连锁大药房2家、药品零售企业109家、综合医院15家、社区卫生服务中心6家、社区卫生服务站89家、村卫生室410家、诊所43家、医务室24家；有医疗器械生产企业7家、医疗器械经营企业17家；有餐饮服务单位及食堂1127家，从业人员约5689余人，其中大中型餐饮店491家、小餐饮店277家、学校食堂224家、企事业单位职工食堂14家，快餐店、面包店、饮品店等100多家；有保健食品生产企业2家，化妆品生产企业11家。

3月5日，市委书记吴国成和市长朱瑞俊为市场监督管理局揭牌（市场监管局提供）

【市场主体发展】 截至年底，全市共有在册市场主体29893户，同比去年（24767户）增20.69%，其中无照转有照777户。新设立企业1163家，企业总数达7824家，新增个体户3401户，总数达21846户；7月1日起，推行工商注册登记多证联办机制，审批时限从法定的24日压缩至5日，为108家单位办理了工商注册登记多证联办事项。食品药品审批从37个增加到38个，平均每个项目从11天压缩到5天。推动"个转企"提质增量。截至年底，全市累计"个转企"1019户（含2012年54户，2013年687户），2014年新增"个转企"278家，其中，新转公司制企业140户，累计完成公司制企业182户。

【市场建设和管理】 全年计划改造农贸市场13家，已改造完成溪西蔬果市场、殿山菜市场和横溪农副产品综合市场3家；黄龙洞、大阜张、小张坑3家农贸市场开始动工。创建厚仁农贸市场和墩头农贸市场2家"放心市场"。新认定游埠农贸市场为三星级市场，石龙头农贸市场和厚仁农贸市场为二星级市场，清胜塘农贸市场为一星级市场。走访市场举办单位做好已改造提升和未改造提升的24家农贸市场。督促指导举办单位加强市场管理长效机制建设，重点抓好定性检测、软件使用和日常监管工作。以创"国卫"为契机，对菜场中存在的占道经营、流动经营、乱丢乱扔等现象采取有力措施，严加整治。

3月17日，陆献龙副市长一行检查溪西蔬菜水果市场改造工作（市场监管局提供）

2014年全市城乡商品市场一览表

表19

序号	市场名称	市场地址	主办单位
1	莲花路菜场	莲花区福兴村	华辰房地产开发有限公司
2	黄龙洞菜市场	曹家路1号	黄龙实业公司
3	南门菜市场	云山街道南门荷塘沿	市场开发服务中心
4	北门菜市场	云山街道和平路	市场开发服务中心
5	河里新村综合市场	灵洞乡杨青桥村	河里新村市场服务部
6	马达农贸市场	上华街道皂洞口村	马达市场服务部
7	烟溪农贸市场	灵洞乡烟溪村	烟溪农贸市场服务部
8	园中村蔬菜综合市场	兰江街道大阜张村元吉路	园中村蔬菜综合市场服务部
9	厚仁农贸市场	兰江街道厚仁行政村	春虹建材制品厂

续表

续表19

序号	市场名称	市场地址	主办单位
10	府前路菜场	府前路169号	大通房地产有限公司
11	大路口综合市场	兰江街道大路口行政村	兰江街道大路口村经济合作社管理委员会
12	应家农贸市场	兰江街道应家村	兰江街道应家村经济合作社
13	殿山菜市场	殿山村	永强针织厂
14	排岭综合贸易市场	兰江街道排岭行政村	神龙经济发展有限公司
15	青松市场	溪西青松村	市场开发服务中心
16	清胜塘综合市场	兰江街道清胜塘村	兰江街道清胜塘村经济合作社管理委员会
17	溪西蔬菜水果市场	溪西新区七号区	康华物业管理有限公司
18	兰花社区教师村菜市场	教师村四号区	兰江街道兰花社区服务中心
19	女埠镇综合市场	女埠镇上街新区	女埠街道农业综合服务公司
20	马涧农贸蔬菜综合市场	马涧镇马二行政村	马涧农贸蔬菜综合市场服务部
21	香溪镇农贸市场	香溪镇东仓村新区	香溪农副产品综合市场服务部
22	横溪农副产品综合市场	梅江镇国庆村	横溪市场服务部
23	墩头农贸市场	梅江镇墩头村	墩头镇农贸市场服务部
24	永昌蔬菜市场	永昌街道	市场开发服务中心
25	石龙头菜市场	赤溪街道姓潘村	赤溪街道姓潘村经济合作社
26	诸葛蔬菜市场	诸葛镇	市场开发服务中心
27	游埠蔬菜市场	游埠镇	游埠蔬菜市场服务中心
28	水亭农贸综合市场	水亭乡水亭街村	水亭乡水亭街村经济合作社
29	洞源农贸市场	灵洞乡洞源村	灵洞乡洞源村经济合作社
30	香溪镇官塘农贸市场	香溪镇官塘村	香溪镇官塘村经济合作社

【组建食品监管网络】 组建食品安全监管网络，落实《兰溪市贯彻实施〈浙江省人民政府办公厅关于加强食品安全基层责任网络建设的意见〉工作方案》精神，在全市16个镇乡（街道）建立食品安全委员会，下设办公室并配备专（兼）职人员，总体负责区域内食品安全监管工作。在全市646个村和24个社区中各选任一名村（社区）级食品安全协管员，构建基层监管社会共治的良好格局，形成“横向到边、纵向到底”的食品安全监管网络。明确各村食品安全协管员所需承担的职责，协助所在镇乡（街道）食安办及食品安全监管部门做好食品安全隐患排查、信息报告、协助执法和宣传教育。

【餐饮监管】 全年创建“阳光厨房”80家(其中学校食堂53家)。开展餐饮服务“百日严打”，出动542人次，监督抽查72批次，合格69个批次，行政约谈违规企业20家，立案19起，罚没款3.05万元，移送涉嫌犯罪1起。推进小餐饮整治工作。9月，将城区小餐饮分布区划分为17个“路段”，由局机关及各城区市场监管所中层干部担任“路长”，推行“路长责任制”。在小餐饮经营户夜间管理薄弱时段，调动执法力量，多次夜间突击检查，巩固成果。引导规范小餐饮经营单位350户，关停61户，城区17条主要路段餐饮持证率达87%。开展“321”示范创建工作。在创建省级餐饮服务食品安全示范单位、示范食堂的基础上，选择基础相对较好，成功创建餐饮单位集中的辅仁南路示范街1条，示范单位3家，示范食堂2家。

3月20日晚，对三江路夜间经营餐饮单位进行突击检查（市场监管局提供）

【食品生产监管】 健全制度规范生产企业行为，制订下发了《兰溪市食品生产企业质量安全管理通用规范》《兰溪市食品生产企业质量安全授权人制度（试行）》《兰溪市食品生产企业停产复产报告制度》，促使企业各项管理日趋常态化、规范化。7月1日以来，把落实省食药监局《浙江省食品生产加工企业落实质量安全主体责任自查报告规定（试行）》作为工作重点，通过组织培训、上门指导、电话催报等多种形式，督促各食品生产加工企业严格自查报告制度，全年有113家企业上报自查报告123件。强化重点行业整治规范。先后召开了小萝卜、肉制品生产企业集体约谈会，有计划、有步骤、有重点地开展集中整治。以“监管、规范、引导、便民”原则，对食品生产小作坊进行初步规范。

【食品流通监管】 3月1日起，在全市开展食品安全百日严打行动，重点围绕七类重点行为、八个重点场所（品种），严厉打击涉及面广、群众反应强烈、带有行业“潜规则”性质的危害食品安全违法行为。抽检食品生产流通领域商品85个批次，抽测餐饮服务领域单位72家，发现食品违法线索40余件，约谈违规企业55家次。出动执法3269人，共立案查处各种类食品安全违法案件108起，罚没款37.58万元，移送公安机关2起，取缔黑窝点1个。出台《兰溪市食品安全黑名单管理办法》，将发现有不良行为的单位列入“黑名单”统一公布，倒逼业主做到规范生产。

【保健食品化妆品经营示范单位创建】 开展保健食品、化妆品经营示范单位创建活动。制订《2014年深入推进保健食品化妆品经营示范单位创建活动实施计划》；通过示范单位创建工作达到“三个一”要求，即创建一批示范引领作用的不同类型经营单位、形成一个可学管用的好经验好做法、制定一套操作性强的经营长效监管制度。全市有9家保健食品经营单位和10家化妆品经营单位初步通过上级验收，16个镇乡（街道）中有10个镇乡（街道）实现了示范单位全覆盖。

【药械监管】 以诸葛镇为试点，开展药品安全示范镇乡（街道）“回头看”工作。11月，完成16个镇乡（街道）“回头看”检查验收。制订《兰溪市重大药品安全事故应急预案》，成立了市药品安全工作领导小组，确保药品安全工作组织健全，职能到位，制度落实。开展了“药械打假保春节平安”、医疗器械“五整治”等多项专项整治。检查各类药械单位120余家，出动执法人员320余人次，发责令整改书12份，监管建议书6份，发现案源4起。利用计算机网络技术，对全市109家药品经营企业实施了在线监管，完成率100%。监管人员在办公室计算机上，就能随时查询、监控每个企业阴凉库（区）的温湿度情况和经营企业药师在岗情况。

【消费者权益保护】 《中华人民共和国消费者权益保护法》于3月15日正式实施后，利用“3·15”国际消费者权益日，进行全方位、多层次的宣传，让广大消费者了解新《消法》修改的主要内容，增强维权意识，用足用好有关规定，维护好自身权益，营造良好的社会维权氛围。完善消费纠纷受理、分流、办理、反馈、督查、考核等环节工作流程，做好投诉处理满意率回访通报工作，回访率达100%；消费纠纷快速处理，对建立消费维权服务站单位，要求其提升消费纠纷的自行处理率，建立消费维权绿色通道（QQ群），及时自行和解和纠纷处置。有25家企业加入消费维权绿色通道QQ群。3月，开展家装服务和家居建材商品领域消费者权益保护专项整治，出动执法人员321人次，检查经营主体236户，查处案件19件，罚没款7.9万元。开展家装商品质量抽检，抽检装饰板材、电线电缆、管道管线、开关插座、油漆涂料等装潢管材、电线电缆42个批次；抽检服装、针棉织品20个批次。开展消费教育活动12次，直接受教育970多人次。围绕消费热点开展消费调查1次，开展消费体验3次,发布消费警示（提示）17条。

【个私经济监督管理】 通过电视、报纸、网络等媒体宣传《企业信息公示暂行条例》及年报公示制度，发放《企业信息公示暂行条例》及年报公示制度解读等各类资料1.3万份。全年应参加2013年度年报的企业5870家，个体户18726户,农民专业合作社772户。至年底，已完成2013年度企业年报公示的企业2510家，公示率为35.30%，已完成2013年度年报公示的个体户2945户，公示率为15.73%,已申请年度报告数670户，接受年度报告数668户，提交待审2户，申请年度报告率86.79%、接受年度报告率86.53%。对严重污染企业进行信用限制，对参加兰溪市名牌商标等荣誉评比企业实行“一票否决”；依托责任区监管，加强沿河沿溪及水库周边等重点区域的巡查频率，严厉打击高污染、破坏水资源的无照经营行为。截至年底，排摸到涉及“三改一拆”“五水共治”等无证无照经营212户，全部取缔。

【商标广告监督管理】 截至年底，全市共申请商标813件，核准注册405件。全市共有有效注册商标4562件，其中商品商标4166件，服务商标396件，农产品商标881件；新增国际注册商标36件，国际注册商标总数达222件。新申报省著名商标5件，延续申报9件；新申报金华著名商标16件，延续申报25件。共办结涉及商标案件8件，案值24.2万元，罚没款26.1万余元。新建游埠、诸葛2家品牌指导站，构建由当地政府、市场监管共同参与的创牌平台；以小微企业广告联盟为载体，挑选有自主品牌的企业，为其免费进行品牌形象策划。联合兰溪电视台、《兰江导报》为11家企业制作了宣传广告。对广告市场存在问题进行集中治理，出动执法人员600余人次，检查市场主体300余户，检查路段50段次，立案查处违法广告案件2件。以电视台、报纸为重点，加强对大众媒介广告行为的监管，约谈兰溪电视台，要求其做好行业自律。核定广告经营范围16件。

【合同及信用监督管理】 截至年底，新认定AAA级“重合同　守信用”单位2家，续展认定9家；新认定AA“重合同　守信用”单位6家，续展认定12家；新认定A“重合同　守信用”单位24家，续展认定17家。国家工商总局公示国家级“重合同　守信用”单位3家，为历年之最。办理格式合同备案13份，发放工商建议书2份；办理拍卖备案31份，成交总金额2930万元。

【民营企业联合会及个体劳动者协会】 市场监督管理局成立后,部分基层所进行分设调整,市个体劳动者协会根据实际情况，先后指导10个基层分会及党支部进行改选，产生了分会支部委员30名，个协分会理事95名，民协分会理事142名。

【第十一届兰溪市消费者信得过单位名称】

1. 中国电信股份有限公司兰溪分公司
2. 兰溪新奥燃气有限公司
3. 中国移动通信集团浙江有限公司兰溪分公司
4. 兰溪市中通速递服务有限公司
5. 兰溪市山田房地产开发有限公司
6. 兰溪市大丰大购物中心有限公司
7. 兰溪今朝商贸有限公司
8. 兰溪市伊莎贝尔食品连锁有限公司人民路店
9. 浙江兰福家俱有限公司
10. 兰溪市新世纪家电有限公司
11. 兰溪市下陈茶叶店
12. 兰溪市兰江镇官桥钟表眼镜商店

13. 兰溪市万邦家居装饰材料商场
14. 兰溪市海洋酒业有限公司
15. 兰溪市新星电器有限公司
16. 兰溪市方正汽车维修有限公司
17. 兰溪市王军日用百货经营部
18. 兰溪方信通信设备经营部
19. 兰溪市劳保用品商店
20. 杭州毛源昌眼镜厂兰溪配镜中心
21. 兰溪市瑞丰食品商行
22. 兰溪市方圆五金商行
23. 兰溪市明星家电商行
24. 兰溪市雪琴电动车行
25. 兰溪市九久汽车用品经营部
26. 兰溪市欧派门业经营部
27. 中国人寿保险股份有限公司兰溪市支公司
28. 中国银行股份有限公司兰溪支行
29. 兰溪市诚鑫汽车销售有限公司
30. 兰溪市港兰灯饰经营部
31. 金湖世纪华联超市兰溪市大阜张连锁店
32. 兰溪市都市宝贝婴儿用品店
33. 兰溪市能杰热水器商行
34. 兰溪市新阳光涂料超市
35. 兰溪市百姓人家粗菜馆
36. 兰溪星地超市厚仁中学店
37. 兰溪市何志军副食品商店
38. 金华国控大药房利尔康连锁药店
39. 兰溪市秀珍饲料经营部
40. 兰溪市野狐山寨休闲农庄
41. 兰溪市祥标家电商场
42. 兰溪市游埠镇汇融交电商店
43. 金华国控大药房普济堂连锁店
44. 浙江省交通投资集团实业发展有限公司
45. 兰溪市六洞山风景管理处
46. 兰溪市鑫联家具有限公司
47. 兰溪市林果病虫防治服务部石渠经营点
48. 兰溪市马涧洪福佬土特产商行
49. 兰溪市百草堂太和堂医药零售有限公司
50. 兰溪市中之联副食品超市
51. 兰溪市喜乐购百货超市
52. 兰溪星地超市横溪连锁店
53. 兰溪市宏大百货商店

（严　兰）

质量技术监督

【概况】 兰溪市质量技术监督局（以下简称市质监局），根据《浙江省人民政府关于改革完善市县食品药品监管体制的意见》（浙政发〔2013〕54号）、《兰溪市人民政府关于改革完善食品药品监管体制的意见》（兰政发〔2014〕1号）文件精神，划出原由质监局承担的食品安全监管职责归市场监管局。3月11日，质监局和市场监管局进行职责交接。2014年，市质监局从垂直管理重新划归地方管理，接受中共兰溪市委、市政府的领导，成为市政府的组成部门之一，业务上接受金华市质监局指导。

全年服务企业817余家，检定、校准计量器具13819（台）件，其中强制检定计量器具7746（台）件，受检率100%，强检合格率100%。全年组织开展“计量为民”“5·20”世界计量日、共同“点亮微心愿”、9月“质量月”“实验室开放日”等活动，为社区百姓提供血压计、人体秤鉴定、修理，清洗调试眼镜等便民举措，服务群众860人次，累计发放宣传资料1200多份。

2014年，浙江双狮建材有限公司、浙江中一建设有限公司和浙江兰福家具有限公司3家企业获市政府质量奖。

【乡镇首席质量监督官模式引起舆论关注】 2013年，兰溪建立全国首支乡镇首席质量监督官队伍，赋予乡镇质量监管手段，将区域产品质量安全监管责任明确到人，推动形成区域质量安全监管社会共治，打通基层质量安全监管“最后一公里”。这一创新模式在《中国质量报》《金华日报》和其他媒体进行报道，被省委《专报国办信息》采用刊发。

【全市新增4只浙江名牌产品】 新增加浙江名牌产品4只：浙江甬金金属科技股份有限公司的YTBX牌精密冷轧不锈钢超薄中宽板带；浙江红狮水泥股份有限公司的红狮牌水泥；浙江鑫兰纺织有限公司的XINLAN牌牛仔面料；浙江伊宝馨生物科技股份有限公司的天伊健天然维生素E。新增加浙江迪马橡胶有限公司的益达牌力车轮胎等10种金华名牌产品。

【标准化工作】 全年累计备案企业产品标准56项。浙江省农业标准化全程示范项目《枇杷标准化种植全程示范》通过验收。组织修订了《无公害兰溪小萝卜生产技术规程》，并上报省标准化协会备案。由浙江交联辐照材料有限公司主导制订的行业标准《辐射交联聚烯烃泡沫塑料》已完成报批稿。由浙江蓝宝机械有限公司主导制订的行业标准《印刷机械 卷筒纸柔印铁丝订制本联动机》，标准号JB/T 11458-2013，于2014年7月1日起实施。浙江自立铜业有限公司的杨洪光被全国有色金属标准化技术委员会聘任为个人委员。

【再加工纤维及其制品行业专项整治】 重视再加工纤维（俗称黑心棉）及其制品行业违法违规生产行为的监管，自3月起开展专项整治，出动执法人员426人次，检查企业307家次，断电关停企业57家，限期责令改正4家，封存扣押绗缝被1000多条，毛毯726千克，针刺棉267千克，安全生产状况及生产环境得到改善，防止了区域性、系统性质量安全风险发生。

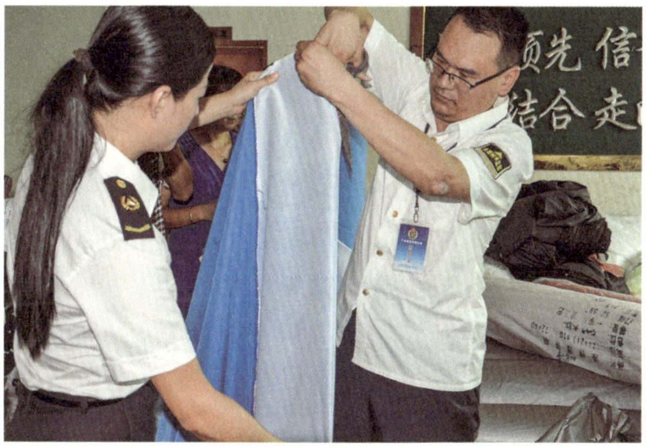

校服面料抽检（市质监局提供）

【特种设备安全监察】 建立了《特种设备安全工作联席会议制度》《特种设备安全隐患通报制度》，清理特种设备安全监管网络数据，监管单位从原来的2650家减少到1723家。开展了电梯、快开门式压力容器专项整治，检查电梯使用单位53家，发现隐患66项，下达整改指令书11份，检查8家快开门式压力容器使用单位，下达整改指令书2份，并对发现的安全隐患都进行了“闭环”，全年未发生特种设备安全事故。

【质量执法检查】 先后开展蓝剑系列、“纤检保健康”、液化石油气专项执法行动，出动执法人员502人次，检查企业单位160家。立案32起，结案32起，查获涉案产品货值217万余元，罚没款55万余元。接到各类投诉举报46件，受理34件，另12件移送其他部门，办结率100%。

液化石油气净含量计量检查（市质监局提供）

【省棉纺织品质量检验中心启用】 12月23日，兰溪第一家省级质量检验中心——浙江省棉纺织品质量检验中心正式启用。该中心是兰溪市2010年政府投资项目,也是全国首批“纺织行业中小企业公共服务示范平台”，总投资1500多万元，建有10个国家标准实验室，拥有一批国际先进的检测仪器，可开展棉纱、服装、织布、毛巾等126个项目的检测。

（黄跃辉）

浙江省棉纺织品质量检验中心（市质监局提供）

安全生产监督管理

【概况】 2014年，市安全生产监督管理局（简称市安监局）坚持“安全第一、预防为主、综合治理”的方针，围绕“三个持续下降”的目标，落实安全生产各项工作，夯实安全生产工作基础，全市安全生产形势总体稳定。在金华市安全生产目标管理责任制年度考核中，兰溪市政府连续9年被评为优秀单位，市安监局荣获浙江省人力资源社会保障厅及浙江省安全生产监督管理局联合评选的省安全监管系统先进集体。

全市全年共发生各类事故192起、死亡41人、直接经济损失455.041万元，与去年同期相比，分别下降19.7%、8.9%和上升17.9%。三项指标均未突破金华市政府下达的年度控制指标，全市未发生较大以上生产安全事故。

2月26日，国务院安委会专项督查组在金昌矿业有限公司岭坑山萤石矿检查（市安监局提供）

【安全生产责任制】 1月15日，市政府召开全市安全生产工作会议，总结2013年工作，部署2014年重点工作安排，签订了安全生产责任书。市政府下发《兰溪市2014年度安全生产责任制考核办法》，将安全生产控制指标细化分解到各镇乡(街道)、开发区、市级有关部门和单位。会后，各单位层层签订责任书。全市共签订三级安全生产责任书6000余份，市级安全生产责任书签订率100%。召开全市矿山、危化、烟花爆竹企业负责人和镇乡(街道)、开发区安监站长工作会议，细化安全生产责任，确保责任落实到位。

【涉及可燃爆金属粉尘专项整治】 中秋期间，市安监局联合经信、环保、消防等单位分组对全市所有粉尘企业进行了全面检查，并对每家企业下发了整改通知书。9月29—30日，为全市涉及可燃爆金属粉尘企业负责人及安管人员举办专题培训班。市政府出台《关于涉及可燃爆粉尘企业安全生产专项整治有关政策的通知》，对完成整改验收的企业给予一定补贴。

【安全生产大排查大整治】 元旦、春节、五一、国庆等重大节日前夕，组织综合性安全生产大检查，市政府领导分组带队深入分管行业领域检查安全生产工作。在夏季集中开展了“百日攻坚”专项行动，9月至12月集中开展了以涉及可燃爆粉尘企业整治为突破口，围绕消防、矿山、道路交通、油气管道、危险化学品、建筑施工，无证无照生产经营单位等重点行业领域的“六打六治”打非治违专项行动。

【安全生产隐患治理】 全市共有省、市挂牌事故隐患点34处，其中工贸企业省级1处、市级1处（同一企业），道路交通方面省级6处，市级25处，重大火灾隐患1处，全部按时完成整改，累计投入资金3000多万元。

【安全生产标准化创建】 全市新增标准化达标企业196家，其中国一级标准化企业2家，国二级标准化企业1家、国三级标准化企业193家。实施《企业安全生产标准化建设奖励办法》，对国一级、国二级、国三级安全标准化达标企业分别一次性给予3万、1万、0.5万元的奖励。

【高危行业安全监管】 矿山方面：督促矿山企业加大安全投入，设计开采方案，做好通山公路，从上而下、分台阶开采，实行中深孔爆破，推进机械化作业，金昌矿业有限公司岭坑山萤石矿成为全省第一家采用充填采矿法开采的萤石矿并安装了斜坡一挂三档、抓捕器。危险化学品方面：编制化工行业发展规划，以企业技术骨干为主成立了市危化专家组，根据地域和行业属性特点成立了安全生产协作组，建立完善企业自查、专家检查和政府督查相结合的隐患排查机制。开展自动化控制系统改造，开展危化品领域“打非治违”“百日整治”及涉氯、涉氨、罐区、输送管线等专项整治。烟花爆竹方面：组建烟花爆竹协查队，配备爆炸物品探测仪，保持烟花爆竹打非高压态势，全年共收缴非法烟花爆竹3419件。

【安全执法监察】 制定年度执法计划和“打非治违”专项工作方案，将企业主体责任不落实、安全隐患突出的企业列入重点执法检查对象，建立部门联合执法、协调联动等工作机制。按照“四不放过”的原则，严肃查处各类安全生产事故，追究事故责任单位和有关人员的责任。全年共责令企业停产整顿21家，收缴罚款178.4万元。

【安全生产应急救援】 利用巨化兰氟、嘉华化工等现有企业队伍和应急资源，充实完善危化品专家组、矿山应急救援队等队伍。强化应急预案管理与演练工作，修改完善重大事故、危化、矿山事故应急救援预案，指导大面积厂房、纺织企业开展火灾逃生演练，提高自救能力。6月23日，在浙江瑞域纺织有限公司举行了消防应急预案演练。

【安全生产宣传教育培训】 利用各宣传载体，加强安全生产宣传力度。在兰溪和平公园LED电子屏、公交车电视开展安全知识宣传；在兰溪电视台黄金时段播放安全生产公益广告；在《兰江导报》刊登安全生产宣传标语、新《中华人民共和国安全生产法》等法律法规。抓好企业负责人、安管员、特种作业人员、烟花爆竹经营者培训。2014年，宣教中心共举办各类培训班32期，培训3686人，其中企业负责人662人，安全管理人员673人，特种作业人员1153人，烟花爆竹经营户1198人。全国第13个“安全生产月”期间,市安委办牵头组织23个职能部门在和平公园开展安全生产宣传咨询活动，展出图板300余块，分发宣传资料1万余份，提供咨询1000多人次。

（童　敏）

城乡建设·环境保护

城乡建设

【概况】 2014年，兰溪市住房和城乡建设局（以下简称市建设局）贯彻市委、市政府的各项决策部署，迎难而上，奋发有为，较好地完成了年初确定的目标任务。

原本在金华市建设局进行审批的物业服务企业（三级及暂定级）资质下放至兰溪市住房和城乡建设局，为兰溪地区的物业服务企业的审批提供便利。

是年，游埠镇入选全国重点镇，游埠镇成功申报为国家级美丽宜居小镇；黄店镇芝堰村、永昌街道社峰村列入第三批中国传统村落；梅江镇评为金华市级中心镇。市建设局行政审批窗口获浙江省"青年文明号"称号，房管处获2014年度浙江省白蚁防治行业突出贡献奖；市建设局被评为2014年度金华市各县（市、区）建设行业主管部门工作目标责任制考核优秀单位、金华市信息工作先进单位、金华市"国有土地上房屋阳光征收与补偿"先进单位、金华市2014年度全市美丽宜居示范村建设工作先进集体、金华市规划系统信访维稳工作先进单位；市城市风貌特色控制专项规划获2014年度全省优秀城乡规划项目二等奖和杭州市优秀城乡规划设计一等奖；夏李村村庄规划获2014年度金华市优秀村庄规划设计评选一等奖，上戴村建设规划获2014年度金华市优秀村庄规划设计评选优秀奖。

获兰溪市级的奖项有：市机关部门工作目标责任制综合考核列政府部门第一名、市"五水共治"先进集体、市"三改一拆"部门先进一等奖、市项目建设先进奖、市服务业牵头部门先进奖、市维稳工作先进集体、市新农村建设工作先进部门一等奖、市生猪养殖污染专项整治先进单位、市农村生活污水治理工作先进单位、市纪检监察工作先进集体、市优秀群众工作站、市信息工作先进集体和市数字城管工作先进集体等。

【数字兰溪地理信息平台开通】 12月25日上午，数字兰溪地理空间框架建设项目验收暨成果推广会召开。相关部门负责人、应用示范单位及兰溪市地理空间信息协调委员会成员单位的代表参加会议。市建设局党委书记、局长龚建峰在会上作了项目工作总结报告，相关单位作了现场系统及示范成果演示，经过与会专家细致严谨的评审，项目通过验收，携手开通了"数字兰溪地理信息公共服务平台"。

【白蚁蚁情蚁害普查】 市白蚁防治站从5月份

开始在全市范围内开展蚁情蚁害普查工作。经过三个多月的实地勘察，完成对房屋建筑、水库堤坝、园林绿化、古树名木、文物古建和山林果园等蚁害情况的抽样普查。从抽样调查结果看，兰溪白蚁危害的蚁害率为：房屋建筑行政村蚁害率为1.3%，城区小区的蚁害率为18%，水库堤坝蚁害率为75%，园林绿化蚁害率25.5%，古树名木蚁害率为64%，文物古建蚁害率为77%，山林果园蚁害为15%，从抽样调查的蚁害率来看文物古建、水库堤坝、古树名木危害最严重。对此，白蚁防治站将主要通过化学防治方法进行治理。对木构件及木材表面等，多用药物喷涂法；对园林绿化树木，则是对树木根部四周土壤进行化学药物处理，以形成药物屏障；对水库堤坝，则用药物灌浆法。

【农村建筑工匠技能大比武】 11月26日，全市农村传统建筑工匠技能大比武在诸葛村举行。此次大比武由市建设局、市总工会、市人力社保局、市农办联合举办，来自16个镇乡（街道）的近100名能工巧匠参加比武，角逐马头墙砌筑、鹅卵石铺路、薄砖铺路、花窗砌筑、现代砌筑、木工技能、木雕工艺7个项目的比赛。女埠街道舒国真等21人被授予“技术能手”称号。

首届兰溪农村传统建筑工匠技能大比武前三名工匠名单

表20

比　武　项　目	第　一　名	第　二　名	第　三　名
马头墙砌筑	女埠街道　舒国真	黄店镇　王文忠	诸葛镇　周寿通
薄砖路面铺设	游埠镇　钱毓衡	马涧镇　叶松军	灵洞乡　应宝善
鹅卵石铺路	诸葛镇　诸葛建均	兰江街道　陈玉明	水亭乡　叶陆军
现代砌筑	赤溪街道　毛永清	马涧镇　鲍顺华	香溪镇　朱建军
花窗砌筑	水亭乡　叶有根	游埠镇　伍晓郎	女埠街道　童洪广
木工技能	诸葛镇　王马根	横溪镇　陈海洋	上华街道　洪春福
木雕工艺	女埠街道　章卫民	黄店镇　董贺龙	兰江街道　姚娟娟

农村建筑工匠技能大比武现场（市住建局提供）

城乡规划

【概况】 开展城市发展战略研究。以浙中城市群建设为契机，以“山水兰溪 千年商埠”的标准和眼光重新谋划未来兰溪的发展规划。《金角新区控制性详细规划》通过评审。

【城市空间发展规划编制】 委托同济设计院完成城市空间发展战略研究的编制，以三江六岸为核心，实现一城三片组团式发展。优化城市功能和空间布局。三江六岸核心区城市设计、3个单元控规及城市设计（其中上华片两个、云山片一个）、中心城区排水防涝规划、综合交通战略及中心城区道路网络等规划完成编制。开发利用工业遗产，完成全市工业遗产保护规划编制。

【《金角新区控制性详细规划》通过评审】 9月5日，《金角新区控制性详细规划》论证会召开，相关部门及专家参加会议。经过相关部门讨论及专家审议，《金角新区控制性详细规划》原则通过评审。金角新区位于兰江片，东至兰江、南至金千铁路、西至横山路、北至丰登路。该规划由上海同砚建筑规划设计有限公司设计。旨在体现兰溪城市文化内涵，协调周边环境，创造适宜的城市空间环境，突出滨江景观营造，全力打造集市民休闲、商务办公、旅游开发、文化教育等因素为一体的生活居住区。

【农村镇村规划编制】 推进美丽乡村建设。抓好中心镇和一般村镇的总体规划、村庄建设规划修编。游埠镇、香溪镇总体规划修改及控制性详细规划、60个村村庄规划、省美丽宜居示范村永昌街道夏李村、黄店镇芝堰村、马涧镇东叶村规划完成编制；注重传承传统文化，加强传统村落保护和利用，游埠镇国家级重点镇申报成功后，申报省级历史文化名镇和国家级美丽宜居小镇；永昌街道社峰村、黄店镇芝堰村列入第三批中国传统村，诸葛镇诸葛村、长乐村，黄店镇芝堰村、三泉村等村申报为第五批省级历史文化名村。调研农民建房管理，完善《农民建房通用图集》。

【城乡规划管理】 推进"阳光规划"，严把建设项目规划审批关。所有审批项目实行网上公告制度，规划审批依法、公开、透明；加强规划核实工作，确保各类建设按规划实施。发挥规划委员会作用，做到重大规划问题集体讨论决定。开展形式多样的宣传，扩大城乡规划的社会影响，提升公众参与度。2014年共办理建设项目选址355件，用地面积163.54万平方米，建筑工程竣工验收备案26件，建筑面积45.70万平方米,房地产项目设施配套备案8件，建筑面积30.82万平方米,办理建设用地规划许可证106件，用地面积173.49万平方米,建设工程规划许可证123件，建筑面积116.80万平方米，商品房预售证34件，建筑面积39.32万平方米，建筑工程施工许可证74件，建筑面积133.84万平方米。

建设项目

【概况】 全年共实施城市建设项目21个，完成投资9亿元，新建和改造道路9千米。

【城市建设项目】 历时三年、总投资9.1亿元的金角大桥、金角路、兰荫北路工程基本完成。民生实事项目。完成和平南路改造，社区路面硬化8.2万平方米，雨污管网改造8.8千米。完成兰花、青湖等社区7个小型停车场建设，利用道路和小区空闲地块新增停车泊位800余个。基础设施建设。完成李渔路延伸、扬子江路、城北出让地块纬五路、规划1号路等工程。兰江北路延伸、溪桥路工程正在实施。改造和完善了市区道路、城区交通隔离护栏、标志标线和红绿灯等交通设施。配合数字城管工作，处理解决路面不平整、窨井盖缺失等问题860余起。绿道建设。全年绿道建设33.4千米，超额完成金华下达兰溪的30千米任务。其中城郊绿道芝堰古村落体验线25千米；城区绿道中洲公园游步道8.4千米，启动3.2千米的兰江绿道建设。配合行政执法局完成公共自行车租点建设50个，1500辆公共自行车投入运行，标线37千米。

【金角大桥建设工程】 金角大桥建设项目是2012～2015年兰溪市的重点建设项目，十大指挥长工程之一。整个工程由"一桥两路"即金角大桥、金角路和兰荫北路延伸工程组成，大桥为连续梁桥型，采用两层分离式设计，上层为机动车专用道，下层为下挂钢结构非机动车道和人行道，由浙江大学建筑设计研究院设计。项目工期为30个月，总投资约9.12亿元，其中，工程费用4.12亿元，征地拆迁费2.5亿元，建设期和回购期利息1.6亿元，建设管理费和其他费用0.9亿元，是兰溪桥梁建设史上投资额最大的工程。该项目于2012年8月31日开工，至2014年底，大桥基本建成，桥梁已横跨兰江两岸，正在对桥面进行沥青铺装作业和匝道护栏、下挂吊桥的扫尾施工，争取在2015年春节前全线通车。金角大桥通车后，优化了城区路网结构、分离过江交通、方便群众出行，拉开了城市框架，促进城北区块和金角区块的开发，缓解城区行车难。

【兰江北路延伸工程开工】 9月16日，兰江北路延伸一期工程开工。兰江北路延伸一期工程是兰溪市2014年度的重点建设项目，位于云山片黄湓区内，实施范围为现状余江路至桩号0+720，长720米，设计车速为40Km/h，道路横断面采用“三块板”断面形式，路面类型均为沥青混凝土路面。

9月16日，兰江北路延伸一期工程开工（市住建局提供）

【扬子江路工程竣工】 扬子江路工程位于兰溪江南片区的东北端。该工程南起新330国道，北至婺江路，全长744米，宽50米，其中包括建设一座长16米，宽50米的扬子江桥。工程自3月中旬开工，至年底工程竣工。

【兰江绿道开工建设】 12月28日，兰溪市中心城区兰江绿道景观改造工程进场施工。该工程位于兰江西岸，北起兰江铁路桥以北，南到横山大桥，总长3.2千米，包含江堤部分，其中一期实施兰江大桥至中洲路段，长度约1.4千米。改造方案采用以点串线的结构方式，通过沿江的自行车道和滨江道路，串联了5个风格统一、主题突出、功能不同的景观空间节点，分别是鹭、渔、灯、曲、水5个文化主题，每个主题各具特色，形成完整的滨水空间。

【污水治理】 加快市域污水处理厂运行，采取“1+6”模式与第三方合作，实行城镇污水处理厂委托运营。新建35.26千米污水管网，其中2#泵站管网贯通续建工程完成3千米，城区新建道路污水管网铺设6.26千米，指导完成乡镇管网铺设26千米，雨污管网提升改造8.8千米。对全市城区污水管网情况摸底调查；兰江沿线排放口的截污纳管建设工程正在实施；派遣8个小组指导农村集镇实施生活污水纳管工程，提升农村生活污水工程质量。与省建设厅联系，争取到污水管网建设项目中央预算内投资、省专项补助资金926万元。

【排涝节水】 完善排涝管理体制，做好定期检修保养，对3#泵站污水管检查井和曹家立交桥泵房机组进行了改造。加快排涝工程建设，新建道路雨水管网铺设6.26千米；城区排水管网清淤150千米。对全市7处易积水低洼地段制定了应急处置预案，实行一点一策，并对星辰路1处易积水点实施改造，使城区部分路段的严重内涝得到缓解。抓节水：开展一系列节约用水宣传，在城区主要街道悬挂节水宣传标语，发放宣传手册、图片、资料，普及节水知识。推进节水器具改造，创建节水型小区。确定青湖社区为节水型社区改造示范点，召开节水座谈会、组织居民参观消防大队等活动，为社区居民更换节水龙头1000余套。推广雨水利用系统，完成新建屋顶集雨收集系统等13处。

【地下空间利用】 规范地下空间利用。完成地下空间利用专项规划初步方案的设计。嘉泰·新时代广场、丹溪公园等为规划建设试点项目。

溪西商业中心地块地下人行通道正在进行项目立项，将结合该地块的建设，实施地下通道建设，以缓解该区域的交通压力，提高道路通行能力。全年城市地下空间正在建设约为14.30万平方米，竣工量约为14.97万平方米，新增地下停车位2320个。

【老旧小区更新】 以大公殿机床厂宿舍为试点开展老旧小区有机更新，投入近700万元，对小区从地下、地面到立面的整体改头换面，包括9栋住宅楼1.5万平方米的外立面重新喷砂；安装了60盏太阳能路灯，这在全市老旧小区中是“唯一”；重新埋设地下排水管道1289米，实行雨污分流；增设预埋室外消防管道481米、电力管沟等，小区南侧、中部等安装消防栓3个；安装室外监控摄像头18个；新建自行车棚3个，划设非机动车位145个、停车位53个；硬化小区内道路主路面2889平方米，铺设广场砖1780平方米、植草砖917平方米。

【城中村改造】 完善政策配套，创新改造方式。草拟了《兰溪市城区农村住房改造实施办法补充规定》，提出“公寓式安置，小区化建设”的改造模式，打破村庄界限，统一规划、统一建设、集中安置。加强规划引领，加快改造步伐。对城市核心区范围内21个城中村开展调查摸底，编制了城中村改造规划，计划2014～2017年启动12个城中村改造，力争2020年底全面完成核心区内城中村改造任务。配合溪西商圈、金角大桥工程建设，承担了黄溢村、下金村的城中村改造，开工建设下金、黄溢第一期共8万平方米的安置房，涉及农户115户。

城乡住房保障

【概况】 住房保障工作稳步推进。464套经适房、468套廉租房、公租房基本建成。由于房源紧张，且2013年摇号轮候家庭较多，因此2014年暂停受理保障申请，将现有房源用于轮候家庭，并于7月份开展资格复核工作。经民政局“居民家庭审核中心”复核，共有131户家庭符合保障资格，其中1户选择南都安居苑，其余130户家庭，于10月29日完成了选房工作，31日在城北安居苑签订合同、交付钥匙。同时按时发放四季度的租赁补贴，对2013年度保障的廉租房实物配租进行合同续签。完成农村困难群众危旧房改造任务。全年共争取国家农村危房改造救助名额600户，争取到补助资金450万元。

【旧住宅改造】 城区旧住宅改造主要是溪西商业圈排岭旧区改造地块，该地块是国务院和浙江省《国有土地上房屋征收与补偿条例》出台后，兰溪实施的第一个国有土地上房屋征收项目。涉及征收326户，建筑面积5万多平方米。多次召开征收工作会和协调会，部署征收工作进行。市委组织部从各单位抽调年轻后备干部24名，与市建设局工作人员一同进驻征收点，实施征收工作。成立3个工作组，每天召开例会，研究征收过程中遇到的具体问题，加强部门联动，协同作战，保证征收工作顺利推进。全体征收工作人员“白加黑”“5+2”耐心细致做好被征收户的思想工作，同时利用电视台、报纸等新闻媒体，全面宣传房屋征收政策，营造良好的征收政策宣传氛围。从调查摸底到安置补偿等各个环节，做到“统一征收补偿标准、一把尺子量到底、统一操作程序、统一解释口径”，依法征收。城区公房零星改造2686户，老旧小区综合整治改造居民受益3.5万多户，指导做好其他镇乡旧住宅改造工作。

【下金、张村和黄溢安置房开工建设】 8月13日，省级重点建设项目金角大桥的拆迁安置工程——下金、张村和黄溢安置房建设项目开工建设。下金、张村、黄溢的高层安置房项目，建设规模550套，总建筑面积6.5万平方米。其中，下金、张村安置房建设项目位于溪西板块，地处李渔路东侧、金角路南侧；黄溢安置房建设项目位于黄大仙路以西，金角大桥以北地块。

下金、张村安置房建设开工仪式（市住建局提供）

建筑行业管理

【概况】 全年建筑业总产值56亿元，同比增长9.6%；共核发施工许可72项，面积125.84万平方米，新增建筑业企业8家，3家三级企业升为二级，1家二级企业升为一级，7家企业资质增项。重点开展了工程质量治理两年行动、扬尘治理和打非治违行动。受监项目总体质量水平稳中有升，未发生较大以上安全事故。实施建筑强市战略，推行建筑业“总部经济”，加快产业调整，完善诚信管理平台系统。

【工程质量治理两年行动】 兰溪工程质量治理两年行动，加强了建筑工程的监管，对工程实体质量常见问题，分阶段、分步骤整治。截至年底，建设工程五方责任主体自查72个项目，发现问题25个，自行整改23个；对其中32个项目进行抽查，建筑面积约26万平方米，下发整改通知书12份。

【“六打六治”“打非治违”专项行动】 开展“六打六治”“打非治违”专项行动。全年累计检查企业410家次，检查、巡查项目累计700余项次，下发整改通知书450份，停工通知书14份，整改意见书23份。受监项目总体质量水平稳中有升，建设工程竣工验收合格率100%。开展文明标化工地创建、“标杆工地”现场会等活动，提高了安全生产管理水平，未发生重大工程质量安全事故。坚持多方协作的原则，妥善做好建筑领域工程款和农民工工资的清欠工作，开展了民工工资专项检查，维护社会稳定。

【扬尘治理】 扬尘治理工作全面铺开。制订了建设施工现场扬尘污染专项整治工作方案，分解落实大气污染专项整治任务。多次召开建设项目扬尘治理工作布置会，12月10日召开全市扬尘治理工作推进会，下发《关于加强全市扬尘治理工作的通知》、《关于开展“集镇整治、三沿美化、抑制扬尘”三项治理的通知》等一系列文件，对全市建设工地提出了扬尘治理13条措施。加强在建工地的管理。以现场降尘为控制环节，以重点工程为示范，坚持全过程监管，严格落实降尘措施，努力实现“7个100%和一个摄像头”的规范管理体系。狠抓源头管理，在11个工地安装了摄像头。严格督查。组织人员对全市重点区域工地扬尘控制情况进行拉网式检查，对违反扬尘治理工作要求的在建项目及时下发整改通知书，责令限期整改。已发整改通知书48份，停工通知书3份。

【建筑节能】 开展既有居住建筑和公共建筑节能改造。老旧小区改造试点大公殿郇安装太阳能路灯30余盏。深入贯彻《浙江省民用建筑绿色设计标准》，共开展建筑节能审查项目50项，其中基准规模以上项目15项。

房地产开发

【概况】 在大环境较为严峻的形势下，全市商品房销售面积和销售价格限于小调整，保持了大稳定，房地产市场发展总体保持平稳态势。完成开发投资额29亿元，同比增长51.6%。继续规范房地产市场秩序，加大行业监管力度，完善开发经营全过程监管，提高楼盘品质，助推房产开发企业做强做优，加快房地产业转型升级。建成兰溪市房地产监管分析平台，并与金华市局联网。走访全市房地产企业，了解企业的困难，帮助解决实际问题，营造良好的房地产业发展氛围。

加强物业管理，拟定了《关于加快发展现代物业服务业的实施意见》、《关于加强兰溪市住宅小区物业管理的若干意见》等管理办法，指导东方嘉苑、金信丰泰苑等物业小区成立业主委员会，对紫金嘉苑、丹溪花园等业主委员会进行换届改选。结合老旧小区改造，正在进行大公殿6号机床厂宿舍物业管理试点。加强部门协调，及时处理兰庭国际公馆、世贸151公馆、锦绣天成等5起房地产、物业纠纷，维护社会稳定。完成城镇既有老住宅房屋调查登记工作。全市共排查住宅房屋3216幢，57486套，建筑面积600.84万平方米，全市城乡公共建筑1661幢，建筑面积143.54万平方米。

（徐旭映）

环境保护

【概况】 2014年，市环境保护局突出“五水共治”工作重点，推进污染减排和生态市建设，提升环保工作水平。各级生态创建工作顺利推进。环境总体稳定，出境断面地表水Ⅲ类水达标率达75%，省考核为良好，集中式饮用水源地（芝堰水库）水质达标率为100%。城市环境空气质量优良天数为226天，优良率为62.6%，区域环境噪声51.3分贝。环境质量指标均达到金华市考核要求。全市未发生因监管不力、失职渎职造成的重特大环境污染和生态破坏事件，未发生因环境污染引起的重大群体性或群访事件。市环保局被评为兰溪市“五水共治”先进单位、生猪养殖污染专项整治先进单位、服务业协作部门先进单位、信访工作先进单位、行政审批服务先进窗口单位，获社会主义新农村建设创新奖。兰溪市政府通报嘉奖。

清水零点行动（市环保局提供）

【环保审批制度】 在建设项目审批中，落实环评制度，严把试生产（试运行）批复关和竣工环保验收关。全年共办件300多起，审批项目156个，验收项目51个，现场踏勘200余人次，否决重污染项目40余个。审批事项全部按程序开展受理公示、拟审批公示、批后公开工作，均满足总量准入、环境准入、生态功能区准入要求及“两评结合”要求，未发生一起越权审批或违反法定程序的事件；完成在兰环评机构考核工作，将所有在浙开展业务的环评机构名称、执业范围、联系方式在局门户网站公开，供建设单位选择；出台《关于进一步加强环境影响评价机构管理的通知》，开放环评市场，实行环评管理备案制。

【主要污染物排放与减排】 共实施废水污染减排项目26个（污水厂项目2个、工程减排项目2个、结构减排项目6个、农业源减排16个），废气污染减排项目25个（SO_2监管减排1个、工程减排2个、结构减排6个；NO_X工程减排10个、结构减排6个）。加快推进重点减排工程。重点督促城镇污水处理厂和收集管网建设，统筹管网建设和污水处理厂的运行管理，提高收集率和达标率；对重点禽畜养殖场开展全过程治理，完善污染治理设施，提高主要污染物去除率；推进热电企业脱硫改造工作，强化国家减排责任书项目和水泥行业脱硝改造项目。2014年，化学需氧量、氨氮、二氧化硫、氮氧化物四项污染物排放量分别为9144吨、1134吨、14914吨、23512吨。初步推算，削减率分别为4%、5.03%、7.08%、12.81%，均超过2014年初金华下达给兰溪3.8%、2.8%、2.6%、7.5%的削减任务。

【排污权交易】 对已审批项目总量指标和新办排污许可证企业实行排污权有偿使用，共对125家企业收取排污权有偿使用费330万元。按程序、规定核发排污许可证181本，临时排污许可证54本，对建设项目总量指标认真审核，出具项目新增排污权总量平衡替代方案技术审核意见106份。完成2013年度排污许可证总量指标年度验审工作，验审排污许可证260本。建立排污权指标基本账户，核发环统内企业排污许可证158家，初步建立印染企业总量激励制度。服务企业，为4家企业办理排污许可证抵押贷款2860万元。启动刷卡排污工作，做好市控重点企业刷卡排污总量控制系统安装前期工作，已建6家，在建3家。完成省控以上重点污染源自动监控系统安装，升级改造1家，稳定运行83家企业、共计88套自动监控系统。

【大气联防联治】 下发《兰溪市大气污染防治行动实施方案》，铺开2014—2017年兰溪大气治理各项工作。制定淘汰高污染排放车辆实施方案，限制高污染排放车辆入户和转手，出台实施黄标车补助政策，鼓励车主加速淘汰黄标车，共淘汰高污染排放车辆3655辆。环保标志发放率达82.4%。配合发改局做好高污染燃料禁燃区设立工作，完成了全市电力、水泥企业脱硝、脱硫改造和粉尘治理工作。

【环境执法】 加大现场执法检查力度，全年共出动11345人次，检查企业2429家，其中夜间及节假日出动749人次，110联动出警26次，对197起环境违法行为下达了整改通知书，共立案55件，行政处罚总额270.2万元，共征收排污费1756万元。开展环保专项执法行动。检查制革行业及电镀行业整治落实情况，共检查20家企业，未发现有违法行为。针对重点敏感区域及周边涉及危险化学品企业开展环境安全大排查大整治行动，开展沿江沿河环境安全隐患排查嗅辨，开展环保“铁腕7号”执法行动。共出动309人次，检查企业59家，处理处罚1家。推进“绿剑”环保专项行动和“低、小、散”整治行动，共抄送26批398家“低、小、散”整治取缔名单，取缔355家，其中2014年取缔135家。开展污水管网排查大行动，确保管网和污水处理厂水质稳定。与公安、检察院联合开展专项执法检查。对涉及电镀、医药、电池、化工等46家企业，采取企业自查与联合执法检查方式开展检查。全年共受理各类环境投诉1215起，其中：电话投诉852起，群众来信来访110起，查处率100%，满意率95%以上；省和金华市转来的信件53起，查处53起，查处率100%，满意率95%以上；兰溪市优化环境直通车63起，市长热线119起。8890便民服务平台18起，均在规定时间内完成，满意率98%以上。

执法人员采集水样（市环保局提供）

【重点行业及企业的污染整治】 从2012年开始，兰溪启动制革、电镀、蓄电池、造纸、印染、化工六大重污染行业整治行动。至年底，制革、电镀、蓄电池、造纸基本完成整治，化工、印染行业整治基本完成：33家化工企业，原地整治的27家已通过验收，整治关停3家已到位，凯普化学公司搬迁外省，原厂址关闭；38家印染企业，原地整治26家已通过验收，关停并转了6家，4家搬迁入园企业已停产整治。

【生态环境保护】 推进省级生态市创建，完成游埠镇省级生态乡镇创建、兰江街道姚家村等60个金华市级生态村创建。开展绿色系列创建活动，创建省级绿色家庭2户，金华市级绿色家庭6户，兰溪市级绿色家庭21户；创建省级绿色学校2所，金华市级绿色学校4所，兰溪市级绿色学校1所；创建金华市级绿色社区5个。创建兰溪市级绿色矿山4家。完成《兰溪市水环境水功能区划》修编工作，上报省政府审批。开展《兰溪市环境功能区划》《市域水污染防治总体规划》编制工作。开展全市16个镇乡（街道）和开发区小溪流水质考核工作，对重点流域进行污染整治。

【环保宣传】 加大生态环保宣传力度，发挥局门户网站作用，公开相关环境信息。及时报送环境信息。在兰溪电视台和《兰江导报》分别开辟生态环保专栏，每月1期宣传生态建设。依托《部门与您零距离》《兰江生态行》等栏目，交流恳谈，畅通民意沟通渠道。利用“6·5”世界环境日，通过悬挂环保标语与横幅，发放环保便民手册、环保纪念品等方式，宣传环保知识。共发放宣传册2000余份，环保袋、扇子、围裙等环保纪念品各1500余件。放映环保电影，先后放映了《环保科教片》《后天》《现代生活环境治理》及《可可西里》等多部环保影片。组织环保人员学习新《环保法》及配套法规，分批组织150余家企业进行集中宣讲。

【五水共治】 牵头制定治水十大工程实施方案，明确项目表和作战图，推进“五水共治”，完成垃圾河、黑臭河治理任务，黄砂整治、跨区域联合治水、“清三河”大会战等工作分别得到了省委书记夏宝龙等领导的批示肯定。未发生较大的水环境污染事故，确保了水环境安全。牵头完成市治水办各项筹备工作，分解制作全市治水责任制，制定“五水共治”行动方案，建立重大事项汇报制度，做到相应台账齐全、统计规范；牵头编制“河长制”考核办法、“一河一策”及“治污水”行动方案。成立由监察、监测等人员参加的护水作战单元，承办治水办及相关作战任务；开展公益基金募集活动，全局干部职工共募集治水资金2.27万元，配合财政局落实治水资金安排；每月对全市各镇乡（街道）、开发区小溪流的交接断面水质进行监测，公布监测数据和考核结果。创新区域联动。启动万人“清三河”大会战、“五水共治，会战上华”行动，共发动机关干部、群众等3万多人次，清理河道356千米，清运垃圾1.5万余吨。探索相邻县市间联动治水机制，5月16日启动兰溪—建德“五水共治”跨区域大会战。实施“清水零点”环保执法行动，出台严厉打击环境违法行为“十个一律”文件，由市领导轮流带队开展夜间执法检查。已开展行动15次，出动执法人员10384人次，检查污染企业2243家次，其中夜间及节假日出动732人次，立案查处51家，取缔“低、小、散”污染作坊135家。

（何奕孜）

城市管理与执法

【概况】 兰溪市城市管理行政执法局（挂行政执法大队牌子），下属园林处、环卫处、中洲公园管理处、数字城管监督指挥中心、城市管理服务中心、绿化公司、摊位公司等7个单位。负责兰溪城市管理相对集中行政处罚权工作（主要集中了市容环卫、城乡规划、园林绿化、市政公用、工商管理、环境保护、公安交通7个方面全部或部分执法权）；承担市容景观、环卫、绿化、市政公用等方面的审批职责；负责环卫管理和指导，承担环卫设施维护和管理；负责园林绿化，承担园林绿化和城市公园的维护和管理；还有景观灯饰、犬类管理等。

2014年，以“打造精致兰溪，让市民畅享优质生活”为目标，推进城乡执法、环卫、园林一体化管理，推进精品城市建设、三改一拆、四破整治，人民南路夜市成功搬迁，重点区域、重点时段和重点领域的城市管理有序推进，集中整治了车站东路废弃黄包车占道、横山路经营性占道等问题，建筑垃圾、户外广告实现长效管理。

推进审批直通车服务，办结各类行政审批1000余件；开展城管送服务进社区（村）、进校园、进企业、进工地等活动；城管协会开展了10次大型专题活动，发展了10余家企事业团体会员，带动近万市民参加城市管理。

参与制订兰溪市“三改一拆”问责办法；派出队员6000多人次，累计牵头拆违198万平方米。举办了幻灯片制作解说、主题演讲、微电影、队列会操等比赛，开展了新进执法队员、协管员、信息宣传员等形式多样的培训和岗位技能大比武活动，增强团队执行力和战斗力。推进与市民双向互动，邀请老干部视察，加强同人大代表、政协委员的联系，开展组团式服务、点亮微心愿等活动，解决民生问题，局群众工作站被评为2014年度兰溪市优秀群众工作站。

由求是《小康》杂志社和浙江日报报业集团

共同主办的第二届中国（浙江）全面小康论坛推选活动中，兰溪市荣获2014中国（浙江）全面小康公共服务奖，兰溪市创新实践数字城管平台获2014中国（浙江）全面小康十大民生决策奖。

兰溪市获第二届中国（浙江）全面小康公共服务奖（市执法局提供）

数字城管平台获第二届中国（浙江）全面小康十大民生决策奖（市执法局提供）

【在全省法治政府建设会议上发言】 2月10日，在全省推进法治政府建设电视电话会议上，市城市管理行政执法局以《寓执法于服务之中 塑品质于城市之上》为题做了交流发言。会上，省长李强强调，法治政府建设是现代政府治理的基石，要深化改革统筹推进法治政府建设，以法治思维、法治方式推进全面深化改革和各项事业的发展。

市行政执法局长徐晓君在全省推进法治政府建设电视电话会议上作交流发言（市执法局提供）

【数字城管】 建成投入使用随手拍“e通兰溪”软件，开展智慧城管项目建设，实现镇乡（街道）全覆盖。全年共办结各类事件问题38318件，处置率100%，达到城市管理、城市品质、群众满意度三个提升。

金华市委常委、常务副市长金中梁视察数字城管监督指挥系统运行情况（市执法局提供）

【公共自行车服务系统运行】 7月9日，设有51个站点的公共自行车服务系统开始试运行，1500辆自行车投入使用。公共自行车车身以橙色为主，印有兰溪公共自行车LOGO和“绿色兰溪，低碳兰溪”等字样，整车为铝合金材质，车篮和车身连在一起，坐垫高度可自由调节。公共自行车服务系统24小时全天候可用，所有站点都建有车棚，设有自助打气装置，部分站点提供代还车服务等一系列便民举措。至年底，累计办卡1.5万余张，最大日租车量突破7000辆次，骑行总次数超过120万次。

市民体验公共自行车骑行（市执法局提供）

【人民南路夜市顺利搬迁】 人民南路夜市形成于20世纪90年代，是一个中低端购物消费场所。

当年，市政府将分散在人民路、延安路等老城区的占道设摊统一集中到人民南路，以规范老城区占道经营行为，同时解决部分下岗工人再就业问题。搬迁前，人民南路有夜市摊位170个、经营户99户。2014年，市政府出于消防安全、环境卫生、民生改善、名城开发的考虑，要求搬迁人民南路夜市。截至5月27日，夜市经营户全部签订搬迁意向书。7月1日，全部摊位搬迁至新改造的黄大仙小商品市场营业。

人民南路夜市搬迁项目风险评估会（市执法局提供）

园林绿化

【概况】 国家园林城市创建工作启动后，制订了《兰溪市创建国家园林城市实施方案》；建成兰诸风情线；完成了植物园、塔山公园、溪西桥头等6个城市公园初步设计论证，完成中洲公园西岸景观提升工程。完成7个社区小游园、3个社区成片绿化建设，消灭社区裸露土地近万平方米。

【兰诸风情线】 兰诸风情线，起点为汪高路与330国道交叉口，终点为330国道诸葛收费站，全长19千米，是兰溪市2014年重点建设项目之一。兰诸风情线实施面积38000平方米，包括9个节点建设和2个集镇绿化配套建设，涉及3个镇乡（街道）。市行政执法局以“彰显兰溪风格，突出地方特色”为设计理念，将兰诸公路打造成一条凸显兰溪产业特色，促进美丽乡村建设，提升兰溪旅游观光产业的绿色景观文化长廊。在风情线建设上，选取五针松、银杏、桂花、红枫、紫薇等成本低、适应性强、本地特色鲜明的乡土树种，以植物造景和铺装造景为主要手法，建设生态节约型园林绿化景观。将风情线建设与兰诸沿线李渔故里戏曲文化、诸葛文化等特色文化相结合，建设彰显区域人文特色的景墙、亭、廊，实现从风景线到风情线的提升。

兰诸风情线中的新陈公交站（市执法局提供）

【中洲公园西岸景观改造工程】 10月，中洲公园西岸景观改造工程开工，提升中洲公园西岸总长约2500米区域景观，打造集护坡防洪、观景闲钓于一体的休闲港湾。12月，景观全长300余米的亲水栈道长廊建成。

【游埠溪景观营造工程】 承担了游埠溪景观营造工程建设。游埠溪流域景观营造，以香樟、银杏、紫薇、桂花、栾树、紫荆等观赏植物栽植，结合亭台楼阁建设，提升了沿线区域的文化品位，为沿线居民提供了休憩游玩的场所。至年底，已完成游埠溪景观营造工程一期，建成诸葛镇翁家一期（一期+二期4000平方米）、永昌街道人民坝2070平方米、游埠镇焦山坝游园5000平方米3处节点，新增绿化面积1万余平方米。

游埠溪景观营造工程之一人民坝（市执法局提供）

【媒体点赞城乡园林一体做法】 开展送园林服务下乡工作，累计培训1300余人次，设计绿化图纸100余份，指导200多个村的绿化品位提升，省、金华市等主流媒体对此作了报道，《浙江日报》以《美丽乡村建设，小院怎么美化？违建拆了，空地如何改造？兰溪："园林"下乡设计农家》为题做了报道，提倡兰溪"园林"下乡做法。

环境卫生

【概况】 推进国家卫生城市创建，兰溪成功创建省级灭鼠灭蟑先进城区。完善环卫配套设施，建成环卫停车场，新建公厕5座、改造8座，建成分类垃圾房30座、加水站3座，升级改造分类垃圾桶2600余个。推行垃圾直运、"桶换桶""箱换箱"等垃圾收集新模式，避免了二次污染；实行机扫保洁与机动保洁互补的保洁模式，推进"日扫夜洗"保洁模式，扬尘治理取得成效，环卫管理更为精细，环卫水平进一步提升。

全市农村环卫工作会议（市执法局提供）

【创建省级灭鼠灭蟑先进城区】 11月21日，兰溪创建省级灭鼠灭蟑先进城区工作通过验收。结合国家卫生城市创建工作，加大环境消杀清洗力度，在填埋场、中转站、公厕周边、垃圾房等蟑鼠易生区域，投放灭杀药品。对城区的垃圾房、垃圾桶（箱）高压冲洗，不留污积物。安排消毒人员，每月至少2次对城区的垃圾桶（箱）、垃圾房、中转站内、填埋场内巡回消杀，防止蟑鼠滋生。

【城乡环卫一体化】 将城区环卫做法延伸至乡镇，补足短板，提升农村环卫水平，改善农村人居环境。全面指导开展农村卫生费征收工作，农村环卫一体化通过三级考核模式，落实农村环卫长效管理制度。指导全市25条456.48千米垃圾河治理，清理垃圾6.5万吨。打造了长20千米、涵盖22个村的游诸环卫示范线，受益群众2万余人。培训环卫工作人员3500人，提升了农村环卫水平。

【城中村、园中村环境卫生专项整治】 8月4日，全市启动城中村、园中村环境卫生专项整治行动。集中整治全市范围内43个重点城中村、园中村乱搭乱建、乱堆乱放、乱停乱放、马路市场、流动摊贩、建筑垃圾乱倒、污水横流等问题，实现城中村、园中村保洁常态化、环卫服务精细化和环卫管理规范化。各镇乡（街道）、村，自我加压，加大专项整治力度，截至10月底，全市清理各类堆积物700多吨，新增果壳箱80个和垃圾池12个，实行垃圾定点投放，各村实施绿化覆盖2000平方米，80%的村公厕达到生态公厕的标准。提升城中村、园中村生活环境质量，做到了垃圾不落地、污水不横流、地面不裸土、杂物不乱堆，建设成洁美村庄。

【免费清疏化粪池】 处理老旧小区化粪池堵塞是一个老大难问题。2014年起，全市城区开放式居民小区化粪池清疏由政府买单。市环卫处对城区20个开放式居民住宅小区6221只化粪池建立"健康档案"，随时更新相关信息，定期检查，对症下药。在小区居民外出上班时间进行错时清疏，减少对周边居民生活的影响。全年，共清疏化粪池2100多座，惠及居民2万多户、8万多人。

（徐　冰　钟文靖）

交 通

综 述

【概况】 2014年，兰溪市交通运输局坚持“科学交通、和谐交通、为民交通”的发展理念,加快交通基础设施建设,继续马墩线、新横山大桥、义兰公路三大在建工程和钱塘江中上游航运复兴工程衢江（金华段）姚家枢纽船闸工程建设。做好临金高速公路兰溪段、330国道兰溪段外迁二期、45省道兰溪段（金兰中线）、游埠快速通道、方下店港区等五大项目前期准备工作。

公 路

【概况】 马墩线、义兰公路和横山大桥改建三大公路主骨架在建工程建设进展顺利。至年底，省重点工程马墩公路工程基本完成，进入绿化种植等扫尾施工；一级公路义兰公路兰溪段建设工程完成总工程量55%；横山大桥改建工程完成投资80%，大桥主体工程即将完工。

大中修项目建设是交通系统的基础任务。2014年，投资3649万元，完成S314省道浦兰线大中修9.2千米、水泥路面破板修复3万平方米；投资3573万元，实施G330国道温寿线大中修12.68千米；投入166万元，实施完成S313省道金兰线胡大山桥修复工程；投入72万余元实施绿化补种13820株；投入2959.2万元，完成马竹线等9条线路12个路段46.552千米的县乡道大中修；投入487.7万元，实施农村公路安保（临水临崖）工程，完成32条农村公路91.56千米的16.1千米波形钢质护栏安装；投入310.57万元，完成了2个项目的危桥改造加固工程；投入282.6万元，完成陈家桥和下叶溪桥的应急抢修工程。

加大农村联网公路建设,完善农村公路交通网络，投入740万元实施15.5千米联网公路；投入资金59.8万元，实施了横下线和潘石线2条县道公路的自发光项目，安装总里程19.258千米；全年安保工程（临水临崖）投入资金487.7万元，对32条县、乡、村道实施安装了16099米的钢质护栏。

是年，全市公路总里程达1360.263千米。其中，国道（含高速公路）46.33千米，省道77.67千米，县道360.06千米，乡道279.28千米，专用公路3.85千米，村道593.07千米。

新马墩公路（王萍摄）

白露山盘山公路（杨丽萍摄）

【330国道兰溪市区过境段公路改建工程通过竣工验收】 7月15日，330国道兰溪市区过境段公路改建工程顺利通过上级交通、公路、质监和兰溪有关部门组成的专家组工程质量专项竣工验收。330国道兰溪市区过境段公路改建工程于2009年3月10日动工建设，2011年7月28日建成通车。该工程全长13.43千米，工程概算4.5亿元，按一级公路工程标准建设。设计行车速度为每小时100千米。其中，关键性控制工程衢江大桥全长860米，最大跨径120米，总投资约8000万元，是兰溪第一座可通航千吨级船舶的桥梁。

【新横山大桥右幅桥梁首跨合龙】 12月19日晚上18点58分，新横山大桥首跨右幅连续箱梁顺利合龙。

首跨连续箱梁合龙是新横山大桥右幅桥梁4号墩和5号墩连续箱梁之间的合龙，合龙段长2米，宽16米。施工人员从下午4点18分开始浇筑，至晚上18点58分浇筑完成。

建设中的新横山大桥（徐文新摄）

【完成4座农村公路病旧桥改造】 下叶溪桥、陈家桥、清风桥和永济桥4桥列入2014年度改造的农村公路病旧桥梁。县道石寺线的下叶溪桥和村道的陈家桥列入应急抢修工程。下叶溪桥全长19米，单跨跨径为13米的简支钢筋混凝土梁桥；陈家桥全长26.5米，4孔，单跨跨径为6米的实心板梁桥。下叶溪桥为五类危桥，陈家桥为四类危桥，提前实施改造。村道47省道—西湖鲍公路上的清风桥和村道横木—店坞口公路上的永济桥列入年度改造项目。清风桥全长30米，2孔、单跨跨径为9米的石拱桥；永济桥全长64米，8孔、单跨跨径为6.5米的石拱桥。4座桥经过多年运营，出现拱圈勾缝脱落、渗漏水，桥面纵横向裂缝，梁板（跨中）下沉，基础局部掏空，栏杆不满足防撞要求等病害或缺陷。

【314省道事故黑点整治工程】 12月5日，S314省道事故多发点整治工程通过验收。S314省道兰溪段为二级加宽公路，该路型因事故多发成为2014年度的舆论热点。交通部门及时应对，化解舆情。委托长安大学对S314省道兰溪段进行安全技术评估后，由金华交通规划设计研究院设计施工图，10月1日黑点整治工程开工。年底前，S314省道6个事故多发地段整治工程全部完成。

【整治货车“双超”】 开展“双超”（超限超载）整治工作，以330国道兰溪治超联合检查点为依托，在货运车辆进入该市的必经之路330国道诸葛镇上徐村设临时检查点，24小时不间断监管，按照《公路法》《公路安全保护条例》和《浙江省公路行政处罚裁量基准》对超限车辆进行处罚。全年检测货运车辆8526辆，查处超限运输车辆576辆，收取罚（没）款351.36万元，卸载货物22667.82吨，除运载不可解体等物品外，卸载率达100%。治理期间发生阻碍执法人员执法案件14起，其中被公安依法拘留的5起。

（方宏亮　项早伟　徐永红）

道路运输

【概况】 2014年，全市有班车客运经营企业1家，旅游包车经营企业3家，城市公交经营企业1家，出租车客运经营企业1家。有班线119条，其中省际班线4条，市际班线26条，县际班线17条，城乡公交班线72条；有班线客运车辆278辆（含城乡公交班车），旅客座位9854个，市际包车25辆。日总发班次1260班，全年客运量1995万人次，客运周转量42784.7万人／千米。有城市公交车63辆，运营线路11条，线路总长244.4千米，日发班次824班，全年客运量1505万人次。有出租汽车216辆。有货运物流企业（包括站场、货运配载、货运代理、仓储等）117家，危险货物运输企业12家，共有货车5560辆，总计27800吨位。全年公路货运量7811万吨/千米。

全市建有二级客运站（汽车西站）1个，三级客运站（汽车北站）1个，农村四级客运站7个，城乡公交停靠站点1894个，其中港湾式停靠站372个。

全市已进行工商登记注册和在运管部门备案的汽车租赁企业16家，租赁汽车75辆。

浙江长风公司评选出徐新芳等10名2014年度城乡公交“十佳乘务员”；乘务员叶卫芬被评为“浙江交通十大最美人物”。

市出租车公司评选出GBG712等10辆2014年度“文明示范出租车”、陶小红等10名2014年度“出租车服务明星”、雷锋车队为“2014年文明示范先进集体”。

【市出租车电召服务运行】 9月25日，市出租车电召系统正式投入运行。自1月13日试运行以来，至9月20日，出租车电召服务电话叫车订单10792笔，配对成功8277笔，电召成功率从1月份的52%提高至9月份的87%。2014年度市出租车电召服务成功1.35万笔。

出租车电招服务（项早伟摄）

【推行公交自动投币有人服务运营模式】 针对老年人乘客占比逐渐增加，4月21日，在兰溪至诸葛班线首推两票制自动投币有人服务的运营模式，将原乘务员从繁忙的售票任务中解放出来，专职从事服务工作。两票制，即起票价为2元，全程票价4元。4月25日、5月6日、8月26日相继在21条班线上推行了多票制自动投币有人服务运营模式。该运营模式普遍受到市民好评，也有效控制了老年人乘车事故的发生。

【更新客运车辆】 5月5日，三江公交公司对3路公交车原老旧中客车型全线更新为空调大客车型。8月4日，长风汽车运输有限公司共放资金130万元置换了兰溪至坑边、将军岩、上唐、柏社、水阁等线路班车。

【接送农村中小学生】 9月1日起，浙江长风汽车运输有限公司继续接送黄店镇、女埠街道、上华街道、游埠镇等11个镇乡（街道）学生，并开通黄店至芝堰、朱家，女埠至下潘、砚坦，永昌至水亭，诸葛至长乐，诸葛至厚伦方等7条学生接送区间班车。

【改善市民候车环境】 9月22日，三江公交公司完成了振兴路、横山路、丹溪大道和黄大仙路上绿化带内24个公交站点改造。10月12日，完成了兰溪城区主要道路72个公交站的公交专用停靠站台标志线的画设，规范公交站点秩序，提高市民乘车的安全性。

【增开线路班车】 1月11日，浙江长风汽车运输有限公司公司恢复开通了下陈至义乌班车；5月26日，开通兰溪至姚郎班车；9月1日，将原兰溪至海宁班车延伸到嘉兴；12月1日，开通了兰溪至安吉班车。

【道路运输信息监控中心】 市道路运输管理局完善道路运输信息监控中心功能，对市区主要街道4个出租车待客点，5家驾校的视频监控数字信号和186辆危险品车辆，104辆客运班车，216辆出租汽车的GPS监控信号，71辆客运班车的3G视频监控信号实时监控，及时发现和处置各种道路运输不规范行为和影响运输安全的行为。

【兰溪市现代物流协会成立】 9月25日，兰溪市现代物流行业协会成立，有会员单位97家，选举产生了第一届协会理事会、常务理事会、监事会、理事。浩鑫物流有限公司董事长徐浩军当选协会会长。兰溪市现代物流行业协会是兰溪市第一家行业管理部门与民间组织分开管理的协会，协会实现“自主、自律、自强”发展。

【微电影《妈妈　我等你回来》获奖】 由兰溪市委宣传部出品，以浙江交通十大最美人物之一、长风汽运公司售票员叶卫芬为原型的讲述助人为乐的微电影《妈妈我等你回来》，获中国影视艺术协会、中国高等教育影视学会、中国国际影视文化交流促进会联合举办的首届“万峰林国际微电影盛典”宣教类二等奖。该片还获中共浙江省委对外宣传办公室、浙江省教育厅、浙江省新闻出版广电局等单位联合举办的“微力无穷——美丽浙江城市形象微电影（视频）大赛”最佳故事片提名奖。

（项早伟　方旭明　章建峰　郎卫娟）

航道·渡口

【概况】 兰江航道上起兰溪城区“三江口”，下至建德梅城“三江口”，全长45千米，兰溪境内22.7千米，建德境内22.3千米。兰江22.7千米为五级航道（通航300吨级船舶），衢江、金华江下游约3千米基本能满足100吨级船舶通航的六级航道，其余航道处于断航状态。2014年，全市有沈村、泉湖、施家、汇潭、洋港、中洲、三港、芝堰8个乡镇渡口，外加灵羊岛旅游渡口一处。
2014年，衢江兰溪段航道上由兰溪市负责建设的姚家枢纽及船闸工程和由婺城区负责建设的游埠枢纽及船闸工程相继动工建设。

【姚家枢纽及船闸工程开工建设】 9月10日，钱塘江中上游衢江（金华段）航运开发工程姚家枢纽及船闸工程开工建设，这是衢江（金华段）首个动工建设的航运项目，标志着兰溪航运复兴之路开启。兰溪市位于钱塘江中上游，兰溪港是全省7个主要地方内河港之一，兰江航道已列入国家高等级航道网，水运地位十分突出。随着20世纪70年代初富春江大坝建成和陆路交通的迅猛发展，钱塘江中上游航运逐渐衰落，兰溪航运随之被边缘化。衢江航运开发工程是复兴钱塘江中上游航运的重要组成部分，是浙江省内河航运开发建设“十二五”跨“十三五”的重要建设项目。该工程上起衢州市城区三江口，下至兰溪市城区三江口，全长80千米，全程建设六级拦河枢纽，将衢江水位抬高到能满足500吨级船舶通行的四级航道标准。根据金华市政府的建设任务划分，兰溪市承建姚家枢纽及船闸工程、航道工程和堤防护岸工程。其中，姚家枢纽及船闸工程是集航运、行洪、发电为一体的综合性系统工程，位于兰溪市游埠镇下叶村和上华街道上吴村之间，将建设发电厂房、泄洪闸、船闸等，工程总投资12.6亿元，计划2017年建成。建成后，姚家枢纽正常蓄水位28.5米，相应库容1400万立方米，上下游水位落差5米；发电厂装机容量12.4兆瓦，年均发电量约5000万千瓦时；泄洪闸33孔，单孔宽14米，总净宽462米，船闸结构及水深同时满足1000吨级船舶通航。预测到2020年，姚家枢纽船闸货物通过量将达1450万吨，2040年达2600万吨。

姚家枢纽及船闸工程开工仪式（吴静摄）

【兰江航道锚地工程主体工程完工】 4月底，兰江航道锚地主体工程基本建成，为船舶安全度汛提供了安全保障。兰江航道锚地工程位于兰江右岸，距上游黄溢大桥384米。共设置4个500吨级锚位，锚位两边可以同时靠泊4艘船，而船靠船连起来停泊还可以停泊更多的船。锚地建成后，将解除兰溪市洪水来临时，因没有锚地致使船舶走锚给沿线桥梁、船舶等带来的安全隐患，更好地服务船民。

建设中的兰江锚地（项早伟摄）

【兰溪最大吨位货船下水】 6月14日，兰溪市第一艘、金华市目前最大吨位的货船“兰溪货0311”号在湖州顺利下水，这是兰溪市船户黄锦芳看好兰溪水运发展商机投入120万元打造的一艘大型货船。“兰溪货0311”号货船总长44.8米，宽9.8米，深2.98米，船舶载重为500吨级，最大载重量可达800吨。

（蒋　海 施海明 项早伟）

兰溪最大货船“兰溪货0311”号下水（项早伟摄）

铁路运输

【概况】 2014年，铁路兰溪站运行列车22对，其中：货物列车20对；旅客列车2对，兰溪至温州站车次为K8477/K8478；兰溪至南通站车次为T7785/T7786。全年共发送旅客16.02万人；到达旅客7.8万人。全年兰溪站到达货物为15万吨；货物发送0.9万吨。

（兰溪火车站）

货物列车正通过兰江铁路大桥（王恩觃摄）

信息产业

邮　政

【概况】 2014年，兰溪市邮政局遵循“信息转型、向善利民、韧者精神”三项实践法则，全年实现业务收入7174.6万元，完成计划任务的117.63%，同比增长33.72%，业务收入和增长率列全省第三。

实施22个储蓄网点的转型，加大网点改造投入，分别对柏社所、厚仁所进行原址翻新和迁址改造，在柏社所、西山所、云山所和香溪支局分别新增了CRS自动存取款机，提高网点经营效能；全市新增24个便民服务点和1个提供“24小时”自助投取包裹服务的E邮柜，加强了全市646个村邮站、23个新型报刊亭和66个便民服务点的运营管理。

【《诸葛亮》特种邮票首发式在兰溪举行】 8月28日，《诸葛亮》特种邮票首发式在诸葛村举行。中国集邮总公司总经理刘燕明，金华市政协主席、金华集邮协会名誉会长郑金平等领导与《诸葛亮》特种邮票设计者戴宏海、责任编辑秦巍等出席首发式。此次首发《诸葛亮》特种邮票1套2枚，邮票图案分别为《卧龙出山》和《鞠躬尽瘁》，小型张1枚，图像为诸葛亮人物像，全套邮票面值8.40元，这是国内首次发行关于诸葛亮题材的邮票。

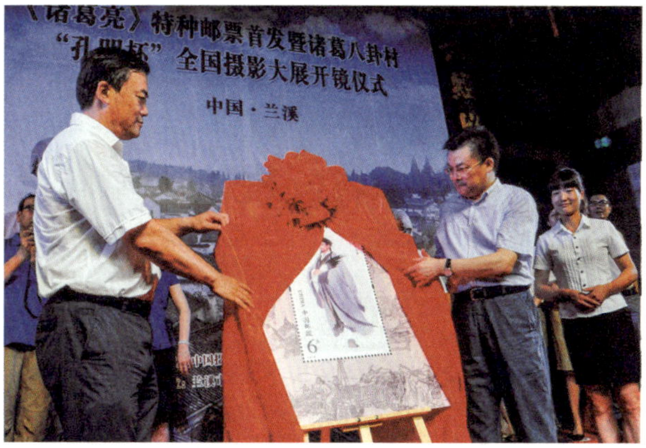

8月28日，《诸葛亮》特种邮票首发仪式在诸葛村举行，中国集邮总公司总经理刘燕明和金华市政协主席郑金平为小型张首发揭幕(沈玉肖摄)

【村邮站服务】 全市共有646个村邮站，实现“村村建站”的目标。其中提供投递等基本服务一、二类站461个，提供缴费、充值、购票、网购等便民服务的三类站185个。三类站除了报刊信件寄递服务外，还提供小额助农取款、网上购物、代售客车票、代缴水电费、手机话费充值等便民服务，全年共发生业务281733笔，涉及服务金额2125.68万元。其中充值类业务91270笔，充值金额376.2万元；代收代缴业务190463笔，代收金额1749.48万元。

【便民服务】 全市66个社会便民服务点和23个新型报刊亭依托邮政信息化服务平台，累计办理便民服务51.9万笔，涉及服务金额3767.1万元，实现便民服务总收益35.13万元。其中代收水电缴费27.98万笔，服务金额2384.39万元。

（沈玉肖）

电　信

【概况】 2014年，中国电信兰溪分公司通过基于智能管道的领先运营和基于综合平台的新业务创新，推动双百兆工程，打好信息化应用基础，推动兰溪传统企业转型升级，助力“智慧兰溪”建设，促进兰溪信息经济发展。公司获“浙江省省级文明单位”复评、“金华市消费者信得过单位”“兰溪市消费者信得过单位”“兰溪市2014年度工作目标责任制综合考核表扬单位”等荣誉称号。

【高速光宽带覆盖市区、集镇】 加大投资光纤宽带基础设施建设及城域网、骨干网、互联网数据中心、出口带宽扩容，提升宽带网络能力，推进兰溪百兆光纤能力覆盖。至年底，市区99%以上区域达到20M以上覆盖、80%区域达到100M进户能力覆盖，开发区、镇乡（街道）中心区域、集镇具备高速光宽带入户能力，实现“百兆入户、千兆到楼”的光纤网络覆盖。

高速光宽带进集镇(市电信局提供)

【4G/3G无线高速宽带】 投资建设优质4G网络，至年底覆盖城区、开发区、风景区、集镇和主要交通公路及沿线村庄，在现有3G网络全市98%广覆盖基础上、实现4G/3G无缝链接。9月5日，天翼4G正式上市，为市民开启4G服务。近百个无线热点覆盖城区大部分公共场所，采用光纤、4G/3G、Wi-Fi以及卫星通信等多种无线接入技术，实现高速宽带有线无线协同、无缝立体衔接。

【推动企业信息化转型升级】 响应“两化融合”要求，发挥综合信息服务提供商优势，推广“千网万纤”工程，面向兰溪中小企业提供光纤到企，推进翼机通、移动办公、外勤助手、天翼对讲、会议云、电子商务等智慧企业应用。

【信息公共平台服务】 全年承建及维护重点项目有8890便民服务平台、市政务网、市公安局视频监控共享平台及监控设备项目、电子警察、数字城管二期、防汛视频监控系统、环保在线监测系统及智慧校园、智能楼宇、智慧社区等数字城市建设。承担电话村村通、宽带村村通、4G/3G无线覆盖、农村党员干部远程教育等普遍服务。完成市农业信息中心数字农业网络平台中央控制指挥中心项目，推进全市村级便民服务和党务、政务、财务“三务公开”平台建设。

（方　萍）

移　动

【概况】 2014年，中国移动通信集团浙江有限公司兰溪分公司（以下简称兰溪移动）聚焦“发展创优、转型创先”的目标，推进精细运营，狠抓基础管理，公司整体经营情况保持良性稳健发展，完成年度职能工作目标和各项经营目标。公司再次获得“兰溪市消费者信得过单位”“第十届金华市消费者信得过单位”称号，连续2年保持“省级文明单位”称号。

【实现4G网络全覆盖】 2014年是加快推进市第四代移动通信（4G）网络建设的一年，3月28

日，移动4G正式商用。兰溪移动从“做深、做广、做厚”三个维度打造4G精品网络，推动“四网协同”向“4G领先”转变。综合用户需求、覆盖效果等因素，以多种手段、多种建设模式加强室内深度覆盖；形成平原、山区、交通要道连续覆盖，拓广网络覆盖区域；以提升网络品质和用户感知为目标，采用多种手段并举方式进行网络容量建设和弱覆盖区域质量提升。全年开通455个4G基站，基本实现全市4G网络全覆盖。

3月28日移动4G业务正式商用（市移动公司提供）

【提升服务能力】 通过建立有效的服务监管体系，拓宽服务渠道，创新服务举措，提升服务能力。结合“3·15”消费者权益日、“5·17”电信日、“总经理接待日”等活动，以现场咨询、进厅体验等形式，加强与客户的面对面沟通。定期主动邀请客户走进兰溪移动，听取客户提出的服务建议。市民群众通过“市长热线”反馈的意见和需求得到全部解决。

【助推行业信息化】 公共自行车服务系统是兰溪市政府2014年为民办实事项目之一，兰溪移动是参与该平台建设的通信运营商，主要负责为平台建设运营提供稳定的网络环境。7月9日，公共自行车交通服务系统开始试运行，兰溪市区50个公共自行车站点、1500多辆自行车全部投入使用，为兰溪人民出行提供便利。为人力资源社会保障局的医保、社保搭建内部管理平台、完成交警卡口视频监控、公安局警务通等信息化平台，助推行业信息化发展。

（施晨霞）

联　通

【概况】 2014年，中国联合网络通信有限公司兰溪市分公司根据总部提出“移动宽带领先与一体化创新”战略方针，推进创新转型，聚焦客户感知，提升内部服务支撑能力。截至年底，全市共有在网运行的2G基站188个（含直放站、室内分布）；3G基站167个（含室内分布）；光缆线路1500千米，固定宽带出口（至金华）带宽8G。

全年新建2G基站 18个，3G基站32个，4G基站56个，其中共享移动、电信12个；新建光缆线路300余千米，总投资1600万元。

开展主题为“沃享服务 因你而变”的“客户感知提升年”活动，对内倒逼管理提升、对外树立服务品牌、打响“一个电话宽带到家”“流量安全，放心消费”两个口碑。梳理现有各类用户触点，通过客户化体验，制定完善每个触点的服务要求、服务标准，形成触点服务标准体系；触点服务标准对外公布承诺，形成用户监督机制。通过用户投诉、满意度回访等，收集、核查、整理、汇总用户反映的问题，立足用户感知，从服务角度提出服务改进建议；通过管理建议单、服务沟通会、服务专题会等形式，提交问题至相关部门，协调制定解决方式，推进问题解决，有的放矢改善服务。为满足4G时代用户日的流量消费需求，推出了“4G/3G一体化套餐”，套内流量比3G套餐大幅提升；设计了套外流量“放心用”功能，推出了套餐外国内流量“双封顶”措施，让客户真正体验到好用不贵的流量资费。

加快固定宽带光纤改造，打造4G、3G一体化精品网络，提升移动宽带用户普及率。依托移动和固定宽带网络，为传统行业升级转型提供驱动力，为用户提供优质、便捷、实惠服务。

（联通公司兰溪分公司）

科学技术

综　述

【概况】 2014年，兰溪市科学技术局贯彻落实市委《关于全面实施创新驱动发展战略、加快建设创新型兰溪的决定》精神，围绕“十倍增、两提高”年度目标任务，开展“五帮一化”活动和科技服务专项行动，主动送政策、送专家、送服务到企业，实施创新驱动发展战略，推进科技创新，促进经济转型升级。成功举办了院士专家兰溪行活动和新型纺织材料及织造技术培训暨科技成果发布会；省知识产权示范市创建工作通过验收。市科技局分别被授予2014年度全国县级防震减灾工作先进单位、2014年度全省县（市、区）防震减灾工作先进单位、兰溪市合力扶工先进单位和两化融合先进单位。

第二届人才科技月活动

【概况】 10月8日—11月10日，兰溪举办第二届人才科技月活动。第二届人才科技月活动由市委、市政府主办，市招才局、科技局、人社局、教育局等10多个部门承办，开展了院士专家兰溪行、“智汇兰江”高峰论坛、精英人才项目对接洽谈会、兰溪发展研究会专题研讨、科技创新成果展、引进人才恳谈会、电商发展论坛、人才对接洽谈、“青苗计划”评选、来料加工能手挑战赛、“名师名校长”送教育到山区、农业科技下乡、文化人才惠民、人才素质提升、院士专家工作站创建、人才科技集中宣传等17个大型活动。

【院士专家兰溪行活动】 11月3日举办。市第二届人才科技月——院士专家兰溪行活动期间，王子才、谭天伟、谭建荣、尤政4位中国工程院院士和国内自动化、机械、化工、信息、新材料等科技领域的16位专家，通过开展院士专家企业行、作专题报告等形式，与企业广泛对接，会诊把脉企业发展，推动产学研合作，为兰溪经济发展献计献策。清华大学尤政院士团队、哈尔滨工业大学王子才院士团队分别与兰溪市政府签订了共建科技创新合作平台协议。全市全年开展院校行对接活动22批次。

11月2日，院士专家兰溪行活动开幕式（市科技局提供）

【新型纺织材料及织造技术培训暨科技成果发布会】 10月14日举行。中国纺织工业联合会、浙江理工大学、浙江省纺织工程学会、浙江纺织服装职业技术学院等单位的专家、学者，以及兰溪数十家纺织企业负责人和科技人员近百人与会。浙江理工大学祝成炎教授、浙江纺织服装职业技术学院崔鸿钧教授分别作了题为《新型纺织材料及加工技术》《织造技术的发展与趋势》专题报告，并就兰溪纺织业的下步发展提出了建议。苏州金辉纤维新材料有限公司等5家成果推介单位发布了多项新型纺织材料科技成果信息。

10月14日，成果发布会（市科技局提供）

【精英人才项目洽谈会】 11月10日举办。会上，浙江大学、浙江工业大学、浙江理工大学、法国巴黎高等法经学院等院校的教授、专家集中发布推介了电子信息、生物医学等领域的10项科技成果。兰溪市招才局分别与“青钱柳等天然植物活性成分高效提取及综合开发利用”“北斗卫星导航接收机核心芯片的产业化”签订人才项目落地协议；6家企业与3家高校签订技术合作协议；签约入驻孵化园项目协议2个。会后，与会专家、博士还参观了市科技企业孵化园和科技人才创业园。

科技项目

【概况】 全年共组织申报金华市级以上科技项目73项，其中国家级13项、省级48项、金华市级12项。已列入48项，其中国家级6项、省级34项、金华市级8项。分别是国家创新基金项目1项、国家火炬计划项目2项、国家星火计划项目2项、国家农业科技成果转化项目1项；省重大专项2项、省级新产品28项、省科技惠民计划项目1项、省农业科技成果转化项目1项、省科技特派员项目2项；金华市级科技项目8项，争取上级资金2456万元。

科技创新

【概况】 全年新增各类科技型企业73家，其中国家级9家、省级27家、金华市级22家，兰溪市级15家。分别为：国家级高新技术企业9家；省科技型中小企业24家，省级农业科技企业1家，省级专利示范企业2家；金华市创新型企业1家，金华市高新技术企业13家，金华市专利示范企业7家，金华市农业科技企业1家；兰溪市创新型企业4家，兰溪市专利示范企业11家；新组建研发中心32家，其中省级2家（工业、农业各1家），金华市级10家（工业8家、农业2家），兰溪市级20家。

【市科技企业孵化园被认定为金华市级科技孵化器】 12月，兰溪市科技企业孵化园被金华市科技局认定为金华市级科技孵化器。

【新增两家技术转移中心】 新增浙江大学兰溪技术转移中心和中纺院江南分院兰溪技术转移中心。同时加强对技术转移中心的对接和管理，制定了《大院名校兰溪技术转移中心管理办法》《大院名校兰溪技术转移中心绩效考评办法》和《技术转移中心专项资金管理办法》，加强与院校所的沟通并实施管理。

科技成果

【概况】 全市荣获国家科技进步奖1项、省科学技术奖2项、金华市科学技术奖4项、兰溪市科学技术奖21项。华东铝业公司“新型阴极结构铝电解槽重大节能技术的开发应用”项目荣获国家科技进步奖二等奖；浙江康恩贝制药股份有限公司“银杏叶全产业链集成技术及产业化”获省科学技术奖二等奖，浙江丰登化工股份有限公司“利用水煤浆技术焚烧高浓度废水联产合成氨”获省科学技术奖三等奖（21项市科学技术奖名单见“重要表彰”）。

知识产权

【概况】 全年共申请专利1605件，获专利授权893件，其中发明专利19件。创建省知识产权示范市工作通过验收。浙江康恩贝制药股份有限公司被确定为第一批国家级知识产权优势企业。是年，兰溪市列入全省首批省专利保险试点市。

（王国辉）

兰溪市2014年列入金华市级以上项目

表21

序号	项目名称	承担单位	项目级别	项目类别
1	SL高性能道路修复王材料	兰溪市三力建筑材料有限公司	国家级	国家创新基金项目
2	YF-IW50L型材NC数控自动液压冲床	兰溪永丰机械有限公司		国家火炬计划项目
3	物联网智能记忆型燃气泄漏报警控制装置	兰溪宇宏电气物联网传感器有限公司		国家火炬计划项目
4	薄壳山核桃生态高效栽培技术示范与推广	兰溪市梅溪薄壳山核桃专业合作社		国家星火计划项目
5	杨梅冷链保鲜贮运技术示范	金华市马涧杨梅科技研究开发中心		国家星火计划项目
6	地方特色小萝卜安全生产关键技术和成套装备应用示范	浙江桃花雨农业科技有限公司		国家农业科技成果转化资金项目
7	黄芪胶囊上市后临床与关键生产技术研究（中药潜力品种的技术升级研究）	浙江康恩贝制药股份有限公司	浙江省级	省重大专项
8	层酥类食品模拟手工的自动成型关键技术与装备研究	兰溪健发食品机械有限公司		省重大专项
9	耐高温密封用玻纤蝌蚪带	兰溪庄原玻璃纤维有限公司		省级新产品试制计划项目
10	高强度高硅氧布	兰溪庄原玻璃纤维有限公司		省级新产品试制计划项目
11	电动大巴车用直流双缸压缩机	浙江博阳压缩机有限公司		省级新产品试制计划项目
12	低温双缸双级压缩机	浙江博阳压缩机有限公司		省级新产品试制计划项目
13	自行车一体曲柄	兰溪轮峰车料有限公司		省级新产品试制计划项目
14	自行车电子智能变速系统	兰溪轮峰车料有限公司		省级新产品试制计划项目
15	超轻量化、超高刚性的碳纤维公路车、山地车曲柄	兰溪轮峰车料有限公司		省级新产品试制计划项目
16	JF-13BP型自动排盘机	兰溪健发食品机械有限公司		省级新产品试制计划项目
17	JF-SG-3自动薄饼机	兰溪健发食品机械有限公司		省级新产品试制计划项目

续表21

序号	项目名称	承担单位	项目级别	项目类别
18	超声波食品分切机	兰溪健发食品机械有限公司		省级新产品试制计划项目
19	双歧杆菌水苏糖粉	浙江劲膳美生物科技有限公司		省级新产品试制计划项目
20	SL高性能道路修复王材料	兰溪市三力建筑材料有限公司	浙江省级	省级新产品试制计划项目
21	一次性使用自毁式压脉带	浙江欣业医疗器械有限公司		省级新产品试制计划项目
22	环保设备专用精密不锈钢板	浙江甬金金属科技股份有限公司		省级新产品试制计划项目
23	sus304BA光亮表面精密不锈钢板	浙江甬金金属科技股份有限公司		省级新产品试制计划项目
24	麻棉锦提花交织布	浙江祥嘉纺织有限公司		省级新产品试制计划项目
25	高弹赛络纺卡其	浙江祥嘉纺织有限公司		省级新产品试制计划项目
26	细支高紧度弹力贡缎	浙江亿骏纺织有限公司		省级新产品试制计划项目
27	银闪纱	浙江云山纺织印染有限公司		省级新产品试制计划项目
28	AF-5M自动对焦马达	浙江瑞福正业光电科技有限公司		省级新产品试制计划项目
29	细旦环保再生涤纶短纤	兰溪市建辉纺织有限公司		省级新产品试制计划项目
30	免染再生有色涤纶纤维	兰溪市建辉纺织有限公司		省级新产品试制计划项目
31	高经高密“蔷薇花”宽幅提花墙布	兰溪市汇明提花织造有限公司		省级新产品试制计划项目
32	全景“清明上河图”色织长卷壁画	兰溪市汇明提花织造有限公司		省级新产品试制计划项目
33	大提花豹纹八色经时装面料	兰溪市汇明提花织造有限公司		省级新产品试制计划项目
34	高弹涤棉交织面料	浙江立马云山纺织股份有限公司		省级新产品试制计划项目
35	柔爽牛仔面料	浙江立马云山纺织股份有限公司		省级新产品试制计划项目
36	SCS14橡胶耐磨剂	兰溪市兰溪助剂化工有限公司		省级新产品试制计划项目

续表21

序号	项目名称	承担单位	项目级别	项目类别
37	营养糊类方便食品加工新技术转化应用与示范	浙江一派食品有限公司	浙江省级	省农业科技成果转化资金项目
38	华特弥猴桃新品种引进及示范基地建设	兰溪市香溪镇人民政府		省科技特派员科技扶贫项目
39	畜肥蔬果生态循环模式示范与推广	兰溪市水亭畲族乡人民政府		省科技特派员科技扶贫项目
40	兰溪市三级康复服务体系建设及中医药技术示范	兰溪市卫生局		省科技惠民计划项目
41	杨梅白兰地酿造技术研究及产业化建设项目	兰溪市梅江烧酒厂	金华市级	农业类一般项目
42	兰溪小萝卜耕地耕性与肥力保护研究与示范	兰溪市桃花雨粮蔬专业合作社		农业类一般项目
43	基层医院手术室外来器械质量管理体系的建立与保障	兰溪市人民医院		社会发展类一般项目
44	ENA-78与子宫内膜异位症盆腔炎症粘连及疼痛分级的相关性研究	兰溪市人民医院		社会发展类一般项目
45	糖尿病肾病患者T细胞亚群变化及骨化三醇干预效果的研究	兰溪市人民医院		社会发展类一般项目
46	脂联素（APN）联合前体末端脑钠肽（NT-proBNP）在慢性充血性心衰病因诊断和预后判断中应用的研究	兰溪市人民医院		社会发展类一般项目
47	兰溪市城乡儿童幽门螺杆菌感染率比较及相关因素研究	兰溪市人民医院		社会发展类一般项目
48	超声引导下腰骶丛阻滞复合喉罩全麻在高危患者髋关节置换术的应用	兰溪市人民医院		社会发展类一般项目

综 述

【概况】 兰溪市委市政府始终把加快教育事业发展，作为贯彻落实科学发展观的重大战略任务，始终坚持把教育事业摆在优先发展的战略位置，纳入重要民生工程。2014年，义务教育均衡市创建工作通过省级评估；提出兰溪市开展“浙江省基本实现教育现代化县（市）创建”工作，明确创建步骤、任务分工。

实施《2014年义务教育阶段公办学校招生实施方案》，实行阳光招生。全市招收义务教育段学校外来务工人员子女881人，其中就读公办学校834人，制定务工人员和外省市随迁人员子女就学政策，实行义务教育公办学校不招收择校生制度。2014年9月，市纪委抽查城区2所小学，2所初中招生情况。改进普通高中保送生招生办法，重点高中招生名额分配到初中比例为55%。

出台《兰溪市学校体育三年行动计划》，开展“阳光体育”活动，组织全市学校冬季长跑活动和中小学田径运动会跑操比赛，开展足球、乒乓球、篮球等竞赛活动。建立心理健康辅导室，对学生进行心理健康教育活动。组织全市中小学体能测试和艺术素养检测，通报检测情况。

举办全市中小学“与梦同行”演讲比赛、第三届中小学教师现代教育技术技能比武、全市亲子阅读征文比赛、全市假期交通安全有奖作业比赛等活动。举行兰溪市首届“最美学生”评比，评选出“最美学生”50人，其中10人被评为金华市“最美学生”。开展禁毒教育和反邪教教育有关活动。组织参加第十七届金华市教师自制多媒体教育软件评比、第十五届金华市中小学电脑制作、第五届“中国移动校讯通杯”全国教师论文大赛、金华市中小学生足球联赛、篮球联赛、金华市青少年田径锦标赛等。厚仁小学获得金华市中小学足球联赛男子团体第二名，兰三中获得金华市高中生篮球联赛第二名，兰八中获得金华市体育特色学校田径比赛团体第二名，兰一中获得金华市重点中学田径比赛第三名。

全市在编教职工4764人，专任教师4732人；幼儿园、小学、初中、普高和职高专任教师合格学历分别为80.4%、85.4%、99.7%、100%和98.9%；高学历教师比例分别为36.1%、53.2%、84.4%、98.7%和88.2%。2014年共招聘中小学、幼儿园教师128名，其中面向省部级师范院校招收优秀毕业生26名（研究生5名，本科21名）。全年全市教师获中学高级教师职称48人、高级讲师职称1人、小中高职称9人，中学一级职称93人、小学（幼儿园）高级教师职称123人。全年申请教师资格229人，通过认定217人，其中初中24人、小学37人、幼儿园156人。

实施教师专业发展全员培训。为每位新教师指派市级名师、骨干教师担任指导老师，对参加工作三年内的新教师进行考核。组织全市1640名小学教师进行业务知识测试，并对成绩优秀的352位教师予以通报表彰。鼓励教师参与学历进修，全年共有300多名教师参加电大、教师进修学校、浙江师范大学等渠道学历提升培训。全年教师培训总学时432366个，全市教师培训人均学时80.36个，教师参训率97.3%，完成省级培训数355个，国家级培训数25个。

实施义务教育学校校长、教师交流，制订出台了《兰溪市义务教育学校教师校长交流工作的实施意见》和《兰溪市义务教育学校教师校长交流实施细则》。22名义务教育学校校长、22名骨干教师和88名普通教师实施交流，促进义务教育学校教师均衡配置。

开展师德师风建设。举行“争当好教师，奉献中国梦”演讲比赛，选送一人参加金华市总工会的演讲比赛，荣获二等奖。各学校结合实际开展各项活动，其中兰荫中学开展“最美教师”评比活动，兰八中开展“向章永清同志学习”活动，实验中学开展争做“学习型”职工活动，殿山中心学校开展“抓师德、铸师魂、促和谐、谋发展”为主题的教育活动。

开展人才科技月活动。10月，在柏社中学、小学及幼儿园开展“名师名校长”送教到山区活动，采用专题报告、名师讲学、教学观摩、说课评课、交流互动等形式提升山区教师专业能力和水平。

加强中青年教师、校长的培养与选拔。章永清被评为全国模范教师，童国强、叶小平被评为浙江省第十一批特级教师，张伟等4人荣获浙江省第二十五届“春蚕奖”，董锡芳等2人被评为浙江省中小学师德楷模，董旭军等3人被评为金华市第五批名师名校长，杨珍慧等2人被评为金华市中职学校学科带头人，陈国记被评为金华市最美教师，7位校长、22名教师被选为金华市“1155工程”第六批培养人，22位教师被评为金华市优秀班主任。

9月9日，兰溪市召开庆祝第30个教师节暨先进表彰大会（市教育局提供）

学前教育

【概况】 2014年，全市共有规范幼儿园130所，其中公办幼儿园17所（含镇乡（街道）中心幼儿园13所）、民办幼儿园113所；在园儿童17796人，其中公办幼儿园6015人。全市有等级幼儿园111所，占规范幼儿园总数85.4%，在园儿童16372人，占在园儿童总数92%。全市幼儿园教职工1946人，其中专任教师1127人，大专以上学历730人，占65%；持有教师资格证918人，占81.5%。

兰溪市是金华市贯彻《3～6岁儿童学习与发展指南》实验市，以学前教育宣传月活动为契机，举行全市园长论坛1期、教师论坛2期及专题讲座1次，开展贯彻《指南》研讨活动4次，举办新教材培训2期、教师资格证考前培训1期、新教师培训2期、90学时集中培训1期；开展保育员培训2期、保健员培训2期。

开展省等级幼儿园创建工作，全年创建省二级幼儿园3所，省三级幼儿园13所。开展“兰溪市保教星级幼儿园评比”活动，通过各镇乡（街道）教办初审，查阅资料、实地评估等方式，评估了申报幼儿园的保育和教育情况，认定省三级幼儿园13所，准办级幼儿园4所。

7月22日，金华市副市长林丹军走访锦绣幼儿园（市教育局提供）

【无证幼儿园整治】 6月，市府办下发《兰溪市促进无证幼儿园规范办园工作方案的通知》（兰政办发〔2014〕83号）文件，成立两级无证园整治工作小组，按照"审批一批，整改一批，取缔一批，分流一批"的工作思路，整治全市34所无证幼儿园。召开全市无证幼儿园园长吹风会，组织学习《民办教育促进法》《幼儿园工作规程》《幼儿园管理条例》及教育局对幼儿园进行年审评估、登记注册、办理办园许可证的有关文件，要求各无证幼儿园园长对照标准，自我评估、整改。多次组织全市无证园园长到赤溪街道石龙头幼儿园、学乐幼儿园、诸葛镇双牌幼儿园等一批等级民办园现场参观学习。各职能部门严格把关办园条件，按照幼儿园的审批程序，达不到省三级的幼儿园一律不审批。对已审批的幼儿园进行年检，重点对其办园条件、园务管理、安全卫生保健工作、教育工作等方面进行检查。2014年共整治无证幼儿园26所。

【幼儿园安全保障】 5月，对全市无证园安全工作进行排查。10月，对全市幼儿园三防建设使用情况进行抽查。11月，对幼儿园各项安全工作进行地毯式普查。6月和10月两次召开园长安全管理培训会，要求所有幼儿园确保安全管理有制度、有档案，所有幼儿园成立安全工作领导小组，签订安全目标责任书。10月，开展全市幼儿园安全教育周活动，全市幼儿园开展了地震、火灾、水灾等安全知识教育、演练活动。自4月起，开展安全工作年检，检查全市113所民办幼儿园的办园条件、园务管理、卫生保健、家长社区等，安全工作作为重点检查内容。截至年底，全市幼儿园共安装监控探头1141只，配备防卫物资等135组，双证制保安113名，基本实现"三防"全覆盖。

义务教育

【概况】 2014年，全市有独立设置小学45所（含民办1所），在校小学生33977人，其中外来务工人员随迁子女3088人，占9.09%。沈村小学、石埠辅导完小、烟溪辅导完小改为教学点。有独立设置初中18所，九年一贯制学校5所。在校初中生16539人，其中外来务工人员随迁子女755人，占4.56%。

强化教学常规管理，下发《兰溪市小学初中规范教学行为的15条意见》，开学时对执行情况进行检查，12月组织教学常规专项检查；建立小学教育教学质量评价机制，完善初中教育教学质量考核机制。2014年中考普通高中最低控制分数线为461分，比2013年提高31分。

开展以班主任、辅导员队伍为主体的学校德育管理网络建设，完善对德育课程、班级文化、班级管理的指导、检查与落实，提高班级管理能力和水平。加强对留守儿童的管理，组织2014年暑期留守儿童公益夏令营。完善德育导师制度，落实假期家访制度，推广聚仁学校暑期社会实践活动的做法。开展优秀少先队员和优秀辅导员"双十佳"评比活动。

【民办外国语中、小学投入使用】 加快建设"政府主导、社会参与、投资主体多元、办学形式多样"的办学体制，基本形成以公办为主体、民办为重要支撑的共同发展格局。8月，兰溪市外国语中学、外国语小学举行竣工揭牌仪式，标志着两所民办外国语学校新校区正式投入使用。其中，外国语中学占地面积约4．7万平方米，建设投资7000多万元，按省标准化Ⅰ类学校标准配有标准田径场、体育馆、科技楼、教学楼、多功能报告厅、师生食堂、宿舍等一流硬件设施，教室内配有现代化教育设备；外国语小学规划办学规模24个教学班，按省标准化Ⅱ类完全小学设计，总用地面积2．8万平方米，总建筑面积1．7万平方米，总投资逾5000万元。

外国语小学揭牌（市教育局提供）

外国语中学揭牌（市教育局提供）

特殊教育

【概况】 全市现有三类残疾儿童236人，其中随班就读159人，特殊学校就读59人，送教上门12人，要求延迟入学4人。

兰溪市曙光学校是全市唯一的公办特殊学校，有在校生36人，在编教师8人，外聘教师2人，职工5人，普通学校中资源教师2人。2014年，学校增设体育与保健室、唱游与律动室、财务室、仪器室、食品存放室、教学用具存放室等功能教室，添置教学器材及学生活动器材；增设教学班级2个，购置学生用桌30套，多媒体教学设备2套。

推动特教教师专业成长。教师外出学习交流35人次，组织曙光学校教师赴永康特殊教育学校、东阳聋哑学校、金华市特殊教育指导中心、广州越秀等省内外特殊教育学校学习；参加达敏学校“社区融合”课题成果展示现场会、萧山区自闭症康复与研讨会、绍兴育才学校特殊教育研讨会、台州特殊教育现场会、金华市特殊教育研讨会、浙江省特殊教育校长培训等活动；输送骨干教师1人参加省资源教师培训，特殊学校校长1人参加省校长论坛。5月，曙光学校6名教师与金华启明学校教师结成师徒对子。

曙光学校上公开课（市教育局提供）

【特殊教育随班就读指导中心成立】 2014年，成立了兰溪市特殊教育随班就读指导中心，制订了《兰溪市随班就读指导中心工作职责》《兰溪市资源教师工作职责》《兰溪市随班就读学生管理制度》《兰溪市随班就读巡回教师工作职责》等一系列制度。是年，投入20万元在永昌中心小学和马涧中心小学建立随班就读资源教室，将随班就读工作纳入学校计划，选定随班就读工作的领衔教师，通过参加培训、组员自学和组员研修等途径壮大资源教师队伍，使随班就读学生在普通教育中享受到特殊教育的专业服务和支持。实施个别化教育，做好筛查工作，通过班主任调查观察、随班就读筛查小组认定，家长同意，确定个别化教育对象，制订个别化教育计划。10月，组织资源教师4人参加金华市第一届随班就读资源教师培训。12月底，开展特教教师和班主任送教上门活动。

高中教育

【概况】 全市有普通高级中学7所，教学班236

个，在校学生11029人；招收新生3061人，毕业4357人。有职业高中6所，教学班14个，在校学生4746人，招收新生1635人，毕业1811人。2014年第一批上线人数608人，比2013年增加51人，其中2人被清华大学录取。

以省特色示范高中创建为契机，抓好普高校本课程开发和开设。2014年，全市有兰溪一中、兰溪三中、厚仁中学、蜀山中学等4所学校申报省级评估。

启动中职教育现代化建设工程，市职业中专以“优化传统专业，增设新专业”为思路，推进“生活化”课堂教学改革，促进教科研，技能实训，加强专业建设，服务当地经济。新增设了护士专业，纺织品设计和贸易专业，成功申报创建省改革发展示范校。学校与浙江纺织服装职业技术学院3+2联合办学。

7月4日，市委书记吴国成、市长朱瑞俊与高中校长座谈（市教育局提供）

【高中课程改革】 市教育局组织开展专题调研2次，赴各高中了解学校适应新高考所采取的措施、推进情况及存在的困难。9月19日组织各高中校长、分管教学副校长、教研室主任、分管高中教学副主任和招生办主任赴金华市参加普通高中顶层设计及教学组织变革培训。10月28日赴温州中学、青田中学等4所名校交流学习相关经验。召开高考招生改革专题座谈会3次，交流外出学习心得、适应新高考的学校顶层设计等具体做法。10月，各高中组织召开高一学生大会和学生家长会，对高考进行解读。12月举行第一期高一班主任职业生涯规划课程培训。各高中按照办学条件、师资结构、学科特长、生源层次，完成高一新生三年规划及学业水平考试、选考时间的初步安排。兰溪一中、兰溪五中、兰溪三中、游埠中学等学校相继启动英语、数学学科学生分层走班教学。

成人教育

【概况】 全年培训劳动力1106人次，其中农村成人“双证制”（即职业资格证书和成人职业高中证书）教育培训806人，农村预备劳动力培训300人。扫盲19060人，是年度扫盲任务数的104.3%。有独立建制成人文化技术学校16所。

从2012年起，开展成人继续教育推进工程和镇乡（街道）成技校标准化建设，2014年共有5所成人技校申报省标准化学校，其中永昌街道、诸葛镇、游埠镇、水亭乡成人技校通过省评估。

【成人“双证制”教育培训】 推进成人“双证制”教育培训工作，全年806人参加培训，拿到成人职业高中培训证书，完成计划数（660人）的122.1%。

广播电视大学兰溪分校

【概况】 浙江广播电视大学兰溪分校是由市政府领导，市教育局主管，业务上接受上级电大指导的分级办学、分级管理的成人高等学校。其前身是创办于1979年4月的浙江广播电视大学兰溪工作站，1996年底经浙江省教委批准升格为浙江广播电视大学兰溪分校。学校占地面积1.48亩，校舍建筑面积1740平方米。现有教职工20人，其中高级职称11人。

学校办学以中央电大开放教育为主体，与浙江大学远程教育学院、奥鹏远程教育等建立合作办学关系，开展专科、本科等层次的学历教育。学校承担全市各成人（社区）学校的服务、管理等职能，开展各类社区教育培训。2014年，学校有高等学历在校生1220人，其中中央电大开放教育740人、浙江大学远程教育297人、奥鹏远程教育183人。

学校坚持面向社会、面向基层、面向农村的办学指导思想，参与中央广播电视大学“人才培养模式改革和开放教育试点”，结合区域经济和社会发展，开设了法学、会计学、金融学、计算机应用、学前教育、小学教育、汉语言文学、工商管理、行政管理、建筑施工与管理等40多个本、专科专业，提升了学校办学层次。2014年全年招生524人，其中中央电大366人、浙大远程81人、奥鹏远程77人；毕业405人，其中中央电大234人、浙大远程94人、奥鹏远程74人。

组织开展“双证制”教育教学工作，抽调部分教师担任语文、数学、公民道德与法律、科学4门学科的教研工作。组织全市各镇乡（街道）成人学校开展“扫盲”工作，2014年扫盲19060人，超额完成上级下达任务4.3%。

教育科研

【概况】 2014年，以课题研究、课程改革研究、课堂教学模式改革研究、青年教师培养等为重点，构建“研究、指导、管理、服务”的教育科研运行机制，提升幼教和中小学教育教学质量。

出台了《关于加强学校教育科研工作的实施意见》，开展立项课题负责人培训、结题课题负责人培训、课题开题论证、精品成果培育工程、专家引领等管理活动；组织教科员联系学校蹲点课题组指导活动、科研下乡行活动、教师教科研素养比赛、优秀教科研成果推广、教改之星巡教等活动；举办学校教科室主任培训、教科研骨干教师培训；建立教科研大组。是年，集体调研了市属8所高中及22所初中，通过教研员进课堂、进教研组、与师生座谈等方式，对教师的教学常规评定等级。抽测、分析小学语文、数学和八年级数学、英语。组织高中课程改革专项讲座，邀请近30名专家学者到兰溪演讲。

2014年，市教研室联合安吉县教研室对全市初中语文、数学、英语等五门学科教师进行4轮培训，培训教师1000余人次，促使教师掌握课堂教学模式改革的基本经验。组建兰溪市初中课改联盟，按照不同学科分为五个同盟，全年开展课堂教学模式改革研讨会10余场。

组织了18个教师单项竞赛，开展11个学科优质课评比活动。组织教学论文和教学案例评选，其中论文获得金华市一等奖22人次，二等奖44人次，三等奖60人次；案例（课例）获得金华市一等奖8人次，二等奖18人次，三等奖26人次。开展青年教师技能比武、特级教师传艺、高中学科竞赛、教师下水作文竞赛、幼儿早期阅读集体教学观摩、综合实践专题研讨及成果评比、音乐声乐比赛等各类教研活动106次，教研员深入中小学、幼儿园听课2126节，6549人次参加。组织学生参加学科竞赛，获国家级一等奖4人，二等奖7人，三等奖9人；获省一等奖23人，二等奖43人，三等奖45人；获市（地）级一等奖124人，二等奖169人，三等奖237人。

全市有13项科研课题成果在省、地市获奖，其中浙江省一等奖1项，金华市一等奖2项、二等奖5项、三等奖5项。有7项课题被立项为2015年度省级教科研规划课题，其中省重点课题1项。实验小学的课题成果“原点课堂模式构建的研究”在浙江省实验学校研究会年会上推广；育才中学“初中生社团建设的实践研究”课题成果在金华市教科研课题结题指导与科研骨干教师培训会上作交流；“阳光休闲：区域推进教师休闲文化建设研究”课题获浙江省教育科学研究优秀成果一等奖；聚仁学校等四所学校的四项课题被列入金华市2014年度教育科研精品成果培育工程。

10月22日，美国洛根斯波特市教育考察团到聚仁学校考察（市教育局提供）

办学条件

【概况】 全市中小学建筑施工面积9.25万平方米，完成基建投资1.53亿元。兰溪一中教学楼、游埠中学教工宿舍建成投入使用；振兴小学科华文化中心主体完成，进入装饰阶段；香溪中心幼儿园、诸葛中心幼儿园建成投入使用；机关幼儿园迁建项目如期开工。

全年完成29个校舍维修，建筑面积48602平方米；改造11个运动场项目，其中包括7个塑胶运动场，3个塑胶篮、排球场和1个煤渣运动场；改造学校传达室3个，建成围墙3880米，改造其他校园29个，总投资3028余万元。

免除中职学生学费829万元，8286人次学生受益。实施义务教育学生营养改善计划，补助经费225.26万元，享受免费营养午餐学生6007人次。开展非义务教育阶段学生教育资助，资助高中和幼儿园阶段困难学生3969人次，资助金额319.34万元。

【教育技术装备】 “十二五”期间，市财政每年安排义务教育图书、仪器设备专项经费1000万元。2014年，全市新增课桌椅11500套，学生计算机586台，交互式电子白板48套，录播教室2个，完成各类教育技术装备采购和资源配置工作，共计投入1010万元。升级改造教育城域网，除少数偏远教学点外，全部实现千兆到校，千兆到校率88%。组织开展第二批“金华市数字校园示范项目”申报，配合做好金华市第一批数字校园示范校中期检查。加强教育资源网的宣传推广，引导教师利用网络空间获取优质教学资源、开展网络教研。全年有4353名教师在浙江教育资源网上开通了空间，开通率80%。5月29日，召开全市教育技术装备统计工作会，梳理教育信息化工作和教育技术装备统计工作的主要问题；举办中小学网络管理员业务知识培训，提升学校信息化管理水平。

【兰五中整体搬迁】 12月30日，兰溪市第五中学搬迁揭牌仪式在新校址举行。兰五中迁建工程是省重点工程、兰溪市重点民生项目。新校区位于兰溪经济开发区，占地面积200亩，总投资2.07亿元，建设规模为全日制寄宿高级中学，规划设置48个班级，每个年级16个班。按照规划，兰五中新校区新建图书行政科技楼1幢、教学楼3幢、实验楼2幢、教师宿舍楼2幢、男女生宿舍楼6幢、体育艺术楼1幢、食堂1幢，另外建有田径场看台、配电房及门卫房、地下人防工程等建筑，总建筑面积6．7万平方米。除新校区整体建设工程外，搬迁工作还包括上华中学、兰五中两所学校的整合，教师队伍的考核分流等。

兰五中学生搬迁新校舍（郑国藩摄）

创建平安校园

【概况】 以“平安校园”创建工作为契机，开展“等级平安校园”和“无邪教校园”等创建活动，建设平安和谐校园。下发了《兰溪市教育局2014年社会管理综合治理工作计划》《兰溪市教育局关于开展等级平安校园建设的实施意见》《兰溪市教育系统2014年普法工作计划》《关于进一步深化创建“无邪教校园”活动的通知》，与市属学校、各镇乡（街道）教办签订了2014年度《兰溪市教育局社会治安综合治理和维护社会稳定目标管理责任书》，明确学校校长为校园安全第一责任人。开展学校及周边综合治理、学生接送车排查、学校饮用水排查、校园安防、学校食堂食品安全整治、特殊节点专题安全教育等专项工作，排查出隐患186个，整改率100%。教育系统全年未发生安全责任事故。

2014年，继续实施交通安全保障工程，在剩余的9个镇乡（街道）推行学生上下学乘车安全保障工程，基本解决了义务教育阶段学生上下学的乘车问题。学校安全“三防”建设工程被列为兰溪市2014年重点实事项目，全年共投入605万元用于加大学校视频监控密度和增聘保安人员。截至年底，共配备安保人员301人，安装电子监控探头1980个，配备新型警用安保防护设施716套。开展等级平安校园建设，2014年评定AAAAA级平安校园8所、AAAA级11所、AAA级30所。

【十万学生饮食放心工程】 推进“阳光食堂、透明厨房”建设，完成公办学校食堂原料采购公开招标，9月起学校食堂原料实施统一配送。11月，食堂粮油配送完成招标，实现统一配送，确保源头可溯。针对学校食堂、饮用水、校内商店、校园周边环境等开展专项整治行动，把控基础设施、量化分级、食品采购和食堂管理“四关”。推进食品安全量化分级管理，评定74家学校食堂，其中A、B等级47所，C级27所。截至年底，义务教育段学校加热保温饮用水设施覆盖率达63.2%，全市中小学“阳光食堂，透明厨房”比例达70.27%。

教育工会

【概况】 市教育工会下辖基层学校工会88家、基层工会联合会16家，有会员5100人。全年换届工会15家，组建工会3家。

围绕全市“五水共治”“三改一拆”“四破”攻坚等工作，开展知识宣传、“金点子”征集等活动，选送兰五中、育才中学、兰江小学参加由市总工会举办的第二届职工创新成果暨“五水共治”创新成果展。

举办各类群众性劳动竞赛，组织教师参加金华市级的教学擂台赛、优质课评比、教学比武等一系列的竞赛活动。各基层教育工会开展以提高青年教师业余素质为主要内容的“名师结对”“岗位练兵”、教学技能比赛，实验中学、兰六中、兰江小学、游埠初中实施“青蓝工程”；聚仁学校、育才中学、游埠中学、灵洞中心学校开展师徒结对活动；振兴小学举行青年教师语文课堂展示活动；女埠初中开设“教工书吧”。

以“职工之家创优达标”为载体，开展“职工之家、创优达标”活动，其中聚仁学校、永昌小学被市总工会评为模范职工之家；组织参加2014年全市教职工运动会，其中游埠教办、上华教办获跳绳比赛团体一等奖，横溪小学、灵洞中心学校获拔河比赛团体一等奖；输送主力队员代表省教育工会参加省第二届职工气排球比赛女子组比赛并荣获二等奖；推选教师参加首届“金华工人好声音”比赛，一人荣获铜奖。举办教育系统庆“三八”女教职工佳木斯表演及拔河比赛活动，各基层教育工会开展文体娱乐活动，实验小学开展迎新春教职工健身操、自编操表演活动；诸葛小学开展了“情满阳光，真我风采”教师节联谊活动；游埠中学举行气排球趣味赛、女教师健身操比赛；柏园学校开展主题厨艺分享活动；永昌小学、城南初中、马涧初中、赤溪中心学校开展校际之间友谊赛。

做好职工医疗互助保障宣传发动和指导参保工作，2014年全市各中小学校、幼儿园5100多名教职工参保医疗互助保障，是任务数的102.27%。开展“送温暖”活动，年底走访慰问全市33位特困教职工，发放慰问金3.3万多元。

（柴巧君）

文化·体育·传媒

综　述

【概况】 兰溪市文化广电新闻出版局（兰溪市体育局），负责文化事业建设（包括：研究制订全市文化发展规划和文化产业政策；综合管理全市社会化事业；组织策划具有示范性的重大文艺活动，指导群众性文化活动；负责全市文物保护和文化市场的管理；负责全市社会体育管理工作。

2014年，完成文化馆内部改造和非物质文化遗产展示馆布展；浙江图书馆兰溪分馆正式对外开放；在市博物馆新建人防展厅和“机关·足迹”机关作风展馆；市体育中心新建五人制笼式足球场；指导新建25个村级文化礼堂。马涧镇马坞村、永昌街道夏李村和水亭乡水亭街村成功创建金华市级文化示范村。

（金泽荣）

群众文化

【概况】 文化馆、图书馆、博物馆等公共文化场馆推进免费开放工作。举办了第二届兰溪星舞台大型群众文化活动和“文化沙龙”社会文艺骨干培育活动。2014年，完成送戏下乡123场，大型文化活动30场，培训文艺骨干165期，培训9155人次；举办朱祖建画展、胡雪峰·孙道一·韦树立三人画展、清代康雍时期外销青花瓷精品展、胡雪峰摄影个展、莫晓卫画展、金华市美术作品展、兰亭的故事展、黄宾虹花鸟作品展、旅美画家张书旂国画展等15期临展，免费接待参观群众16.2万人次，其中青少年观众6.4万人次，旅游团队1.7万人次；放映农村、广场公益电影4500余场次。

【婺剧《东海魂》在金华大市巡演】 为配合党的群众路线教育实践活动，市婺剧团以曾获省委“党的好干部”称号的杨东海同志为原型编排了现代婺剧《东海魂》。5月14—26日，《东海魂》在金华各县市区巡演。省委驻各县市督导组、各县市四套班子领导、全体市管干部观看演出。

《东海魂》在金华巡演后金华市领导与演出人员合影（市文广新局提供）

【公布第六批兰溪市级非遗】 6月，兰溪市人民政府公布了市级第六批非物质文化遗产代表作保护名录以及非物质文化遗产重点保护项目传承基地名单，12个非遗项目和5个非遗传承基地名列其中。12个项目是：兰溪糖画，无骨花灯制作技艺，官酱园老酒酿造技艺，兰溪泥塑，古砖瓦制作技艺，兰溪面塑，灯笼制作技艺，兰溪香醋制作技艺，角带酥，箍木桶，传统宝对、匾额制作技艺，畲族婚嫁习俗。5个传承基地是：畲族对唱、畲族织带、畲族祭祖舞、畲族婚嫁习俗传承基地——兰溪市畲乡风情旅游发展有限公司；墙头画传承基地——灵洞乡烟溪辅小；缸米黄（红曲酒）酿造技艺传承基地——兰溪市龙山姚家酒厂；传统实木家具制作工艺传承基地——兰溪市天龙红木家具厂；豆制品制作技艺传承基地——兰江街道红岗村。

【诸葛后裔祭祖入选第四批国家级非遗代表作目录】 10月，诸葛后裔祭祖入选第四批国家级非遗代表作目录。截至年底，全市国家级非遗项目有4个。

【开展“五水共治”文化宣传活动】 以“五水共治”为主题，以舞台演出、电影放映、图片展出等形式宣传“五水共治”政策，展示治水成效，凝聚治水力量，编排现世报、五水共治美兰溪等节目12个，制作治水图片40余张，电影宣传短片10部，全年开展巡回演出118场，放映电影片头4000余次。

“五水共治”巡回宣传演出（市文广新局提供）

【举办第二届兰溪星舞台】 2014年第二届兰溪星舞台在市委宣传部和市文化广电新闻出版局牵头下，联合总工会、团市委、妇联、城市管理行政执法局、广播电视台、《兰江导报》8家单位共同参与主办，新增开发区海选区，全市17个海选区300余个节目，近4000人报名参赛。9月10日，第二届兰溪星舞台在上华街道下余村开赛。12月30日，决赛现场，从6500多名文艺爱好者、500多个参赛节目中脱颖而出的12组总决赛选手，展示了他们动听的歌声和优美的舞姿。经过综合评分，朱傲谦舞蹈工作室的《朝鲜顶水舞》和老年联谊会的群舞《百花争妍》并列获一等奖。朱傲谦舞蹈工作室还获最佳人气奖。兰溪星舞台是兰溪近年来参与人数最多的群众性文化活动，曾获第一届金华市宣传思想文化工作创新奖。

（金泽荣）

文物管理

【概况】 实施了国保单位余庆堂、西姜祠堂，省保单位生塘胡胡氏宗祠、上唐承庆堂和省级历史文化街区永昌古街之水阁楼的维修。争取了诸葛、长乐村民居修缮工程一期和二期工程共8个项目的国家重点文物保护专项补助资金820万元和芝堰村建筑群修缮工程二期项目国家重点文物保护专项补助资金622万元。争取了省级文物保护资金272万元。完成国保单位诸葛、长乐村三期维修工程，省保单位梅江镇通洲桥、香溪镇香山寺塔和赤溪街道后龚永锡堂的项目立项。完成市文联、财政局、图书馆、栖真寺等12家单位的文物认定和信息采集，发现了清代鱼鳞册、明代北藏经书等一批重要历史文物。

【实施生塘胡胡氏宗祠等3处省保单位维修】 水亭乡生塘胡胡氏宗祠、黄店镇上唐承庆堂及赤溪街道山背吴氏宗祠均为省级文物保护单位。生塘胡胡氏宗祠建于明万历，清至民国重修，平面布局呈回字形四合院，由门楼、前进、中厅和后进组成，占地面积1220平方米，2013年10月进场施工，2014年12月完工，总投资约100万元。上唐承庆堂始建不详，现为明末时期建筑，平面格局为三开间二进一天井，为典型的明代楼上厅结构，占地面积243平方米，2014年9月开工，12月完成了第一期维修工程，总投资约40万元。山背吴氏宗祠始建不详，现为清中期所建，平面格局为五开间三进一穿堂，由前进、中厅和后进组成，占地面积715平方米，12月开工，总投资约160万元。

文化市场管理

【概况】 截至年底，全市有各类文化经营场所448家，其中网吧68家，电子游戏室13家，歌舞娱乐场所29家，印刷企业180家，出版物经营单位100家，文艺表演团体13家，打字复印58家。2014年，围绕重点时段、重点区域及群众重点反映的问题开展了节假日、校园周边环境、暑期网吧等各项专项整治9次，开展秋风、清源、净网专项整治3次；出动检查执法人员645人次，检查各类文化经营单位1316家次，受理举报3件，取缔无证摊点10处，查缴非法音像制品5000余张，收缴非法小报130余份、一般盗版出版物324本（册），查处违规经营行为案件30件。

（盛建蓬）

图　书

【概况】 兰溪市图书馆为国家一级图书馆。截至2014年底，馆内藏书224036册图书，其中图书及地方文献170383册，报刊53653册，电子期刊300种，电子文献5910种，视听视频文献13783件，电子宗谱文献760种，电子资源总量达2.3万册,容量4.7T，其中文化信息数字资源总容量1.6T，外购数字资源1.9T,自建资源1.2T（包括兰溪传统食品数据库和家谱数据库）。藏有特色文献影印本《四库全书》《金华丛书》《十通》《古今图书集成》等大型类书、丛书。采用计算机技术，通讯技术与信息处理技术进行管理，设置各类信息点105个，采用GLIS6.3图书管理系统，对文献的采访、编目、查询、流通等进行计算机管理。

【浙江图书馆兰溪分馆建成开放】 4月23日，浙江图书馆兰溪分馆正式揭牌对外开放，这是浙江图书馆首家跨地区、跨县市实现资源共享，图书通借通还的县级分馆，馆内配备馆藏图书5万余册。

浙江省图书馆副馆长和兰溪市宣传部长为兰溪图书分馆揭牌（市文广新局提供）

【举办“兰江大讲堂”】 举办“兰江大讲堂”，通过部门合作，围绕各部门社会服务职能，商定选题，截至年底，已完成13堂公共讲座，累计听众达1400余人次。第一期《浙中小城　江南大邑》，主讲浙江师范大学教授陈国灿；第二期《饮茶与健康》，主讲浙江大学茶学系硕士研究生罗文文；第三期《形形色色的网购陷阱》，主讲浙江智仁律师事务所专职律师张逸君；第四期《社会养老中儿女尽孝的两重性》，主讲兰溪市广华敬老院院长洪佐华；第五期《读论语　做君子》，主讲浙江科技学院教授张嵛；第六期《和谐家庭建设的理论与实践》，主讲浙江师范大学教授许放明；第七期《经济十字路口　企业家面临的三件大事》，主讲浙江大学教授王曙光；第八期《从传统文化中汲取成就幸福人生的智慧》，主讲金华市婺城区宣传部副部长沈根新；第九期《婚姻中的沟通艺术》，主讲国家二级心理咨询师谢需；第十期《企业精细化管理》，主讲兰溪市人民政府副市长吴一成、浙江大学教授梅智成；第十一期《打开写作的想象之门》，主讲浙江教育学院教学月刊社《作文新天地》杂志执行主编金旸；第十二期《战略数据成本管控》，主讲台湾资深顾问、复旦大学EMBA教授刘绍宏；第十三期《老子大道智慧与幸福人生》，主讲浙江大学继续教育学院特聘教授道觉大师。

【联办“难以忘却的记忆”图片展览】 9月18—20日，“九一八”事变爆发83周年之际，由市档案局和市图书馆联合举办的“难以忘却的记忆”抗日战争图片展，在市府广场举行。兰溪是浙江省受日本侵略军残害最为严重的县份之一，兰溪人民在这场战争中蒙受了巨大的牺牲和惨重的损失。此次图片展共展出20余块展板，通过图片档案和文字叙述控诉了日寇对兰溪的军事侵略、经济掠夺和残酷统治，展示了兰溪军民抗日斗争英勇事迹，同时展出了新时代国防建设的发展成就。展览现场，开展了“勿忘历史 振兴兰溪”广场万人签名活动。

（胡美良）

群众在看展览图片（市文广新局提供）

体 育

【概况】 全市群众体育组织网络健全，初步形成了一个以市体育总会为核心，12个单项体育协会为主体的群众体育网络体系。截至年底，共创建小康体育村488个，体育强镇乡(街道)14个，城市体育先进社区19个，浙江省村级体育俱乐部14个，国家级青少年体育俱乐部1个，省级青少年体育俱乐部3个，省级社区体育俱乐部12个，村级体育俱乐部11个，浙江省中心村体育休闲广场4个，中心村体育休闲公园3个，省级青少年户外体育活动营地1个。全市晨晚练活动点有130多个，体育指导员600多名，体育锻炼人口22万多人。体育健身苑、健身步道社区全覆盖。

【机关运动会】 5月5日，省第二届全民体育节兰溪启动仪式暨兰溪市“活力机关 健康兰溪”机关运动会开幕式在市体育中心举行。市机关运动会比赛项目设象棋、围棋、乒乓球、羽毛球、拔河、跳绳、定点投篮、趣味接力8项。来自市领导、党群、宣传、农口、政法、商贸等12个机关单位的代表团的600多名运动员参加比赛。

【“保护母亲河　畅游家乡水”活动】 8月9日，以“五水共治”为主题，举办了“保护母亲河　畅游家乡水”活动，1300名游泳爱好者在市区中洲公园江边沙滩下水，畅游兰江。700多名游泳爱好者分别在水亭乡金印水库、永昌街道东风水库、赤溪街道常满塘、黄店镇上包甘溪段、梅江镇梅溪段、马涧镇东叶村6个分活动场游泳。兰江上下游县市游泳爱好者参与兰江主会场活动。这次活动，以兰江为主活动场地，其他溪流、山塘水库为分活动场的形式，营造了全民参与的全景式游泳场面。

横渡兰江（王恩贶摄）

【兰溪市龙舟赛】 9月18日，2014年兰溪市龙舟赛在灵羊岛举行。兰溪沿江8个镇乡（街道）和梅江镇共9支龙舟队参加了龙舟赛，其中云山街道组建的女子龙舟队与8支男队一起比赛。兰江街道和女埠街道的龙舟队分别夺得200米直道竞速前两名，代表兰溪参加2014浙江兰溪龙舟邀请赛。这届龙舟赛除了水上有精彩赛事外，灵羊岛上还有20项“非遗”展示，包括粮食砌、孔明锁、烫画、无骨花灯制作等，其中鸡子馃和酥饼两项“非遗”美食还现场制作，让观众既饱眼福又饱口福。

【浙江兰溪龙舟邀请赛】 9月19—21日，由省体育局、省体育总会、省龙舟协会、金华市体育局和兰溪市人民政府共同主办的浙江兰溪龙舟邀请赛在兰溪灵羊岛举行，这是兰溪连续第三年举行龙舟赛。来自嘉兴市体育总会龙舟队、绍兴文理学院龙舟队、龙游县职业技术学校龙舟队、龙游泽龙公司龙舟队、建德市新安江龙舟俱乐部双泉村代表队、浙江温州瓯海区威华龙舟队、台州市黄岩区龙舟队、浙江锐信温州茶山龙舟队、临海市冬泳协会龙舟队、丽水市龙舟队和兰溪市兰江街道龙舟队、女埠街道龙舟队等12支龙舟队，参加了200米、500米直道竞速比赛。经激烈角逐，龙游泽龙公司龙舟队、兰溪市兰江街道龙舟队、丽水市龙舟队分获200米直道竞速前三名；龙游泽龙公司龙舟队、兰溪市兰江街道龙舟队、温州瓯海区威华龙舟队分获500米直道竞速前三名。

奋勇争先（王恩觃摄）

【承办浙江省大学生足球比赛】 11月23—28日，由省教育厅、省体育局主办，兰溪市教育局、兰溪市体育局承办的浙江省大学生足球乙丙级联赛在兰溪举行，这是兰溪市首次承办全省性足球联赛。来自全省17所院校的18支足球队400名运动员参加比赛，其中参加乙级联赛的有浙江传媒学院、浙江大学城市学院等8支代表队，参加丙级联赛的有浙江财经大学、杭州职业技术学院等10支代表队。比赛在兰溪市体育中心和兰溪一中足球场举行，共举行44场比赛。浙江师范大学普通队、台州学院队分获乙级组、丙级组比赛冠军。

（胡顺洪）

足球比赛结束后运动员合影留念（王恩觃摄）

广播电视

【概况】 2014年6月，兰溪市广播电视台（简称市广电台）因“一省一网”整合发展，对主要职责、内设机构和人员编制作了重新设置。台内设办公室、财务室、总编室、乡管办、制播技术中心、广播节目中心、电视新闻中心、电视社教中心、文化传播中心、兰溪网络电视台（《兰溪之窗》网站）10个部门，核定人员编制120名，实有在岗职工122名。

2014年，市广电台配合市委、市政府中心工作，先后开展了“五水共治”“党的群众路线教育”“三改一拆”“创国卫”等20多个主题报道；摄制《唤得秀水润兰溪——五水共治工作纪实》《足迹——兰溪市机关干部好作风纪实》《新兰溪 新水经》等10多个专题汇报片；推出了“问水面对面”电视舆论监督专栏和“正风提效”广播系列节目；完成市“两会”、全市干部大会、党的群众路线教育动员部署会、“五水共治”现场会、作风建设暨工业经济“百日攻坚”动员会等重大会议活动的电视直播。

广播频道，举办调频立体声广播开播20周年听友联谊会；新闻栏目开通“微视兰溪”微信公众互动平台，用户突破15000人。广播外宣在金华台用稿量居各县市第三名，获全省新闻协作二等奖。电视频道，栏目《民生6+1》注重选题策划，紧贴民生，利用微博、微信互动平台，加强与观众的互动联动，民生品牌初显成效；《兰溪好人》栏目累计播出100多期，报道好人100多名，传递社会正能量；《金色田野》对农节目再次获得全省对农服务建设工程优秀奖。电视新闻《处理违纪违法干部 电视网络现场直播》以单条形式在浙江卫视新闻联播头条播出。电视外宣在金华台用稿量居各县市第二名，获全省新闻协作三等奖。

杨梅节上，电视记者采访杨梅种植户（王恩觊摄）

5月22日，兰溪广播电视台调频广播20周年听友会（市广电台提供）

规范经营管理，整顿规范医疗药品广告，制订出台了《关于规范经营创收活动的若干意见（试行）》。成功举办兰溪市第三届房博会，吸引金华、兰溪等地14家房产商参展；举办兰溪首届足球宝贝、少儿模特、篮球联赛等赛事活动；打造广电活动品牌。开展广电小记者、小主持人艺术培训和暑期影视小演员选拔活动，开办《欢乐少年派》少儿电视栏目。

推进技术升级，完成非编机房、播出机房、配音系统的升级改造。完成全市农村应急广播体系建设方案论证和设备招标采购。2014年，未发生广播电视安全播出重大责任事故。

【推出《问水面对面》舆论监督专栏】 3月17日，开设《问水面对面》舆论监督电视专栏节目，助推“五水共治”中心工作开展。节目在《兰溪新闻》和《民生6+1》两档新闻节目中同时推出，通过现场曝光、记者调查、报道追踪、整治回头看等方式报道。至12月底，全年共播发相关报道124篇。所报案例均上报兰溪市五水共治办公室，再由市五水共治办公室抄告督办。初步统计，舆论监督报道所反映的问题，解决率在80%以上，体现了兰溪广播电视台的主流媒体力量。

3月28日，兰溪广播电视台开展“携手五水共治 共建美丽家园”送文化下乡演出活动（市广电台提供）

【开通“微视兰溪”微信公众号】 推动传统媒体与新媒体融合发展，11月1日，开通《微视兰溪》公众互动平台，与同城自媒体抢占受众市场。整合新闻中心《兰溪新闻》《民生6+1》两档节目，与电视新闻节目实现了优势互补。至12月底，推送300条新闻信息，开展线上线下推广活动，互动平台已具雏形，形成头条、资讯、独家、互动、活动等版块，平台用户已突破15000人。

【开办《走南闯北兰溪人》电视专栏】 电视专栏《走南闯北兰溪人》节目，采用制片人制运作模式，反映兰溪人在外创业故事，阐释“创新创业，包容自强”的新兰溪精神。节目于8月11日正式推出，全年共播出18期，报道了张鸿书等18个在外创业兰溪人。栏目组已经走访了云南、河南、江西、浙江、上海等地，到过15个县市区采访。

【开办《故事兰溪》方言剧】 拓展新的节目形态，采用社会化运作模式。8月，开办了《故事兰溪》方言剧，宣传兰溪本土文化。节目运作模式采取广电台提供播出平台，水鸟影视工作室负责演员选拔、剧本编撰、摄制等内容创作，每集时长20分钟，运作成本由栏目冠名、剧情场景植入广告等形式自行解决。至年底，已播出21集。

（熊雪军）

兰溪华数广电网络公司

【概况】 兰溪华数广电网络有限公司由原兰溪市广播电视台有线网络转制而来，是浙江华数广电网络有限公司的全资子公司。公司注册资本金8000万元，主要经营兰溪区域内的有线数字电视、数据通信等业务，现有员工148人，用户18.4万户。公司下设5个部门：综合管理部、财务账务部、客户服务部、市场营销部、工程技术部和兰江、云山、上华、游埠、永昌、黄店、马涧、梅江8个广电中心站。2014年，兰溪华数广电网络有限公司加快机制转换、加快网络升级改造、加快业务发展、加快服务提升，各类用户突破21万户。获得省公司互动、宽带等关键指标发展优胜奖，综合考核列全省子公司前茅。

基本电视有效用户完成18.39万户，比上年增加0.49万户；互动电视用户完成1.26万户，比上年增加0.83万户；付费频道用户完成1.53万户，比上年增加0.39万户，增长34%；宽带用户完成2.2万户，比上年增加0.71万户。完成了11个镇乡（街道）27个村的274个监控终端的村居监控建设；完成了镇乡（街道）敬老院、数字工地项目等284个监控终端的监控项目建设。

实施了老城区铁路以内、香溪集镇的接入网改造，广电中心数字机房到16个镇乡(街道)的骨干网建设，投入资金2200多万元，新建小区光纤入户建设。

（蒙光明）

技术人员在架设光缆（华数公司提供）

兰江导报

【概况】 2014年，《兰江导报》围绕兰溪市委市政府“强工业、兴三产、优环境、惠民生、促和谐”15字方针，做好典型报道，特别在群众路线教育活动、“五水共治”“三改一拆”“创建国家卫生城市”等方面，开设栏目，大主题新闻的报道力度。跟进兰溪“十大指挥长工程”“四边三化”“五城五开”等重点工作及重点工程的报道，做好“畅游兰江水 保护母亲河”“全省龙舟邀请赛”等重大活动的前期策划和报道。

强化经济新闻报道，在要闻版开设了服务实体经济的相关栏目，做好兰溪重点农产品枇杷、杨梅等节会新闻及节会前后的产销经济新闻，服务三农；为兰溪纺织、水泥等重点行业的经济新闻、产业调研分析做好文章。

反映民情民生，发挥百姓和政府部门之间的桥梁纽带作用，发挥媒体的舆论监督作用。加强民生新闻的报道力度，做好“有事你说话——民声热线”“记者在现场”“来自联系点的报道”“记者当班”、互动、帮办等品牌栏目。重点关注了入夏以来用水紧张、防讯抗洪、步行街夜市搬迁、公共自行车、西门城墙倒塌等涉及民生事件，及时进行舆论引导。帮助读者解决疑难问题，在党委、政府部门和读者之间架起了一座沟通交流的桥梁。“民生”等版关注困难、弱势群体，开展一些帮扶工作，宏扬社会正能量。推出的《最美新娘》等多个系列报道，引导市民向弱势群体伸出援助之手。开学季来临，推出“助寒门学子　汇爱心暖流”系列报道，为100名寒门学子筹得30多万元善款。推出《身边的好人》栏目，全年共推出兰溪好人近50名（组）。

是年，报社深化“走、转、改”活动，转变文风和作风；探索全媒体时代的报道方式，改进会议报道和时政新闻报道程式化的状况；加强策划，增加深度报道和精品报道；加强“记者在现场”“来自联系点的报道”“记者当班”“民情民声”等一线品牌栏目建设。实行以“日评、周评、月评”为主的出版质量考评体系。对原有的采编考核办法进行修改，加大了对一线岗位和基层报道稿件考核的倾斜力度。深化报网互动，尝试媒体融合报道新模式，促进纸媒与新媒体质量的共同提升。2014年，《兰江导报》获一个省好新闻二等奖。

2014年，《兰江导报》的商业广告、市外广告均有不同程度的下降，拓展报外经营，举办房展、汽车展等各类展会，开展各类赛事，补充了广告经营的不足。加强内部管理，提价提折保证版面的含金量。首次涉足文化产业，与上海龙越文化有限公司、兰溪市委宣传部联合摄制兰溪首部电影《我为花狂》。《兰江导报》全年广告经营总收入为950万元，比去年同期略有增长。2015年《兰江导报》发行量为23000份。

在报业机制转换方面，兰溪市委和金华日报社进一步明晰了双方合作办报关系。按照兰溪市委2014年4月30日第15号文件精神，兰江导报社按程序开展了兰溪市兰江导报传媒有限公司注资方面的一系列相关工作。截至年底，金华日报社占比51%的注资已全部到位，兰溪新闻传媒中心占比49%的资产注入工作进入扫尾阶段，为下一步公司的正常运营打下了基础。

【20多位记者到环卫一线体验生活】 深化“走、转、改”活动。11月7日，记者节的前一天，20多名采编人员专程前往兰溪的3处新建环卫作业场所，感受环卫作业方式的变革。体验采访后，推出了专版《现代化环卫作业正向我们走来》。从有机物处理无臭味、停车场里的新玩意和资源化利用破解“垃圾围城”三个方面，报道兰溪环卫事业的不断发展，环卫作业设备与模式已逐步走向现代化。

【探索媒体融合发展途径】 以兰溪新闻网的采编和技术力量为依托，建设“兰溪新闻APP”和“兰溪新闻”微信公众号，于9月试运行。到年底，“兰溪新闻APP”已发展用户15000户，“兰溪新闻”微信公众号已发展用户18000户，并成立了相对独立的新媒体工作室。随着新媒体的开发试运营，还尝试《兰江导报》、兰溪新闻网、“兰溪新闻”APP、“兰溪新闻”微信等新媒体的多维联动报道新模式，为下步媒体的融合发展打基础。

（周友香）

兰溪新闻网

【概况】 2014年，兰溪新闻网围绕建设“党的群众路线实践活动”“五水共治 美丽兰溪”等主题，加大正面宣传，激发正能量、传递正能量、汇聚正能量。把握互联网传播新技术发展趋势，建设推广兰溪新闻微信公众号、兰溪新闻APP。加强报网融合、新媒体融合，组织开展多种形式健康有益的活动，被浙江在线评为2014年度优秀支站。在舆论引导方面，加强互动栏目的审核，杜绝虚假、不良、负面、低俗的信息，营造清朗的网络空间，弘扬社会主义核心价值观。

【“常委直播间”点击量25万余人次】 开设了“追赶跨越转作风　重振雄风惠民生——常委直播间”专题，邀请14位市委常委作客兰溪新闻网与网友开展互动，共话党的群众路线实践活动，活动引起了网民热烈反响。常委与市民互动中，有360多位网友向常委们提问，常委们也对

160余个问题在网上即时答复，专题点击量达25万余人次。

【“五水共治　三改一拆”浏览量28万余人次】 建立“五水共治 美丽兰溪”“三改一拆 美化环境”专题。“五水共治 美丽兰溪”专题设有媒体报道、生态兰溪我承诺、媒体监督等栏目；为增强与网民的互动，增进“五水共治”的百姓参与度，还在兰江论坛开设“寻找身边的垃圾河臭水塘”专栏，有40条主题帖，发布的“‘五水共治、美我家园’意见建议及新闻线索征集帖”浏览量近2万，回复68条。整个专题浏览量达28万余人次。

【丰富“文化礼堂”专题】 丰富完善“文化礼堂”专题内容，该专题设有精品礼堂、兰荫学堂、礼堂活动等栏目，通过文字、图片、视频等形式，呈现兰溪源远流长的村史、深厚的文化积淀、勤劳淳朴的民风以及新时期新农村村容村貌的巨大变化，挖掘了农村优秀传统文化，增强了村民对自己家乡的自豪感和归属感。

（雷雪刚）

兰溪市新华书店

【概况】 浙江兰溪市新华书店有限公司，2014年实现全年销售总额（码洋）3076.39万元，销售数量310万册，发行品种4.29万种，实现利润148.37万元，纳税总额64.71万元。新增加盟小连锁店一家——新华书店松涛书院店。

2014年，市新华书店获浙江教育出版社“百校、百品、百万书香童年”暑期精品读物大联展一等奖；“百日教科文”营销创意大赛优秀组织奖。

【开展暑期读书活动】 4—11月，配合市精神文明办公室、市教育局开展第五届“温暖的旅程”未成年人暑期亲子读书活动。活动围绕“快乐阅读 和谐成长”这一主线,以传承中华传统美德和践行社会主义核心价值观为重点展开。对参与读书活动的62所学校实行送书上门，读书活动共发行活动用书2.1万册，码洋46万元。

（陈展洪）

医疗卫生

综　述

【概况】 2014年，全市共有各类医疗卫生机构663家。其中市属公立综合医院（人民医院）1家，中医（综合）医院1家（中医院），公共卫生事业单位7家，乡镇卫生院10家，街道社区卫生服务中心6家，社区卫生服务站89家，村卫生室410家，民营、个体医疗机构116家，厂（校）医务室24家。全市公立医疗卫生单位共有卫生工作人员2899人，其中执业（助理）医师1771人，注册护士1128人。乡村医生401人。平均每千人拥有医生2.68人、护士1.71人；总床位1776张，每千人床位数2.69张。全市民营医院床位达420张，民营医院占公立医院床位比达24.19%。

7月8日，市长朱瑞俊、副市长陈艳等调研主城区医疗卫生机构布局情况（市卫生局提供）

【卫生改革】 公立医院改革有序推进。2014年，4家公立医院（人民医院、中医院、妇幼保健院、皮肤病防治站）业务总收入6.224亿元，同比增长19.23%；门诊人次136.05万人，同比增长14.31%；住院人次46628人，同比增长22.01%；门诊均次费用同比增长2.91%，住院均次费用下降1.58%，破除“以药养医”机制，建立科学有效的公立医院经济运行新机制，激发运行活力，解决城乡居民看病就医问题。16家镇乡卫生院、街道社区卫生服务中心门诊人次有一定幅度增长，医改强化基层医疗卫生单位的作用逐步显现。基层医疗卫生单位绩效工资分配改革有序推进。制定下发《2014年兰溪市基层医疗卫生绩效考核及分配的细化方案》《兰溪市基层医疗卫生机构分级分类考核说明》等4个配套文件，以及《兰溪市医疗卫生单位年度考核细则》等3项考核标准，作为此次改革的一整套方案付诸实施，激励基层单位工作积极性，助推兰溪基本医疗和公共卫生服务水平。委托第三方兰溪市农村卫生协会首次开展医疗卫生单位满意度问卷调查，强化以“病人为中心”的服务理念，提高患者、职工及社会的满意率，共走访调查全市16个镇乡（街道），61个行政村，5200余人。

12月16日，在诸葛镇开展2014年兰溪市医疗卫生单位满意度调查(市卫生局提供)

【公共卫生服务】 探索全科医生团队建设，实施全科医生签约服务，16个镇乡卫生院（街道社区卫生服务中心）已有6家建成全科医生团队。建立农村公共卫生三级服务网络团队1547人，其中公共卫生管理员16名，公共卫生联络员646名，社区责任医生552人；城市公共卫生服务网络团队36个，其中公共卫生管理联络员28人，社区责任医生71人。全市城乡居民健康体检18.24万人次，建立规范化健康档案58.7万份，高血压管理5.23万人，糖尿病管理1.13万人。城乡参合居民60岁以上老年人体检69847人，体检率69.7%；0～6岁儿童及中小学生体检96035人，体检率100%。体检结果异常人数69037人。其中：高血压26432人、糖尿病7253人、高血脂10745人、肝功能异常6152人、肾功能异常3257人、疑似恶性肿瘤49人、良性肿瘤2283人、胆石症10132人、泌尿生殖系统疾病2336人、慢阻肺223人、精神病149人、肺结核26人。传染病疫情和突发公共卫生事件规范化报告率100%、及时率100%。

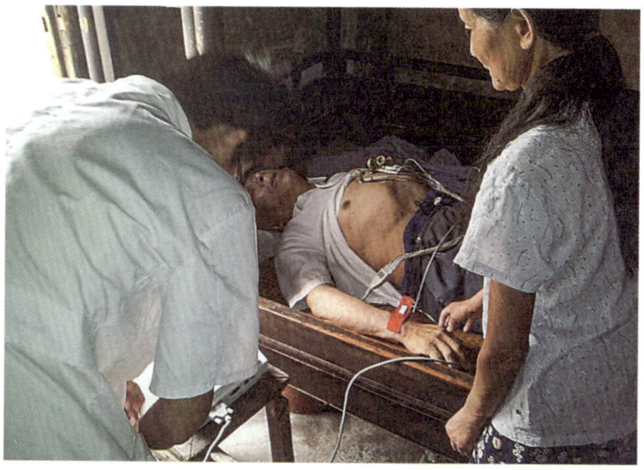

7月16日，女埠街道社区卫生服务中心医务人员在泽基村上门为行动不便的老人体检（朱顺刚摄）

【卫生执法】 依法开展卫生行政许可工作，履行传染病防治、医疗、生活饮用水、公共场所、职业和学校卫生监督执法工作。重点开展非法医学美容整治专项活动和全市辖区内非法行医活动的整治,成立打击非法医疗美容专项整治小组，对全市60余家生活美容场所、2家医疗美容机构开展专项监督检查，共查获涉嫌开展非法医疗美容单位25家，立案25家，移送市场监管部门处理2家，暂扣药品、器械等物品30件。对辖区内非法行医活动开展专项监督检查，共立案查处31家，其中对涉嫌违法犯罪行为的移送兰溪市公安局3件。全年在各条线的监督检查中共发现违法行为并予以立案94件，结案92件，申请法院强制执行5件，行政罚款金额共计23万元。成立各类突发公共卫生事件应急队伍，完成金华市突发公共卫生事件应急演练，达到全市中等水平应急处置能力。创建4家镇乡（街道）卫生监督协管服务示范点（永昌街道、梅江镇、游埠镇、云山街道），规范辖区内医疗机构的医疗废物暂存点。

【妇幼保健】 2014年，全市共有产妇4101人，孕产妇建卡率99.4%，孕产妇系统管理率98%，产前筛查率91.25%，住院分娩率100%，高危孕产妇管理率100%，产后访视率98.89%；无新生儿破伤风发生；新生儿访视率99.8%，母乳喂养率87.22%，新生儿疾病筛查率99.8%。婚前医学检查9110人次，检查率96.4%。其中农村孕产妇住院分娩补助1919人，艾梅乙项目免费检测率99.78%，新生儿疾病筛查率99.17%，追访率100%，农村妇女免费增补叶酸项目任务完成率150.8%，依从率96.9%，均达到目标要求。孕产妇保健工作措施得力，工作机制完善。危重高危孕产妇管理措施得力，人民医院发现危重孕产妇报告及时，妇幼保健院立即组织严密追踪随访，不抛弃，不放弃，动用政府、媒体等多方力量，终于及时终止妊娠，防止病情进一步发展，挽救了孕妇生命，实现了孕产妇零死亡，得到金华卫生局通报表扬。妇幼健康技能竞赛成绩显著。妇幼健康技能竞赛获金华市团体一等奖，2人获一等奖，1人获二等奖，3人获三等奖。10月30日，永昌街道社区卫生服务中心周朝芬代表浙江选手参加全国妇幼健康技能竞赛决赛，获个人二等奖。爱婴医院复核工作进展顺利。建立和完善长效机制，纳入常规工作，措施落实到位，母乳喂养率显著提高，通过金华大市复核。创新妇幼保健工作新模式。全市建立妇保、儿保QQ与微信群，妈妈微信群，实现县乡级妇幼人员及时交流信息，主动收集有基础疾病、有高危因素的育龄妇女信息进行孕前干预指导，使高危管理关口前移。保健人员与准妈妈、妈妈团实现零距离随时交流，方便妈妈团需求，提高群众对保健满意度。

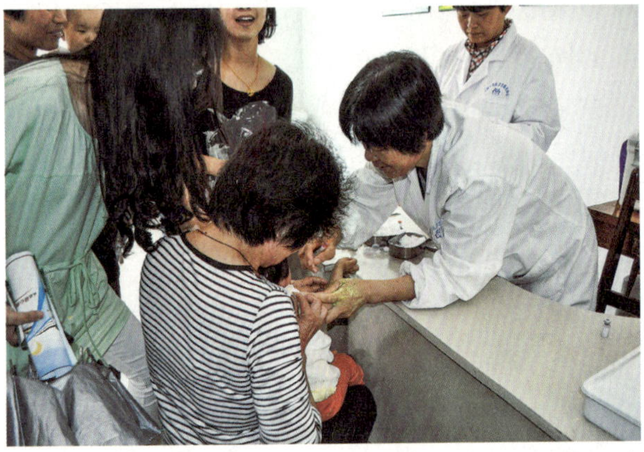

5月20日，灵洞乡卫生院开展农村孕产妇、儿童保健工作（市卫生局提供）

10月30日，永昌街道社区卫生服务中心周朝芬（左二）在“全国妇幼健康技能竞赛”中获围产保健组个人二等奖（市卫生局提供）

【疾病防控】 辖区内医疗机构全年共报告法定传染病（按发病日期统计）19种2078例（不包括HIV），发病率为364.66/10万，发病数比去年同期上升14.9015%（主要原因是2014年手足口病高发）。全面实施免疫规划，完成麻腮风疫苗补种749人次，接种率97.88%；脊灰强化免疫实种16092人，接种率96.09%。疾控中心、人民医院、妇幼保健院3家VCT正常运转率100%，共接待求询者555人，HIV检测538人，检测率96.94%，发现初筛并确证阳性6例。收治肺结核病人355例,其中初治涂阳174例，复治涂阳37例，涂阴144例。全市通过网络直报系统报告肠道传染病809例，无甲类霍乱病例报告，无死亡重症病例。开展H7N9防控，未报告人感染H7N9禽流感病例。全市继续采用专业查螺队的方式开展查螺，共对9个镇乡（街道）57个村开展钉螺普查，查螺面积314.6万平方米，共查出有螺面积36170平方米，与去年相比，有螺面积下降30%。开展全民健康生活方式行动，共创建健康学校2家，健康餐厅2家，健康食堂1家，健康社区1家。全市有4个健康小屋正在规划建设中。

4月2日，市疾控中心工作人员在女埠街道开展流动儿童接种率调查（市卫生局提供）

【爱国卫生】 兰溪市继2013年获得浙江省“灭蚊灭蝇先进城区”称号后，2014年又获得浙江省“灭鼠灭蟑先进城区”称号。开展公共场所控烟工作，推进无烟单位创建，无烟医疗机构覆盖率达100%。完成25个村自来水修复改造工程，改善2万人的饮用水条件。推进国家卫生城市创建，2014年10月通过金华市爱卫会对兰溪市创建国家卫生城市的工作考核，12月，金华爱卫会正式推荐上报浙江省爱卫会，兰溪市创建国家卫生城市工作进入省级调研暗访阶段。

【中医药】《兰溪市三级康复服务体系建设及中医药技术示范》通过浙江省科技厅科技惠民项目

技术论证，将用三年时间建立一个布局合理、层次分明、功能完善、富有效率的区域性三级康复服务平台，提升康复技术水平和康复服务能力。培养中西医结合人才，委托浙江中医药大学举办一期西学中学习班，培训时间2年，有53人参加。开展张山雷生平及其对中医药贡献学术讲座，邀请中国中医研究所朱定华研究员主讲，21个医疗卫生单位及一些从事中医、中药的专家学者84人参加学术交流。完成“2014年基层中医药服务能力提升工程”验收检查。

【医政管理】 医疗质量持续提高，健全医疗质控网络，落实质控机构管理制度。全市各医院（包括社区卫生服务中心）建立医疗纠纷处置预案，引入第三方调解机制，各公立医疗机构全面参加“医疗责任保险”；医疗安全防范、处置措施得到加强。明确质控专家对医疗质量管理的主体地位，重视和采纳质控专家建议，发挥各质控中心在医疗质量控制中的作用。根据《处方管理办法》《医院处方点评规范》要求，落实处方点评制度。开展“优质护理服务示范工程”和门诊预约诊疗工作。市人民医院和市中医院逐步实施“优质护理服务示范工程”和电子病历及开通门诊预约诊疗工作。完善对口支援协作关系，结合医院等级，采取自愿双向选择与指令性安排相结合的方式，人民医院、中医院、妇幼保健院分别与9所镇乡卫生院（街道社区卫生服务中心）开展对口支援协作关系。

【首批兰溪市名医、名院长、医界新秀评选】 开展首批兰溪市名医、名院长、医界新秀评选。经单位推荐、实绩核实、专家委员会评审，评选出兰溪市何显森、毛春发、陶茂根、蒋晶飞、吴建新5名第一批名医，应佑华、姜黎平、张友明3名名院长，水跃翔、潘卫平、张卫军、周朝芬4名医界新秀。

【科研教育】 11月13日，市人民医院在省内多家医院的通力合作下，首次使用体外膜肺技术“人工肺”，成功抢救极重症肺炎病人，这是浙江省县市级医院成功开展的第一例体外膜肺支持治疗技术。市人民医院成功申报急救类示范基地，有序开展省级基层十项适宜技术基地建设。全市医疗卫生“金桥工程”通过兰溪市验收11项；2014年，全市医疗卫生单位申报省级科技计划项目立项3项，其中市卫生局2项、市人民医院1项；申报金华市科技计划项目立项8项，其中市人民医院6项、市中医院2项；申报兰溪市科技计划项目立项24项，其中市人民医院18项、市中医院4项、市红十字医院2项；申报兰溪市“金桥工程”项目立项11项，其中市人民医院6项、市中医院5项。在全国各级医学期刊刊出医学论文50余篇。注重卫生技术人才队伍培养建设，市人民医院、中医院73人参加临床住院医师规范化培训；市卫生进修学校与桐乡市综合中等专业学校联合开办全日制护理中专班一个，面向兰溪招生，招收学生50人；成人医学教育招收4个班级新生152人。市医学科学研究所举办《基层医疗卫生机构开展国家基本药物应用指南及处方集》培训1182人；国家级I类学分继续医学教育项目培训班一期235人；市级继续医学教育项目培训班二期415人次；初级卫生技术人员继续医学教育培训728人。12月18日，市医学科学研究所被金华市卫生教育培训中心评为“2014年度金华市继续医学教育先进单位”。

1月7日～17日，在市中医院、人民医院开展兰溪市国家基本药物临床应用指南和处方集培训（市卫生局提供）

【科普宣传】 开展“健康中国行——浙江全民健康素养促进活动”、浙江省健康教育“进村入户”“服务百姓健康行动”全国大型义诊活动周等活动，全年共开展各类宣传日活动11次，健康教育讲座198次，受教育人数达1万余人，发放各类健康教育宣传资料48.9万份。

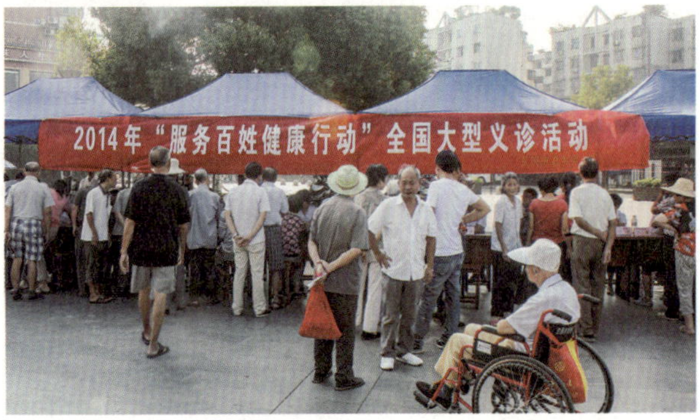

9月17日，组织医疗专家在和平公园开展“服务百姓健康行动”（市卫生局提供）

【基本建设】 市中医院病房大楼建设工程竣工，11月29日正式投入使用。该工程总投资1.3亿元，建筑面积16573平方米。建成后，新增床位395张，病区4个，引进麻醉、急诊、血透水处理机、16排螺旋CT等先进大型设备，全面提升硬件设施。金华市中心血站兰溪分站处于装修阶段，计划将在2015年正式启用。新添置水质检测设备，检测项目从原来30项提升至37项。

【无偿献血】 全年无偿献血2952人次，无偿献血量976610毫升。

【红十字会】 应急救护培训被列入金华市民生实事项目，全年共培训红十字救护员1432人，普及性培训5683人，首次对有兴趣的市民和机关干部进行应急救护公益培训。开展博爱进万家活动，走访慰问困难群众60多户。与金梭纺织公司合作开展“金梭红十字博爱助学”行动，共发放助学款5万元，80余名贫困学生受助。人体器官组织捐献实现零的突破，遗体捐献登记2例。发放下拨救灾款5万元，蚊帐、毛巾被等物资价值5.5万元，受益200多人。为云南鲁甸地震灾区募捐1.1万元。新增兰溪市振兴学校红十字会和兰溪市育才中学红十字会，全市学校红十字会达4家。

【党的群众路线教育实践活动】 开展各项工作，做到“规定动作”不走样，“自选动作”有特色，活动重点突出、特色鲜明、成效明显。通过原汁原味、原原本本的理论学习和开展观看廉政影片、专题辅导等集中学习活动,广大党员干部思想受到了洗礼,党性得到了锤炼,精神上补了“钙”，改进作风的紧迫感越来越强。通过建立党代表群众工作站、下访接访等多种形式共征求到各类意见、建议151条，其中涉及“四风”问题30余条。梳理出27项问题整改清单，年底前全部解决。

【全市公立医疗卫生机构】

兰溪市人民医院
兰溪市中医院
兰溪市卫生监督所
兰溪市疾病预防控制中心
兰溪市妇幼保健院
兰溪市皮肤病防治站
兰溪市医学科学研究所
兰溪市卫生进修学校
兰溪市卫生会计核算中心
金华市中心血站兰溪分站
兰溪市兰江街道社区卫生服务中心
兰溪市云山街道社区卫生服务中心
兰溪市上华街道社区卫生服务中心
兰溪市永昌街道社区卫生服务中心
兰溪市赤溪街道社区卫生服务中心
兰溪市女埠街道社区卫生服务中心
兰溪市灵洞乡卫生院
兰溪市柏社乡卫生院
兰溪市水亭畲族乡卫生院
兰溪市游埠镇中心卫生院
兰溪市诸葛镇卫生院
兰溪市黄店镇中心卫生院
兰溪市香溪镇中心卫生院
兰溪市马涧镇中心卫生院
兰溪市梅江镇中心卫生院
兰溪市横溪镇卫生院

（沈正星）

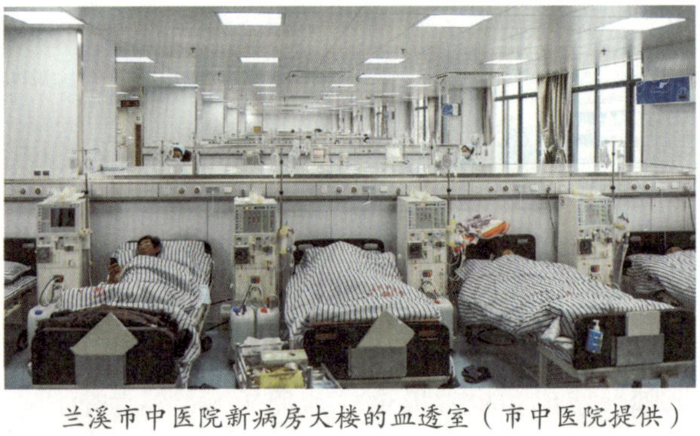

兰溪市中医院新病房大楼的血透室（市中医院提供）

镇乡（街道）

兰江街道

【概况】 兰江街道有67个行政村、9个社区，区域面积约90平方千米，人口12万，是全市的政治、经济、文化中心。

2014年国地两税累计入库3.08亿元，其中工业入库2.95亿元，分别增长11.5%和13.5%；规上工业产值46.8亿元，同比增长17.4%；规上工业增加值10.29亿元，同比增长26%；规上新产品产值16.5亿元，同比增长37.8%；固定资产投资22.73亿元，外贸出口7500万美元，分别增长21.8%和18%。

省重大产业项目浙江万舟纺织年产50万纱锭项目一期主体厂房开工建设；丰登化工余热制冷、利用水煤浆技术焚烧高浓度废水联产合成氨项目投产，获省科学技术二等奖；捷高纺织大剑杆投产，广丰、玲美、凯硕喷汽织造项目投产；净增服务业统计名录库企业37家、净增限上企业9家，福泰隆、嘉泰新时代广场、东风起亚4S店和溪西、殿山农贸市场建成开业，丹溪公园地下商城如期推进，现代4S店、再生资源中心、大阜张农贸市场进场施工，点石仓储完成征地，电子商务创业园、丹溪大道地下商业街、偶寄园项目正在筹建。

征地拆迁工作。完成了排岭村、纺织品市场拆迁扫尾；完成金角大桥“一桥两路”73户拆迁；会同开发区完成上叶路、尖山路、兰江工业园37户拆迁；完成李渔路、宝龙路、兰花路、新五中、污水处理厂二期、再生资源中心、京兰文化园、金报御园征地迁坟；完成供电、工商大楼、外国语中学土地政策处理；完成红星村安置房建设和交付；正在实施下金何家二期拆迁、农批市场征地；排岭、下金、张村、登胜新村建设如期推进。

三改一拆工作。拆除违建22万平方米，改造城中村7.66万平方米、旧住宅区1.97万平方米、旧厂区8980平方米；完成农户住房现状调查；实施告知、动员、断电、拆除四步曲，基本拆除干道沿线违建；创建无违建村24个，公示750户中拆除359户、收回121户，拆除2.03万平方米；宗教活动场所拆9改6。

五水共治、环境整治。清理浒溪等河道72.7千米，关停生猪养殖场156个，取缔“低小散”企业作坊7家；33个村治理生活污水，厚仁胡生活污水试点村建成运行；浒溪断面水质考核6个月达Ⅲ类，消除垃圾河和黑臭河，承办金华市五水共治现场会；投入100多万元新建增压泵，解决了厚仁、城郊片9个村因地势高、路途远喝不到自来水的问题；完成了农防加固。在全市率先收缴卫生费，开展城中村、园中村卫生集中整治，社区广泛开展创“国卫”工作，成功创建省级灭鼠灭蟑先进城区。

社会事业发展。建成4家文化礼堂、18个村居家养老照料中心。通过省体育强街道复查。兰江敬老院被评为我省唯一的全国农村五保供养工作先进基层敬老院。排岭社区获评全国科普示范社区。街道龙舟队获浙江兰溪龙舟邀请赛兰溪第一名、全省第二名。启动了《兰江街道志》编纂。计生工作常抓不懈，计生率91.23，性别比100，妇检“三查”率99.05%，社会抚养费征收率89.56%。排查出矛盾600余起，成功调解566件；受理信访150件，办结136件；回复处理市长热线232件、兰江清风网上案件96件。

开展路线教育。班子组织集中学习13次，设立兰江讲堂，邀请讲师团、先进事迹报告团、金华市委组织部长温暖上党课；开设学习园地，组织“闪光言行照我心”演讲比赛、“三思四问”大讨论，设立群众工作站，开展走亲连心、“走村不漏户，户户见干部”等活动，以书面征求、座谈会、“摆摊设点”、发放民情联系卡等形式，广开言路听意见；班子成员围绕“四风”，交心谈心，查找自身和班子存在的问题；召开班子专题民主生活会，理出班子整改清单58项，全部整改到位。成立议政会，组织科所站队民主评议；完成中层干部竞聘上岗和联村干部双向选择。加强党风廉政建设，支持并落实纪检监察组织回归主业，出台并执行“机关纪律作风十二条规定”、村级党员干部廉洁自律规定、干部作风建设约谈等制度。

2014年，街道综合考核列全市十六个镇乡（街道）第二，被评为优秀单位。

排岭村拆迁现场（徐跃彬摄）

【重点项目集中开工】 11月14日，兰江街道举行2014年重点项目集中开工仪式。浙江奇锦纺织有限公司、金华德营食品有限公司、浙江万舟纺织有限公司、兰溪市鸿锦祥纺织有限公司等4家企业开工建设，总投资达14.08亿元。金华市政协副主席、兰溪市委书记、兰溪市人大常委会主任吴国成宣布企业集中开工。兰溪市领导朱瑞俊、刘成芝、吴一成、吴乐华，兰溪经济开发区管委会主任陈志良参加开工仪式。

（徐跃彬）

兰江街道集中开工主会场（王恩舰摄）

云山街道

【概况】 云山街道地处兰溪市江东老城区,辖10个社区，24个行政村，1个渔业大队，地域面积42.7平方公里，人口逾10万人，其中农业人口2.5万余人，居民人口约8万人。辖区内二、三产业比较集中，行业门类齐全，有黄龙洞市场、温州商贸城等综合性市场，商贸繁荣，交通便捷，公路、铁路、水路四通八达，水道上通衢江、婺江，下达富春江，古有“七省通衢”之称，金千铁路、公路47、45省道和金兰中线穿境而过，兰溪市火车站、汽车北站均在区内，是兰溪市区的老工业基地和商贸集聚中心。工业经济是云山经济的支柱，也是云山街道工作的特色与亮点。辖区内共有自立铜业、龙马制衣、万盛达、新力五金等工业企业300多家，其中年产值2000万元及以上企业14家，形成了冶炼、机械、印刷、服装等主导产业。

2014年，街道实现工业总产值80亿元，同比增长7.64%；规上工业增加值6.52亿元，国地两税1.97亿元，同比增长14.6%，其中工业税收1.88亿元，同比增长15.56%。外贸出口实现1.3亿美元，同比增长52.3%。全年工业性投入3.01亿元，同比增长19.6%。引进开源工贸、蒙纱工贸等工业项目5个，沃源科技等1个农业项目和嘉泰新时代等2个三产项目。作为市“五城五开”项目之一的海洋城项目顺利签约，招商引资项目嘉泰·新时代广场建成开业。全年实现引进内资3.56亿元，招商引资完成浙商回归项目1个，到位资金1亿元。实现批发额6.79亿元，零售额5.68亿元。

是年，云山万亩粮食功能区基础设施建设完工，相关功能布局基本完成。9月份全面启动工业园区二期陈家井地块征地工作，土地面积200亩。金角大桥完成，匝道建设拆迁涉及52户农户，实现全过程无强拆、无上访、无冲突，排屋和高层安置房建设工作全面推开。

2014年全面完成生猪整治，关停拆除生猪养殖场共计182家，处置存栏猪20277头，拆除栏舍4.8万平方米。拆除“两违”建筑13.69万平方米，旧住宅区改造1.05万平方米，旧厂区改造5100平方米，城中村改造2.81万平方米，在10个社区和14个村开展了“无违建”创建工作。开展了以吴村溪、郑家排渠、后地檀树渠和十里长湖为重点的“一溪三渠”治理，完成了7个村的农村生活污水治理。城市社区推进国家卫生城市创建工作。

建立来料加工重点村、重点企业、重点经纪人联系制度。辖区参与来料加工10021人，其中妇女7908人。2014年新增经纪人4个，新办企业3家，建立来料加工配送站1个，开展大型技术培训7次，培训人员560人次，累计发放加工费8615.27万元。农作物总播种面积29122亩，粮食播种面积13348亩，粮食总产量5650吨。加快农业现代化步伐，形成了葡萄、杨梅、小萝卜、大棚蔬菜等特色农产品种植基地。

计划生育工作，突出四项手术、妇检透环、政策兑现等重点，全年共出生591人，其中计划外生育48人，计生率达91.88%。其中男孩311人，女孩276人，出生男女婴儿性别比114，社会抚养费征收率达85.95%；应管理对象1413人，已管理对象1411人，管理率达99.86%,做好城乡居民医疗保险参保工作，参保率95%以上。

建立一月一排查一交办的工作机制，发挥全体机关干部、村、社区和企业综治工作室的主观能动性，做好防范和工作预案，开展不安定因素交办攻坚行动，对市交办的和摸排出的不安定因素和历史积案实行领导包案，限期化解。全年共调处矛盾纠纷80起，成功调处率100%。

开展党的群众路线教育实践活动，围绕“喊响云山、正风提效”的主题，狠抓党员干部队伍建设，强化干部的纪律意识、责任意识、履职能力，推动街道各项工作顺利完成。

2014年，云山街道先后被评为兰溪市2014年度综治维稳工作先进乡镇（街道）一等奖、平安镇乡（街道）、全市计生工作优胜单位等荣誉称号。

【云山街道万亩粮食生产功能区完成建设】 2014年万亩粮食功能区基础设施建设完工，相关功能布局基本完成。

【黄龙洞农展中心开工建设】 6月，黄龙洞农展中心开工建设。该项目是兰溪市2014年重点实事项目，总投资4500万元，占地9.765亩，建设面积9000平方米以上的新商贸市场。

（周　裕）

后畈村党员在清理渠道（云山街道提供）

建设中的黄龙洞农展中心（网络搜集）

上华街道

【概况】 上华街道总面积74.08平方千米，辖33个行政村、1个社区、347个村民小组。全街道总户数14621户，其中，农业户14378户；总人口44489人，其中，农业人口43361人，有外来人口880人。人口自然增长率2.7‰。山林面积812.7公顷；耕地面积2737公顷，其中，水田2506公顷。

全年实现工农业总产值244162.25亿元，比上年增长5.6%；财政总收入5183万元，增长44.0%，其中，地方财政收入2521万元；上缴国税、地税4649万元，增长29%。农村经济总收入173779万元，增长10%；村级集体经济总收入1236.27万元，增长55.7%；农民人均收入8440元，增长11.2%。

完成张坑片一期农防加固工程，在当年汛期发挥了防洪作用；启动大马地畈3100亩粮食生产功能区建设和会桥畈5000亩农业综合开发项目规划；发展新搭建钢架大棚10亩以上农户12户，面积203亩；新安装茶园喷滴灌设施500亩；雅滩水产养殖场发展特色养殖。发展现代农业，引进浙江青草园农业发展有限公司和兰溪市晨之禾园林有限公司，总投资均在6000万元以上。土地流转1500亩。

签约总投资1亿元的年产6000万只互连网智能包装和30万箱创口贴项目，签约总投资1亿元的詹氏骨伤中医二级医院项目；兰溪市诺亚舟香格里拉幼儿园项目启动招生；金华银行江南支行正式营业；杭州颐高集团和上海“闲情偶寄”两个电子商务项目确定落户上华；华杰砂厂建成投产；明辉光电项目厂房结顶；英特药业项目于12月15日开工建设；三江开源项目一期主体厂房完工，二期厂房建设过半。发展来料加工业，全年累计发放加工费2601.4万元。

石宕金新型建材有限公司建成投产（上华街道提供）

推进“三改一拆”工作。集中开展集镇、公路沿线、非法广告、非法宗教场所及一户多宅等“六大战役”拆违行动，拆除违章建筑21万平方米；各行政村将“三改一拆”暨“无违建街道”创建作战图，公布在村口或村办公楼门口，接受群众监督；逐村逐户开展一户多宅清理，拆除一户多宅556户。全街道三分之二的村达到“无违建村”验收标准。

开展“五水共治”和环境卫生整治工作，结合“三清三化三送”活动，组织187次集中清扫活动，清理门口塘43个，消灭露天粪缸1751个，收取卫生费73万元，13个村开展了农村生活污水治理工作。对马达溪全线开展整治，对天溪、扬子江开展清淤，对农业面源污染严重的养殖场实施关停整治。投入800多万元和组织3000余人次，清理上万吨垃圾和1.3万立方米淤泥，马达溪、天溪、扬子江变整洁了，天溪从一条“黑臭河”变成清水河。

街道工作人员到渔塘背村上门做征迁政策宣传（上华街道提供）

全年共出生人口432人，计生率93.75%，政策兑现率87%，出生婴儿性别比116，全过程管理率100%，三查率99.27%，共做四项手术309例。

是年，扬子江路、兰湖大道、孙家桥建成通车；城南中心小学新建项目完成立项、规划选址、工程设计工作；马达小学投资100万元的塑胶跑道建成并投入使用；马公滩社区办公新址建成启用；里宅村朝阳公墓一期全面开工；新建11家居家养老服务中心；皂洞口文化礼堂建成并投入使用。

建立了村级社会服务管理站，开展综治进企业工作；成立了老娘舅工作室、流动人口管理所；坚持社区矫正和社区戒毒工作规范化、制度化；完成“无邪教街道”和“无传销街道”创建工作；注重矛盾纠纷排查化解，实行街道班子成员接访和包案制度，排查矛盾纠纷144起，成功化解144起。

结合“群众路线教育实践活动”“规范季”建设、“三多”整治等，采取分片巡回检查、暗访等多种方式，不定期督促检查基层党建工作，及时发现存在问题，及时整改，加强基层组织建设。

2014年，上华街道获兰溪市综合考核良好单位、市“三改一拆”工作一等奖、市生猪养殖污染专项整治工作二等奖、市农村生活污水治理工作二等奖、市工业投入三等奖、市招商引资三等奖、新农村建设工作三等奖、现代农业发展三等奖，计划生育工作位列全市第二。

【浙师大行知学院落户上华】 5月底，浙师大行知学院易地搬迁至上华项目获省政府批准。7月初，街道启动项目征地拆迁工作，全年完成行知学院2000多亩土地的征地丈量、附着物清点和构筑物评估，完成渔塘背村126户村民房屋征迁工作。

工作人员丈量行知学院征用土地（上华街道提供）

【兰湖旅游度假区建设】 完成兰湖旅游度假区1300亩地块土地租用政策处理。兰湖度假区开发的启动项目，包括2条道路建设和廊桥、叠水景观营造和游客中心，动工建设，具雏形。

【姚家枢纽工程开工建设】 完成钱塘江干流梯级开发姚家枢纽项目配套250多亩土地征用政策处理工作，船闸工程动工建设。

【砖瓦厂“拆三办一”】 街道有20平方千米的低丘缓坡，原办有3个砖瓦厂、2个彩瓦厂。2014年，将3个砖瓦厂合并，新办一家石宕金新型建材厂。新厂采用新工艺，属节能、环保转型升级项目。“拆三办一”后，腾出建设用地300亩，为兰湖旅游开发腾出发展空间。

【龙头家庭农场】 上吴村村民徐汝龙于2013年在上吴村创办了兰溪市龙头家庭农场。该农场占地62.4亩，主要种植蔬果，固定资产投资62.63万元。2014年，兰溪市龙头家庭农场被评为金华市示范性家庭农场。

（曹仙雅）

永昌街道

【概况】 永昌街道，总面积84平方千米，总人口4.68万人，辖63个行政村1个社区。

永昌街道是兰溪工业重点布局区域，辖区内共有各类企业140家，涵盖了电子、照明、食品、纺织、化工、橡塑、机械七大行业。形成了以红店头工业园区和满塘岗工业园区为中心，沿330国道两侧为延伸的工业结构布局。

2014年，完成规上工业总产值45.64亿元，同比增长8.38%，工业税收6000万元，完成比率120%，工业固定资产投资9.64亿元，同比增长53.1%。市“双百”工程、重点续建项目宝瑞纺织一期128台日本丰田喷气织机到位；兰溪绿能光伏发电项目总投资8亿元，项目建设规模100兆瓦地面分布式光伏发电正式落地。工业经济考核各项指标中，工业经济运行第一名，工业性投入第一名，招商引资第一名，园区平台建设一等奖，固定资产投资二等奖，服务业考核三等奖，“四破整治”二等奖，安全生产考核一等奖。在2014年兰溪市工作目标责任制考核中，荣获第一名，被评为综合考核先进单位。

坚持“农业增效、农民增收”目标，以“种养大户为基础、产业基地为依托、专合组织为龙头、结构调整为主线”，突出特色、培育品牌，加快现代农业步伐；加大技能培训，开展就业服务，实施创业扶持，拓宽农民增收渠道。农业基础设施进一步提升。实施了丰收水库、大垅水库除险加固工程。抓好小型水利和基本农田建设，保证实施一个，合格一个。坚持保护与建设并重，提高基本农田质量，促进农民收入持续增长。注重生态保护与建设，以东风水库周边为主的省级重点生态公益林建设项目，已发挥生态及社会效益。农业“两区”建设步伐加快。因地制宜，大力培育优势特色农业，推进农业产业化进程，形成了蔬菜、茶叶、棉花、苗木、水产、畜禽、中草药七大特色产业。果蔬农业建设不断壮大，孟塘生态农业科技园通过规划论证，建成观光长廊；设施农业有新发展，锦荣农业投资超过3000万元，配置智能温室、联动大棚、喷滴灌设备；粮食功能区永杨区项目开工建设，总投资80多万元，建设了现代化育秧大棚1座；诸永低产畈改造项目启动，永昌一、二标段基本完成；慧丰家庭农场建成育秧烘干中心1座。

“五水共治”。推进面源污染整治,拆除东风水库周边养殖场17家，拆除村中养殖场和50头以下小规模养殖场90家。26个行政村的农村生活污水处理工程全部完成，陆续接收验收。

“三改一拆”。以“无违建街道”“无违建村”创建为契机，以集中行动带动面上推进，组织集中行动20多次，强制拆除7户顶风抢建户，拆除小庙小庵13座，拆除违法建筑面积15.3万平方米，完成任务数的437%；改造旧厂区13828平方米，完成任务数的277%；改造旧住宅区10915平方米，完成任务数的218%；改造城中村32527平方米，完成任务数的217%；拆除公路沿线生态环境污染点12处，6个“无违建试点村”进入处罚阶段，为明年创建“无违建街道”打好基础。

拆除猪棚（永昌街道提供）

“四破”整治。摸排辖区企业121家，建立用地清单，确定20家重点处置企业。其中低效用地7家，清闲4家，促产8家，“退二进三”1家，涉及土地380亩，有效处置6家，面积136亩。其中昌丰纺织、华特印铁制罐成功转让新业主并进行投资，另外4家企业加快促产进度，4家企业缴纳投产保证金，梳理效益较好、投资较大4家企业的用地需求。

按照“一岗双责”的要求，签订安全生产责任书，落实安全生产责任制，开展专项整治行动，完善应急处理预案和应急反应机制。开展安全宣传16场（次），发放资料3.2万份；开展安全培训10场（次）、参训918人（次）；开展安全检查17次。

全年出生400人，计生率93.25%，性别比95.12，社会抚养费征收率90.71%，落实长效节育措施183例，计划生育工作全市排名第四，获优胜奖。在两次“三查”开展中，走访慰问育龄群众家庭4000多户，为群众解读计生政策、提供办证服务、宣传优生优育及生殖健康保健知识；深入各个企业，为863名外来务工人员提供计生服务。永昌计生办联手协会创建创业富民新平台，利用网格化管理平台，与街道来料加工经纪人协会联手，组织农村育龄群众参与来料加工，开发闲置劳动力，提高山区农村家庭经济收入，倡导婚育新风尚，建设两富新农村。

以生态理念规划美丽乡村，以文化理念融入美丽乡村，以品牌理念打造美丽乡村。旧宅、胜岗两村已完成景观改造，钱村、下孟塘建设工程正在实施。

新增了社峰积庆堂、下孟塘上族祠两处国保单位；已建胜岗、夏李2个文化礼堂，在建文化礼堂1家；对古街水阁楼等几处文物单位进行保护抢修；农家书屋实现了63个行政村全覆盖；开展了迎龙灯、送春联、兰溪星舞台等群众文体活动20多场，丰富了群众文化生活。

【集镇改造投入570万元】 投资570万元的330国道集镇段改造及沿线景观工程全部完成；集镇休闲广场、幼儿园门口休闲广场和流域站小广场建设即将完工；安装了高清显示屏和摄像头，规范集镇停车，杜绝车辆乱停乱放行为；合理安排摊位布局，规范商贩经营秩序，杜绝占道经营。

【建成居家养老服务中心16个】 16个村列入居家养老服务照料中心建设计划,2014年全部建成运行。钱村、下姚、桥头等村探索实践养老服务新模式，对失智失能低保对象提供无偿服务，对高龄老人、缺乏自理能力的老人提供上门照料服务等，还开展了定期理发、体检等服务活动。

【37起矛盾全部化解】 贯彻新《信访条例》，建立三级信访工作网络，畅通信访渠道，落实包保措施，注重源头治理，解决群众关心的热点、难点问题，化解矛盾纠纷。全年，共排查出矛盾37起，全部成功调解；受理信访案件76件，办结65件；回复处理市长热线电话案件104件，兰江清风网上问题案件97件。

【建立365服务中心】 党的群众路线教育实践活动开展以来，街道狠抓干部作风，践行中央《八项规定》和省委28条办法和六项禁令，清理办事职能、设置服务窗口、调配工作人员、完善设备设施，街道专门安排了8名机关干部在365服务中心工作，26个村便民服务站先后启动，为群众提供便捷高效的“一站式”服务。中心全年接待群众约1769人（次），为群众办理各类行政审批事项约3597件。执行首问责任制、限时办结制、责任追究制，开展行政效能监察，实施成绩单考核机制，改善街道干部作风，提升行政效能。

（童　莺）

赤溪街道

【概况】 赤溪街道，总面积27.6平方千米，辖23个村，总户数5436户，总人口1.7275万人，街道办事处驻地石龙头。330国道及兰溪—游埠—龙游公路穿境而过，衢江经境内汇入兰江。

2014年，完成工业总产值20.65亿元，税收入库2559.5万元；完成工业技改项目11个，总投资7.15亿元，固定资产投资3.58亿元；完成招商引资2.29亿元，浙商回归投资1.35亿元。服务业固定资产投入1.51亿元，批发业销售额1.57亿元,零售业营业额782万元，餐饮销售额308万元。天雅江涛动力、天鑫纺织、超力防火、鑫和粉末、海纳德汽车部件等11家企业投产；浙江浩鑫物流园区，已有20家物流企业入驻，投入使用。重点工程梦佳鑫纺织完成土地平整，进场施工；重点项目“京兰谷地”完成政策处理。二星级石龙头农贸市场完成改造后启用。

实现农业总产值1.33亿元。新增土地流转面积101公顷，土地流转总面积达673.4公顷；农作物总播种面积2505公顷，粮食播种面积1533公顷，粮食总产量9329吨。

赤溪街道文化楼启用。下洪溪、上汤两个村试行农村生活污水处理，实施13个村的生活污水处理工程。推进“三改一拆”。在“四类整治”中，完成公路沿线专项整治11处，拆除面积1900多平方米；完成寺庙整治3处，拆除面积3.1万平方米；完成生猪整治191户，拆除面积2.9万平方米；完成一户多宅整治467户，拆除面积2.8万平方米。

“三清三化三送”活动中，投入资金150多万元，清运垃圾620吨，种植树木130余株，实现村庄绿化2万平方米，实现道路绿化3千米，安装和维修路灯135盏，建成示范性道路1.6千米。

建立来料加工重点村、重点企业、重点经纪人联系制度。举办了3期来料加工技能培训，培训从业人员110人次。全街道有820人从事绗缝被、缝帽、穿珠、礼品袋、编织、头花、织绣服装加工等，全年累计发放来料加工费968万元，新办来料加工企业1家，新培育来料加工经纪人5人。

全年出生人口180人，其中计划外生育16人（含往年补报9人），计生率91.14%；按实际出生的人口计算计生率为95.36%，高于市考核要求1.36个百分点。出生婴儿中男婴95人，女婴85人，总性别比为112，其中一孩性别比为136，二孩性别比为82。应征社会抚养费79.912万元，已征68.4万元，社会抚养费征收率85.59%。赤溪中心学校考取兰一中11人，连续三年获兰溪市教育教学质量评比农村一等奖。完成城乡居民医疗保障参保工作，参保率100%。深化“网格化管理、组团式服务”活动，全年受理矛盾纠纷88起，化解88起，化解率100%；41起“市长热线”来信反映事件全部回复，7起省长信箱反映事件全部按时办结；47起信访件均已回复。

加强基层组织建设。党组织星级评定和党员评星晋级工作实现常态化，新建了赤溪街道教育党总支和赤溪街道初中教育党支部、小学教育党支部、幼儿园党支部、退休教师党支部5个基层党支部，新发展党员20名；完成村级组织换届“回头看”工作；新建王铁店、柳塘、姓叶3个村办公楼。

2014年，赤溪街道获市工作目标责任制综合考核良好单位、金华市第三次经济普查先进集体、市综治维稳工作先进镇乡（街道）一等奖、镇乡（街道、开发区）总工会重点工作考核一等奖、市“三改一拆”行动暨“无违建”创建先进集体一等奖、市工业综合二等奖、市土地流转服务工作先进单位二等奖、市动物防疫及动物产品质量管理考核二等奖、市重大动物疫病防控和畜产品安全监管目标管理考核二等奖、市司法所年度综合考核二等奖、市招商引资工作三等奖、市生猪养殖污染专项整治先进单位三等奖、市农村居家养老服务照料中心建设先进单位三等奖、市最低生活保障先进集体三等奖、市组工信息工作先进集体、市五星级政协工作联络处、市残疾人工作优秀奖、市“清三河”达标单位、市“五水共治”河长制先进单位水质进位奖（赤溪街道赤溪段）、市秀美集镇创建工作先进集体、市人口和计划生育目标管理工作考核优胜奖、市来料加工工作组织奖等荣誉。

赤溪晚霞（徐文新摄）

【浩鑫物流10家公司营业】 浙江浩鑫物流园区是兰溪最大的公路物流基地，该项目被列入2013年浙江省重大服务业项目，项目总投资2.2亿元。年内已完成基建，有12家物流企业入驻，10家公司正式营业。

【所有村庄都有一口可游泳池塘】 常满塘村的常满塘俗称“兰溪第一塘”，7月10日与8月9日，该村举办了两场游泳友谊赛。常满塘面积500多亩，水域涉及3个行政村。20世纪80年代初，这口水塘还是当地村民的饮用水源，但随后池塘被承包搞珍珠养殖，水质开始恶化，变成个臭水塘。2014年，村里以“建设美丽乡村”为契机大力治水，终止珍珠养殖承包，彻底清理塘泥。村里向上级争取资金、发动村民和爱心人士捐款，先后投入400万元改造景观，塘水渐渐变清，匿迹已久的白鹭又重新回到了常满塘。立夏后，经检测，塘里的水达到Ⅲ类水标准，可以游泳了。赤溪街道实施“一村一塘”治理，已有15个村中池塘完成整治，近期目标是实现所有村庄都有一口可以游泳的池塘。

7月9日，赤溪街道80多名机关干部、村两委主职干部主动下常满塘村水塘游泳，“以身试水”，让群众直观感受水质的改善，检验“五水共治”的阶段性成效（范川摄）

【“老娘舅”调解纠纷50起】 以民风促和谐，以民风促发展。街道建立了“老娘舅”团，由各村党支书、企业主、创业能手、道德模范等充当“老娘舅”,帮助协调各类纠纷。截至年底，“老娘舅”团已成功调解纠纷近50起。

【开展“十星”系列评选】 街道先后开展评选首届道德模范、十佳先进个人、十佳优秀村干部、十佳先进集体等“十星”系列评选活动，树身边典型，从身边小事做起，向社会传递更多的正能量。

【《赤溪街道志》正式出版】 9月，赤溪街道志编纂委员会编纂的《赤溪街道志》由浙江大学出版社出版发行。《赤溪街道志》，编纂委员会主任周通，主编周福生。全书约86万字，分16编，70章，上限至事物发端，下限截至2012年底。大事记部分内容延至2014年4月。

（何征峰）

副市长陈艳为获《赤溪街道志》贡献奖人员发书（王恩觃摄）

女埠街道

【概况】 女埠街道总面积67.11平方千米，辖37个行政村、1个社区、263个村民小组。全街道总户数12019户，其中，农业户11985户；总人口37861人，其中，农业人口37454人，有外来人口315人。人口自然增长率3.6‰。山林面积2118.4公顷；耕地面积1742.4公顷，其中，水田1513公顷。

2014年，全年实现工农业总产值24.78亿元，比上年增长24.22%；财政总收入5212万元，增长13.4%，其中，地方财政收入2494万元；上缴国税、地税4654万元，增长16.53%。农村经济总收入3.42亿元，增长19.7%；农民人均收入9000元，增长19.9%。全街道农村用电量1353千瓦时。

女埠集镇水塘（女埠街道提供）

全年实现农业总产值17849万元，增长15%；农业固定资产投入3500万元。全街道粮经比3∶7。粮食播种面积10403亩，粮食总产量3547吨。棉花种植面积11020亩，棉花产量1654吨。油菜籽播种面积12221亩，油菜籽产量1955.2吨。水果总产量10877吨，其中柑橘产量2853吨。年内出栏生猪14026头，年末羊存栏数357头、家禽250910只、蜂4700箱，水产品总产量699.2吨，其中珍珠8660千克。完成新增土地流转1010亩。

推进白露山万亩精品枇杷基地建设，投资2000万元，完成500亩枇杷示范基地喷滴灌设施、3个基地水源建设和基地操作道路1000米。完成枇杷市场3000平方米拓建项目。抓好万亩棉花高产示范基地（泽基）建设（千斤棉示范方建设）。设计规划焦石村农业休闲体验园。举办枇杷、芦笋、甘蔗、棉花等效益农业培训班4期，培训500多人。完成辖区范围内甘溪、古溪、花塘溪、竹塘溪、兰江、汇潭排水渠、张公排水渠、民主排水渠的清理。

完成金家等12个村的门口塘整治。配合完成省“重点县小农水”补助农田水利建设项目——下童村泉塘和楼塘村良家塘等2座山塘综合整治的政策处理工作。协助市农综办做好古溪高标准农田改造决算审核工作。

3月27日，党员代表参加女埠古溪下潘段义务劳动（女埠街道提高）

推进渡渎村、坭坦村、焦石村和下潘中心村“美丽乡村”三年行动。编制坭坦村中国传统村落保护发展规划和虹霓山村历史文化名村规划。坭坦、渡渎村古建筑修复保护2处。投资315万元，对省美丽宜居村穆坞村实施村庄美化、洁化、绿化工程。完成274户“美丽庭院”创建工作。农房改造村殿前村共签订农户旧房拆除协议168户，面积9213平方米，全年已拆除47户，2980平方米；渡一村在2011—2013年基础上拆除旧房5户，410平方米。旧房拆除后安置新建房屋17户，共计1700平方米，建筑面积5200平方米。

全街道实现工业总产值23亿元，增长25%；规上工业总产值19.7亿元，增长30.9%；规上工业增加值4.06亿元，增长42.46%。实现外贸出口7257万美元，同比增长33.8%。完成固定资产投入10.32亿元，其中工业性投入8.91亿元。

全年洽谈招商引资项目10个，签订投资意向书项目3个、在谈6个、动工1个。完成引进5000万～1亿元项目2个，1亿元以上项目3个。共引进内资3.142亿元，其中工业内资2.33亿元，服务业内资4573万元。浙商回归完成1.54亿元。

低丘缓坡地块基础设施建设项目投入3800万元。联赢印染、杰斯特电源有限公司扩建项目顺利进场施工。双百工程英科新材料公司竣工、试产，兰德科技、恒润化工有限公司投产运行。浙江金兆纺织有限公司二号厂房和污水处理池建设完成，为农历年底前一期投产作准备；易刚金属投产。完成园区征地376亩，平整土地363亩。园区配套投入3550万元，完成园区主干道道路硬化1000米，道路绿化2200米，下刘工业区至B区污水管网建设3000米，印染集聚区污水管网2000米。

全年共完成限额以上批发业销售额2.75亿元，限额以上零售业销售额纯增1752万元，限额以上住宿餐饮业销售额纯增958万元。新培育来料加工经纪人4人，发放来料加工费5883.6万元,增长2%。新增限额以上服务业4家。服务业企业名录库新增入库16家。配合市旅游局、联合黄店镇做好白露山前期开发项目的规划论证。枫山书院重建项目第一期预进场施工。

投入资金1000多万元，完成集镇园区污水管网铺设5000米，主干道路硬化1000米，集镇道路人行道改造200米。做好集镇和上街、下街村的新农村建设，筹备女埠街道综合市场整体搬迁项目。新增集镇环卫人员3人。完成一千米绿化示范路段（留肢殿背至女埠初中段）创建工作。开展“三清三化”活动，组织开展了4次集中整治行动，各村活动103次，累计参与党员干部群众6057人次。完成农村卫生费收取，共计46万元，收缴率98%。

实施建设中心小学改扩建工程，建筑面积近4000平方米，投资约600万元。完成女埠街道中心幼儿园新建工程招投标，建筑面积2000多平方米，投资500多万元。建成泽基村和穆坞村农村文化礼堂2个。建立街道首支龙舟队，获市龙舟赛第二名、省龙舟邀请赛第六名。

全年共出生376人，计生率92.55%，总性别比96.86，政策兑现率86.73%，综合避孕率90.58%。受理矛盾纠纷140余起，通过村级调处化解和女埠司法所调解成功。受理“12345市长热线”127件，优化环境直通车23件，来信来访75件，8890便民服务平台27件，处置率均为100%。建成农村居家养老服务照料中心15家。城乡居民医疗保险参保人数达到30566人，参保率96.79%。

开展第二批党的群众路线教育实践活动，完成学习教育、听取意见，查摆问题、开展批评，整改落实、建章立制三个环节的工作任务。开展“走村不漏户、户户见干部”活动，共走访农户11000余户，建立户情档案10000余份，完成走村入户率100%。撰写对照检查材料，开好民主生活会；制定“两方案一计划”。制定、修订16项制度办法，24项整改项目全部按规定时间、要求进行整改。推进虹霓山、后郑2个软弱涣散村党组织的集中整顿工作。整顿期间，召开5次班子会，班子成员和联村干部走访、约谈党员群众320人次，召开党员代表、村民代表座谈会10次。

2014年，街道党工委书记方志春获浙江省第二十三届“绿叶奖”，女埠街道下街村获兰溪市基层民兵连规范化建设示范点，街道被金华市委市政府评为人民调解工作先进镇乡（街道）、获兰溪市“三改一拆”工作镇乡（街道）先进奖三等奖、兰溪市工业综合奖二等奖、工业投入奖三等奖、兰溪市科技创新工作考核先进单位、兰溪市镇乡（街道）、经济开发区项目推进奖三等奖、兰溪市招商引资先进镇乡（街道）奖二等奖、兰溪市生猪养殖污染专项整治先进单位、兰溪市五水共治“河长制”先进单位、市安全生产工作先进单位、发展现代农业先进单位。

6月23日，女埠虹霓山村垅里水库抗洪抢险现场（女埠街道提供）

【甘溪女埠段整治】 甘溪河道女埠段全长6.51千米，流经虹霓山、下潘、渡一、泉湖等8个村。街道先后召开动员会、印发《“五水共治”倡议书》10000余份、张贴悬挂宣传标语。制订“一河一策”，进行河道两岸畜禽养殖场整治、河岸垃圾池改造、河床清淤、河堤及河岸绿化整治。水质断面一直保持在Ⅲ类水以上，实现河面无漂浮物、河中无障碍物、河岸无垃圾的“三无”目标。建立河道保洁长效管理机制，成立“五水共治”党员巡查组，聘用甘溪河道管护员。

整治后的甘溪女埠段（女埠街道提供）

【畜禽养殖污染整治】 启动生猪、畜禽养殖场拆除工作，对污染源进行全面细排，出台《畜禽养殖场关停拆除奖励政策意见》。共关停拆除禁养区范围内生猪养殖场170家，拆除面积64851平方米，处置生猪18607头；关停畜禽养殖场72家，拆除面积22205平方米，处置畜禽231010羽，其中肉禽219910羽，蛋禽16100羽。

【“三改一拆”】 全年累计拆除各类违法建筑面积143366.54平方米，完成改造城中村13724平方米、改造旧住宅区11172平方米、改造旧厂区11000平方米。

【“四破”整治】 在调查摸底基础上确定重点监管企业15家，涉及土地545.3亩，其中清闲11家，促产3家，退二进三1家。全年完成清闲促产企业6家，共计面积170亩。

【农村生活污水治理工程完成】 投入资金1713万元（不含甲供管材），完成第一批穆坞、午塘、下潘等13个村农村生活污水治理工程，共埋设污水管网HDPE双壁波纹管57263米，UPVC管65400米，受益农户达3921户。

【枫山书院重建项目启动】 枫山书院重建项目集“办学→旅游→传承国学→生态农业”为一体，总投资9350万元，包括第一期重建“枫山书院”、第二期恢复渡渎村“进士第”、第三期“进士牌楼”和修复“大方伯第”古建筑群。第一期投入1950万元，用于修建10多处古建筑，面积1600平方米；新建“枫山书院”，面积5000平方米；购置消防、图书、安装设备等套配工程设施，计划2015年下半年投入使用。

（何　丹）

游埠镇

【概况】 游埠镇总面积65.3平方千米，辖48个行政村、2个社区、422个村民小组。全镇总户数13820户，其中，农业户11403户；总人口38545人，其中，农业人口33490人，有外来人口3300人。人口自然增长率8.85‰。山林面积482公顷；耕地面积4142.4公顷。

全年实现工农业总产值40.46亿元，比上年增长11.7%；财政总收入6779万元，增长17.4%，其中，地方财政收入6779万元；上缴国税、地税6289万元，增长15.8%。农村经济总收入101922.7万元，增长10%；村级集体经济总收入572.79万元，增长6%；农民人均收入9148元，增长11.1%。

引进良辉和江春两个总投资1亿元的农业综合开发项目，全年完成引资3600万元，流转土地1200亩，农业粮经比103：100。完成下章等粮食功能区、棉花示范基地、农业公共服务中心建设；完成下叶村省级经济薄弱村扶持项目和前童、前叶、下宋、洋港、东莞5个村一事一议财政奖补项目建设；完成水稻、生猪、油菜、农村住房等农业政策性保险。全年无重大疫情、灾情、安全事件发生。实施九垅水库给水灌溉二期工程、倪家和里郎山塘加固工程、14项“小农水”工程建设。下王大青塘水库除险加固工程完成工程量的90%。实施水亭溪溪口拓宽改造、游埠溪孙家圩出口改造等水毁设施修复。

出台招商引资奖励政策，开展以商招商、组团引商工作。邀请40多名湘商到游埠实地考察；组团赴金华、宁波等地招商，洽谈成功项目6个，引进内资3.48亿元；浙商回归到位资金1.25亿元，实到外资100万美元。全年实现规上工业总产值34.40亿元，同比增长14.6%；新增规上企业2家。清理低效用地171.5亩。建立工业投资和“机器换人”技术改造推进计划项目储备和滚动更新机制，全年投入技改资金4.38亿元，占工业投资比重81.91%，以奥佳为代表的一批“机器换人”示范企业建设取得成效。天阳压铸、威斯康被列为国家级高新技术企业，永泉化工、威斯康被列为金华市高新技术研发中心。召开银企对接会，18家金融机构、70余家企业参与对接，25家企业与银行成功签约，贷款总额7690多万元。

5月9日，40余名湘商走进游埠镇实地考察投资环境（游埠镇提供）

全年实现净增统计名录库企业21家，净增限上企业3家，完成限上批发业销售额11.03亿元，同比增长3.5%；完成限上餐饮业销售额610.2万元，同比增长79.5%，完成限上零售业销售额1.52亿元，同比增长117.3%。启动电子商务创业园建设，引入电商企业1家。

古溪河道清淤、两岸景观营造基本完成，中山街、解放街及部分古街支巷的雨污分流、污水纳管、强弱电等管线全部入地，并铺设青石板。完成高速公路入镇口景观工程。集镇农贸市场成功创建省三星级文明市场。

“两街一溪”改造项目实施后的游埠溪景观（游埠镇提供）

完成里郎、下俞等8个村村庄地形图测量，伍家圩、中洲、黎家等9个村进行村庄规划修编。完成历史文化名镇、2个传统村落、1个历史文化村申报。成功创建金华市级卫生强镇。教学质量稳步提高，游埠初中中考再创佳绩，下王中心小学连续三年被评为一类学校。开展整顿无证幼儿园行动，整改达标2所。建成15个村（社区）村级居家养老照料中心。成立来料加工经纪人协会帮扶基地。实施“单独”二孩政策，人口性别比保持平稳。

开展民风建设活动，通过“游埠之歌”传唱、“游埠之声”刊发、“十八相劝歌”宣传、民风建设“十进”活动、“游埠最美之星”评比、民风颁奖文艺汇演等活动，诚信、向善、明礼、包容的人多起来了，理解、支持、参与政府重点工作和工程的人多起来了，社会风气明显转好。

推进党的群众路线教育实践活动，纠“四风”、治“两局”，加强自身建设，落实党风政风持续好转。落实党风廉政建设主体责任和监督责任，受理群众来信来访35宗，办理违纪党员案件19起，处分党员19人。健全选人用人管人制度，通过公开竞聘，8名业务骨干进入中层干部队伍。修订村规民约，作为农村“第一宪法”管理、规范村内事务。严格执行“三会一课”“五议两公开”等制度，完成“三多”清理工作。

2014年，游埠镇再次入选全国重点镇，并获批入选全国“宜居小镇示范”和省级生态镇；获兰溪市工作目标责任制综合考核优秀单位、安全生产目标责任制考核优秀单位、作风建设考核第一名、土地流转工作一等奖、科技创新考核一等奖、最低生活保障工作一等奖、工业投入二等奖、新农村建设工作二等奖、农业丰收奖二等奖、秀美集镇创建综合二等奖、社会管理综合治理维稳二等奖、工业功能区发展综合第三名、工业综合三等奖、招商引资三等奖、“两退两进（四破攻坚）”三等奖、“三改一拆”工作三等奖、居家养老服务照料中心建设三等奖、工业进位奖、企业培育奖、衢江项目先进集体、生态市建设先进集体、信访工作先进集体、流动人口服务管理工作先进集体和“五水共治”河长制最美河流等荣誉。

10月初，在游埠溪焦山坝段实施“水系连通”工程（游埠镇提供）

【推进治水三年行动】 企业和个人认捐“五水共治”公益金394.5万元。游埠污水处理厂投入运营，日处理污水3000吨；完成19个村农村生活污水治理工程；游埠溪940米休闲绿道及配套项目和焦山坝公园达到预期进度，游埠溪水系连通工程完成焦山分水闸和孙家圩堰建设。清理游埠溪、水亭溪、何家溪3条河道，建立了长效保洁机制，实施并完成48口池塘的清淤。开展生猪养殖污染专项整治行动，关停拆除188户，减少生猪存栏20716头。开展“清水零点”环保专项执法行动，走访排查企业130家次，建立重点企业“一厂一档”35家，联合取缔“低、小、散”作坊2家。创建市级“美丽庭院”示范村1个，示范户3户；镇级示范村2个，示范户255户。

48口村池塘清淤，图为整治后的梅屏村清水池（游埠镇提供）

3月28日，游埠镇在高速入镇口（柴埠江村）开展“清理杂物 美丽庭院”专项行动（游埠镇提供）

【镇村环境整治】 黄碧塘、洋港、裘家村、江村、下叶5个“无违建先行村”带动，以“一户多宅”集中整治行动为突破口，拆除违章建筑127170.2平方米，完成市任务数的423.90%。结合“三改一拆”工作，打造美丽三线。风情游诸线：完成高速互通口大西南围墙改造及沿线道路绿化、亮化，提升沿线村环境；风采章士线：拆除潦溪桥、寺基、里郎等村沿线危旧房和违章建筑，高速公路入镇口、寺基（加油站对面）等关键节点进行景观营造；风景中洲线：完全拆除、关停沿线7个村的违章建筑和生猪养殖场，修葺村庄破旧围墙，根据各村文化特点彩绘图案，形成文景结合的文化墙，伍家圩村菜市场改建投入使用，改造下叶村村口，规划新村。完成高速公路入镇口景观工程，实施“两街一溪”改造和游古线拓宽改造工程，完成镇区道路“白改黑”工程一期，游诸线（高速互通口至东莞村）实现亮化。支持港航开发建设，完成姚家枢纽下叶村43户117亩及滕家圩村154户113.8亩的征地工作。疏港大道完成图纸设计。投入1700万元进行园区配套设施建设。实行农村环卫收费，增加垃圾桶、垃圾池等环卫设施，开展节假日镇村主要道路大扫除、“卫生大清扫、水面大清理、秩序大整顿”集中整治行动及“市容环境日”全民创卫活动。加强集镇和园区市场化保洁工作的监督管理，对48个行政村开展考核。

打造风情游诸线、风采章士线和风景中洲线“三线”，改造公共绿地及景观53处，建设公共服务设施20处、公共休闲场所29处，粉刷文化墙9300平方米。图为东莞村口绿化景观带（游埠镇提供）

【“平安创建”工作】 常规排摸化解纠纷116例；接待群众来访34批59人次，调处社会矛盾纠纷25起；接上级转交重要信件39件，办结37件。走访企业81家、村内经销店50家、烟花爆竹商店23家，完成55家纺织、化工企业，42家商店（重点烟花爆竹）105人消防网格化的全员消防安全培训，永泉化工、神和精细、巨江电源等多家企业联合举行了消防演习，创建标准化安全生产企业9家。

（郑雪飞）

诸葛镇

【概况】 诸葛镇，面积48平方千米，辖28个行政村和一个社区，总户数9911户，总人口26995人。镇政府驻地诸葛村，系浙江省中心镇、浙江省旅游强镇、浙江省文明镇和浙江省体育强镇。

2014年，实现工业总产值33.87亿元，同比增长21.17%，其中规上企业总产值27.59亿元，同比增长21.88%；制造业投入总额5.33亿元，同比增长22.48%；税收入库8724.3万元，同比增长16.89%。完成招商引资2.96亿元，同比增长13.77%；总部经济税收入库400万元。市“双百工程”信航、驰航机械有限公司投资5000万元、年产200万套自行车曲柄项目主体厂房结顶，第一幢车间竣工，部分机械设备到位。重点续建项目浙江克罗托纺织有限公司二期喷气式织机全部到位投产。诸葛镇工业功能区A区和B区新征16公顷土地基础设施到位。通过“四破”整治处置或整改企业7家，涉及用地287.87亩，完成政府收储土地20.32亩。全镇共有工业企业90家，形成了纺织、装备建造、建材等三大块状产业，其中建材业是诸葛镇工业经济的支柱产业，税收占全镇工业税收70%。

全镇实现农业总产值1.96亿元，农作物播种面积2562公顷，粮食播种面积928公顷，粮食总产量5512吨。横畈省级中药材种植示范基地、浙江草堂现代农业综合示范园基地、浙江天生堂农林有限公司药材种植基地、以诸葛水果采摘园为代表的休闲农业基地、以市乐羊羊生态农业养殖基地为代表的畜牧业养殖基地、凯飞农业中草药种植基地6大块状特色农业格局稳步发展。

实现旅游门票收入1872万元，同比增长7.56%。全镇有诸葛八卦村AAAA级景区和长乐景点，有旅游饭店36家，农家乐农庄16家。旅游业综合收入9120万元，同比增长20.58%；完成服务业招商引资额5000万元，投资额1.3亿元，销售额4.2亿元，税收1818万元。诸葛八卦村景区乡土文化展馆和百草生态园对外开放，中药休闲区建设工程、景区停车场建设工程等旅游基础设施建设工程完成。投资3000万元，建筑面积5800平方米，停车位190个的诸葛八卦村新游客接待中心项目已交付使用，餐饮、购物、会务正常运行。投资200多万元的百草园扩展项目野外拓展基地和三国文化馆已基本建成。长乐历史文化村落保护利用项目进展顺利，投资450万元的入景口改造工程已完成。

投入700余万元，完成330国道集镇段改造工程；投入1000余万元新造的镇中心幼儿园通过验收；投入300万元的集镇新区12米宽主道路和镇政府边道路建设正在施工；兰诸风情线诸葛段改造工程完工，集镇休闲公园、小游乐园交付使用；集镇重车修理和停车服务区完成土地征用及招投标；双牌水厂投入正常运行。

新建成的游客服务中心（王恩既摄）

在“五水共治”和“三改一拆”活动中，完成了游埠溪上游诸葛段9个村6580米河道共75000平方米水面的常效性整治，拆除了69家共14860平方米的生猪养殖场；拆除违法建筑156573平方米，完成旧厂区改造11514平方米，旧住宅改造6769平方米，集镇建成区改造1987平方米。开展公路沿线违法建筑整治，拆除违章搭建15200平方米，非法广告牌5020平方米，拆除乱搭乱建物3100平方米。金华市级“无违建镇”创建通过验收。

诸葛镇中心幼儿园（王恩既摄）

全年计生率94.2%，出生婴儿性别比114，社会抚养费征收率86%，计生全市年度考核排名第一。城乡居民医疗保障率达100%。来料加工全年发放加工费3133.8万元。

诸葛中学在全市农村学校综合质量评比中被评为一等奖；诸葛中心小学校本教育得到省、金华市肯定，其事迹被载入东北师范大学专著。

开展党的群众路线教育实践活动和“从严管理落实年”活动和争当“五型干部、争创五型班子”主题教育活动，严格执行夜访夜谈值班住夜、佩证下村、挂牌上岗、民情日记、工作督查、绩效考核等规章制度，强化基层组织建设和党员干部队伍建设，构建党建工作新局面。

2014年度，诸葛镇获浙江省关心下一代工作先进单位、兰溪市计划生育目标管理考核先进奖、五水共治先进集体、“三改一拆”工作一等奖、镇乡（街道）年度工作目标责任制考核表扬单位等荣誉称号。

【诸葛旅游“一二三”工程启动】 该工程包括一个旅游规划、两个重点旅游配套项目、三大旅游招商包装项目。一个发展规划是以诸葛八卦村景区为核心，以下徐、硕范等周边村生态景观为衬托，依托石岭溪沿线景观点线串联打造乡村旅游景观无缝对接的诸葛大旅游格局规划；两个重点旅游配套项目是，21省道诸葛段生态乐园建设项目和集镇风情精品街建设项目；三大旅游招商包装项目是诸葛至长乐古文化走廊项目、石岭溪沿线水上文化走廊项目和胡家大坞垅蜀汉文化长廊项目。

【实施诸葛再生资源市场建设项目】 工程位于长胡线与21省道长乐段交会处，原兰鹰水泥厂地段，规划用地面积70亩，总投资3760万元。市场可容纳经营户48户，经营范围为旧木材、古石材、二手家具等旧货交易。市场建成后，原诸葛集镇段21省道两侧的旧木交易市场将撤点搬移，并在撤移地点实施绿化造林、生态景观设置、旅游创意景点布局。经营户已搬迁，新市场已运行，启动旧市场整治。项目全部建成后，诸葛八卦村景区和长乐福地景点将融为一体，21省道诸葛集镇段交通拥堵、集镇脏乱差现象有效改观。

【完成长乐历史文化村落次入口改造】 该项目系省农办资金补助项目，主要包括次入口旅游接待中心、次入口至金大宗祠段景观设计，阁园塘区域建筑立面整治和日月塘周边建筑立面整治四大功能区。项目总投资450万元。该工程由兰溪瀚博建设有限公司中标承建。项目主要建筑之一的旅游接待中心面积达391.3平方米，停车场面积1970.7平方米，拥有大巴车位8个、小车位75个，要求达到国家AAA级景区接待能力。项目主体工程已完成，正在实施绿化及配套工程。

（叶正龙）

黄店镇

【概况】 黄店镇,总面积137平方千米，辖46个行政村、263个村民小组。全镇总户数11502户，其中，农业户11230户；总人口35688人，其中，农业人口34858人，有外来人口119人。山林面积8504公顷；耕地面积2436公顷。

全年实现工农业总产值12.82亿元，比上年增长9%；财政总收入1076万元，其中，地方财政收入523万元；上缴国税、地税969万元，增长18.5%。农村经济总收入2.05亿元，增长10%；村级集体经济总收入221万元，增长10%；农民人均收入5704元，增长10.7%。

全年实现农业总产值2.62亿元，增长4.38%。引进农业项目2个：兰溪市白露山生态农业有限公司，总投资1500万元，主营果蔬种植与开发、花卉苗木种植开发等；浙江飞凤农业发展有限公司，总投资9000万元，主营名优水果、水产养殖、农业休闲观光、园林绿化等。

推进两区建设：以白露山省级现代农业园区为依托，发展现代农业；以种粮大户为龙头，发展粮食生产。推进特色产业发展：以“余粮山”大红柿和白枇杷为主的水果基地，以汇康药业为主的杭白菊、茉莉花、玳玳花中药材基地，以山后塘、八角井双季茭白为主的蔬菜基地等农业基地发展壮大，农业特色鲜明。

全镇实现工业总产值10.2亿元，增长10.26%。现有工业企业68家，其中2000万元以上规上企业10家，较上一年净增3家。2014年规上企业完成工业产值8.04亿元，同比增长21.2%；限额以上工业性投入2.76亿元，规上企业新产品产值2.77亿元，同比增长76.7%；引进内资1.58亿元，同比增长66.3%；引进外资66.3万美元。总部经济税收187万元，浙商回归6312万元，同比增长23.8%。浙江永联民爆器材有限公司，年产4.2万吨高性能安全型工业炸药生产线整体搬迁建设项目，总库扩建工程进入扫尾，生产区建设项目完成近300亩土地征用，通往厂区道路及“三通”已完成。兰溪市三和铝制品有限公司，年产3600吨电子散热器生产项目，总投资5000万元，主体工程完成，2014年3月份完成设备安装，4月初投入生产。兰溪市天海空调压缩机配件有限公司，年产100万套空调压缩机配件，总投资5500万元，2014年10月建成并投入运行。浙江美丽华印刷材料科技有限公司，年产5500吨水性医疗食品印材项目，完成清表平基，主体工程建设在筹备中。慈源小区建设在1—12月共投入3300万元，一期Ⅰ标5幢安置房完工，通过初验，一期Ⅱ标工程完成90%，二期完成总工程量的80%。小区公墓用地土地平整、文化礼堂建设和小区供水、供电、道路、景观绿化等配套工程完成初步设计，正在图审和进入招投标程序之中。

构建古香古色的芝堰村、理学文化的桐山后金村、孝道文化的殿口村、廉政文化的上包村等“四点一线”的精品旅游线，2014年上包村、芝堰村被市列为兰芝风情线上的精品村。芝堰村、上包村被评为兰溪第二届“美丽乡村”。

服务业固定资产投资额完成6600万元，限上企业销售额批发3050万元，零售1600万元，住餐258万元。净增限上企业2家，分别为兰溪市甘溪饲料经营部和兰溪市府上农产品经营部。

总投资800万元的黄店农贸市场征用土地政策处理工作完成，正在编制方案，土地已经报批。占地面积1771平方米，建筑面积5000平方米，总投资1600万元的金都名苑商住楼结顶，2014年6月通过初步验收，已基本销售完毕。建筑面积1500平方米，总投资500万元的黄店镇养老中心项目主体工程结顶，完成配套设施及室内装修。

开展“进企入户”走访宣传排查活动和“平安综治”“六五”普法等专项宣传活动，在全镇范围内开展矛盾纠纷大排查14次，化解各类矛盾纠纷164起，调解成功161起，调处成功率98%，制作案卷15卷，协议书33份，受理市长信访事件73起，已经办结63起。

全年出生总人口333人，计划外出生28人，计划生育率91.59%，出生人口性别比为112.1，社会抚养费应征142.8万元，已征122.1万元，征收率85.55%。

黄店初中教学质量稳中有升。黄店镇中心小学系市孝文化保护传承基地，芝堰中心小学的诗词特色教学被评为“金华市诗教先进单位”。完成殿口、桐山后金村的文化礼堂建设；举办了黄店镇“兰溪星舞台”文艺演出；芝堰村、三泉村被评为省级历史文化村落重点村。强化卫生院建设管理、开展农民健康体检和农村妇女“两癌”检查工作，推开农村医保，改善农村医卫条件。2014年全镇农村合作医疗参保率达到96%以上。黄店镇社区卫生服务中心成立了体检中心，完成了公共卫生科及中医区改造装修。

开展甘溪、朱家溪、芝溪、前溪等河流的垃圾河专项整治集中行动，2014年全镇共组织统一集中行动30多次，出动人工2万多人次，机械施工约8000多工时，清理垃圾河约45千米，清理河道各类垃圾780多吨，清淤池塘43口，建立长效管理机制。全镇共拆除违章建筑417处，合计16.5万平方米，完成全年任务的550%。

2014年，黄店镇被评为省社区矫正工作先进集体、省级生态循环农业示范区、金华市学前教育先进乡镇；获兰溪市生猪养殖污染专项整治先进单位一等奖、市农村居家养老服务照料中心建设先进单位一等奖、市来料加工工作创新奖、市新农村建设工作先进单位二等奖、市土地流转服务工作先进单位二等奖和市农村生活污水治理工作先进单位三等奖、

【芝堰民宿】 芝堰村是全国重点文物保护单位、省级风景名胜区，素有“江南小丽江”美称。兰芝风情线建成后，该村已成为农家乐休闲旅游的理想目的地。8月5日，举办了“2014·芝堰民宿开张暨清凉节”，推出了篝火晚会、“清凉芝堰——邀您吃住行”、乡村美食厨艺比拼、古村民风风俗摄影沙龙、儿童绘画比赛等送清凉活动，丰富芝堰民宿旅游项目。该村现有7家农家乐，其中具备住宿条件的6家，共有床位100张左右，均按照3星级以上的农家乐标准进行设置，收费标准是一人一天70元(含吃住)。芝堰村组织人员到上海参加华东乡村旅游推介会，吆喝芝堰土特产、古建筑和人文资源，在上海建立民宿营销点。全年接待上海游客7批、400多人次。芝堰村被评为金华市级农家乐特色村、发展民宿经济示范村。

12月2日，芝堰村举行篝火晚会（林马富摄）

【生猪养殖整治】 全镇共拆除养殖场267处（包括不是拆除范围内的24户），拆除面积9.3万平方米，共减少生猪存栏数36800头。

生猪养殖整治拆违现场（黄店镇提供）

【农村环卫保洁】 建立联村干部周二下村巡查卫生制度，坚持推广“门前三包”清洁卫生制度，建立垃圾收集清运长效机制，加强对村庄环境卫生的考核，拉挂宣传横幅30余条、张贴宣传标语240余张、宣传车下村宣传180余次。

【农村生活污水治理工程】 16个生活污水处理项目实施村顺利推进，年内基本完成。投入180多万元，完成了2千米的镇污水管网工程建设。

（兰　亮）

香溪镇

【概况】 香溪镇，总面积77.07平方千米，辖43个行政村，人口35635人。为浙江省教育强镇、东海文化明珠乡镇、体育强镇。

2014年，全镇实现工业总产值16.8亿元，增长20%；规模以上工业产值8.67亿元，增长44.5%；规上新产品产值4.79亿元，增长94.7%；全年引进工业内资1.93亿元。技改投入2.3亿元，实施了山野机械、华能输送、超翔金属等技改项目。兰溪市水库移民创业园完成前期各项工作，一期173亩来料加工聚集区启动建设。金华市重点建设项目天骏纺织，一期首批160台喷气织机投产。山野机械被评为国家级高新技术企业，华能输送被评为省科技型中小企业和金华高新技术企业，启铖汽配、山野机械被评为兰溪市“两化”融合试点企业。一些低效用地、经营不善的企业进行清闲促产，全年共实现清闲促产（退低进高）面积54.788亩。

是年，全镇净增服务业企业13家，“下升上”2家，实现限上批发业销售额4503.2万元；限上零售业销售额1108.2万元；限上住宿餐饮业营业额1533.8万元，完成服务业投入4324.5万元。百果农业休闲观光基地项目完成种植面积1600亩，其中香榧600亩，桂花400亩，台湾进口柚、青枣、枇杷等600亩。总投资1.3亿元的大青尖现代休闲旅游养生基地项目完成地形测量，供电线路、移动信号塔、电信光纤架设和25千米道路硬化。总投资1.05亿元的兰溪市解塘水库生态旅游开发项目完成土地利用总体规划调整、控规初稿讨论及7千米道路修建。

全镇范围内11条溪流全部完成垃圾河治理工作，黑臭河（香溪）治理进入扫尾阶段。关停搬迁不合格企业1家，停产整顿排放不规范企业5家；生猪养殖专项整治，关停拆除生猪养殖场255家，减少生猪存栏量2.2万余头；完成18个村农村生活污水集中处理工程。

开展了“美化香溪、清洁家园”和“清垃圾、美环境”等行动。在择树潭、上李、里家坞、密山、香三村进行一户多宅整治试点，拆除违章建筑12.4万平方米，栽种苗木1.5万余株。

9月1日，镇中心幼儿园开园；香溪敬老院扩建工程有序推进；岩山中学实验楼工程完成前期规划设计和招投标；上李等12个村居家养老照料服务中心投入运行；建成官路边、官塘中心村文化礼堂；通过了体育强镇复查验收；39户1.71万平方米农村赤膊墙完成治理；完成密山等4个村的中心村建设；梅溪流域4.88千米和香溪流域3.25千米的农防加固工程完工；12个排涝站增容、修建工作完成；农村医保收缴511.44万元，参保比例98.57%，医疗报销1302.17万元。

全年共出生361人，其中计划外32人，计划生育率91.14%；出生婴儿性别比121；当年社会扶养费征收率87.64%；生育全过程管理对象724人，已管理724人。

（雷　俊）

马涧镇

【概况】 马涧镇面积159平方千米，下辖66个行政村（221个自然村），1个居委会，512个村民小组，总户数15687户，总人口49706人，镇政府驻地马四、马五村，314省道穿境而过，梅江经境内汇入兰江。

2014年，农民人均收入6682元。农作物播种面积3592.09公顷，粮食种植面积1967.2公顷，粮食总产量9829.9吨。新增700亩的粮食功能区1个。建成占地4.9亩的粮食烘干、育秧中心，辐射带动种植面积4000余亩。新增设施农业90亩，培育金华市级示范性家庭农场2家。完成垦造耕地319.39亩；农村土地综合整治25.5亩。完成土地流转500亩。完成3处293.89亩的垦田造地工程招投标和政策处理工作。建设林区辅助道12千米。完成马坞村农家乐特色村创建。完成农业公共服务中心建设。完成占地1400平方米的杨梅社会化服务中心土地征用、地基堪测和项目设计招标，组织进场施工。马涧农服公司组织实施的国家星火计划——杨梅高效栽培优化及示范项目通过省科技厅科技成果登记，获省科技兴林三等奖。马涧杨梅研发中心杨梅真空保鲜简易冷链物流配送项目成功申报国家星火计划。“马涧里山”牌杨梅，先后获浙江省优质农产品气候质量认证和浙江省森林食品基地认证，被评为“青田”杯“全国精品杨梅”金奖，同时被上海农产品中心批发市场授予“上农批杨梅基地”。

全年实现工业总产值13.65亿元，同比增长8.16%，其中，规上企业产值10亿元，同比增长19.2%；完成工业增加值2.92亿元，同比增长4.95%；完成固定资产投资4.52亿元，同比增长19.3%；实现工业税收3503万元；浙商回归到位资金9838万元,完成年度任务数的131.2%。引进投资6000万元的兰溪市诚铸机械制造有限公司和4200万元的兰溪市龙士博工艺品厂2个工业项目。引进服务业项目1个，注册资本2亿元的浙江京兰小额贷款有限公司全年完成产值2886万元，税收234.61万元。投资7000多万元的嘉亿房产项目开工建设。工业续建项目宏硕二期完成投资5900万元，鸿飞机械完成投资7850万元。新增规上企业一家，新增益农中药材专业合作社、下叶山果蔬专业合作社等名录库企业16家，新增限上企业3家。

完成市重点工程马墩线政策处理和省地震台50亩土地征用。市人大重点督办项目，总投资1600万元的迎宾大道改建工程实现通车。新增农村社区居家养老服务照料中心8家。完成占地2000平方米的石三村农贸市场项目设计。完成石渠初中操场项目建设。开展无证幼儿园整治，排查出7家无证非法幼儿园，从中梳理出3家上报升级。完成东叶村、溪源村农村文化礼堂创建。完成66个村侨情调查。改造无证宗教场所13所，拆除3所。完成城乡居民医疗保障参保工作，参保率96.85%。

全镇来料加工从业人员5000多人，全年实现来料加工收入5000万元，人均增收8630多元。投入67万元，建设完成农业辅助道路40余千米。

全年共出生549人，其中计划内生育476 人，计生率86.7%；出生婴儿性别比113.76；征收社会抚养费184.92万元，征收率52%，实现计划生育工作向前移位。

研究制定《村级财务清理》《重大事项社会稳定风险评估》《农村违法建筑认定处理指导意见》及《马涧镇应急联动处置工作实施方案》等制度，从源头上杜绝农村建房、集体资金使用、征地拆迁等矛盾易发领域违法违规现象，提高基层组织矛盾纠纷调处能力。新增15个村级社会服务管理站。

2014年，东叶村被评为市“美丽庭院”示范村；马涧镇被评为全市安全生产目标管理责任制考核良好单位，获市服务业工作先进单位二等奖，市社会管理综合治理、维护稳定和国家安全工作二等奖，市“五水共治”工作达标单位，最低生活保障工作三等奖。

建设中的马涧镇迎宾大道（马涧镇提供）

【美丽乡村建设】 完成石渠溪护岸工程、马涧溪两岸景观带规划设计。以殿里、溪源等6个村为中心的民宿休闲观光旅游线路规划设计招商。启动东叶村滨水生态休闲公园建设。编制完成横木、殿前、里庄、下杜等村的村庄规划。启动马坞村至石渠等7个村的路网工程建设。启动横木、横坑、殿前、荷塘头、章岩等村的农房改造。下山搬迁工作，蒋坞、祝宅、新塘源村108户签订搬迁协议。新建周溪至蒋社垅1.5千米和蒋坞至马坞2千米通村公路。完成平原绿化面积200亩。

建设后的马涧镇东叶村（市农办提供）

【五水共治】 全年累计开展“清三河”集中行动30多次，参与7000多人次，清理垃圾河347千米，打捞垃圾、清理淤泥5000多吨，治理门口塘48口。石渠溪断面考核从原先的Ⅴ类水质提升为Ⅱ类水质。试点村石三村完成农村生活污水处理工程，其余20个村基本完成主管网铺设和接户工作，完成污水处理厂建设工程。在重点实施7家化工企业和石渠园区4家罐头企业污水治理基础上，关停2家生产锡箔的小作坊和7家严重污染水质的塑料粒子无证厂家。年内完成生猪养殖关停整治任务241户18859头。完成梅溪二期110户47.54亩土地征用政策处理；三期完成招投标。完成3处小二型以上水库除险加固工程。完成丁埠头至周溪段农防加固工程。马涧溪集镇段一期和五期工程进入实施阶段。完成马涧畈排灌渠、新塘源东湖水库东西干渠等14条渠道三面光工程立项申报。投入46万元组织实施了东湖水库渠道修复和17个小农水项目建设。完成省级重点工程第二水源输水管网铺设100多户政策处理， 6千米先行段管网铺设工程完成。投资17万元，改造提升东湖水厂实验室；投资260多万元完成了清水塘水厂建设。

【三改一拆】 组织2次集镇整治活动，拆除违法建筑和乱搭乱建70多处，面积 9000 多平方米。拆除违建面积14.25万平方米，完成年度任务的386%；完成旧住宅区改造面积3110平方米；旧厂区改造面积22543平方米；城中村改造面积13393平方米。

【杨梅节开摘仪式在马涧举行】 6月11日，副省长黄旭明在马涧镇宣布浙江“六月杨梅红”系列活动暨兰溪杨梅节开摘仪式启动。启动仪式上，兰溪、余姚、慈溪、仙居、黄岩等杨梅主产区，为媒体组织开展杨梅采摘自驾游活动授旗，并进行了产销、采摘游对接签约。来自全省各地的上千名游客到杨梅山上采摘品尝杨梅。

（徐剑渊）

杨梅节上获奖的杨梅大户（王恩觃）

梅 江 镇

【概况】 梅江镇总面积126.03平方千米，总人口41659人，辖52个行政村，130个自然村。梅江地处丘陵地带，山地资源丰厚，有耕地23876亩，山林111948亩。

2014年，全镇工业总产值24.2亿元，同比增长20.5%；新增规上企业4家，实现规上工业总产值16.4亿元，同比增长31.4%；规上工业增加值3.38亿元，同比增长18.7%；完成固定资产投资5.89亿元，同比增长21.9%；引进内资2.1亿元，实到外资111万美元，引进浙商回归1.89亿元；累计引进内资企业5个，总投资4.25亿元，年内累计完成投资2.25亿元。开展“四破”专项整治，盘活闲置低效用地70.5亩。引导来料加工业转型升级，基本完成来料加工集聚区项目建设。

3月6日，梅江镇工业功能区招商引资项目集中开工仪式在上祝宅园区举行（梅江镇提供）

全年完成一产投入1.5亿元，基本完成52个行政村的农民饮用水安全工程和上祝宅、戴宅等村的饮水提升工程，青岩山塘项目完成道路建设和坝基工程。完成大官塘、太后垅等山塘水库除险加固项目8个；完成梅溪二期治理和三期政策处理。发展壮大以香榧为特色的农业产业，初步形成兰梅、喜燕、转轮岩、百康四大农业开发主体，新增流转林地面积4000余亩。其中浙江兰梅现代林业综合示范园区项目被列为2014年省重点建设项目。喜燕基地成功延伸产业链，成为浙江省香榧良种结穗基地，种植香榧大苗8万多株，各种优良水果2万多株，培育香榧苗400多万株。

3月27日，梅江镇举行“万人清三河”启动仪式（梅江镇提供）

完成白沙溪示范河流，梅江污水处理厂、青岩山塘示范工程和东塘、何宅“五水共治”示范点申报。累计打捞垃圾、清理淤泥2500吨，开展垃圾河集中整治7次，开展清除河道障碍物与浮苔活动4次，关停拆除猪场276处，面积达5万平方米，减少生猪存栏数2.6万头。治理后的垃圾河水质经市环保局检测，达到Ⅲ类水标准，并通过市级验收。全年共拆除违法建筑112980平方米，完成旧住宅区改造6033.49平方米，旧厂区改造15342.9平方米，城中村改造7905.3平方米，下马桥头、叶村通过市级“无违建村”验收。

拆除猪场（梅江镇提供）

成功升格为金华市级中心镇。投资150万元，完成岭外至倪大、潭头至蒋畈2.4千米的道路硬化。完成19个农村生活污水处理工程。集镇青大畈地块占地19.6亩、总投资约1.2亿元的兰溪乡镇首个高层小区梅江佳苑开工。

建成村级居家养老照料中心19家，白沙敬老院主体工程完工。新建倪大、太阳2个农村文化礼堂；举办“兰溪星舞台”海选、农村广场舞比赛等文化活动。投入24万元，用于墩头中心小学标准化建设；投入21万元，改造梅江中心幼儿园食堂；投入20余万元，用于卫生强镇和宣传栏等基础设施建设。

9月15日，梅江佳苑奠基仪式（梅江镇提供）

加强“平安建设”宣传力度，通过综治信息管理平台，对全镇面上的矛盾纠纷及不安定因素进行研判分析。2014年，全镇共排摸各类矛盾纠纷85起，成功调处80起，调处成功率94%，涉及金额208.5万元，其中重大疑难纠纷7件，均得到及时、有效解决，全镇社会大局和谐稳定。

倪大村文化礼堂（梅江镇提供）

以为民、务实、清廉为主题，开展党的群众路线教育实践活动，找准“四风”问题，坚持持续整改。深化干部“夜访夜谈”、驻夜及联系村制度，以培养全科干部为目标，开展“走遍梅江”民情体验活动。开展廉政文化进机关活动，在镇机关大院内悬挂一批廉政名人事迹、廉政漫画和廉政格言警句，制作廉政屏保程序等，直观地向党员干部揭示是非、善恶、美丑。

2014年，梅江镇在全市年度综合考核中排名第三，被评为年度综合考核优秀单位。获市项目推进一等奖、市先进纪检监察集体、市招商引资先进镇乡（街道）二等奖、市镇乡（街道）工业功能区发展第三名、市发展现代农业先进单位二等奖、市土地流转服务工作先进单位、市镇乡（街道）开发区总工会重点工作考核一等奖、市国家安全人民防线工作先进集体、市“五水共治”生态河流、兰溪市“四破”（两退两进）专项行动工作三等奖、市秀美集镇创建工作先进集体和市人口和计划生育目标管理考核达标奖。

【浙江兰梅现代林业综合示范园】 浙江兰梅现代林业综合示范园全年投资1.6亿元，完成总规、详规和道路框架等，其子项目越龙谷国际度假中心被列入省411工程、省重点服务业项目，并与“大金华山综合开发项目”实现对接。

【基层党员轮训活动】 组织全镇党员开展集中轮训活动，上至94岁的老党员，下至刚毕业的大学生均参加轮训。培训内容有重温入党誓词、党校老师讲课、镇班子成员介绍重点工作、观看电视系列片等。活动受到社会各界的好评，人民网报道了该活动，凤凰网、中国网、搜狐网、《扬子晚报》、解放网等各大网站相继转载。

党员周一夜学观看反腐教育片（梅江镇提供）

【探索农村卫生长效管理机制】 坚持每月一次召开环境卫生现场会，每月一次对各村进行卫生考核，每月一次对先进村和后进村进行实名曝光，每一个季度对连续被评为十差或整改力度不大的行政村主职干部进行诫勉谈话。各村环境面貌有了改观，村民环卫意识得到提高。

（何黎霞）

横溪镇

【概况】 横溪镇总面积82.6平方千米，其中耕地9920亩，占总面积的8.01%；林地68737亩，占总面积的73.4%，为典型的山区镇。下辖26个行政村，76个自然村，241个承包组，总人口2.46万人，2014年全年新生儿209人。镇政府驻地国庆村人口超过4000人，为兰溪第一人口大村。辖区内有库容量1146万立方米,日供水量2万吨的城头水库，为全镇工农业发展提供基础保证。

2014年，全镇财政总收入3562万元，同比增长11.5%；农村居民纯收入5723元，同比增长12%；完成工业总产值16.44亿元，同比增长23%，工业税收3087万元，规上工业产值10.4亿元，同比增长45%；完成规上工业增加值2.08亿元，同比增长44%。完成外贸出口1137万美元，同比增长38%，盘活、拓展发展空间345亩。完成服务业固定资产投入1亿元，同比增长85.59%，批发、零售、住宿餐饮三项指标全面超额达标。完成流转土地401亩，新增薄壳山核桃种植面积600亩，总面积达3000亩。呈现出现代农业、工业经济、第三产业齐头并进的发展格局。

全年累计拆除违法建筑552处，10.43万平方米。拆除非法宗教场所17处，面积700多平方米。取缔占道经营30余起，规范商户出店经营300余家；拆除各类大篷、广告牌等违章设施140余处，累计拆除面积3500多平方米；集中组织清理牛皮癣、横幅10余次；制作宣传文化墙1000余平方米。改造新建垃圾池20处，发放垃圾桶7000余只。推进宋宅、里董金美丽乡村建设，新增美丽乡村建设村2个。实施农房改造项目212户，面积2.7万平方米，横溪镇下山搬迁小区92户搬迁农户全部入住。投入547万元实施道路、水电、雨污管网等基础配套设施建设。基本完成青山岩桥至胜利水闸全长978米梅溪二期治理工程。投入150万元，完成集镇、园区47省道南侧、广场路、昌盛路、凤凰山路等4.74千米污水管网建设，总管网与梅江污水处理厂接通。凹七塘等5座山塘水库除险加固工程通过验收。累计清理河道50多千米，清理垃圾710吨。关停拆除饮用水源保护区、溪河沿岸、村庄内及周边等生猪养殖场119户，猪栏面积17621平方米，处置生猪6415头。几大溪流水质明显改善，村居环境明显变好，横溪断面水质考核稳定在Ⅲ类优质水。关停取缔锡箔、水晶等作坊156个。推进通津桥、城头等10个村的农村生活污水治理，建设厌氧处理终端和人工湿地16个，接户率80%以上，投入资金1400万元，受益农户2160户。

11月14日，市人大代表视察农村生活污水治理工作（横溪镇提供）

完成省重点工程义兰公路征地、拆迁等政策处理任务，实现义兰公路无障碍施工，完成总工程量的50%。完成47省道集镇段破损路面白改黑改造工程。新增宋宅村文化礼堂一家，开展“兰溪星舞台”、畅游母亲河、老体协文艺汇演等群众性文化娱乐活动。完善中心幼儿园基础设施；中心小学通过标准化学校创建验收，实施了放心水工程和阳光午餐工程；横溪初中重点上线率创新高。推进计生工作，完成5个计划生育示范村建设，全年共出生209人，计生率89.95%，出生婴儿性别比107。落实城乡居民养老保险政策，居民养老保险参保率达85%。巩固和发展城乡居民医疗保险，群众参保率达98%以上。开展农民健康体检2万余人次。建成城头、施宅、胡宅等7个村的居家养老照料服务中心。开展矛盾纠纷排查化解活动，化解率96.2%。规范信访工作办理程序，办结率96%，社会治安稳定有序，群众满意率99.5%。

5月中旬开展“低小散”污染企业和作坊整治联合行动，图为锡箔作坊整治现场（横溪镇提供）

2014年，在全市镇乡（街道）综合考核排名前进3位，获表扬奖；获市“两退两进”工作二等奖、“五水共治”工作三等奖、“三改一拆”工作三等奖、新农村建设工作三等奖、生猪养殖污染专项整治工作三等奖。

宋宅村文化礼堂村民笑脸图（宣传部提供）

【横溪镇商会换届选举】 12月31日，横溪商会第三届会员大会暨换届选举大会召开，选举产生商会会长、名誉会长、常务副会长、副会长及秘书长，张根潮当选为横溪商会第二届会长。

【横溪镇环卫所成立】 成立镇环卫所，出台《横溪镇农村环境卫生长效管理机制》，落实环境卫生村书记负责制，建立环境卫生月考核和例会制度。投入环卫工作经费210万元，改造新建垃圾池20处，发放垃圾桶7000余个，完善垃圾收集、清运模式。探索农村环境卫生费收取工作，共收取环卫费40.96万元，征收率达97.44%。

（张晓君）

灵洞乡

【概况】 灵洞乡总面积70.2平方千米，总人口2.2万，下辖16个行政村，83个自然村。是中国水泥生产基地、中国水泥之乡、兰溪市“经济强乡”。

2014年，实现工农业总产值69亿元，增长10.8%；实现区域内财政收入4.3亿元，同比增长3.8%；其中总部经济税收1.3亿元，同比增长34%。

完成规上工业总产值65.8亿元，同比增长11%；规上工业增加值13.4亿元，同比增长8%；规上工业新产品产值9.6亿元，同比增长21%。全年工业投入7.5亿元，招商引资和在建项目6个，招商引资1.1亿元，浙商回归1亿元，新增小上规企业1家，个转企15家。

完成服务业投资5亿元，同比增长6.6%；完成服务业销售额近37亿元，同比增长16.6%。实现三产内资8560万元，同比增长22.8%。

实现农业总产值1.8亿元，同比增长20%。全年实现土地流转500亩，新增高效农业100亩，农民人均收入16500元，同比增长8.6%。形成以菱湖龟鳖合作社为龙头的现代龟鳖养殖产业，以方村为核心的绿水花卉苗木产业初具规模。

新增用地面积214亩，配套投入1600万元，土地平整、杆线迁移、管线预埋等配套设施逐步完善。实施“四破攻坚”盘活土地49.84亩，初步形成千亩工业集聚区。向往玻璃一期、高峰建材、兴源塑胶、红狮固废建成投产；向往玻璃二期、富屯二期、鑫隆润滑油、天达环保项目有序实施；红狮新技术中心完成科技楼主体工程。华西、南方、双狮、超峰4家水泥企业投入9580万元实施节能技改；浙能电厂投入2.86亿元、南方水泥投入1308万元实施了脱硝处理；加大行业整治和节能减排力度，关停淘汰落后产能；支持企业科技创新，天信建材被评为省级科技型企业。嘉宝物流基地全面投入运行，全年实现销售额4.2亿元；科华普华募集基金2.9亿元，完成一期投资经营。

开展“五水共治”环境整治集中行动。完成烟溪鸬鹚滩240亩水面水葫芦清理，累计清理垃圾河41.2千米，清淤10万立方米，清理垃圾5万吨，机械施工4500工时，实现内溪河道全流域水质Ⅲ类以上。投入近4500万元，实施了农村生活污水治理、农防除险加固、河道整治提升等工程，平园、西山寺村农村生活污水处理工程完工，洞源、方下店等五个村已完成终端和管网铺设；野猫垅水库、方村片农防二期除险加固工程完成。

“清三河”行动（灵洞乡提供）

推进“三改一拆”工作。开展生猪养殖关停拆除、道路沿线环境整治、小庵小庙集中整治等专项行动。全年关停生猪畜禽养殖场89家，拆改小庵小庙19家，累计拆除违章建筑面积8.4万平方米，其中“一户多宅”120余户，面积1万多平方米，旧住宅区改造22户6450平方米，旧厂区改造5宗2.2万平方米，城中村改造63户1.2万平方米。

开展农村环境卫生整治。以“农村卫生保洁有偿使用”为契机，加强农村环卫资金投入，实行以奖代补激励政策，村村建立保洁队伍，开展日常保洁，美化乡村环境；投入近30万元组建成立灵洞环卫所，健全卫生保洁长效机制，实行集镇环卫网格化管理。开展扬尘治理，结合道路治超治限专项整治，加强企业矿山、水泥、运输企业车辆管理，投入近100万元购置自动清扫车和洒水车，全天候实施道路清洁与保湿，提升道路交通环境。全年清理垃圾4479吨。

全年共出生207人，性别比稳定。完善最低生活保障机制。全年发放各类低保、医疗、救助资金220万元。农村合作医疗保险参合率99.5%，全年医疗补助850万元。农村养老保险参保率81%以上，农村居民住房保险率100%；实施低收入家庭住房困难户安居工程14户，实现农村低保应保尽保，危房改造"有一改一"。

巩固"平安乡镇"建设。深化"网格化管理、组团式服务"工作，开展"两排查一促进"活动，多措并举做好社会稳定工作。加强安全生产监管，加大安全生产监控力度，开展"十小"行业整规和食品药品安全专项整治行动。全年排查化解各类矛盾纠纷60起，化解59起；受理人民群众来信来访32件，报结32起（含7件重复访），报结率100%，全年未发生危害社会稳定的重大事件。

开展党的群众路线教育实践活动，完善干部联村、住夜、夜学、签到制度，加强机关作风建设，树好政府自身形象，增强干部廉洁从政意识。结合走村入户填写户情档案，掌握村情民意，解决群众所盼所需民生实事，列出《作风问题清单》《群众诉求清单》《群众工作具体任务清单》《信访积案清单》62项，完成58项，整改率93.5%。

2014年，灵洞乡获市工业投入三等奖、市科技创新考核三等奖、"五水共治"工作二等奖、杨溪提水质进位奖、市平安乡镇二等奖、市森林防火先进集体和省级森林城镇荣誉。

【红狮集团项目建设】 红狮控股集团新技术中心投入1.2亿元完成科技楼主体工程；红狮水泥向中国民生投资公司、杭州银行注资26.3亿元，实现企业多元化发展。

红狮公司（王健敏摄）

【六洞山风景区成功创建国家AAAA级景区】 4月29日，全国旅游景区质量等级评定委员会发布公告，确认灵洞乡辖区内的六洞山景区为国家AAAA级旅游区。这是继诸葛八卦村景区之后，成为兰溪拥有的第二家国家AAAA级旅游景区。2014年实现门票收入800万元。

六洞山景区（王恩觇摄）

【省委书记夏宝龙视察白坑新村】 8月6日，省委书记夏宝龙到兰溪考察，到白坑新村视察三期工程。2009年5月，白坑新村开始建设。整个新村占地187亩，规划建筑面积13万平方米，其中包含单体住宅、双联住宅、多层住宅和高层住宅。一期的314户中，已有100多户入住，二期还将有173户村民住进新村。

8月6日，省委书记夏宝龙视察白坑新村时与村民握手（灵洞乡提供）

【西山寺村整体异地搬迁】 11月25日，兰溪市整体异地搬迁建设项目西山寺新村暨总部大楼正式投入使用。西山寺村原位于灵洞乡北部，以开发利用当地矿山致富，但生活环境也因此日趋恶化，建设新村是当地村民的夙愿。2004年，兰溪市政府决定对该村进行整体异地搬迁，2006年确定新村选址在上华街道缸窑村东山，面积约160亩，并列入市重点工程项目。2007年，整体异地搬迁工程正式启动建设。经过长达7年时间的建设，总投资2亿多元。建成了村总部大楼、文化礼堂、幼儿园、老年公寓和别墅新村等。兰溪市政协主席刘成芝、市委副书记蔡艳为西山寺新村暨总部大楼揭牌。

西山寺新村（王恩贶摄）

【金华市纪检组织回归主业现场会在灵洞召开】 12月19日，金华市镇乡(街道)纪(工)委“深化三转、聚焦主业”现场推进会在灵洞乡召开，强化乡镇纪委聚焦中心任务，确保年底前金华全市全面完成乡镇纪委回归主业工作。金华市委常委、纪委书记夏建成，金华市政协副主席、兰溪市委书记、兰溪市人大常委会主任吴国成，兰溪市委常委、纪委书记林纪平等参加会议。会上，兰溪、永康、浦江、武义纪委和有关乡镇党委、纪委负责人作了典型发言，金华各县(市、区)、金义都市区、金华经济技术开发区纪(工)委书记还就贯彻落实省委“十大整改行动”进行了交流讨论。会前，与会人员参观了灵洞乡纪委谈话室与办公场所，详细了解基层纪委工作情况。灵洞乡纪检组织是金华市“纪检组织回归主业”工作试点乡镇，以纪检组织回归主业为契机，理清工作职责，有效发挥纪检组织执纪问责功能。

（毛　侠）

水亭畲族乡

【概况】 水亭畲族乡，是浙江省18个少数民族乡镇之一，总面积46.9平方千米，人口21542人，下辖36个行政村，其中有西方坞、奎塘畈、柳塘章、上朱、下方泉、柳家、周邵汤、生塘胡8个少数民族村，少数民族3080人，占全乡总人口的14.3%。水亭畲族乡是兰溪市传统的农业大乡、省“教育强乡”、省“体育强乡”、省“东海文化明珠”乡和省级生态乡。

2014年全乡工业经济稳中有进，实现规上工业总产值16.45亿元，国地“两税”实际入库663万元，设备抵扣税1200万元，规上工业增加值3.19亿元，引进内资1.29亿元，其中浙商回归8450万元。实现外贸出口1825万美元，总部税收352万元，净增规上企业2家。加快推进畲乡创业园配套设施建设，投资350万元，建成经三路和纬二路，征地100亩，平整土地30亩，完成园区绿化、亮化一期工程。

全年实现农业产值15520万元，比上年增长6.3%；农民人均收入9765元，比上年增长14.9%。粮食播种2.91万亩，总产量1.09万吨。完成中央重点县项目生塘胡村麻壳塘和上朱村外意塘山塘整治项目、5.3千米金星水库灌区节水工程项目，4处省切块小农水项目和18处市级小农水项目。完成陈塘下、尚方、范坞和松树下4个村的造地项目，实施陈塘下等3个村农村土地综合整治项目，新增耕地32亩，生塘胡村农村土地综合整治通过验收。推进现代农业项目，市“双百工程”重点项目浙江天保药材有限公司万亩银杏基地建设进展顺利，种植银杏、元胡等中药材7500余亩。

来料加工。2014年有从业人员2500余人，发放加工费3043万元。建成垂江至上吴和午塘边至诸葛泉塘村两条联网公路，总长2.6千米。完成柏园学校塑胶跑道建设项目。完成12家村级居家养老服务中心建设项目。

全年共出生165人，计生率94%，总性别比94，政策兑现率89.35%，综合避孕率99.5%。

集镇建设。完善集镇规划修编，加快实施畲乡风情小镇、秀美集镇建设。实施集镇入口、供销社、粮站、幼儿园及乡政府门口地块绿化，增设4座垃圾分类池，完成1000多平方米的墙体绘画，集镇面貌得到提升。

“五水共治”工作。水亭溪与夏李溪设立河段长，配备了14名河道保洁员，落实一河一策，制订巡查机制，抓好长效管理，与36个村签订了“五水共治”责任书。开展河道清理，整治水亭溪、夏李溪16.9千米，疏浚清淤河道、清除垃圾。整治生猪养殖场，全乡拆除生猪养殖场118家，关停47家，处理生猪9230头，新建沼气池13座，容量3800立方米；病死猪处理池2座，封堵排污口3个。

10月27日，全市农村生活污水治理推进会与会者实地查看下方泉村现场（水亭乡提供）

“三改一拆”。开展集中行动59次，拆除违章建筑11.5万平方米，改造旧住宅区7300平方米，改造旧厂区3.5万平方米，改造城中村9900平方米。通过金华市级“无违建乡”创建验收。落实农村卫生保洁服务费用征收，实施第一批15个村农村生活污水治理项目，完成横塘村美丽乡村建设和丁家、午塘桥两个村农房改造项目。

成功举办第四届“三月三”畲乡风情节。启动畲乡文化公园建设项目。西方坞村国家级民族特色村寨建设有序推进。古塘村、奎塘畈村、西方坞村分别创建成为市级文明村、金华市级文明村和浙江省文明村；水亭畲族乡创建成为金华市文明乡镇。建成横塘村文化礼堂，水亭街村文化礼堂开展各项活动。开展民族文化的挖掘、保护、传承和弘扬工作，畲族文化传承培训基地畲乡风情园初具规模。

【“三月三”畲乡风情节】 4月2日，水亭畲族乡第四届“三月三”风情节暨婺风—美丽非遗百村行启动仪式在水亭街村休闲广场开幕。畲乡风情节文艺演出有唱山歌、跳砍柴舞、舞断头龙，还有永康的《十八蝴蝶》等节目；兰溪市优秀非遗技艺展示——捏糖人、剪纸等技艺现场演示。下午，西方坞村畲乡风情园举行了畲族传统婚嫁仪式展示，水亭街村休闲广场举办畲族传统民间体育活动展示。风情节吸引观众4000多人。

风情节上的断头龙表演（水亭乡提供）

【创建省级生态循环农业示范区】 康恩贝中草药基地、今夏有机蔬菜、新天地无公害水果等特色规模农业发挥龙头带动作用，促成8家较大型养殖场与康贝恩银杏基地、畲野果蔬合作社等3家农业企业联姻，形成农业废弃物再利用，发展生态循环农业，成功创建省级生态循环农业示范区。

【省级部门和义乌市结对帮扶水亭乡】 省民族宗教委员会、省交通厅和义乌市与水亭畲族乡对接帮扶，省民宗委、义乌市人民政府盛秋平市长等先后到水亭乡考察调研，结对帮扶“五水共治”“三改一拆”、畲族文化传承等项目。

（余　立）

12月23日，义乌市长盛秋平一行到水亭乡结对帮扶（水亭乡提供）

柏社乡

【概况】 柏社乡面积121.55平方千米，辖下陈、水阁、桥头、柏树下4个工作片，38个行政村，总户数9165户，总人口29215人，乡政府驻地柏树下村。

2014年，柏社乡围绕“生态立乡、农业富乡、工业强乡”的工作思路，突破创新，攻坚克难，狠抓落实，各项工作稳步推进。先后获兰溪市社会主义新农村建设工作二等奖、发展民宿经济示范乡镇、“五水共治”最美河流、“三改一拆”三等奖、来料加工二等奖。

全年实现规上工业总产值8740万元，同比增长78%；工业性投入10588万元，同比增长22%；实现财政收入1322万元，同比增长30%；实现工业税收1100万元，同比增长3%。全年引进兰溪市兰宝寝具有限公司、兰溪市翰辰农业生态休闲开发公司、浙江磐高农业开发公司、兰溪谷泉有限公司4家企业。引进兰溪德意威水泥设备有限公司和兰溪伟嘉商贸有限公司2家总部经济；全年新增征地80亩，平整土地100亩，建设园区道路、排水管网各300米，完善交通、供水、供电、通信等基础设施。全年发放来料加工费4246万元，完成全年任务的104%，新增集中来料加工点2个，新培育来料加工经纪人3名，其中上规模经纪人1名，新创办企业4家，创品牌商标4件。

实现农业总产值19446万元，农作物总播种面积34594亩，其中，粮食播种面积22636亩，粮食总产量8330.9吨，林地面积145836亩。农民人均收入5410元，增长10%。生态农业效益明显，成功举办了杨梅节，引导和培育杨梅、蔬菜、茶叶等特色产业品牌建设，完善杨梅、高山蔬菜等特色产业专业合作社，新增土地流转600亩，进一步发展了粮食、小萝卜、蔬菜生产基地；林业经济得到拓展，引进工商资本发展香榧、茶叶籽油种植基地，引导农民以林地入股，完成林区道路建设15千米，种植香榧大苗1.25万株，育苗基地已播种香榧籽及香榧实生苗250万株，开辟油茶种植面积2000亩，种植油茶1200亩；加大农田水利基础设施建设力度，完成象鼻、大坞源、西瓜坞3座山塘除险加固工程，推进梅溪治理、小农水、粮食功能区建设，提升农业保障能力。

推进美丽乡村建设，以规划修编为契机，完成集镇“两区一中心”（休闲区、活动区、便民服务中心）项目建设，完成岗岭下村的洁美工程项目。结合下山异地搬迁，启动溪滩徐村2个自然村63户下山搬迁项目，安置地块20余亩，签订一期协议。完成全华垅、北舒等4个村2万多平方米农房改造项目。开展“清理杂物、美丽庭院”专项行动，实施“三清三化”“四边三化”，构建农村保洁长效机制，开展农村卫生费收缴工作。

孙下坞村居家养老中心（柏社乡提供）

全年共出生291人，其中计划外生育35人，计生率87.97%，出生婴儿性别比109.4；社会抚养费征收率70.13%；生育全过程管理对象449人，已管理449人。开展以社会抚养费征收为重点的计划生育集中整治活动，加强生育全过程管理，有效遏制二胎性别比偏高的势头。建立社会管理服务中心和综治维稳“网格化管理、组团式服务”工作体系，推进“平安柏社”建设，全年共调解各类纠纷61件，调处成功58件，调处成功率95.12%；化解盛少华、张洪明、外宅西洋畈、严斯成等一批历史积案，全年无群体性事件发生。及时应对孙下坞村与浦江县塘波村水事纠纷，积极调解，避免冲突升级，确保稳定。完成全国“两会”、十八届四中全会、省党代会等关键节点维稳任务，社会保持和谐稳定。

开展党的群众路线教育实践活动，纠“四风”、抓“整改”，自身建设不断加强，党风政风持续好转。开展“走村不漏户、户户见干部”活动，制作联村工作牌和“民情联系卡”，送卡上门，走村连心。班子成员实行周一集中下村、下企服务日制度，集中化解基层难题，促进乡村干部着力为群众办好事、实事，更好地服务农村各项工作。在各行政村设立“村民说事室”，收集邻里纠纷、农村社保、饮用水等各类“琐事”330余件，97%的矛盾纠纷得到化解。软弱涣散村转化工作成效显著。针对外宅村和白鸠村党组织涣散的情况，召开专题研究会，与村两委成员谈心交心，建立整顿台账，制订发展措施，完善班子领导和村党员干部包户制度，村庄面貌大为改善。村级组织建设得到加强。开展换届后村干部培训，村级组织换届回头看等工作，结合规范季活动，对村级组织场所的“三多”情况进行清理，规范基层组织活动场所及公开事项。强化整改落实促长效。制订47项整改任务，制度建设计划17项，分解到班子成员抓落实，47项整改任务完成，全乡群众对整改落实满意率达95%以上。

【民宿生态休闲旅游项目】 以“下陈毛峰贡茶”“有机高山蔬菜”“东渡日本名僧东皋心越故地”作为生态旅游主脉，打造集山林运动、露宿野营、田园体验、现代农业为一体的休闲养生度假旅游目的地。完成岗岭下、白鸠、下陈等一批农家游小景点和农家乐民宿接待设施、停车场等项目，初步形成200人次的接待能力，为乡村水果采摘游、生态休闲游和度假避暑游的开展打好基础。

岗岭下民宿示范村（柏社乡提供）

【特高压建设、马墩公路改建工程】 完成国家和省重点工程1000千伏特高压浙中站和马墩线改建工程征用土地和房屋拆迁等政策处理，保证工程建设无障碍施工。马墩公路柏社境内路基成型，路面浇筑工作完工。特高压变电所项目在去年完成站所征地和房屋拆迁基础上，完成100万伏和50万伏线路塔基的土地政策处理，特高压试运行送电。

特高压建设项目现场（柏社乡提供）

【“三改一拆”工作】 规范农户建房审批的相关程序规则，出台了“三改一拆”和环境卫生整治专项考核办法。共张贴标语400多张，横幅16幅，发放整治通知15000份，集中组织拆违62次，各村组织自行拆除共计99次，合计拆除违法建筑物267宗，面积87593平方米，完成旧住宅改造项37宗，建筑面积6253平方米；城中村改造20宗，占地4239平方米。集镇整治中拆除沿街乱搭乱建商户52户、违章面积共1250余平方米，取缔占道摊点14个，占地面积253平方米；拆除集镇公路沿线违法建筑33宗，共计占地面积8311平方米，建筑面积10212平方米；拆改民间信仰场所13处，其中强制拆除2处，拆除佛像等标志性物件改作他用11处。

【“五水共治”工作】 启动农村生活污水治理工程，制定并实施农村生活污水收集处理三年行动方案。完成柏树下、溪滩徐、井头、下桥头等13个村农村生活污水管网和生活污水处理项目建设；生猪养殖污染专项治理中，关停二批次148家生猪养殖场（户），拆除面积41203.3平方米，对其余77户养猪户进行整治。引导养殖户转变发展方式，进行土地复耕，种上高山蔬菜，实现“变猪栏为菜栏、变养殖为养生”；对梅溪柏社段、水阁溪、大溪进行专项整治，组织开展“清理河道、清洁家园”双清等行动240余次，累计清理河道56千米，清理两岸垃圾、溪面漂浮物、河道障碍物累计1200多吨，基本消除村庄河道脏乱现象；推进水库除险加固工程，完成官山垅、樟清塘等小（Ⅱ）型水库除险加固工程前期准备工作。

村民在说事室里话“五水共治”（柏社乡提供）

【民生基础事业】 启动柏社中学综合楼建设，改善教学设施；完成孙下坞、岭口、井头、青珠山等10个村的居家养老服务中心建设；推进农村联网公路建设，投入近100万元完成井头、凌塘、水阁等村的联网道路建设；推进青珠山、屠宅等10个村的电气化改造工程；完成下蒋坞村的农民饮用水改造工程，解决600多人口的饮用水安全，让群众喝上放心水；扩大农村最低保障制度，加强新型农村合作医疗、农村养老保险工作，做好支农、扶贫、养老金发放等工作。开展政策性农村住房保险7915户，参保率98%以上。成功组织举办“畅游家乡水”“第二届兰溪星舞台柏社海选专场”等文化体育赛事，高标准建成溪滩徐村文化礼堂。

（冯燕子）

全国五一劳动奖章获得者

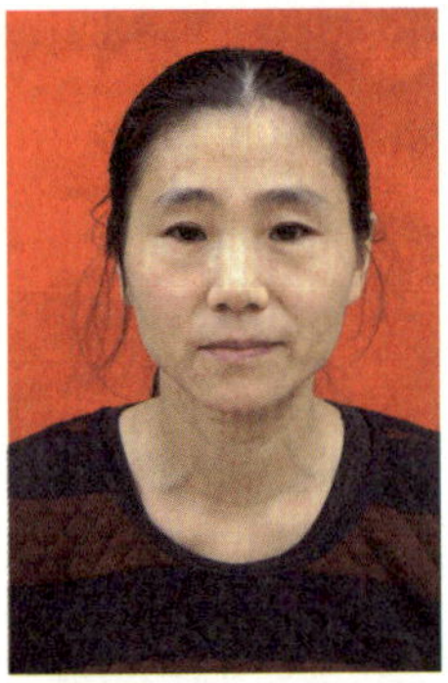
董礼

【董　礼】　女，兰溪人，44岁，兰溪市裕欣纺织有限公司前纺车间主任，纺织专业助理工程师，全国五一劳动奖章获得者。董礼从一线挡车工做起，一步一个脚印，2005年担任前纺车间车间主任。她干一行，爱一行，精一行，勤于钻研，潜心研究，掌握了较为全面的理论知识和精湛的操作技能，成为棉纺操作的技术能手。过硬的技术水平和工作能力受到同行一致认同。她先后曾荣获兰棉公司先进工作者及操作能手、裕欣纺织先进工作者及厂十佳标兵、兰溪市劳动模范、金华市劳动模范、兰溪市第十二届政协委员等荣誉。

全国模范教师

【章永清】　男，1961年生，女埠街道建设小学教师，扎根农村教育35年。他从来不叫苦言累，2004年上半年，章永清发现患了糖尿病，由于发现较迟，已引起严重的神经病变。那几年，走几步路都感觉吃力，说话也没有底气。但他从来没有要求学校给予照顾，从没请过一天假，还一直担任毕业班的班主任、学校办公室主任、语文学科教研组长及学校听评课组成员。他投身教育教学改革，探索"轻负担，高质量"的教学方法。多篇论文在各种级别的报刊上发表并获奖，其中《浅谈小学生语文兴趣的培养》《浅谈小学语文阅读教学中如何培养学生的创新思维》等论文在《学习方法报》等国家级报刊上发表。9月26日，市教育局决定在全市教育系统开展学习章永清先进事迹活动。章永清曾获得第三届浙江省农村教师突出贡献奖、兰溪市教育共同体先进个人、女埠街道优秀共产党员等荣誉称号。2014年他获"全国模范教师"称号，2015年1月被评为敬业奉献最美浙江人。

章永清

浙江省模范集体

【黄店镇上包村村委会】　黄店镇上包村以青山、绿水、人和而闻名。全村125农户、430人口，土地总面积1143亩，其中林业用地305亩，整个村落坐落在小山坡上。自2006年开始，党支部书记包立成就与村党支部、村委会成员一起筹措资金，致力于村庄整治、美丽乡村及兰芝风情线建设。上包村党支部、村委会先后被评为浙江省农村基层组织先锋工程建设五好党组织、浙江省文明村、浙江省农村基层党风廉政建设示范村、浙江省绿化示范村、全国人口和计划生育基层群众自治示范村、浙江省妇联基层组织建设示范村、金华市小康示范村、金华市文化示范村、金华市廉政文化示范点、金华市四星级民主法治村、兰溪市先进党组织、市人口和计划生育十佳示范村、市新农村建设生育文化特色村、市党员干部现代远程教育学用工作优秀站点、市充分就业村、市社科普及基地。

浙江省劳动模范

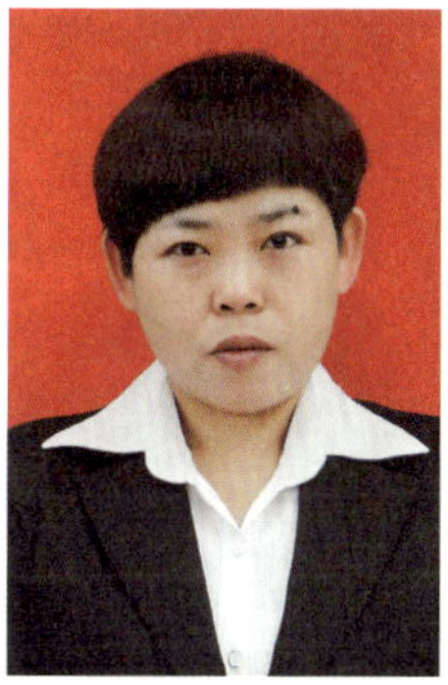

丁丽英

【丁丽英】　女，浙江缙云县人，40岁，兰溪巨化氟化学有限公司质检中心成品班班长。丁丽英在巨化氟化学公司质检分析岗位一线工作有20多个年头，曾荣获巨化集团公司“建功立业”先进女职工、金华市劳模、浙江省“五一”劳动奖章、浙江省劳动模范等荣誉。2008年，丁丽英走上了成品班班长岗位，负责全公司原材料及各个产品的出厂成品分析。任职以来，她以加强班组管理为基础，在产品质量把关上恪尽职守，至今未出现过任何产品质量事故，实现了“千样无差错”的工作目标。她还参与了公司多项QC技术攻关和科技进步攻关分析检测项目，其中提高产品质量分析准确率、三氟甲烷中CO_2含量的测定、离子酸硫酸根浓度的分析攻关等获公司QC成果一等奖；肉桂酸甲酯分析方法的建立获公司QC成果三等奖；废旧HPLC色谱柱的再生利用获公司QC三等奖。2008年至2014年，丁丽英在兰氟公司技术比武中连续7年夺得第一名。被授予金华市化学检验高级工、化学检验工技术能手等称号。

董红旭

【董红旭】　男，兰溪人，47岁，中国邮政储蓄银行兰溪市支行综合业务部经理，浙江省劳动模范。他先后任兰溪市邮政局保险业务部副主任兼车队长及兰溪市支行营业部主任等职。自2010年以来，董红旭揽储合计2000多万元，车辆保险80余辆，实收车辆保险费40多万元；联系签订代发工资单位数十家，银行票据贴现金额6750万元；其他各项业务都有所发展。其所在的部门自2010年至今新增公司存款余额达32642万元，共新增发放贷款8000余笔余额4.6亿元，其中涉农贷款1600余笔余额1.5亿元。他连续15年被评为局先进工作者、先进个人、生产经营标兵、邮政系统“安全生产先进工作者”。2006年在全省邮政储蓄“金蚂蚁风暴”营销竞赛活动中，获“银蚂蚁奖章”，2008年被评为省级邮政系统“先进个人”和兰溪市级“劳动模范”，2010年被评为金华市级“劳动模范”。其所在的部门先后10余次被评为金华市安全行车先进集体、兰溪市安全先进集体、局先进集体、行先进集体。

应国新

【应国新】　男，兰溪人，38岁，浙江欧宝塑业有限公司研发部主任，浙江省劳动模范。他被公司董事会任命为研发部主任后，从一个普通员工走上公司最重要部门的高级管理人员。研发部为公司开发出口红管、唇彩管、粉盒、眼影盒、睫毛瓶等几大类200余种产品，使公司销往国际市场的新产品逐年增加。2011年，应国新获兰溪市劳动模范、市“青年创业新星”和金华市青年创业领军人才等荣誉称号。

【毛国忠】　男，兰溪人，53岁，诸葛镇厚伦桥村党支部书记，浙江省劳动模范。自1993年担

毛国忠

任村书记以来，毛国忠团结和带领村一班人，大力发展二、三产业，引领群众实施规模化水产养殖和中草药种植，组织发展来料加工，带领群众走共同富裕之路。近几年，依靠党的富民、扶农政策，推进农村土地集中流转，兴办家庭农场，使厚伦桥村面貌发生了较大变化，连续被评为金华市全面小康建设示范村和兰溪市村庄整治先进村、市文化特色村、市文明村。毛国忠被评为兰溪市和金华市劳动模范、兰溪市优秀共产党员、市十二届党代表会代表。

浙江省工人先锋号

【兰溪诸葛南方水泥有限公司余热发电部】

兰溪市模范集体

兰溪市实验幼儿园
兰溪市房地产管理处
兰溪市农民之家
浙江伊宝馨生物科技股份有限公司研发中心
红狮控股集团有限公司
兰溪诸葛南方水泥有限公司
浙江博阳压缩机有限公司研发部设计组
兰溪市公安局马涧派出所
兰溪市质量技术监督局质量与标准计量科
兰溪市实验小学

兰溪市劳动模范

张大均　兰溪市经济和信息化局产业投资科（行政审批科）科长
金义辉　兰溪市住房和城乡建设局办公室主任
郑卫方　兰溪市红十字会医院院长
戴志坚　兰溪市博物馆馆长
卢志恒　兰溪市人力资源和社会保障局干部
杨文忠　兰溪市游埠镇洋港村党支部书记
汪纪生　兰溪市赤溪街道东徐村党支部书记
兰溪市冠康果蔬专业合作社社长
邵炳良　兰溪市女埠街道焦石村党支部书记
赵荣贵　兰溪市上华街道江边村党支部书记
徐瑞先　兰溪市诸葛镇下徐村党支部书记兼村委会主任
盛俊良　兰溪市云山街道岩头村党支部书记
王新洪　兰溪市灵洞乡总工会专职副主席
叶秀芳　（女）兰溪市柏社乡人民政府下陈工作片片长
严建成　中共兰溪市香溪镇党委书记
王明霞　（女）浙江丰登化工股份有限公司总工程师
朱　纲　浙江康恩贝制药股份有限公司质量保证部部长
张建红　（女）兰溪市裕达纺织有限公司车间主任
吴瑞根　浙江蓝天电缆有限公司董事长
邱海斌　浙江鑫海纺织有限公司董事长
陈　旭　浙江旭阳钢业有限公司总经理
陆维根　浙江创维纺织有限公司董事长
金　虹　浙江永联民爆器材有限公司永进分公司检修电仪班班长
胡美蓉　（女）浙江云山纺织印染有限公司纺纱分厂长
赵兰仙　（女）浙江兰福家俱有限公司董事长
姚瑞鹏　浙江兰棉纺织有限公司副总经理
黄友洪　浙江鑫兰纺织有限公司董事长
蒋碎有　浙江巨江电源制造有限公司董事长
樊雪君　（女）浙江天一堂药业有限公司副总经理
吴小芳　（女）兰溪市人民检察院公诉科科长
胡开辉　兰溪市委政法委员会办公室主任
张　毅　兰溪市市场监督管理局行政许可服务科科长
祝海萍　（女）兰溪市发展和改革局物价检查所所长
童三虎　兰溪市旅游局规划建设科科长、白露

山开发建设办公室副主任
唐秀华　浙江省兰溪市实验中学校长
黄锡洪　兰溪市职业中等专业学校校长
章巧君　（女）浙江省兰溪市第五中学党总支书记、副校长

（张筱菲）

新闻人物

【卢志恒】 男，1955年生，历任市人力资源和社会保障局安监科科长、录用调配科科长、公务员管理科科长等职，主任科员。1987年9月，卢志恒到诸葛镇双塘下村担任主任助理，协助村两委改造古井塘，让300多村民喝上卫生水；发动村民种植南枣、柑橘等果树，发展经济；拓展通村道路，方便村民交通。调任劳动部门中层干部后，卢志恒注重企业锅炉安装与使用，确保安全生产；为众多企业军转干部排忧解难，落实待遇；严格自律，廉洁奉公；奖掖后辈，主动让贤。卢志恒在劳动部门连续十年被评为先进个人，获兰溪市“身边最美党员”称号。2014年4月17日，《兰江导报》头版头条，刊发了《最美身边党员——记兰溪市人力资源和社会保障局主任科员卢志恒》近5000字的长篇通讯。兰溪电视台、《金华日报》等媒体陆续报道了卢志恒的事迹。

【俞炳富】 男，1946年生，家住丹阳社区。俞炳富老家在游埠镇，有兄弟姐妹5个，他排行老三，退休后自愿承担起照顾母亲的担子，把96岁高龄母亲接到身边照顾，悉心照料到母亲去世。1995年8月，他18岁的儿子溺水身亡，那年俞炳富50岁，中年丧子；2013年，妻子查出颅内多发脑膜瘤，动了3次手术。俞炳富包下了全部家务，妻子每次手术后俞炳富都在医生的指导下，为妻子做康复按摩，每天从头按到脚，慢慢地妻子有感觉了、能坐了、会下床了、能下地了、会走了。俞炳富几十年如一日，悉心照料家人无怨无悔。俞炳富还是丹阳社区志愿者，担任159幢幢长、护绿志愿者、巡逻队员、老年排球队队员等，社区活动积极参加，随叫随到。特别是参与社区环境整治，俞炳富发挥党员模范作用，不怕脏、不怕累，干得最认真、仔细，总是最后一个回家。2014年，俞炳富被评为孝亲敬老最美浙江人。俞炳富孝亲敬老事迹在多家媒体报道。

【高　敏】 女，39岁，江苏省太仓人。2012年12月底，高敏在一家婚恋网站认识了兰溪人姚望舟。之后半年，两人一直通过QQ、手机保持联系，彼此产生了好感。后来得知姚望舟身患绝症时，高敏不离不弃，始终陪伴左右。姚望舟在生命即将走到尽头的时候，开口向高敏求婚。高敏不顾家人的反对，义无反顾地嫁给了姚望舟。2月14日，在兰溪市人民医院的一间病房里，高敏与姚望舟举行了简单的婚礼。经媒体报道后，远在江苏的高敏父母认可了他们的婚事，托高敏的姐姐给高敏发了条短信，祝福他们。事件引起社会广泛关注，爱心人士纷纷前往病房看望姚望舟和高敏，并为姚望舟捐款、捐献血小板等。2014年3月2日，姚望舟去世。离世前一天，姚望舟使尽全身力气，在一张纸上为高敏写下三个十分潦草的字：我爱你。“最美新娘”系列报道在新浪、搜狐等网站上被转载近百万次，被网民称为“最美新娘”。

（宣传部）

【水鸿雁】 男，1981年生，兰溪人，兰溪市我们都是兰溪人QQ群志愿服务队负责人兼党支部书记、团委书记、市志愿者协会常务理事兼副秘书长、十三届兰溪市政协委员、市青联常委兼副秘书长。先后获得浙江省志愿服务先进工作者、第十届金华市优秀青年、金华市优秀社会工作专业人才、金华市第一届杰出志愿者。他打造“爱心邮差”志愿者服务品牌，2001年以来累计递送“爱心邮件”8000余件。组织参与志愿活动1000余次。其中卡拉OK大家唱活动被评为省优秀志愿服务项目。拍摄了《兰芝风情线》等美丽乡村系列宣传片及《新女婿的见面“礼”》等100多部兰溪方言公益微电影。2014年12月，他获共青团中央、中国青年志愿者协会授予的第十届中国青年志愿者优秀个人奖。

【胡汝明】 男，1927年生，兰溪人。兰溪市地方志编纂委员会顾问、市政协文史编辑委员会副主任、市关心下一代工作委员会副主任、市老年人协会名誉会长、市老年学研究会会长。他研究兰溪历史近五十年，参加了两轮《兰溪市志》的编纂，还编著了《抗日战争在兰溪》《兰溪史话》等书，又为兰溪抗战阵亡将士纪念碑重建奔走呼吁，终获成功。2014年，全国人大常委会决定设立中国人民抗日战争胜利纪念日、南京大屠杀死难者国家公祭日和设立烈士纪念日后，省内各新闻媒体和新华社、中央电视台、各大新闻网等媒体记者纷纷到兰溪采访胡汝明。他多次陪同记者到日寇中将师团长酒井直次在兰溪毙命地，介绍当年兰溪抗战情况。胡汝明退休后，几十年一贯坚持关心下一代和老年人事业，撰写调查报告，引起各级领导重视，帮助解决困难。2013年，胡汝明被评为省健康老人；2014年，他又被评为省离退休干部先进个人、“全国孝亲敬老之星”。

【毕美芳】 女，1964年生，兰溪人，来料加工经纪人。2011年12月4日下午2时30分许，在女埠街道大吴岗村樟树塘边，姚桂琴、黄永珠、童美萍3人正在洗衣服。突然，72岁的姚桂琴老人不慎跌入池塘。一旁的黄永珠、童美萍相继跳入水中救人，由于塘水冰冷、衣服较多，两人也相继遇险，陷入危急之中。这时黄永珠大喊“救命”，闻声赶来的毕美芳不顾自身安危，立马跳入水中，先将最近的童美萍拉上岸，然后再游向远处的姚桂琴和黄永珠，将两人先后拖上了岸。事件发生后，《兰江导报》《兰溪新闻》《青年时报》、浙江在线、天涯社区、深圳新闻网、《现代金报》等媒体以《兰溪七旬老太不慎跌入水中三名村妇接二连三跳入水中救人》《老人洗衣，不慎跌入水塘，三名女子接力跳水救人》《兰溪三名妇女勇救落水老人传佳话》等为题纷纷予以报道。毕美芳被评为“浙江省见义勇为先进分子”。2014年7月，金华市公安局领导专程到兰溪为她颁奖。

【丁海良】 男，1949年1月生，1969年参加中国人民解放军，1981年转业到兰溪市公安局游埠派出所工作。历任游埠派出所副所长、所长、女埠派出所所长、治安所副所长、市局纪委副书记。退居二线后到兰江派出所任民警。2009年退休返职做联合调解工作。几年来调解各类矛盾纠纷1700余起，调处率达99%。每起调解力求圆满和完美，不让当事人留有半点遗憾，使双方当事人满脸怒气来，心平气和走。所有调解案件双方在调解后未再发生过纠纷矛盾。“老丁调解室”不仅有效化解了大量的矛盾纠纷，增进社会和谐，同时还有效节约了警力，提高工作效率，得到了辖区群众的称赞和领导、同事的肯定。

兰溪市首届十佳“新兰溪人”

【余建柱】 男，1970年出生，浙江瑞安人。2009年作为市重点招商引资项目，余建柱在兰溪经济开发区投资1.2亿元创立了浙江合一织造有限公司。几年来，他开拓进取，2013年公司总资产达到3亿元，年销售收入超过2亿元，创税达300多万元，是经济开发区创税收入20强企业，被认定为兰溪市企业研发（技术）中心。公司专门生产高端尼龙魔术贴，专利产品“天下一钩”被评为金华名牌。国家有关权威机构指定其为军需及救灾帐篷配套产品。

【马　闯】 男，1962年出生，安徽人。是国内整染行业资深总工程师。2010年，他受聘担任浙江金梭纺织有限公司总工程师，发挥专业特长，全身心投入科技研发。公司牛仔面料形成了纯棉、涤棉、竹节、异支、弹力、丝光、多功能纤维等7大系列2000多个品种，远销欧美等50多个国家和地区。他带领的科研团队，重点开展对染色纱线上浆工序的技术攻关，提高了产品质量，并使织造车间织机效率提高15%以上，每米纱线浆料成本下降25%，每年为企业增加效益300多万元。

【王行树】 男，1966年出生，山东人。2008年1月进入浙江创隆纺织有限公司，担任浆纱车间主任。他带领车间员工年年超额完成各项生产任务。他注重设备维护保养，每天夜里都要对设备进行检查，为了方便工作，他搬到离车间较近、条件较差的员工宿舍居住。他撰写的论文《CE浆料在紧密纺品种的上浆研究》被中国棉纺织行业协会评为二等奖。他还将理论研究成果运用到生产中，每年为企业节约原辅材料100多万元。

【陶仲国】 男，1972年出生，贵州人。2012年11月17日下午4时左右，在横溪镇一家企业打工的陶仲国，跳进梅溪新胜行政村王北山段的水潭，救上落水的10岁儿童施菁盛。在救人过程中，他的右脚两条筋脉被碎玻璃割断。陶仲国跳水救人的壮举感动了兰溪人，全市开展了向“最美新兰溪人——陶仲国”学习活动。中国新闻网、《浙江日报》等15家媒体相继采访报道了陶仲国的先进事迹。

【周德勇】 男，1979年出生，四川人。2005年10月加盟浙江甬金金属科技股份有限公司。在半年时间里，突破公司在技术、设备等方面的瓶颈，一举实现扭亏为盈。公司二期、三期扩建后，产值利润不断翻番，目前在国内精密不锈钢行业中排名稳居前三名。2013年，在金属行业全面亏损的情况下，公司依靠个性化的产品结构、超低的生产成本，依然保持迅猛增长势头。为适应市场竞争，增强发展后劲，周德勇提出依托专业优势，研发高新技术生产设备和工艺，该公司0.05mm精密超薄不锈钢冷轧中宽板带通过省级新产品项目评审和专家鉴定，并被列入国家“火炬计划”。

【刘海军】 男，1979年出生，辽宁人。2008年到兰溪市腾马纺织有限公司，负责腾马公司先期的筹建、设备安装等工作。五年间，他为腾马纺织公司开发了牛仔布款式700多种、牛仔布样品1000余个，被誉为蓝色牛仔推潮者。为了推行环保生产工艺，他研究了新纤维使用及牛仔布新功能开发。2011年，他开发的“多经密条形牛仔布”和“双面斜纹黑光牛仔布”被评为浙江省省级新产品；“多经密条形牛仔布”还获得兰溪市科学技术奖三等奖。

【李公勇】 男，1972年出生，四川人。2007年9月进入浙江创维纺织有限公司，现担任纺纱厂长。他对生产工艺、设备进行技术改造，使企业实现了节能降耗，提高了产品质量。他改造传统的轴流风机加喷淋模式，实现气流纺、环锭纺分开以调节车间温湿度，大幅度降低了车间的用电量、用水量，纺纱车间用电比原来下降了50%、用水量也下降了65%。他还大胆革新公司前纺车间滤尘系统，将滤尘系统分开，一年就为企业节约生产成本50多万元。被大家誉为技术革新能手。

【饶林洁】 女，1985年出生，浙江临安人。2009年9月进入兰江街道社区卫生服务中心从事护理工作。四年里，以其过硬的护理技术，赢得了病人和医生的好评。进入体检组工作后，她每天起早摸黑下乡，为辖区群众体检，周到的服务，受到广泛好评。2010年获兰江街道社区卫生服务中心“服务之星”称号；2011年在“兰江杯”技能比赛中，获得护理组第一名；2012年被评为兰江街道社区卫生服务中心“先进医务工作者”。

【王晓红】 女，1981年出生，浙江武义人。2008年，王晓红与丈夫一起来到兰溪市大阜张村，经营一家超市。秉持着“顾客至上，服务第一”的理念，但凡有顾客将钱包、手机等贵重物品遗忘在超市中，她都会将物品保管好，找到失主，归还原物。借助超市装有监控设备，她多次帮助警务室人员提供了许多线索，协助破获了一些案件。2012年8月，大阜张村成立市首家农民工租住地工会，她被大家推选为女职工委员会主任。

【项柔刚】 男，1987年出生，浙江浦江人，中共党员，《兰江导报》记者。他钻研业务知识，怀着“没有最好，只有更好”的信念，加强自身学习，提高业务水平，成为业务骨干，参与了许多重大任务的报道、主题宣传。2011年6月16—20日，兰溪遭遇两次百年不遇的特大洪水袭击。灾情就是命令，接到任务后，他和同事马上赶赴受灾地点，采访受灾群众、抗洪一线的党员干部、部队官兵，写出了一篇篇感人的报道。他多次被评为兰江导报先进工作者。

优秀“新兰溪人”

【徐志鹏】 男，1982年出生，安徽人。2004年到兰溪，在老城和平路开办“轻舞飞扬”美容美发店。2006年开始为天福山社区老年人开展免费服务。2008年在溪西开设“轻舞飞扬”分店，每年为青松、青湖社区的老年人开展两次免费服务活动。8年来，为兰溪30多名下岗失业人员提供了就业机会、培养了一批优秀理发师。每年两次为天福山、和平、青松、青湖4个社区的300余名老年人（残疾、患病、困难人员）免费上门理、染、烫发，受到社区广大老年人称赞。

【鲁海贤】 男，1963年出生，浙江金华人。兰溪市十一、十二、十三届政协委员，兰溪市外来投资商会常务副会长。2000年5月到兰溪创办兰溪市鑫华制革有限责任公司，现任公司总经理。公司规模由原来的年产30万张猪皮发展到年产60万张牛皮革。近两年公司又投资了5000多万元对企业升级改造。在他的倡导下，公司多次捐助地方经济建设和捐资助学。公司成为兰溪市诚信企业和重点纳税骨干企业，他也获得兰溪市首届十大优秀青年企业家称号。

【马万祥】 男，1964年出生，浙江绍兴人。1994年，马万祥到兰溪创业，1997年创建龙马制衣公司，从此在兰溪扎根。经过十多年发展，公司已拥有员工1000余名，2013年销售收入达1亿余元，税收超过1000万元。马万祥对职工关爱有加，除了为员工提供食宿服务，还建了图书馆、活动室、电影放映厅，改善员工的精神文化生活。他准备“面向四五十岁妇女，做中国最顶尖的女装品牌”，投入3000万元在上海筹建了研发中心，建立新分厂。

【孙晓风】 男，1964年出生，上海人。原在湖南、上海等地工作，2008年受聘到蓝宝公司从事技术开发工作。他先后承担了国家火炬计划项目簿本印切订装联动机、国家创新基金项目簿本印切订装高速全自动生产线、浙江省重大技术专项包背簿本印切胶装联机自动化成套设备关键技术研发及产业化等项目的主要研发与具体实施工作。卷筒纸柔印铁丝订联动机被认定为2011年浙江省装备制造业重点领域首台（套）产品。全自动印切订装一体高速柔版印刷系统获兰溪市科学技术一等奖。他主导设计的翻转式整理纸叠的齐纸装置和定位输送装置获国家实用新型专利授权。

【吴克泉】 男，1964年出生，广东人。2004年进入浙江云山印染有限公司，现任总经理助理。进入公司以来，吴克泉一直从事染整分厂的技术管理工作。在他的管理下，染整分厂向节能减排、清洁生产、安全生产要效益，产品质量持续提高。2008年以来，在他的合理化建议下，公司先后对高污染、低效益的印染生产线进行技术改造，为企业节能降耗、增产增收做出贡献。他热爱公益事业，帮助困难员工，捐款累计达万元。

【张　蕙】 女，1967年出生，湖北人。2010年到兰溪工作，担任佳而美纺织有限公司总工程师。她多次组织开展技术攻关、新产品开发等专项活动，曾荣获兰溪市“先进工作者”“巾帼英雄示范岗”等荣誉称号。她还以公司女工委为活动载体，教育和引导女员工立足本职、争先创优、开展岗位练兵和各项竞赛活动，提升个人修养和综合素质，为增强企业市场竞争力、创造经济效益、提高企业社会信誉尽职尽责。

【王金祥】 男，1973年出生，山东人。从事水泥生产技术管理和工程设计工作多年，2012年6月加入红狮公司，担任运行考核部部长。近两年来，他充分发挥部室的团队力量，为公司提供全面的技术服务，推动各项管理制度贯彻实施，做好各项对标考核，提升红狮各子公司的管理水平发挥了重要作用。他还提出优化煤质使用、加强原、燃材料均化等多项合理化建议，提升了企业的管理水平。

【张　伟】 男，1975年出生，山东人。2010年初被浙江巨江电源制造有限公司诚意感动，主动放弃世界500强——上海江森自控国际蓄电池有限公司工作，到浙江巨江电源制造有限公司威斯康项目担任产品研发总监。几年来，他兢兢业业，废寝忘食，带领团队主持开发了全新高容量全密封免维护铅酸汽车蓄电池，由日产量几百副到日产量1万多副，为公司跻身全国行业前四做出了突出贡献。

【陈华威】 男，1979年出生，浙江永康人。2009年，陈华威经多方考察，投资8000余万元在兰溪创建浙江金鼎鑫户外用品有限公司。一年后，公司就成为拥有先进厂房4万平方米，员工300人，年销售额2亿元的企业。

【李新英】 女，1965年出生，山东人。2011年到兰溪工作，现任鑫海纺织有限公司总工程师。在担任恒佳纺织有限公司生产厂长期间，开发了许多高支高密产品，填补了企业高档产品的空白；提倡"人性化管理"理念，建立了公正、公开、透明的绩效考评机制。2013年受聘鑫海纺织有限公司总工程师后，通过规范挡车工的操作标准、严格的周期化检查考核、落实整改，企业取得明显效果，在短短几个月内，公司生产效率创历史新高。他还先后配合开发了十多种功能性高档服装面料。

2014年百岁老人

表22

姓　名	性　别	出生年月	家　庭　地　址
郑彩弟	女	1911.5	云山街道天福山社区
朱秀元	女	1912.11	兰江街道青松社区
潘爱凤	女	1913.1	云山街道和平社区
郭品芝	女	1913.9	云山街道金钟岭社区
余爱娣	女	1914.2	永昌街道兰塘张村
陆香仂	女	1914.3.7	兰江街道白沙村
翁云英	女	1914.4.9	灵洞乡八石溪村
徐立斌	男	1914.5.15	水亭乡珠带式村

市委、市政府主要文件目录

2014年中共兰溪市委主要文件目录

表23

编号	月	日	文件标题
5	2	25	关于深入开展党的群众路线教育实践活动的实施意见
6	2	25	关于印发《市委常委会带头深入开展党的群众路线教育实践活动的实施方案》的通知
7	2	28	关于印发《兰溪市2014年“双百工程”重点项目》和《兰溪市2014年重点实事项目》的通知
8	3	6	关于开展“再学东海精神，践行群众路线”活动的决定
11	4	10	关于加大工业经济支持力度的若干意见
15	6	13	关于成立市委全面深化改革领导小组的通知
16	6	13	关于加强招商引资工作的若干意见
17	7	22	关于建立工业企业产出效益评价体系加快转型发展的实施意见
22	10	31	关于改革镇乡（街道）纪检监察组织回归主业工作的实施意见
23	11	14	关于进一步加强乡镇（街道）纪检监察干部队伍建设的意见
26	12	23	《兰溪市建立健全惩治和预防腐败体系2013-2017实施方案》的通知
28	12	31	关于印发《市委落实中央巡视组反馈意见集中整改十大行动实施方案》的通知

2014年兰溪市人民政府主要文件目录

表24

编号	月	日	文件标题
1	1	15	关于改革完善市食品药品监管体制的意见
15	3	27	关于建立权力清单制度规范行政权力运行工作的通知
20	4	25	关于实施创新驱动战略加快提升科技创新能力的若干意见
23	5	12	关于创建兰溪市农村信用体系建设试验区的实施意见
25	5	26	关于进一步加强基层武装部规范化建设的实施意见

2014年中共兰溪市委主要文件目录

续表24

29	6	26	关于公布兰溪市第六批非物质文化遗产代表作名录及非物质文化遗产重点保护项目传承基地的通知
41	8	14	关于调整全市最低工资标准的通知
42	8	15	关于兰溪市综合性“腾龙换鸟”试点工作的实施意见
43	8	26	关于印发兰溪市加快推进信息化与工业化深度融合的实施意见
52	9	11	关于印发《兰溪市关于深化殡葬改革推行生态葬法的实施意见》的通知
54	10	11	关于加快推进“数字兰溪”地理信息公共平台推广应用的实施意见
57	10	27	关于印发兰溪市区个人出租房产税收征收管理暂行办法的通知
66	12	15	关于进一步推动企业股份制改造和上市的意见
71	1	4	关于印发兰溪市低收入农户倍增计划（2013-2017年）实施意见的通知
72	1	8	关于印发《兰溪市行政事业单位国有资产配置管理暂行办法》的通知

2014年兰溪市人民政府办公室主要文件目录

表25

编号	月	日	文　件　标　题
1	8	8	关于印发兰溪市2014年度质量强市建设行动计划的通知
31	3	28	关于进一步加强环保监管、严厉打击环境违法行为的通知
41	4	8	关于做好单独两孩政策实施工作的通知
42	4	8	关于印发兰溪市农村生活污水治理工作实施细则的通知
50	4	21	关于印发兰溪市“十倍增、两提高”科技服务专项行动总体实施方案的通知
53	4	21	关于印发《兰溪市农村生活污水治理（2014—2016年）三年行动计划》的通知
63	5	12	关于印发兰溪市“四破”（两退两进“用地处置办法（试行）的通知
64	5	12	关于印发兰溪市历史文化名城保护管理办法（试行）的通知
70	5	26	关于印发兰溪市城乡居民医疗保障基金支付方式改革办法的通知
84	6	9	关于印发兰溪市创建浙江省卫生强县（市）工作实施方案的通知
87	6	9	关于调整兰溪市城镇职工基本医疗保险有关待遇的通知
104	7	21	关于印发兰溪市创建国家园林城市实施方案的通知
105	8	5	关于印发兰溪市违法建筑分类处置实施意见的通知
108	7	29	关于印发兰溪市大气重污染应急预案（试行）的通知
114	8	7	关于印发《兰溪市林地经营权流转证管理办法（试行）》的通知
134	9	19	关于印发兰溪市重大食品安全事故应急预案的通知
141	10	11	关于印发兰溪市地震应急预案的通知
146	10	22	关于印发《兰溪市生态畜牧业发展规划（2014—2020年）》的通知
147	10	22	关于印发《兰溪市关于深化农村确权赋权改革实施意见》的通知
155	10	28	关于印发兰溪市创建省级卫生应急工作示范县（市）活动实施方案的通知
164	11	18	关于印发兰溪市大气污染防治行动实施方案（2014—2017年）的通知
165	11	19	关于印发《兰溪市旅游目的地建设三年行动计划（2014—2016）年》的通知
166	11	24	关于印发加快发展养老服务业实施意见的通知
167	11	24	关于印发兰溪市重大气象灾害预警信息全网发布实施细则的通知

市委、市政府重要文件选辑

中共兰溪市委
关于深入开展党的群众路线教育
实践活动的实施意见

（2014年2月21日）

兰委〔2014〕5号

在全党深入开展以为民务实清廉为主要内容的党的群众路线教育实践活动，是党的十八大作出的重大部署，是新形势下坚持党要管党、从严治党的重要举措。根据中央、省委和金华市委的统一部署，市委决定，从2014年1月开始，在全市深入开展党的群众路线教育实践活动，到2014年9月基本完成。参加单位主要是：市级领导机关，市机关各部门（单位）及其下属企事业单位，镇乡（街道）和村(社区)、非公有制经济组织、社会组织以及其他基层组织，部分党组织关系隶属我市的垂直（双重）管理单位和金融单位。现就活动开展提出如下实施意见。

一、总体要求

开展党的群众路线教育实践活动，要以党的十八大和十八届三中全会精神为指导，认真贯彻习近平总书记系列讲话精神以及省委十三届四次全会、金华市委六届六次全会和市委十三届五次全会精神，紧扣为民务实清廉主题，落实中央八项规定精神和《党政机关厉行节约反对浪费条例》，以“追赶跨越转作风，重振雄风惠民生”为总载体，突出作风建设，贯彻整风精神，坚决反对形式主义、官僚主义、享乐主义和奢靡之风，着力解决人民群众反映强烈的突出问题，使党员干部宗旨意识和群众观点有新增强，改进作风有新进展，做群众工作能力有新提高，密切联系群众有新进步，为民务实清廉形象有新提升，基层服务型党组织建设有新推进，以作风建设新成效凝聚兰溪跨越发展的强大合力。

党的群众路线教育实践活动要坚持以市级领导机关、领导班子和领导干部为重点，突出抓好镇乡（街道）领导班子、领导干部、直接联系服务群众的执法监管部门、窗口单位和服务行业的教育实践活动，注重抓好村（社区）、非公有制经济组织、社会组织等基层党组织的教育实践活动，切实加强广大党员、干部马克思主义群众观点和党的群众路线教育。

党的群众路线教育实践活动全过程，要始终贯彻“照镜子、正衣冠、洗洗澡、治治病”的总要求。“照镜子”，主要是对照“理论理想、党章党纪、民生民心、先辈先进”四面镜子，对照改进作风要求，在宗旨意识、工作作风、廉洁自律上摆问题、找差距、明方向。“正衣冠”，主要是按照为民务实清廉的要求，勇于正视缺点和不足，严明党的纪律特别是政治纪律，敢于触及思想、正视矛盾和问题，从自己做起，从现在改起，端正行为，自觉把党性修养正一正、把党员义务理一理、把党纪国法紧一紧，保持共产党人良好形象。“洗洗澡”，主要是以整风精神开展批评和自我批评，深入分析发生问题的原因，清洗思想和行为上的灰尘，坚持自我净化、自我完善、自我革新、自我提高，保持共产党人政治本色。“治治病”，主要是坚持惩前毖后、治病救人方针，区别情况、对症下药，对作风方面存在问题的党员干部进行教育提醒，对问题严重的进行查处，对不正之风和突出问题进行专项治理。

二、目标任务

教育实践活动的主要任务是抓住反对“四风”这个重点，着力解决领导机关、领导班子和领导干部存在的突出问题。同时，回应群众关切，解决实际问题，维护群众利益，把改进作风的成效真正落实到基层，推动科学发展，让群众切实受益。

（一）聚焦“四风”，解决作风建设突出问题。市级领导班子和领导干部重点解决政绩观不正确，搞“形象工程”“政绩工程”，盲目决策、喜变思路，不敢担当、当“老好人”，浮夸浮躁、注重形式，有令不行、有禁不止等问题。市机关各部门（单位）重点解决文来文往、文山会海，安于现状、庸懒散拖，推诿扯皮、执行梗阻，学风不浓、思想消极，工作漂浮、纪律散漫等问题。执法监管部门和窗口单位、服务行业重点解决“门难进、脸难看、事难办”，滥用职权、“吃拿卡要”，效率低下、执法不公等问题。镇乡（街道）领导班子和领导干部重点解决“机关化”倾向，疏离群众、简单粗暴，弄虚作假、与民争利，政策执行走样等问题。国有企业重点解决公私不分、铺张浪费、追求享受、违反财经纪律和国有资产监督管理法规等问题。学校、医院等事业单位重点解决师德师风、医德医风等问题。村（社区）等基层组织主要解决软弱无力，干事创业劲头不足、服务群众的意识和能力不强、办事不公等问题。

（二）以抓好“五水共治”为着力点，扎实推进年度重点工作和民生实事工程。坚持治污水先行，推动防洪水、排涝水、保供水、抓节水，以“五水共治”的实际成效造福于民。持续开展“三改一拆”“四边三化”以及治气、治污、治堵等专项工作，争创“无违建县市”，办好教育、就业、社会保障、医疗、住房等民生实事，着力解决生态环境、食品药品安全、安全生产、社会治安、执法司法等与群众生活密切相关的民生问题。把转作风与为民办实事有机结合，让群众办事更加便利、得到更多实惠，增强安全感、提高满意度，切身感受社会公平正义。

（三）推进科学民主决策，依靠群众、发动群众抓转型促发展。坚持“从群众中来、到群众中去”，建立健全体现群众意愿的科学民主决策机制。围绕群众关注的热点问题和转型升级的难点问题，推广民情恳谈会、听证会等畅通民意的有效做法，加强与群众的真诚沟通，提高决策透明度。全面落实基层党组织“代表民意、服务群众”工作制度，充分发挥基层党组织反映群众意愿、做群众工作的功能，扎实推进转型升级各项工作。

（四）完善直接联系服务群众机制，加强基层服务型党组织建设。围绕服务改革、服务发展、服务民生、服务群众、服务党员，进一步健全服务网络、构建服务平台、打造服务队伍、完善服务机制、提升服务能力,切实解决联系服务群众“最后一公里”问题。顺应服务群众新要求，调整完善基层党组织设置，推进区域化、行业化、产业化党建，深化推进“青春党建”，扩大党的组织覆盖和工作覆盖面。突出服务能力、服务精神、服务表率的要求，选优配强基层党组织书记，加强党员队伍建设，着力增强党组织生机与活力。健全镇乡（街道）、村（社区）便民服务体系和服务保障体系，提升服务群众的功能和水平。深化完善基层组织和党员“五星争创”制度，通过群众评议、组织考核，衡量服务型党组织建设成效。教育实践活动结束时，要建立基层服务型党组织建设的工作体系。

三、方法步骤

根据中央、省委和金华市委部署，我市党的群众路线教育实践活动从2014年1月开始，大体8个月时间，2014年9月基本完成，具体到每个单位，开展集中教育时间一般不少于3个月。教育实践活动采取统一部署、梯次展开、压茬进行的办法，市级领导机关先行一步，镇乡（街道）和村（社区）及其他基层组织依次推进。要坚持问题导向，教育实践并重，边学边查边改，把学习教育贯穿始终，把整改落实贯穿始终，使教育实践活动各个环节的工作有效衔接、相互贯通。

（一）学习教育、听取意见。重点是抓好学习宣传和思想教育，深入开展调查研究，广泛听取干部群众意见。

1.开展“三思四问”学习讨论活动。通过领导示范讲党课、专家培训理论课、中心组学习交流课、先进典型教育课、基层经验实践课、廉政教育警示课、开设流动党校、组建先进事迹报告团巡回宣讲等多种形式，组织党员、干部认真学习党的十八届三中全会、习近平总书记系列重要讲话、省委十三届四次全会、金华市委六届六次全会和市委十三届五次全会精神，学习中发〔2013〕4号文件规定的学习内容，学习党的光辉历史和优良传统。市级领导干部还要认真学习《干在实处 走在前列》《之江新语》两本书。组织党员干部紧紧围绕“我是谁、为了谁、依靠谁”三个方面进行深入思考，认真反思与百姓的感情深不深、与百姓的距离远不远、百姓在心中的分量重不重，牢固树立人民创造历史的唯物史观，以人为本、人民至上的价值观，立党为公、执政为民的执政观。同时，分层次有针对性地开展“四问”讨论。市级领导干部重点问一问“四个有没有”：兰溪的体制机制优势还有没有，各级各部门自我革命的精神还有没有，广大党员干部敢闯敢冒的劲头还有没有，人民群众创业创新的良好环境还有没有；机关党员干部重点问一问“四个是不是”：是不是真心实意地对待每一位群众，是不是公平公正地办理每一件事情，是不是用心用情地做好每一项工作，是不是全程跟踪每一件办理事项的落实；基层党员干部重点问一问“四个怎么干”：对照先进我要怎么干，攻坚破难我要怎么干，服务群众我要怎么干，做群众工作我要怎么干。机关、事业单位集中学习讨论时间不少于3天。其他基层党组织要运用灵活多样、务实有效的方式，抓好学习教育，确保学习教育活动贴近实际、富有实效。

2.广泛开展“发现身边典型、学习闪光言行”活动。充分发挥先进典型的示范引领作用，从活动一开始就发现和挖掘一批党员干部身边叫得响、立得住、群众公认的“东海式”好干部先进典型和“闪光言行之星”，营造学先进找差距改作风的浓厚氛围。通过举行先进事迹报告会、老乡镇精神报告会，召开座谈会等多种形式，让身边的典型作介绍、谈体会，用身边的人和事教育、激励党员干部。把先进典型作为镜子、尺子，组织党员干部紧密联系思想、工作实际，认真对照检查自身存在的问题，激励和带动更多的党员干部成为先进典型。

3.开展“听意见、解民忧”走亲连心活动。市机关各部门（单位）领导干部要以工作对象和服务对象为重点，把“面对面”与“背靠背”结合起来，深入群众，广开言路，广泛听取群众的意见和建议，确保真听意见、听真意见，同时要帮助群众解决一些实际困难。执法监管部门和窗口单位、服务行业重点听取服务对象的意见建议，垂直管理和行业管理的部门要注意听取下属单位的意见。镇乡（街道）党员干部要结合联村联户、住夜值班等制度，面对面听取党员群众意见，镇乡（街道）党政正职要走遍村（社区）及困难党员和困难户，联村干部要走遍联系村所有农户。要统筹安排好领导干部下基层活动，防止到基层“一窝蜂”、走形式。

（二）查摆问题、开展批评

1.找准查实具体“四风”问题。重点围绕为民务实清廉要求和贯彻落实中央八项规定、省委“28条办法”、“六个严禁”和金华市委“25条意见”、市委“24条意见”情况，对照党章，对照廉政准则，对照改进作风要求，对照群众期盼，对照先进典型，通过群众提、自己找、上级点、互相帮、集体议等方式，深入查找、认真梳理存在的突出问题。市机关各部门（单位）及其下属企事业单位要对照《党政机关厉行节约反对浪费条例》《兰溪市好干部行为规范》等有关规定进行检查，镇乡（街道）、村（社区）还要对照《农村基层干部廉洁履行职责若干规定（试行）》《兰溪市镇乡（街道）

联村干部十必做》《兰溪市村干部行为规范》进行检查。市机关各部门(单位）及其下属企事业单位领导班子成员，镇乡（街道）领导班子成员要书面条目式列出个人“四风”问题，上级党组织、党委（党组）负责同志和督导组要审核把关。

2.认真撰写对照检查材料。市机关各部门（单位）及其下属企事业单位领导班子及成员，镇乡（街道）领导班子及成员要撰写对照检查材料，其他基层党组织和党员可不撰写对照检查材料。对照检查材料要逐项列出“四风”问题的具体表现、典型事例，对“三公”经费支出、职务消费、人情消费、公务用车、办公用房和住房、家属子女从业等情况要作出说明，市级和镇乡（街道）党政领导班子、班子成员还要对抓“五水共治”等重点工作的情况作出说明；从理想信念、宗旨意识、党性修养、政治纪律、担当精神等方面剖析根源；明确努力方向和整改措施。主要负责同志要主持起草领导班子对照检查材料，并在一定范围内征求意见。班子成员要自己动手撰写个人对照检查材料。上级党组织、党委（党组）负责同志和督导组要严格审核把关。

3.广泛开展谈心活动。党委（党组）主要负责同志与班子每名成员之间、班子成员相互之间、班子成员与其分管部门负责同志之间都要开展谈心，平时有隔阂、有误解的同志要主动谈心、交换意见，并主动接受党员群众的约谈。谈心要坦诚交流沟通思想、推心置腹交换意见，特别是相互之间开展的批评意见，要在谈心时充分沟通交流。谈心不受时间、次数的限制，谈得越多越好，越充分越好，既要肯定成绩，又要指出问题和不足，把矛盾和问题解决在专题民主生活会前。

4.开好专题民主生活会和组织生活会。市机关各部门（单位）及其下属企事业单位领导班子、镇乡（街道）领导班子要召开专题民主生活会。会上，要按照“人人说我、我说人人”的要求，开展严肃认真的批评和自我批评，真刀真枪提意见，满腔热情帮同志，既揭短亮丑、动真碰硬，又实事求是、出以公心，不发泄私愤，不搞无原则纠纷，既要红红脸、出出汗，又要加加油、鼓鼓劲，努力达到团结—批评—团结的目的。会后，要在一定范围内通报民主生活会情况。其他基层党组织要开好专题组织生活会，开展民主评议党员工作，针对存在问题提出改进措施和办法；村（社区）党组织要进行对照检查。上级机关党员领导干部要参加下级单位领导班子的专题民主生活会，党员领导干部要以普通党员身份参加所在党支部的专题组织生活会。

（三）整改落实、建章立制。围绕群众反映的突出问题，一开始就改起来，从具体事抓起、从身边事做起、从群众最不满意的事改起，即知即改，立行立改。

1.分类分步抓整改。按照“常规性问题加大力度解决、遗留问题集中攻坚解决、新发现问题及时跟进解决”的要求，市机关各部门（单位）和国有企业、事业单位领导班子，镇乡（街道）领导班子都要认真制定整改方案和措施，明确任务书、时间表和责任人，领导班子成员要制定个人整改措施。村（社区）和非公有制经济组织、社会组织及其他基层组织可列出问题清单，明确整改措施。要实行开门整改，向群众作出整改承诺，及时公布整改情况，请群众评价和监督，确保整改成效让群众看得见、感受得到、大多数人满意。

2.集中整治抓整改。不折不扣落实中央和省委确定的“八项专项整治”和“六项集中行动”，结合兰溪实际，深入贯彻落实市委《关于正风提效促跨越的实施意见》，重点开展“十项整治”：一是深化行政审批制度改革。大力推行便捷审批，做到上级下放的行政审批事项不截流，使审批部门、事项、环节、时间“四减少”。二是遏制公权滥用。认真贯彻执行《党政机关厉行节约反对浪费条例》、《党政机关国内公务接待管理规定》，切实规范领导干部工作和生活待遇，整治党政机关、事业单位人员超编和超职数配备，整治超标配备公车、多占办公用房、新建滥建楼堂馆所。三是严控“三公”支出。对各单位“三公”经费账单进行清查，严肃处置“三公”经费开支过大、违反财经纪律行为。四是整治衙门作风。针对门难进、脸难看、事难办等机关作风顽疾，整饬工作纪律，规范干部行为，提高办事效能。五是治理文山会海。建立健全务实高效的办会办文机制，简化会议程序，严格会议经费管理，从严控制各类文件简报和内部刊物。六是切实减轻基层负担。严厉整治评比达标表彰、考核授牌泛滥现象，着力解决村（社区）牌子多、台账多、检查多、考核多等问题。七是开展干部“庸懒散”专项整治。注重实绩导向，推进干部能上能下。对软、懒、散的领导班子进行整顿；对存在一般性作风问题的干部，立足于教育提高，促其改进；对群众意见大，不能认真查摆问题，没有明显改进的干部，进行组织调整。八是严查侵害群众利益行为。大力整治拖欠群众钱款、克扣群众财物等问题，切实维护征地拆迁、安全生产、环境保护等方面的群众利益，大力破除人情圈、关系网等陈规陋习、顽瘴痼疾。九是开展“四破”专项整治。组织党员干部带头开展“破僵尸企业、破围墙圈地、破低效用地、破既得利益”专项整治，为建立更有效率、更加公平、更可持续的资源要素配置机制，树好榜样、作出表率。十是开展信访积案排查化解专项行动。从本单位典型案例、信访积案中查找和解决突出问题。

3.正风肃纪抓整改。坚持严字当头，从小处着手、细处着眼，坚决查处发生在群众身边的不正之风和腐败问题，继续狠刹“牌局”“酒局”，严肃整治“会所中的歪风”，坚决查处在公务活动中赠送或接受礼品、礼金和各种有价证券、支付凭证和节日期间用公款送礼等行为，对公款送礼、公款吃喝、奢侈浪费等问题“零容忍”。正风肃纪工作小组要深入开展明查暗访，做到重要时间节点、重点热点问题、经常性检查“三个不放松”，做到月有计划、周有行动、日有巡查。对违反中央八项规定和省委“28条办法”“六个严禁”以及金华市委“25条意见”、市委“24条意见”的，发现一起、查处一起、通报一起，并及时通过新闻媒体曝光，达到震慑一片的效果。对在活动中发现的重大违纪违法问题，要及时移交纪检监察机关或有关方面严肃查处。

4.着眼长效抓整改。全面开展“学、清、立、改、停”工作，健全落实制度规定。学，就是深入学习贯彻中央、省委和金华市委关于作风建设的一系列制度规定；清，就是对照中央、省委和金华市委精神和现行政策法规，对不适宜的规范性文件进行清理；立，就是根据工作需要，按照于法周延、于法有据、于事简便的原则，建立健全务实管用的制度规范；改，就是对不够完善或存在不足的政策制度做法及时改进；停，就是对不符合中央精神的政策制度做法及时废止。要强化制度的刚性约束，提高党员、干部依法依章依纪办事意识，加强对执行制度情况的督促检查，坚决纠正有令不行、有禁不止、无视制度的问题。

四、实践举措

在贯彻落实中央要求和省委、金华市委专项行动部署的同时，立足兰溪特色和基层实际，突出实践性，扎实开展“九项行动”，从教育实践活动一开始就强力推进、抓好落实。

（一）开展“民情民事面对面”行动。依托市级新闻媒体和《部门与您零距离》等栏目，市乡两级广泛开展市民问政、民主恳谈、民主听证等活动。在兰溪新闻网开设“常委直播间”，市委常委就党的群众路线教育实践活动开展情况，以及基层党员群众关注的热点问题，接受党代表及群众询问。在《兰江导报》头版开设“市委常委群众路线笔谈”专栏，由市委常委撰写体会文章，展示学习成果。市级党员领导干部各确定一个教育实践活动联系机关部门和行政村作为联系点，还要定期赴联系镇乡（街道）和机关部门的群众工作站“进站坐班”。市机关各部门（单位）及其下属企事业单位和各镇乡（街道）干部也要采取多种方式，与群众面对面交流恳谈，倾听群众呼声，关心群众疾苦，畅通民意沟通渠道，完善利益诉求机制。

（二）开展“普通一员”民情体验活动。通过随机走访、体验式调研、换位体验、领导干部一线坐班等形式，强化“党员领导干部也是普通一员”的意识，正确树立群众观，坚持群众立场，增强与群众感情，切实从服务群众的角度看问题、想办法、做工作。同时，通过民情体验活动，充分了解群众对干部改进作风方面的需求，分析自己在深入群众、了解群众、服务群众方面存在的差距，为进一步改进工作作风奠定基础。

（三）开展领导干部“破解难题、一线攻坚”行动。把开展活动与做好当前改革发展稳定的各项中心工作紧密结合，与推进本部门本单位的重点任务落实有机结合，与建设一支过得硬、打胜仗的干部队伍有机结合，引导全市各级领导干部围绕“五水共治”“三改一拆”专项整治等重点工作及重点区块建设，深入一线、直面矛盾，领衔破解难题，推动我市转型升级、跨越发展。

（四）开展机关干部“破梗阻、提效能”行动。进一步深化机关部门“五型争创”活动，大力推进机关干部队伍建设，加强执行力，提振精气神，消除“中梗阻”，提升服务效能。深化“服务之星”评选等活动，继续开展“民情代表暗访服务软环境”活动，强化工作问责机制，提高办事效率。健全完善便民服务体系，发挥好96345便民服务平台作用，切实做到服务项目“无缝对接”、服务企业“全天候”、服务群众“零距离”。

（五）深化乡镇“全科干部、全心服务”行动。坚持“周一夜学”“轮值讲学”“季度统考”“全科比武”等做法，提升镇乡干部全科素质。推行“步行入村”“夜访夜谈”“驻村办公”等做法，健全镇乡（街道）干部直接联系群众工作机制。完善“一周行程公示”“在村考勤”“村民评议”等做法。在各镇乡（街道）挂牌成立“群众工作站”，及时接受、解决群众反映的问题、情况，化解基层矛盾，实现“站室并联，直通民情”，推进镇乡干部持续转作风、强服务。

（六）开展基层党组织“五水共治”先锋行动。农村基层党组织以“治水护水，美化家园”为载体，一村一策制定治水计划，深化创业承诺，争当治水先锋，定期开展扮美家园公益劳动，扎实实施“治水护水示范工程”。开展“村主职干部千人大培训”，引导农村干部群众积极参与“五水共治”、建设美丽乡村等工作。组建大学生村官护水队，宣传治水护水政策，转变农民观念，保护水环境，推进“五水共治”工作开展。两新组织党组织开展“治水护水我先行，转型升级当先锋”主题活动，引导党员带头治理和防控企业排污行为，引导行业协会加强自我约束和监督管理职能，引导企业主加大治水护水投入，加快企业转型升级。大力推进水环境综合整治“十大行动”。

（七）开展“党员进社区、点亮微心愿”活动。在社区“双进”活动的基础上，组织在职党员到社区全员报到，认领服务岗位，定期参加志愿服务。多种途径广泛征集群众“微心愿”，组织党员认领微心愿，争当“圆梦使者”。开展“四季关爱”主题活动，增强活动实效性。

（八）开展“双迎双再”活动。开展以把群众“迎进机关、迎进重要会议”为主要内容的“双迎”活动。组织机关各部门、镇乡（街道）设立“开放日”，定期向普通群众、服务对象开放并介绍本单位本部门的工作情况，使机关部门和镇乡（街道）工作进一步走向公开透明；在重要会议中，引入群众参与旁听，直至参与决策，让决策更加透明、科学、接地气。开展“再温党史、再浓鱼水情”活动。组织各单位党员干部利用浙西特委、东海纪念馆等本市党员干部教育示范基地，通过缅怀浙西特委的历史地位和作用以及先烈的丰功伟绩，学习杨东海式的最美基层干部典型事迹，重点加强干部的理想信念教育，继承和发扬革命先辈不怕牺牲和英勇奋斗的革命精神，引导党员干部主动到基层事业发展最需要、人民群众最需要的地方再浓鱼水情。

（九）开展“千名干部下基层”活动。以“下基层、转作风、优环境、美家园”为主题，组织市级领导，市机关各部门（单位）、各镇乡（街道）全体机关干部，派驻各村“两富”指导员赴各镇乡（街道）开展“清洁一口池塘”“清理一条河流”“美化一条道路”“整理一批庭院”“开展一次宣讲”“办好一件实事”的“六个一”活动，达到十溪整治、百村治污、千塘清理、万户美化的目标。切实完善基础设施建设，改善城乡人居环境，营造洁美生活空间、建设美丽宜居家园，提高群众满意度与幸福指数，教育广大机关干部牢固树立真情为民、服务基层的理念，正确树立群众观，坚持群众立场，增强与群众感情，切实从服务群众的角度看问题、想办法、做工作。

五、工作要求

教育实践活动中，市委常委各选择一个机关部门、一个行政村作为群众路线教育实践活动联系点，市委常委参加指导各镇乡（街道）党（工）委领导班子民主生活会，示范带动和推进教育实践活动深入开展。

（一）落实领导责任。教育实践活动按照干部管理、党员管理体系组织实施，流动党员按照党员管理同等化要求，以流入地为主实施。各级党委（党组）是教育实践活动的责任主体，承担直接责任，在抓好本级班子教育实践活动的同时，要抓好下属单位的教育实践活动。镇乡（街道）党（工）委主要抓好班子自身的教育实践活动，负责组织村（社区）、非公有制经济组织、社会组织等基层党组织和党员的教育实践活动。基层党组织要认真搞好教育实践活动。各级党委（党组）主要负责同志要切实承担起第一责任人的职责，做到"一把手"带头，抓好"一把手"，发挥示范推动作用。特别要重视制定好活动方案，对需要着重解决的问题，做到心中有数；对可能发生的情况和问题，进行分析预判，提出有效的预防和解决对策。对在教育实践活动中走过场的，要追究"一把手"的责任。要用好的作风组织开展教育实践活动，防止文山会海，力戒形式主义。

（二）加强督促检查。市委将派出督导组，强化对教育实践活动的督促检查。督导组要按照"走在前列""不走过场"的具体要求，认真审阅活动实施方案、"四风"问题条目式书面材料、对照检查材料、整改方案等，全程参与专题民主生活会并进行点评，督促抓好每个环节各项工作落实。要坚持标准、确保质量，有效传导压力，防止降格以求。要履行"一岗双责"，了解掌握和督促推动改革发展稳定等重点工作。

（三）注重分类实施。针对教育实践活动单位的不同特点，分类制定实施方案，明确具体任务和推进措施。市级领导机关、领导班子和领导干部要紧紧扭住解决"四风"问题不走神、不散光，在找准和解决突出问题上下功夫、见实效。各单位要突出服务群众这个着力点，在增强服务群众意识、提高服务群众能力上下功夫，把联系服务群众工作做扎实，在直接联系服务群众中受教育、转作风。非公有制经济组织、社会组织党组织要注重采取小型、业余、分散的方式开展活动。流动党员参加教育实践活动以流入地党组织为主、流出地党组织为辅。可采取送学上门等方式，组织离退休党员及年老体弱党员参加学习教育。

（四）注重群众参与。坚持开门搞活动，从活动一开始就要扎下去听取意见和建议，每个环节都组织群众有序参与，请群众监督，让群众评议。要通过民主恳谈、民主评议、民意调查等方式让群众评判整个活动特别是整改效果，真正让群众满意。

（五）强化宣传引导。充分运用传统媒体和新兴媒体，大力宣传中央、省委和金华市委要求，注重总结推广教育实践活动的好经验好做法，反映教育实践活动的进展和成效。强化舆论监督，通过以案说法、事件追踪评述等方式，发挥监督警示作用。加强党的群众路线理论研究，推动教育实践活动取得理论成果、实践成果和制度成果。

教育实践活动结束后，各单位党委（党组）要向上级党组织写出报告。

中共兰溪市委

2014年2月25日

兰溪市建立健全惩治和预防腐败体系2013-2017年实施方案

为认真贯彻落实党的十八大，十八届三中、四中全会，省第十三次党代会、金华市第六次党代会和兰溪市第十三次党代会精神，进一步推进我市党风廉政建设和反腐败斗争，依据中央《建立健全惩治和预防腐败体系2013—2017年工作规划》、省委《建立健全惩治和预防腐败体系2013—2017年实施办法》、金华市委《建立健全惩治和预防腐败体系2013—2017年工作细则》，结合兰溪实际，制定本实施方案。

一、总体要求

推进惩治和预防腐败体系建设，要以邓小平理论、“三个代表”重要思想、科学发展观为指导，深入贯彻落实党的十八大，十八届三中、四中全会和习近平同志一系列重要讲话精神，紧紧围绕市委市政府经济社会发展的总体部署，坚持标本兼治、综合治理、惩防并举、注重预防的方针，以加强廉洁政治建设为目标，从抓党的作风建设入手，进一步推进反腐败体制机制创新和制度保障，坚定不移转变作风，坚决有力惩治腐败，科学有效预防腐败，努力做到干部清正、政府清廉、政治清明，为加快兰溪“追赶跨越、重振雄风”提供有力保障。力争经过5年的努力，作风建设深入推进，“四风”问题得到有效治理，党风廉政建设责任制进一步落实，反腐倡廉制度进一步健全，权力运行监控机制进一步完善，惩处腐败行为的力度进一步加大，党员干部廉洁自律意识和拒腐防变能力进一步提高，人民群众满意程度明显提高。

二、深入推进党的作风建设

坚定不移地贯彻落实中央八项规定精神，纠“四风”，扬正气，树新风，促使党员干部作风进一步转变，党群干群关系进一步密切，为民务实清廉形象进一步树立。

（一）严明党的纪律，维护党的权威

各级党组织要把管党治党作为主要职责和根本任务，建立健全抓好作风建设的工作责任，一级管好一级，一级带动一级。各级党组织和广大党员干部要自觉遵守党章、维护党章，自觉反对特权思想和特权现象，自觉按照党的组织原则和党内政治生活准则办事。对党员干部严格要求，严格教育，严格管理，严格监督，严格执行党的政治纪律、组织纪律、财经纪律、工作纪律和生活纪律等各项纪律，在思想上政治上行动上同以习近平同志为总书记的党中央保持高度一致。加强对党的纪律执行情况及上级各项重大决策部署落实情况的监督检查，坚决纠正有令不行、有禁不止。加强纪律教育和执纪监督，严肃处理违反党的纪律行为。

（二）严格执行中央“八项规定”，坚决纠正“四风”问题

坚持深入贯彻落实中央“八项规定”、省委“28条办法”、金华市委“25条意见”和市委“24条意见”，及时发现和解决党员干部“四风”方面的问题，坚决防止反弹、回潮。要在坚持中深化、在深化中坚持，从具体问题抓起，由浅入深，由易到难，由简到繁，循序渐进，一个时间节点一个时间节点地抓，不断取得新成效。督促落实《党政机关厉行节约反对浪费条例》等相关规定；严格执行《党政机关国内公务接待管理规定》，规范公务接待管理；全面停止新建党政机关楼堂馆所，认真执行办公用房建设标准和装修、设备配备、资产配置标准；加强公务车辆管理，扎实推进公务用车改革；严格执行党政干部因公因私出国（境）管理制度。强化预算管理，深化预算单位国库集中支付和公务卡制度改革，从严控制行政经费和“三公”经费支出，加强“三公”经费监管；倡导勤政节俭，改进文风会风，严格考评活动。建立健全领导干部作风状况评价机制，把作风建设情况纳入党风廉政建设责任制考核范围。建立作风建设问责机制，对违反中央“八项规定”精神和省委、金华市委和兰溪市委有关要求的行为，发现一起，查纠一起，对典型问题及时通报曝光。

（三）坚持群众路线，建立健全作风建设长效机制

根据中央、省委和金华市委的部署，紧扣为民务实清廉主题，扎实开展党的群众路线教育实践活动。按照“照镜子、正衣冠、洗洗澡、治治病”的总要求，围绕“正风肃纪强服务，提能增效促发展”这一主题，扎实开展正风肃纪专项行动，着力解决党员干部特别是领导干部中存在的“四风”方面的突出问题；着力规范行政行为，提高行政效率；着力转变机关作风，切实维护群众利益；着力增强服务意识、责任意识，提高群众满意度，推动群众路线教育实践活动有效开展。坚持边学边查边改，把学习教育与查摆问题、解决问题、建章立制结合起来，总结教育实践活动中的好经验好做法，健全领导干部带头改进作风、深入基层调查研究机制，着力推动联系服务群众制度常态化长效化。

（四）持续深化机关效能建设，切实优化发展环境

充分发挥机关效能投诉、涉企投诉、“优化环境直通车”、“市长热线”和“部门与您零距离”等监督窗口作用，推进市、乡、村三级行政服务中心建设，全面提高监督效率和服务水平。积极开展专项效能监察，加大效能问责力度，严肃查处机关工作人员不作为、慢作为、乱作为及其他违反机关效能行为。深化镇乡（街道）、机关部门作风建设考评和科所站队民主评议活动，完善涉企收费、检查公示和登记备案制度。

三、坚决有力惩治腐败

坚持“老虎”“苍蝇”一起打，严肃查办违纪违法案件，既坚决查处领导干部违纪违法案件，又切实解决发生在群众身边的不正之风和腐败问题，做到有案必查、有腐必惩。

（一）始终保持查办案件的强劲势头

严格审查和处置党员干部违反党纪政纪、涉嫌违法行为；严肃查处领导干部贪污贿赂、权钱交易、腐化堕落、失职渎职的案件；严肃查处拉票贿选、买官卖官等用人上的腐败案件，匡正选人用人风气；严肃查处执法、司法人员徇私舞弊、枉法裁判、以案谋私的案件；严肃查处严重违反政治纪律的案件；严肃查处群体性事件、重大责任事故背后的腐败案件；严肃查处在征地拆迁中贪污、截留、挪用补偿资金的案件，基层干部侵占各种惠民补贴、扶贫救灾、移民安置等专项资金以及集体资金资产资源的案件；严肃查处规避招标、虚假招投标及违法转包分包的案件；严肃查处非法批地、低价出让土地、违规审批房地产开发项目或擅自变更规划获取利益的案件；严肃查处商业贿赂案件。建立和完善行贿犯罪档案查询系统、不良行为记录和“黑名单”制度，健全防治商业贿赂长效机制。

（二）努力提升案件查办工作水平

建立健全案件查办工作机制。研究新形势下违纪违法案件发生的特点和规律，健全腐败案件揭露、查处和查办案件组织协调机制，建立舆情监测制度、案件线索移交和定期分析制度、案件线索跟踪机制，提高突破大案要案和疑难复杂案件的能力。拓宽信访举报渠道，健全实名举报优先办理、有功人员奖励制度和举报人、证人保护制度；强化基层纪检信访“四级责任制”和“三访”预警机制；

全面推行重复信访复查复核制度和领导干部下访约访、信访包案制度。改进信访监督、信访举报统计和信访信息收集、分析研判工作；改进信访举报案件交督办工作，建立交督办信访件台账制度。建立快查快处机制，对违纪违规案件迅速固定证据、迅速查清事实、迅速研究处理，做到调查取证快、处理快。加强申诉复查工作，保障违纪党员、行政监察对象的申诉权利。深入推进公开审理，严格落实党纪政纪处分决定执行工作责任制和执行程序规定。严格实行“一案三报告”，加强典型案件剖析，督促相关部门有针对性地建章立制，发挥办案治本功能。

坚持依纪依法、安全文明办案。落实办案安全责任制，严格办案程序，完善办案监督机制，切实保障涉案人员的合法权益，提升办案质量。健全案件信息管理机制，加强案件线索统一管理，建立健全案件线索互送、重大案情互通、复杂案件互助、处理结果互报等制度。

增强查办案件工作合力。健全查办案件的协调机制，充分发挥党委反腐败协调小组的职能作用。建立健全大案要案和疑难案件联合查办制度，推进执纪执法机关协作配合，落实跨区域协作办案及防逃、追逃、追赃机制，形成惩治腐败整体合力。

（三）坚决查纠发生在群众身边的不正之风

始终将维护群众利益问题摆在突出位置，坚决纠正损害群众利益的不正之风。整治社会保障、征地拆迁、教育医疗、食品安全、住房保障、环境保护、安全生产和国有事业单位招聘等方面存在的突出问题。规范基层行政执法和服务行为，切实解决乱收费、乱罚款、乱摊派和吃拿卡要等问题。深入开展“阳光工程”建设，促进权力规范、透明运行，以公开促公正、以透明促廉洁。全面推进民主评议和行风热线工作，深化群众满意基层站所（服务窗口）评创工作，加强基层站所与村级便民服务中心的服务对接。加强“部门与您零距离”栏目的建设，切实拉近部门与群众之间的距离。打造网上纠风工作平台，快速解决群众诉求，提升群众满意度。

四、科学有效预防腐败

深化党风廉政教育，加强反腐倡廉制度建设，强化权力监督制约，深化改革推动政府职能转变，形成领导干部不想腐、不能腐、不敢腐的科学有效预防腐败体系。

（一）着力加强反腐倡廉宣传教育

加强党员干部廉政教育。加强对党员干部特别是领导干部的教育，深入开展中国特色社会主义和“中国梦”教育、理想信念和宗旨教育、社会主义核心价值体系教育，筑牢拒腐防变的思想道德防线。加强党纪国法、廉政法规和从政道德教育，深化示范教育、警示教育和岗位廉政风险教育。坚持和完善党委（党组）中心组廉洁从政专题学习、专题民主生活会、党政主要负责同志讲廉政党课，建立健全党员干部廉政教育培训制度、廉政积分量化考核制度和领导干部任前廉政测试等制度，把廉洁从政教育列为党校常规课程和干部培训必修内容，进一步推进领导干部廉政教育的制度化。

加强廉政文化建设。统筹全市廉政文化资源，把廉政文化建设纳入文化强市战略。推进廉政文化示范点、廉政教育基地和廉政文化景观建设，实现廉洁教育示范性、教育性和体验性的高度融合。积极开展体验式、互动式、启发式的群众性廉洁文化活动，努力提升全民廉洁意识。完善检察机关预防职务犯罪警示教育基地建设。深化廉政文化“六进”工作，积极推动廉政文化创新，进一步挖掘整合诸葛文化、东海精神等传统廉政文化资源，加强“廉政文化精品工程”建设。

加强宣传和舆论引导工作。完善反腐倡廉“大宣教”工作格局，把党风廉政建设和反腐败宣传教育工作纳入党的宣传教育工作总体部署。新闻媒体和各机关部门门户网站要积极宣传党风廉政建设和反腐败工作的方针政策、决策部署和工作成效，办好反腐倡廉专栏和专题。推进反腐倡廉教育方式创新，加强“兰江清风”网站建设，发挥微博、微信等新兴媒体作用。探索建立反腐倡廉网上舆论引导、协调、总结评估机制，提高网上舆论应对能力。健全反腐倡廉新闻发布机制，增强反腐倡廉建设透明度。

（二）着力加强反腐倡廉制度建设

坚持用制度管权管事管人，把权力关进制度的笼子里。要加强法规制度的宣传教育，增强党员干部的制度意识，认真抓好上级各项法规制度的贯彻落实。要坚持整体规划、统筹兼顾，因地制宜推进反腐倡廉法规制度建设，建立健全党员干部廉政培训、廉政谈话、廉政承诺、廉情分析、案件剖析等制度，细化防止利益冲突具体制度。认真贯彻《浙江省预防职务犯罪条例》，建立健全检察、监察、审计等机关合力发挥指导监督作用和相关部门、企事业单位发挥预防主体作用的工作机制。建立党内法规制度实施的反馈制度，开展反腐倡廉制度清理，及时做好制度的立、改、废工作，努力形成较为完备、符合兰溪实际的反腐倡廉制度体系。加强对制度执行情况的监督检查，建立健全制度执行监督和问责机制，提高制度执行力。

（三）着力强化权力监督制约

加强党内监督。严格执行《党内监督条例》《浙江省党内监督十项制度实施办法》等党内法规，加强对领导干部特别是主要领导干部的监督，认真执行党政主要负责人不直接分管财务、干部人事、工程项目、物资采购、行政审批制度。各单位各部门党政主要负责人每年向市委、市纪委提交述职述德述廉报告。完善党代表列席听证、询问质询、提案提议、视察调研等制度。认真贯彻《中国共产党党员领导干部廉洁从政若干准则》，完善领导干部个人有关事项报告、财产收入申报等制度，加大领导干部个人有关事项核查力度。加强纪检监察派驻机构对驻在部门领导班子和领导干部的监督。建立完善领导干部廉政档案，规范领导干部兼职以及离职和退休后从业行为。

加强法律监督。支持人大依法对"一府两院"执行法律法规和行使职权活动开展监督。支持人大及其常委会加强对政府机关、审判机关、检查机关的监督。支持人大常委会组织开展的代表视察、专题调研等监督活动，探索人大专题询问办法，认真办理代表议案、建议和意见。支持人民法院依法受理、审理和执行行政诉讼案件，监督和维护行政机关依法行政。支持检察机关加强对公安机关立案侦查、法院审判和执行活动以及行政执法活动的监督，建立健全职务犯罪预警和防范机制。

加强行政监督。强化政府法制监督，认真落实《全面推进依法行政实施纲要》，充分发挥行政复议的监督作用。强化行政监察职能，加强执法监察、廉政监察和效能监察。加强行政执法责任制落实情况检查，完善行政执法程序，规范执法自由裁量权。深化党政主要领导经济责任审计，开展职务消费专项审计，健全监察机关与审计机关的信息沟通、线索移送制度。支持公安、财政、国土、建设、信访等职能部门依法开展监督。

加强民主监督。支持政协运用会议、专题调研、委员视察、提案、反映社情民意等形式，对党委政府重大决策和政策的贯彻执行情况及机关工作人员履行勤政廉政情况等进行监督。发挥民主党派、工商联、无党派人士，以及工会、共青团、妇联等人民团体的监督作用，支持和保证群众监督。完善群众意见回复机制、群众投诉调查机制、群众代表直接参与重大民生问题决策机制。重视和支持舆论监督，鼓励新闻媒体坚持科学、依法监督，保障新闻媒体积极有效发挥作用。

（四）着力深化改革创新

加快政府职能转变。深化廉政风险防控长效机制建设，全面推行权力清单制度，科学配置和依法规范行政机关职责，全面清理行政许可事项和管理职责，制定行政裁量基准和适用规则，做到权力授予有据、行使有规、监督有效。优化权力运行流程，健全权力运行监控规则，推进行政权力公开规范运行。建立健全行政执法责任制度、行政执法监督检查制度、行政过错责任追究制度。

深化干部人事制度改革。坚持党管干部原则，发挥党组织领导和把关作用，树立正确用人导向。进一步完善干部选拔任用机制、初始提名机制、考核评价机制。加强对拟提拔干部的廉政考察，规范干部选拔任用前组织人事部门征求纪检监察机关意见的制度。完善市委常委会向全委会报告干部选拔任用工作情况制度和干部选拔任用责任追究制度。深化党政领导干部职务任期、回避交流制度，严格执行领导正常退出制度。

推进司法工作机制改革。完善司法权力运行监督机制，进一步规范案件证据收集、移送、保存和举证质证认定，强化司法机关对案件诉讼活动的相互配合和相互制约。深化司法公开，推进审判公开、检务公开、警务公开，严格执行人民陪审员、人民监督员制度，着力保障人民群众对司法工作的知情权、监督权。严格执行司法人员执法档案、案件质量管理、执法过错和违纪违法责任追究制度。严格执法、司法行为，规范自由裁量权行使。

落实金融管理体制改革。健全现代金融企业制度，完善金融企业法人治理机制。规范商业预付卡管理，落实金融账户实名制。完善金融监督机制，强化金融风险监控、预警、处置，有效防范和化解金融风险。

强化社会信用机制建设。推进政务诚信体系建设，完善党务、政务和各领域办事公开制度，全面推进机关部门和镇乡（街道）权力公开规范运行。推进企业信用建设，健全企业内部信用管理制度。加强个人立信引导，推进个人信用建设。完善企业、个人公共征信数据库。大力推进公共管理、服务等行业信用建设，以信用建设推动中介机构规范化管理。建立公共资源市场交易不良行为记录管理制度，健全完善守信激励和失信惩戒机制。

深化农村基层党风廉政建设。认真落实中央、省委、金华市委和兰溪市委关于加强农村基层党风廉政建设的意见，完善镇乡（街道）、基层站所和村级组织三位一体的工作格局。建立健全村党组织、村民委员会、村务监督委员会工作制度。健全镇乡（街道）、基层站所领导班子议事规则和决策程序，完善日常管理制度和工作机制。不断推进村务监督委员会规范化建设，严格执行《村务监督委员会履职细则》，促进其制约村级权力规范、阳光运行作用进一步发挥。抓好社区居务监督委员会建设，完善农村便民服务中心集中办事制度，推进“三务公开”平台建设。大力推进农村集体“三资”管理、土地流转、强农惠农政策落实，严格执行村级公务“零招待”制度，促进农村基层党风廉政建设。

五、推进重点领域反腐倡廉建设

紧抓反腐倡廉建设的重点领域和关键环节，深化改革，创新举措，以点带面，全面推进我市预防腐败体系建设。

规范公共权力运行。深化行政审批制度改革，继续简政放权，加大行政审批事项“减、转、放、免”力度，对保留执行的行政许可和非行政许可实行目录化、标准化管理，制定“权力清单”。全面实施审批流程再造，加快建设投资项目审批“三制”(代办制、模拟制、联办制)，全面推行工业企业并联模拟审批工作，推行工商注册登记“多证联办”，探索“商品房交易四证联办”，即“房产证、土地证、契税证、门牌证”四证联办。大力推进社会中介机构改革，建立“中介超市”，出台涉企中介机构入驻管理办法、中介机构管理暂行办法，设立备案入驻、考核评定、清退淘汰三大机制。完善项目预审办法，建立招商引资项目评估机制。

加强公共资金管理。加强政府项目和专项资金管理，保证财政资金使用的规范性、安全性和有效性。有序推进财政预算公开，强化预算执行监督，逐步实行绩效问责和评价结果公开。严格执行社保基金管理和监督制度。加强住房公积金归集、提取、使用情况和增值收益情况的监督管理。加大社会捐赠资金监管力度，建立捐赠资金使用年度报告、信息公开制度。建立财政补助资金随机抽查、跟踪检查机制。加强国有资产监管，全面清产核资，规范资产配置、使用、处置等行为。建立健全企业国有资产保值增值考核及经营投资责任追究等制度。推进财政支农资金整合与统筹，提高财政支农资金管理的科学性、安全性、规范性和有效性。加强财务监督，推进财务公开，构建防治“小金库”长效机制。

深化公共资源配置。大力改革公共服务、公共产品的供给和配置制度。加强对公共资源市场化配置工作行政监督，注重发挥市场在公共资源配置中的决定性作用，建立健全对限制竞争问题的纠错机制，积极推进网络招投标平台建设，构建网上办事大厅，加强全流程的网上监控，进一步提高招投标工作的实效与规范水平。加强综合评标专家库的建设，完善政府采购评审专家“网上远程抽取，自动语音通知”系统，规范评审专家的抽取和使用。探索建立公共资源交易电子监察系统、电子招投标系统与行政审批系统的对接，实现审批、招标、标后管理协同机制。深化公共资源交易体制机制改革，完善公共资源交易平台制度建设，加快建立廉洁高效规范统一的公共资源交易市场。加强招投标后的管理，强化设计变更、补充内容的审查。

加强政府投资项目管理。深化国有资产管理体制改革，完善国有资产、行政事业单位资产和自然资源资产监管体制。严格落实《兰溪市招标文件备案会审制度实施办法》《兰溪市工程建设施工招标评标定标暂行办法》《兰溪市建设项目工程变更及新增签认实施细则》《兰溪市违反工程量变更规定责任追究办法（试行）》等文件要求，加强项目招投标、工程量变更、资金管理、质量安全等关键环节的监管，加强政府投资项目的全程监管。进一步强化对投资中介服务机构的监管。推进指挥部等临时性机构廉政风险防控机制建设。完善重点工程巡查监督工作制度，推进重点工程保廉体系建设。

加强反腐倡廉信息化建设。加强电子政务平台统筹统建力度，加快推进电子政务服务网络建设，推进全市电子监察平台统筹统建。实施电子监察结果主动公开制度。加快推进纪检监察系统信息化建设，重点抓好案件信息管理系统、网络舆情监测系统、预防腐败信息系统、办案远程指挥监督等系统建设，打造惩防体系数字化综合运行平台。

六、加强对党风廉政建设和反腐败工作的领导

深入推进党风廉政建设和反腐败斗争，必须加强党的领导，健全反腐败领导体制和工作机制，增强惩治和预防腐败体系建设工作合力。

（一）强化党组织的党风廉政建设主体责任

严格执行党风廉政建设责任制，进一步明确党委主体责任和纪委监督责任。党委（党工委、党组）要把贯彻落实《实施方案》列入重要议事日程，同经济社会发展同部署、同落实、同检查；支持和保证纪委认真履行职责，发挥监督执纪作用。党委（党工委、党组）主要负责人要履行党风廉政建设和反腐败工作第一责任人职责，做到重要工作亲自部署、重大问题亲自过问、重点环节亲自协调、重要案件亲自督办。领导班子其他成员要坚持“一岗双责”，根据分工抓好职责范围内的党风廉政建设和反腐败工作。对发生重大腐败案件和不正之风蔓延的部门、单位实行“一案双查”制度，既要追究当事人责任，又要倒查相关人员的领导责任。各镇乡（街道）党（工）委、各部门党委（党组）每年向市委、市纪委报告履行党风廉政建设主体责任及其主要负责人履行“第一责任人”职责情况。

（二）强化纪委的监督责任和组织协调职能

认真贯彻中央、省委和金华市委关于改革完善党的纪律检查体制的要求，各纪检监察组织要积极协助党委履行主体责任，进一步明确纪检监察工作职责定位，聚焦主业主责，转职能、转方式、转作风，集中精力抓好党风廉政建设和反腐败工作。强化纪委对同级党委及其成员的监督，认真受理下级党委（党组）履行党风廉政建设主体责任情况的报告，更好地发挥党内监督机关的作用。坚持查办腐败案件以上级纪委为主，线索处置和案件查办在向同级党委报告的同时必须向上级纪委报告。各镇乡（街道）纪（工）委书记的提名、考察以市纪委会同市委组织部为主，纪（工）委副书记由市纪委提名、考察和任免。进一步健全完善派驻机构管理体制和工作机制，落实加强派驻机构建设管理新要求，建立完善派驻机构年度述职述德述廉制度。加强纪检监察组织自身建设，树立忠诚可靠、服务人民、刚正不阿、秉公执纪的良好形象。

（三）增强惩治和预防腐败体系建设工作合力

各部门各单位党组织要牵头抓总，加强分类指导，抓好组织实施，有序推进各项工作。承担《实施方案》任务的各牵头单位和参与单位，要完善联席会议制度，相互支持，相互配合，充分发挥职能作用。组织部门要加强对干部的经常性管理；宣传部门要抓好党风廉政建设和反腐败斗争的宣传，强化舆论引导；纪检监察、司法、行政执法等机关和部门要注意发挥纪律约束、法律制裁、经济处罚、市场监管作用，多措并举，增强反腐倡廉综合效果。

（四）切实抓好各项任务的落实

各镇乡（街道）党（工）委、各部门党委（党组）要结合实际，对《实施方案》各项任务抓好责任分解和任务分工，明确责任人员、时间进度和工作要求。要把《实施方案》提出的任务融入本单位、本部门的实际工作中，与各项改革紧密结合，集中力量突破惩防体系建设中的重点难点问题。健全督查考核机制，每年对推进惩治和预防腐败体系建设、落实党风廉政建设责任制情况进行专项检查，并向市委提交年度工作报告。各责任单位要经常开展自查，提交进展情况报告，确保按照要求落实各项任务。对工作落实不力、造成不良后果的，要追究主要领导责任。

各部门各单位要根据《实施方案》，结合实际制定贯彻落实的工作方案，狠抓任务落实，务求取得实效。

（兰委〔2014〕26号文附件）

中共兰溪市委 兰溪市人民政府
关于加大工业经济支持力度的若干意见

兰委〔2014〕11号

各镇乡党委、街道党工委，镇乡人民政府、街道办事处，市机关各部门：

今年以来，全球经济形势继续严峻，工业实体企业受市场、资金等影响，生产经营十分困难，为了加大对我市工业经济的支持力度，给工业企业渡过难关创造一个较为宽松良好的环境，经市委市政府研究，现就加大工业经济支持力度提出如下意见：

一、加大工业企业转贷资金支持。市财政在原1亿元工业企业转贷资金的基础上再增加1亿元，用于工业企业转贷。对需转贷企业不再设置条件，只要转贷银行（包括市内银行、在金华市范围内设立分行的其他商业银行）出具转贷手续办理完毕通知书，同时企业能按时付清贷款利息的，相关企业均可向市经信局（市转贷办）、财政局提出申请，并按照原相关程序办理转贷。

二、加大对工业企业信贷支持。本市银行要做到不抽贷、不压贷、不延贷，不得以各种理由骗取企业还贷后收回贷款不再放贷。对企业虽然涉及一定资金链、担保链问题，但只要产品有市场、经营有效益的，还要创造条件增加流动资金贷款。

三、审慎处理企业担保代偿问题。优先处置风险企业资产，尽可能减少对担保企业的追责；对承担连带担保责任的企业，本市银行不能将其列入黑名单或降低企业信用等级；对代偿的资金要及时办理新的贷款手续或者平移贷款手续；同时不得压减担保企业原有的贷款规模，不得随意改变担保方式，并给予这部分代偿资金执行基准利率。

四、提高企业工业用地贷款抵押评估指导价。根据我市目前土地出让价和银行工业用地贷款抵押价格情况，按不同区域提高工业用地贷款抵押评估指导价，各银行要按照新的指导价标准执行到位，同时不得降低土地抵押贷款的折率，不得将经营成本以费用形式转嫁给企业。评估价格提高后，余值部分优先用于置换企业的担保贷款。

五、加大打击非法集资和财产转移力度。严厉打击违反法律、从事高利率放贷的有关人员，特别是要严肃查处利用黑恶势力或相关人员扰乱企业生产经营秩序的行为。同时严厉打击企业主将企业或家庭财产事前转移行为，风险企业法定代表人出国境要严格履行审批手续。

六、加大支持司法拍卖土地房产。对利用司法拍卖的土地房产建设的项目，适当降低落地要求，投资强度可按现行区域标准的70%执行，其他按照项目预审标准执行。土地房产过户时享受清闲促产政策。如果拍卖的土地价格明显低于目前同一区域土地出让价的，可实施由政府受让进行土地储备。

七、建立企业风险预警机制，及时掌握全市企业是否存在欠薪、欠税、欠息、欠费等情况。对拟进入破产的风险困难企业，公安、法院要及早介入。法院简化涉及企业资金链案件的审判程序，加快破产案件受理审理进度。

八、保障工业企业水电汽供应。加快经济开发区工业水厂建设改造，让更多工业企业使用到直接的工业用水，降低其用水价格，降低经营成本。继续严格执行煤气联动价格机制，每月按照秦皇岛煤价确定下月供汽价格。对用汽单位收取的用汽管道开口费恢复到2012年标准。对停产后的企业，要及时做好水电汽供应停止后的销户保户手续，相关水电汽供应单位不得再收取基本贴费或者其他费用。不得以拖欠费用为由擅自停水停电停汽，确要停水停电停汽的，必须经所在镇乡（街道）或经济开发区同意。

九、加快土地证、房产证办理速度。对按规定缴纳相关费用、符合条件的证件办理，国土、建设等部门要即时即办。对有部分条件不符合的，相关部门要及时给予指导整改，不涉及安全问题的，要创造条件办理权证。

十、创新工业企业土地管理。同一地块，根据企业需要，在保持地上建筑物完整和容积率、消防符合要求的前提下，经市政府同意可分割办理3本以内的国有土地使用权证。对工业企业厂区内有部分闲置用地需转让的，经所在乡镇街道、经济开发区和相关部门同意后，国土部门可以对10亩以上转让的土地进行分割办证，转让的土地及房产享受市清闲促产政策。在该转让土地上投资的新项目可略低于现行项目预审要求。

十一、加快财政奖励资金拨付进度。对市政府确定的奖励资金，相关部门要加快提出意见，财政部门在政府抄告后，必须在企业提供账号后的5个工作日内将资金拨付到位。企业在办理土地挂牌出让时，国土、财政部门要即时即办，并按相关政策对土地出让金及时返还。

十二、注册登记同一地块的两家及以上企业合并计算税收贡献。经市工业企业风险防范协调处置工作领导小组同意的困难工业企业，其土地使用税给予报批减免。

十三、加大对总部经济企业的支持力度。对总部经济企业近三年缴纳总部经济税收共计超过3000万元的（同一实际控制人相关企业可合并计算），除了执行面上政策外，经市总部经济领导小组同意后，其享受的留地方部分税收70%奖励的优惠政策顺延。

十四、加快企业项目落地的政策处理。镇乡（街道）和经济开发区已经签订供地协议的项目，要抓紧政策处理和三通一平等工作，按时交付土地。因镇乡（街道）和经济开发区政策处理或资金原因造成土地出让金产生滞纳金的，可先由企业缴纳后，财政将相当于滞纳金等额的资金奖励给乡镇，并同意由乡镇及时奖励企业。对企业由于客观原因，不再需要土地的项目，双方也要及时协商，处理好遗留问题，并及时归还企业原已缴纳的部分土地款。如企业已与国土部门签订合同缴纳保证金的，由国土部门解除合同没收保证金，并将保证金全额补助给镇乡（街道）。

十五、在乡镇工业用地出让时，企业已支付全部土地款，但确因乡镇财政困难原因，在土地挂牌出让时，不能全额缴纳土地出让金的，由乡镇向财政部门提出申请，国土部门提供土地出让后要返还乡镇的资金数额，先由财政补助等额的基础设施建设资金给乡镇，再由乡镇和企业补足差额后缴纳全部土地出让金。

十六、完善驻企指导工作机制，建立帮扶企业专职队伍。充分发挥驻企指导员的作用，由市委组织部、经信局等部门再从退二线或退休干部、驻企指导员中，挑选一批具有经济工作经验，有较强处置协调企业问题能力的同志，无偿为企业提供业务咨询、沟通协调具体问题等服务，相关人员由市政府发放一定的工作补贴。

本意见从下发之日起执行，试行一年。

中共兰溪市委
兰溪市人民政府
2014年4月10日

兰溪市“五水共治”行动方案

兰委办〔2014〕16号

为贯彻落实省委省政府“五水共治”总体部署，切实推进我市治水工作，特制订本行动方案。

一、指导思想

按照省委省政府“治污水、防洪水、排涝水、保供水、抓节水”的工作要求，以科学治水、依法治水、铁腕治水、全民治水为指导，倒逼转型升级，促进人水和谐，推进生态兰溪建设。

二、工作目标

通过治理，达到三年(2014—2016年)解决突出问题，明显见效；五年(2014—2018年)基本解决问题，全面改观；七年(2014—2020年)基本不出问题，实现质变。

三、工作内容

围绕“综合治污水、合力防洪水、科学排涝水、安全保供水、全民抓节水”，实施治水十大工程，实现“清三河、四覆盖、两转型”（清三河：清理黑河、臭河、垃圾河；四覆盖：农村生活污水治理全覆盖、污水主管网全覆盖、畜禽养殖整治提升全覆盖、河道保清保洁全覆盖；两转型：农业转型、工业转型）。

（一）三江流域综合治理工程

1.编制市域水污染防治整体规划。

2.编制市域污水管网规划及三年行动方案，实现市区污水主管网全覆盖。

3.继续推进三江采（制）砂整治。

4.开展“四无一查报”活动，即河面无漂浮物、河岸无垃圾、河中无障碍物、三江两岸无规模化畜禽养殖，查报河道排污口。

5.实施湿地建设，加强生态净化能力。

6.加强市政地下管网建设和改造。

（二）市、镇级污水处理厂及管网建设工程

1.推进市污水处理厂一期提标改造及二期项目建设。

2.加快镇级污水处理厂管网建设。

3.2014年底前游埠、黄店、诸葛、马涧、梅江等镇级污水处理厂投入运行，香溪镇污水处理厂力争投入试运行。

（三）工业污染整治工程

1.推进造纸、化工、印染等六大行业整治提升。

2.继续开展“绿剑”等环保专项执法行动，解决群众反映水污染突出问题。

3.推进“低、小、散”企业作坊整治。

（四）农村污水污染治理工程

1.制定并实施农村生活污水收集处理三年行动方案。

2.落实山塘、水塘清洁工作，确保每个行政村一个“门口塘”的清洁。

3.建立农村保洁长效机制。

4.继续推进生猪养殖污染专项治理，并研究其他畜禽污染治理方案。

5.推广科学使用农药和配方施肥。

6.推进洁水养殖。

7.完善病死动物无害化处理设施。

（五）中小流域治理工程

1.落实全流域河道的“河（段）长制”。

2.指导各镇乡（街道）编制“一河一策”治理方案。

3.继续实施梅溪等中小河流治理。

4.推进最美河流（游埠溪）治理，最差河流、黑臭河（浒溪、吴村溪、郑家排渠、香溪、水亭溪）整治及垃圾河清理。

（六）水库除险加固工程

1.开展芝堰水库除险加固工程建设。

2.全面实施中小型水库维修养护。

3.开展中小型水库、重要山塘信息化管理系统建设。

（七）钱塘江堤防加固工程

1.完成城市排涝规划修编。

2.完成城东片防洪堤应急工程建设。

3.完成金华下达钱塘江农防和干堤加固改造任务。

4.开展山洪灾害非工程措施建设和基层防汛防台体系建设。

（八）城乡安全供水工程

1.编制市域供水规划。

2.加快溪西水厂搬迁。

3.推进第二水源工程建设。

4.实施农村饮水提升工程。

5.完善市、镇、村三级水质监测机制。

6.加强饮用水水源保护。

（九）节水工程

1.完成节水规划、水资源利用规划修编工作。

2.研究阶梯水价方案。

3.开展节水型社区创建。

4.开展农业节水。

5.推进雨水回收利用。

6.督促企业中水回用。

7.完善分质供水体系，实施开发区工业分质供水。

8.实施主城区居民家庭节水器具改造工程。

9.开展全市自备水源调查。

10.开展中小型灌区节水工程和高效节水灌溉项目建设。

（十）全民治水工程

1.继续开展“兰江生态行”活动。

2.建立环保志愿者组织。

3.开展整治最差河流、打造最美河流活动。

4.倡导全民治水，动员全社会参与建立“五水共治”公益基金。

5.大力开展全民植绿护绿行动。

6.探索形成全民治水的工作机制体制。

四、组织领导

成立由市委书记吴国成、市长朱瑞俊担任组长，市委副书记蔡艳、市人大常委会副主任赵月莲、副市长陆献龙、吴一成、吴乐华、何吉军、市政协副主席朱恒德任副组长，市委办、市府办、组织部、宣传部、法院、检察院、市农办、监察局、环保局、发改局、经信局、公安局、财政（地税）局、国土局、建设局、交通局、水务局、农业局、林业局、卫生局、统计局、安监局、行政执法局、旅游局、工商局、供电局、气象局、开发区、总工会、团市委、妇联、广电台、兰江导报、钱江水务等部门相关负责人为成员的“五水共治”工作领导小组。领导小组下设办公室（市委副书记蔡艳兼任办公室主任，副市长陆献龙兼办公室副主任），办公室下设四个工作部：

①综合部由市委办、市府办、市农办、环保局、建设局、水务局、农业局、行政执法局组成，负责面上协调及信息掌握。

②规划建设运行部由建设局、市农办、财政局、水务局、农业局、环保局、行政执法局组成，负责治水项目规划建设及运行。

③监督考核部由监察局、公安局、环保局、市委市政府督查室组成，负责数据检测、巡查执法及工作督查。

④宣传发动部由宣传部、环保局、水务局、行政执法局、团市委、妇联、广电台、兰江导报组成，负责做好宣传发动，营造全民治水浓厚氛围。

五、工作要求

（一）统一思想，提高认识。“五水共治”抓住了改革的突破口、发展的制高点、群众的关切点，既扩投资又促转型，既优环境更惠民生，是推进社会和谐发展的重要举措，各有关单位要充分认识此项工作的重要性，确保治水工作抓到实处、抓出成效。

（二）明确责任，落实分工。各牵头部门根据职责分工，加快制定并牵头实施具体工作方案，配合部门要积极协助，形成通力协作、齐抓共管的良好格局。

（三）加强监督，强化保障。纪委监察局、市委市政府督查室要建立定期督查考核制度，强化暗访抽查，及时通报督查情况，并将“五水共治”工作列入单位年度综合考评，且加大考核力度。同时，财政局要积极筹措治水资金，确保工作顺利推进。

中共兰溪市委办公室

兰溪市人民政府办公室

2014年2月11日

兰溪市关于深化农村确权赋权改革实施意见

兰政办发〔2014〕147号

为贯彻落实《中共中央国务院关于全面深化农村改革加快推进农业现代化的若干意见》（中发〔2014〕1号）和全省深化农村确权赋权改革现场推进会精神，结合我市实际，现就深化农村确权赋权改革提出如下实施意见：

一、指导思想

以党的十八届三中全会和省委十三届四次、五次全会精神为指导，以确权登记为基础，赋权活权为重点，落实农村土地集体所有权，稳定农村承包权，放活土地经营权，强化承包经营权权能；以改革村级集体经济管理体制、运行机制、权益分配机制为重点，推进农村集体经济组织产权制度改革，稳定农村基本经营体制，赋予农民更多的财产权利，增加农民收入，促进城乡一体化进程，推动农村经济社会全面、协调、可持续发展。

二、工作目标

按照省委省政府提出的“两年内实现农村土地承包经营权登记制度、农村宅基地确权登记颁证和农村集体资产股份合作制改革全覆盖”的工作目标，以“权证到人（户）、权跟人（户）走”为总要求，到今年底，力争实现农村土地承包经营权登记制度全覆盖，实现依法应签合同的签订率和依法应颁发权证的颁发率达到二个100%，基本形成规范有序、流转顺畅、规模适度的土地流转机制；到2015年底，农村集体资产股份制改革工作基本完成，基本建立起农村集体资产股权流转交易市场体系；到2017年，基本实现“确权到人（户）,权跟人（户）走”的农村集体产权制度体系。

三、基本原则

1．严格程序，依法办事。严格执行《中华人民共和国物权法》《中华人民共和国土地承包法》《浙江省村经济合作社组织条例》等政策法规，严格政策界限，规范工作程序，创新工作方法，做到“确实权、颁铁证”，确保平稳推进农村二项改革。

2．试点先行，分类推进。积极开展试点，确权登记颁证工作云山街道要按照农业部要求开展试点，其他15个镇乡街道按照省政府要求，基本实现农户承包地面积、四至、合同、权证“四到户”，证地、证户、证簿“三相符”。

对试点乡试点村的集体资金、资产、资源等不同类别的产权确权，做到分类推进，分步实施，“一村一策”具体指导，积极平稳推进农村确权赋权改革，妥善处理改革中出现的矛盾和问题，维护农村社会稳定。

3．群众主体，民主决策。推进农村确权赋权改革要充分尊重农民意愿，充分发挥农民的主体作用，坚持民主办事，阳光操作，实行“民主议事、集体决策、社员（代表）会议决议”的工作机制，充分尊重和保障农民的知情权、参与权、监督权和决策权，妥善解决改革中遇到的疑难问题。

4．尊重历史，实事求是。对法律法规和现行政策没有明确规定的，要尊重历史、实事求是，结合当地实际妥善处置；对存在争议和纠纷的，先依法解决，再予以确权登记颁证；对既无政策规定又无妥善办法解决的，暂时搁置，暂缓发证。做到不回避矛盾，最大限度解决历史遗留问题，整合工作环节，优化操作流程，提高工作效能，确保工作成效。

四、改革内容

1．推进农村土地承包经营权确权登记颁证。坚持“扫尾”与“提升”并举，遵循“缺什么、补什么”的原则，对二轮承包工作以来形成的土地承包关系进行再完善、再落实，做到应签尽签、应建尽建、应发尽发，指导抓好查漏补缺、整改落实，重点做好农户承包地块空间位置及面积核实、承包权证变更及收回注销、登记簿册补充及档案资料完善等工作，把承包地块、面积、合同、权证全面落实到户，实现证地、证户、证簿“三相符”。并建立归属清晰、权能完整、流转顺畅、保护严格的农村土地承包登记管理制度，完善档案管理，进一步落实农民对承包地的占有、使用、收益、流转（包括入股）及承包经营权抵押、担保的权利，依法赋予农民更加充分而有保障的土地承包经营权。主要流程为（1）组建班子；（2）权属调查；（3）纠纷调处；（4）审核公示；（5）完善合同；（6）建库入簿；（7）颁发权证；（8）资料归档。（此项工作业务指导部门为市农业局；责任主体为各镇乡人民政府、街道办事处。）

2．推进农村集体经济股份合作制改革。按照归属清晰、权能完整、管理科学、流转畅通、运营高效的要求，在对村经济合作社全面清产核资的基础上，科学量化资产，依法界定股权享有对象，合理设置股权；将资产折股量化到个人，赋予农民对集体资产股份占有、收益、处置、有偿退出及抵押、担保、继承等权能。增加社员的财产性收入，建立村股份经济合作社，促进社员经济人身份和社会人身份分离，实现人口、劳力、资本等要素在城乡之间自由有序流动，破解城乡二元结构，推进城乡一体化进程。主要流程：（1）组建班子；（2）清产核资；（3）成员界定；（4）股权设置；（5）资产量化；（6）股权管理；（7）组织建设；（8）收益分配。（此项工作业务指导部门为市农业局；责任主体为各镇乡人民政府、街道办事处。）

3．推进农村产权流转交易市场体系建设。依托市、镇乡（街道）现有公共资源交易中心、农村集体“三资”管理服务中心或土地流转服务中心，坚持整合改造与拓展提升并举，建立市、乡联通一体的农村产权流转交易服务中心。制订股权交易规则和管理办法、规范交易行为，培育农村集体资产评估、担保等组织，优化流转交易服务。主要流程：（1）依托整合；（2）市乡联动；（3）管理办法；（4）操作流程；（5）中介评估；（6）信息收发；（7）服务登记；（8）监督措施。（此项工作业务指导部门为市行政服务中心；责任主体为各相关部门、各镇乡人民政府、街道办事处。）

4．推进农村产权的抵押担保。建立完善农村产权登记管理、抵押担保、价值评估、流转交易、资产处置等配套体系，在财政、税收、贴息、保费补贴、担保费补助等方面给予政策倾斜，降低农村产权抵押融资风险和资金成本。大力支持银行及其他金融机构以农村产权抵押担保的方式，解决农民生产发展融资需求。（此项工作业务指导部门为市金融办；责任主体为各相关部门、各镇乡人民政府、街道办事处。）

五、实施步骤

1．启动准备阶段（2014年10月30日前）。积极宣传农村产权确权赋权工作的目的意义和政策法规，成立领导机构和工作机构，各主要职能部门要根据职责分工，制订配套政策，明确工作程序，制订工作标准。各镇乡（街道）召开会议，成立确权赋权改革工作领导小组和办公室，研究部署确权赋权工作，组织开展业务人员培训。各村召开班子会议和社员（代表）大会，形成改革决议，建立村确权赋权改革工作领导小组和实施小组。

2．全面推进阶段（2014年11月至2015年4月）。根据全省对深化农村确权赋权改革的具体部署，全面组织开展农村土地承包经营权、农村集体经济股份制改革的确权赋权和登记工作，同步推进农村产权流转交易市场建设和农村产权的抵押担保工作，各职能部门要统筹兼顾、各负其责、加强对各地的指导和服务，确保各项改革的积极稳步推进。

3．巩固提升阶段（2015年5—7月）。围绕建立现代农村集体产权制度，以赋权活权为重点，健全管理服务制度，完善运行保障机制，探索实施各项改革的提质增效措施。将有利于深化农村改革的好做法用制度的形式固定下来，形成一套切实可行、值得推广、学习的指导性规程，建立长效机制。

4．总结完善阶段（2015年8—12月）。各镇乡（街道）要对照农村确权赋权改革实施方案确定的项目、目标、责任和要求，仔细盘点清理改革工作情况，确保农村确权赋权改革任务按时按质完成，真正实现改革赋权惠民生、转型强农促增收。

六、工作要求

农村确权赋权改革涉及面广、工作量大、关注度高，是一项政策性、原则性很强的系统工程，关系到千家万户农民的切身利益和农村社会的发展稳定。镇乡（街道）、有关部门要充分认识推进改革工作的重要性和紧迫性，强化考核，落实责任，配强力量、全力推进。

1．加强宣传发动，营造良好氛围。通过电视、广播、网络、报纸等媒体多层次、多渠道、多形式对农村确权赋权改革工作进行宣传报导，通过制作专题片、开辟专栏等活动，积极宣传农村确权赋权改革工作的重要意义、目标任务和法律政策，创造良好的舆论环境和工作氛围，调动广大农民群众参与的积极性。

2．加强组织领导，明确工作职责。成立由市长为组长，副书记、分管副市长为副组长，相关部门负责人为成员的市农村确权赋权改革工作领导小组，切实加强对该项工作的领导。领导小组下设办公室，办公室设在农业局，具体负责对农村确权赋权改革日常工作的指导、协调、监督和检查。市农业局负责农村土地承包经营权登记和农村股份制改革工作，市行政服务中心负责农村产权流转交易市场体系建设，市金融办负责推进农村产权的抵押担保工作，其他领导小组成员单位要根据职责分工，抓好各项具体工作的指导落实。

各镇乡、街道主要领导要切实承担起本辖区改制工作第一责任人的责任，成立领导小组，建立工作班子，明确工作责任，精心组织实施辖区内确权赋权改革，确保改革积极稳妥地实施。

3．加强业务指导，严格操作规程。农村确权赋权改革工作面广量大，涉及大量基础性、技术性工作，要严格按照国家有关法律法规、政策文件规范确权登记发证各个工作流程，做到不重复、不疏漏，全面落实，应发尽发。严禁在工作中玩忽职守，徇私舞弊，弄虚作假，严禁借机乱收费用。同时，要加强农村产权确权登记发证资料的管理，确保资料的全面、完整和规范。

4．强化考核机制，确保改革成效。市委市政府将确权赋权和登记工作纳入镇乡、街道的工作目标考核，确保推进农村确权赋权改革各项工作落实。建立确权赋权改革进展情况月报制度，定期、不定期对各镇乡、街道推进农村确权赋权工作情况进行督查。

兰溪市人民政府办公室

2014年10月22日

兰溪市大气污染防治行动实施方案（2014—2017年）

兰政办发〔2014〕164号

根据《浙江省大气污染防治行动计划（2013—2017年）》（浙政发〔2013〕59号）和《金华市大气污染防治行动实施方案（2014—2017年）（金委办发〔2014〕66号）》等文件精神，结合我市实际，制定本方案。

一、工作目标

按照“一年打基础、三年求质变”总要求，全力开展以清洁能源、工业大气污染防治、机动车污染防治、扬尘控制、绿色出行、餐饮油烟整治、烟花爆竹禁燃、垃圾禁焚、干洗业废气整治、农业农村废气整治等为重点的大气治理十大专项行动。2014年，全力铺开我市大气治理各项工作，2015—2017年，落实措施、分步推进，确保完成金华下达我市的大气治理目标任务。力争到2017年，城市细颗粒物浓度（PM2.5)比2014年下降26%以上，AQI指数优良率达到72%以上（优良天数达263天以上），全市重污染以上天气大幅减少，群众对空气质量满意度明显提高。

二、主要任务

（一）清洁能源行动

1.控制煤炭总量。制定煤炭总量控制计划，新（改、扩）建耗煤项目原则上实现煤炭消费减量替代。到2017年，煤炭消费总量同比2012年下降10%以上，洁净煤使用率达90%以上。新建项目禁止配套建设自备燃煤电站，除热电联产和整体煤气化联合循环发电系统外，禁止报批国家禁止的新建燃煤发电项目。（市经信局牵头，市发改局、统计局配合）

2.创建高污染燃料禁燃区。积极开展煤改气工作，2014年底前，全市建成一期高污染燃料禁燃区；2015年底前，全市基本建成二期高污染燃料禁燃区；2017年底前，城区范围内，除集中供热锅炉外，全面禁止使用煤炭、重油、直接燃烧的生物质等高污染燃料，改用天然气、固化压缩成型的生物质、液化石油气、电等清洁能源或采用集中供热，在供热供气管网尚未覆盖的区域允许使用成型生物质燃料代替，减少大气污染物排放。（市发改局牵头，市环保局、经信局、质监局、财政局配合）

3.发展清洁能源。抓紧推进与金华对接“西气东输二线”天然气引进工程，加快天然气管网设施、汽车加气站建设，2015年底前，实现城区供气管网全覆盖；到2017年，天然气年供应量力争达到10亿方左右。积极开发可再生能源，加快发展生物质能、太阳能、风电等新能源，加大光伏发电政策补助，逐步降低煤炭、重油等高污染燃料使用比重，到2015年，全市可再生能源占能源消费总量3%左右。（市发改局牵头，市建设局、经信局、财政局配合）

4.推进工业园区集中供热和锅炉淘汰。2015年底前，兰溪市经济开发区、女埠工业园A区、城东经济开发区全面实现集中供热，2017年底前，女埠工业园B区、江南高新技术开发区全面实行集中供热。全面开展燃煤锅炉淘汰改造，2014年底前，力争淘汰50% 6蒸吨/小时以下的燃煤锅炉；2015年底前，淘汰6蒸吨/小时以下的燃煤锅炉；2017年底前，淘汰10蒸吨/小时以下燃煤锅炉；2017年底前，基本完成燃煤锅炉、窑炉、10万千瓦以下自备燃煤电站的天然气改造任务，并在供热、供气管网不能覆盖的地区改用电或其他清洁能源。（市发改局牵头，市经信局、环保局、质监局、财政局配合）

（二）工业大气污染防治行动

1.严格准入门槛。严控重污染高耗能行业新增加产能，禁止审批产能严重过剩行业新增项目。全市禁止新建20蒸吨/小时以下的高污染燃料锅炉，禁止新建直接燃用非压缩成型生物质燃料锅炉。对未完成大气主要污染物减排任务的乡镇（街道）及开发区，暂停审批增加二氧化硫、氮氧化物等大气污染物排放量的项目；现有的高污染企业一律不得扩大产能，高耗煤项目原则上不予立项、核准。(市经信局牵头，市环保局配合）

2.提升产业布局。发展节能环保产业，加大实施“腾笼换鸟”，加快对城区及开发区内化工、有色金属冶炼、水泥等大气重污染企业搬迁改造，2014年底前，基本完成兰溪市化工园区的规划制定，推进重污染行业集聚提升发展，2015年底前城市建成区基本完成大气重污染企业关停或搬迁工作，2017年底前城市建成区全面完成大气重污染企业关停或搬迁工作。（市发改局牵头，市经信局、环保局、国土局、建设局、市场监管局配合）

3.淘汰落后产能。按照我市产业发展实际，提高能耗、环保、质量标准，加快淘汰落后产能，到2014年底前，完成我市“十二五”落后产能淘汰任务。2017年底前，对照《浙江省淘汰落后产能规划（2013—2017年）》完成我市落后产能淘汰任务，淘汰产能情况定期向社会公布。（市经信局牵头，市发改局、环保局配合）

4.实施脱硫脱销工程。2014年底前，完成全市所有热电企业脱硫工程建设。2014年，浙江浙能兰溪发电有限公司1#、2#、3#、4#机组和兰溪协鑫环保热电有限公司1#、2#机组脱硝除尘按照《火电厂大气污染物排放标准（GB13223-2011）》完成提标改造；2015年底前，基本完成燃煤锅炉和工业窑炉的污染治理设施与改造，全面消除烟囱冒黑烟现象；2017年底前，现有60万千瓦以上火电机组基本完成烟气清洁排放技术改造，达到燃气轮机组排放标准要求。（市环保局牵头，市经信局、发改局配合）

5.控制工业烟粉尘。以火电、水泥、有色、化工等行业以及燃煤锅炉为重点，深化工业烟粉尘治理，实施限值排放，推进除尘技术改造升级。2014年7月1日前，所有火电机组（及65蒸吨/小时以上锅炉）要完成提标改造并严于国家标准要求。2015年底前，燃煤锅炉和工业窑炉基本完成除尘设施建设或改造，完成10家水泥企业的烟粉尘治理；2014年底前完成诸葛南方水泥1#线、浙江红狮水泥3#线执行特别限值的深度治理，全面消除烟囱冒黑烟现象。（市环保局牵头，市发改局、经信局、质监局配合）

6.挥发性有机废气（VOCs）治理。2014年底前，完成全市纺织、印染行业定型机废气整治；2015年底前，完成化工企业有机废气VOCs综合治理，实施VOCs生产使用全过程封闭式作业，确保排气筒排放浓度与厂界浓度双达标；2017年底前，完成炼化、涂装、合成革、生活服务、橡胶塑料制品、印刷包装、木业、制鞋、化纤等行业的挥发性有机废气（VOCs）整治，基本建成VOCs污染防控体系。（市环保局牵头，市经信局、质监局配合）

7.推进清洁生产。加强排放大气污染物企业监管，强化装备制造、电子元器件制造、塑料产品制造、制鞋、喷漆、涂料、印刷等VOCs排放重点企业清洁生产审核。对超标、超总量排污，生产、使用和排放有毒有害物质的企业，要强制实施清洁生产审核。2015年底全部完成清洁生产审核，到2017年重点行业的排污强度较2012年下降30%以上。（市经信局牵头，市环保局配合）

8.发展循环经济。鼓励产业集聚发展，实施园区循环化改造，构建循环型工业体系。到2017年，全市单位工业增加值能耗比2012年降低20%，兰溪市经济技术开发区实施循环化改造。主要有色金属品种

的循环化再生比重达到40%以上。（市发改局牵头，市经信局、商务局、环保局配合）

（三）机动车污染防治行动

1.全面淘汰黄标车老旧车。注销全市连续3个机动车检验周期未检验的车辆以及其他已达到国家机动车强制报废规定的车辆。党政机关、事业单位的黄标车自行主动报废；严格执行营运机动车和农用车（包括低速载货汽车、拖拉机）强制报废标准，禁止强制报废营运车转入我市及向农村转移。全面淘汰辖区内的黄标车。2014年淘汰黄标车2950辆，到2015年底，淘汰辖区内的黄标车。（市环保局牵头，市公安局、交通局、农业局、质监局、财政局配合）

2.严格机动车辆管理。严格新车和转入车辆环保准入，建立机动车检测和监管体系，实行车辆登记、检测、维修、报废全过程管理。对经维修或者改造后排气仍不符合标准的机动车和被列入高排放车型目录的机动车予以强制报废。2014年底前，全面建成机动车环保监测和监管体系，实施机动车环保标志管理，禁止机动车销售单位销售不符合规定标准的新车，禁止黄标车在本市范围内交易和过户登记。（市公安局、市环保局牵头）

3.加强检验和环保标志核发。严格安全技术检测和尾气检测设备计量检定；2014年底前，市区全面实施简易工况法和加载减速法检测，全市汽油车统一实施《在用点燃式发动机轻型汽车简易瞬态工况法排气污染物排放限值》（DB33/660-2008）、柴油车统一实施《在用压燃式发动机汽车加载减速法排气烟度排放限值》（DB33/843-2011）。把机动车排气检测纳入车检项目，实行同步检测，2014年底，实现全市应检测机动车辆环保检测率80%以上，环保标志发放率达到90%以上。（市环保局牵头，市公安局、质监局、交通局配合）

4.加大区域限行和处罚力度。扩大高污染排放车辆区域限行范围和对象，2014年6月底前，市区限行区域禁止黄标车通行；自2015年1月1日起，所有建制镇乡（街道）及城市城区道路禁止非绿标车通行；加大执法监管力度，对违反禁行规定的无标车和限行规定的高污染排放车辆，一律依法处理。（市公安局牵头，市环保局、建设局、交通局配合）

5.推进油品提升。加强油品市场监管，严格质量监督检查，按照全省油品提升工程进度，2014年底前，全面供应符合国IV标准的车用柴油，2015年底前，全面供应符合国V标准的车用柴汽油。（市商务局牵头，市质监局、市场监管局、环保局配合）

（四）扬尘控制行动

1.严格控制施工扬尘。加强施工工地封闭管理，做到施工现场围挡、工地砂土覆盖、工地路面硬化、拆除工程洒水、出工地运输车辆冲净且密闭、暂不开发的场地绿化、外脚手架密目式安全网安装等“七个100%”落实。城区禁止建筑石材现场开放式加工，全部使用预拌混泥土和预拌砂浆。规范拆除工程的扬尘控制，对拆除建筑垃圾，按照无害化资源化要求及时处置。（市建设局牵头，市行政执法局、国土局、水务局、交通局配合）

2.加强执法监管。对建筑工地、城市道路两侧煤炭、沙石、灰土、建筑垃圾、工程土渣等加强监管。对工地施工和道路运输环节加大执法力度，落实长效监管机制，将因扬尘污染受到行政处罚的施工企业，作为不良记录纳入“浙江省建设市场行政监察管理信息系统”，定期向社会公布。2017年底前，创建“金华市建筑安全文明施工标准化工地”27个。（市行政执法局牵头，市交通局、国土局、建设局、公安局，有关镇乡、街道配合）

3.提升环卫管理。完善城镇生活垃圾清运体系建设，2014年底前，市区完成环卫专项规划编制或修编；2015年底前，市区城市建筑垃圾全部实现密闭运输，垃圾运输车辆卫星定位系统安装率达到100%。（市行政执法局负责）

4.加大道路管理。实施低质材料路面改造，加强对道路遗撒行为的管理。建立运送易扬尘物质车辆

登记制度，未安装密闭式装置车辆运送易扬尘物质的，禁止在城市道路上行驶。（市建设局牵头，市行政执法局配合）

5.加强道路保洁。推行城乡一体化的道路路面保洁制度，着重提高城市道路洒水频率和机械化清扫程度。强化水资源综合利用，拓宽城市洒水取水渠道，到2014年底全市城市主干道机械化清扫率达97%，次干道达到44%。到2017年，全市城市主干道机械化清扫率达到100%，次干道达到52%。（市行政执法局牵头，市交通局、建设局、公安局配合）

（五）绿色出行行动

1.发展新能源交通。鼓励发展节能环保型汽车，积极推广使用纯电动、混合动力等新能源车辆。加快天然气加气站（CNG）、电动汽车充电站、充电柱等配套基础设施建设，完善清洁能源汽车售后服务体系建设。每年新增或更新的公共汽车中清洁能源汽车的比例达到50%以上，在用营运公交车每年完成清洁能源改造10%以上。自2016年起，实施汽、柴油车国V排放标准。（市交通局牵头，市发改局、经信局、建设局、国家电网兰溪公司配合）

2.优化公交出行。推进公交一体化进程，加快建设城市快速路系统，实现公共交通现代化。加大城区公共自行车投放力度，采取高峰限行、鼓励绿色出行、加快推进ETC工程等措施，降低机动车使用强度，促进道路畅通。到2014年底，公共交通出行分担率相比上年提高2个百分点，到2017年，力争城市机动车总运行时间能削减15%，城市公共交通出行分担率达到24%以上。（市交通局牵头，市公安局、行政执法局、财政局、建设局配合）

（六）餐饮油烟整治行动

建立餐饮油烟监管联动机制，禁止在未经规划作为饮食服务用房的居民楼或商住楼内擅自新建从事产生油烟的餐饮经营活动，取缔无证照经营的小餐饮经营场所。餐饮业要安装符合排放标准的油烟净化处理装置，并建立运行维护制度，确保油烟和有机废气达标排放。2014年底前，城区基本完成餐饮油烟治理，基本取缔无证照经营的餐饮经营场所，餐饮行业经营场所油烟净化装置率达到70%以上。2015年底前，城区全面完成餐饮油烟治理，实行长效监管。（市行政执法局牵头，市环保局、市场监管局、卫生局配合）

（七）烟花禁燃行动

研究出台我市禁止燃放烟花爆竹办法并发布通告，分步实行市区烟花爆竹禁燃。2017年底前，市区实行烟花爆竹禁燃。在禁止燃放烟花爆竹的时间、地点燃放烟花爆竹的，或以危害公共安全和人身财产安全的方式燃放烟花爆竹的，由公安部门依法查处；非法生产、经营、运输烟花爆竹，构成违反治安管理行为的，依法给予治安管理处罚。对未经许可生产、经营烟花爆竹制品的，由安全生产监督管理部门责令停止。对违规摆摊设点销售烟花爆竹、燃放烟花爆竹，影响市容环境卫生的，由行政执法部门依法予以制止或处罚；在殡葬、婚庆等活动中，违反禁燃规定的，根据相关规定予以处罚。加强对烟花燃放危害的宣传引导，倡导文明消费，摒弃旧俗陋习，树立时尚新风。（市公安局牵头，市行政执法局、安监局、文明办配合）

（八）垃圾禁焚行动

按照环境卫生作业标准和规范，开展城市垃圾清扫、收运工作；加强对从事城市生活垃圾清扫、收集、运输人员的规范化管理。禁止违规私自焚烧、处置垃圾。强化垃圾禁焚的舆论引导，设立垃圾焚烧举报专线，探索建立有奖举报机制，落实片区监管专人制，形成垃圾网格化监管，对违规燃烧垃圾行为的单位和个人，依法依规予以处罚。（市行政执法局牵头，市建设局、环保局、文明办配合）

（九）干洗业废气整治行动

严格执行挥发性有机溶剂含量限值标准，全面开展干洗业废气污染排查，实施干洗设施废气治理，强制回收干洗溶剂，干洗企业要严格执行国家《洗染业管理办法》，新开洗染店或新购洗染设备的，必须为全封闭式干洗机并增加压缩机制冷回收系统。推广使用水性涂料，鼓励生产销售和使用低毒、低挥发性溶剂。2015年底前，全面完成干洗业废气治理。（市环保局牵头，市行政执法局、市场监管局、建设局配合）

（十）农业农村废气整治行动

1.禁止秸秆焚烧。加快推进秸秆及农作物废弃物综合利用，建立健全禁止露天焚烧秸秆等农作物废弃物的长效管理机制。2017年底前，基本形成秸秆还田和多元化利用格局，秸秆综合利用率达到90%以上。广泛开展宣传教育，严格执法监管，有效防范焚烧秸秆等农作物行为。（市农业局牵头，市环保局、发改局配合）

2. 控制农业氨污染。积极推行测土配方施肥和减量增效技术，大力推广有机肥，引导农民科学施肥，着力提高肥料利用率，减少农田化肥使用量，减少氨挥发和逸出。（市农业局牵头、市发改局配合）

3.实施矿山治理和绿化造林。2015年底前，所有采碎石场要落实扬尘、粉尘控制措施；2017年底前，已关闭废弃矿山治理率达到90%以上。大力开展植树造林，到2015年底，完成“十二五”造林任务2.6万亩以上，森林覆盖率达到60.44%以上。（市国土局牵头，市林业局配合）

三、保障措施

（一）加强组织领导。市委市政府成立“气尘合治”工作领导小组，下设专项工作推进组，制定相应的运行和管理制度，协调推进全市大气污染防治工作。各镇乡（街道）及开发区要加强大气污染防治工作的组织领导，成立专门工作领导小组，制定本辖区的行动计划和实施细则，并逐年制定实施大气污染防治年度计划，确保本方案各项任务和重点项目的落实。市“气尘合治”领导小组成员单位要各负其责，各专项行动由相关牵头单位负责制定方案并组织实施。

（二）严格工作考核。市政府与镇乡（街道）及开发区相关责任部门签订目标责任书，市政府对本行政区域内的大气环境质量负总责，将目标任务层层分解落实。实行空气质量定期通报制度，把大气污染防治工作考核结果作为各镇乡（街道）及开发区领导班子政绩评价的重要依据，并与建设项目审批以及财政资金奖惩结合，组织实施大气行动计划阶段性绩效评估，市政府对推进工作不力，没有完成阶段性任务的个镇乡（街道）及开发区负责人实行约谈。

（三）完善政策机制。结合当前开展的“腾笼换鸟”“四破整治”及重污染高耗能行业整治，研究出台高耗能高污染和资源性行业约束政策，制定符合我市功能定位的产业准入淘汰目录，创新有利于大气污染防治的财政、价格、信贷、用地等政策措施，完善天然气价格政策。强化节能环保指标约束，把二氧化硫、氮氧化物、烟粉尘和挥发性有机物（VOCs）排放总量指标作为环评审批的前置条件。制定实施餐饮油烟、工地扬尘及道路清洁、垃圾禁焚鞭炮禁燃等管理措施。健全财政补助机制，对工业脱硫脱硝、燃煤锅炉淘汰、有机废气污染治理、黄标车淘汰、机动车油改气等给予资金支持补助，综合推进各项工作。

（四）加强监管执法。各有关部门既要各负其责，又要强化联动监管，开展综合执法，实行产能过剩行业新改扩建项目产能等量或减量置换，严格能评、环评审查，未能取得能源环保等项目准入手续的，不得办理开工建设、安全生产许可及土地供应，加强用煤总量、煤质等能源使用情况的监督检查；加强餐饮、干洗、露天焚烧垃圾等环节的监管；加大黄标车淘汰及禁行执法检查；加大对工业废气污染源的整治，对废气污染严重的企业，从新项目准入、各类许可证核发及资金补助等方面予以制约；对拒不执行各类行政处罚决定的，要依法予以强制执行，对涉嫌环境犯罪的，要依法追究刑事责任。

（五）开展应急预警。将重污染天气应对工作纳入政府应急突发事件应急管理体系，全市要制定重污染天气应急预案，建立重污染天气监测预警体系，加强重污染天气监测、预警和应对工作。加快建立环境空气质量的监测信息发布和预报制度，及时发布预警应急信息。当出现恶劣空气时，及时启动应急预案，根据轻重缓急，渐次实施重点污染源限产限排和停工停产，以及机动车限行、扬尘管控等措施，防治大气污染的蔓延，切实保障公众健康。

（六）注重科技引领。加强大气复合污染特征、形成机制、来源分析（灰霾）、治理技术等方面的基础性研究。发展环保公共科技创新服务平台，积极开发推广脱硫脱硝、高效除尘、VOCs治理等关键技术，创新发展清洁能源，大力发展环保产业，以重点示范工程建设，带动重点行业节能环保水平提升，促进绿色生产、可持续发展。

（七）加强宣传引导。实行空气质量及大气污染防治工作信息公开，加大对重点污染源排放情况，大气污染违法行为的公开。充分利用报纸、电视、广播、网络等媒体，通过召开新闻发布会、组织媒体集中采访、与媒体合作刊播专版（专栏）、策划专题宣传等形式，大力开展大气环境整治宣传。加强对灰霾治理相关科普知识和典型事例的宣传，大力倡导绿色、文明、健康的生活方式，引导社会各界支持和参与大气环境保护工作。

兰溪市人民政府办公室

2014年11月18日

重要表彰

关于对民宗局等7个部门进行嘉奖的通报

各镇乡人民政府、街道办事处，市政府各部门：

2014年，在市委、市政府的正确领导下，全市上下紧紧围绕“追赶跨越、重振雄风”的总目标，深入实施“强工业、兴三产、优环境、惠民生、促和谐”的十五字方针，经济发展、社会事业等各项工作都取得了可喜的成就，获得了诸多荣誉。特别是市民宗局荣获国务院授予的“全国民族团结进步模范集体”荣誉称号，我市被评为“2014年全国休闲农业与乡村旅游示范县”“浙江省扩大有效投资优秀单位”、浙江省第二十届水利“大禹杯”金杯奖、省级综合性“腾笼换鸟”试点单位。这些荣誉的获得，充分体现了相关部门的辛勤付出和所取得的优秀成绩，具有典型性和代表性。为此，市政府决定，对市民宗局、农办、农业局、旅游局、发改局、水务局、经信局等7个部门予以通报嘉奖。

希望获嘉奖单位珍惜荣誉，再接再厉，为“两美兰溪”建设做出新的贡献。

兰溪市人民政府

2015年2月28日

市级农业龙头企业

一、2014年度新确认的市级农业龙头企业名单（6家）

浙江兰溪锦荣农业科技发展有限公司
兰溪市通利养殖有限公司
浙江依诺生物科技有限公司
兰溪市兰丰水产生态养殖有限公司
兰溪市馥蜜轩农业科技有限公司
兰溪市南峰养殖场

二、2013年度到期重新认定的市级农业龙头企业名单（20家）

兰溪市金苏火腿食品有限公司
兰溪市云山农业服务总站
兰溪市乡里乡食品有限公司
兰溪市峰登特种水产养殖场
兰溪市瑞年淡水鱼繁殖有限公司
兰溪市大山土特产有限公司
兰溪市禾丰养殖场
兰溪市金田农庄
兰溪市永新生态养殖场
兰溪市田参蔬菜食品有限公司
兰溪汇康药材有限公司
兰溪市可口园食品厂
兰溪市联友竹制品有限公司
兰溪市下陈毛峰茶厂
兰溪市紫垅坞农业开发有限公司
兰溪市泰丰火腿厂
浙江新天地生态水果种植有限公司
兰溪市新参记农业开发有限公司
浙江喜燕生态农业发展有限公司
兰溪市绿叶食品厂

三、2013年度有效期内年审合格的市级农业龙头企业名单（58家）

兰溪市鸿香生物科技有限公司
浙江快活林食品有限公司
兰溪市金德食品有限公司
兰溪市永华特种水产养殖场
兰溪市东风湖畜禽养殖有限公司
兰溪市粮食购销有限公司
兰溪市银龙棉业有限公司
金华兰天园林绿化有限公司
兰溪市浙兰农产品配送有限公司
浙江天生堂农林科技有限公司
兰溪市弘达生态养殖有限公司
兰溪市农特蔬菜食品有限公司
兰溪英特茶业有限公司
兰溪市顺康养殖场
兰溪市山宝石蛙繁殖场
兰溪市白露山火腿食品厂
兰溪市梅江烧酒厂
浙江一派食品有限公司
浙江桃花雨农业科技有限公司
兰溪市禽蛋批发市场
兰溪市赤山湖绿色农庄有限公司
兰溪市苗圃
金华市大麻子食品连锁有限公司
黄店镇农业综合服务公司
浙江兰森农业开发有限公司
兰溪市灵洞养殖场
兰溪市李渔酿酒有限公司
金华味海食品有限公司
兰溪市老口味食品厂
兰溪市怡尔宝家纺饰品有限公司
兰溪市天然香料厂
兰溪市永民农场
兰溪市格林现代农业有限公司
兰溪市同庆食品厂
兰溪市满天星生态农场
兰溪市吉吉彩有机肥料厂
兰溪市绿盘山农业开发有限公司
兰溪市卧龙源土特产有限公司
兰溪市金光生猪养殖场
兰溪市九畹幽兰农业观光园
兰溪市兰乡龙雨茶业有限公司
兰溪市百鲜园调味品有限公司
兰溪市凯飞农业开发有限公司
兰溪市豪美佳生态农业开发有限公司

兰溪市金山湖生态农业开发有限公司
兰溪市晟颉农业科技有限公司
浙江诸葛草堂生态农业开发有限公司
浙江兰梅生态农业发展有限公司
浙江倡运农业科技有限公司
浙江柏灵农业发展有限公司
浙江天保药材发展有限公司
兰溪市百果农业科技开发有限公司
兰溪市原野食品有限公司
兰溪市双州酒厂
浙江富竹山林业开发有限公司
兰溪市宝香工艺品厂
兰溪市飞宇兔业养殖场
兰溪市鼎盛园林有限公司

2014年度工业经济发展先进单位和先进个人

一、发展工业经济先进单位

1.工业综合奖

一等奖：永昌街道、经济开发区

二等奖：女埠街道、赤溪街道

三等奖：游埠镇、兰江街道、梅江镇

2.工业进位奖

黄店镇、兰江街道、游埠镇、云山街道、永昌街道、赤溪街道、女埠街道、横溪镇。

3.工业投入奖

一等奖：永昌街道、经济开发区

二等奖：游埠镇、兰江街道

三等奖：女埠街道、上华街道、灵洞乡

完成任务奖：开发区、永昌街道、诸葛镇、兰江街道、游埠镇、水亭乡、马涧镇、香溪镇、黄店镇、横溪镇、柏社乡。

4.镇乡、街道工业功能区发展综合奖

第一名：永昌街道

第二名：女埠街道

第三名：游埠镇、梅江镇

二、发展工业经济先进个人

陈颖（兰江街道）、王文新（永昌街道）、赵少华（灵洞乡）、包跃辉（游埠镇）、应炳军（经济开发区）、娄洪富（风险处置办）、滕素娟（国土资源局）、朱晓亮（统计局）、吴冬梅（环保局）、陈申凡（人民银行兰溪市支行）。

三、合力扶工先进单位

法院、信访局、金融办、经信局、科技局、公安局、财政局、审计局、安监局、行政服务中心、国税局、建设银行兰溪支行

四、科技创新考核先进单位

一等奖：游埠镇

二等奖：经济开发区、女埠街道

三等奖：云山街道、灵洞乡、香溪镇

五、节能降耗先进单位和个人

1.先进部门

发改局、质监局、国网兰溪供电公司、柏社乡、梅江镇

2.先进企业

浙江华东铝业股份有限公司
浙江康恩贝制药股份有限公司
浙江省兰溪恒方合成纤维有限公司
浙江宝龙纺织有限公司
兰溪南方水泥有限公司

3.先进个人

肖海军（经信局）、郑启良（环保局）、朱致远（统计局）、宋建峰（横溪镇）、潘小娟（红狮水泥）。

六、“两化”融合工作先进单位和个人

1.先进单位

市府办、科技局、商务局、统计局、经济开发区、永昌街道、中国电信兰溪分公司、中国移动兰溪分公司、浙江红狮水泥股份有限公司、浙江金梭纺织有限公司

2.先进个人

王丹霞（经信局）、李卫兵（科技局）、叶利芳（财政局）、郭良（云山街道）、徐惠珍（女埠街道）、刘朝晖（香溪镇）、叶赛芬（经济开发区）、徐胜春（中国电信兰溪分公司）、晏宏涛（嘉宝物流）、童斌华（康恩贝制药）

2014年度招商引资工作先进单位和先进个人

一、招商引资先进镇乡（街道）奖

一等奖：永昌街道、经济开发区

二等奖：女埠街道、梅江镇

三等奖：赤溪街道、兰江街道、游埠镇

二、招商引资先进部门奖

市纪委、市委组织部、市委统战部、财政局、商务局、统计局。

三、招商引资先进个人奖

陈水河（商务局）、徐晓霞（行政服务中心）、郭旭东（游埠镇）、钟秀明（黄店镇）、吴小健（马涧镇）、盛春桥（柏社乡）、吴婷（经济开发区）、杨国良（经济开发区）、卢良成（杭州招商点）、童伟京（武汉招商点）

四、部门招商项目奖

商务局（2个项目），环保局、金融办、农业局、建设局、交通局（各1个项目），教育局、商务局（共同招商1个项目）。

2014年兰溪市创新型企业

巨江电源科技有限公司

兰溪健发食品机械有限公司

浙江蓝天电缆有限公司

兰溪市万成机电制造有限公司

兰溪市2014年度进出口十佳企业

1.出口十佳企业（10家）

浙江金梭纺织有限公司

兰溪市博远金属有限公司

浙江腾马纺织有限公司

浙江鑫兰纺织有限公司

浙江嘉通贸易有限公司

浙江巨江电源制造有限公司

浙江三森纺织有限公司

兰溪市永新织造有限公司

浙江杰斯特电源有限公司

兰溪市金朝纺织有限公司

2.进口十佳企业（5家）

浙江佳而美纺织有限公司

浙江嘉宝物流有限公司

浙江腾马纺织有限公司

浙江鑫海纺织有限公司

浙江瑞域纺织有限公司

扶持外贸发展先进单位

市财政（地税）局

市国税局

市商务局

市经信局

市环保局

市外汇管理局

金华出入境检验检疫局兰溪办事处

金华海关兰溪联络处

2015年外资发展重点企业

1.外贸行业龙头企业（5家）

浙江金梭纺织有限公司

兰溪市博远金属有限公司

浙江腾马纺织有限公司

浙江鑫兰纺织有限公司

浙江嘉宝物流有限公司

2.外贸重点培育企业（5家）

浙江巨江电源有限公司

浙江三森纺织有限公司

浙江嘉通贸易有限公司

兰溪市永新织造有限公司

浙江杰斯特电源有限公司

3.外贸重点发展企业（15家）

兰溪市金朝纺织有限公司

兰溪金威国际贸易有限公司

浙江星辉铝轮有限公司
兰溪市电光源有限公司
浙江龙马制衣有限公司
浙江蓝之梦纺织有限公司
浙江吉祥摩托车配件有限公司
浙江嘉华化工有限公司
浙江百特厨具有限公司
浙江旭博工艺品有限公司
浙江甬金不锈钢集团有限公司
浙江博爱家纺有限公司
浙江兰棉纺织有限公司
浙江双灯家纺有限公司
浙江升华纺织有限公司

2014年兰溪市科学技术奖

2014年兰溪市科学技术奖一等奖

表26

序号	项目名称	完成单位	协作单位	主要完成人
1	“桃园仙境图”特宽幅大型独花丝织壁画	兰溪市汇明提花织造有限公司		钱道明、祝燕飞、钱之毅、金寿新、蒋春龙、倪燕华
2	兰溪小萝卜加工技术提升和示范应用	兰溪市桃源食品有限公司	浙江大学	童秋法、茅林春、鲍银堂、童宝良、王友永、童美龙

2014年兰溪市科学技术奖二等奖

表27

序号	项目名称	完成单位	协作单位	主要完成人
1	醇溶丙烯酸酯胶	兰溪市大成胶粘剂厂		祝 成、祝一帆、朱永红、唐小平、龚艺芬、周 亮
2	高速NC数控直线冲管机	兰溪永丰机械有限公司		钟红星、孙永新、龚燕军、张岳、王一华、戴卫兵、任俊啸
3	JF-09D月饼自动成型机	兰溪健发食品机械有限公司	金华市食品机械研究所	侯长安、郑 飚、胡小静、陈旭燕、谢旦萍、陈长卿
4	多功能户外运动和帐篷用纺织品生产关键技术研发	浙江鑫海纺织有限公司	浙江理工大学	邱海斌、徐国平、李新英、包翔飞、谭振明、丁新波、童金祥、汪荣花、王文静、郑银凤
5	高紧度弹力贡缎	浙江祥嘉纺织有限公司		叶月球、汪 骏、吴海光、范宏伟、叶荣芳
6	杨梅安全优质高效栽培技术优化与示范	兰溪市马涧农业服务有限公司	金华市农业科学研究院、金华市好前景果蔬专业合作社	钱东南、陈金明、沈 进、钭凌娟、陈新炉、陈丁华、徐美军、章庆辉
7	水稻机插秧农艺措施研究与应用	兰溪市农作物技术推广站	永昌街道农技站、上华街道农技站、云山街道农技站	吴美娟、黄洪明、汪 暖、王宏光、毛协勤

2014年兰溪市科学技术奖三等奖

表28

序号	项目名称	完成单位	协作单位	主要完成人
1	舒尔纱	浙江云山纺织印染有限公司		郑展辉、胡美蓉、陈亦君、胡淑芬、曹 奋
2	80s全棉仿真丝面料	浙江立马云山纺织股份有限公司		章 诚、胡仁杰、施昕晖、王跃军、胡 燕、恽 泓、黄德平
3	"夜米香"大提花绣式时装面料	兰溪市汇明提花织造有限公司		钱逍敏、钱道明、纪碎茶、金寿生、祝燕飞、倪燕华
4	D-半乳糖	浙江一新制药股份有限公司		何遂庆、施心建、游凯、李爱珍、方震宏、金 骏、宋国清
5	腈电纱	浙江云山纺织印染有限公司		郑展辉、胡美蓉、陈亦君、胡淑芬、曹 奋
6	天丝经纬竹节双向竹节布	浙江祥嘉纺织有限公司		叶月球、汪 骏、吴海光、范宏伟、叶荣芳
7	铜铝复合母线	浙江金博金属科技有限公司		吕和银、龙昌宇、李建军、魏谨凭、李云泉、陈廷标
8	SXB-460D半自动可编程锁线机	浙江宝仕德机械有限公司		章文君、徐明伟、徐云、章喜清、童福良
9	JF-SG-3刷糖撒芝麻成型机	兰溪健发食品机械有限公司	金华市食品机械研究所	侯长安、郑 飚、胡小静、陈旭燕、谢旦萍、陈长卿
10	气象条件对杨梅丰产的影响研究和应用	兰溪市气象局	兰溪市农业局特产站、兰溪市马涧镇林业站、兰溪市马涧镇杨梅合作社	童建跃、单中华、吴宏、陈新炉、陈金明、石细平、赵树华
11	高钾灰肥在水果生产中的应用示范	兰溪市岘坦果业专业合作社	兰溪市农产品监督检测中心、市农产品营销管理中心、市经济特产推广站、市土壤肥料工作站、市热电厂	童永华、周树新、陈新炉、陶云彬、章日亮、吴 民

2014年兰溪市科学技术奖科技合作奖

表29

序号	获奖单位或个人
1	北京信息科技大学博士生导师、教授，教育部“长江学者创新团队”带头人祝连庆

2014年度服务业工作先进单位和个人

一、服务业工作先进单位

（一）镇乡（街道）、经济开发区：

一等奖：经济开发区；

二等奖：马涧镇、梅江镇；

三等奖：永昌街道、云山街道、兰江街道。

（二）服务业牵头部门：建设局、商务局、统计局、发改局、市场监管局。

（三）服务业协作部门：行政服务中心、行政执法局、国税局、环保局、广电台。

二、服务业工作先进个人

黄真（商务局）、曹美芬（财政局）、柳力（民政局）、张毅（市场监管局）、杨永（统计局）、朱莉芳（经济开发区）、何美芳（黄店镇）、琚水生（水亭畲族乡）、方友松（灵洞乡）、徐标标（香溪镇）。

兰溪市2014年度服务业骨干龙头企业

兰溪市汇鑫贸易有限公司
浙江嘉宝能源有限公司
浙江永联丹溪物贸有限公司
兰溪今朝商贸有限公司
兰溪星地超市有限公司
杭州解百兰溪购物中心有限公司
兰溪今朝酒店有限公司
浙江省兰溪市时代广场商贸有限公司
兰溪市诸葛旅游发展有限公司
浙江兰溪农村合作银行

兰溪市2015年服务业重点培育企业名单

兰溪市汇源能源贸易有限公司
浙江嘉宝物流有限公司
浙江浩鑫物流有限公司
金华英特医药物流有限公司
国药控股金华有限公司
浙江康恩贝健康科技有限公司
浙江康满家新营销有限公司
兰溪市嘉泰商贸行有限公司
兰溪福泰隆超市有限公司
兰溪新奥燃气有限公司
兰溪市邮政局
浙江兰溪汇丰贵金属交易市场管理有限公司
浙江普华科华股权投资合伙企业
浙江京兰文化发展有限公司
兰溪百姓旅行社有限公司
兰溪越商村镇银行
兰溪市兰信小额贷款有限公司
兰溪市民间融资服务中心有限公司
浙中纺织市场开发有限公司
兰溪市诚泰置业有限公司

兰溪市电子商务示范企业名单

浙江康恩贝健康科技有限公司
浙江一派食品有限公司
兰溪市野马摩托车配件有限公司
兰溪市邮政局青年电子商务创业基地
兰溪海丽恩进出口有限公司

2014年度兰溪市银行业金融机构考核结果

一等奖：

中国建设银行兰溪支行
浙江兰溪农村合作银行
中国工商银行兰溪支行

二等奖：

中国农业银行兰溪支行
中国银行兰溪支行
浙江兰溪越商村镇银行
金华银行兰溪支行
农业发展银行兰溪支行

三等奖：

浙江稠州商业银行兰溪支行
邮政储蓄银行兰溪支行
浙江泰隆商业银行金华兰溪支行
浙江民泰商业银行金华兰溪支行
平安银行金华兰溪支行

2014年度兰溪市“五水共治”工作先进集体和个人

【“清三河”达标单位名单（共17个）】

兰江街道办事处　云山街道办事处
上华街道办事处　永昌街道办事处
赤溪街道办事处　女埠街道办事处
灵洞乡人民政府　游埠镇人民政府
水亭畲族乡人民政府　诸葛镇人民政府
黄店镇人民政府　香溪镇人民政府
马涧镇人民政府　柏社乡人民政府
梅江镇人民政府　横溪镇人民政府
经济开发区管委会

【先进集体（镇乡、街道及经济开发区）】

一等奖：永昌街道办事处
二等奖：经济开发区管委会 灵洞乡人民政府
三等奖：诸葛镇人民政府 横溪镇人民政府 兰江街道办事处

【河长制先进单位】

最美河流：甘溪女埠街道段 大溪柏社乡段 游埠溪游埠镇段
生态河流：甘溪黄店镇段　梅溪梅江镇段 石渠溪马涧镇段
水质进位奖：赤溪赤溪街道段 浒溪开发区段 杨溪灵洞乡段

【先进集体（机关部门）（共10个）】

环保局、农业局、水务局、行政执法局、建设局、农办、宣传部 、团市委、文化局、纪委

【先进个人（最美护河员）】

赵庆鸿　上华街道办事处主任
缪河春　黄店镇人大主席
叶庆林　游埠镇党委委员、宣传统战委员
方友松　灵洞乡宣传统战委员、副乡长
吴　柯　兰溪市妇女联合会党组成员、办公室主任
柳秋富　云山街道化里村党支部书记
方小文　永昌街道邱村党支部书记
宋海明　香溪镇下杨村党支部书记
蒋洪良　柏社乡大溪岗岭下村段段长
徐增敏　水亭畲族乡古塘村前塘塘长
陈根祥　梅溪梅江段河长助理
郑昊安　兰溪市“五水共治”工作领导小组办公室
魏林青　兰溪市环境保护局开发区环保所副所长
鲍宗炜　兰溪市环境保护监测站
王汝华　兰溪市防汛机动抢险队
何燕林　兰溪市污水管网建设管理有限公司经理
吴秀娟　兰溪市档案局业务指导科副科长
陈　丰　兰溪市广播电视台电视新闻中心主任
丁建华　中国公益顺风车兰溪站管理员
项柔刚　兰江导报记者

兰溪市第二届“最美乡村”

兰江街道姚村　云山街道朱山村
上华街道马鞍徐村　永昌街道邱村村
赤溪街道常满塘村　女埠街道穆坞村
女埠街道坝坦村　灵洞乡西山寺村
灵洞乡白坑村　游埠镇梅屏村
游埠镇洋港村　水亭乡横塘村
诸葛镇长乐村　黄店镇芝堰村
黄店镇上包村　香溪镇姚郎村
马涧镇东叶村　柏社乡岗岭下村
梅江镇何宅村　横溪镇宋宅村

兰溪市优秀共产党员

卢志恒

兰溪市首届名院长、名医、医界新秀

一、兰溪市首届名院长（3名）
应佑华　兰溪市人民医院
姜黎平　兰溪市中医院
张友明　兰溪市妇保院
二、兰溪市首届名医（5名）
何显森　兰溪市人民医院
毛春发　兰溪市人民医院
陶茂根　兰溪市人民医院
蒋晶飞　兰溪市中医院（名中医）
吴建新　兰溪市中医院（名中医）
三、兰溪市首届医界新秀（4名）
水跃翔　兰溪市人民医院
潘卫平　兰溪市人民医院
张卫军　兰溪市中医院
周朝芬　永昌街道社区卫生服务中心

兰溪市第一届优秀志愿服务集体和个人

一、杰出志愿服务集体
天福山社区志愿者服务超市
市无偿献血志愿服务队
市出租汽车有限公司雷锋车队
二、优秀志愿服务集体
兰荫社区志愿服务队
青松社区义务治安巡逻队
关工委“五老”志愿服务队
市人民医院青年志愿者服务站
兰溪市第五中学爱心志愿服务队
我们都是兰溪人QQ群志愿服务队
爱在兰溪爱心联盟志愿服务队
兰庆草根艺术团志愿服务队
乐行单车俱乐部志愿服务队
网兰车友俱乐部志愿服务队
三、志愿服务功勋奖
胡　芳　市供电局“心舞工作室”
四、杰出志愿者
水鸿雁　我们都是兰溪人QQ群志愿服务队
姜纪钦　市关工委“五老”志愿服务队
章恒声　积善堂
五、优秀志愿者
方　亮　市“环保志愿者群”
卢中原　永进社区
包绍宾　中国农业发展银行金华分行驻兰溪支行
朱大庆　市无偿献血志愿服务队
朱燕萍　青湖社区圣罗村
何　迪　梅江镇团委
何旭红　市出租汽车有限公司雷锋车队
张　一　市人民医院
陈　刚　市行政服务中心
陈群民　兰溪自立铜业有限公司
周少珍　市嘉顺贸易有限公司
钟淑娟　水亭畲族乡西方坞村
倪晓东　浙江长风汽车运输有限公司
徐　斌　网兰车友俱乐部志愿服务队
徐小芳　我们都是兰溪人QQ群志愿服务队
徐燕菲　市心理咨询志愿服务队
郭金龙　市职业中专
焦秀华　丹阳社区
舒淑君　市滨江家政
童建华　市殿山中心学校
六、志愿服务先进工作者
吕罕苗　兰花社区
张　昱　我们都是兰溪人QQ群志愿服务队
陈晓峰　乐行单车俱乐部志愿服务队
范小锋　网兰车友俱乐部志愿服务队
易承尧　市无偿献血志愿服务队
陶小红　市出租汽车有限公司雷锋车队
梅建军　爱在兰溪爱心联盟志愿服务队
章利明　市国税局志愿服务队
彭华东　马涧镇马三村
楼锡铮　市关工委“五老”志愿服务队
七、志愿服务公益合作伙伴
兰溪农村合作银行
浙江稠州商业银行兰溪支行

浙江博爱家纺有限公司
兰溪市华澜工艺品厂
澳凯经典养生美容美发会所

2014年度基层武装工作先进单位和个人

一、先进基层武装部
兰江街道武装部
云山街道武装部
永昌街道武装部
横溪镇武装部
二、先进民兵连部
兰江街道应家村民兵连部
兰江街道溪西村民兵连部
云山街道黄龙洞村民兵连部
云山街道黄泥岭村民兵连部
上华街道马鞍徐村民兵连部
永昌街道永昌村民兵连部
赤溪街道插口村民兵连部
女埠街道下街村民兵连部
女埠街道下潘村民兵连部
灵洞乡杨青桥村民兵连部
游埠镇梅屏村民兵连部
水亭畲族乡奎塘畈村民兵连部
诸葛镇诸葛村民兵连部
黄店镇社溪村民兵连部
黄店镇芝堰村民兵连部
香溪镇香三村民兵连部
马涧镇石二村民兵连部
柏社乡水阁村民兵连部
梅江镇白沙村民兵连部
横溪镇国庆村民兵连部
水务局供水抢修分队
三、优秀专武干部
章国华（梅江镇武装部部长）
王　熙（上华街道武装部副部长）
蒋永忠（女埠街道武装部副部长）
方良升（灵洞乡武装部副部长）
叶　肖（诸葛镇武装部副部长）
四、优秀民兵连长
黄正飞　（兰江街道何夏庄村民兵连长）
姚小明　（兰江街道姚村村民兵连长）
叶友良　（云山街道中徐村民兵连长）
祝勇辉　（云山街道徐尚源村民兵连长）
余启明　（上华街道沈村村民兵连长）
徐汝兆　（永昌街道永昌村民兵连长）
杨红兵　（赤溪街道杨家村民兵连长）
舒正良　（女埠街道民主村民兵连长）
童志银　（女埠街道金家村民兵连长）
郭　良　（灵洞乡白坑村民兵连长）
韦金林　（游埠镇邵家村民兵连长）
张跃林　（游埠镇西山王村民兵连长）
吴东明　（水亭畲族乡奎塘畈村民兵连长）
诸葛延新　（诸葛镇诸葛村民兵连长）
黄锦元　（黄店镇黄店村民兵连长）
陈坚强　（黄店镇大坞陈村民兵连长）
汤开恒　（香溪镇香五村民兵连长）
周根才　（马涧镇马二村民兵连长)
施建成　（马涧镇后范村民兵连长）
徐卫标　（柏社乡凌塘村民兵连长）
严国法　（梅江镇下马源村民兵连长）
柳长庆　（横溪镇国庆村民兵连长）
陈顺风　（横溪镇新胜村民兵连长）
王建华　（电信局通信分队分队长）

2014年度兰溪市应急联动工作先进集体和先进个人

一、先进单位（10家）
公安局
消防大队
国土资源局
建设局
交通运输局
卫生局
环保局
安监局
市场监管局
供电局

二、先进个人（20名）

商志军（市府办）

查晓东（市应急办）

王建华（市公安局）

张巧男（市应急联动指挥中心）

吴圣安（市消防大队）

陈尧康（市经信局）

洪小雁（市交通运输局）

陈锡丰（市水务局）

郑凤兵（市民政局）

徐　娴（市农业局）

王春耕（市安监局）

毛金富（市市场监管局）

朱林琪（市质监局）

叶信跃（市人防办）

严劲松（市电信局）

徐　健（市港航所）

胡德峰（市人民医院）

张卫军（市中医院）

林剑超（市广电台）

徐美忠（市新奥燃气）

2014年度信息工作先进单位和先进个人

一、先进集体（共17家）：

政法委、行政执法局、农业局、教育局、林业局、水务局、公安局、建设局、发改局、审计局、经信局、统计局、梅江镇、诸葛镇、永昌街道、兰江街道、马涧镇

二、先进个人

一等奖（5名）：

陈丽珍（行政执法局）、余　静（农业局）、柴巧君（教育局）、杨立恒（林业局）、何黎霞（梅江镇）

二等奖（9名）：

高　婧（政法委）、张　诚（组织部）、占　华（统战部）、陈晓琳（水务局）、范裕仁（国税局）、徐文忠（发改局）、方蓉丽斐（诸葛镇）、龚　燕（兰江街道）、李灵芝（马涧镇）

三等奖（17名）：

蒋晓辉（宣传部）、黄　江（团市委）、邵黎仙（妇联）、麻北仙（建设局）、张　纯（审计局）、肖海军（经信局）、吴　则（统计局）、童赟（开发区）、赵　倩（卫生局）、黄跃辉（质监局）、何兴华（民政局）、吴　泓（检验检疫办）、郑雪飞（游埠镇）、雷　俊（香溪镇）、成茜（柏社乡）、毛　侠（灵洞乡）、吴立平（永昌街道）

2014年度全市纪检监察工作先进集体和优秀纪检监察干部

一、纪检监察工作先进集体（8家）

兰江街道纪工委、监察室

永昌街道纪工委、监察室

梅江镇纪委、监察室

市公安局纪检组、监察室

市住房和城乡建设局纪检组、监察室

市水务局纪检组、监察室

兰溪农村合作银行纪委、监察室

市纪委干部室

二、优秀纪检监察干部（10名）

王文辉　王妮亚　付业佩　吴　剑

陈跃辉　赵元捷　胡汝明　徐友宏

徐国富　潘庆均

附 录

2014年外媒看兰溪

【强工业 兴三产】

为重振雄风打造新引擎 兰溪实施10个投资超5亿元以上项目 …………………………… 金华日报
兰溪首获浙江区域名牌 ………………………………………………………………… 金华日报
兰溪重“人才回归”工程 注经济社会发展新活力 …………………………………… 中新网
兰溪外贸出口首超10亿美元 …………………………………………………………… 金华日报
兰溪赤溪：从毛巾之乡启程打响城郊经济 ……………………………………… 中国经济导报
兰溪扩大有效投资再出大手笔 ………………………………………………………… 金华日报
27个浙商回归投资项目 一产三产占近1/3
兰溪扩大有效投资优化产业结构 ……………………………………………………… 金华日报
兰溪扩大有效投资优化产业结构 ……………………………………………………… 浙江日报
鑫兰纺织产业链的延伸者模式之变 金华日报
兰溪政策扶持企业“爬坡过砍” ………………………………………………………… 金华日报
兰溪创新招商机制 实现赶超发展态势 ………………………………………………… 金华日报
内陆口岸嘉宝物流在兰溪投运 ………………………………………………………… 金华日报
税收新政鼓励兰溪山村屋顶发电 推进光伏产业健康发展 …………………………… 浙江日报
兰溪引大项目撑起稳健发展脊梁 ……………………………………………………… 浙商网
专业招商 跟踪服务 兰溪浙商回归项目引得进留得住 ……………………………… 浙江日报
夏宝龙在金华调研时强调 抓工业提质增效 促经济健康发展 ………………………… 浙江日报
兰溪建立工业企业产出效益评价体系 ………………………………………………… 金华日报
浙江兰溪在乡镇设立首席质量监督官 ………………………………………………… 新华网
兰溪“四破”整治勇闯新路 ……………………………………………………………… 金华日报
兰溪五大行动确保经济“全年红” ……………………………………………………… 光明网

兰溪抓工业节水促企业转型 ……金华日报
提质增效促进纺织产业转型升级 ……金华日报
浙江兰溪纺织企业无梭化率达100% ……中国纺织报
“兰溪速度”变“兰溪质量” ……浙江在线
兰溪纺织业“机器换人”换出高效益 ……金华日报
兰溪举办新型纺织材料科技成果发布会 ……浙江在线
兰溪典型示范促“个转企”提质扩面 ……市场导报
丰登公司废水处置技术国内领先 ……金华日报
兰溪科技创新驱动工业转型升级 ……光明网
“华铝”突出重围华丽转身 ……金华日报
兰溪以大项目激发三产活力 ……金华日报
浙江兰溪全力推进创建“纺织强市” ……中国纺织网
精准投资 深耕细作 兰溪纺织业连续十二年高速增长 ……金华日报
兰溪扩大有效投资保稳促调 ……光明网
兰溪招商引资年末冲刺收获颇丰 ……金华日报
诚邀四海英才 打造纺织航母 ……金华日报
兰溪加快人才创新资源集聚 ……金华日报
金兰大健康产业带风生水起 ……金华日报
三月三兰溪水亭邀你和畲族兄弟姐妹一起过节 ……都市快报
兰溪西姜村探索古民居保护新路 老屋你来修 归你住十年 ……浙江日报
梅江烧，醉在秋风里 ……浙江日报
青春喜剧片《我为花狂》 诸葛八卦村开拍都市快报
兰溪市云山街道 千年商埠再出发 ……都市快报

【优环境 惠民生】

兰溪“治村能人”们激情满怀谋发展 ……金华日报
兰溪青春党建推“特色套餐” ……中国县域经济报
兰溪千余村干部上“水课” ……浙江日报
浙江兰溪：再学东海精神 践行群众路线 ……中国网
兰溪党代表群众工作站包办难题 ……金华日报
为畅通服务群众“最后一公里”清障 兰溪大力整顿涣散村级组织 ……金华日报
兰溪在职党员争抢群众微心愿 ……都市快报
浙江兰溪：电力部门开展“雷锋月”活动 ……中央电视台
兰溪：处理违纪违法干部 电视网络现场直播 ……浙江卫视
浙江兰溪公安换位体验贴近群众解难事 ……新华网
从群众最不满意的事改起 兰溪258条整改清单力促作风大转变 ……金华日报
浙江兰溪请村支书给党员干部上党课 ……人民网
责任担在肩 行动走在前 兰溪强化“一把手”示范带动作用 ……浙江日报
兰溪依托党代表工作室建立群众工作站 ……浙江共产党员
兰溪强村智囊团助推软弱涣散村整顿 ……金华日报

浙江兰溪推干部信用等级评定 “德”与“绩”结合 ……………………………………中新网
兰溪“两新”组织奏响教育实践“三部曲” ……………………………………………金华日报
兰溪：走到群众深处 ………………………………………………………………………浙江共产党员
浙江兰溪十位“强村书记”巡回治村一村一策解顽疾字号 ……………………………中新网
兰溪96345服务热线满意率达100% 搭建亲民惠民利民平台 …………………………中新网
一站式接待 一条龙办理 一揽子解决 兰溪“5+X”信访模式促和谐 ………………金华日报
“卢子”就像一团火——记兰溪市人力社保局退休干部卢志恒 ………………………浙江日报
兰溪掷地有声抓整改惠民生 ………………………………………………………………金华日报
兰溪开辟“微阵地”凝聚新青年 激发青年工作活力 …………………………………中新网
兰溪供电公司走访用户做实“最后一公里” ……………………………………………新华网
兰溪“2+X”模式配强乡镇纪检力量 ……………………………………………………金华日报
兰溪农技站长回乡推广科技种棉 承包抛荒田 示范新技术 …………………………浙江日报
探访兰溪诸葛村治村秘诀——民主法治育新风 …………………………………………浙江日报
兰溪打造基层团建“一镇一品”青年服务活跃到农村 …………………………………中新网
浙江兰溪：把现代农业抓实 ………………………………………………………………中国经济导报
兰溪力争今年家庭医生全覆盖 ……………………………………………………………金华日报
浙江兰溪：深耕现代农业 …………………………………………………………………中国经济导报
兰溪城管把民生工作放第一位 ……………………………………………………………金华日报
兰溪部署创建国家园林城市 争取用2至4年时间达成目标 …………………………金华日报
兰溪加快居家养老体系建设 今年将建200家农村养老服务照料中心………………金华日报
开学第一课 家长孩子共成长 ……………………………………………………………中央电视台
兰溪枇杷的“爱情故事” …………………………………………………………………金华日报
摘尽枇杷一树金 ……………………………………………………………………………浙江日报
五十里杨梅长廊姹紫嫣红——仙乡丹果 醉美兰溪 ……………………………………金华日报
浙江兰溪“俏”杨梅挑逗舌尖诱惑 ………………………………………………………中新网
兰溪出台“三改一拆”问责办法 …………………………………………………………浙江日报
浙江兰溪致力做好移民扶持工作 让移民安家又安心 …………………………………中新网
兰溪全力创建国家卫生城市 ………………………………………………………………金华日报

【重生态 促和谐】

兰溪制沙业整治收获三个效益 ……………………………………………………………金华日报
兰溪市民寄语“五水共治”——一江清水送下游 ………………………………………浙江日报
兰溪市委书记吴国成 一江清水到杭州 …………………………………………………都市快报
兰溪“铁腕”制砂三个月 兰江水质改善 …………………………………………………浙江卫视
送出一江清水 建设大美兰溪——兰溪市委书记吴国成谈“五水共治” ……………金华日报
向66万市民发出五水共治倡议书 兰溪一天募集捐款5538万 …………………………都市快报
兰溪力争三年实现全流域可游泳 …………………………………………………………金华日报
兰溪的治砂之战 ……………………………………………………………………………今日浙江
一河一策 上下联动 确保“四无” 兰溪启动万人“清三河”大会战 ………………金华日报
兰溪卫生费收取纳入村民自治范畴，实行三级督察考核机制 …………………………中国环境报

村民为何乐缴卫生费 ……………………………………………………………………浙江日报
激浊扬清看兰江——兰溪整治河道砂场纪事 ………………………………………………浙江日报
兰溪开展清水零点行动 十条铁律给违法企业戴上紧箍咒 ………………………………中国环境报
兰溪建德首推跨区域联合治水 ……………………………………………………………金华日报
兰溪万人会战清三河 集中治理26条黑河、臭河、垃圾河 ………………………………中国环境报
兰溪"变废为宝"助力"五水共治" ……………………………………………………浙江电台
全力根治水患 告别十年九涝兰溪三江防洪力争三年内全闭合 …………………………金华日报
浙江兰溪千余名干部横渡兰江试水质 引台湾游客赞叹 ………………………………中新网
兰溪农牧联姻发展生态循环农业 …………………………………………………………金华日报
浙江：万名农业干部"联村联厂"助治水 ………………………………………………浙江卫视
生态养殖 肥药双控 农业面源污染治理有新招 ……………………………………………浙江日报
一江春水向"清"流 ………………………………………………………………………今日浙江
浙江兰溪市打造农民"精神家园" …………………………………………………中国文化传媒网
兰溪民警吴宪军当选"浙江骄傲" ………………………………………………………金华日报
畲族同胞喜迎春 麻糍香糯团圆年 …………………………………………………………中央电视台
兰溪兰庆草根艺术团春晚开演 心中快乐唱出来 …………………………………………浙江日报
浙江：文化礼堂激活正能量 把文明乡风种进农民心田 …………………………………人民日报
浙江兰溪：八卦村里武侯家风为何热? 光明日报
延续文脉 记住乡愁 兰溪农村文化礼堂扮靓古祠堂 ………………………………………浙江日报
浙江兰溪："美丽非遗百村行" ……………………………………………………………中国文化报
兰溪文化礼堂建设凸显"四美" ……………………………………………………………金华日报
兰溪滩簧传承人吴一峰 ………………………………………………………………………中国之声
兰溪85后田间地头摸爬滚打坚守父业 风吹稻浪，重担在肩 ……………………………浙江日报
兰溪："园林"下乡设计农家 ………………………………………………………………浙江日报
浙江：古礼古训 开学第一刮起复古风 ……………………………………………………浙江卫视
《诸葛亮》特种邮票在浙江兰溪首发 诠释传统文化 ……………………………………中新网
兰溪志愿者温情劝和——冲动离婚，请你降降温 …………………………………………浙江日报
打造弘扬核心价值观新阵地——来自兰溪市农村文化礼堂的报告 ………………………金华日报
兰溪市梅江镇白沙中心小学——希望，伴随国旗升起 ……………………………………浙江日报
撒籽种鲜花 城区景色佳 ……………………………………………………………………浙江日报
兰溪电力骑行队一年行程15000公里三江六岸撒播爱心都市快报

2014年兰溪市社区范围划分

表30

序号	街道	社区	范　围
1	兰江	丹溪	东至上园路，南至西山路，西至西环路，北至金千铁路
		滨江	东至兰江，南至府前路，西至兰荫路，北至铁路
		青松	东临兰荫路，西至横山路，北至金千铁路，南至丹溪大道

续表30

序号	街道	社区	范　围
1	兰江	兰荫	东起滨江路，西南至横山路，北至府前路，与市党政大楼遥遥相望
		青湖	东起兰荫路，南至府前路，西临横山路，北靠丹溪大道
		丹阳	东至横山北路、南临丹溪大道、西到站前路、北靠金千铁路
		排岭	东起横山路 西至上圆路 南靠振兴路 北靠丹溪大道
		兰花	兰花社区东至横山路，南至横山风景区，西至上园路，北至振兴路
		华丰	东临横山路，西接西环路，北至北环路，南以金千铁路为界
2	云山	云山	位于兰溪东大门，东至金千铁路；南至费龙口村北隧道口；西至东峰亭路；北至云山路
		桃花坞	东至东峰亭、西至兰江、南至婺江路、北至云山路
		金钟岭	兰江大桥至劳动路——金千铁路——云山路——延安路——人民中路——东风广场
		天福山	东至人民南路、延安路，南至云山路，西接中洲公园，北至劳动路
		和平	东至铁路，南至劳动路，西至兰江，北至铁路
		黄龙洞	东至环城东路，南至铁路，西至车站东路，北至莲花路
		竹园	东至环城东路，南至莲花路，西至车站东路，北至工人路
		黄溢	东至兰八中、南至凯旋路、西至兰江、北至环城北路
		枣树	东至永进路，南至工人路，西至兰江，北至凯旋路
		永进	东至环城东路，南至永进路，西至凯旋路，北至环城东路
3	上华	马公滩	马公滩社区东北至婺江,东南至上华路,西南至金兰路,西北至衢江
4	永昌	永昌	
5	赤溪	石垅头	
6	女埠	双龙	
7	游埠	郎家	
		游埠	
8	诸葛	诸葛	

兰溪建国以来超警戒洪水情况表（兰溪水文站）

表31

序号	洪水起迄时间								起涨水位（吴淞米）	最高水位（吴淞米）	洪峰时间			超警戒历时(h)	超危急历时(h)	峰洪流量（m/s）	次峰水位（吴淞米）	次峰时间			超警戒历时(h)	超危急历时(h)	洪峰流量（m/s）
	年	月	日	时	~	月	日	时			月	日	时					月	日	时			
1	1950	6			~	6				31.22	6	24	11			8600							
2	1951	4			~	4				29.83	4	23				6510							
3	1951	6			~					31.17	6	28				9070							
4	1952	5			~	5				30.56	5	4	8			8290							
5	1952	5			~	6				32.36	6	1				11700							
6	1952	7			~	7				29.92	7	21	10	33		6830							
7	1953	5	27	7	~	6	10	7	24.61	30.00	6	5	23	13		6950							
8	1953	6	10	9	~	6	22	12	24.75	29.73	6	11	17	11		6520							
9	1953	11	1	7	~	11	29	17	24.40	30.98	11	10	16	34		8520							
10	1954	5	5	12	~	5	12	9	24.82	31.39	5	7	15	32	15	10800	30.16	5	10	1	17		7770
11	1954	5	24	7	~	5	31	17	25.14	31.76	5	27	3	46	28	11200	27.63	5	30	7			3000
12	1954	6	14	0	~	6	22	7	25.85	31.91	6	16	17	55	25	11800	31.01	6	19	12	42	4	9690
13	1954	7	11	7	~	7	17	17	24.27	31.09	7	13	14	25	6	10500							
14	1955	6	17	22	~	6	27	8	25.10	35.35	6	22	0	119	105	(20400)							
15	1956	9	4	2	~	9	11	20	23.56	29.84	9	6	4	15		7730							
16	1958	3	12	8	~	3	20	8	24.14	29.99	3	15	20	17									
17	1958	5	2	4	~	5	10	17	24.54	30.50	5	7	5	42		9110	29.71	5	3	11	12		
18	1959	6	3	0	~	6	9	24	24.45	29.81	6	4	11	12		7770							
19	1960	6	14	8	~	6	19	24	24.51	30.25	6	15	21	16		8170							
20	1961	5	18	6	~	5	25	24	25.13	30.64	5	21	8	26		8310							
21	1961	6	9	12	~	6	16	24	24.72	31.60	6	12	2	46	28	11000							
22	1962	4	1	10	~	4	11	24	24.08	29.79	4	9	4	11			27.21	4	3	18			
23	1962	6	23	9	~	6	30	24	25.23	30.37	6	25	12	21		7400	27.39	6	28	21			
24	1962	7	1	12	~	7	7	24	25.07	30.12	7	3	3	26		8070							
25	1964	5	29	2	~	6	4	20	24.79	29.95	5	30	14	12		7030							

续表31

序号	洪水起迄时间								起涨水位（吴淞米）	最高水位（吴淞米）	洪峰时间			超警戒历时(h)	超危急历时(h)	峰洪流量（m/s）	次峰水位（吴淞米）	次峰时间			超警戒历时(h)	超危急历时(h)	洪峰流量（m/s）
	年	月	日	时	~	月	日	时			月	日	时					月	日	时			
26	1964	6	17	8	~	6	27	20	24.33	29.66	6	21	16	10			27.76	6	24	20			
27	1965	6	24	5	~	6	30	20	24.53	31.06	6	26	18	28	6	9250							
28	1966	7	7	10	~	7	17	8	24.64	31.18	7	10	4	46	10	8920							
29	1967	4	28	0	~	5	17	8	24.99	29.90	5	8	8	17			29.52	5	5	18	4		
30	1967	6	15	8	~	6	29	20	23.93	32.56	6	21	6	55	33	12300							
31	1968	7	2	8	~	7	15	20	24.82	31.40	7	10	10	51	16	9990							
32	1969	5	19	16	~	5	26	20	25.33	31.32	5	20	20	27	12		29.38	5	24	1			
33	1969	6	24	6	~	7	20	8	23.67	31.81	7	3	9	36	21	11400	30.92	6	26	9	30		
																	30.36	6	30	13	27		
																	29.13	7	9	6			
34	1970	3	12	2	~	3	20	8	25.20	30.14	3	15	19	19		7250	.		.				
35	1970	6	20	8	~	7	3	20	23.82	30.96	6	27	0	58		8570	30.36.	6	28	8	(并)		7130
36	1971	5	27	8	~	6	12	8	25.25	31.88	6	3	16	34	22	11500	30.36	6	6	9	21		8140
																	29.75	5	29	4	10		6820
																	29.64	6	1	3	8		6580
37	1972	8	2	2	~	8	14	20	24.46	29.59	8	4	2	6		6310							
38	1973	5	14	8	~	5	22	8	25.25	31.97	5	18	4	58	41	11200							
39	1973	5	30	18	~	6	3	24	25.93	31.22	6	1	11	28	9	10100							
40	1973	6	17	0	~	6	28	23	24.11	31.82	6	26	12	89	32	10700							
41	1975	4	5	23	~	4	23	20	24.17	30.37	4	18	9	28		8290	29.37	6	12	0			6290
42	1975	4	26	0	~	5	1	20	25.02	29.56	4	29	6	4		6490							
43	1975	5	15	20	~	5	21	12	26.10	29.84	5	19	16	12		7100	29.29	6	17	0			6000
44	1975	6	10	0	~	6	16	8	24.71	29.54	6	11	13	2		6460							
45	1975	6	25	20	~	7	2	24	24.63	29.52	6	29	10	4		6260							
46	1975	8	12	5	~	8	18	2	24.46	30.02	8	14	0	13		7660					17		
47	1976	6	1	18	~	6	14	24	24.70	30.79	6	3	6	30		8500	30.15	6	9	16			6840

续表31

序号	洪水起迄时间								起涨水位（吴淞米）	最高水位（吴淞米）	洪峰时间			超警戒历时(h)	超危急历时(h)	峰洪流量（m/s）	次峰水位（吴淞米）	次峰时间			超警戒历时(h)	超危急历时(h)	洪峰流量（m/s）
	年	月	日	时	~	月	日	时			月	日	时					月	日	时			
48	1977	6	9	2	~	6	16	4	24.81	29.67	6	14	14	10		6730	29.08	6	12	5			5480
49	1982	6	17	0	~	6	27	12	25.21	31.09	6	21	10	29	8	8970	27.45	6	18	8			2920
50	1983	4	7	12	~	4	18	17	24.96	30.11	4	16	7	21		7250	28.07	4	10	10	16		3810
51	1983	5	29	23	~	6	6	24	25.23	30.31	5	31	9	20		7390	30.06	6	3	11			7060
52	1983	6	14	20	~	6	26	4	25.39	30.10	6	21	18	19		6700	29.04	6	14	16	52		4980
53	1983	7	5	2	~	7	21	2	25.48	30.78	7	11	6	40		7860	30.61	7	9	10			8010
																	30.28	7	8	7			7300
54	1987	6	20	0	~	6	28	12	25.01	30.90	6	23	2	52		8090							
55	1987	7	22	22	~	8	1	12	24.91	29.81	7	24	22	12		6080	27.29	7	29	15			2430
56	1988	5	7	12	~	5	14	20	25.05	29.60	5	12	6	8		5960							
57	1988	6	12	12	~	6	27	12	25.14	30.63	6	21	13	46		7810					4		
58	1989	5	22	11	~	6	1	24	25.46	31.23	5	29	8	35	14	8750	29.54	5	24	3			5680
59	1989	6	17	3	~	6	21	24	24.65	30.12	6	18	16	21		6400					33		
60	1989	6	28	2	~	7	11	24	24.84	32.46	7	2	22	98	75	11200	30.19	6	30	4			6760
61	1991	4	26	20	~	5	4	12	25.27	30.07	4	29	19	17		6500							
62	1992	3	24	8	~	3	30	24	26.51	29.77	3	26	12	12		5770							
63	1992	6	22	0	~	6	29	24	24.81	30.52	6	27	2	28		6970	30.19	6	23	17	18	9	6440
64	1992	7	1	9	~	7	10	2	25.80	33.03	7	5	15	67	50	12100							
65	1993	6	18	2	~	6	28	24	25.63	32.68	6	20	7	48	36	11300	30.89	6	25	12	26		7830
																	30.06	6	23	14	17	29	6410
66	1993	6	30	13	~	7	10	20	25.38	31.27	7	2	4	30	12	8530	31.13	7	4	9	33	19	8270
																	29.73	7	6	5	24		5890
67	1994	4	17	18	~	4	23	2	25.04	29.55	4	19	2	4		5470							
68	1994	6	9	22	~	6	27	24	24.64	32.60	6	14	9	53	37	11000	32.39	6	18	8	42		10600
																	31.74	6	11	14	30		93400
																	29.32	6	24	0			5110
																	29.18	6	22	7		19	4900
69	1995	4	14	0	~	4	21	20	25.44	29.56	4	19	11	5		5720	28.66	4	16	0			4320

续表31

序号	洪水起迄时间								起涨水位（吴淞米）	最高水位（吴淞米）	洪峰时间			超警戒历时(h)	超危急历时(h)	峰洪流量（m/s）	次峰水位（吴淞米）	次峰时间			超警戒历时(h)	超危急历时(h)	洪峰流量（m/s）
	年	月	日	时	~	月	日	时			月	日	时					月	日	时			
70	1995	4	28	4	~	5	6	24	26.60	30.94	4	30	0	38		7980							
71	1995	5	30	21	~	6	6	12	26.76	31.09	6	4	11	26	6	8230	30.87	6	1	14	30		7860
72	1995	6	23	16	~	6	30	9	26.89	31.94	6	27	4	92	40	9720	31.54	6	25	6	（并）		9000
73	1996	3	17	0	~	3	24	22	24.98	29.91	3	20	13	13		5670							
74	1997	7	8	0	~	7	16	24	24.91	33.27	7	10	6	94	78	11200							
75	1997	11	25	6	~	12	2	12	25.27	30.06	11	29	3	18		6310	28.55	11	26	11			3910
76	1998	1	13	11	~	1	17	13	26.09	30.14	1	15	4	20		6280							
77	1998	6	16	12	~	6	24	3	26.95	32.71	6	19	23	48	31	11000	30.90	6	17	16	25		7560
																	29.64	6	22	13	9		5480
78	1998	6	24	3	~	6	28	20	26.58	31.38	6	25	23	41	19	8380							
79	1998	7	23	11	~	7	26	10	26.01	30.85	7	25	1	25		7480							
80	1999	4	16	0	~	4	20	24	24.57	30.70	4	17	23	20		7460							
81	1999	6	16	0	~	6	23	16	25.14	32.15	6	19	1	46	28	10100							
82	2000	5	31	0	~	6	4	10	24.58	29.66	6	1	6	6		5750							
83	2000	6	8	8	~	6	14	7	24.89	30.19	6	10	10	19		6650							
84	2000	6	22	2	~	6	27	5	25.69	32.79	6	24	4	40	27	11700							
85	2002	4	17	16	~	4	30	24	24.90	30.23	4	23	4	21		5620							
86	2002	6	27	19	~	7	6	3	25.47	32.42	6	30	18	83	38	9550							
87	2003	6	24	1	~	7	3	16	25.13	31.17	6	25	12	24	7	6640	29.51	6	29	15	3		4470
88	2004	5	13	20	~	5	21	24	24.78	30.70	5	17	0	19		5620							
89	2005	2	7	22	~	2	23	19	24.55	30.12	2	17	7	26		4630	27.59	2	11	7			
		5	21	2	~	5	27	16	25.51	29.61	5	24	15	12		4060							

注：1. 以上有关数据按警戒水位29.50米（吴淞），危急水位31.00米（吴淞）统计

2. 1958—1969年为陈村站实测流量

2000～2014年兰溪市超警戒水位洪水统计

表32

序号	洪水起迄时间								起涨水位	最高水位	洪峰时间			超警戒	超危急	洪峰流量	次峰水位	次峰时间			超警戒	超危急	灾害
	年	月	日	时	～	月	日	时	(吴淞米)	(吴淞米)	月	日	时	历时(h)	历时(h)	(m3/s)	(吴淞米)	月	日	时	历时(h)	历时(h)	情况
1	2000	5	31	0	～	6	4	10	24.58	29.66	6	1	6	6		5750							
2	"	6	8	8	～	6	14	7	24.89	30.19	6	10	10	19		6650							
3	"	6	22	2	～	6	27	5	25.69	32.79	6	24	4	40	27	11700							
85	2002	4	17	16	～	4	30	24	24.90	30.23	4	23	4	21		5620							
4	"	6	27	19	～	7	6	3	25.47	32.42	6	30	18	83	28	9550							
5	2003	6	24	1	～	7	3	16	25.13	31.17	6	25	12	24	7	6640	29.51	6	29	15	3		
6	2004	5	13	20	～	5	21	24	24.78	30.70	5	17	0	19		5620							
7	2005	2	7	10	～	2	24	0	24.78	30.12	2	17	6	26		4630							
8	"	5	16	16	～	6	6	2	25.19	29.61	5	24	15	12		4060	27.53	5	28	11			
9	2006	6	4	0	～	6	21	11	25.30	30.48	6	5	15	19		5400	28.91	6	15	14			
10	2007	10	7	19	～	10	12	20	24.98	29.71	10	9	9	9		4680							
11	2008	5	27	18	～	6	2	0	23.98	29.71	5	29	13	6		4700							
12	"	6	9	5	～	6	13	11	24.69	30.22	6	10	11	14		5710	29.75	6	12	2	8		
13	"	6	13	11	～	7	2	21	27.02	30.09	6	19	10	14		5180	29.13	6	15	1			
14	2010	2	25	19	～	3	24	2	24.65	31.31	3	7	9	48	20	7650	29.01	3	2	23			
15	"	4	10	21	～	5	5	20	24.48	29.93	4	12	18	14		5930	29.16	4	15	12			
16	"	6	17	20	～	6	25	1	24.64	30.81	6	21	9	48		7690	28.31	6	19	6			
17	"	6	25	1	～	6	29	6	25.73	29.79	6	26	2	9		6060							
18	"	7	5	14	～	7	14	2	25.22	32.14	7	10	1	41	23	9280							
19	2011	6	12	21	～	6	19	4	24.73	33.40	6	16	19	49	36	12000							
20	"	6	19	4	～	6	26	2	26.46	33.72	6	20	7	36	29	12500							
21	2012	3	2	1	～	3	15	1	25.16	30.22	3	6	1	15		7400	28.96	3	4	6			
22	"	4	29	0	～	5	7	24	24.89	29.51	4	30	3	2		6000							
23	"	6	22	21	～	6	30	24	25.04	29.66	6	24	13	10		6600							
24	2014	6	20	22	～	7	2	7	24.94	31.75	6	23	2	73	38	9790	31.13	6	28	5	24	4	8300
		8	18	20	～	8	23	11	25.51	30.01	8	20	21	16		6950							

注：以上有关数据按警戒水位29.50米（吴淞），危急水位31.00米（吴淞）统计

金华8890便民服务平台开通预约挂号服务

从4月1日起，金华8890便民服务平台开通预约挂号服务，金华市范围内41家主要医院均可通过这个平台预约挂号。

8890便民服务平台是一个以市民诉求为导向，以公共信息服务和效能投诉服务为重点，由政府全额投资建设，为市民提供咨询、求助、投诉等非应急社会管理类服务的政府公益信用平台。

电话预约挂号需提前一天，最多提早一周。市民预约挂号成功后，需在预约时间段内至医院取号并去相关科室就诊，就诊顺序以预约号的顺序号为准，过了预约时间段，号源自动作废。如果取消预约，也必须提前1天进行；预约3次没有履约，将会被列入黑名单，半年内不能再约。

【8890电话预约挂号小贴士】 预约时间一般为周一至周五工作时间(部分医院实现一周或24小时服务)，当天不接受预约。

电话预约挂号实行实名制，市民需提供本人信息：姓名、性别、身份证号、手机号码，社保卡或就诊卡号登记；取号时如信息不一致，将无法取号。

市民在同一就诊日、在同一医院的同一科室只能预约一次，不同科室可分别预约。

电话预约成功，就诊当日患者携带身份证、社保卡、就诊卡直接到挂号窗口交费取号。

【服务流程】 拨打88900000→告知挂号医院→转接挂号医院→挂号咨询，确定挂号专家→给出预约人信息得到预约编号。

【医院名单】

金华市：中心医院、中医院、人民医院、第二医院、第五医院、妇幼保健院、广福医院、文荣医院、眼科医院、艾克医院、金东区中医院

兰溪市：人民医院、中医院

义乌市：中心医院、中医院、第二人民医院、稠州医院、復元私立医院、妇幼保健院、精神病医院

东阳市：人民医院、中医院、妇幼保健院、横店集团医院、横店医院、红会医院、花园田氏医院、精神病医院、人民医院巍山分院

永康市：第一人民医院、中医院、第二人民医院、第三人民医院、第五人民医院、妇幼保健院、骨科医院

浦江县：人民医院

武义县：第一人民医院、中医院

磐安县：人民医院、中医院

兰溪市8890便民服务平台

一、平台概况

兰溪市8890便民服务平台，是一个以市民诉求为导向，以公共信息服务和效能投诉服务为重点，由政府全额投资建设，为市民提供咨询、求助、投诉等非应急社会管理类服务的政府公益信用平台。为保障平台高效有序运行，兰溪市委、市政府设立了市8890便民服务分中心，性质为正科级全额拨款事业单位，归口市政府办公室管理，内设机构“一办三科”（即办公室、受理科、运维科、执行科），分中心具体负责平台组织协调、运行管理等职能。

平台服务宗旨是以人为本、高效有序、便民利民；服务模式是政府搭台、市场运作、社会参与；服务目标是100%受理，100%交办，100%反馈，100%回访，力争让人民群众100%满意，做到“响应灵、服务灵、办事灵”，努力成为沟通百姓的“连心桥”、为民办事的“好帮手”、效能服务的“总枢纽”、服务产业的“孵化器”。

二、运行情况

8890便民服务平台通过整合党政资源、社会资源和市场资源三类，集合了公共服务、效能投诉和社会服务三大系统，建立全天服务、集中受理，分类交办、限时办结，统一监管、回访考核

三大机制，通过电话、网站等渠道，全天候、全方位、全程式跟踪监督为市民提供各类服务。

平台通过整合党政、市场、社会服务资源，建成了一个“门类齐全、内容丰富、操作方便、即时即用”的公共信息服务数据库。在保留现有170多条部门热线服务功能不变的前提下，将130多个部门和下属单位的的工作职责、服务热线及公共服务信息整合录入平台数据库。同时通过刊登加盟广告、114优秀服务商遴选等途径，选择了一批优秀企业加盟平台。

8890前台通过热线（88900000）、网站（8890.lanxi.gov.cn）等渠道全天24小时集中受理市民各种非应急类诉求，并将接收到的市民诉求按照工作流程及时进行登记、查询、交办、答复和回访。

三、受理范围

8890便民服务平台受理的内容主要包括：

1.老百姓日常生活中的各类问题都可以向8890平台咨询。

2.生活中遇到的特别是生活服务类问题，8890平台通过为市民查询或者向加盟企业派单的形式来为市民服务。

3.对机关部门的政策咨询、事项建议或者效能投诉的问题，可以通过8890热线进行反映。

4.应急类求助，请及时拨打110、119、120、122等紧急电话。

四、拨打方法

兰溪市固定电话、移动电话，请直接拨打88900000；或登陆兰溪市8890便民服务平台网http://8890.lanxi.gov.cn等。

金华地区以外的国内电话，请拨0579-88900000；港、澳、台地区和国外电话拨+86-579-88900000。

电话拨打过程中遇到以下情况：

1.拨打8890-0000后，您听到如下提示：“你好，这里是8890便民服务平台，电话正在接通中。为了保证服务质量，你的通话可能会被录音，敬请谅解”。表明电话已接通，工作人员做好了服务准备，即将接听您的电话。

2.如果线路全部为工作状态中，系统会提示：“您好，现在电话正忙，请挂机，稍后我们会与您取得联系，感谢您的来电，再见”。此时如有接线员空的话电话会马上接入座席，系统不会自动挂机。

3.如仍无人接听，说明接线员正忙。稍后工作人员会按未接来电的呼入时间先后进行回拨，直接回复本机，因此勿需重复拨打。

当您反映的诉求办理完结后，8890工作人员随后会对您进行电话回访，请如实进行答复，以确保我们的工作能够结合实际不断得到提高，做得更好，谢谢合作。

五、注意事项

拨打88900000便民热线的注意事项：

1.市民来电诉求须详实清晰，留下本人真实姓名及有效联系方式；

2.涉及生命和财产安全的紧急求助，市民应直接拨打110、119、120、122等应急电话；

3.诉求事项已进入司法程序的（法院两审或已判决），市民应直接向上一级司法机关反映；

4.家长要对未成年人加强教育和管理，防止误拨误打；

5.对于无效电话，接线员会耐心说服、劝导；

6.对于恶意骚扰电话，经劝导后仍反复拨打的，公安部门一经查实，将按《中华人民共和国治安管理处罚法》相关规定追究责任。

紧急常用电话

报警 …………………………… 110
火警 …………………………… 119
急救中心 ……………………… 120
交通事故 ……………………… 122
中医院急求电话 ……………… 88996120

常用特服电话

电话故障 ……………………… 112
电话号码查询 ………………… 114

天气预报	12121
消费者举报投诉	12315
法律援助热线	12348
物价检查所价格举报	12358
技术监督产品质量投诉举报电话	12365
地税局税务服务	12366
卫生监督所投诉举报电话	96301
旅游投诉热线	96118
供电局客户服务呼叫中心	95598
消防服务热线	96119
高速公路报警求助投诉热线	96122
烟草专卖局24小时举报电话	12313
国税局税务违法案件举报中心	96196
药品监督局举报	96311
困难职工帮扶中心服务热线	96351
交通举报投诉电话	96520
文化体育市场举报电话	12318
便民服务台	88900000、96345
创建热线	88898199
兰江导报新闻热线	88899199
城管热线	96310
报时台	12117
农民之家	88903110
“148”法律服务专线电话	88888148
新奥燃气客服电话	95158
电信客户服务热线	10000
邮政特快专递	111185
钱江水务公司清泉热线	88927110
公积金查询热线	88899999
中保财产保险	95518
环境污染举报电话	12369
兰溪华数客服电话	88123456、88885914
汽车北站	88887401
殡葬	88865195

说明：（1）本索引采用内容分析法编制，设条目索引和表格索引两个分目，按条目标题词首字汉语拼音顺序排列。同音同调按第二字母的音序排列，依次类推。

（2）索引款目后的数字表示内容所在页码。

（3）特载、专辑、大事记、文件选辑、重要表彰、附录未做索引。

（4）表格索引按表格序号排列。

条目索引

表格索引